网络法汇编

未成年人保护立法汇编

腾讯研究院　编

中国政法大学出版社

2019 · 北京

图书在版编目（CIP）数据

未成年人保护立法汇编/腾讯研究院编. —北京:中国政法大学出版社,2019.3
ISBN 978-7-5620-8880-6

Ⅰ.①未… Ⅱ.①腾… Ⅲ.①未成年人保护法－立法－汇编－中国 Ⅳ.①D922.79

中国版本图书馆CIP数据核字(2019)第043073号

出版者　中国政法大学出版社
地　　址　北京市海淀区西土城路 25 号
邮寄地址　北京 100088 信箱 8034 分箱　邮编 100088
网　　址　http://www.cuplpress.com (网络实名：中国政法大学出版社)
电　　话　010-58908586(编辑部) 58908334(邮购部)
编辑邮箱　zhengfadch@126.com
承　　印　北京鑫海金澳胶印有限公司
开　　本　787mm×1092mm　1/16
印　　张　23.25
字　　数　700 千字
版　　次　2019 年 3 月第 1 版
印　　次　2019 年 3 月第 1 次印刷
定　　价　69.00 元

出版说明

时值《未成年人保护法》修订、《未成年人网络保护条例》制定之际，腾讯研究院将国内未成年人保护立法进行了汇编，以期为理论研究者、立法者和实务工作者的学术探讨、立法研究和实务工作提供参考。

未成年人保护有关的话题日趋热烈。《未成年人保护法》早在1991年制定，最近一次修订于2012年，但对于日趋复杂的外部环境给未成年人成长所带来的各种挑战和难题，立法显然难以有效回应。在高度复杂而又风险无处不在的工业社会、信息社会背景下，家庭、学校、企事业组织、社会和国家机关，各自在不同环节扮演什么角色，讨论越来越激烈，但历经多时，仍莫衷一是、尚无定论。

我们看到，不同位阶的立法，已在不同领域尝试对未成年人各种权益进行保护。此次汇编对相关法律、行政法规、地方性法规、部门规章及司法解释加以汇总、分类，并尝试做了简单评述。一方面，未成年人保护有关的立法已经非常之多，既意味着已成体系，涉及方方面面；但也意味着相关规定分散在不同立法中，有待梳理成为更体系化的规定。另一方面，就整个未成年人保护的立法体系来看，特别是地方立法中，有多个亮点值得重视和深入研究。具体表现为：(1) 强调监护人、学校等主体的重要性。家长应当更多地关心孩子的成长。北京市、湖北省分别就家长学校、亲职教育作出规定。学校的作用也异常重要。内蒙古自治区规定了教师家访制度，武汉市要求学校组织建立家长委员会，山西省还规定学校应对家长进行家庭教育指导或培训。(2) 重视未成年人自己的主观能动性。要求未成年人掌握相关知识、技能，也应及时行使权利。广东省专门规定“自我保护”，南京市则要求家长、学校应重视培养未成年人的辨识能力、自我保护意识。(3) 针对留守儿童、随迁子女等特殊群体，从多维度提出保护要求。如江苏省要求设立留守儿童托管机构、安徽省要求加强寄宿制学校建设等，针对儿童群体本身采取措施；而山西省、广西壮族自治区则从亲自沟通、引导、管教等角度，针对家长提出要求。(4) 地方立法率先引入“报告制度”和“强制剥夺制度”。北京市、上海市、云南省等多个地方规定，任何组织和个人“有权”投诉、举报，属于“不具有强制性的报告制度”。南京市、杭州市则规定发现未成年人受侵害的，“应当”报告给有权机关。特别是，南京市专门规定，学校、医疗机构、儿童福利机构及其工作人员，发现未成年人遭受侵害的，应当立即报告，否则要承担法律责任。此外，南京市还就“受监护人侵害的未成年人”专门规定撤销监护权制度。(5) 个别地方就网络保护做了专门规定。湖北省既要求互联网行业采取技术措施，也规定家长和学校应当加强未成年人的网络知识与技能教育，提升自我防范和保护的意识、能力，并明确提出“网络素养”的概念。

习近平总书记多次就青少年和共青团工作发表论述，并明确指出：“少年儿童是祖国的未来，是中华民族的希望”，“做好关心下一代工作，关系中华民族伟大复兴”。未成年人的健康成长，关乎家庭幸福、社会和谐、祖国未来、民族希望。基于现存问题，围绕未成年人保护有关的立法工作来看，除通过具体的权利、义务和责任制度配置，以规范或约束具体行为、解决具体问题之外，如何发挥立法的教育、引导作用，特别是引导包括政府、企事业单位、学校和家庭等不同主体形成正确观念，从而在诸如“子不教、父之过”“清官难断家务事”等传统观念与复杂社会的高风险的及时应对之间，寻求合理平衡，值得深入研究。

互联网时代，未成年人保护面临着新挑战。希望此次汇编，能对未成年人保护的问题研究与具体工作开展略有助益。

目录

法律类

行政法规类

部门规章类

司法解释类

法律类

未成年人保护的法律体系由《未成年人保护法》的系统性规定与各部门法的“碎片化”规定共同组成。本部分内容主要按部门法分类。

（一）宪法相关法有关未成年人保护的内容

《中华人民共和国宪法》明确规定公民有受教育的权利和义务，国家培养青年、少年、儿童在品德、智力、体质等方面全面发展；父母有抚养教育未成年子女的义务。宪法相关法中直接涉及未成年人利益保护的法律包括《中华人民共和国国家赔偿法》《中华人民共和国法院组织法》及《中华人民共和国城市居民委员会组织法》。其中《中华人民共和国国家赔偿法》第34条规定了，在公民生命健康权受到侵犯且国家应负赔偿责任的情况下，被扶养的人是未成年人的，生活费应给付至18周岁止。《中华人民共和国法院组织法》第7条则是在审判公开与未成年人隐私保护之间作出了保护未成年人隐私的选择，规定人民法院审理案件，除法律另有规定的案件（其中包括未成年人犯罪案件），一律公开进行。未成年人心智尚未成熟，易受外界刺激，不公开审理案件是对未成年被告精神的保护，同时也是降低案件社会影响的方式之一，以帮助未成年被告在案件审结后重新融入社会。《中华人民共和国城市居民委员会组织法》则要求居民委员会承担协助人民政府或其派出机关做好青少年教育工作，在社区中为青少年教育营造良好的环境。

（二）刑法有关未成年人保护的内容

1. 刑事责任年龄

《中华人民共和国刑法》针对未成年人身心特征，特地规定了应承担刑事责任的年龄，未满14周岁的未成年人不承担刑事责任，已满14周岁不满16周岁的未成年人，对八种严重犯罪承担刑事责任，16周岁以上的未成年人应承担刑事责任。由于未成年人心智尚未成熟，其行为易受外界诱惑，但相比之下也更容易接受教导，因此规定未成年人犯罪应当从轻或者减轻处罚。

2. 保护未成年人法益

《中华人民共和国刑法》特别强调了对未成年人法益的保护，针对未成年人权益特别规定了虐待罪、组织儿童乞讨罪等，防止监护人侵害未成年人的身体健康权益。但当前虐待罪除了受害人死亡或重伤的，都属于自诉案件，而很大一部分未成年人虐待案件中，未成年人遭受的虐待来自于家庭，但由于行为能力限制和虐待人的管束，受害未成年人难以提起诉讼。

（三）民商法中有关未成年人保护的内容

民商法中有诸多与未成年人利益息息相关的内容，是未成年人保护理念在民商事生活领域内的细化。这些内容包括《中华人民共和国民法总则》中的法定代理制度、监督制度、特殊诉讼时效起点，《中华人民共和国婚姻法》所规定的父母的抚养、保护和教育义务，《中华人民共和国收养法》中对收养的条件、生效、解除等方方面面的规定。民商法调整的法律关系为财产关系和人身关系，民商法中有关未成年人利益保护的规定切实保护未成年人的财产利益和人身利益，是实现未成年人权益保护不可或缺的内容。

1. 法定代理制度

《中华人民共和国民法总则》规定，不满 8 周岁的未成年人为无民事行为能力人，由其法定代理人代理实施民事法律行为。8 周岁以上，不满 18 周岁的未成年人为限制民事行为能力人，实施民事法律行为由其法定代理人代理或者经其法定代理人同意、追认，但是可以独立实施纯获利益的民事法律行为或者与其年龄、智力相适应的民事法律行为。

2. 监护制度

父母是未成年子女的监护人，对未成年子女负有抚养、教育和保护的义务。应当按照最有利于被监护人的原则履行监护职责。

3. 特殊诉讼时效起点

《中华人民共和国民法总则》为遭受性侵犯的未成年人提出民事损害赔偿请求权设置了特殊的诉讼时效起点，受害未成年人的诉讼时效从年满 18 周岁之日起算，保障未成年人主张民事权益。

4. 父母对子女负有抚养、保护和教育的义务

《中华人民共和国婚姻法》第 2 条将保护妇女、儿童和老人的权益作为婚姻法原则规定，且要求父母对子女承担起责任，父母对未成年子女不仅负有抚养的义务，还当然负有保护和教育的义务。但也停留在原则性规定的水平上，难以发挥实际作用。

（四）以《中华人民共和国未成年人保护法》为主的社会法中有关未成年人保护的内容

《中华人民共和国未成年人保护法》规定了未成年人的定义、享有的权利以及国家、社会、学校和家庭对未成年人应承担的义务和责任。未满 18 周岁的公民即未成年人，享有生存权、发展权、受保护权、参与权和受教育权等权利。保护未成年人的工作应当尊重未成年人的人格尊严，适应未成年人身心发展的规律和特点，做到教育和保护相结合。

1. 家庭保护

（1）父母应承担监护职责和抚养义务。

（2）监护人侵害未成年人合法权益的，可能被剥夺监护权。

2. 学校保护

学校应当实施素质教育，提高教育质量，注重培养未成年学生独立思考能力、创新能力和实践能力，学校应对未成年人进行文化知识教育、思想教育、劳动技术等内容的教育，定期进行安全演习，保障学生人身安全，促进未成年学生全面发展。

3. 社会保护

国家鼓励社会团体、企事业组织和其他组织及个人开展有利于未成年人身心健康的社会活动。人民政府保障未成年人受教育的权利，建立和改善适合未成年人文化生活需要的活动场所和设施。

4. 国家机关保护

国家公安机关、人民检察院、人民法院以及司法行政部门则在司法活动中保护未成年人的合法权益。

5. 其他内容

社会法中其他法律也零散规定了未成年人保护的内容，保护未成年人身体健康权益，如防止家庭暴力，预防未成年人犯罪，禁止雇佣童工，不得录用未成年人从事矿山井下劳动等。

（五）经济法中有关未成年人保护的内容

经济法对未成年人权益的保护体现在行业规范法律中。如《中华人民共和国广告法》限制了针对儿童的广告的内容和传播媒介。如禁止向未成年人发送烟草广告，不得在中小学校、幼儿园开展广告活动，在针对未成年人的大众传播媒介上不得发布医疗、药品、保健食品、医疗器械、化妆品、酒类、美容以及不利于未成年人身心健康的网络游戏广告。《中华人民共和国旅游法》

也特别强调为未成年人提供文化便宜，规定未成年人在旅游活动中享受法定优惠和便利，且旅游经营组织者接待未成年人游客时应采取相应安全保障措施。

（六）行政法中有关未成年人保护的内容

未成年人保护的规定在行政法中主要体现为国家对保护未成年人应承担的责任，包括为未成年人接受教育提供物质条件，规范、引导文化产业为未成年人提供适宜、健康的文化产品和服务，监督管理针对未成年人提供商品的产业，要求其针对未成年人提供安全健康的商品等内容。

1. 未成年人受教育权的实现机制

《中华人民共和国教育法》《中华人民共和国义务教育法》则规定了教育制度和义务教育制度，保障未成年人的受教育权得以实现。

2. 文化产品内容应健康

行政法规定，各级人民政府应当根据未成年人的特点与需求，提供相应的公共文化服务；电影不得含有“侵害未成年人合法权益或者损害未成年人身心健康”的内容，国家支持促进未成年人健康成长的电影的创作、传播。针对未成年人的出版物和网络游戏不得含有诱发未成年人模仿违反社会公德的行为和违法犯罪的行为的内容，不得含有妨害未成年人身心健康的内容。《中华人民共和国网络安全法》也提到，国家支持研究开发有利于未成年人健康成长的网络产品和服务，依法惩治利用网络从事危害未成年人身心健康的活动，为未成年人提供安全、健康的网络环境。

3. 婴幼儿食品健康是监管重点

《中华人民共和国食品安全法》规定，婴幼儿食品是县级以上人民政府食品药品监督管理、质量监督部门监督管理的重点。婴幼儿食品的生产标签还应当标明主要营养成分及其含量，婴幼儿配方食品还应实施严格的质量控制，其配方应备案、注册。食品安全，尤其是婴幼儿食品的安全关乎未成年人的健康成长，因此，法律应在食品安全问题上对婴幼儿食品严加把控。

（七）诉讼法中有关未成年人保护的内容

在民事诉讼中，为保障未成年人利益，规定无诉讼行为能力的人，由监护人作为法定代理人代为诉讼。在刑事诉讼中，考虑未成年被告处于人生的初始阶段，思想观念仍有接受教导重回正轨的可能，为了帮助未成年被告重新融入社会，《中华人民共和国刑事诉讼法》坚持教育、感化、挽救的方针，坚持教育为主、惩罚为辅的原则。该法还规定在侦查审判过程中，要求案件由熟悉未成年人身心特点的审判人员、检察人员、侦查人员承办，要求法律援助机构指派律师为没有委托辩护人的未成年犯罪嫌疑人、被告人提供辩护。对于涉及轻微罪行且有悔罪表现的未成年人，人民检察院可作出附条件不起诉决定，在考验期内对未成年犯罪嫌疑人进行监督考察。此外，为保护未成年被告隐私，不影响未成年人成年后的正常生活，审判时不公开审理，且对判处五年有期徒刑以下刑罚的相关犯罪记录予以封存保密。

宪法相关法

中华人民共和国宪法（节选）

（1982 年 12 月 4 日第五届全国人民代表大会第五次会议通过，1982 年 12 月 4 日全国人民代表大会公告公布施行，根据 1988 年 4 月 12 日第七届全国人民代表大会第一次会议通过的《中华人民共和国宪法修正案》，1993 年 3 月 29 日第八届全国人民代表大会第一次会议通过的《中华人民共和国宪法修正案》，1999 年 3 月 15 日第九届全国人民代表大会第二次会议通过的《中华人民共和国宪法修正案》，2004 年 3 月 14 日第十届全国人民代表大会第二次会议通过的《中华人民共和国宪法修正案》和 2018 年 3 月 11 日第十三届全国人民代表大会第一次会议通过的《中华人民共和国宪法修正案》修正）

第四十六条 中华人民共和国公民有受教育的权利和义务。国家培养青年、少年、儿童在品德、智力、体质等方面全面发展。

第四十九条 婚姻、家庭、母亲和儿童受国家的保护。夫妻双方有实行计划生育的义务。父母有抚养教育未成年子女的义务，成年子女有赡养扶助父母的义务。禁止破坏婚姻自由，禁止虐待老人、妇女和儿童。

中华人民共和国国家赔偿法（节选）

（1994 年 5 月 12 日第八届全国人民代表大会常务委员会第七次会议通过，根据 2010 年 4 月 29 日第十一届全国人民代表大会常务委员会第十四次会议《关于修改〈中华人民共和国国家赔偿法〉的决定》第一次修正，根据 2012 年 10 月 26 日第十一届全国人民代表大会常务委员会第二十九次会议《关于修改〈中华人民共和国国家赔偿法〉的决定》第二次修正，自 2013 年 1 月 1 日起施行）

第三十四条 侵犯公民生命健康权的，赔偿金按照下列规定计算：

（一）造成身体伤害的，应当支付医疗费、护理费，以及赔偿因误工减少的收入。减少的收入每日的赔偿金按照国家上年度职工日平均工资计算，最高额为国家上年度职工年平均工资的五倍；

（二）造成部分或者全部丧失劳动能力的，应当支付医疗费、护理费、残疾生活辅助具费、康复费等因残疾而增加的必要支出和继续治疗所必需的费用，以及残疾赔偿金。残疾赔偿金根据丧失劳动能力的程度，按照国家规定的伤残等级确定，最高不超过国家上年度职工年平均工资的二十倍。造成全部丧失劳动能力的，对其扶养的无劳动能力的人，还应当支付生活费；

（三）造成死亡的，应当支付死亡赔偿金、丧葬费，总额为国家上年度职工年平均工资的二十倍。对死者生前扶养的无劳动能力的人，还应当支付生活费。

前款第二项、第三项规定的生活费的发放标准，参照当地最低生活保障标准执行。被扶养的人是未成年人的，生活费给付至十八周岁止；其他无劳动能力的人，生活费给付至死亡时止。

中华人民共和国人民法院组织法（节选）

（1979年7月1日第五届全国人民代表大会第二次会议通过，自1980年1月1日起施行，根据1983年9月2日第六届全国人民代表大会常务委员会第二次会议通过的《关于修改〈中华人民共和国人民法院组织法〉的决定》第一次修正，根据1986年12月2日第六届全国人民代表大会常务委员会第十八次会议《关于修改〈中华人民共和国地方各级人民代表大会和地方各级人民政府组织法〉的决定》第二次修正，2006年10月31日第十届全国人民代表大会常务委员会第二十四次会议《关于修改〈中华人民共和国人民法院组织法〉的决定》第三次修正，2018年10月26日第十三届全国人民代表大会常务委员会第六次会议第四次修正）

第七条 人民法院实行司法公开，法律另有规定的除外。

中华人民共和国城市居民委员会组织法（节选）

（1989年12月26日第七届全国人民代表大会常务委员会第十一次会议通过，自1990年1月1日起施行，根据2018年12月29日第十三届全国人民代表大会常务委员会第七次会议《关于修改〈中华人民共和国村民委员会组织法〉〈中华人民共和国城市居民委员会组织法〉的决定》修正）

第三条 居民委员会的任务：

（一）宣传宪法、法律、法规和国家的政策，维护居民的合法权益，教育居民履行依法应尽的义务，爱护公共财产，开展多种形式的社会主义精神文明建设活动；

（二）办理本居住地区居民的公共事务和公益事业；

（三）调解民间纠纷；

（四）协助维护社会治安；

（五）协助人民政府或者它的派出机关做好与居民利益有关的公共卫生、计划生育、优抚救济、青少年教育等项工作；

（六）向人民政府或者它的派出机关反映居民的意见、要求和提出建议。

刑　法

中华人民共和国刑法（节选）

（1979 年 7 月 1 日第五届全国人民代表大会第二次会议通过，1997 年 3 月 14 日第八届全国人民代表大会第五次会议修订，自 1997 年 10 月 1 日起施行，根据 1999 年 12 月 25 日《中华人民共和国刑法修正案》，2001 年 8 月 31 日《中华人民共和国刑法修正案（二）》，2001 年 12 月 29 日《中华人民共和国刑法修正案（三）》，2002 年 12 月 28 日《中华人民共和国刑法修正案（四）》，2005 年 2 月 28 日《中华人民共和国刑法修正案（五）》，2006 年 6 月 29 日《中华人民共和国刑法修正案（六）》，2009 年 2 月 28 日《中华人民共和国刑法修正案（七）》，2011 年 2 月 25 日《中华人民共和国刑法修正案（八）》，2015 年 8 月 29 日《中华人民共和国刑法修正案（九）》，2017 年 11 月 4 日《中华人民共和国刑法修正案（十）》修正）

第十七条　已满十六周岁的人犯罪，应当负刑事责任。

已满十四周岁不满十六周岁的人，犯故意杀人、故意伤害致人重伤或者死亡、强奸、抢劫、贩卖毒品、放火、爆炸、投毒罪的，应当负刑事责任。

已满十四周岁不满十八周岁的人犯罪，应当从轻或者减轻处罚。

因不满十六周岁不予刑事处罚的，责令他的家长或者监护人加以管教；在必要的时候，也可以由政府收容教养。

第二百三十六条　以暴力、胁迫或者其他手段强奸妇女的，处三年以上十年以下有期徒刑。

奸淫不满十四周岁的幼女的，以强奸论，从重处罚。

强奸妇女、奸淫幼女，有下列情形之一的，处十年以上有期徒刑、无期徒刑或者死刑：

（一）强奸妇女、奸淫幼女情节恶劣的；

（二）强奸妇女、奸淫幼女多人的；

（三）在公共场所当众强奸妇女的；

（四）二人以上轮奸的；

（五）致使被害人重伤、死亡或者造成其他严重后果的。

第二百三十七条　以暴力、胁迫或者其他方法强制猥亵妇女或者侮辱妇女的，处五年以下有期徒刑或者拘役。

聚众或者在公共场所当众犯前款罪的，处五年以上有期徒刑。

猥亵儿童的，依照前两款的规定从重处罚。

第二百三十九条　以勒索财物为目的绑架他人的，或者绑架他人作为人质的，处十年以上有期徒刑或者无期徒刑，并处罚金或者没收财产；情节较轻的，处五年以上十年以下有期徒刑，并处罚金。

犯前款罪，致使被绑架人死亡或者杀害被绑架人的，处死刑，并处没收财产。

以勒索财物为目的偷盗婴幼儿的，依照前两款的规定处罚。

第二百四十条　拐卖妇女、儿童的，处五年以上十年以下有期徒刑，并处罚金；有下列情形之一的，处十年以上有期徒刑或者无期徒刑，并处罚金或者没收财产；情节特别严重的，处死刑，并处没收财产：

（一）拐卖妇女、儿童集团的首要分子；

（二）拐卖妇女、儿童三人以上的；

（三）奸淫被拐卖的妇女的；

（四）诱骗、强迫被拐卖的妇女卖淫或者将被拐卖的妇女卖给他人迫使其卖淫的；

（五）以出卖为目的，使用暴力、胁迫或者麻醉方法绑架妇女、儿童的；

（六）以出卖为目的，偷盗婴幼儿的；

（七）造成被拐卖的妇女、儿童或者其亲属重伤、死亡或者其他严重后果的；

（八）将妇女、儿童卖往境外的。

拐卖妇女、儿童是指以出卖为目的，有拐骗、绑架、收买、贩卖、接送、中转妇女、儿童的行为之一的。

第二百四十一条 收买被拐卖的妇女、儿童的，处三年以下有期徒刑、拘役或者管制。

收买被拐卖的妇女，强行与其发生性关系的，依照本法第二百三十六条的规定定罪处罚。

收买被拐卖的妇女、儿童，非法剥夺、限制其人身自由或者有伤害、侮辱等犯罪行为的，依照本法的有关规定定罪处罚。

收买被拐卖的妇女、儿童，并有第二款、第三款规定的犯罪行为的，依照数罪并罚的规定处罚。

收买被拐卖的妇女、儿童又出卖的，依照本法第二百四十条的规定定罪处罚。

收买被拐卖的妇女、儿童，对被买儿童没有虐待行为，不阻碍对其进行解救的，可以从轻处罚；按照被买妇女的意愿，不阻碍其返回原居住地的，可以从轻或者减轻处罚。

第二百四十四条之一 违反劳动管理法规，雇用未满十六周岁的未成年人从事超强度体力劳动的，或者从事高空、井下作业的，或者在爆炸性、易燃性、放射性、毒害性等危险环境下从事劳动，情节严重的，对直接责任人员，处三年以下有期徒刑或者拘役，并处罚金；情节特别严重的，处三年以上七年以下有期徒刑，并处罚金。

有前款行为，造成事故，又构成其他犯罪的，依照数罪并罚的规定处罚。

第二百六十条 虐待家庭成员，情节恶劣的，处二年以下有期徒刑、拘役或者管制。

犯前款罪，致使被害人重伤、死亡的，处二年以上七年以下有期徒刑。

第一款罪，告诉的才处理，但被害人没有能力告诉，或者因受到强制、威吓无法告诉的除外。

第二百六十一条 对于年老、年幼、患病或者其他没有独立生活能力的人，负有扶养义务而拒绝扶养，情节恶劣的，处五年以下有期徒刑、拘役或者管制。

第二百六十二条 拐骗不满十四周岁的未成年人，脱离家庭或者监护人的，处五年以下有期徒刑或者拘役。

第二百六十二条之一 以暴力、胁迫手段组织残疾人或者不满十四周岁的未成年人乞讨的，处三年以下有期徒刑或者拘役，并处罚金；情节严重的，处三年以上七年以下有期徒刑，并处罚金。

第二百六十二条之二 组织未成年人进行盗窃、诈骗、抢夺、敲诈勒索等违反治安管理活动的，处三年以下有期徒刑或者拘役，并处罚金；情节严重的，处三年以上七年以下有期徒刑，并处罚金。

第三百零一条 聚众进行淫乱活动的，对首要分子或者多次参加的，处五年以下有期徒刑、拘役或者管制。

引诱未成年人参加聚众淫乱活动的，依照前款的规定从重处罚。

第三百四十七条 走私、贩卖、运输、制造毒品，无论数量多少，都应当追究刑事责任，予以刑事处罚。

走私、贩卖、运输、制造毒品，有下列情形之一的，处十五年有期徒刑、无期徒刑或者死刑，并处没收财产：

（一）走私、贩卖、运输、制造鸦片一千克以上、海洛因或者甲基苯丙胺五十克以上或者其他毒品数量大的；

（二）走私、贩卖、运输、制造毒品集团的首要分子；

（三）武装掩护走私、贩卖、运输、制造毒品的；

（四）以暴力抗拒检查、拘留、逮捕，情节严重的；

（五）参与有组织的国际贩毒活动的。

走私、贩卖、运输、制造鸦片二百克以上不满一千克、海洛因或者甲基苯丙胺十克以上不满五十克或者其他毒品数量较大的，处七年以上有期徒刑，并处罚金。

走私、贩卖、运输、制造鸦片不满二百克、海洛因或者甲基苯丙胺不满十克或者其他少量毒品的，处三年以下有期徒刑、拘役或者管制，并处罚金；情节严重的，处三年以上七年以下有期徒刑，并处罚金。

单位犯第二款、第三款、第四款罪的，对单位判处罚金，并对其直接负责的主管人员和其他直接责任人员，依照各该款的规定处罚。

利用、教唆未成年人走私、贩卖、运输、制造毒品，或者向未成年人出售毒品的，从重处罚。

对多次走私、贩卖、运输、制造毒品，未经处理的，毒品数量累计计算。

第三百五十三条 引诱、教唆、欺骗他人吸食、注射毒品的，处三年以下有期徒刑、拘役或者管制，并处罚金；情节严重的，处三年以上七年以下有期徒刑，并处罚金。

强迫他人吸食、注射毒品的，处三年以上十年以下有期徒刑，并处罚金。

引诱、教唆、欺骗或者强迫未成年人吸食、注射毒品的，从重处罚。

第三百六十四条 传播淫秽的书刊、影片、音像、图片或者其他淫秽物品，情节严重的，处二年以下有期徒刑、拘役或者管制。

组织播放淫秽的电影、录像等音像制品的，处三年以下有期徒刑、拘役或者管制，并处罚金；情节严重的，处三年以上十年以下有期徒刑，并处罚金。

制作、复制淫秽的电影、录像等音像制品组织播放的，依照第二款的规定从重处罚。

向不满十八周岁的未成年人传播淫秽物品的，从重处罚。

民商法

中华人民共和国民法总则（节选）

（2017 年 3 月 15 日第十二届全国人民代表大会第五次会议通过，自 2017 年 10 月 1 日起施行）

第二章 自然人

第一节 民事权利能力和民事行为能力

第十七条 十八周岁以上的自然人为成年人。不满十八周岁的自然人为未成年人。

第十八条 成年人为完全民事行为能力人，可以独立实施民事法律行为。

十六周岁以上的未成年人，以自己的劳动收入为主要生活来源的，视为完全民事行为能力人。

第十九条 八周岁以上的未成年人为限制民事行为能力人，实施民事法律行为由其法定代理人代理或者经其法定代理人同意、追认，但是可以独立实施纯获利益的民事法律行为或者与其年龄、智力相适应的民事法律行为。

第二十条 不满八周岁的未成年人为无民事行为能力人，由其法定代理人代理实施民事法律行为。

第二十一条 不能辨认自己行为的成年人为无民事行为能力人，由其法定代理人代理实施民事法律行为。

八周岁以上的未成年人不能辨认自己行为的，适用前款规定。

第二十二条 不能完全辨认自己行为的成年人为限制民事行为能力人，实施民事法律行为由其法定代理人代理或者经其法定代理人同意、追认，但是可以独立实施纯获利益的民事法律行为或者与其智力、精神健康状况相适应的民事法律行为。

第二十三条 无民事行为能力人、限制民事行为能力人的监护人是其法定代理人。

第二节 监 护

第二十六条 父母对未成年子女负有抚养、教育和保护的义务。

成年子女对父母负有赡养、扶助和保护的义务。

第二十七条 父母是未成年子女的监护人。

未成年人的父母已经死亡或者没有监护能力的，由下列有监护能力的人按顺序担任监护人：

（一）祖父母、外祖父母；

（二）兄、姐；

（三）其他愿意担任监护人的个人或者组织，但是须经未成年人住所地的居民委员会、村民委员会或者民政部门同意。

第三十五条 监护人应当按照最有利于被监护人的原则履行监护职责。监护人除为维护被监护人利益外，不得处分被监护人的财产。

未成年人的监护人履行监护职责，在作出与被监护人利益有关的决定时，应当根据被监护人的年龄和智力状况，尊重被监护人的真实意愿。

成年人的监护人履行监护职责，应当最大程度地尊重被监护人的真实意愿，保障并协助被监护人实施与其智力、精神健康状况相适应的民事法律行为。对被监护人有能力独立处理的事务，监护人不得干涉。

第五章 民事权利

第一百二十八条 法律对未成年人、老年人、残疾人、妇女、消费者等的民事权利保护有特别规定的，依照其规定。

第六章 民事法律行为

第三节 民事法律行为的效力

第一百四十四条 无民事行为能力人实施的民事法律行为无效。

第一百四十五条 限制民事行为能力人实施的纯获利益的民事法律行为或者与其年龄、智力、精神健康状况相适应的民事法律行为有效；实施的其他民事法律行为经法定代理人同意或者追认后有效。

相对人可以催告法定代理人自收到通知之日起一个月内予以追认。法定代理人未作表示的，视为拒绝追认。民事法律行为被追认前，善意相对人有撤销的权利。撤销应当以通知的方式作出。

第九章 诉讼时效

第一百九十一条 未成年人遭受性侵害的损害赔偿请求权的诉讼时效期间，自受害人年满十八周岁之日起计算。

中华人民共和国婚姻法（节选）

（1980 年 9 月 10 日第五届全国人民代表大会第三次会议通过，根据 2001 年 4 月 28 日第九届全国人民代表大会常务委员会第二十一次会议《关于修改〈中华人民共和国婚姻法〉的决定》修正）

第二条 实行婚姻自由、一夫一妻、男女平等的婚姻制度。

保护妇女、儿童和老人的合法权益。

实行计划生育。

第二十一条 父母对子女有抚养教育的义务；子女对父母有赡养扶助的义务。

父母不履行抚养义务时，未成年的或不能独立生活的子女，有要求父母付给抚养费的权利。

子女不履行赡养义务时，无劳动能力的或生活困难的父母，有要求子女付给赡养费的权利。

禁止溺婴、弃婴和其他残害婴儿的行为。

第二十三条 父母有保护和教育未成年子女的权利和义务。在未成年子女对国家、集体或他人造成损害时，父母有承担民事责任的义务。

第二十八条 有负担能力的祖父母、外祖父母，对于父母已经死亡或父母无力抚养的未成年的孙子女、外孙子女，有抚养的义务。有负担能力的孙子女、外孙子女，对于子女已经死亡或子女无力赡养的祖父母、外祖父母，有赡养的义务。

第二十九条 有负担能力的兄、姐，对于父母已经死亡或父母无力抚养的未成年的弟、妹，有扶养的义务。由兄、姐扶养长大的有负担能力的弟、妹，对于缺乏劳动能力又缺乏生活来源的兄、姐，有扶养的义务。

中华人民共和国继承法（节选）

（1985年4月10日第六届全国人民代表大会第三次会议通过，自1985年10月1日起施行）

第六条 无行为能力人的继承权、受遗赠权，由他的法定代理人代为行使。

限制行为能力人的继承权、受遗赠权，由他的法定代理人代为行使，或者征得法定代理人同意后行使。

第二十二条 无行为能力人或者限制行为能力人所立的遗嘱无效。

遗嘱必须表示遗嘱人的真实意思，受胁迫、欺骗所立的遗嘱无效。

伪造的遗嘱无效。

遗嘱被篡改的，篡改的内容无效。

中华人民共和国收养法（节选）

（1991年12月29日第七届全国人民代表大会常务委员会第二十三次会议通过，根据1998年11月4日第九届全国人民代表大会常务委员会第五次会议《关于修改〈中华人民共和国收养法〉的决定》修正）

第一章 总 则

第一条 为保护合法的收养关系，维护收养关系当事人的权利，制定本法。

第二条 收养应当有利于被收养的未成年人的抚养、成长，保障被收养人和收养人的合法权益，遵循平等自愿的原则，并不得违背社会公德。

第三条 收养不得违背计划生育的法律、法规。

第二章 收养关系的成立

第四条 下列不满十四周岁的未成年人可以被收养：

（一）丧失父母的孤儿；

（二）查找不到生父母的弃婴和儿童；

（三）生父母有特殊困难无力抚养的子女。

第五条 下列公民、组织可以作送养人：

（一）孤儿的监护人；

（二）社会福利机构；

（三）有特殊困难无力抚养子女的生父母。

第六条 收养人应当同时具备下列条件：

（一）无子女；

（二）有抚养教育被收养人的能力；

（三）未患有在医学上认为不应当收养子女的疾病；

（四）年满三十周岁。

第七条 收养三代以内同辈旁系血亲的子女，可以不受本法第四条第三项、第五条第三项、第九条和被收养人不满十四周岁的限制。

华侨收养三代以内同辈旁系血亲的子女，还可以不受收养人无子女的限制。

第八条 收养人只能收养一名子女。

收养孤儿、残疾儿童或者社会福利机构抚

养的查找不到生父母的弃婴和儿童，可以不受收养人无子女和收养一名的限制。

第九条 无配偶的男性收养女性的，收养人与被收养人的年龄应当相差四十周岁以上。

第十条 生父母送养子女，须双方共同送养。生父母一方不明或者查找不到的可以单方送养。

有配偶者收养子女，须夫妻共同收养。

第十一条 收养人收养与送养人送养，须双方自愿。收养年满十周岁以上未成年人的，应当征得被收养人的同意。

第十二条 未成年人的父母均不具备完全民事行为能力的，该未成年人的监护人不得将其送养，但父母对该未成年人有严重危害可能的除外。

第十三条 监护人送养未成年孤儿的，须征得有抚养义务的人同意。有抚养义务的人不同意送养、监护人不愿意继续履行监护职责的，应当依照《中华人民共和国民法通则》的规定变更监护人。

第十四条 继父或者继母经继子女的生父母同意，可以收养继子女，并可以不受本法第四条第三项、第五条第三项、第六条和被收养人不满十四周岁以及收养一名的限制。

第十五条 收养应当向县级以上人民政府民政部门登记。收养关系自登记之日起成立。

收养查找不到生父母的弃婴和儿童的，办理登记的民政部门应当在登记前予以公告。

收养关系当事人愿意订立收养协议的，可以订立收养协议。

收养关系当事人各方或者一方要求办理收养公证的，应当办理收养公证。

第十六条 收养关系成立后，公安部门应当依照国家有关规定为被收养人办理户口登记。

第十七条 孤儿或者生父母无力抚养的子女，可以由生父母的亲属、朋友抚养。

抚养人与被抚养人的关系不适用收养关系。

第十八条 配偶一方死亡，另一方送养未成年子女的，死亡一方的父母有优先抚养的权利。

第十九条 送养人不得以送养子女为理由违反计划生育的规定再生育子女。

第二十条 严禁买卖儿童或者借收养名义买卖儿童。

第二十一条 外国人依照本法可以在中华人民共和国收养子女。

外国人在中华人民共和国收养子女，应当经其所在国主管机关依照该国法律审查同意。收养人应当提供由其所在国有权机构出具的有关收养人的年龄、婚姻、职业、财产、健康、有无受过刑事处罚等状况的证明材料，该证明材料应当经其所在国外交机关或者外交机关授权的机构认证，并经中华人民共和国驻该国使领馆认证。该收养人应当与送养人订立书面协议，亲自向省级人民政府民政部门登记。

收养关系当事人各方或者一方要求办理收养公证的，应当到国务院司法行政部门认定的具有办理涉外公证资格的公证机构办理收养公证。

第二十二条 收养人、送养人要求保守收养秘密的，其他人应当尊重其意愿，不得泄露。

第三章 收养的效力

第二十三条 自收养关系成立之日起，养父母与养子女间的权利义务关系，适用法律关于父母子女关系的规定；养子女与养父母的近亲属间的权利义务关系，适用法律关于子女与父母的近亲属关系的规定。

养子女与生父母及其他近亲属间的权利义务关系，因收养关系的成立而消除。

第二十四条 养子女可以随养父或者养母的姓，经当事人协商一致，也可以保留原姓。

第二十五条 违反《中华人民共和国民法通则》第五十五条和本法规定的收养行为无法律效力。

收养行为被人民法院确认无效的，从行为开始时起就没有法律效力。

第四章 收养关系的解除

第二十六条 收养人在被收养人成年以前，不得解除收养关系，但收养人、送养人双方协议解除的除外，养子女年满十周岁以上的，应当征得本人同意。

收养人不履行抚养义务，有虐待、遗弃等侵害未成年养子女合法权益行为的，送养人有权要求解除养父母与养子女间的收养关系。送养人、收养人不能达成解除收养关系协议的，可以向人民法院起诉。

第二十七条　养父母与成年养子女关系恶化、无法共同生活的，可以协议解除收养关系。不能达成协议的，可以向人民法院起诉。

第二十八条　当事人协议解除收养关系的，应当到民政部门办理解除收养关系的登记。

第二十九条　收养关系解除后，养子女与养父母及其他近亲属间的权利义务关系即行消除，与生父母及其他近亲属间的权利义务关系自行恢复，但成年养子女与生父母及其他近亲属间的权利义务关系是否恢复，可以协商确定。

第三十条　收养关系解除后，经养父母抚养的成年养子女，对缺乏劳动能力又缺乏生活来源的养父母，应当给付生活费。因养子女成年后虐待、遗弃养父母而解除收养关系的，养父母可以要求养子女补偿收养期间支出的生活费和教育费。

生父母要求解除收养关系的，养父母可以要求生父母适当补偿收养期间支出的生活费和教育费，但因养父母虐待、遗弃养子女而解除收养关系的除外。

第五章　法律责任

第三十一条　借收养名义拐卖儿童的，依法追究刑事责任。

遗弃婴儿的，由公安部门处以罚款；构成犯罪的，依法追究刑事责任。

出卖亲生子女的，由公安部门没收非法所得，并处以罚款；构成犯罪的，依法追究刑事责任。

第六章　附　则

第三十二条　民族自治地方的人民代表大会及其常务委员会可以根据本法的原则，结合当地情况，制定变通的或者补充的规定。自治区的规定，报全国人民代表大会常务委员会备案。自治州、自治县的规定，报省或者自治区的人民代表大会常务委员会批准后生效，并报全国人民代表大会常务委员会备案。

第三十三条　国务院可以根据本法制定实施办法。

第三十四条　本法自1992年4月1日起施行。

中华人民共和国合伙企业法（节选）

（1997年2月23日第八届全国人民代表大会常务委员会第二十四次会议通过，2006年8月27日第十届全国人民代表大会常务委员会第二十三次会议修订）

第五十条　合伙人死亡或者被依法宣告死亡的，对该合伙人在合伙企业中的财产份额享有合法继承权的继承人，按照合伙协议的约定或者经全体合伙人一致同意，从继承开始之日起，取得该合伙企业的合伙人资格。

有下列情形之一的，合伙企业应当向合伙人的继承人退还被继承合伙人的财产份额：

（一）继承人不愿意成为合伙人；

（二）法律规定或者合伙协议约定合伙人必须具有相关资格，而该继承人未取得该资格；

（三）合伙协议约定不能成为合伙人的其他情形。

合伙人的继承人为无民事行为能力人或者限制民事行为能力人的，经全体合伙人一致同意，可以依法成为有限合伙人，普通合伙企业依法转为有限合伙企业。全体合伙人未能一致同意的，合伙企业应当将被继承合伙人的财产份额退还该继承人。

中华人民共和国合同法（节选）

（1999年3月15日第九届全国人民代表大会第二次会议通过，自1999年10月1日起施行）

第四十七条　限制民事行为能力人订立的合同，经法定代理人追认后，该合同有效，但纯获利益的合同或者与其年龄、智力、精神健康状况相适应而订立的合同，不必经法定代理人追认。

相对人可以催告法定代理人在一个月内予以追认。法定代理人未作表示的，视为拒绝追认。合同被追认之前，善意相对人有撤销的权利。撤销应当以通知的方式作出。

中华人民共和国侵权责任法（节选）

（2009年12月26日第十一届全国人民代表大会常务委员会第十二次会议通过，自2010年7月1日起施行）

第三十八条　无民事行为能力人在幼儿园、学校或者其他教育机构学习、生活期间受到人身损害的，幼儿园、学校或者其他教育机构应当承担责任，但能够证明尽到教育、管理职责的，不承担责任。

第三十九条　限制民事行为能力人在学校或者其他教育机构学习、生活期间受到人身损害，学校或者其他教育机构未尽到教育、管理职责的，应当承担责任。

第四十条　无民事行为能力人或者限制民事行为能力人在幼儿园、学校或者其他教育机构学习、生活期间，受到幼儿园、学校或者其他教育机构以外的人员人身损害的，由侵权人承担侵权责任；幼儿园、学校或者其他教育机构未尽到管理职责的，承担相应的补充责任。

中华人民共和国保险法（节选）

（1995年6月30日第八届全国人民代表大会常务委员会第十四次会议通过，根据2002年10月28日第九届全国人民代表大会常务委员会第三十次会议《关于修改〈中华人民共和国保险法〉的决定》第一次修正，2009年2月28日第十一届全国人民代表大会常务委员会第七次会议修订，根据2014年8月31日第十二届全国人民代表大会常务委员会第十次会议《关于修改〈中华人民共和国保险法〉等五部法律的决定》第二次修正，根据2015年4月24日第十二届全国人民代表大会常务委员会第十四次会议《关于修改〈中华人民共和国计量法〉等五部法律的决定》第三次修正）

第三十三条　投保人不得为无民事行为能力人投保以死亡为给付保险金条件的人身保险，保险人也不得承保。

父母为其未成年子女投保的人身保险，不受前款规定限制。但是，因被保险人死亡给付的保险金总和不得超过国务院保险监督管理机构规定的限额。

第三十四条 以死亡为给付保险金条件的合同，未经被保险人同意并认可保险金额的，合同无效。

按照以死亡为给付保险金条件的合同所签发的保险单，未经被保险人书面同意，不得转让或者质押。

父母为其未成年子女投保的人身保险，不受本条第一款规定限制。

第三十九条 人身保险的受益人由被保险人或者投保人指定。

投保人指定受益人时须经被保险人同意。投保人为与其有劳动关系的劳动者投保人身保险，不得指定被保险人及其近亲属以外的人为受益人。

被保险人为无民事行为能力人或者限制民事行为能力人的，可以由其监护人指定受益人。

社会法

中华人民共和国未成年人保护法

（1991 年 9 月 4 日第七届全国人民代表大会常务委员会第二十一次会议通过，2006 年 12 月 29 日第十届全国人民代表大会常务委员会第二十五次会议第一次修订通过，根据 2012 年 10 月 26 日第十一届全国人民代表大会常务委员会第二十九次会议《全国人民代表大会常务委员会关于修改〈中华人民共和国未成年人保护法〉的决定》第二次修正，自 2013 年 1 月 1 日起施行）

第一章 总 则

第一条 为了保护未成年人的身心健康，保障未成年人的合法权益，促进未成年人在品德、智力、体质等方面全面发展，培养有理想、有道德、有文化、有纪律的社会主义建设者和接班人，根据宪法，制定本法。

第二条 本法所称未成年人是指未满十八周岁的公民。

第三条 未成年人享有生存权、发展权、受保护权、参与权等权利，国家根据未成年人身心发展特点给予特殊、优先保护，保障未成年人的合法权益不受侵犯。

未成年人享有受教育权，国家、社会、学校和家庭尊重和保障未成年人的受教育权。

未成年人不分性别、民族、种族、家庭财产状况、宗教信仰等，依法平等地享有权利。

第四条 国家、社会、学校和家庭对未成年人进行理想教育、道德教育、文化教育、纪律和法制教育，进行爱国主义、集体主义和社会主义的教育，提倡爱祖国、爱人民、爱劳动、爱科学、爱社会主义的公德，反对资本主义的、封建主义的和其他的腐朽思想的侵蚀。

第五条 保护未成年人的工作，应当遵循下列原则：

（一）尊重未成年人的人格尊严；

（二）适应未成年人身心发展的规律和特点；

（三）教育与保护相结合。

第六条 保护未成年人，是国家机关、武装力量、政党、社会团体、企业事业组织、城乡基层群众性自治组织、未成年人的监护人和其他成年公民的共同责任。

对侵犯未成年人合法权益的行为，任何组织和个人都有权予以劝阻、制止或者向有关部门提出检举或者控告。

国家、社会、学校和家庭应当教育和帮助未成年人维护自己的合法权益，增强自我保护的意识和能力，增强社会责任感。

第七条　中央和地方各级国家机关应当在各自的职责范围内做好未成年人保护工作。

国务院和地方各级人民政府领导有关部门做好未成年人保护工作；将未成年人保护工作纳入国民经济和社会发展规划以及年度计划，相关经费纳入本级政府预算。

国务院和省、自治区、直辖市人民政府采取组织措施，协调有关部门做好未成年人保护工作。具体机构由国务院和省、自治区、直辖市人民政府规定。

第八条　共产主义青年团、妇女联合会、工会、青年联合会、学生联合会、少年先锋队以及其他有关社会团体，协助各级人民政府做好未成年人保护工作，维护未成年人的合法权益。

第九条　各级人民政府和有关部门对保护未成年人有显著成绩的组织和个人，给予表彰和奖励。

第二章　家庭保护

第十条　父母或者其他监护人应当创造良好、和睦的家庭环境，依法履行对未成年人的监护职责和抚养义务。

禁止对未成年人实施家庭暴力，禁止虐待、遗弃未成年人，禁止溺婴和其他残害婴儿的行为，不得歧视女性未成年人或者有残疾的未成年人。

第十一条　父母或者其他监护人应当关注未成年人的生理、心理状况和行为习惯，以健康的思想、良好的品行和适当的方法教育和影响未成年人，引导未成年人进行有益身心健康的活动，预防和制止未成年人吸烟、酗酒、流浪、沉迷网络以及赌博、吸毒、卖淫等行为。

第十二条　父母或者其他监护人应当学习家庭教育知识，正确履行监护职责，抚养教育未成年人。

有关国家机关和社会组织应当为未成年人的父母或者其他监护人提供家庭教育指导。

第十三条　父母或者其他监护人应当尊重未成年人受教育的权利，必须使适龄未成年人依法入学接受并完成义务教育，不得使接受义务教育的未成年人辍学。

第十四条　父母或者其他监护人应当根据未成年人的年龄和智力发展状况，在作出与未成年人权益有关的决定时告知其本人，并听取他们的意见。

第十五条　父母或者其他监护人不得允许或者迫使未成年人结婚，不得为未成年人订立婚约。

第十六条　父母因外出务工或者其他原因不能履行对未成年人监护职责的，应当委托有监护能力的其他成年人代为监护。

第三章　学校保护

第十七条　学校应当全面贯彻国家的教育方针，实施素质教育，提高教育质量，注重培养未成年学生独立思考能力、创新能力和实践能力，促进未成年学生全面发展。

第十八条　学校应当尊重未成年学生受教育的权利，关心、爱护学生，对品行有缺点、学习有困难的学生，应当耐心教育、帮助，不得歧视，不得违反法律和国家规定开除未成年学生。

第十九条　学校应当根据未成年学生身心发展的特点，对他们进行社会生活指导、心理健康辅导和青春期教育。

第二十条　学校应当与未成年学生的父母或者其他监护人互相配合，保证未成年学生的睡眠、娱乐和体育锻炼时间，不得加重其学习负担。

第二十一条　学校、幼儿园、托儿所的教职员工应当尊重未成年人的人格尊严，不得对未成年人实施体罚、变相体罚或者其他侮辱人格尊严的行为。

第二十二条　学校、幼儿园、托儿所应当建立安全制度，加强对未成年人的安全教育，采取措施保障未成年人的人身安全。

学校、幼儿园、托儿所不得在危及未成年人人身安全、健康的校舍和其他设施、场所中进行教育教学活动。

学校、幼儿园安排未成年人参加集会、文化娱乐、社会实践等集体活动，应当有利于未成年人的健康成长，防止发生人身安全事故。

第二十三条　教育行政等部门和学校、幼儿园、托儿所应当根据需要，制定应对各种灾害、传染性疾病、食物中毒、意外伤害等突发事件的预案，配备相应设施并进行必要的演练，增强未成年人的自我保护意识和能力。

第二十四条　学校对未成年学生在校内或者本校组织的校外活动中发生人身伤害事故的，应当及时救护，妥善处理，并及时向有关主管部门报告。

第二十五条　对于在学校接受教育的有严重不良行为的未成年学生，学校和父母或者其他监护人应当互相配合加以管教；无力管教或者管教无效的，可以按照有关规定将其送专门学校继续接受教育。

依法设置专门学校的地方人民政府应当保障专门学校的办学条件，教育行政部门应当加强对专门学校的管理和指导，有关部门应当给予协助和配合。

专门学校应当对在校就读的未成年学生进行思想教育、文化教育、纪律和法制教育、劳动技术教育和职业教育。

专门学校的教职员工应当关心、爱护、尊重学生，不得歧视、厌弃。

第二十六条　幼儿园应当做好保育、教育工作，促进幼儿在体质、智力、品德等方面和谐发展。

第四章　社会保护

第二十七条　全社会应当树立尊重、保护、教育未成年人的良好风尚，关心、爱护未成年人。

国家鼓励社会团体、企业事业组织以及其他组织和个人，开展多种形式的有利于未成年人健康成长的社会活动。

第二十八条　各级人民政府应当保障未成年人受教育的权利，并采取措施保障家庭经济困难的、残疾的和流动人口中的未成年人等接受义务教育。

第二十九条　各级人民政府应当建立和改善适合未成年人文化生活需要的活动场所和设施，鼓励社会力量兴办适合未成年人的活动场所，并加强管理。

第三十条　爱国主义教育基地、图书馆、青少年宫、儿童活动中心应当对未成年人免费开放；博物馆、纪念馆、科技馆、展览馆、美术馆、文化馆以及影剧院、体育场馆、动物园、公园等场所，应当按照有关规定对未成年人免费或者优惠开放。

第三十一条　县级以上人民政府及其教育行政部门应当采取措施，鼓励和支持中小学校在节假日期间将文化体育设施对未成年人免费或者优惠开放。

社区中的公益性互联网上网服务设施，应当对未成年人免费或者优惠开放，为未成年人提供安全、健康的上网服务。

第三十二条　国家鼓励新闻、出版、信息产业、广播、电影、电视、文艺等单位和作家、艺术家、科学家以及其他公民，创作或者提供有利于未成年人健康成长的作品。出版、制作和传播专门以未成年人为对象的内容健康的图书、报刊、音像制品、电子出版物以及网络信息等，国家给予扶持。

国家鼓励科研机构和科技团体对未成年人开展科学知识普及活动。

第三十三条　国家采取措施，预防未成年人沉迷网络。

国家鼓励研究开发有利于未成年人健康成长的网络产品，推广用于阻止未成年人沉迷网络的新技术。

第三十四条　禁止任何组织、个人制作或者向未成年人出售、出租或者以其他方式传播淫秽、暴力、凶杀、恐怖、赌博等毒害未成年人的图书、报刊、音像制品、电子出版物以及网络信息等。

第三十五条　生产、销售用于未成年人的食品、药品、玩具、用具和游乐设施等，应当符合国家标准或者行业标准，不得有害于未成年人的安全和健康；需要标明注意事项的，应当在显著位置标明。

第三十六条　中小学校园周边不得设置营业性歌舞娱乐场所、互联网上网服务营业场所等不适宜未成年人活动的场所。

营业性歌舞娱乐场所、互联网上网服务营业场所等不适宜未成年人活动的场所，不得允许未成年人进入，经营者应当在显著位置设置未成年人禁入标志；对难以判明是否已成年的，应当要求其出示身份证件。

第三十七条　禁止向未成年人出售烟酒，经营者应当在显著位置设置不向未成年人出售烟酒的标志；对难以判明是否已成年的，应当要求其出示身份证件。

任何人不得在中小学校、幼儿园、托儿所的教室、寝室、活动室和其他未成年人集中活动的场所吸烟、饮酒。

第三十八条 任何组织或者个人不得招用未满十六周岁的未成年人，国家另有规定的除外。

任何组织或者个人按照国家有关规定招用已满十六周岁未满十八周岁的未成年人的，应当执行国家在工种、劳动时间、劳动强度和保护措施等方面的规定，不得安排其从事过重、有毒、有害等危害未成年人身心健康的劳动或者危险作业。

第三十九条 任何组织或者个人不得披露未成年人的个人隐私。

对未成年人的信件、日记、电子邮件，任何组织或者个人不得隐匿、毁弃；除因追查犯罪的需要，由公安机关或者人民检察院依法进行检查，或者对无行为能力的未成年人的信件、日记、电子邮件由其父母或者其他监护人代为开拆、查阅外，任何组织或者个人不得开拆、查阅。

第四十条 学校、幼儿园、托儿所和公共场所发生突发事件时，应当优先救护未成年人。

第四十一条 禁止拐卖、绑架、虐待未成年人，禁止对未成年人实施性侵害。

禁止胁迫、诱骗、利用未成年人乞讨或者组织未成年人进行有害其身心健康的表演等活动。

第四十二条 公安机关应当采取有力措施，依法维护校园周边的治安和交通秩序，预防和制止侵害未成年人合法权益的违法犯罪行为。

任何组织或者个人不得扰乱教学秩序，不得侵占、破坏学校、幼儿园、托儿所的场地、房屋和设施。

第四十三条 县级以上人民政府及其民政部门应当根据需要设立救助场所，对流浪乞讨等生活无着未成年人实施救助，承担临时监护责任；公安部门或者其他有关部门应当护送流浪乞讨或者离家出走的未成年人到救助场所，由救助场所予以救助和妥善照顾，并及时通知其父母或者其他监护人领回。

对孤儿、无法查明其父母或者其他监护人的以及其他生活无着的未成年人，由民政部门设立的儿童福利机构收留抚养。

未成年人救助机构、儿童福利机构及其工作人员应当依法履行职责，不得虐待、歧视未成年人；不得在办理收留抚养工作中牟取利益。

第四十四条 卫生部门和学校应当对未成年人进行卫生保健和营养指导，提供必要的卫生保健条件，做好疾病预防工作。

卫生部门应当做好对儿童的预防接种工作，国家免疫规划项目的预防接种实行免费；积极防治儿童常见病、多发病，加强对传染病防治工作的监督管理，加强对幼儿园、托儿所卫生保健的业务指导和监督检查。

第四十五条 地方各级人民政府应当积极发展托幼事业，办好托儿所、幼儿园，支持社会组织和个人依法兴办哺乳室、托儿所、幼儿园。

各级人民政府和有关部门应当采取多种形式，培养和训练幼儿园、托儿所的保教人员，提高其职业道德素质和业务能力。

第四十六条 国家依法保护未成年人的智力成果和荣誉权不受侵犯。

第四十七条 未成年人已经完成规定年限的义务教育不再升学的，政府有关部门和社会团体、企业事业组织应当根据实际情况，对他们进行职业教育，为他们创造劳动就业条件。

第四十八条 居民委员会、村民委员会应当协助有关部门教育和挽救违法犯罪的未成年人，预防和制止侵害未成年人合法权益的违法犯罪行为。

第四十九条 未成年人的合法权益受到侵害的，被侵害人及其监护人或者其他组织和个人有权向有关部门投诉，有关部门应当依法及时处理。

第五章　司法保护

第五十条 公安机关、人民检察院、人民法院以及司法行政部门，应当依法履行职责，在司法活动中保护未成年人的合法权益。

第五十一条 未成年人的合法权益受到侵害，依法向人民法院提起诉讼的，人民法院应当依法及时审理，并适应未成年人生理、心理特点和健康成长的需要，保障未成年人的合法权益。

在司法活动中对需要法律援助或者司法救助的未成年人，法律援助机构或者人民法院应当给予帮助，依法为其提供法律援助或者司法救助。

第五十二条 人民法院审理继承案件，应当依法保护未成年人的继承权和受遗赠权。

人民法院审理离婚案件，涉及未成年子女抚养问题的，应当听取有表达意愿能力的未成年子女的意见，根据保障子女权益的原则和双方具体情况依法处理。

第五十三条 父母或者其他监护人不履行监护职责或者侵害被监护的未成年人的合法权益，经教育不改的，人民法院可以根据有关人员或者有关单位的申请，撤销其监护人的资格，依法另行指定监护人。被撤销监护资格的父母应当依法继续负担抚养费用。

第五十四条 对违法犯罪的未成年人，实行教育、感化、挽救的方针，坚持教育为主、惩罚为辅的原则。

对违法犯罪的未成年人，应当依法从轻、减轻或者免除处罚。

第五十五条 公安机关、人民检察院、人民法院办理未成年人犯罪案件和涉及未成年人权益保护案件，应当照顾未成年人身心发展特点，尊重他们的人格尊严，保障他们的合法权益，并根据需要设立专门机构或者指定专人办理。

第五十六条 讯问、审判未成年犯罪嫌疑人、被告人，询问未成年证人、被害人，应当依照刑事诉讼法的规定通知其法定代理人或者其他人员到场。

公安机关、人民检察院、人民法院办理未成年人遭受性侵害的刑事案件，应当保护被害人的名誉。

第五十七条 对羁押、服刑的未成年人，应当与成年人分别关押。

羁押、服刑的未成年人没有完成义务教育的，应当对其进行义务教育。

解除羁押、服刑期满的未成年人的复学、升学、就业不受歧视。

第五十八条 对未成年人犯罪案件，新闻报道、影视节目、公开出版物、网络等不得披露该未成年人的姓名、住所、照片、图像以及可能推断出该未成年人的资料。

第五十九条 对未成年人严重不良行为的矫治与犯罪行为的预防，依照预防未成年人犯罪法的规定执行。

第六章 法律责任

第六十条 违反本法规定，侵害未成年人的合法权益，其他法律、法规已规定行政处罚的，从其规定；造成人身财产损失或者其他损害的，依法承担民事责任；构成犯罪的，依法追究刑事责任。

第六十一条 国家机关及其工作人员不依法履行保护未成年人合法权益的责任，或者侵害未成年人合法权益，或者对提出申诉、控告、检举的人进行打击报复的，由其所在单位或者上级机关责令改正，对直接负责的主管人员和其他直接责任人员依法给予行政处分。

第六十二条 父母或者其他监护人不依法履行监护职责，或者侵害未成年人合法权益的，由其所在单位或者居民委员会、村民委员会予以劝诫、制止；构成违反治安管理行为的，由公安机关依法给予行政处罚。

第六十三条 学校、幼儿园、托儿所侵害未成年人合法权益的，由教育行政部门或者其他有关部门责令改正；情节严重的，对直接负责的主管人员和其他直接责任人员依法给予处分。

学校、幼儿园、托儿所教职员工对未成年人实施体罚、变相体罚或者其他侮辱人格行为的，由其所在单位或者上级机关责令改正；情节严重的，依法给予处分。

第六十四条 制作或者向未成年人出售、出租或者以其他方式传播淫秽、暴力、凶杀、恐怖、赌博等图书、报刊、音像制品、电子出版物以及网络信息等的，由主管部门责令改正，依法给予行政处罚。

第六十五条 生产、销售用于未成年人的食品、药品、玩具、用具和游乐设施不符合国家标准或者行业标准，或者没有在显著位置标明注意事项的，由主管部门责令改正，依法给予行政处罚。

第六十六条 在中小学校园周边设置营业性歌舞娱乐场所、互联网上网服务营业场所等不适宜未成年人活动的场所的，由主管部门予以关闭，依法给予行政处罚。

营业性歌舞娱乐场所、互联网上网服务营业场所等不适宜未成年人活动的场所允许未成年人进入，或者没有在显著位置设置未成年人禁入标志的，由主管部门责令改正，依法给予行政处罚。

第六十七条 向未成年人出售烟酒，或者没有在显著位置设置不向未成年人出售烟酒标志的，由主管部门责令改正，依法给予行政处罚。

第六十八条 非法招用未满十六周岁的未成年人，或者招用已满十六周岁的未成年人从事过重、有毒、有害等危害未成年人身心健康的劳动或者危险作业的，由劳动保障部门责令改正，处以罚款；情节严重的，由工商行政管理部门吊销营业执照。

第六十九条 侵犯未成年人隐私，构成违反治安管理行为的，由公安机关依法给予行政处罚。

第七十条 未成年人救助机构、儿童福利机构及其工作人员不依法履行对未成年人的救助保护职责，或者虐待、歧视未成年人，或者在办理收留抚养工作中牟取利益的，由主管部门责令改正，依法给予行政处分。

第七十一条 胁迫、诱骗、利用未成年人乞讨或者组织未成年人进行有害其身心健康的表演等活动的，由公安机关依法给予行政处罚。

第七章 附 则

第七十二条 本法自 2007 年 6 月 1 日起施行。

中华人民共和国预防未成年人犯罪法

（1999 年 6 月 28 日第九届全国人民代表大会常务委员会第十次会议通过，自 1999 年 11 月 1 日起施行，根据 2012 年 10 月 26 日第十一届全国人民代表大会常务委员会第二十九次会议《全国人民代表大会常务委员会关于修改〈中华人民共和国预防未成年人犯罪法〉的决定》修正，自 2013 年 1 月 1 日起施行）

第一章 总 则

第一条 为了保障未成年人身心健康，培养未成年人良好品行，有效地预防未成年人犯罪，制定本法。

第二条 预防未成年人犯罪，立足于教育和保护，从小抓起，对未成年人的不良行为及时进行预防和矫治。

第三条 预防未成年人犯罪，在各级人民政府组织领导下，实行综合治理。

政府有关部门、司法机关、人民团体、有关社会团体、学校、家庭、城市居民委员会、农村村民委员会等各方面共同参与，各负其责，做好预防未成年人犯罪工作，为未成年人身心健康发展创造良好的社会环境。

第四条 各级人民政府在预防未成年人犯罪方面的职责是：

（一）制定预防未成年人犯罪工作的规划；

（二）组织、协调公安、教育、文化、新闻出版、广播电影电视、工商、民政、司法行政等政府有关部门和其他社会组织进行预防未成年人犯罪工作；

（三）对本法实施的情况和工作规划的执行情况进行检查；

（四）总结、推广预防未成年人犯罪工作的经验，树立、表彰先进典型。

第五条 预防未成年人犯罪，应当结合未成年人不同年龄的生理、心理特点，加强青春期教育、心理矫治和预防犯罪对策的研究。

第二章　预防未成年人犯罪的教育

第六条　对未成年人应当加强思想、道德、法制和爱国主义、集体主义、社会主义教育。对于达到义务教育年龄的未成年人，在进行上述教育的同时，应当进行预防犯罪的教育。

预防未成年人犯罪的教育的目的，是增强未成年人的法制观念，使未成年人懂得违法和犯罪行为对个人、家庭、社会造成的危害，违法和犯罪行为应当承担的法律责任，树立遵纪守法和防范违法犯罪的意识。

第七条　教育行政部门、学校应当将预防犯罪的教育作为法制教育的内容纳入学校教育教学计划，结合常见多发的未成年人犯罪，对不同年龄的未成年人进行有针对性的预防犯罪教育。

第八条　司法行政部门、教育行政部门、共产主义青年团、少年先锋队应当结合实际，组织、举办展览会、报告会、演讲会等多种形式的预防未成年人犯罪的法制宣传活动。

学校应当结合实际举办以预防未成年人犯罪的教育为主要内容的活动。教育行政部门应当将预防未成年人犯罪教育的工作效果作为考核学校工作的一项重要内容。

第九条　学校应当聘任从事法制教育的专职或者兼职教师。学校根据条件可以聘请校外法律辅导员。

第十条　未成年人的父母或者其他监护人对未成年人的法制教育负有直接责任。学校在对学生进行预防犯罪教育时，应当将教育计划告知未成年人的父母或者其他监护人，未成年人的父母或者其他监护人应当结合学校的计划，针对具体情况进行教育。

第十一条　少年宫、青少年活动中心等校外活动场所应当把预防未成年人犯罪的教育作为一项重要的工作内容，开展多种形式的宣传教育活动。

第十二条　对于已满十六周岁不满十八周岁准备就业的未成年人，职业教育培训机构、用人单位应当将法律知识和预防犯罪教育纳入职业培训的内容。

第十三条　城市居民委员会、农村村民委员会应当积极开展有针对性的预防未成年人犯罪的法制宣传活动。

第三章　对未成年人不良行为的预防

第十四条　未成年人的父母或者其他监护人和学校应当教育未成年人不得有下列不良行为：

（一）旷课、夜不归宿；

（二）携带管制刀具；

（三）打架斗殴、辱骂他人；

（四）强行向他人索要财物；

（五）偷窃、故意毁坏财物；

（六）参与赌博或者变相赌博；

（七）观看、收听色情、淫秽的音像制品、读物等；

（八）进入法律、法规规定未成年人不适宜进入的营业性歌舞厅等场所；

（九）其他严重违背社会公德的不良行为。

第十五条　未成年人的父母或者其他监护人和学校应当教育未成年人不得吸烟、酗酒。任何经营场所不得向未成年人出售烟酒。

第十六条　中小学生旷课的，学校应当及时与其父母或者其他监护人取得联系。

未成年人擅自外出夜不归宿的，其父母或者其他监护人、其所在的寄宿制学校应当及时查找，或者向公安机关请求帮助。收留夜不归宿的未成年人的，应当征得其父母或者其他监护人的同意，或者在二十四小时内及时通知其父母或者其他监护人、所在学校或者及时向公安机关报告。

第十七条　未成年人的父母或者其他监护人和学校发现未成年人组织或者参加实施不良行为的团伙的，应当及时予以制止。发现该团伙有违法犯罪行为的，应当向公安机关报告。

第十八条　未成年人的父母或者其他监护人和学校发现有人教唆、胁迫、引诱未成年人违法犯罪的，应当向公安机关报告。公安机关接到报告后，应当及时依法查处，对未成年人人身安全受到威胁的，应当及时采取有效措施，保护其人身安全。

第十九条　未成年人的父母或者其他监护人，不得让不满十六周岁的未成年人脱离监护单独居住。

第二十条　未成年人的父母或者其他监护

人对未成年人不得放任不管，不得迫使其离家出走，放弃监护职责。

未成年人离家出走的，其父母或者其他监护人应当及时查找，或者向公安机关请求帮助。

第二十一条 未成年人的父母离异的，离异双方对子女都有教育的义务，任何一方都不得因离异而不履行教育子女的义务。

第二十二条 继父母、养父母对受其抚养教育的未成年继子女、养子女、应当履行本法规定的父母对未成年子女在预防犯罪方面的职责。

第二十三条 学校对有不良行为的未成年人应当加强教育、管理，不得歧视。

第二十四条 教育行政部门、学校应当举办各种形式的讲座、座谈、培训等活动，针对未成年人不同时期的生理、心理特点，介绍良好有效的教育方法，指导教师、未成年人的父母和其他监护人有效地防止、矫治未成年人的不良行为。

第二十五条 对于教唆、胁迫、引诱未成年人实施不良行为或者品行不良，影响恶劣，不适宜在学校工作的教职员工，教育行政部门、学校应当予以解聘或者辞退；构成犯罪的，依法追究刑事责任。

第二十六条 禁止在中小学校附近开办营业性歌舞厅、营业性电子游戏场所以及其他未成年人不适宜进入的场所。禁止开办上述场所的具体范围由省、自治区、直辖市人民政府规定。

对本法施行前已在中小学校附近开办上述场所的，应当限期迁移或者停业。

第二十七条 公安机关应当加强中小学校周围环境的治安管理，及时制止、处理中小学校周围发生的违法犯罪行为。城市居民委员会、农村村民委员会应当协助公安机关做好维护中小学校周围治安的工作。

第二十八条 公安派出所、城市居民委员会、农村村民委员会应当掌握本辖区内暂住人口中未成年人的就学、就业情况。对于暂住人口中未成年人实施不良行为的，应当督促其父母或者其他监护人进行有效的教育、制止。

第二十九条 任何人不得教唆、胁迫、引诱未成年人实施本法规定的不良行为，或者为未成年人实施不良行为提供条件。

第三十条 以未成年人为对象的出版物，不得含有诱发未成年人违法犯罪的内容，不得含有渲染暴力、色情、赌博、恐怖活动等危害未成年人身心健康的内容。

第三十一条 任何单位和个人不得向未成年人出售、出租含有诱发未成年人违法犯罪以及渲染暴力、色情、赌博、恐怖活动等危害未成年人身心健康内容的读物、音像制品或者电子出版物。

任何单位和个人不得利用通讯、计算机网络等方式提供前款规定的危害未成年人身心健康的内容及其信息。

第三十二条 广播、电影、电视、戏剧节目，不得有渲染暴力、色情、赌博、恐怖活动等危害未成年人身心健康的内容。

广播电影电视行政部门、文化行政部门必须加强对广播、电影、电视、戏剧节目以及各类演播场所的管理。

第三十三条 营业性歌舞厅以及其他未成年人不适宜进入的场所、应当设置明显的未成年人禁止进入标志，不得允许未成年人进入。

营业性电子游戏场所在国家法定节假日外，不得允许未成年人进入，并应当设置明显的未成年人禁止进入标志。

对于难以判明是否已成年的，上述场所的工作人员可以要求其出示身份证件。

第四章 对未成年人严重不良行为的矫治

第三十四条 本法所称“严重不良行为”，是指下列严重危害社会，尚不够刑事处罚的违法行为：

（一）纠集他人结伙滋事，扰乱治安；

（二）携带管制刀具，屡教不改；

（三）多次拦截殴打他人或者强行索要他人财物；

（四）传播淫秽的读物或者音像制品等；

（五）进行淫乱或者色情、卖淫活动；

（六）多次偷窃；

（七）参与赌博，屡教不改；

（八）吸食、注射毒品；

（九）其他严重危害社会的行为。

第三十五条 对未成年人实施本法规定的

严重不良行为的，应当及时予以制止。

对有本法规定严重不良行为的未成年人，其父母或者其他监护人和学校应当相互配合，采取措施严加管教，也可以送工读学校进行矫治和接受教育。

对未成年人送工读学校进行矫治和接受教育，应当由其父母或者其他监护人，或者原所在学校提出申请，经教育行政部门批准。

第三十六条 工读学校对就读的未成年人应当严格管理和教育。工读学校除按照义务教育法的要求，在课程设置上与普通学校相同外，应当加强法制教育的内容，针对未成年人严重不良行为产生的原因以及有严重不良行为的未成年人的心理特点，开展矫治工作。

家庭、学校应当关心、爱护在工读学校就读的未成年人，尊重他们的人格尊严，不得体罚、虐待和歧视。工读学校毕业的未成年人在升学、就业等方面，同普通学校毕业的学生享有同等的权利，任何单位和个人不得歧视。

第三十七条 未成年人有本法规定严重不良行为，构成违反治安管理行为的，由公安机关依法予以治安处罚。因不满十四周岁或者情节特别轻微免予处罚的，可以予以训诫。

第三十八条 未成年人因不满十六周岁不予刑事处罚的，责令他的父母或者其他监护人严加管教；在必要的时候，也可以由政府依法收容教养。

第三十九条 未成年人在被收容教养期间，执行机关应当保证其继续接受文化知识、法律知识或者职业技术教育；对没有完成义务教育的未成年人，执行机关应当保证其继续接受义务教育。

解除收容教养、劳动教养的未成年人，在复学、升学、就业等方面与其他未成年人享有同等权利，任何单位和个人不得歧视。

第五章 未成年人对犯罪的自我防范

第四十条 未成年人应当遵守法律、法规及社会公共道德规范，树立自尊、自律、自强意识，增强辨别是非和自我保护的能力，自觉抵制各种不良行为及违法犯罪行为的引诱和侵害。

第四十一条 被父母或者其他监护人遗弃、虐待的未成年人，有权向公安机关、民政部门、共产主义青年团、妇女联合会、未成年人保护组织或者学校、城市居民委员会、农村村民委员会请求保护。被请求的上述部门和组织都应当接受，根据情况需要采取救助措施的，应当先采取救助措施。

第四十二条 未成年人发现任何人对自己或者对其他未成年人实施本法第三章规定不得实施的行为或者犯罪行为，可以通过所在学校、其父母或者其他监护人向公安机关或者政府有关主管部门报告，也可以自己向上述机关报告。受理报告的机关应当及时依法查处。

第四十三条 对同犯罪行为作斗争以及举报犯罪行为的未成年人，司法机关、学校、社会应当加强保护，保障其不受打击报复。

第六章 对未成年人重新犯罪的预防

第四十四条 对犯罪的未成年人追究刑事责任，实行教育、感化、挽救方针，坚持教育为主、惩罚为辅的原则。

司法机关办理未成年人犯罪案件，应当保障未成年人行使其诉讼权利，保障未成年人得到法律帮助，并根据未成年人的生理、心理特点和犯罪的情况，有针对性地进行法制教育。

对于被采取刑事强制措施的未成年学生，在人民法院的判决生效以前，不得取消其学籍。

第四十五条 人民法院审判未成年人犯罪的刑事案件，应当由熟悉未成年人身心特点的审判员或者审判员和人民陪审员依法组成少年法庭进行。

对于审判的时候被告人不满十八周岁的刑事案件，不公开审理。

对未成年人犯罪案件，新闻报道、影视节目、公开出版物不得披露该未成年人的姓名、住所、照片及可能推断出该未成年人的资料。

第四十六条 对被拘留、逮捕和执行刑罚的未成年人与成年人应当分别关押、分别管理、分别教育。未成年犯在被执行刑罚期间，执行机关应当加强对未成年犯的法制教育，对未成年犯进行职业技术教育。对没有完成义务教育的未成年犯，执行机关应当保证其继续接受义务教育。

第四十七条 未成年人的父母或者其他监

护人和学校、城市居民委员会、农村村民委员会、对因不满十六周岁而不予刑事处罚、免予刑事处罚的未成年人，或者被判处非监禁刑罚、被判处刑罚宣告缓刑、被假释的未成年人，应当采取有效的帮教措施，协助司法机关做好对未成年人的教育、挽救工作。

城市居民委员会、农村村民委员会可以聘请思想品德优秀，作风正派，热心未成年人教育工作的离退休人员或其他人员协助做好对前款规定的未成年人的教育、挽救工作。

第四十八条 依法免予刑事处罚、判处非监禁刑罚、判处刑罚宣告缓刑、假释或者刑罚执行完毕的未成年人，在复学、升学、就业等方面与其他未成年人享有同等权利，任何单位和个人不得歧视。

第七章 法律责任

第四十九条 未成年人的父母或者其他监护人不履行监护职责，放任未成年人有本法规定的不良行为或者严重不良行为的，由公安机关对未成年人的父母或者其他监护人予以训诫，责令其严加管教。

第五十条 未成年人的父母或者其他监护人违反本法第十九条的规定，让不满十六周岁的未成年人脱离监护单独居住的，由公安机关对未成年人的父母或者其他监护人予以训诫，责令其立即改正。

第五十一条 公安机关的工作人员违反本法第十八条的规定，接到报告后，不及时查处或者采取有效措施，严重不负责任的，予以行政处分；造成严重后果，构成犯罪的，依法追究刑事责任。

第五十二条 违反本法第三十条的规定，出版含有诱发未成年人违法犯罪以及渲染暴力、色情、赌博、恐怖活动等危害未成年人身心健康内容的出版物的，由出版行政部门没收出版物和违法所得，并处违法所得三倍以上十倍以下罚款；情节严重的，没收出版物和违法所得，并责令停业整顿或者吊销许可证。对直接负责的主管人员和其他直接责任人员处以罚款。

制作、复制宣扬淫秽内容的未成年人出版物，或者向未成年人出售、出租、传播宣扬淫秽内容的出版物的，依法予以治安处罚；构成犯罪的，依法追究刑事责任。

第五十三条 违反本法第三十一条的规定，向未成年人出售、出租含有诱发未成年人违法犯罪以及渲染暴力、色情、赌博、恐怖活动等危害未成年人身心健康内容的读物、音像制品、电子出版物的，或者利用通讯、计算机网络等方式提供上述危害未成年人身心健康内容及其信息的，没收读物、音像制品、电子出版物和违法所得，由政府有关主管部门处以罚款。

单位有前款行为的，没收读物、音像制品、电子出版物和违法所得，处以罚款，并对直接负责的主管人员和其他直接责任人员处以罚款。

第五十四条 影剧院、录像厅等各类演播场所，放映或者演出渲染暴力、色情、赌博。恐怖活动等危害未成年人身心健康的节目的，由政府有关主管部门没收违法播放的音像制品和违法所得，处以罚款，并对直接负责的主管人员和其他直接责任人员处以罚款；情节严重的，责令停业整顿或者由工商行政部门吊销营业执照。

第五十五条 营业性歌舞厅以及其他未成年人不适宜进入的场所、营业性电子游戏场所，违反本法第三十三条的规定，不设置明显的未成年人禁止进入标志，或者允许未成年人进入的，由文化行政部门责令改正、给予警告、责令停业整顿、没收违法所得，处以罚款，并对直接负责的主管人员和其他直接责任人员处以罚款；情节严重的，由工商行政部门吊销营业执照。

第五十六条 教唆、胁迫、引诱未成年人实施本法规定的不良行为、严重不良行为，或者为未成年人实施不良行为、严重不良行为提供条件，构成违反治安管理行为的，由公安机关依法予以治安处罚；构成犯罪的，依法追究刑事责任。

第八章 附 则

第五十七条 本法自1999年11月1日起施行。

中华人民共和国反家庭暴力法

（2015年12月27日第十二届全国人民代表大会常务委员会第十八次会议通过，自2016年3月1日实施）

第一章 总 则

第一条 为了预防和制止家庭暴力，保护家庭成员的合法权益，维护平等、和睦、文明的家庭关系，促进家庭和谐、社会稳定，制定本法。

第二条 本法所称家庭暴力，是指家庭成员之间以殴打、捆绑、残害、限制人身自由以及经常性谩骂、恐吓等方式实施的身体、精神等侵害行为。

第三条 家庭成员之间应当互相帮助，互相关爱，和睦相处，履行家庭义务。

反家庭暴力是国家、社会和每个家庭的共同责任。

国家禁止任何形式的家庭暴力。

第四条 县级以上人民政府负责妇女儿童工作的机构，负责组织、协调、指导、督促有关部门做好反家庭暴力工作。

县级以上人民政府有关部门、司法机关、人民团体、社会组织、居民委员会、村民委员会、企业事业单位，应当依照本法和有关法律规定，做好反家庭暴力工作。

各级人民政府应当对反家庭暴力工作给予必要的经费保障。

第五条 反家庭暴力工作遵循预防为主，教育、矫治与惩处相结合原则。

反家庭暴力工作应当尊重受害人真实意愿，保护当事人隐私。

未成年人、老年人、残疾人、孕期和哺乳期的妇女、重病患者遭受家庭暴力的，应当给予特殊保护。

第二章 家庭暴力的预防

第六条 国家开展家庭美德宣传教育，普及反家庭暴力知识，增强公民反家庭暴力意识。

工会、共产主义青年团、妇女联合会、残疾人联合会应当在各自工作范围内，组织开展家庭美德和反家庭暴力宣传教育。

广播、电视、报刊、网络等应当开展家庭美德和反家庭暴力宣传。

学校、幼儿园应当开展家庭美德和反家庭暴力教育。

第七条 县级以上人民政府有关部门、司法机关、妇女联合会应当将预防和制止家庭暴力纳入业务培训和统计工作。

医疗机构应当做好家庭暴力受害人的诊疗记录。

第八条 乡镇人民政府、街道办事处应当组织开展家庭暴力预防工作，居民委员会、村民委员会、社会工作服务机构应当予以配合协助。

第九条 各级人民政府应当支持社会工作服务机构等社会组织开展心理健康咨询、家庭关系指导、家庭暴力预防知识教育等服务。

第十条 人民调解组织应当依法调解家庭纠纷，预防和减少家庭暴力的发生。

第十一条 用人单位发现本单位人员有家庭暴力情况的，应当给予批评教育，并做好家庭矛盾的调解、化解工作。

第十二条 未成年人的监护人应当以文明的方式进行家庭教育，依法履行监护和教育职责，不得实施家庭暴力。

第三章 家庭暴力的处置

第十三条 家庭暴力受害人及其法定代理人、近亲属可以向加害人或者受害人所在单位、居民委员会、村民委员会、妇女联合会等单位投诉、反映或者求助。有关单位接到家庭暴力投诉、反映或者求助后，应当给予帮助、处理。

家庭暴力受害人及其法定代理人、近亲属也可以向公安机关报案或者依法向人民法院起诉。

单位、个人发现正在发生的家庭暴力行为，有权及时劝阻。

第十四条 学校、幼儿园、医疗机构、居民委员会、村民委员会、社会工作服务机构、救助管理机构、福利机构及其工作人员在工作中发现无民事行为能力人、限制民事行为能力人遭受或者疑似遭受家庭暴力的，应当及时向公安机关报案。公安机关应当对报案人的信息予以保密。

第十五条 公安机关接到家庭暴力报案后应当及时出警，制止家庭暴力，按照有关规定调查取证，协助受害人就医、鉴定伤情。

无民事行为能力人、限制民事行为能力人因家庭暴力身体受到严重伤害、面临人身安全威胁或者处于无人照料等危险状态的，公安机关应当通知并协助民政部门将其安置到临时庇护场所、救助管理机构或者福利机构。

第十六条 家庭暴力情节较轻，依法不给予治安管理处罚的，由公安机关对加害人给予批评教育或者出具告诫书。

告诫书应当包括加害人的身份信息、家庭暴力的事实陈述、禁止加害人实施家庭暴力等内容。

第十七条 公安机关应当将告诫书送交加害人、受害人，并通知居民委员会、村民委员会。

居民委员会、村民委员会、公安派出所应当对收到告诫书的加害人、受害人进行查访，监督加害人不再实施家庭暴力。

第十八条 县级或者设区的市级人民政府可以单独或者依托救助管理机构设立临时庇护场所，为家庭暴力受害人提供临时生活帮助。

第十九条 法律援助机构应当依法为家庭暴力受害人提供法律援助。

人民法院应当依法对家庭暴力受害人缓收、减收或者免收诉讼费用。

第二十条 人民法院审理涉及家庭暴力的案件，可以根据公安机关出警记录、告诫书、伤情鉴定意见等证据，认定家庭暴力事实。

第二十一条 监护人实施家庭暴力严重侵害被监护人合法权益的，人民法院可以根据被监护人的近亲属、居民委员会、村民委员会、县级人民政府民政部门等有关人员或者单位的申请，依法撤销其监护人资格，另行指定监护人。

被撤销监护人资格的加害人，应当继续负担相应的赡养、扶养、抚养费用。

第二十二条 工会、共产主义青年团、妇女联合会、残疾人联合会、居民委员会、村民委员会等应当对实施家庭暴力的加害人进行法治教育，必要时可以对加害人、受害人进行心理辅导。

第四章 人身安全保护令

第二十三条 当事人因遭受家庭暴力或者面临家庭暴力的现实危险，向人民法院申请人身安全保护令的，人民法院应当受理。

当事人是无民事行为能力人、限制民事行为能力人，或者因受到强制、威吓等原因无法申请人身安全保护令的，其近亲属、公安机关、妇女联合会、居民委员会、村民委员会、救助管理机构可以代为申请。

第二十四条 申请人身安全保护令应当以书面方式提出；书面申请确有困难的，可以口头申请，由人民法院记入笔录。

第二十五条 人身安全保护令案件由申请人或者被申请人居住地、家庭暴力发生地的基层人民法院管辖。

第二十六条 人身安全保护令由人民法院以裁定形式作出。

第二十七条 作出人身安全保护令，应当具备下列条件：

（一）有明确的被申请人；

（二）有具体的请求；

（三）有遭受家庭暴力或者面临家庭暴力现实危险的情形。

第二十八条 人民法院受理申请后，应当在七十二小时内作出人身安全保护令或者驳回申请；情况紧急的，应当在二十四小时内作出。

第二十九条 人身安全保护令可以包括下列措施：

（一）禁止被申请人实施家庭暴力；

（二）禁止被申请人骚扰、跟踪、接触申请人及其相关近亲属；

（三）责令被申请人迁出申请人住所；

（四）保护申请人人身安全的其他措施。

第三十条 人身安全保护令的有效期不超过六个月，自作出之日起生效。人身安全保护令失效前，人民法院可以根据申请人的申请撤销、变更或者延长。

第三十一条 申请人对驳回申请不服或者被申请人对人身安全保护令不服的，可以自裁定生效之日起五日内向作出裁定的人民法院申请复议一次。人民法院依法作出人身安全保护令的，复议期间不停止人身安全保护令的执行。

第三十二条 人民法院作出人身安全保护令后，应当送达申请人、被申请人、公安机关以及居民委员会、村民委员会等有关组织。人身安全保护令由人民法院执行，公安机关以及居民委员会、村民委员会等应当协助执行。

第五章 法律责任

第三十三条 加害人实施家庭暴力，构成违反治安管理行为的，依法给予治安管理处罚；构成犯罪的，依法追究刑事责任。

第三十四条 被申请人违反人身安全保护令，构成犯罪的，依法追究刑事责任；尚不构成犯罪的，人民法院应当给予训诫，可以根据情节轻重处以一千元以下罚款、十五日以下拘留。

第三十五条 学校、幼儿园、医疗机构、居民委员会、村民委员会、社会工作服务机构、救助管理机构、福利机构及其工作人员未依照本法第十四条规定向公安机关报案，造成严重后果的，由上级主管部门或者本单位对直接负责的主管人员和其他直接责任人员依法给予处分。

第三十六条 负有反家庭暴力职责的国家工作人员玩忽职守、滥用职权、徇私舞弊的，依法给予处分；构成犯罪的，依法追究刑事责任。

第六章 附 则

第三十七条 家庭成员以外共同生活的人之间实施的暴力行为，参照本法规定执行。

第三十八条 本法自 2016 年 3 月 1 日起施行。

中华人民共和国妇女权益保障法（节选）

（1992 年 4 月 3 日第七届全国人民代表大会第五次会议通过，根据 2005 年 8 月 28 日第十届全国人民代表大会常务委员会第十七次会议《关于修改〈中华人民共和国妇女权益保障法〉的决定》第一次修正，根据 2018 年 10 月 26 日第十三届全国人民代表大会常务委员会第六次会议《关于修改〈中华人民共和国野生动物保护法〉等十五部法律的决定》第二次修正）

第三章 文化教育权益

第十六条 学校和有关部门应当执行国家有关规定，保障妇女在入学、升学、毕业分配、授予学位、派出留学等方面享有与男子平等的权利。

学校在录取学生时，除特殊专业外，不得以性别为由拒绝录取女性或者提高对女性的录取标准。

第十七条 学校应当根据女性青少年的特点，在教育、管理、设施等方面采取措施，保障女性青少年身心健康发展。

第十八条 父母或者其他监护人必须履行保障适龄女性儿童少年接受义务教育的义务。

除因疾病或者其他特殊情况经当地人民政府批准的以外，对不送适龄女性儿童少年入学的父母或者其他监护人，由当地人民政府予以批评教育，并采取有效措施，责令送适龄女性儿童少年入学。

政府、社会、学校应当采取有效措施，解决适龄女性儿童少年就学存在的实际困难，并创造条件，保证贫困、残疾和流动人口中的适龄女性儿童少年完成义务教育。

第四章 劳动和社会保障权益

第二十三条 各单位在录用职工时，除不适合妇女的工种或者岗位外，不得以性别为由拒绝录用妇女或者提高对妇女的录用标准。

各单位在录用女职工时，应当依法与其签订劳动（聘用）合同或者服务协议，劳动（聘用）合同或者服务协议中不得规定限制女职工结婚、生育的内容。

禁止录用未满十六周岁的女性未成年人，国家另有规定的除外。

中华人民共和国残疾人保障法（节选）

（1990年12月28日第七届全国人民代表大会常务委员会第十七次会议通过，自1991年5月1日期施行，2008年4月24日第十一届全国人民代表大会常务委员会第二次会议修订，根据2018年10月26日第十三届全国人民代表大会常务委员会第六次会议《关于修改〈中华人民共和国野生动物保护法〉等十五部法律的决定》修正）

第二十一条　国家保障残疾人享有平等接受教育的权利。

各级人民政府应当将残疾人教育作为国家教育事业的组成部分，统一规划，加强领导，为残疾人接受教育创造条件。

政府、社会、学校应当采取有效措施，解决残疾儿童、少年就学存在的实际困难，帮助其完成义务教育。

各级人民政府对接受义务教育的残疾学生、贫困残疾人家庭的学生提供免费教科书，并给予寄宿生活费等费用补助；对接受义务教育以外其他教育的残疾学生、贫困残疾人家庭的学生按照国家有关规定给予资助。

第二十五条　普通教育机构对具有接受普通教育能力的残疾人实施教育，并为其学习提供便利和帮助。

普通小学、初级中等学校，必须招收能适应其学习生活的残疾儿童、少年入学；普通高级中等学校、中等职业学校和高等学校，必须招收符合国家规定的录取要求的残疾考生入学，不得因其残疾而拒绝招收；拒绝招收的，当事人或者其亲属、监护人可以要求有关部门处理，有关部门应当责令该学校招收。

普通幼儿教育机构应当接收能适应其生活的残疾幼儿。

第二十六条　残疾幼儿教育机构、普通幼儿教育机构附设的残疾儿童班、特殊教育机构的学前班、残疾儿童福利机构、残疾儿童家庭，对残疾儿童实施学前教育。

初级中等以下特殊教育机构和普通教育机构附设的特殊教育班，对不具有接受普通教育能力的残疾儿童、少年实施义务教育。

高级中等以上特殊教育机构、普通教育机构附设的特殊教育班和残疾人职业教育机构，对符合条件的残疾人实施高级中等以上文化教育、职业教育。

提供特殊教育的机构应当具备适合残疾人学习、康复、生活特点的场所和设施。

中华人民共和国职业病防治法（节选）

（2001年10月27日第九届全国人民代表大会常务委员会第二十四次会议通过，根据2011年12月31日第十一届全国人民代表大会常务委员会第二十四次会议《关于修改〈中华人民共和国职业病防治法〉的决定》第一次修正，根据2016年7月2日第十二届全国人民代表大会常务委员会第二十一次会议《关于修改〈中华人民共和国节约能源法〉等六部法律的决定》第二次修正，根据2017年11月4日第十二届全国人民代表大会常务委员会第三十次会议《关于修改〈中华人民共和国会计法〉等十一部法律的决定》第三次修正，根据2018年12月29日第十三届全国人民代表大会常务委员会第七次会议《关于修改〈中华人民共和国劳动法〉等七部法律的决定》第四次修正）

第三十八条 用人单位不得安排未成年工从事接触职业病危害的作业；不得安排孕期、哺乳期的女职工从事对本人和胎儿、婴儿有危害的作业。

第七十五条 违反本法规定，有下列情形之一的，由安全生产监督管理部门责令限期治理，并处五万元以上三十万元以下的罚款；情节严重的，责令停止产生职业病危害的作业，或者提请有关人民政府按照国务院规定的权限责令关闭：

（一）隐瞒技术、工艺、设备、材料所产生的职业病危害而采用的；

（二）隐瞒本单位职业卫生真实情况的；

（三）可能发生急性职业损伤的有毒、有害工作场所、放射工作场所或者放射性同位素的运输、贮存不符合本法第二十五条规定的；

（四）使用国家明令禁止使用的可能产生职业病危害的设备或者材料的；

（五）将产生职业病危害的作业转移给没有职业病防护条件的单位和个人，或者没有职业病防护条件的单位和个人接受产生职业病危害的作业的；

（六）擅自拆除、停止使用职业病防护设备或者应急救援设施的；

（七）安排未经职业健康检查的劳动者、有职业禁忌的劳动者、未成年工或者孕期、哺乳期女职工从事接触职业病危害的作业或者禁忌作业的；

（八）违章指挥和强令劳动者进行没有职业病防护措施的作业的。

中华人民共和国劳动法（节选）

（1994年7月5日第八届全国人民代表大会常务委员会第八次会议通过，根据2009年8月27日第十一届全国人民代表大会常务委员会第十次会议《关于修改部分法律的决定》第一次修正，根据2018年12月29日第十三届全国人民代表大会常务委员会第七次会议《关于修改〈中华人民共和国劳动法〉等七部法律的决定》第二次修正）

第十五条 禁止用人单位招用未满十六周岁的未成年人。

文艺、体育和特种工艺单位招用未满十六周岁的未成年人，必须依照国家有关规定，履行审批手续，并保障其接受义务教育的权利。

第五十八条 国家对女职工和未成年工实

行特殊劳动保护。

未成年工是指年满十六周岁未满十八周岁的劳动者。

第六十四条 不得安排未成年工从事矿山井下、有毒有害、国家规定的第四级体力劳动强度的劳动和其他禁忌从事的劳动。

第六十五条 用人单位应当对未成年工定期进行健康检查。

第九十四条 用人单位非法招用未满十六周岁的未成年人的，由劳动行政部门责令改正，处以罚款；情节严重的，由工商行政管理部门吊销营业执照。

第九十五条 用人单位违反本法对女职工和未成年工的保护规定，侵害其合法权益的，由劳动行政部门责令改正，处以罚款；对女职工或者未成年工造成损害的，应当承担赔偿责任。

中华人民共和国劳动合同法（节选）

（2012年12月28日第十一届全国人民代表大会常务委员会第三十次会议通过，自2013年7月1日起施行）

第四十一条 有下列情形之一，需要裁减人员二十人以上或者裁减不足二十人但占企业职工总数百分之十以上的，用人单位提前三十日向工会或者全体职工说明情况，听取工会或者职工的意见后，裁减人员方案经向劳动行政部门报告，可以裁减人员：

（一）依照企业破产法规定进行重整的；

（二）生产经营发生严重困难的；

（三）企业转产、重大技术革新或者经营方式调整，经变更劳动合同后，仍需裁减人员的；

（四）其他因劳动合同订立时所依据的客观经济情况发生重大变化，致使劳动合同无法履行的。

裁减人员时，应当优先留用下列人员：

（一）与本单位订立较长期限的固定期限劳动合同的；

（二）与本单位订立无固定期限劳动合同的；

（三）家庭无其他就业人员，有需要扶养的老人或者未成年人的。

用人单位依照本条第一款规定裁减人员，在六个月内重新招用人员的，应当通知被裁减的人员，并在同等条件下优先招用被裁减的人员。

中华人民共和国工会法（节选）

（1992年4月3日第七届全国人民代表大会第五次会议通过，根据2001年10月27日第九届全国人民代表大会常务委员会第二十四次会议《关于修改〈中华人民共和国工会法〉的决定》第一次修正，根据2009年8月27日中华人民共和国主席令第十八号第十一届全国人民代表大会常务委员会第十次会议《关于修改部分法律的决定》第二次修正）

第二十二条 企业、事业单位违反劳动法律、法规规定，有下列侵犯职工劳动权益情形，工会应当代表职工与企业、事业单位交涉，要求企业、事业单位采取措施予以改正；企业、事业单位应当予以研究处理，并向工会作出答复；企业、事业单位拒不改正的，工会可以请求当地人民政府依法作出处理：

（一）克扣职工工资的；

（二）不提供劳动安全卫生条件的；

（三）随意延长劳动时间的；

（四）侵犯女职工和未成年工特殊权益的；

（五）其他严重侵犯职工劳动权益的。

中华人民共和国矿山安全法（节选）

（1992年11月7日第七届全国人民代表大会常务委员会第二十八次会议通过，根据2009年8月27日第十一届全国人民代表大会常务委员会第十次会议《关于修改部分法律的决定》修正）

第二十九条 矿山企业不得录用未成年人从事矿山井下劳动。

矿山企业对女职工按照国家规定实行特殊劳动保护，不得分配女职工从事矿山井下劳动。

中华人民共和国社会保险法（节选）

（2010年10月28日第十一届全国人民代表大会常务委员会第十七次会议通过，自2011年7月1日起施行，根据2018年12月29日第十三届全国人民代表大会常务委员会第七次会议《关于修改〈中华人民共和国社会保险法〉的决定》修正）

第二十五条 国家建立和完善城镇居民基本医疗保险制度。

城镇居民基本医疗保险实行个人缴费和政府补贴相结合。

享受最低生活保障的人、丧失劳动能力的残疾人、低收入家庭六十周岁以上的老年人和未成年人等所需个人缴费部分，由政府给予补贴。

第三十八条 因工伤发生的下列费用，按照国家规定从工伤保险基金中支付：

（一）治疗工伤的医疗费用和康复费用；

（二）住院伙食补助费；

（三）到统筹地区以外就医的交通食宿费；

（四）安装配置伤残辅助器具所需费用；

（五）生活不能自理的，经劳动能力鉴定委员会确认的生活护理费；

（六）一次性伤残补助金和一至四级伤残职工按月领取的伤残津贴；

（七）终止或者解除劳动合同时，应当享受的一次性医疗补助金；

（八）因工死亡的，其遗属领取的丧葬补助金、供养亲属抚恤金和因工死亡补助金；

（九）劳动能力鉴定费。

经济法

中华人民共和国广告法（节选）

（1994 年 10 月 27 日第八届全国人民代表大会常务委员会第十次会议通过，2015 年 4 月 24 日第十二届全国人民代表大会常务委员会第十四次会议修订，2015 年 9 月 1 日实施，根据 2018 年 10 月 26 日第十三届全国人民代表大会常务委员会第六次会议《关于修改〈中华人民共和国野生动物保护法〉等十五部法律的决定》修正）

第十条 广告不得损害未成年人和残疾人的身心健康。

第二十二条 禁止在大众传播媒介或者公共场所、公共交通工具、户外发布烟草广告。禁止向未成年人发送任何形式的烟草广告。

禁止利用其他商品或者服务的广告、公益广告，宣传烟草制品名称、商标、包装、装潢以及类似内容。

烟草制品生产者或者销售者发布的迁址、更名、招聘等启事中，不得含有烟草制品名称、商标、包装、装潢以及类似内容。

第三十八条 广告代言人在广告中对商品、服务作推荐、证明，应当依据事实，符合本法和有关法律、行政法规规定，并不得为其未使用过的商品或者未接受过的服务作推荐、证明。

不得利用不满十周岁的未成年人作为广告代言人。

对在虚假广告中作推荐、证明受到行政处罚未满三年的自然人、法人或者其他组织，不得利用其作为广告代言人。

第三十九条 不得在中小学校、幼儿园内开展广告活动，不得利用中小学生和幼儿的教材、教辅材料、练习册、文具、教具、校服、校车等发布或者变相发布广告，但公益广告除外。

第四十条 在针对未成年人的大众传播媒介上不得发布医疗、药品、保健食品、医疗器械、化妆品、酒类、美容广告，以及不利于未成年人身心健康的网络游戏广告。

针对不满十四周岁的未成年人的商品或者服务的广告不得含有下列内容：

（一）劝诱其要求家长购买广告商品或者服务；

（二）可能引发其模仿不安全行为。

中华人民共和国旅游法（节选）

（2013 年 4 月 25 日第十二届全国人民代表大会常务委员会第二次会议通过，根据 2016 年 11 月 7 日第十二届全国人民代表大会常务委员会第二十四次会议《关于修改〈中华人民共和国对外贸易法〉等十二部法律的决定》第一次修正，根据 2018 年 10 月 26 日第十三届全国人民代表大会常务委员会第六次会议《关于修改〈中华人民共和国野生动物保护法〉等十五部法律的决定》第二次修正）

第十一条 残疾人、老年人、未成年人等旅游者在旅游活动中依照法律、法规和有关规定享受便利和优惠。

第七十九条 旅游经营者应当严格执行安全生产管理和消防安全管理的法律、法规和国家标准、行业标准，具备相应的安全生产条件，制定旅游者安全保护制度和应急预案。

旅游经营者应当对直接为旅游者提供服务

的从业人员开展经常性应急救助技能培训，对提供的产品和服务进行安全检验、监测和评估，采取必要措施防止危害发生。

旅游经营者组织、接待老年人、未成年人、残疾人等旅游者，应当采取相应的安全保障措施。

中华人民共和国烟草专卖法（节选）

（1991 年 6 月 29 日第七届全国人民代表大会常务委员会第二十次会议通过，根据 2009 年 8 月 27 日第十一届全国人民代表大会常务委员会第十次会议《关于修改部分法律的决定》第一次修正，根据 2013 年 12 月 28 日第十二届全国人民代表大会常务委员会第六次会议《关于修改〈中华人民共和国海洋环境保护法〉等七部法律的决定》第二次修正，根据 2015 年 4 月 24 日第十二届全国人民代表大会常务委员会第十四次会议《关于修改〈中华人民共和国计量法〉等五部法律的决定》第三次修正）

第五条 国家加强对烟草专卖品的科学研究和技术开发，提高烟草制品的质量，降低焦油和其他有害成份的含量。

国家和社会加强吸烟危害健康的宣传教育，禁止或者限制在公共交通工具和公共场所吸烟，劝阻青少年吸烟，禁止中小学生吸烟。

行政法

中华人民共和国教育法

（1995 年 3 月 18 日第八届全国人民代表大会第三次会议通过，根据 2009 年 8 月 27 日第十一届全国人民代表大会常务委员会第十次会议《关于修改部分法律的决定》第一次修正，根据 2015 年 12 月 27 日第十二届全国人民代表大会常务委员会第十八次会议《关于修改〈中华人民共和国教育法〉的决定》第二次修正）

第一章　总　则

第一条 为了发展教育事业，提高全民族的素质，促进社会主义物质文明和精神文明建设，根据宪法，制定本法。

第二条 在中华人民共和国境内的各级各类教育，适用本法。

第三条 国家坚持以马克思列宁主义、毛泽东思想和建设有中国特色社会主义理论为指导，遵循宪法确定的基本原则，发展社会主义的教育事业。

第四条 教育是社会主义现代化建设的基础，国家保障教育事业优先发展。

全社会应当关心和支持教育事业的发展。

全社会应当尊重教师。

第五条 教育必须为社会主义现代化建设服务、为人民服务，必须与生产劳动和社会实践相结合，培养德、智、体、美等方面全面发展的社会主义建设者和接班人。

第六条 教育应当坚持立德树人，对受教育者加强社会主义核心价值观教育，增强受教育者的社会责任感、创新精神和实践能力。

国家在受教育者中进行爱国主义、集体主义、中国特色社会主义的教育，进行理想、道德、纪律、法治、国防和民族团结的教育。

第七条 教育应当继承和弘扬中华民族优秀的历史文化传统，吸收人类文明发展的一切优秀成果。

第八条 教育活动必须符合国家和社会公共利益。

国家实行教育与宗教相分离。任何组织和个人不得利用宗教进行妨碍国家教育制度的活动。

第九条 中华人民共和国公民有受教育的权利和义务。

公民不分民族、种族、性别、职业、财产状况、宗教信仰等，依法享有平等的受教育机会。

第十条 国家根据各少数民族的特点和需要，帮助各少数民族地区发展教育事业。

国家扶持边远贫困地区发展教育事业。

国家扶持和发展残疾人教育事业。

第十一条 国家适应社会主义市场经济发展和社会进步的需要，推进教育改革，推动各级各类教育协调发展、衔接融通，完善现代国民教育体系，健全终身教育体系，提高教育现代化水平。

国家采取措施促进教育公平，推动教育均衡发展。

国家支持、鼓励和组织教育科学研究，推广教育科学研究成果，促进教育质量提高。

第十二条 国家通用语言文字为学校及其他教育机构的基本教育教学语言文字，学校及其他教育机构应当使用国家通用语言文字进行教育教学。

民族自治地方以少数民族学生为主的学校及其他教育机构，从实际出发，使用国家通用语言文字和本民族或者当地民族通用的语言文字实施双语教育。

国家采取措施，为少数民族学生为主的学校及其他教育机构实施双语教育提供条件和支持。

第十三条 国家对发展教育事业做出突出贡献的组织和个人，给予奖励。

第十四条 国务院和地方各级人民政府根据分级管理、分工负责的原则，领导和管理教育工作。

中等及中等以下教育在国务院领导下，由地方人民政府管理。

高等教育由国务院和省、自治区、直辖市人民政府管理。

第十五条 国务院教育行政部门主管全国教育工作，统筹规划、协调管理全国的教育事业。

县级以上地方各级人民政府教育行政部门主管本行政区域内的教育工作。

县级以上各级人民政府其他有关部门在各自的职责范围内，负责有关的教育工作。

第十六条 国务院和县级以上地方各级人民政府应当向本级人民代表大会或者其常务委员会报告教育工作和教育经费预算、决算情况，接受监督。

第二章 教育基本制度

第十七条 国家实行学前教育、初等教育、中等教育、高等教育的学校教育制度。

国家建立科学的学制系统。学制系统内的学校和其他教育机构的设置、教育形式、修业年限、招生对象、培养目标等，由国务院或者由国务院授权教育行政部门规定。

第十八条 国家制定学前教育标准，加快普及学前教育，构建覆盖城乡，特别是农村的学前教育公共服务体系。

各级人民政府应当采取措施，为适龄儿童接受学前教育提供条件和支持。

第十九条 国家实行九年制义务教育制度。

各级人民政府采取各种措施保障适龄儿童、少年就学。

适龄儿童、少年的父母或者其他监护人以及有关社会组织和个人有义务使适龄儿童、少年接受并完成规定年限的义务教育。

第二十条 国家实行职业教育制度和继续教育制度。

各级人民政府、有关行政部门和行业组织以及企业事业组织应当采取措施，发展并保障公民接受职业学校教育或者各种形式的职业培训。

国家鼓励发展多种形式的继续教育，使公民接受适当形式的政治、经济、文化、科学、技术、业务等方面的教育，促进不同类型学习成果的互认和衔接，推动全民终身学习。

第二十一条 国家实行国家教育考试制度。

国家教育考试由国务院教育行政部门确定种类，并由国家批准的实施教育考试的机构承办。

第二十二条 国家实行学业证书制度。

经国家批准设立或者认可的学校及其他教育机构按照国家有关规定，颁发学历证书或者其他学业证书。

第二十三条 国家实行学位制度。

学位授予单位依法对达到一定学术水平或者专业技术水平的人员授予相应的学位，颁发学位证书。

第二十四条 各级人民政府、基层群众性自治组织和企业事业组织应当采取各种措施，开展扫除文盲的教育工作。

按照国家规定具有接受扫除文盲教育能力的公民，应当接受扫除文盲的教育。

第二十五条 国家实行教育督导制度和学校及其他教育机构教育评估制度。

第三章 学校及其他教育机构

第二十六条 国家制定教育发展规划，并举办学校及其他教育机构。

国家鼓励企业事业组织、社会团体、其他社会组织及公民个人依法举办学校及其他教育机构。

国家举办学校及其他教育机构，应当坚持勤俭节约的原则。

以财政性经费、捐赠资产举办或者参与举办的学校及其他教育机构不得设立为营利性组织。

第二十七条 设立学校及其他教育机构，必须具备下列基本条件：

（一）有组织机构和章程；

（二）有合格的教师；

（三）有符合规定标准的教学场所及设施、设备等；

（四）有必备的办学资金和稳定的经费来源。

第二十八条 学校及其他教育机构的设立、变更和终止，应当按照国家有关规定办理审核、批准、注册或者备案手续。

第二十九条 学校及其他教育机构行使下列权利：

（一）按照章程自主管理；

（二）组织实施教育教学活动；

（三）招收学生或者其他受教育者；

（四）对受教育者进行学籍管理，实施奖励或者处分；

（五）对受教育者颁发相应的学业证书；

（六）聘任教师及其他职工，实施奖励或者处分；

（七）管理、使用本单位的设施和经费；

（八）拒绝任何组织和个人对教育教学活动的非法干涉；

（九）法律、法规规定的其他权利。

国家保护学校及其他教育机构的合法权益不受侵犯。

第三十条 学校及其他教育机构应当履行下列义务：

（一）遵守法律、法规；

（二）贯彻国家的教育方针，执行国家教育教学标准，保证教育教学质量；

（三）维护受教育者、教师及其他职工的合法权益；

（四）以适当方式为受教育者及其监护人了解受教育者的学业成绩及其他有关情况提供便利；

（五）遵照国家有关规定收取费用并公开收费项目；

（六）依法接受监督。

第三十一条 学校及其他教育机构的举办者按照国家有关规定，确定其所举办的学校或者其他教育机构的管理体制。

学校及其他教育机构的校长或者主要行政负责人必须由具有中华人民共和国国籍、在中国境内定居、并具备国家规定任职条件的公民担任，其任免按照国家有关规定办理。学校的教学及其他行政管理，由校长负责。

学校及其他教育机构应当按照国家有关规定，通过以教师为主体的教职工代表大会等组织形式，保障教职工参与民主管理和监督。

第三十二条 学校及其他教育机构具备法人条件的，自批准设立或者登记注册之日起取得法人资格。

学校及其他教育机构在民事活动中依法享

有民事权利，承担民事责任。

学校及其他教育机构中的国有资产属于国家所有。

学校及其他教育机构兴办的校办产业独立承担民事责任。

第四章　教师和其他教育工作者

第三十三条　教师享有法律规定的权利，履行法律规定的义务，忠诚于人民的教育事业。

第三十四条　国家保护教师的合法权益，改善教师的工作条件和生活条件，提高教师的社会地位。

教师的工资报酬、福利待遇，依照法律、法规的规定办理。

第三十五条　国家实行教师资格、职务、聘任制度，通过考核、奖励、培养和培训，提高教师素质，加强教师队伍建设。

第三十六条　学校及其他教育机构中的管理人员，实行教育职员制度。

学校及其他教育机构中的教学辅助人员和其他专业技术人员，实行专业技术职务聘任制度。

第五章　受教育者

第三十七条　受教育者在入学、升学、就业等方面依法享有平等权利。

学校和有关行政部门应当按照国家有关规定，保障女子在入学、升学、就业、授予学位、派出留学等方面享有同男子平等的权利。

第三十八条　国家、社会对符合入学条件、家庭经济困难的儿童、少年、青年，提供各种形式的资助。

第三十九条　国家、社会、学校及其他教育机构应当根据残疾人身心特性和需要实施教育，并为其提供帮助和便利。

第四十条　国家、社会、家庭、学校及其他教育机构应当为有违法犯罪行为的未成年人接受教育创造条件。

第四十一条　从业人员有依法接受职业培训和继续教育的权利和义务。

国家机关、企业事业组织和其他社会组织，应当为本单位职工的学习和培训提供条件和便利。

第四十二条　国家鼓励学校及其他教育机构、社会组织采取措施，为公民接受终身教育创造条件。

第四十三条　受教育者享有下列权利：

（一）参加教育教学计划安排的各种活动，使用教育教学设施、设备、图书资料；

（二）按照国家有关规定获得奖学金、贷学金、助学金；

（三）在学业成绩和品行上获得公正评价，完成规定的学业后获得相应的学业证书、学位证书；

（四）对学校给予的处分不服向有关部门提出申诉，对学校、教师侵犯其人身权、财产权等合法权益，提出申诉或者依法提起诉讼；

（五）法律、法规规定的其他权利。

第四十四条　受教育者应当履行下列义务：

（一）遵守法律、法规；

（二）遵守学生行为规范，尊敬师长，养成良好的思想品德和行为习惯；

（三）努力学习，完成规定的学习任务；

（四）遵守所在学校或者其他教育机构的管理制度。

第四十五条　教育、体育、卫生行政部门和学校及其他教育机构应当完善体育、卫生保健设施，保护学生的身心健康。

第六章　教育与社会

第四十六条　国家机关、军队、企业事业组织、社会团体及其他社会组织和个人，应当依法为儿童、少年、青年学生的身心健康成长创造良好的社会环境。

第四十七条　国家鼓励企业事业组织、社会团体及其他社会组织同高等学校、中等职业学校在教学、科研、技术开发和推广等方面进行多种形式的合作。

企业事业组织、社会团体及其他社会组织和个人，可以通过适当形式，支持学校的建设，参与学校管理。

第四十八条　国家机关、军队、企业事业组织及其他社会组织应当为学校组织的学生实习、社会实践活动提供帮助和便利。

第四十九条　学校及其他教育机构在不影响正常教育教学活动的前提下，应当积极参加当地的社会公益活动。

第五十条 未成年人的父母或者其他监护人应当为其未成年子女或者其他被监护人受教育提供必要条件。

未成年人的父母或者其他监护人应当配合学校及其他教育机构，对其未成年子女或者其他被监护人进行教育。

学校、教师可以对学生家长提供家庭教育指导。

第五十一条 图书馆、博物馆、科技馆、文化馆、美术馆、体育馆（场）等社会公共文化体育设施，以及历史文化古迹和革命纪念馆（地），应当对教师、学生实行优待，为受教育者接受教育提供便利。

广播、电视台（站）应当开设教育节目，促进受教育者思想品德、文化和科学技术素质的提高。

第五十二条 国家、社会建立和发展对未成年人进行校外教育的设施。

学校及其他教育机构应当同基层群众性自治组织、企业事业组织、社会团体相互配合，加强对未成年人的校外教育工作。

第五十三条 国家鼓励社会团体、社会文化机构及其他社会组织和个人开展有益于受教育者身心健康的社会文化教育活动。

第七章 教育投入与条件保障

第五十四条 国家建立以财政拨款为主、其他多种渠道筹措教育经费为辅的体制，逐步增加对教育的投入，保证国家举办的学校教育经费的稳定来源。

企业事业组织、社会团体及其他社会组织和个人依法举办的学校及其他教育机构，办学经费由举办者负责筹措，各级人民政府可以给予适当支持。

第五十五条 国家财政性教育经费支出占国民生产总值的比例应当随着国民经济的发展和财政收入的增长逐步提高。具体比例和实施步骤由国务院规定。

全国各级财政支出总额中教育经费所占比例应当随着国民经济的发展逐步提高。

第五十六条 各级人民政府的教育经费支出，按照事权和财权相统一的原则，在财政预算中单独列项。

各级人民政府教育财政拨款的增长应当高于财政经常性收入的增长，并使按在校学生人数平均的教育费用逐步增长，保证教师工资和学生人均公用经费逐步增长。

第五十七条 国务院及县级以上地方各级人民政府应当设立教育专项资金，重点扶持边远贫困地区、少数民族地区实施义务教育。

第五十八条 税务机关依法足额征收教育费附加，由教育行政部门统筹管理，主要用于实施义务教育。

省、自治区、直辖市人民政府根据国务院的有关规定，可以决定开征用于教育的地方附加费，专款专用。

第五十九条 国家采取优惠措施，鼓励和扶持学校在不影响正常教育教学的前提下开展勤工俭学和社会服务，兴办校办产业。

第六十条 国家鼓励境内、境外社会组织和个人捐资助学。

第六十一条 国家财政性教育经费、社会组织和个人对教育的捐赠，必须用于教育，不得挪用、克扣。

第六十二条 国家鼓励运用金融、信贷手段，支持教育事业的发展。

第六十三条 各级人民政府及其教育行政部门应当加强对学校及其他教育机构教育经费的监督管理，提高教育投资效益。

第六十四条 地方各级人民政府及其有关行政部门必须把学校的基本建设纳入城乡建设规划，统筹安排学校的基本建设用地及所需物资，按照国家有关规定实行优先、优惠政策。

第六十五条 各级人民政府对教科书及教学用图书资料的出版发行，对教学仪器、设备的生产和供应，对用于学校教育教学和科学研究的图书资料、教学仪器、设备的进口，按照国家有关规定实行优先、优惠政策。

第六十六条 国家推进教育信息化，加快教育信息基础设施建设，利用信息技术促进优质教育资源普及共享，提高教育教学水平和教育管理水平。

县级以上人民政府及其有关部门应当发展教育信息技术和其他现代化教学方式，有关行政部门应当优先安排，给予扶持。

国家鼓励学校及其他教育机构推广运用现代化教学方式。

第八章　教育对外交流与合作

第六十七条　国家鼓励开展教育对外交流与合作，支持学校及其他教育机构引进优质教育资源，依法开展中外合作办学，发展国际教育服务，培养国际化人才。

教育对外交流与合作坚持独立自主、平等互利、相互尊重的原则，不得违反中国法律，不得损害国家主权、安全和社会公共利益。

第六十八条　中国境内公民出国留学、研究、进行学术交流或者任教，依照国家有关规定办理。

第六十九条　中国境外个人符合国家规定的条件并办理有关手续后，可以进入中国境内学校及其他教育机构学习、研究、进行学术交流或者任教，其合法权益受国家保护。

第七十条　中国对境外教育机构颁发的学位证书、学历证书及其他学业证书的承认，依照中华人民共和国缔结或者加入的国际条约办理，或者按照国家有关规定办理。

第九章　法律责任

第七十一条　违反国家有关规定，不按照预算核拨教育经费的，由同级人民政府限期核拨；情节严重的，对直接负责的主管人员和其他直接责任人员，依法给予处分。

违反国家财政制度、财务制度，挪用、克扣教育经费的，由上级机关责令限期归还被挪用、克扣的经费，并对直接负责的主管人员和其他直接责任人员，依法给予处分；构成犯罪的，依法追究刑事责任。

第七十二条　结伙斗殴、寻衅滋事，扰乱学校及其他教育机构教育教学秩序或者破坏校舍、场地及其他财产的，由公安机关给予治安管理处罚；构成犯罪的，依法追究刑事责任。

侵占学校及其他教育机构的校舍、场地及其他财产的，依法承担民事责任。

第七十三条　明知校舍或者教育教学设施有危险，而不采取措施，造成人员伤亡或者重大财产损失的，对直接负责的主管人员和其他直接责任人员，依法追究刑事责任。

第七十四条　违反国家有关规定，向学校或者其他教育机构收取费用的，由政府责令退还所收费用；对直接负责的主管人员和其他直接责任人员，依法给予处分。

第七十五条　违反国家有关规定，举办学校或者其他教育机构的，由教育行政部门或者其他有关行政部门予以撤销；有违法所得的，没收违法所得；对直接负责的主管人员和其他直接责任人员，依法给予处分。

第七十六条　学校或者其他教育机构违反国家有关规定招收学生的，由教育行政部门或者其他有关行政部门责令退回招收的学生，退还所收费用；对学校、其他教育机构给予警告，可以处违法所得五倍以下罚款；情节严重的，责令停止相关招生资格一年以上三年以下，直至撤销招生资格、吊销办学许可证；对直接负责的主管人员和其他直接责任人员，依法给予处分；构成犯罪的，依法追究刑事责任。

第七十七条　在招收学生工作中徇私舞弊的，由教育行政部门或者其他有关行政部门责令退回招收的人员；对直接负责的主管人员和其他直接责任人员，依法给予处分；构成犯罪的，依法追究刑事责任。

第七十八条　学校及其他教育机构违反国家有关规定向受教育者收取费用的，由教育行政部门或者其他有关行政部门责令退还所收费用；对直接负责的主管人员和其他直接责任人员，依法给予处分。

第七十九条　考生在国家教育考试中有下列行为之一的，由组织考试的教育考试机构工作人员在考试现场采取必要措施予以制止并终止其继续参加考试；组织考试的教育考试机构可以取消其相关考试资格或者考试成绩；情节严重的，由教育行政部门责令停止参加相关国家教育考试一年以上三年以下；构成违反治安管理行为的，由公安机关依法给予治安管理处罚；构成犯罪的，依法追究刑事责任：

（一）非法获取考试试题或者答案的；

（二）携带或者使用考试作弊器材、资料的；

（三）抄袭他人答案的；

（四）让他人代替自己参加考试的；

（五）其他以不正当手段获得考试成绩的

作弊行为。

第八十条 任何组织或者个人在国家教育考试中有下列行为之一，有违法所得的，由公安机关没收违法所得，并处违法所得一倍以上五倍以下罚款；情节严重的，处五日以上十五日以下拘留；构成犯罪的，依法追究刑事责任；属于国家机关工作人员的，还应当依法给予处分：

（一）组织作弊的；

（二）通过提供考试作弊器材等方式为作弊提供帮助或者便利的；

（三）代替他人参加考试的；

（四）在考试结束前泄露、传播考试试题或者答案的；

（五）其他扰乱考试秩序的行为。

第八十一条 举办国家教育考试，教育行政部门、教育考试机构疏于管理，造成考场秩序混乱、作弊情况严重的，对直接负责的主管人员和其他直接责任人员，依法给予处分；构成犯罪的，依法追究刑事责任。

第八十二条 学校或者其他教育机构违反本法规定，颁发学位证书、学历证书或者其他学业证书的，由教育行政部门或者其他有关行政部门宣布证书无效，责令收回或者予以没收；有违法所得的，没收违法所得；情节严重的，责令停止相关招生资格一年以上三年以下，直至撤销招生资格、颁发证书资格；对直接负责的主管人员和其他直接责任人员，依法给予处分。

前款规定以外的任何组织或者个人制造、销售、颁发假冒学位证书、学历证书或者其他学业证书，构成违反治安管理行为的，由公安机关依法给予治安管理处罚；构成犯罪的，依法追究刑事责任。

以作弊、剽窃、抄袭等欺诈行为或者其他不正当手段获得学位证书、学历证书或者其他学业证书的，由颁发机构撤销相关证书。购买、使用假冒学位证书、学历证书或者其他学业证书，构成违反治安管理行为的，由公安机关依法给予治安管理处罚。

第八十三条 违反本法规定，侵犯教师、受教育者、学校或者其他教育机构的合法权益，造成损失、损害的，应当依法承担民事责任。

第十章 附 则

第八十四条 军事学校教育由中央军事委员会根据本法的原则规定。

宗教学校教育由国务院另行规定。

第八十五条 境外的组织和个人在中国境内办学和合作办学的办法，由国务院规定。

第八十六条 本法自 1995 年 9 月 1 日起施行。

中华人民共和国义务教育法

（1986 年 4 月 12 日第六届全国人民代表大会第四次会议通过，2006 年 6 月 29 日第十届全国人民代表大会常务委员会第二十二次会议修订，根据 2015 年 4 月 24 日第十二届全国人民代表大会常务委员会第十四次会议《关于修改〈中华人民共和国义务教育法〉等五部法律的决定》第一次修正，根据 2018 年 12 月 29 日第十三届全国人民代表大会常务委员会第七次会议《关于修改〈中华人民共和国产品质量法〉等五部法律的决定》第二次修正）

第一章 总 则

第一条 为了保障适龄儿童、少年接受义务教育的权利，保证义务教育的实施，提高全民族素质，根据宪法和教育法，制定本法。

第二条 国家实行九年义务教育制度。

义务教育是国家统一实施的所有适龄儿童、

少年必须接受的教育，是国家必须予以保障的公益性事业。

实施义务教育，不收学费、杂费。

国家建立义务教育经费保障机制，保证义务教育制度实施。

第三条 义务教育必须贯彻国家的教育方针，实施素质教育，提高教育质量，使适龄儿童、少年在品德、智力、体质等方面全面发展，为培养有理想、有道德、有文化、有纪律的社会主义建设者和接班人奠定基础。

第四条 凡具有中华人民共和国国籍的适龄儿童、少年，不分性别、民族、种族、家庭财产状况、宗教信仰等，依法享有平等接受义务教育的权利，并履行接受义务教育的义务。

第五条 各级人民政府及其有关部门应当履行本法规定的各项职责，保障适龄儿童、少年接受义务教育的权利。

适龄儿童、少年的父母或者其他法定监护人应当依法保证其按时入学接受并完成义务教育。

依法实施义务教育的学校应当按照规定标准完成教育教学任务，保证教育教学质量。

社会组织和个人应当为适龄儿童、少年接受义务教育创造良好的环境。

第六条 国务院和县级以上地方人民政府应当合理配置教育资源，促进义务教育均衡发展，改善薄弱学校的办学条件，并采取措施，保障农村地区、民族地区实施义务教育，保障家庭经济困难的和残疾的适龄儿童、少年接受义务教育。

国家组织和鼓励经济发达地区支援经济欠发达地区实施义务教育。

第七条 义务教育实行国务院领导，省、自治区、直辖市人民政府统筹规划实施，县级人民政府为主管理的体制。

县级以上人民政府教育行政部门具体负责义务教育实施工作；县级以上人民政府其他有关部门在各自的职责范围内负责义务教育实施工作。

第八条 人民政府教育督导机构对义务教育工作执行法律法规情况、教育教学质量以及义务教育均衡发展状况等进行督导，督导报告向社会公布。

第九条 任何社会组织或者个人有权对违反本法的行为向有关国家机关提出检举或者控告。

发生违反本法的重大事件，妨碍义务教育实施，造成重大社会影响的，负有领导责任的人民政府或者人民政府教育行政部门负责人应当引咎辞职。

第十条 对在义务教育实施工作中做出突出贡献的社会组织和个人，各级人民政府及其有关部门按照有关规定给予表彰、奖励。

第二章 学 生

第十一条 凡年满六周岁的儿童，其父母或者其他法定监护人应当送其入学接受并完成义务教育；条件不具备的地区的儿童，可以推迟到七周岁。

适龄儿童、少年因身体状况需要延缓入学或者休学的，其父母或者其他法定监护人应当提出申请，由当地乡镇人民政府或者县级人民政府教育行政部门批准。

第十二条 适龄儿童、少年免试入学。地方各级人民政府应当保障适龄儿童、少年在户籍所在地学校就近入学。

父母或者其他法定监护人在非户籍所在地工作或者居住的适龄儿童、少年，在其父母或者其他法定监护人工作或者居住地接受义务教育的，当地人民政府应当为其提供平等接受义务教育的条件。具体办法由省、自治区、直辖市规定。

县级人民政府教育行政部门对本行政区域内的军人子女接受义务教育予以保障。

第十三条 县级人民政府教育行政部门和乡镇人民政府组织和督促适龄儿童、少年入学，帮助解决适龄儿童、少年接受义务教育的困难，采取措施防止适龄儿童、少年辍学。

居民委员会和村民委员会协助政府做好工作，督促适龄儿童、少年入学。

第十四条 禁止用人单位招用应当接受义务教育的适龄儿童、少年。

根据国家有关规定经批准招收适龄儿童、少年进行文艺、体育等专业训练的社会组织，应当保证所招收的适龄儿童、少年接受义务教育；自行实施义务教育的，应当经县级人民政府教育行政部门批准。

第三章　学　校

第十五条　县级以上地方人民政府根据本行政区域内居住的适龄儿童、少年的数量和分布状况等因素，按照国家有关规定，制定、调整学校设置规划。新建居民区需要设置学校的，应当与居民区的建设同步进行。

第十六条　学校建设，应当符合国家规定的办学标准，适应教育教学需要；应当符合国家规定的选址要求和建设标准，确保学生和教职工安全。

第十七条　县级人民政府根据需要设置寄宿制学校，保障居住分散的适龄儿童、少年入学接受义务教育。

第十八条　国务院教育行政部门和省、自治区、直辖市人民政府根据需要，在经济发达地区设置接收少数民族适龄儿童、少年的学校（班）。

第十九条　县级以上地方人民政府根据需要设置相应的实施特殊教育的学校（班），对视力残疾、听力语言残疾和智力残疾的适龄儿童、少年实施义务教育。特殊教育学校（班）应当具备适应残疾儿童、少年学习、康复、生活特点的场所和设施。

普通学校应当接收具有接受普通教育能力的残疾适龄儿童、少年随班就读，并为其学习、康复提供帮助。

第二十条　县级以上地方人民政府根据需要，为具有预防未成年人犯罪法规定的严重不良行为的适龄少年设置专门的学校实施义务教育。

第二十一条　对未完成义务教育的未成年犯和被采取强制性教育措施的未成年人应当进行义务教育，所需经费由人民政府予以保障。

第二十二条　县级以上人民政府及其教育行政部门应当促进学校均衡发展，缩小学校之间办学条件的差距，不得将学校分为重点学校和非重点学校。学校不得分设重点班和非重点班。

县级以上人民政府及其教育行政部门不得以任何名义改变或者变相改变公办学校的性质。

第二十三条　各级人民政府及其有关部门依法维护学校周边秩序，保护学生、教师、学校的合法权益，为学校提供安全保障。

第二十四条　学校应当建立、健全安全制度和应急机制，对学生进行安全教育，加强管理，及时消除隐患，预防发生事故。

县级以上地方人民政府定期对学校校舍安全进行检查；对需要维修、改造的，及时予以维修、改造。

学校不得聘用曾经因故意犯罪被依法剥夺政治权利或者其他不适合从事义务教育工作的人担任工作人员。

第二十五条　学校不得违反国家规定收取费用，不得以向学生推销或者变相推销商品、服务等方式谋取利益。

第二十六条　学校实行校长负责制。校长应当符合国家规定的任职条件。校长由县级人民政府教育行政部门依法聘任。

第二十七条　对违反学校管理制度的学生，学校应当予以批评教育，不得开除。

第四章　教　师

第二十八条　教师享有法律规定的权利，履行法律规定的义务，应当为人师表，忠诚于人民的教育事业。

全社会应当尊重教师。

第二十九条　教师在教育教学中应当平等对待学生，关注学生的个体差异，因材施教，促进学生的充分发展。

教师应当尊重学生的人格，不得歧视学生，不得对学生实施体罚、变相体罚或者其他侮辱人格尊严的行为，不得侵犯学生合法权益。

第三十条　教师应当取得国家规定的教师资格。

国家建立统一的义务教育教师职务制度。教师职务分为初级职务、中级职务和高级职务。

第三十一条　各级人民政府保障教师工资福利和社会保险待遇，改善教师工作和生活条件；完善农村教师工资经费保障机制。

教师的平均工资水平应当不低于当地公务员的平均工资水平。

特殊教育教师享有特殊岗位补助津贴。在民族地区和边远贫困地区工作的教师享有艰苦贫困地区补助津贴。

第三十二条 县级以上人民政府应当加强教师培养工作，采取措施发展教师教育。

县级人民政府教育行政部门应当均衡配置本行政区域内学校师资力量，组织校长、教师的培训和流动，加强对薄弱学校的建设。

第三十三条 国务院和地方各级人民政府鼓励和支持城市学校教师和高等学校毕业生到农村地区、民族地区从事义务教育工作。

国家鼓励高等学校毕业生以志愿者的方式到农村地区、民族地区缺乏教师的学校任教。县级人民政府教育行政部门依法认定其教师资格，其任教时间计入工龄。

第五章 教育教学

第三十四条 教育教学工作应当符合教育规律和学生身心发展特点，面向全体学生，教书育人，将德育、智育、体育、美育等有机统一在教育教学活动中，注重培养学生独立思考能力、创新能力和实践能力，促进学生全面发展。

第三十五条 国务院教育行政部门根据适龄儿童、少年身心发展的状况和实际情况，确定教学制度、教育教学内容和课程设置，改革考试制度，并改进高级中等学校招生办法，推进实施素质教育。

学校和教师按照确定的教育教学内容和课程设置开展教育教学活动，保证达到国家规定的基本质量要求。

国家鼓励学校和教师采用启发式教育等教育教学方法，提高教育教学质量。

第三十六条 学校应当把德育放在首位，寓德育于教育教学之中，开展与学生年龄相适应的社会实践活动，形成学校、家庭、社会相互配合的思想道德教育体系，促进学生养成良好的思想品德和行为习惯。

第三十七条 学校应当保证学生的课外活动时间，组织开展文化娱乐等课外活动。社会公共文化体育设施应当为学校开展课外活动提供便利。

第三十八条 教科书根据国家教育方针和课程标准编写，内容力求精简，精选必备的基础知识、基本技能，经济实用，保证质量。

国家机关工作人员和教科书审查人员，不得参与或者变相参与教科书的编写工作。

第三十九条 国家实行教科书审定制度。教科书的审定办法由国务院教育行政部门规定。

未经审定的教科书，不得出版、选用。

第四十条 教科书价格由省、自治区、直辖市人民政府价格行政部门会同同级出版主管部门按照微利原则确定。

第四十一条 国家鼓励教科书循环使用。

第六章 经费保障

第四十二条 国家将义务教育全面纳入财政保障范围，义务教育经费由国务院和地方各级人民政府依照本法规定予以保障。

国务院和地方各级人民政府将义务教育经费纳入财政预算，按照教职工编制标准、工资标准和学校建设标准、学生人均公用经费标准等，及时足额拨付义务教育经费，确保学校的正常运转和校舍安全，确保教职工工资按照规定发放。

国务院和地方各级人民政府用于实施义务教育财政拨款的增长比例应当高于财政经常性收入的增长比例，保证按照在校学生人数平均的义务教育费用逐步增长，保证教职工工资和学生人均公用经费逐步增长。

第四十三条 学校的学生人均公用经费基本标准由国务院财政部门会同教育行政部门制定，并根据经济和社会发展状况适时调整。制定、调整学生人均公用经费基本标准，应当满足教育教学基本需要。

省、自治区、直辖市人民政府可以根据本行政区域的实际情况，制定不低于国家标准的学校学生人均公用经费标准。

特殊教育学校（班）学生人均公用经费标准应当高于普通学校学生人均公用经费标准。

第四十四条 义务教育经费投入实行国务院和地方各级人民政府根据职责共同负担，省、自治区、直辖市人民政府负责统筹落实的体制。农村义务教育所需经费，由各级人民政府根据国务院的规定分项目、按比例分担。

各级人民政府对家庭经济困难的适龄儿童、少年免费提供教科书并补助寄宿生生活费。

义务教育经费保障的具体办法由国务院规定。

第四十五条 地方各级人民政府在财政预

算中将义务教育经费单列。

县级人民政府编制预算，除向农村地区学校和薄弱学校倾斜外，应当均衡安排义务教育经费。

第四十六条　国务院和省、自治区、直辖市人民政府规范财政转移支付制度，加大一般性转移支付规模和规范义务教育专项转移支付，支持和引导地方各级人民政府增加对义务教育的投入。地方各级人民政府确保将上级人民政府的义务教育转移支付资金按照规定用于义务教育。

第四十七条　国务院和县级以上地方人民政府根据实际需要，设立专项资金，扶持农村地区、民族地区实施义务教育。

第四十八条　国家鼓励社会组织和个人向义务教育捐赠，鼓励按照国家有关基金会管理的规定设立义务教育基金。

第四十九条　义务教育经费严格按照预算规定用于义务教育；任何组织和个人不得侵占、挪用义务教育经费，不得向学校非法收取或者摊派费用。

第五十条　县级以上人民政府建立健全义务教育经费的审计监督和统计公告制度。

第七章　法律责任

第五十一条　国务院有关部门和地方各级人民政府违反本法第六章的规定，未履行对义务教育经费保障职责的，由国务院或者上级地方人民政府责令限期改正；情节严重的，对直接负责的主管人员和其他直接责任人员依法给予行政处分。

第五十二条　县级以上地方人民政府有下列情形之一的，由上级人民政府责令限期改正；情节严重的，对直接负责的主管人员和其他直接责任人员依法给予行政处分：

（一）未按照国家有关规定制定、调整学校的设置规划的；

（二）学校建设不符合国家规定的办学标准、选址要求和建设标准的；

（三）未定期对学校校舍安全进行检查，并及时维修、改造的；

（四）未依照本法规定均衡安排义务教育经费的。

第五十三条　县级以上人民政府或者其教育行政部门有下列情形之一的，由上级人民政府或者其教育行政部门责令限期改正、通报批评；情节严重的，对直接负责的主管人员和其他直接责任人员依法给予行政处分：

（一）将学校分为重点学校和非重点学校的；

（二）改变或者变相改变公办学校性质的。

县级人民政府教育行政部门或者乡镇人民政府未采取措施组织适龄儿童、少年入学或者防止辍学的，依照前款规定追究法律责任。

第五十四条　有下列情形之一的，由上级人民政府或者上级人民政府教育行政部门、财政部门、价格行政部门和审计机关根据职责分工责令限期改正；情节严重的，对直接负责的主管人员和其他直接责任人员依法给予处分：

（一）侵占、挪用义务教育经费的；

（二）向学校非法收取或者摊派费用的。

第五十五条　学校或者教师在义务教育工作中违反教育法、教师法规定的，依照教育法、教师法的有关规定处罚。

第五十六条　学校违反国家规定收取费用的，由县级人民政府教育行政部门责令退还所收费用；对直接负责的主管人员和其他直接责任人员依法给予处分。

学校以向学生推销或者变相推销商品、服务等方式谋取利益的，由县级人民政府教育行政部门给予通报批评；有违法所得的，没收违法所得；对直接负责的主管人员和其他直接责任人员依法给予处分。

国家机关工作人员和教科书审查人员参与或者变相参与教科书编写的，由县级以上人民政府或者其教育行政部门根据职责权限责令限期改正，依法给予行政处分；有违法所得的，没收违法所得。

第五十七条　学校有下列情形之一的，由县级人民政府教育行政部门责令限期改正；情节严重的，对直接负责的主管人员和其他直接责任人员依法给予处分：

（一）拒绝接收具有接受普通教育能力的残疾适龄儿童、少年随班就读的；

（二）分设重点班和非重点班的；

（三）违反本法规定开除学生的；

（四）选用未经审定的教科书的。

第五十八条 适龄儿童、少年的父母或者其他法定监护人无正当理由未依照本法规定送适龄儿童、少年入学接受义务教育的，由当地乡镇人民政府或者县级人民政府教育行政部门给予批评教育，责令限期改正。

第五十九条 有下列情形之一的，依照有关法律、行政法规的规定予以处罚：

（一）胁迫或者诱骗应当接受义务教育的适龄儿童、少年失学、辍学的；

（二）非法招用应当接受义务教育的适龄儿童、少年的；

（三）出版未经依法审定的教科书的。

第六十条 违反本法规定，构成犯罪的，依法追究刑事责任。

第八章 附 则

第六十一条 对接受义务教育的适龄儿童、少年不收杂费的实施步骤，由国务院规定。

第六十二条 社会组织或者个人依法举办的民办学校实施义务教育的，依照民办教育促进法有关规定执行；民办教育促进法未作规定的，适用本法。

第六十三条 本法自2006年9月1日起施行。

中华人民共和国精神卫生法（节选）

（2012年10月26日第十一届全国人民代表大会常务委员会第二十九次会议通过，根据2018年4月27日第十三届全国人民代表大会常务委员会第二次会议《关于修改〈中华人民共和国国境卫生检疫法〉等六部法律的决定》修正）

第十六条 各级各类学校应当对学生进行精神卫生知识教育；配备或者聘请心理健康教育教师、辅导人员，并可以设立心理健康辅导室，对学生进行心理健康教育。学前教育机构应当对幼儿开展符合其特点的心理健康教育。

发生自然灾害、意外伤害、公共安全事件等可能影响学生心理健康的事件，学校应当及时组织专业人员对学生进行心理援助。

教师应当学习和了解相关的精神卫生知识，关注学生心理健康状况，正确引导、激励学生。地方各级人民政府教育行政部门和学校应当重视教师心理健康。

学校和教师应当与学生父母或者其他监护人、近亲属沟通学生心理健康情况。

第七十条 县级以上地方人民政府及其有关部门应当采取有效措施，保证患有精神障碍的适龄儿童、少年接受义务教育，扶持有劳动能力的精神障碍患者从事力所能及的劳动，并为已经康复的人员提供就业服务。

国家对安排精神障碍患者就业的用人单位依法给予税收优惠，并在生产、经营、技术、资金、物资、场地等方面给予扶持。

中华人民共和国公共文化服务保障法（节选）

（2016年12月25日第十二届全国人民代表大会常务委员会第二十五次会议通过，自2017年3月1日起施行）

第九条 各级人民政府应当根据未成年人、老年人、残疾人和流动人口等群体的特点与需求，提供相应的公共文化服务。

第三十一条 公共文化设施应当根据其功

能、特点，按照国家有关规定，向公众免费或者优惠开放。

公共文化设施开放收取费用的，应当每月定期向中小学生免费开放。

公共文化设施开放或者提供培训服务等收取费用的，应当报经县级以上人民政府有关部门批准；收取的费用，应当用于公共文化设施的维护、管理和事业发展，不得挪作他用。

公共文化设施管理单位应当公示服务项目和开放时间；临时停止开放的，应当及时公告。

中华人民共和国公共图书馆法（节选）

（2017年11月4日第十二届全国人民代表大会常务委员会第三十次会议通过，根据2018年10月26日第十三届全国人民代表大会常务委员会第六次会议《关于修改〈中华人民共和国野生动物保护法〉等十五部法律的决定》修正）

第三十四条 政府设立的公共图书馆应当设置少年儿童阅览区域，根据少年儿童的特点配备相应的专业人员，开展面向少年儿童的阅读指导和社会教育活动，并为学校开展有关课外活动提供支持。有条件的地区可以单独设立少年儿童图书馆。

政府设立的公共图书馆应当考虑老年人、残疾人等群体的特点，积极创造条件，提供适合其需要的文献信息、无障碍设施设备和服务等。

第三十七条 公共图书馆向社会公众提供文献信息，应当遵守有关法律、行政法规的规定，不得向未成年人提供内容不适宜的文献信息。

公共图书馆不得从事或者允许其他组织、个人在馆内从事危害国家安全、损害社会公共利益和其他违反法律法规的活动。

第五十条 公共图书馆及其工作人员有下列行为之一的，由文化主管部门责令改正，没收违法所得：

（一）违规处置文献信息；

（二）出售或者以其他方式非法向他人提供读者的个人信息、借阅信息以及其他可能涉及读者隐私的信息；

（三）向社会公众提供文献信息违反有关法律、行政法规的规定，或者向未成年人提供内容不适宜的文献信息；

（四）将设施设备场地用于与公共图书馆服务无关的商业经营活动；

（五）其他不履行本法规定的公共图书馆服务要求的行为。

公共图书馆及其工作人员对应当免费提供的服务收费或者变相收费的，由价格主管部门依照前款规定给予处罚。

公共图书馆及其工作人员有前两款规定行为的，对直接负责的主管人员和其他直接责任人员依法追究法律责任。

中华人民共和国电影产业促进法（节选）

（2016年11月7日第十二届全国人民代表大会常务委员会第二十四次会议通过，自2017年3月1日起施行）

第十六条 电影不得含有下列内容：

（一）违反宪法确定的基本原则，煽动抗拒或者破坏宪法、法律、行政法规实施；

（二）危害国家统一、主权和领土完整，

泄露国家秘密，危害国家安全，损害国家尊严、荣誉和利益，宣扬恐怖主义、极端主义；

（三）诋毁民族优秀文化传统，煽动民族仇恨、民族歧视，侵害民族风俗习惯，歪曲民族历史或者民族历史人物，伤害民族感情，破坏民族团结；

（四）煽动破坏国家宗教政策，宣扬邪教、迷信；

（五）危害社会公德，扰乱社会秩序，破坏社会稳定，宣扬淫秽、赌博、吸毒，渲染暴力、恐怖，教唆犯罪或者传授犯罪方法；

（六）侵害未成年人合法权益或者损害未成年人身心健康；

（七）侮辱、诽谤他人或者散布他人隐私，侵害他人合法权益；

（八）法律、行政法规禁止的其他内容。

第二十条 摄制电影的法人、其他组织应当将取得的电影公映许可证标识置于电影的片头处；电影放映可能引起未成年人等观众身体或者心理不适的，应当予以提示。

未取得电影公映许可证的电影，不得发行、放映，不得通过互联网、电信网、广播电视网等信息网络进行传播，不得制作为音像制品；但是，国家另有规定的，从其规定。

第二十八条 国务院教育、电影主管部门可以共同推荐有利于未成年人健康成长的电影，并采取措施支持接受义务教育的学生免费观看，由所在学校组织安排。

国家鼓励电影院以及从事电影流动放映活动的企业、个人采取票价优惠、建设不同条件的放映厅、设立社区放映点等多种措施，为未成年人、老年人、残疾人、城镇低收入居民以及进城务工人员等观看电影提供便利；电影院以及从事电影流动放映活动的企业、个人所在地人民政府可以对其发放奖励性补贴。

第三十六条 国家支持下列电影的创作、摄制：

（一）传播中华优秀文化、弘扬社会主义核心价值观的重大题材电影；

（二）促进未成年人健康成长的电影；

（三）展现艺术创新成果、促进艺术进步的电影；

（四）推动科学教育事业发展和科学技术普及的电影；

（五）其他符合国家支持政策的电影。

中华人民共和国反恐怖主义法（节选）

（2015 年 12 月 27 日第十二届全国人民代表大会常务委员会第十八次会议通过，根据 2018 年 4 月 27 日第十三届全国人民代表大会常务委员会第二次会议《关于修改〈中华人民共和国国境卫生检疫法〉等六部法律的决定》修正）

第十七条 各级人民政府和有关部门应当组织开展反恐怖主义宣传教育，提高公民的反恐怖主义意识。

教育、人力资源行政主管部门和学校、有关职业培训机构应当将恐怖活动预防、应急知识纳入教育、教学、培训的内容。

新闻、广播、电视、文化、宗教、互联网等有关单位，应当有针对性地面向社会进行反恐怖主义宣传教育。

村民委员会、居民委员会应当协助人民政府以及有关部门，加强反恐怖主义宣传教育。

第八十一条 利用极端主义，实施下列行为之一，情节轻微，尚不构成犯罪的，由公安机关处五日以上十五日以下拘留，可以并处一万元以下罚款：

（一）强迫他人参加宗教活动，或者强迫他人向宗教活动场所、宗教教职人员提供财物或者劳务的；

（二）以恐吓、骚扰等方式驱赶其他民族或者有其他信仰的人员离开居住地的；

（三）以恐吓、骚扰等方式干涉他人与其他民族或者有其他信仰的人员交往、共同生活的；

（四）以恐吓、骚扰等方式干涉他人生活习俗、方式和生产经营的；

（五）阻碍国家机关工作人员依法执行职务的；

（六）歪曲、诋毁国家政策、法律、行政法规，煽动、教唆抵制人民政府依法管理的；

（七）煽动、胁迫群众损毁或者故意损毁居民身份证、户口簿等国家法定证件以及人民币的；

（八）煽动、胁迫他人以宗教仪式取代结婚、离婚登记的；

（九）煽动、胁迫未成年人不接受义务教育的；

（十）其他利用极端主义破坏国家法律制度实施的。

中华人民共和国网络安全法（节选）

（2016 年 11 月 7 日第十二届全国人民代表大会常务委员会第二十四次会议通过，自 2017 年 6 月 1 日起施行）

第十三条 国家支持研究开发有利于未成年人健康成长的网络产品和服务，依法惩治利用网络从事危害未成年人身心健康的活动，为未成年人提供安全、健康的网络环境。

中华人民共和国禁毒法（节选）

（2007 年 12 月 29 日第十届全国人民代表大会常务委员会第三十一次会议通过，自 2008 年 6 月 1 日起施行）

第十八条 未成年人的父母或者其他监护人应当对未成年人进行毒品危害的教育，防止其吸食、注射毒品或者进行其他毒品违法犯罪活动。

第三十九条 怀孕或者正在哺乳自己不满一周岁婴儿的妇女吸毒成瘾的，不适用强制隔离戒毒。不满十六周岁的未成年人吸毒成瘾的，可以不适用强制隔离戒毒。

对依照前款规定不适用强制隔离戒毒的吸毒成瘾人员，依照本法规定进行社区戒毒，由负责社区戒毒工作的城市街道办事处、乡镇人民政府加强帮助、教育和监督，督促落实社区戒毒措施。

第七十条 有关单位及其工作人员在入学、就业、享受社会保障等方面歧视戒毒人员的，由教育行政部门、劳动行政部门责令改正；给当事人造成损失的，依法承担赔偿责任。

中华人民共和国行政处罚法（节选）

（1996年3月17日第八届全国人民代表大会第四次会议通过，根据2009年8月27日第十一届全国人民代表大会常务委员会第十次会议《关于修改部分法律的决定》第一次修正，根据2017年9月1日第十二届全国人民代表大会常务委员会第二十九次会议《关于修改〈中华人民共和国法官法〉等八部法律的决定》第二次修正）

第二十五条 不满十四周岁的人有违法行为的，不予行政处罚，责令监护人加以管教；已满十四周岁不满十八周岁的人有违法行为的，从轻或者减轻行政处罚。

中华人民共和国监狱法（节选）

（1994年12月29日第八届全国人民代表大会常务委员会第十一次会议通过，根据2012年10月26日第十一届全国人民代表大会常务委员会第二十九次会议《全国人民代表大会常务委员会关于修改〈中华人民共和国监狱法〉的决定》修正，自2013年1月1日起施行）

第三十九条 监狱对成年男犯、女犯和未成年犯实行分开关押和管理，对未成年犯和女犯的改造，应当照顾其生理、心理特点。

监狱根据罪犯的犯罪类型、刑罚种类、刑期、改造表现等情况，对罪犯实行分别关押，采取不同方式管理。

第七十四条 对未成年犯应当在未成年犯管教所执行刑罚。

第七十五条 对未成年犯执行刑罚应当以教育改造为主。未成年犯的劳动，应当符合未成年人的特点，以学习文化和生产技能为主。

监狱应当配合国家、社会、学校等教育机构，为未成年犯接受义务教育提供必要的条件。

第七十六条 未成年犯年满十八周岁时，剩余刑期不超过二年的，仍可以留在未成年犯管教所执行剩余刑期。

第七十七条 对未成年犯的管理和教育改造，本章未作规定的，适用本法的有关规定。

中华人民共和国食品安全法（节选）

（2009年2月28日第十一届全国人民代表大会常务委员会第七次会议通过，2015年4月24日第十二届全国人民代表大会常务委员会第十四次会议修订，根据2018年12月29日第十三届全国人民代表大会常务委员会第七次会议《关于修改〈中华人民共和国产品质量法〉等五部法律的决定》修正）

第二十六条 食品安全标准应当包括下列内容：

（一）食品、食品添加剂、食品相关产品中的致病性微生物，农药残留、兽药残留、生物毒素、重金属等污染物质以及其他危害人体健康物质的限量规定；

（二）食品添加剂的品种、使用范围、用量；

（三）专供婴幼儿和其他特定人群的主辅食品的营养成分要求；

（四）对与卫生、营养等食品安全要求有关的标签、标志、说明书的要求；

（五）食品生产经营过程的卫生要求；

（六）与食品安全有关的质量要求；

（七）与食品安全有关的食品检验方法与规程；

（八）其他需要制定为食品安全标准的内容。

第三十四条 禁止生产经营下列食品、食品添加剂、食品相关产品：

（一）用非食品原料生产的食品或者添加食品添加剂以外的化学物质和其他可能危害人体健康物质的食品，或者用回收食品作为原料生产的食品；

（二）致病性微生物，农药残留、兽药残留、生物毒素、重金属等污染物质以及其他危害人体健康的物质含量超过食品安全标准限量的食品、食品添加剂、食品相关产品；

（三）用超过保质期的食品原料、食品添加剂生产的食品、食品添加剂；

（四）超范围、超限量使用食品添加剂的食品；

（五）营养成分不符合食品安全标准的专供婴幼儿和其他特定人群的主辅食品；

（六）腐败变质、油脂酸败、霉变生虫、污秽不洁、混有异物、掺假掺杂或者感官性状异常的食品、食品添加剂；

（七）病死、毒死或者死因不明的禽、畜、兽、水产动物肉类及其制品；

（八）未按规定进行检疫或者检疫不合格的肉类，或者未经检验或者检验不合格的肉类制品；

（九）被包装材料、容器、运输工具等污染的食品、食品添加剂；

（十）标注虚假生产日期、保质期或者超过保质期的食品、食品添加剂；

（十一）无标签的预包装食品、食品添加剂；

（十二）国家为防病等特殊需要明令禁止生产经营的食品；

（十三）其他不符合法律、法规或者食品安全标准的食品、食品添加剂、食品相关产品。

第六十七条 预包装食品的包装上应当有标签。标签应当标明下列事项：

（一）名称、规格、净含量、生产日期；

（二）成分或者配料表；

（三）生产者的名称、地址、联系方式；

（四）保质期；

（五）产品标准代号；

（六）贮存条件；

（七）所使用的食品添加剂在国家标准中的通用名称；

（八）生产许可证编号；

（九）法律、法规或者食品安全标准规定应当标明的其他事项。

专供婴幼儿和其他特定人群的主辅食品，其标签还应当标明主要营养成分及其含量。

食品安全国家标准对标签标注事项另有规定的，从其规定。

第七十四条 国家对保健食品、特殊医学用途配方食品和婴幼儿配方食品等特殊食品实行严格监督管理。

第八十一条 婴幼儿配方食品生产企业应当实施从原料进厂到成品出厂的全过程质量控制，对出厂的婴幼儿配方食品实施逐批检验，保证食品安全。

生产婴幼儿配方食品使用的生鲜乳、辅料等食品原料、食品添加剂等，应当符合法律、行政法规的规定和食品安全国家标准，保证婴幼儿生长发育所需的营养成分。

婴幼儿配方食品生产企业应当将食品原料、食品添加剂、产品配方及标签等事项向省、自治区、直辖市人民政府食品药品监督管理部门备案。

婴幼儿配方乳粉的产品配方应当经国务院食品药品监督管理部门注册。注册时，应当提交配方研发报告和其他表明配方科学性、安全性的材料。

不得以分装方式生产婴幼儿配方乳粉，同一企业不得用同一配方生产不同品牌的婴幼儿配方乳粉。

第八十二条 保健食品、特殊医学用途配方食品、婴幼儿配方乳粉的注册人或者备案人应当对其提交材料的真实性负责。

省级以上人民政府食品药品监督管理部门

应当及时公布注册或者备案的保健食品、特殊医学用途配方食品、婴幼儿配方乳粉目录，并对注册或者备案中获知的企业商业秘密予以保密。

保健食品、特殊医学用途配方食品、婴幼儿配方乳粉生产企业应当按照注册或者备案的产品配方、生产工艺等技术要求组织生产。

第八十三条 生产保健食品，特殊医学用途配方食品、婴幼儿配方食品和其他专供特定人群的主辅食品的企业，应当按照良好生产规范的要求建立与所生产食品相适应的生产质量管理体系，定期对该体系的运行情况进行自查，保证其有效运行，并向所在地县级人民政府食品药品监督管理部门提交自查报告。

第一百零九条 县级以上人民政府食品药品监督管理、质量监督部门根据食品安全风险监测、风险评估结果和食品安全状况等，确定监督管理的重点、方式和频次，实施风险分级管理。

县级以上地方人民政府组织本级食品药品监督管理、质量监督、农业行政等部门制定本行政区域的食品安全年度监督管理计划，向社会公布并组织实施。

食品安全年度监督管理计划应当将下列事项作为监督管理的重点：

（一）专供婴幼儿和其他特定人群的主辅食品；

（二）保健食品生产过程中的添加行为和按照注册或者备案的技术要求组织生产的情况，保健食品标签、说明书以及宣传材料中有关功能宣传的情况；

（三）发生食品安全事故风险较高的食品生产经营者；

（四）食品安全风险监测结果表明可能存在食品安全隐患的事项。

第一百二十三条 违反本法规定，有下列情形之一，尚不构成犯罪的，由县级以上人民政府食品药品监督管理部门没收违法所得和违法生产经营的食品，并可以没收用于违法生产经营的工具、设备、原料等物品；违法生产经营的食品货值金额不足一万元的，并处十万元以上十五万元以下罚款；货值金额一万元以上的，并处货值金额十五倍以上三十倍以下罚款；情节严重的，吊销许可证，并可以由公安机关对其直接负责的主管人员和其他直接责任人员处五日以上十五日以下拘留：

（一）用非食品原料生产食品、在食品中添加食品添加剂以外的化学物质和其他可能危害人体健康的物质，或者用回收食品作为原料生产食品，或者经营上述食品；

（二）生产经营营养成分不符合食品安全标准的专供婴幼儿和其他特定人群的主辅食品；

（三）经营病死、毒死或者死因不明的禽、畜、兽、水产动物肉类，或者生产经营其制品；

（四）经营未按规定进行检疫或者检疫不合格的肉类，或者生产经营未经检验或者检验不合格的肉类制品；

（五）生产经营国家为防病等特殊需要明令禁止生产经营的食品；

（六）生产经营添加药品的食品。

明知从事前款规定的违法行为，仍为其提供生产经营场所或者其他条件的，由县级以上人民政府食品药品监督管理部门责令停止违法行为，没收违法所得，并处十万元以上二十万元以下罚款；使消费者的合法权益受到损害的，应当与食品生产经营者承担连带责任。

违法使用剧毒、高毒农药的，除依照有关法律、法规规定给予处罚外，可以由公安机关依照第一款规定给予拘留。

第一百二十四条 违反本法规定，有下列情形之一，尚不构成犯罪的，由县级以上人民政府食品药品监督管理部门没收违法所得和违法生产经营的食品、食品添加剂，并可以没收用于违法生产经营的工具、设备、原料等物品；违法生产经营的食品、食品添加剂货值金额不足一万元的，并处五万元以上十万元以下罚款；货值金额一万元以上的，并处货值金额十倍以上二十倍以下罚款；情节严重的，吊销许可证：

（一）生产经营致病性微生物，农药残留、兽药残留、生物毒素、重金属等污染物质以及其他危害人体健康的物质含量超过食品安全标准限量的食品、食品添加剂；

（二）用超过保质期的食品原料、食品添加剂生产食品、食品添加剂，或者经营上述食品、食品添加剂；

（三）生产经营超范围、超限量使用食品添加剂的食品；

（四）生产经营腐败变质、油脂酸败、霉

变生虫、污秽不洁、混有异物、掺假掺杂或者感官性状异常的食品、食品添加剂；

（五）生产经营标注虚假生产日期、保质期或者超过保质期的食品、食品添加剂；

（六）生产经营未按规定注册的保健食品、特殊医学用途配方食品、婴幼儿配方乳粉，或者未按注册的产品配方、生产工艺等技术要求组织生产；

（七）以分装方式生产婴幼儿配方乳粉，或者同一企业以同一配方生产不同品牌的婴幼儿配方乳粉；

（八）利用新的食品原料生产食品，或者生产食品添加剂新品种，未通过安全性评估；

（九）食品生产经营者在食品药品监督管理部门责令其召回或者停止经营后，仍拒不召回或者停止经营。

除前款和本法第一百二十三条、第一百二十五条规定的情形外，生产经营不符合法律、法规或者食品安全标准的食品、食品添加剂的，依照前款规定给予处罚。

生产食品相关产品新品种，未通过安全性评估，或者生产不符合食品安全标准的食品相关产品的，由县级以上人民政府质量监督部门依照第一款规定给予处罚。

第一百二十六条 违反本法规定，有下列情形之一的，由县级以上人民政府食品药品监督管理部门责令改正，给予警告；拒不改正的，处五千元以上五万元以下罚款；情节严重的，责令停产停业，直至吊销许可证：

（一）食品、食品添加剂生产者未按规定对采购的食品原料和生产的食品、食品添加剂进行检验；

（二）食品生产经营企业未按规定建立食品安全管理制度，或者未按规定配备或者培训、考核食品安全管理人员；

（三）食品、食品添加剂生产经营者进货时未查验许可证和相关证明文件，或者未按规定建立并遵守进货查验记录、出厂检验记录和销售记录制度；

（四）食品生产经营企业未制定食品安全事故处置方案；

（五）餐具、饮具和盛放直接入口食品的容器，使用前未经洗净、消毒或者清洗消毒不合格，或者餐饮服务设施、设备未按规定定期维护、清洗、校验；

（六）食品生产经营者安排未取得健康证明或者患有国务院卫生行政部门规定的有碍食品安全疾病的人员从事接触直接入口食品的工作；

（七）食品经营者未按规定要求销售食品；

（八）保健食品生产企业未按规定向食品药品监督管理部门备案，或者未按备案的产品配方、生产工艺等技术要求组织生产；

（九）婴幼儿配方食品生产企业未将食品原料、食品添加剂、产品配方、标签等向食品药品监督管理部门备案；

（十）特殊食品生产企业未按规定建立生产质量管理体系并有效运行，或者未定期提交自查报告；

（十一）食品生产经营者未定期对食品安全状况进行检查评价，或者生产经营条件发生变化，未按规定处理；

（十二）学校、托幼机构、养老机构、建筑工地等集中用餐单位未按规定履行食品安全管理责任；

（十三）食品生产企业、餐饮服务提供者未按规定制定、实施生产经营过程控制要求。

餐具、饮具集中消毒服务单位违反本法规定用水，使用洗涤剂、消毒剂，或者出厂的餐具、饮具未按规定检验合格并随附消毒合格证明，或者未按规定在独立包装上标注相关内容的，由县级以上人民政府卫生行政部门依照前款规定给予处罚。

食品相关产品生产者未按规定对生产的食品相关产品进行检验的，由县级以上人民政府质量监督部门依照第一款规定给予处罚。

食用农产品销售者违反本法第六十五条规定的，由县级以上人民政府食品药品监督管理部门依照第一款规定给予处罚。

中华人民共和国道路交通安全法（节选）

（2003年10月28日第十届全国人民代表大会常务委员会第五次会议通过，根据2007年12月29日第十届全国人民代表大会常务委员会第三十一次会议《关于修改〈中华人民共和国道路交通安全法〉的决定》第一次修正，根据2011年4月22日第十一届全国人民代表大会常务委员会第二十次会议《关于修改〈中华人民共和国道路交通安全法〉的决定》第二次修正）

第三十四条 学校、幼儿园、医院、养老院门前的道路没有行人过街设施的，应当施划人行横道线，设置提示标志。

城市主要道路的人行道，应当按照规划设置盲道。盲道的设置应当符合国家标准。

第六十四条 学龄前儿童以及不能辨认或者不能控制自己行为的精神疾病患者、智力障碍者在道路上通行，应当由其监护人、监护人委托的人或者对其负有管理、保护职责的人带领。

盲人在道路上通行，应当使用盲杖或者采取其他导盲手段，车辆应当避让盲人。

中华人民共和国母婴保健法（节选）

（1994年10月27日第八届全国人民代表大会常务委员会第十次会议通过，根据2009年8月27日第十一届全国人民代表大会常务委员会第十次会议《关于修改部分法律的决定》第一次修正，根据2017年11月4日第十二届全国人民代表大会常务委员会第三十次会议《关于修改〈中华人民共和国会计法〉等十一部法律的决定》第二次修正）

第十四条 医疗保健机构应当为育龄妇女和孕产妇提供孕产期保健服务。

孕产期保健服务包括下列内容：

（一）母婴保健指导：对孕育健康后代以及严重遗传性疾病和碘缺乏病等地方病的发病原因、治疗和预防方法提供医学意见；

（二）孕妇、产妇保健：为孕妇、产妇提供卫生、营养、心理等方面的咨询和指导以及产前定期检查等医疗保健服务；

（三）胎儿保健：为胎儿生长发育进行监护，提供咨询和医学指导；

（四）新生儿保健：为新生儿生长发育、哺乳和护理提供的医疗保健服务。

第二十三条 医疗保健机构和从事家庭接生的人员按照国务院卫生行政部门的规定，出具统一制发的新生儿出生医学证明；有产妇和婴儿死亡以及新生儿出生缺陷情况的，应当向卫生行政部门报告。

第二十四条 医疗保健机构为产妇提供科学育儿、合理营养和母乳喂养的指导。

医疗保健机构对婴儿进行体格检查和预防接种，逐步开展新生儿疾病筛查、婴儿多发病和常见病防治等医疗保健服务。

中华人民共和国人口与计划生育法（节选）

（2001 年 12 月 29 日第九届全国人民代表大会常务委员会第二十五次会议通过，根据 2015 年 12 月 27 日第十二届全国人民代表大会常务委员会第十八次会议《关于修改〈中华人民共和国人口与计划生育法〉的决定》修正）

第十三条 计划生育、教育、科技、文化、卫生、民政、新闻出版、广播电视等部门应当组织开展人口与计划生育宣传教育。

大众传媒负有开展人口与计划生育的社会公益性宣传的义务。

学校应当在学生中，以符合受教育者特征的适当方式，有计划地开展生理卫生教育、青春期教育或者性健康教育。

第二十二条 禁止歧视、虐待生育女婴的妇女和不育的妇女。

禁止歧视、虐待、遗弃女婴。

第三十五条 严禁利用超声技术和其他技术手段进行非医学需要的胎儿性别鉴定；严禁非医学需要的选择性别的人工终止妊娠。

中华人民共和国传染病防治法（节选）

（1989 年 2 月 21 日第七届全国人民代表大会常务委员会第六次会议通过，自 1989 年 9 月 1 日起施行，2004 年 8 月 28 日第十届全国人民代表大会常务委员会第十一次会议修订，根据 2013 年 6 月 29 日第十二届全国人民代表大会常务委员会第三次会议《关于修改〈中华人民共和国文物保护法〉等十二部法律的决定》修正）

第十五条 国家实行有计划的预防接种制度。国务院卫生行政部门和省、自治区、直辖市人民政府卫生行政部门，根据传染病预防、控制的需要，制定传染病预防接种规划并组织实施。用于预防接种的疫苗必须符合国家质量标准。

国家对儿童实行预防接种证制度。国家免疫规划项目的预防接种实行免费。医疗机构、疾病预防控制机构与儿童的监护人应当相互配合，保证儿童及时接受预防接种。具体办法由国务院制定。

中华人民共和国国防动员法（节选）

（2010 年 2 月 26 日第十一届全国人民代表大会常务委员会第十三次会议通过）

第四十九条 十八周岁至六十周岁的男性公民和十八周岁至五十五周岁的女性公民，应当担负国防勤务；但有下列情形之一的，免予担负国防勤务：

（一）在托儿所、幼儿园和孤儿院、养老院、残疾人康复机构、救助站等社会福利机构从事管理和服务工作的公民；

（二）从事义务教育阶段学校教学、管理和服务工作的公民；

（三）怀孕和在哺乳期内的女性公民；

（四）患病无法担负国防勤务的公民；

（五）丧失劳动能力的公民；

（六）在联合国等政府间国际组织任职的公民；

（七）其他经县级以上人民政府决定免予担负国防勤务的公民。

有特殊专长的专业技术人员担负特定的国防勤务，不受前款规定的年龄限制

第五十六条 下列民用资源免予征用：

（一）个人和家庭生活必需的物品和居住场所；

（二）托儿所、幼儿园和孤儿院、养老院、残疾人康复机构、救助站等社会福利机构保障儿童、老人、残疾人和救助对象生活必需的物品和居住场所；

（三）法律、行政法规规定免予征用的其他民用资源。

诉讼法

中华人民共和国刑事诉讼法（节选）

（1979年7月1日第五届全国人民代表大会第二次会议通过，根据1996年3月17日第八届全国人民代表大会第四次会议《关于修改〈中华人民共和国刑事诉讼法〉的决定》第一次修正，根据2012年3月14日第十一届全国人民代表大会第五次会议《关于修改〈中华人民共和国刑事诉讼法〉的决定》第二次修正，根据2018年10月26日第十三届全国人民代表大会常务委员会第六次会议《关于修改〈中华人民共和国刑事诉讼法〉的决定》第三次修正）

第二百七十七条 对犯罪的未成年人实行教育、感化、挽救的方针，坚持教育为主、惩罚为辅的原则。

人民法院、人民检察院和公安机关办理未成年人刑事案件，应当保障未成年人行使其诉讼权利，保障未成年人得到法律帮助，并由熟悉未成年人身心特点的审判人员、检察人员、侦查人员承办。

第二百七十八条 未成年犯罪嫌疑人、被告人没有委托辩护人的，人民法院、人民检察院、公安机关应当通知法律援助机构指派律师为其提供辩护。

第二百七十九条 公安机关、人民检察院、人民法院办理未成年人刑事案件，根据情况可以对未成年犯罪嫌疑人、被告人的成长经历、犯罪原因、监护教育等情况进行调查。

第二百八十条 对未成年犯罪嫌疑人、被告人应当严格限制适用逮捕措施。人民检察院审查批准逮捕和人民法院决定逮捕，应当讯问未成年犯罪嫌疑人、被告人，听取辩护律师的意见。

对被拘留、逮捕和执行刑罚的未成年人与成年人应当分别关押、分别管理、分别教育。

第二百八十一条 对于未成年人刑事案件，在讯问和审判的时候，应当通知未成年犯罪嫌疑人、被告人的法定代理人到场。无法通知、法定代理人不能到场或者法定代理人是共犯的，也可以通知未成年犯罪嫌疑人、被告人的其他成年亲属，所在学校、单位、居住地基层组织或者未成年人保护组织的代表到场，并将有关情况记录在案。到场的法定代理人可以代为行使未成年犯罪嫌疑人、被告人的诉讼权利。

到场的法定代理人或者其他人员认为办案人员在讯问、审判中侵犯未成年人合法权益的，可以提出意见。讯问笔录、法庭笔录应当交给到场的法定代理人或者其他人员阅读或者向他宣读。

讯问女性未成年犯罪嫌疑人，应当有女工作人员在场。

审判未成年人刑事案件，未成年被告人最后陈述后，其法定代理人可以进行补充陈述。

询问未成年被害人、证人，适用第一款、

第二款、第三款的规定。

第二百八十二条 对于未成年人涉嫌刑法分则第四章、第五章、第六章规定的犯罪，可能判处一年有期徒刑以下刑罚，符合起诉条件，但有悔罪表现的，人民检察院可以作出附条件不起诉的决定。人民检察院在作出附条件不起诉的决定以前，应当听取公安机关、被害人的意见。

对附条件不起诉的决定，公安机关要求复议、提请复核或者被害人申诉的，适用本法第一百七十五条、第一百七十六条的规定。

未成年犯罪嫌疑人及其法定代理人对人民检察院决定附条件不起诉有异议的，人民检察院应当作出起诉的决定。

第二百八十三条 在附条件不起诉的考验期内，由人民检察院对被附条件不起诉的未成年犯罪嫌疑人进行监督考察。未成年犯罪嫌疑人的监护人，应当对未成年犯罪嫌疑人加强管教，配合人民检察院做好监督考察工作。

附条件不起诉的考验期为六个月以上一年以下，从人民检察院作出附条件不起诉的决定之日起计算。

被附条件不起诉的未成年犯罪嫌疑人，应当遵守下列规定：

（一）遵守法律法规，服从监督；

（二）按照考察机关的规定报告自己的活动情况；

（三）离开所居住的市、县或者迁居，应当报经考察机关批准；

（四）按照考察机关的要求接受矫治和教育。

第二百八十四条 被附条件不起诉的未成年犯罪嫌疑人，在考验期内有下列情形之一的，人民检察院应当撤销附条件不起诉的决定，提起公诉：

（一）实施新的犯罪或者发现决定附条件不起诉以前还有其他犯罪需要追诉的；

（二）违反治安管理规定或者考察机关有关附条件不起诉的监督管理规定，情节严重的。

被附条件不起诉的未成年犯罪嫌疑人，在考验期内没有上述情形，考验期满的，人民检察院应当作出不起诉的决定。

第二百八十五条 审判的时候被告人不满十八周岁的案件，不公开审理。但是，经未成年被告人及其法定代理人同意，未成年被告人所在学校和未成年人保护组织可以派代表到场。

第二百八十六条 犯罪的时候不满十八周岁，被判处五年有期徒刑以下刑罚的，应当对相关犯罪记录予以封存。

犯罪记录被封存的，不得向任何单位和个人提供，但司法机关为办案需要或者有关单位根据国家规定进行查询的除外。依法进行查询的单位，应当对被封存的犯罪记录的情况予以保密。

中华人民共和国民事诉讼法（节选）

（1991 年 4 月 9 日第七届全国人民代表大会第四次会议通过，根据 2007 年 10 月 28 日第十届全国人民代表大会常务委员会第三十次会议《关于修改〈中华人民共和国民事诉讼法〉的决定》第一次修正，根据 2012 年 8 月 31 日第十一届全国人民代表大会常务委员会第二十八次会议《关于修改〈中华人民共和国民事诉讼法〉的决定》第二次修正，根据 2017 年 6 月 27 日第十二届全国人民代表大会常务委员会第二十八次会议《关于修改〈中华人民共和国民事诉讼法〉和〈中华人民共和国行政诉讼法〉的决定》第三次修正）

第五十七条 无诉讼行为能力人由他的监护人作为法定代理人代为诉讼。法定代理人之间互相推诿代理责任的，由人民法院指定其中一人代为诉讼。

行政法规类

有关未成年人保护的行政法规主要围绕法律相关规定展开，重在监管、引导对未成年人有影响的各行业的行为。特别是文化、娱乐产业，要求经营者、生产者生产、传播的文化产品、文化服务活动符合未成年人健康需求。出版图书、网络游戏、电影等文化产品不得含有诱发未成年人模仿违反社会公德的行为和违法犯罪的行为的内容，不得含有恐怖、残酷等妨害未成年人身心健康的内容。互联网上网服务营业场所、娱乐场所不得接纳未成年人进入，且应该在入口处的显著位置悬挂未成年人禁入标志。彩票发行机构、彩票销售机构、彩票代销者不得向未成年人销售彩票。《博物馆条例》等规定要求政府相关部门为未成年人提供公共文化产品和服务，对处于困难中的未成年人予以救助、救济。

有关未成年人保护的行政法规也规定了诸多保障未成年人人身安全、健康的内容。《禁止使用童工规定》规定，不得招用不满16周岁的未成年人，同时，《使用有毒物品作业场所劳动保护条例》等法规为已满16周岁的未成年劳动者设置保护性规定，如禁止安排未成年人职工从事使用有毒物品作业。《艾滋病防治条例》要求将艾滋病防治知识纳入有关课程，特别保障了生活困难的艾滋病病人遗留的孤儿和感染艾滋病病毒的未成年人接受教育的权益，这一部分未成年人接受义务教育的，应当免收杂费、书本费，接受学前教育和高中阶段教育的，应当减免学费等相关费用。此外，在药品管理方面，第二类精神药品可直接作用于中枢神经系统，具有潜在的依赖性和耐受性，出于保护未成年人身体健康的考虑，《麻醉药品和精神药品管理条例》规定禁止向未成年人销售第二类精神药品。

出版管理条例（节选）

（2001年12月25日中华人民共和国国务院令第343号公布，根据2011年3月19日《国务院关于修改〈出版管理条例〉的决定》第一次修订，根据2013年7月18日《国务院关于废止和修改部分行政法规的决定》第二次修订，根据2014年7月29日《国务院关于修改部分行政法规的决定》第三次修订，根据2016年2月6日《国务院关于修改部分行政法规的决定》第四次修订）

第二十五条 任何出版物不得含有下列内容：

（一）反对宪法确定的基本原则的；

（二）危害国家统一、主权和领土完整的；

（三）泄露国家秘密、危害国家安全或者损害国家荣誉和利益的；

（四）煽动民族仇恨、民族歧视，破坏民族团结，或者侵害民族风俗、习惯的；

（五）宣扬邪教、迷信的；

（六）扰乱社会秩序，破坏社会稳定的；

（七）宣扬淫秽、赌博、暴力或者教唆犯罪的；

（八）侮辱或者诽谤他人，侵害他人合法权益的；

（九）危害社会公德或者民族优秀文化传统的；

（十）有法律、行政法规和国家规定禁止的其他内容的。

第二十六条　以未成年人为对象的出版物不得含有诱发未成年人模仿违反社会公德的行为和违法犯罪的行为的内容，不得含有恐怖、残酷等妨害未成年人身心健康的内容。

第三十条　中学小学教科书由国务院教育行政主管部门审定；其出版、发行单位应当具有适应教科书出版、发行业务需要的资金、组织机构和人员等条件，并取得国务院出版行政主管部门批准的教科书出版、发行资质。纳入政府采购范围的中学小学教科书，其发行单位按照《中华人民共和国政府采购法》的有关规定确定。其他任何单位或者个人不得从事中学小学教科书的出版、发行业务。

互联网上网服务营业场所管理条例（节选）

（2002 年 9 月 29 日中华人民共和国国务院令第 363 号公布，根据 2011 年 1 月 8 日《国务院关于废止和修改部分行政法规的决定》第一次修订，根据 2016 年 2 月 6 日《国务院关于修改部分行政法规的决定》第二次修订）

第九条　中学、小学校园周围 200 米范围内和居民住宅楼（院）内不得设立互联网上网服务营业场所。

第二十一条　互联网上网服务营业场所经营单位不得接纳未成年人进入营业场所。

互联网上网服务营业场所经营单位应当在营业场所入口处的显著位置悬挂未成年人禁入标志。

第三十一条　互联网上网服务营业场所经营单位违反本条例的规定，有下列行为之一的，由文化行政部门给予警告，可以并处 15000 元以下的罚款；情节严重的，责令停业整顿，直至吊销《网络文化经营许可证》：

（一）在规定的营业时间以外营业的；

（二）接纳未成年人进入营业场所的；

（三）经营非网络游戏的；

（四）擅自停止实施经营管理技术措施的；

（五）未悬挂《网络文化经营许可证》或者未成年人禁入标志的。

娱乐场所管理条例（节选）

（2006 年 1 月 29 日中华人民共和国国务院令第 458 号公布，根据 2016 年 2 月 6 日《国务院关于修改部分行政法规的决定》修订）

第二十三条　歌舞娱乐场所不得接纳未成年人。除国家法定节假日外，游艺娱乐场所设置的电子游戏机不得向未成年人提供。

第二十四条　娱乐场所不得招用未成年人；招用外国人的，应当按照国家有关规定为其办理外国人就业许可证。

第三十条　娱乐场所应当在营业场所的大厅、包厢、包间内的显著位置悬挂含有禁毒、禁赌、禁止卖淫嫖娼等内容的警示标志、未成年人禁入或者限入标志。标志应当注明公安部门、文化主管部门的举报电话。

第四十八条　违反本条例规定，有下列情形之一的，由县级人民政府文化主管部门没收违法所得和非法财物，并处违法所得 1 倍以上 3 倍以下的罚款；没有违法所得或者违法所得不足 1 万元的，并处 1 万元以上 3 万元以下的罚款；

情节严重的，责令停业整顿1个月至6个月：

（一）歌舞娱乐场所的歌曲点播系统与境外的曲库联接的；

（二）歌舞娱乐场所播放的曲目、屏幕画面或者游艺娱乐场所电子游戏机内的游戏项目含有本条例第十三条禁止内容的；

（三）歌舞娱乐场所接纳未成年人的；

（四）游艺娱乐场所设置的电子游戏机在国家法定节假日外向未成年人提供的；

（五）娱乐场所容纳的消费者超过核定人数的。

第五十一条 娱乐场所未按照本条例规定悬挂警示标志、未成年人禁入或者限入标志的，由县级人民政府文化主管部门、县级公安部门依据法定职权责令改正，给予警告。

第五十二条 娱乐场所招用未成年人的，由劳动保障行政部门责令改正，并按照每招用一名未成年人每月处5000元罚款的标准给予处罚。

城市居民最低生活保障条例（节选）

（1999年9月28日国务院第21次常务会议通过并发布，自1999年10月1日起施行）

第六条第一款 城市居民最低生活保障标准，按照当地维持城市居民基本生活所必需的衣、食、住费用，并适当考虑水电燃煤（燃气）费用以及未成年人的义务教育费用确定。

禁止使用童工规定

（2002年9月18日国务院第63次常务会议通过，自2002年12月1日起施行）

第一条 为保护未成年人的身心健康，促进义务教育制度的实施，维护未成年人的合法权益，根据宪法和劳动法、未成年人保护法，制定本规定。

第二条 国家机关、社会团体 、企业事业单位、民办非企业单位或者个体工商户（以下统称用人单位）均不得招用不满16周岁的未成年人（招用不满16周岁的未成年人，以下统称使用童工）。

禁止任何单位或者个人为不满16周岁的未成年人介绍就业。

禁止不满16周岁的未成年人开业从事个体经营活动。

第三条 不满16周岁的未成年人的父母或者其他监护人应当保护其身心健康，保障其接受义务教育的权利，不得允许其被用人单位非法招用。

不满16周岁的未成年人的父母或者其他监护人允许其被用人单位非法招用的，所在地的乡（镇）人民政府、城市街道办事处以及村民委员会、居民委员会应当给予批评教育。

第四条 用人单位招用人员时，必须核查被招用人员的身份证；对不满16周岁的未成年人，一律不得录用。用人单位录用人员的录用登记、核查材料应当妥善保管。

第五条 县级以上各级人民政府劳动保障行政部门负责本规定执行情况的监督检查。

县级以上各级人民政府公安、工商行政管理、教育、卫生等行政部门在各自职责范围内对本规定的执行情况进行监督检查，并对劳动保障行政部门的监督检查给予配合。

工会、共青团、妇联等群众组织应当依法维护未成年人的合法权益。

任何单位或者个人发现使用童工的，均有权向县级以上人民政府劳动保障行政部门举报。

第六条 用人单位使用童工的，由劳动保障行政部门按照每使用一名童工每月处5000元罚款的标准给予处罚；在使用有毒物品的作业场所使用童工的，按照《使用有毒物品作业场所劳动保护条例》规定的罚款幅度，或者按照每使用一名童工每月处5000元罚款的标准，从重处罚。劳动保障行政部门并应当责令用人单位限期将童工送回原居住地交其父母或者其他监护人，所需交通和食宿费用全部由用人单位承担。

用人单位经劳动保障行政部门依照前款规定责令限期改正，逾期仍不将童工送交其父母或者其他监护人的，从责令限期改正之日起，由劳动保障行政部门按照每使用一名童工每月处1万元罚款的标准处罚，并由工商行政管理部门吊销其营业执照或者由民政部门撤销民办非企业单位登记；用人单位是国家机关、事业单位的，由有关单位依法对直接负责的主管人员和其他直接责任人员给予降级或者撤职的行政处分或者纪律处分。

第七条 单位或者个人为不满16周岁的未成年人介绍就业的，由劳动保障行政部门按照每介绍一人处5000元罚款的标准给予处罚；职业中介机构为不满16周岁的未成年人介绍就业的，并由劳动保障行政部门吊销其职业介绍许可证。

第八条 用人单位未按照本规定第四条的规定保存录用登记材料，或者伪造录用登记材料的，由劳动保障行政部门处1万元的罚款。

第九条 无营业执照、被依法吊销营业执照的单位以及未依法登记、备案的单位使用童工或者介绍童工就业的，依照本规定第六条、第七条、第八条规定的标准加一倍罚款，该非法单位由有关的行政主管部门予以取缔。

第十条 童工患病或者受伤的，用人单位应当负责送到医疗机构治疗，并负担治疗期间的全部医疗和生活费用。

童工伤残或者死亡的，用人单位由工商行政管理部门吊销营业执照或者由民政部门撤销民办非企业单位登记；用人单位是国家机关、事业单位的，由有关单位依法对直接负责的主管人员和其他直接责任人员给予降级或者撤职的行政处分或者纪律处分；用人单位还应当一次性地对伤残的童工、死亡童工的直系亲属给予赔偿，赔偿金额按照国家工伤保险的有关规定计算。

第十一条 拐骗童工，强迫童工劳动，使用童工从事高空、井下、放射性、高毒、易燃易爆以及国家规定的第四级体力劳动强度的劳动，使用不满14周岁的童工，或者造成童工死亡或者严重伤残的，依照刑法关于拐卖儿童罪、强迫劳动罪或者其他罪的规定，依法追究刑事责任。

第十二条 国家行政机关工作人员有下列行为之一的，依法给予记大过或者降级的行政处分；情节严重的，依法给予撤职或者开除的行政处分；构成犯罪的，依照刑法关于滥用职权罪、玩忽职守罪或者其他罪的规定，依法追究刑事责任：

（一）劳动保障等有关部门工作人员在禁止使用童工的监督检查工作中发现使用童工的情况，不予制止、纠正、查处的；

（二）公安机关的人民警察违反规定发放身份证或者在身份证上登录虚假出生年月的；

（三）工商行政管理部门工作人员发现申请人是不满16周岁的未成年人，仍然为其从事个体经营发放营业执照的。

第十三条 文艺、体育单位经未成年人的父母或者其他监护人同意，可以招用不满16周岁的专业文艺工作者、运动员。用人单位应当保障被招用的不满16周岁的未成年人的身心健康，保障其接受义务教育的权利。文艺、体育单位招用不满16周岁的专业文艺工作者、运动员的办法，由国务院劳动保障行政部门会同国务院文化、体育行政部门制定。

学校、其他教育机构以及职业培训机构按照国家有关规定组织不满16周岁的未成年人进行不影响其人身安全和身心健康的教育实践劳动、职业技能培训劳动，不属于使用童工。

第十四条 本规定自2002年12月1日起施行。1991年4月15日国务院发布的《禁止使用童工规定》同时废止。

城市生活无着的流浪乞讨人员救助管理办法（节选）

（2003 年 6 月 18 日国务院第 12 次常务会议通过并发布，自 2003 年 8 月 1 日起施行）

第五条 公安机关和其他有关行政机关的工作人员在执行职务时发现流浪乞讨人员的，应当告知其向救助站求助；对其中的残疾人、未成年人、老年人和行动不便的其他人员，还应当引导、护送到救助站。

第十一条 救助站应当劝导受助人员返回其住所地或者所在单位，不得限制受助人员离开救助站。救助站对受助的残疾人、未成年人、老年人应当给予照顾；对查明住址的，及时通知其亲属或者所在单位领回；对无家可归的，由其户籍所在地人民政府妥善安置。

第十二条 受助人员住所地的县级人民政府应当采取措施，帮助受助人员解决生产、生活困难，教育遗弃残疾人、未成年人、老年人的近亲属或者其他监护人履行抚养、赡养义务。

第十三条 救助站应当建立、健全站内管理的各项制度，实行规范化管理。

使用有毒物品作业场所劳动保护条例（节选）

（2002 年 4 月 30 日国务院第 57 次常务会议通过并公布，自公布之日起施行）

第七条 禁止使用童工。

用人单位不得安排未成年人和孕期、哺乳期的女职工从事使用有毒物品的作业。

第六十三条 用人单位违反本条例的规定，有下列行为之一的，由卫生行政部门给予警告，责令限期改正；逾期不改正的，处 5 万元以上 30 万元以下的罚款；造成严重职业中毒危害或者导致职业中毒事故发生的，对负有责任的主管人员和其他直接责任人员依照刑法关于重大责任事故罪或者其他罪的规定，依法追究刑事责任：

（一）使用未经培训考核合格的劳动者从事高毒作业的；

（二）安排有职业禁忌的劳动者从事所禁忌的作业的；

（三）发现有职业禁忌或者有与所从事职业相关的健康损害的劳动者，未及时调离原工作岗位，并妥善安置的；

（四）安排未成年人或者孕期、哺乳期的女职工从事使用有毒物品作业的；

（五）使用童工的。

疫苗流通和预防接种管理条例（节选）

（2005 年 3 月 24 日中华人民共和国国务院令第 434 号公布，根据 2016 年 4 月 23 日《国务院关于修改〈疫苗流通和预防接种管理条例〉的决定》修订）

第二条 本条例所称疫苗，是指为了预防、控制传染病的发生、流行，用于人体预防接种的疫苗类预防性生物制品。

疫苗分为两类。第一类疫苗，是指政府免费向公民提供，公民应当依照政府的规定受种的疫苗，包括国家免疫规划确定的疫苗，省、自治区、直辖市人民政府在执行国家免疫规划时增加的疫苗，以及县级以上人民政府或者其卫生主管部门组织的应急接种或者群体性预防接种所使用的疫苗；第二类疫苗，是指由公民自费并且自愿受种的其他疫苗。

第三条 接种第一类疫苗由政府承担费用。接种第二类疫苗由受种者或者其监护人承担费用。

第六条 国家实行有计划的预防接种制度，推行扩大免疫规划。

需要接种第一类疫苗的受种者应当依照本条例规定受种；受种者为未成年人的，其监护人应当配合有关的疾病预防控制机构和医疗机构等医疗卫生机构，保证受种者及时受种。

残疾预防和残疾人康复条例（节选）

（2017 年 1 月 11 日国务院第 161 次常务会议通过并公布，自 2017 年 7 月 1 日起施行）

第十四条 承担新生儿疾病和未成年人残疾筛查、诊断的医疗卫生机构应当按照规定将残疾和患有致残性疾病的未成年人信息，向所在地县级人民政府卫生和计划生育主管部门报告。接到报告的卫生和计划生育主管部门应当按照规定及时将相关信息与残疾人联合会共享，并共同组织开展早期干预。

第十五条 具有高度致残风险的用人单位应当对职工进行残疾预防相关知识培训，告知作业场所和工作岗位存在的致残风险，并采取防护措施，提供防护设施和防护用品。

第十六条 国家鼓励公民学习残疾预防知识和技能，提高自我防护意识和能力。

未成年人的监护人应当保证未成年人及时接受政府免费提供的疾病和残疾筛查，努力使有出生缺陷或者致残性疾病的未成年人及时接受治疗和康复服务。未成年人、老年人的监护人或者家庭成员应当增强残疾预防意识，采取有针对性的残疾预防措施。

博物馆条例（节选）

（2015 年 1 月 14 日国务院第 78 次常务会议通过，自 2015 年 3 月 20 日起施行）

第三十条 博物馆举办陈列展览，应当遵守下列规定：

（一）主题和内容应当符合宪法所确定的基本原则和维护国家安全与民族团结、弘扬爱国主义、倡导科学精神、普及科学知识、传播优秀文化、培养良好风尚、促进社会和谐、推动社会文明进步的要求；

（二）与办馆宗旨相适应，突出藏品特色；

（三）运用适当的技术、材料、工艺和表现手法，达到形式与内容的和谐统一；

（四）展品以原件为主，使用复制品、仿制品应当明示；

（五）采用多种形式提供科学、准确、生动的文字说明和讲解服务；

（六）法律、行政法规的其他有关规定。

陈列展览的主题和内容不适宜未成年人的，博物馆不得接纳未成年人。

第三十一条 博物馆举办陈列展览的，应当在陈列展览开始之日 10 个工作日前，将陈列展览主题、展品说明、讲解词等向陈列展览举办地的文物主管部门或者其他有关部门备案。

各级人民政府文物主管部门和博物馆行业组织应当加强对博物馆陈列展览的指导和监督。

第三十二条 博物馆应当配备适当的专业人员，根据不同年龄段的未成年人接受能力进行讲解；学校寒暑假期间，具备条件的博物馆应当增设适合学生特点的陈列展览项目。

第三十三条 国家鼓励博物馆向公众免费开放。县级以上人民政府应当对向公众免费开放的博物馆给予必要的经费支持。

博物馆未实行免费开放的，其门票、收费的项目和标准按照国家有关规定执行，并在收费地点的醒目位置予以公布。

博物馆未实行免费开放的，应当对未成年人、成年学生、教师、老年人、残疾人和军人等实行免费或者其他优惠。博物馆实行优惠的项目和标准应当向公众公告。

第三十五条 国务院教育行政部门应当会同国家文物主管部门，制定利用博物馆资源开展教育教学、社会实践活动的政策措施。

地方各级人民政府教育行政部门应当鼓励学校结合课程设置和教学计划，组织学生到博物馆开展学习实践活动。

博物馆应当对学校开展各类相关教育教学活动提供支持和帮助。

居住证暂行条例（节选）

（2015 年 10 月 21 日国务院第 109 次常务会议通过，自 2016 年 1 月 1 日起施行）

第九条 申领居住证，应当向居住地公安派出所或者受公安机关委托的社区服务机构提交本人居民身份证、本人相片以及居住地住址、就业、就读等证明材料。

居住地住址证明包括房屋租赁合同、房屋产权证明文件、购房合同或者房屋出租人、用人单位、就读学校出具的住宿证明等；就业证明包括工商营业执照、劳动合同、用人单位出具的劳动关系证明或者其他能够证明有合法稳定就业的材料等；就读证明包括学生证、就读学校出具的其他能够证明连续就读的材料等。

未满 16 周岁的未成年人和行动不便的老年人、残疾人等，可以由其监护人、近亲属代为申领居住证。监护人、近亲属代为办理的，应当提供委托人、代办人的合法有效身份证件。

申请人及相关证明材料出具人应当对本条规定的证明材料的真实性、合法性负责。

对申请材料不全的，公安派出所或者受公安机关委托的社区服务机构应当一次性告知申领人需要补充的材料。

对符合居住证办理条件的，公安机关应当自受理之日起 15 日内制作发放居住证；在偏远地区、交通不便的地区或者因特殊情况，不能按期制作发放居住证的，设区的市级以上地方人民政府在实施办法中可以对制作发放时限作出延长规定，但延长后最长不得超过 30 日。

彩票管理条例（节选）

（2009 年 4 月 22 日国务院第 58 次常务会议通过，自 2009 年 7 月 1 日起施行）

第十八条 彩票发行机构、彩票销售机构、彩票代销者不得有下列行为：

（一）进行虚假性、误导性宣传；

（二）以诋毁同业者等手段进行不正当竞争；

（三）向未成年人销售彩票；

（四）以赊销或者信用方式销售彩票。

第二十六条 彩票发行机构、彩票销售机构、彩票代销者应当按照彩票品种的规则和兑奖操作规程兑奖。

彩票中奖奖金应当以人民币现金或者现金支票形式一次性兑付。

不得向未成年人兑奖。

第四十条 彩票发行机构、彩票销售机构有下列行为之一的，由财政部门责令改正；有违法所得的，没收违法所得；对直接负责的主管人员和其他直接责任人员，依法给予处分：

（一）采购不符合标准的彩票设备或者技术服务的；

（二）进行虚假性、误导性宣传的；

（三）以诋毁同业者等手段进行不正当竞争的；

（四）向未成年人销售彩票的；

（五）泄露彩票中奖者个人信息的；

（六）未将逾期未兑奖的奖金纳入彩票公益金的；

（七）未按规定上缴彩票公益金、彩票发行费中的业务费的。

第四十一条　彩票代销者有下列行为之一的，由民政部门、体育行政部门责令改正，处2000元以上1万元以下罚款；有违法所得的，没收违法所得：

（一）委托他人代销彩票或者转借、出租、出售彩票投注专用设备的；

（二）进行虚假性、误导性宣传的；

（三）以诋毁同业者等手段进行不正当竞争的；

（四）向未成年人销售彩票的；

（五）以赊销或者信用方式销售彩票的。

彩票代销者有前款行为受到处罚的，彩票发行机构、彩票销售机构有权解除彩票代销合同。

森林防火条例（节选）

（2008年11月19日国务院第36次常务会议修订通过，自2009年1月1日起施行）

第三十五条　扑救森林火灾应当以专业火灾扑救队伍为主要力量；组织群众扑救队伍扑救森林火灾的，不得动员残疾人、孕妇和未成年人以及其他不适宜参加森林火灾扑救的人员参加。

草原防火条例（节选）

（1993年10月5日中华人民共和国国务院令第130号公布，2008年11月19日国务院第36次常务会议修订，自2009年1月1日起施行）

第三十一条　扑救草原火灾应当组织和动员专业扑火队和受过专业培训的群众扑火队；接到扑救命令的单位和个人，必须迅速赶赴指定地点，投入扑救工作。

扑救草原火灾，不得动员残疾人、孕妇、未成年人和老年人参加。

需要中国人民解放军和中国人民武装警察部队参加草原火灾扑救的，依照《军队参加抢险救灾条例》的有关规定执行。

烟花爆竹安全管理条例（节选）

（2006年1月11日国务院第121次常务会议通过，2006年1月21日公布，自公布之日起施行）

第二十九条 各级人民政府和政府有关部门应当开展社会宣传活动，教育公民遵守有关法律、法规和规章，安全燃放烟花爆竹。

广播、电视、报刊等新闻媒体，应当做好安全燃放烟花爆竹的宣传、教育工作。

未成年人的监护人应当对未成年人进行安全燃放烟花爆竹的教育。

艾滋病防治条例（节选）

（2006年1月18日国务院第122次常务会议通过，2006年1月29日公布，自2006年3月1日起施行）

第十三条 县级以上人民政府教育主管部门应当指导、督促高等院校、中等职业学校和普通中学将艾滋病防治知识纳入有关课程，开展有关课外教育活动。

高等院校、中等职业学校和普通中学应当组织学生学习艾滋病防治知识。

第四十五条 生活困难的艾滋病病人遗留的孤儿和感染艾滋病病毒的未成年人接受义务教育的，应当免收杂费、书本费；接受学前教育和高中阶段教育的，应当减免学费等相关费用。

麻醉药品和精神药品管理条例（节选）

（2005年7月26日国务院第100次常务会议通过，自2005年11月1日起施行）

第三十二条 第二类精神药品零售企业应当凭执业医师出具的处方，按规定剂量销售第二类精神药品，并将处方保存2年备查；禁止超剂量或者无处方销售第二类精神药品；不得向未成年人销售第二类精神药品。

中华人民共和国道路交通安全法实施条例（节选）

（2004年4月28日国务院第49次常务会议通过，2004年4月30日公布，自2004年5月1日起施行）

第五十五条 机动车载人应当遵守下列规定：

（一）公路载客汽车不得超过核定的载客人数，但按照规定免票的儿童除外，在载客人数已满的情况下，按照规定免票的儿童不得超过核定载客人数的10%；

（二）载货汽车车厢不得载客。在城市道路上，货运机动车在留有安全位置的情况下，车厢内可以附载临时作业人员1人至5人；载物高度超过车厢栏板时，货物上不得载人；

（三）摩托车后座不得乘坐未满12周岁的未成年人，轻便摩托车不得载人。

中华人民共和国看守所条例（节选）

（1990年3月17日，中华人民共和国国务院令第52号发布并施行）

第十四条 对男性人犯和女性人犯，成年人犯和未成年人犯，同案犯以及其他需要分别羁押的人犯，应当分别羁押。

法律援助条例（节选）

（2003年7月16日国务院第15次常务会议通过，自2003年9月1日起施行）

第十二条 公诉人出庭公诉的案件，被告人因经济困难或者其他原因没有委托辩护人，人民法院为被告人指定辩护时，法律援助机构应当提供法律援助。

被告人是盲、聋、哑人或者未成年人而没有委托辩护人的，或者被告人可能被判处死刑而没有委托辩护人的，人民法院为被告人指定辩护时，法律援助机构应当提供法律援助，无须对被告人进行经济状况的审查。

社会救助暂行办法（节选）

（2014年2月21日，中华人民共和国国务院令第649号公布，自2014年5月1日起施行）

第十二条 对批准获得最低生活保障的家庭，县级人民政府民政部门按照共同生活的家庭成员人均收入低于当地最低生活保障标准的差额，按月发给最低生活保障金。

对获得最低生活保障后生活仍有困难的老年人、未成年人、重度残疾人和重病患者，县级以上地方人民政府应当采取必要措施给予生活保障。

第十四条 国家对无劳动能力、无生活来源且无法定赡养、抚养、扶养义务人，或者其法定赡养、抚养、扶养义务人无赡养、抚养、扶养能力的老年人、残疾人以及未满16周岁的未成年人，给予特困人员供养。

第十五条 特困人员供养的内容包括：

（一）提供基本生活条件；

（二）对生活不能自理的给予照料；

（三）提供疾病治疗；

（四）办理丧葬事宜。

特困人员供养标准，由省、自治区、直辖市或者设区的市级人民政府确定、公布。

特困人员供养应当与城乡居民基本养老保险、基本医疗保障、最低生活保障、孤儿基本生活保障等制度相衔接。

第五十一条 公安机关和其他有关行政机关的工作人员在执行公务时发现流浪、乞讨人员的，应当告知其向救助管理机构求助。对其中的残疾人、未成年人、老年人和行动不便的其他人员，应当引导、护送到救助管理机构；对突发急病人员，应当立即通知急救机构进行救治。

部门规章类

有关未成年人保护的部门规章主要涉及两方面的内容：一是规定政府相关部门应承担未成年人保护工作，包括未成年犯管教所管理规定等内容，二是要求各行各业对未成年人利益进行特殊保护，特别是文娱产业，如针对未成年人的出版物和网络游戏不得含有诱发未成年人模仿违反社会公德的行为和违法犯罪的行为的内容，不得含有妨害未成年人身心健康的内容。

《公安机关办理行政案件程序规定》规定，办理未成年人的行政案件，应当根据未成年人的身心特点，保障其合法权益。未成年犯管教所是国家的刑罚执行机关，属于监狱的一种，《未成年犯管教所管理规定》针对未成年人生理、心理特点，适用适合未成年人的教育改造方式，在执行刑罚的同时，针对不同文化程度的未成年犯进行扫盲教育、小学教育、初中教育，有条件的可以进行高中教育，充分保障未成年犯的受教育权。《司法行政机关强制隔离戒毒工作规定》规定具备条件的戒毒所应单独设置收治未成年戒毒人员的强制隔离戒毒所。《彩票管理条例实施细则》要求彩票发行机构、彩票销售机构、彩票代销者不得向未成年人销售彩票。

《电视艺术档案管理规定》《电视剧内容管理规定》《网络出版服务规定》等部门规章均对文化产品、文化服务的内容和方式提出了特别要求，要求不得含有妨害未成年人身心健康、披露未成年人个人隐私的内容，鼓励生产以未成年人为对象，内容健康、有利于未成年人健康成长的文化产品。《网络游戏管理暂行办法》等规定网络游戏经营者应当按照国家规定，采取技术措施，禁止未成年人接触不适宜的游戏或者游戏功能，限制未成年人的游戏时间，预防未成年人沉迷网络游戏。网络游戏虚拟货币交易服务企业不得为未成年人提供交易服务。

电影艺术档案管理规定（节选）

（经国家广播电影电视总局局务会议、国家档案局局务会议审议通过，2010 年 6 月 29 日发布，自 2010 年 8 月 1 日起施行）

第三十条 对涉及国防、外交、国家安全等国家重大利益，以及可能对未成年人身心健康造成不良影响的电影艺术档案的利用，应当遵守国家有关法律、法规的规定。未经有关部门批准，任何组织、个人不得擅自利用上述电影艺术档案。

电视剧内容管理规定（节选）

（2010年3月26日广电总局局务会议审议通过，2010年5月14日发布，自2010年7月1日起施行）

第五条 电视剧不得载有下列内容：

（一）违反宪法确定的基本原则，煽动抗拒或者破坏宪法、法律、行政法规和规章实施的；

（二）危害国家统一、主权和领土完整的；

（三）泄露国家秘密，危害国家安全，损害国家荣誉和利益的；

（四）煽动民族仇恨、民族歧视，侵害民族风俗习惯，伤害民族感情，破坏民族团结的；

（五）违背国家宗教政策，宣扬宗教极端主义和邪教、迷信，歧视、侮辱宗教信仰的；

（六）扰乱社会秩序，破坏社会稳定的；

（七）宣扬淫秽、赌博、暴力、恐怖、吸毒，教唆犯罪或者传授犯罪方法的；

（八）侮辱、诽谤他人的；

（九）危害社会公德或者民族优秀文化传统的；

（十）侵害未成年人合法权益或者有害未成年人身心健康的；

（十一）法律、行政法规和规章禁止的其他内容。

国务院广播影视行政部门依据前款规定，制定电视剧内容管理的具体标准。

电影剧本（梗概）备案、电影片管理规定（节选）

（2006年5月22日国家广播电影电视总局令第52号发布，自2006年6月22日起施行，根据2017年12月11日国家新闻出版广电总局令第13号《国家新闻出版广电总局关于废止、修改和宣布失效部分规章、规范性文件的决定》修正）

第十二条 国家提倡创作思想性、艺术性、观赏性统一，贴近实际、贴近生活、贴近群众，有利于保护未成年人健康成长的优秀电影。大力发展先进文化，支持健康有益文化，努力改造落后文化，坚决抵制腐朽文化。

网络出版服务管理规定（节选）

（2015年8月20日国家新闻出版广电总局局务会议通过，并经工业和信息化部同意，2016年2月4日公布，自2016年3月10日起施行）

第二十四条 网络出版物不得含有以下内容：

（一）反对宪法确定的基本原则的；

（二）危害国家统一、主权和领土完整的；

（三）泄露国家秘密、危害国家安全或者损害国家荣誉和利益的；

（四）煽动民族仇恨、民族歧视，破坏民族团结，或者侵害民族风俗、习惯的；

（五）宣扬邪教、迷信的；

（六）散布谣言，扰乱社会秩序，破坏社会稳定的；

（七）宣扬淫秽、色情、赌博、暴力或者

教唆犯罪的；

（八）侮辱或者诽谤他人，侵害他人合法权益的；

（九）危害社会公德或者民族优秀文化传统的；

（十）有法律、行政法规和国家规定禁止的其他内容的。

第二十五条 为保护未成年人合法权益，网络出版物不得含有诱发未成年人模仿违反社会公德和违法犯罪行为的内容，不得含有恐怖、残酷等妨害未成年人身心健康的内容，不得含有披露未成年人个人隐私的内容。

第四十六条 国家支持、鼓励下列优秀的、重点的网络出版物的出版：

（一）对阐述、传播宪法确定的基本原则有重大作用的；

（二）对弘扬社会主义核心价值观，进行爱国主义、集体主义、社会主义和民族团结教育以及弘扬社会公德、职业道德、家庭美德、个人品德有重要意义的；

（三）对弘扬民族优秀文化，促进国际文化交流有重大作用的；

（四）具有自主知识产权和优秀文化内涵的；

（五）对推进文化创新，及时反映国内外新的科学文化成果有重大贡献的；

（六）对促进公共文化服务有重大作用的；

（七）专门以未成年人为对象、内容健康的或者其他有利于未成年人健康成长的；

（八）其他具有重要思想价值、科学价值或者文化艺术价值的。

专网及定向传播视听节目服务管理规定（节选）

（2015年11月23日国家新闻出版广电总局局务会议审议通过，2016年4月25日发布，自2016年6月1日起施行）

第十六条 专网及定向传播视听节目服务单位传播的节目应当符合法律、行政法规、部门规章的规定，不得含有以下内容：

（一）违反宪法确定的基本原则，煽动抗拒或者破坏宪法、法律、行政法规实施；

（二）危害国家统一、主权和领土完整，泄露国家秘密，危害国家安全，损害国家荣誉和利益；

（三）诋毁民族优秀文化传统，煽动民族仇恨、民族歧视，侵害民族风俗习惯，歪曲民族历史和民族历史人物，伤害民族感情，破坏民族团结；

（四）宣扬宗教狂热，危害宗教和睦，伤害信教公民宗教感情，破坏信教公民和不信教公民团结，宣扬邪教、迷信；

（五）危害社会公德，扰乱社会秩序，破坏社会稳定，宣扬淫秽、赌博、吸毒，渲染暴力、恐怖，教唆犯罪或者传授犯罪方法；

（六）侵害未成年人合法权益或者损害未成年人身心健康；

（七）侮辱、诽谤他人或者散布他人隐私，侵害他人合法权益；

（八）法律、行政法规禁止的其他内容。

网络游戏管理暂行办法（节选）

（2010年3月17日文化部部务会议审议通过，自2010年8月1日起施行，根据2017年12月15日发布的《文化部关于废止和修改部分部门规章的决定》修订）

第四条 从事网络游戏经营活动应当遵守宪法、法律、行政法规，坚持社会效益优先，保护未成年人优先，弘扬体现时代发展和社会进步的思想文化和道德规范，遵循有利于保护公众健康及适度游戏的原则，依法维护网络游戏用户的合法权益，促进人的全面发展与社会和谐。

第十六条 网络游戏经营单位应当根据网络游戏的内容、功能和适用人群，制定网络游戏用户指引和警示说明，并在网站和网络游戏的显著位置予以标明。

以未成年人为对象的网络游戏不得含有诱发未成年人模仿违反社会公德的行为和违法犯罪的行为的内容，以及恐怖、残酷等妨害未成年人身心健康的内容。

网络游戏经营单位应当按照国家规定，采取技术措施，禁止未成年人接触不适宜的游戏或者游戏功能，限制未成年人的游戏时间，预防未成年人沉迷网络。

第二十条 网络游戏虚拟货币交易服务企业应当遵守以下规定：

（一）不得为未成年人提供交易服务；

（二）不得为未经审查或者备案的网络游戏提供交易服务；

（三）提供服务时，应保证用户使用有效身份证件进行注册，并绑定与该用户注册信息相一致的银行账户；

（四）接到利害关系人、政府部门、司法机关通知后，应当协助核实交易行为的合法性。经核实属于违法交易的，应当立即采取措施终止交易服务并保存有关纪录；

（五）保存用户间的交易记录和账务记录等信息不得少于180日。

旅游安全管理办法（节选）

（2016年9月7日国家旅游局第11次局长办公会议审议通过，2016年9月27日公布，自2016年12月1日起施行）

第八条 旅游经营者应当对其提供的产品和服务进行风险监测和安全评估，依法履行安全风险提示义务，必要时应当采取暂停服务、调整活动内容等措施。

经营高风险旅游项目或者向老年人、未成年人、残疾人提供旅游服务的，应当根据需要采取相应的安全保护措施。

通用航空经营许可管理规定（节选）

（2016年4月7日交通运输部发布，根据2018年11月16日交通运输部《关于修改〈通用航空经营许可管理规定〉的决定》修正）

第十八条 许可证持有人开展经营活动时，应当履行下列义务：

（一）遵守国家法律法规和规章的要求，采取有效措施确保飞行安全；

（二）持续符合经营许可条件；

（三）在经营许可证载明的经营范围内进行经营活动；

（四）开展经营活动前，应当将经营活动信息向所在地民航地区管理局备案；跨地区开展经营活动前还应当将经营活动信息向活动所在地区的民航地区管理局备案，并接受监督管理；

（五）履行飞行活动的申报手续，在规定的空域内活动；

（六）按照国家标准和民航行业标准开展作业与服务；

（七）采取符合规定的环境保护措施；

（八）向民航局和民航地区管理局及时、真实、完整地报送安全生产经营情况、行业统计数据以及申领民航财政补贴所需信息；

（九）向民航局和民航地区管理局及时报备对企业运营产生重大影响的相关信息，如股权结构变更、机队构成调整等；

（十）公布服务合同样本及价格，明确与通用航空用户、机上乘客的权利义务关系；

（十一）确保持续具备赔偿责任承担能力，确保开展经营活动期间所投保的地面第三人责任险等强制保险足额、有效，鼓励投保航空器机身险、机上人员险等补充险种；

（十二）按照国家及民航有关规定，对参与飞行活动的人员进行有效的监督管理，并登记、保留相关人员资料；

（十三）未经监护人同意，不得允许未成年人参加飞行活动；

（十四）民航局规定的其他要求。

家庭寄养管理办法

（2014年9月14日民政部部务会议通过，2014年9月24日公布，自2014年12月1日起施行）

第一章　总　则

第一条　为了规范家庭寄养工作，促进寄养儿童身心健康成长，根据《中华人民共和国未成年人保护法》和国家有关规定，制定本办法。

第二条　本办法所称家庭寄养，是指经过规定的程序，将民政部门监护的儿童委托在符合条件的家庭中养育的照料模式。

第三条　家庭寄养应当有利于寄养儿童的抚育、成长，保障寄养儿童的合法权益不受侵犯。

第四条　国务院民政部门负责全国家庭寄养监督管理工作。

县级以上地方人民政府民政部门负责本行政区域内家庭寄养监督管理工作。

第五条　县级以上地方人民政府民政部门设立的儿童福利机构负责家庭寄养工作的组织实施。

第六条　县级以上人民政府民政部门应当会同有关部门采取措施，鼓励、支持符合条件的家庭参与家庭寄养工作。

第二章　寄养条件

第七条　未满十八周岁、监护权在县级以上地方人民政府民政部门的孤儿、查找不到生父母的弃婴和儿童，可以被寄养。

需要长期依靠医疗康复、特殊教育等专业技术照料的重度残疾儿童，不宜安排家庭寄养。

第八条　寄养家庭应当同时具备下列条件：

（一）有儿童福利机构所在地的常住户口和固定住所。寄养儿童入住后，人均居住面积不低于当地人均居住水平；

（二）有稳定的经济收入，家庭成员人均收入在当地处于中等水平以上；

（三）家庭成员未患有传染病或者精神疾病，以及其他不利于寄养儿童抚育、成长的疾病；

（四）家庭成员无犯罪记录，无不良生活嗜好，关系和睦，与邻里关系融洽；

（五）主要照料人的年龄在三十周岁以上六十五周岁以下，身体健康，具有照料儿童的能力、经验，初中以上文化程度。

具有社会工作、医疗康复、心理健康、文化教育等专业知识的家庭和自愿无偿奉献爱心的家庭，同等条件下优先考虑。

第九条 每个寄养家庭寄养儿童的人数不得超过二人，且该家庭无未满六周岁的儿童。

第十条 寄养残疾儿童，应当优先在具备医疗、特殊教育、康复训练条件的社区中为其选择寄养家庭。

第十一条 寄养年满十周岁以上儿童的，应当征得寄养儿童的同意。

第三章 寄养关系的确立

第十二条 确立家庭寄养关系，应当经过以下程序：

（一）申请。拟开展寄养的家庭应当向儿童福利机构提出书面申请，并提供户口簿、身份证复印件，家庭经济收入和住房情况、家庭成员健康状况以及一致同意申请等证明材料；

（二）评估。儿童福利机构应当组织专业人员或者委托社会工作服务机构等第三方专业机构对提出申请的家庭进行实地调查，核实申请家庭是否具备寄养条件和抚育能力，了解其邻里关系、社会交往、有无犯罪记录、社区环境等情况，并根据调查结果提出评估意见；

（三）审核。儿童福利机构应当根据评估意见对申请家庭进行审核，确定后报主管民政部门备案；

（四）培训。儿童福利机构应当对寄养家庭主要照料人进行培训；

（五）签约。儿童福利机构应当与寄养家庭主要照料人签订寄养协议，明确寄养期限、寄养双方的权利义务、寄养家庭的主要照料人、寄养融合期限、违约责任及处理等事项。家庭寄养协议自双方签字（盖章）之日起生效。

第十三条 寄养家庭应当履行下列义务：

（一）保障寄养儿童人身安全，尊重寄养儿童人格尊严；

（二）为寄养儿童提供生活照料，满足日常营养需要，帮助其提高生活自理能力；

（三）培养寄养儿童健康的心理素质，树立良好的思想道德观念；

（四）按照国家规定安排寄养儿童接受学龄前教育和义务教育。负责与学校沟通，配合学校做好寄养儿童的学校教育；

（五）对患病的寄养儿童及时安排医治。寄养儿童发生急症、重症等情况时，应当及时进行医治，并向儿童福利机构报告；

（六）配合儿童福利机构为寄养的残疾儿童提供辅助矫治、肢体功能康复训练、聋儿语言康复训练等方面的服务；

（七）配合儿童福利机构做好寄养儿童的送养工作；

（八）定期向儿童福利机构反映寄养儿童的成长状况，并接受其探访、培训、监督和指导；

（九）及时向儿童福利机构报告家庭住所变更情况；

（十）保障寄养儿童应予保障的其他权益。

第十四条 儿童福利机构主要承担以下职责：

（一）制定家庭寄养工作计划并组织实施；

（二）负责寄养家庭的招募、调查、审核和签约；

（三）培训寄养家庭中的主要照料人，组织寄养工作经验交流活动；

（四）定期探访寄养儿童，及时处理存在的问题；

（五）监督、评估寄养家庭的养育工作；

（六）建立家庭寄养服务档案并妥善保管；

（七）根据协议规定发放寄养儿童所需款物；

（八）向主管民政部门及时反映家庭寄养工作情况并提出建议。

第十五条 寄养协议约定的主要照料人不得随意变更。确需变更的，应当经儿童福利机构同意，经培训后在家庭寄养协议主要照料人一栏中变更。

第十六条 寄养融合期的时间不得少于六十日。

第十七条 寄养家庭有协议约定的事由在短期内不能照料寄养儿童的，儿童福利机构应当为寄养儿童提供短期养育服务。短期养育服务时间一般不超过三十日。

第十八条 寄养儿童在寄养期间不办理户口迁移手续，不改变与民政部门的监护关系。

第四章　寄养关系的解除

第十九条　寄养家庭提出解除寄养关系的，应当提前一个月向儿童福利机构书面提出解除寄养关系的申请，儿童福利机构应当予以解除。但在融合期内提出解除寄养关系的除外。

第二十条　寄养家庭有下列情形之一的，儿童福利机构应当解除寄养关系：

（一）寄养家庭及其成员有歧视、虐待寄养儿童行为的；

（二）寄养家庭成员的健康、品行不符合本办法第八条第（三）和（四）项规定的；

（三）寄养家庭发生重大变故，导致无法履行寄养义务的；

（四）寄养家庭变更住所后不符合本办法第八条规定的；

（五）寄养家庭借机对外募款敛财的；

（六）寄养家庭不履行协议约定的其他情形。

第二十一条　寄养儿童有下列情形之一的，儿童福利机构应当解除寄养关系：

（一）寄养儿童与寄养家庭关系恶化，确实无法共同生活的；

（二）寄养儿童依法被收养、被亲生父母或者其他监护人认领的；

（三）寄养儿童因就医、就学等特殊原因需要解除寄养关系的。

第二十二条　解除家庭寄养关系，儿童福利机构应当以书面形式通知寄养家庭，并报其主管民政部门备案。家庭寄养关系的解除以儿童福利机构批准时间为准。

第二十三条　儿童福利机构拟送养寄养儿童时，应当在报送被送养人材料的同时通知寄养家庭。

第二十四条　家庭寄养关系解除后，儿童福利机构应当妥善安置寄养儿童，并安排社会工作、医疗康复、心理健康教育等专业技术人员对其进行辅导、照料。

第二十五条　符合收养条件、有收养意愿的寄养家庭，可以依法优先收养被寄养儿童。

第五章　监督管理

第二十六条　县级以上地方人民政府民政部门对家庭寄养工作负有以下监督管理职责：

（一）制定本地区家庭寄养工作政策；

（二）指导、检查本地区家庭寄养工作；

（三）负责寄养协议的备案，监督寄养协议的履行；

（四）协调解决儿童福利机构与寄养家庭之间的争议；

（五）与有关部门协商，及时处理家庭寄养工作中存在的问题。

第二十七条　开展跨县级或者设区的市级行政区域的家庭寄养，应当经过共同上一级人民政府民政部门同意。

不得跨省、自治区、直辖市开展家庭寄养。

第二十八条　儿童福利机构应当聘用具有社会工作、医疗康复、心理健康教育等专业知识的专职工作人员。

第二十九条　家庭寄养经费，包括寄养儿童的养育费用补贴、寄养家庭的劳务补贴和寄养工作经费等。

寄养儿童养育费用补贴按照国家有关规定列支。寄养家庭劳务补贴、寄养工作经费等由当地人民政府予以保障。

第三十条　家庭寄养经费必须专款专用，儿童福利机构不得截留或者挪用。

第三十一条　儿童福利机构可以依法通过与社会组织合作、通过接受社会捐赠获得资助。

与境外社会组织或者个人开展同家庭寄养有关的合作项目，应当按照有关规定办理手续。

第六章　法律责任

第三十二条　寄养家庭不履行本办法规定的义务，或者未经同意变更主要照料人的，儿童福利机构可以督促其改正，情节严重的，可以解除寄养协议。

寄养家庭成员侵害寄养儿童的合法权益，造成人身财产损害的，依法承担民事责任；构成犯罪的，依法追究刑事责任。

第三十三条　儿童福利机构有下列情形之一的，由设立该机构的民政部门进行批评教育，并责令改正；情节严重的，对直接负责的主管人员和其他直接责任人员依法给予处分：

（一）不按照本办法的规定承担职责的；

（二）在办理家庭寄养工作中牟取利益，损害寄养儿童权益的；

（三）玩忽职守导致寄养协议不能正常履行的；

（四）跨省、自治区、直辖市开展家庭寄养，或者未经上级部门同意擅自开展跨县级或者设区的市级行政区域家庭寄养的；

（五）未按照有关规定办理手续，擅自与境外社会组织或者个人开展家庭寄养合作项目的。

第三十四条 县级以上地方人民政府民政部门不履行家庭寄养工作职责，由上一级人民政府民政部门责令其改正。情节严重的，对直接负责的主管人员和其他直接责任人员依法给予处分。

第七章 附 则

第三十五条 对流浪乞讨等生活无着未成年人承担临时监护责任的未成年人救助保护机构开展家庭寄养，参照本办法执行。

第三十六条 尚未设立儿童福利机构的，由县级以上地方人民政府民政部门负责本行政区域内家庭寄养的组织实施，具体工作参照本办法执行。

第三十七条 本办法自 2014 年 12 月 1 日起施行，2003 年颁布的《家庭寄养管理暂行办法》（民发［2003］144 号）同时废止。

彩票管理条例实施细则（节选）

（2012 年 1 月 18 日财政部、民政部、国家体育总局令第 67 号公布，根据 2018 年 8 月 16 日《财政部、民政部、国家体育总局关于修改〈彩票管理条例实施细则〉的决定》修订）

第二十三条 彩票发行机构、彩票销售机构应当根据民政部、国家体育总局制定的彩票代销合同示范文本，与彩票代销者签订彩票代销合同。彩票代销合同应当包括以下内容：

（一）委托方与受托方的姓名或者名称、住所及法定代表人姓名；

（二）合同订立时间、地点、生效时间和有效期限；

（三）委托方与受托方的权利和义务；

（四）彩票销售场所的设立、迁移、暂停销售、撤销；

（五）彩票投注专用设备的提供与管理；

（六）彩票资金的结算，以及销售费用、押金或者保证金的管理；

（七）不得向未成年人销售彩票和兑奖的约定；

（八）监督和违约责任；

（九）其他内容。

委托方与受托方应当遵守法律法规、规章制度和有关彩票管理政策，严格履行彩票代销合同。

第二十九条 彩票发行机构、彩票销售机构、彩票代销者在难以判断彩票购买者或者兑奖者是否为未成年人的情况下，可以要求彩票购买者或者兑奖者出示能够证明其年龄的有效身份证件。

光荣院管理办法（节选）

（2010 年 12 月 20 日民政部部务会议通过，2010 年 12 月 25 日公布，自 2011 年 3 月 1 日起施行）

第二十六条 光荣院的各类建筑应当根据老年人、残疾人和未成年人生活、安全需要进行设计，符合无障碍标准建筑设计规范的要求。

不动产登记暂行条例实施细则（节选）

（2015年6月29日国土资源部第3次部务会议通过，2016年1月1日公布，自公布之日起施行）

第十一条 无民事行为能力人、限制民事行为能力人申请不动产登记的，应当由其监护人代为申请。

监护人代为申请登记的，应当提供监护人与被监护人的身份证或者户口簿、有关监护关系等材料；因处分不动产而申请登记的，还应当提供为被监护人利益的书面保证。

父母之外的监护人处分未成年人不动产的，有关监护关系材料可以是人民法院指定监护的法律文书、经过公证的对被监护人享有监护权的材料或者其他材料。

公安机关办理国家赔偿案件程序规定（节选）

（2014年4月1日公安部部长办公会议通过，自2014年6月1日起施行；2018年8月17日公安部部长办公会议修订，自2018年10月1日起施行）

第十七条 赔偿请求人主张生命健康权赔偿的，重点审查下列事项：

（一）诊断证明、医疗费用凭据，以及护理、康复、后续治疗的证明；

（二）死亡证明书，伤残、部分或者全部丧失劳动能力的鉴定意见。

赔偿请求提出因误工减少收入的，还应当审查收入证明、误工证明等。受害人死亡或者全部丧失劳动能力的，还应当审查其是否扶养未成年人或者其他无劳动能力人，以及所承担的扶养义务。

就业服务与就业管理规定（节选）

（2007年11月5日劳动保障部令第28号公布，根据2014年12月23日《人力资源社会保障部关于修改〈就业服务与就业管理规定〉的决定》第一次修订，根据2015年4月30日《人力资源社会保障部关于修改部分规章的决定》第二次修订）

第十四条 用人单位招用人员不得有下列行为：

（一）提供虚假招聘信息，发布虚假招聘广告；

（二）扣押被录用人员的居民身份证和其他证件；

（三）以担保或者其他名义向劳动者收取财物；

（四）招用未满16周岁的未成年人以及国家法律、行政法规规定不得招用的其他人员；

（五）招用无合法身份证件的人员；

（六）以招用人员为名牟取不正当利益或进行其他违法活动。

第五十八条 禁止职业中介机构有下列行为：

（一）提供虚假就业信息；

（二）发布的就业信息中包含歧视性内容；

（三）伪造、涂改、转让职业中介许可证；

（四）为无合法证照的用人单位提供职业中介服务；

（五）介绍未满16周岁的未成年人就业；

（六）为无合法身份证件的劳动者提供职业中介服务；

（七）介绍劳动者从事法律、法规禁止从事的职业；

（八）扣押劳动者的居民身份证和其他证件，或者向劳动者收取押金；

（九）以暴力、胁迫、欺诈等方式进行职业中介活动；

（十）超出核准的业务范围经营；

（十一）其他违反法律、法规规定的行为。

司法行政机关强制隔离戒毒工作规定（节选）

（2013年3月22日司法部部务会议审议通过，2013年4月3日发布，自2013年6月1日起施行）

第六条 设置司法行政机关强制隔离戒毒所，应当符合司法部的规划，经省、自治区、直辖市司法厅（局）审核，由省级人民政府批准，并报司法部备案。

具备条件的地方，应当单独设置收治女性戒毒人员的强制隔离戒毒所和收治未成年戒毒人员的强制隔离戒毒所。

公安机关办理行政案件程序规定（节选）

（2012年12月19日公安部令第125号修订发布，根据2014年6月29日公安部令第132号《公安部关于修改部分部门规章的决定》第一次修正，根据2018年11月25日公安部令第149号《公安部关于修改〈公安机关办理行政案件程序规定〉的决定》第二次修正）

第六条 办理未成年人的行政案件，应当根据未成年人的身心特点，保障其合法权益。

第七十五条 询问未成年人时，应当通知其父母或者其他监护人到场，其父母或者其他监护人不能到场的，也可以通知未成年人的其他成年亲属，所在学校、单位、居住地基层组织或者未成年人保护组织的代表到场，并将有关情况记录在案。确实无法通知或者通知后未到场的，应当在询问笔录中注明。

第一百八十一条 当事人中有未成年人的，调解时应当通知其父母或者其他监护人到场。但是，当事人为年满十六周岁以上的未成年人，以自己的劳动收入为主要生活来源，本人同意不通知的，可以不通知。

被侵害人委托其他人参加调解的，应当向公安机关提交委托书，并写明委托权限。违法嫌疑人不得委托他人参加调解。

公安机关办理刑事案件程序规定（节选）

（2012年12月3日公安部部长办公会议通过，2012年12月13日发布，自2013年1月1日起施行）

第二百八十九条 公安机关接到人民法院生效的判处死刑缓期二年执行、无期徒刑、有期徒刑的判决书、裁定书以及执行通知书后，应当在一个月以内将罪犯送交监狱执行。

对未成年犯应当送交未成年犯管教所执行刑罚。

第一节 未成年人刑事案件诉讼程序

第三百零六条 公安机关办理未成年人刑事案件，实行教育、感化、挽救的方针，坚持教育为主、惩罚为辅的原则。

第三百零七条 公安机关办理未成年人刑事案件，应当保障未成年人行使其诉讼权利并得到法律帮助，依法保护未成年人的名誉和隐私，尊重其人格尊严。

第三百零八条 公安机关应当设置专门机构或者配备专职人员办理未成年人刑事案件。

未成年人刑事案件应当由熟悉未成年人身心特点，善于做未成年人思想教育工作，具有一定办案经验的人员办理。

第三百零九条 未成年犯罪嫌疑人没有委托辩护人的，公安机关应当通知法律援助机构指派律师为其提供辩护。

第三百一十条 公安机关办理未成年人刑事案件时，应当重点查清未成年犯罪嫌疑人实施犯罪行为时是否已满十四周岁、十六周岁、十八周岁的临界年龄。

第三百一十一条 公安机关办理未成年人刑事案件，根据情况可以对未成年犯罪嫌疑人的成长经历、犯罪原因、监护教育等情况进行调查并制作调查报告。

作出调查报告的，在提请批准逮捕、移送审查起诉时，应当结合案情综合考虑，并将调查报告与案卷材料一并移送人民检察院。

第三百一十二条 讯问未成年犯罪嫌疑人，应当通知未成年犯罪嫌疑人的法定代理人到场。无法通知、法定代理人不能到场或者法定代理人是共犯的，也可以通知未成年犯罪嫌疑人的其他成年亲属，所在学校、单位、居住地基层组织或者未成年人保护组织的代表到场，并将有关情况记录在案。到场的法定代理人可以代为行使未成年犯罪嫌疑人的诉讼权利。

到场的法定代理人或者其他人员提出办案人员在讯问中侵犯未成年人合法权益的，公安机关应当认真核查，依法处理。

第三百一十三条 讯问未成年犯罪嫌疑人应当采取适合未成年人的方式，耐心细致地听取其供述或者辩解，认真审核、查证与案件有关的证据和线索，并针对其思想顾虑、恐惧心理、抵触情绪进行疏导和教育。

讯问女性未成年犯罪嫌疑人，应当有女工作人员在场。

第三百一十四条 讯问笔录应当交未成年犯罪嫌疑人、到场的法定代理人或者其他人员阅读或者向其宣读；对笔录内容有异议的，应当核实清楚，准予更正或者补充。

第三百一十五条 询问未成年被害人、证人，适用本规定第三百一十二条、第三百一十三条、第三百一十四条的规定。

第三百一十六条 对未成年犯罪嫌疑人应当严格限制和尽量减少使用逮捕措施。

未成年犯罪嫌疑人被拘留、逮捕后服从管理、依法变更强制措施不致发生社会危险性，能够保证诉讼正常进行的，公安机关应当依法及时变更强制措施；人民检察院批准逮捕的案件，公安机关应当将变更强制措施情况及时通知人民检察院。

第三百一十七条 对被羁押的未成年人应当与成年人分别关押、分别管理、分别教育，并根据其生理和心理特点在生活和学习方面给予照顾。

第三百一十八条 人民检察院在对未成年人作出附条件不起诉的决定前，听取公安机关意见时，公安机关应当提出书面意见，经县级以上公安机关负责人批准，移送同级人民检察院。

第三百一十九条 认为人民检察院作出的附条件不起诉决定有错误的，应当在收到不起诉决定书后七日以内制作要求复议意见书，经县级以上公安机关负责人批准，移送同级人民检察院复议。

要求复议的意见不被接受的，可以在收到人民检察院的复议决定书后七日以内制作提请复核意见书，经县级以上公安机关负责人批准后，连同人民检察院的复议决定书，一并提请上一级人民检察院复核。

第三百二十条 未成年人犯罪的时候不满十八周岁，被判处五年有期徒刑以下刑罚的，公安机关应当依据人民法院已经生效的判决书，将该未成年人的犯罪记录予以封存。

犯罪记录被封存的，除司法机关为办案需要或者有关单位根据国家规定进行查询外，公安机关不得向其他任何单位和个人提供。

被封存犯罪记录的未成年人，如果发现漏罪，合并被判处五年有期徒刑以上刑罚的，应当对其犯罪记录解除封存。

第三百二十四条 双方当事人和解的，公安机关应当审查案件事实是否清楚，被害人是否自愿和解，是否符合规定的条件。

公安机关审查时，应当听取双方当事人的意见，并记录在案；必要时，可以听取双方当事人亲属、当地居民委员会或者村民委员会人员以及其他了解案件情况的相关人员的意见。

第三百二十五条 达成和解的，公安机关应当主持制作和解协议书，并由双方当事人及其他参加人员签名。

当事人中有未成年人的，未成年当事人的法定代理人或者其他成年亲属应当在场。

藏传佛教寺庙管理办法（节选）

（2010年9月29日经国家宗教事务局局务会议通过，2010年9月30日以发布，自2010年11月1日起施行）

第十九条 住寺教职人员须符合《藏传佛教教职人员资格认定办法》的有关规定。

寺庙不得强迫未成年人住寺。

医疗器械广告审查发布标准（节选）

（国家工商行政管理总局局务会、中华人民共和国卫生部部务会审议通过，2009年4月28日发布，自2009年5月20日起施行）

第十五条 医疗器械广告不得在未成年人出版物和频道、节目、栏目上发布。

医疗器械广告不得以儿童为诉求对象，不得以儿童的名义介绍医疗器械。

药品广告审查发布标准（节选）

（中华人民共和国国家工商行政管理总局和国家食品药品监督管理局决定修改，2007 年 3 月 3 日公布，自 2007 年 5 月 1 日起施行）

第十五条 药品广告不得在未成年人出版物和广播电视频道、节目、栏目上发布。

药品广告不得以儿童为诉求对象，不得以儿童名义介绍药品。

中华人民共和国海关实施人身扣留规定（节选）

（2005 年 12 月 27 日经海关总署署务会审议通过，2006 年 1 月 13 日公布，自 2006 年 3 月 1 日起施行）

第十八条 被扣留人的家属为老年人、残疾人、精神病人、不满 16 周岁的未成年人或者其他没有独立生活能力的人，因海关实施扣留而使被扣留人的家属无人照顾的，海关应当通知其亲友予以照顾或者采取其他适当办法妥善安排，并且将安排情况及时告知被扣留人。

博物馆管理办法（节选）

（2005 年 12 月 22 日文化部部务会议审议通过并发布，自 2006 年 1 月 1 日起施行）

第二十九条 博物馆应当逐步建立减免费开放制度，并向社会公告。

国有博物馆对未成年人集体参观实行免费制度，对老年人、残疾人、现役军人等特殊社会群体参观实行减免费制度。

公安机关适用继续盘问规定（节选）

（2004 年 6 月 7 日公安部部长办公会议通过，2004 年 7 月 12 日发布，自 2004 年 10 月 1 日起施行）

第十条 对符合本规定第八条所列条件，同时具有下列情形之一的人员，可以适用继续盘问，但必须在带至公安机关之时起的四小时以内盘问完毕，且不得送入候问室：

（一）怀孕或者正在哺乳自己不满一周岁婴儿的妇女；

（二）不满十六周岁的未成年人；

（三）已满七十周岁的老年人。

对前款规定的人员在晚上九点至次日早上七点之间释放的，应当通知其家属或者监护人领回；对身份不明或者没有家属和监护人而无法通知的，应当护送至其住地。

第十五条 被盘问人的家属为老年人、残疾人、精神病人、不满十六周岁的未成年人或者其他没有独立生活能力的人，因公安机关实施继续盘问而使被盘问人的家属无人照顾的，公安机关应当通知其亲友予以照顾或者采取其他适当办法妥善安排，并将安排情况及时告知被盘问人。

城市生活无着的流浪乞讨人员救助管理办法实施细则（节选）

（2003 年 7 月 16 日民政部第 3 次部务会议通过，2003 年 7 月 21 日公布，自 2003 年 8 月 1 日起施行）

第十三条 对受助人员中的残疾人、未成年人或者其他行动不便的人，救助站应当通知其亲属或者所在单位接回；亲属或者所在单位拒不接回的，省内的由流入地人民政府民政部门通知流出地人民政府民政部门接回，送其亲属或者所在单位；跨省的由流入地省级人民政府民政部门通知流出地省级人民政府民政部门接回，送其亲属或者所在单位。

第十四条 对无法查明其亲属或者所在单位，但可以查明其户口所在地、住所地的受助残疾人、未成年人及其他行动不便的人，省内的由流入地人民政府民政部门通知流出地人民政府民政部门接回，送户口所在地、住所地安置；跨省的由流入地省级人民政府民政部门通知流出地省级人民政府民政部门接回，送户口所在地、住所地安置。

第十五条 对因年老、年幼或者残疾无法认知自己行为、无表达能力，因而无法查明其亲属或者所在单位，也无法查明其户口所在地或者住所地的，由救助站上级民政主管部门提出安置方案，报同级人民政府给予安置。

第十六条 受助人员自愿放弃救助离开救助站的，应当事先告知，救助站不得限制。未成年人及其他无民事行为能力人和限制民事行为能力人离开救助站，须经救助站同意。

受助人员擅自离开救助站的，视同放弃救助，救助站应当终止救助。

第十七条 救助站已经实施救助或者救助期满，受助人员应当离开救助站。对无正当理由不愿离站的受助人员，救助站应当终止救助。

第十八条 受助人员户口所在地、住所地的乡级、县级人民政府应当帮助返回的受助人员解决生产、生活困难，避免其再次外出流浪乞讨；对遗弃残疾人、未成年人、老年人的近亲属或者其他监护人，责令其履行抚养、赡养义务；对确实无家可归的残疾人、未成年人、老年人应当给予安置。

学生伤害事故处理办法

（2002 年 3 月 26 日经教育部部务会议讨论通过，2002 年 6 月 25 日发布，自 2002 年 9 月 1 日起施行）

第一章　总　则

第一条 为积极预防、妥善处理在校学生伤害事故，保护学生、学校的合法权益，根据《中华人民共和国教育法》、《中华人民共和国未成年人保护法》和其他相关法律、行政法规及有关规定，制定本办法。

第二条 在学校实施的教育教学活动或者学校组织的校外活动中，以及在学校负有管理责任的校舍、场地、其他教育教学设施、生活设施内发生的，造成在校学生人身损害后果的事故的处理，适用本办法。

第三条 学生伤害事故应当遵循依法、客观公正、合理适当的原则，及时、妥善地处理。

第四条 学校的举办者应当提供符合安全标准的校舍、场地、其他教育教学设施和生活设施。

教育行政部门应当加强学校安全工作，指导学校落实预防学生伤害事故的措施，指导、协助学校妥善处理学生伤害事故，维护学校正常的教育教学秩序。

第五条 学校应当对在校学生进行必要的安全教育和自护自救教育；应当按照规定，建立健全安全制度，采取相应的管理措施，预防和消除教育教学环境中存在的安全隐患；当发生伤害事故时，应当及时采取措施救助受伤害学生。

学校对学生进行安全教育、管理和保护，应当针对学生年龄、认知能力和法律行为能力的不同，采用相应的内容和预防措施。

第六条 学生应当遵守学校的规章制度和纪律；在不同的受教育阶段，应当根据自身的年龄、认知能力和法律行为能力，避免和消除相应的危险。

第七条 未成年学生的父母或者其他监护人（以下称为监护人）应当依法履行监护职责，配合学校对学生进行安全教育、管理和保护工作。

学校对未成年学生不承担监护职责，但法律有规定的或者学校依法接受委托承担相应监护职责的情形除外。

第二章 事故与责任

第八条 学生伤害事故的责任，应当根据相关当事人的行为与损害后果之间的因果关系依法确定。

因学校、学生或者其他相关当事人的过错造成的学生伤害事故，相关当事人应当根据其行为过错程度的比例及其与损害后果之间的因果关系承担相应的责任。当事人的行为是损害后果发生的主要原因，应当承担主要责任；当事人的行为是损害后果发生的非主要原因，承担相应的责任。

第九条 因下列情形之一造成的学生伤害事故，学校应当依法承担相应的责任：

（一）学校的校舍、场地、其他公共设施，以及学校提供给学生使用的学具、教育教学和生活设施、设备不符合国家规定的标准，或者有明显不安全因素的；

（二）学校的安全保卫、消防、设施设备管理等安全管理制度有明显疏漏，或者管理混乱，存在重大安全隐患，而未及时采取措施的；

（三）学校向学生提供的药品、食品、饮用水等不符合国家或者行业的有关标准、要求的；

（四）学校组织学生参加教育教学活动或者校外活动，未对学生进行相应的安全教育，并未在可预见的范围内采取必要的安全措施的；

（五）学校知道教师或者其他工作人员患有不适宜担任教育教学工作的疾病，但未采取必要措施的；

（六）学校违反有关规定，组织或者安排未成年学生从事不宜未成年人参加的劳动、体育运动或者其他活动的；

（七）学生有特异体质或者特定疾病，不宜参加某种教育教学活动，学校知道或者应当知道，但未予以必要的注意的；

（八）学生在校期间突发疾病或者受到伤害，学校发现，但未根据实际情况及时采取相应措施，导致不良后果加重的；

（九）学校教师或者其他工作人员体罚或者变相体罚学生，或者在履行职责过程中违反工作要求、操作规程、职业道德或者其他有关规定的；

（十）学校教师或者其他工作人员在负有组织、管理未成年学生的职责期间，发现学生行为具有危险性，但未进行必要的管理、告诫或者制止的；

（十一）对未成年学生擅自离校等与学生人身安全直接相关的信息，学校发现或者知道，但未及时告知未成年学生的监护人，导致未成年学生因脱离监护人的保护而发生伤害的；

（十二）学校有未依法履行职责的其他情形的。

第十条 学生或者未成年学生监护人由于过错，有下列情形之一，造成学生伤害事故，应当依法承担相应的责任：

（一）学生违反法律法规的规定，违反社会公共行为准则、学校的规章制度或者纪律，实施按其年龄和认知能力应当知道具有危险或者可能危及他人的行为的；

（二）学生行为具有危险性，学校、教师已经告诫、纠正，但学生不听劝阻、拒不改正的；

（三）学生或者其监护人知道学生有特异体质，或者患有特定疾病，但未告知学校的；

（四）未成年学生的身体状况、行为、情绪等有异常情况，监护人知道或者已被学校告知，但未履行相应监护职责的；

（五）学生或者未成年学生监护人有其他过错的。

第十一条 学校安排学生参加活动，因提供场地、设备、交通工具、食品及其他消费与服务的经营者，或者学校以外的活动组织者的过错造成的学生伤害事故，有过错的当事人应当依法承担相应的责任。

第十二条 因下列情形之一造成的学生伤害事故，学校已履行了相应职责，行为并无不当的，无法律责任：

（一）地震、雷击、台风、洪水等不可抗的自然因素造成的；

（二）来自学校外部的突发性、偶发性侵害造成的；

（三）学生有特异体质、特定疾病或者异常心理状态，学校不知道或者难于知道的；

（四）学生自杀、自伤的；

（五）在对抗性或者具有风险性的体育竞赛活动中发生意外伤害的；

（六）其他意外因素造成的。

第十三条 下列情形下发生的造成学生人身损害后果的事故，学校行为并无不当的，不承担事故责任；事故责任应当按有关法律法规或者其他有关规定认定：

（一）在学生自行上学、放学、返校、离校途中发生的；

（二）在学生自行外出或者擅自离校期间发生的；

（三）在放学后、节假日或者假期等学校工作时间以外，学生自行滞留学校或者自行到校发生的；

（四）其他在学校管理职责范围外发生的。

第十四条 因学校教师或者其他工作人员与其职务无关的个人行为，或者因学生、教师及其他个人故意实施的违法犯罪行为，造成学生人身损害的，由致害人依法承担相应的责任。

第三章 事故处理程序

第十五条 发生学生伤害事故，学校应当及时救助受伤害学生，并应当及时告知未成年学生的监护人；有条件的，应当采取紧急救援等方式救助。

第十六条 发生学生伤害事故，情形严重的，学校应当及时向主管教育行政部门及有关部门报告；属于重大伤亡事故的，教育行政部门应当按照有关规定及时向同级人民政府和上一级教育行政部门报告。

第十七条 学校的主管教育行政部门应学校要求或者认为必要，可以指导、协助学校进行事故的处理工作，尽快恢复学校正常的教育教学秩序。

第十八条 发生学生伤害事故，学校与受伤害学生或者学生家长可以通过协商方式解决；双方自愿，可以书面请求主管教育行政部门进行调解。成年学生或者未成年学生的监护人也可以依法直接提起诉讼。

第十九条 教育行政部门收到调解申请，认为必要的，可以指定专门人员进行调解，并应当在受理申请之日起60日内完成调解。

第二十条 经教育行政部门调解，双方就事故处理达成一致意见的，应当在调解人员的见证下签订调解协议，结束调解；在调解期限内，双方不能达成一致意见，或者调解过程中一方提起诉讼，人民法院已经受理的，应当终止调解。调解结束或者终止，教育行政部门应当书面通知当事人。

第二十一条 对经调解达成的协议，一方当事人不履行或者反悔的，双方可以依法提起诉讼。

第二十二条 事故处理结束，学校应当将事故处理结果书面报告主管的教育行政部门；重大伤亡事故的处理结果，学校主管的教育行政部门应当向同级人民政府和上一级教育行政部门报告。

第四章　事故损害的赔偿

第二十三条　对发生学生伤害事故负有责任的组织或者个人，应当按照法律法规的有关规定，承担相应的损害赔偿责任。

第二十四条　学生伤害事故赔偿的范围与标准，按照有关行政法规、地方性法规或者最高人民法院司法解释中的有关规定确定。

教育行政部门进行调解时，认为学校有责任的，可以依照有关法律法规及国家有关规定，提出相应的调解方案。

第二十五条　对受伤害学生的伤残程度存在争议的，可以委托当地具有相应鉴定资格的医院或者有关机构，依据国家规定的人体伤残标准进行鉴定。

第二十六条　学校对学生伤害事故负有责任的，根据责任大小，适当予以经济赔偿，但不承担解决户口、住房、就业等与救助受伤害学生、赔偿相应经济损失无直接关系的其他事项。

学校无责任的，如果有条件，可以根据实际情况，本着自愿和可能的原则，对受伤害学生给予适当的帮助。

第二十七条　因学校教师或者其他工作人员在履行职务中的故意或者重大过失造成的学生伤害事故，学校予以赔偿后，可以向有关责任人员追偿。

第二十八条　未成年学生对学生伤害事故负有责任的，由其监护人依法承担相应的赔偿责任。

学生的行为侵害学校教师及其他工作人员以及其他组织、个人的合法权益，造成损失的，成年学生或者未成年学生的监护人应当依法予以赔偿。

第二十九条　根据双方达成的协议、经调解形成的协议或者人民法院的生效判决，应当由学校负担的赔偿金，学校应当负责筹措；学校无力完全筹措的，由学校的主管部门或者举办者协助筹措。

第三十条　县级以上人民政府教育行政部门或者学校举办者有条件的，可以通过设立学生伤害赔偿准备金等多种形式，依法筹措伤害赔偿金。

第三十一条　学校有条件的，应当依据保险法的有关规定，参加学校责任保险。

教育行政部门可以根据实际情况，鼓励中小学参加学校责任保险。

提倡学生自愿参加意外伤害保险。在尊重学生意愿的前提下，学校可以为学生参加意外伤害保险创造便利条件，但不得从中收取任何费用。

第五章　事故责任者的处理

第三十二条　发生学生伤害事故，学校负有责任且情节严重的，教育行政部门应当根据有关规定，对学校的直接负责的主管人员和其他直接责任人员，分别给予相应的行政处分；有关责任人的行为触犯刑律的，应当移送司法机关依法追究刑事责任。

第三十三条　学校管理混乱，存在重大安全隐患的，主管的教育行政部门或者其他有关部门应当责令其限期整顿；对情节严重或者拒不改正的，应当依据法律法规的有关规定，给予相应的行政处罚。

第三十四条　教育行政部门未履行相应职责，对学生伤害事故的发生负有责任的，由有关部门对直接负责的主管人员和其他直接责任人员分别给予相应的行政处分；有关责任人的行为触犯刑律的，应当移送司法机关依法追究刑事责任。

第三十五条　违反学校纪律，对造成学生伤害事故负有责任的学生，学校可以给予相应的处分；触犯刑律的，由司法机关依法追究刑事责任。

第三十六条　受伤害学生的监护人、亲属或者其他有关人员，在事故处理过程中无理取闹，扰乱学校正常教育教学秩序，或者侵犯学校、学校教师或者其他工作人员的合法权益的，学校应当报告公安机关依法处理；造成损失的，可以依法要求赔偿。

第六章　附　则

第三十七条　本办法所称学校，是指国家或者社会力量举办的全日制的中小学（含特殊教育学校）、各类中等职业学校、高等学校。本办法所称学生是指在上述学校中全日制就读的受教育者。

第三十八条 幼儿园发生的幼儿伤害事故，应当根据幼儿为完全无行为能力人的特点，参照本办法处理。

第三十九条 其他教育机构发生的学生伤害事故，参照本办法处理。

在学校注册的其他受教育者在学校管理范围内发生的伤害事故，参照本办法处理。

第四十条 本办法自2002年9月1日起实施，原国家教委、教育部颁布的与学生人身安全事故处理有关的规定，与本办法不符的，以本办法为准。

在本办法实施之前已处理完毕的学生伤害事故不再重新处理。

中国福利彩票管理办法（节选）

（民政部1994年12月2日颁布实行）

第十九条 奖金用于奖励取得中奖资格的购票者。奖金的兑付须遵守下列规定：

（一）奖金应在该种福利彩票规则规定的有效兑奖期之内兑付，过期视为中奖者自动弃奖。弃奖者没有领取的奖金，转入该种福利彩票下期奖金统一使用；

（二）奖金用人民币现金或等价的实物兑付，不得用其他有价证券或抵押凭证充抵。凡以实物作为奖品的，该实物必须是质量良好、市场畅销的名优产品，其计价不得高于当地市场零售中间价；

（三）十万元以上的大奖，奖金分期兑付，具体办法由该种福利彩票规则规定；

（四）未成年人取得一千元以上奖金，由其法定监护人兑取；

（五）中奖人死亡，由其法定继承人兑取；

（六）兑奖机构有权查验中奖人的中奖凭证及有效身份证件，兑奖者应予配合。凡伪造、涂改中奖凭证骗取奖金者，交由公安、司法机关处理。

未成年犯管教所管理规定

（1999年5月6日司法部部长办公会议通过，1999年12月18日发布施行）

第一章 总 则

第一条 为了正确执行刑罚，加强对未成年犯管教所的管理，根据《中华人民共和国监狱法》（以下简称《监狱法》）、《中华人民共和国未成年人保护法》和有关法律法规，结合未成年犯管教所工作实际，制定本规定。

第二条 未成年犯管教所是监狱的一种类型，是国家的刑罚执行机关。

由人民法院依法判处有期徒刑、无期徒刑未满十八周岁的罪犯应当在未成年犯管教所执行刑罚、接受教育改造。

第三条 未成年犯管教所贯彻“惩罚和改造相结合，以改造人为宗旨”和“教育、感化、挽救”的方针，将未成年犯改造成为具有一定文化知识和劳动技能的守法公民。

第四条 对未成年犯的改造，应当根据其生理、心理、行为特点，以教育为主，坚持因人施教、以理服人、形式多样的教育改造方式；实行依法、科学、文明、直接管理。未成年犯的劳动，应当以学习、掌握技能为主。

第五条 未成年犯管教所应当依法保障未成年犯的合法权益，尊重未成年犯的人格，创造有益于未成年犯身心健康、积极向上的改造环境。

在日常管理中，可以对未成年犯使用“学员”称谓。

第六条 未成年犯管教所应当加强同未成年人保护组织、教育、共青团、妇联、工会等有关部门的联系，共同做好对未成年犯的教育改造工作。

第七条 未成年犯管教所所需经费由国家保障。未成年犯的教育改造费、生活费应高于成年犯。

第二章 组织机构

第八条 各省、自治区、直辖市根据需要设置未成年犯管教所，由司法部批准。

第九条 未成年犯管教所设置管理、教育、劳动、生活卫生、政治工作等机构。

根据对未成年犯的管理需要，实行所、管区两级管理。管区押犯不超过一百五十名。

第十条 未成年犯管教所和管区的人民警察配备比例应当分别高于成年犯监狱和监区。

第十一条 未成年犯管教所的人民警察须具备大专以上文化程度。其中具有法学、教育学、心理学等相关专业学历的应达到百分之四十。

第十二条 未成年犯管教所的人民警察应当忠于职守，秉公执法，文明管理，为人师表。

第三章 管理制度

第十三条 未成年犯管教所除依据《监狱法》第十六条、第十七条的规定执行收监外，对年满十八周岁的罪犯不予收监。

第十四条 收监后，未成年犯管教所应当在五日内通知未成年犯的父母或者其他监护人。

第十五条 对未成年男犯、女犯，应当分别编队关押和管理。未成年女犯由女性人民警察管理。少数民族未成年犯较多的，可单独编队关押和管理。

第十六条 未成年犯管教所按照未成年犯的刑期、犯罪类型，实行分别关押和管理。根据未成年犯的改造表现，在活动范围、通信、会见、收受物品、离所探亲、考核奖惩等方面给予不同的处遇。

第十七条 未成年犯管教所建立警卫机构，负责警戒、看押工作。

第十八条 未成年犯管教所监管区的围墙，可以安装电网。在重要部位安装监控、报警装置。

第十九条 未成年犯管教所应当配备必要的通讯设施、交通工具和警用器材。

第二十条 对未成年犯原则上不使用戒具。如遇有监狱法第四十五条规定的情形之一时，可以使用手铐。

第二十一条 经批准，未成年犯可以与其亲属或者其他监护人通电话，必要时由人民警察监听。

第二十二条 未成年犯会见的时间和次数，可以比照成年犯适当放宽。对改造表现突出的，可准许其与亲属一同用餐或者延长会见时间，最长不超过二十四小时。

第二十三条 未成年犯遇有直系亲属病重、死亡以及家庭发生其他重大变故时，经所长批准，可以准许其回家探望及处理，在家期限最多不超过七天，必要时由人民警察护送。

第二十四条 对未成年犯的档案材料应当严格管理，不得公开和传播，不得向与管理教育或办案无关的人员泄漏。

对未成年犯的采访、报道，须经省、自治区、直辖市监狱管理局批准，且不得披露其姓名、住所、照片及可能推断出该未成年犯的资料。任何组织和个人不得披露未成年犯的隐私。

第二十五条 未成年犯管教所应当依法保障未成年犯的申诉、控告、检举权利。

第二十六条 未成年犯服刑期满，未成年犯管教所应当按期释放，发给释放证明书及路费，通知其亲属接回或者由人民警察送回。

第二十七条 刑满释放的未成年人具备复学、就业条件的，未成年犯管教所应当积极向有关部门介绍情况，提出建议。

第四章 教育改造

第二十八条 对未成年犯的教育采取集体教育与个别教育相结合，课堂教育与辅助教育相结合，所内教育与社会教育相结合的方法。

第二十九条 对未成年犯应当进行思想教育，其内容包括法律常识、所规纪律、形势政策、道德修养、人生观、爱国主义、劳动常识等，所用教材由司法部监狱管理局统编。

第三十条 未成年犯的文化教育列入当地教育发展的总体规划，未成年犯管教所应与当地教育行政部门联系，争取在教育经费、师资培训、业务指导、考试及颁发证书等方面得到支持。

第三十一条 未成年犯管教所应当配备符合国家规定学历的人民警察担任教师，按押犯数百分之四的比例配备。教师实行专业技术职务制度。

禁止罪犯担任教师。

第三十二条 未成年犯管教所应当设立教学楼、实验室、图书室、运动场馆等教学设施，配置教学仪器、图书资料和文艺、体育器材。各管区应当设立谈话室、阅览室、活动室。

第三十三条 对未成年犯进行思想、文化、技术教育的课堂化教学时间，每周不少于二十课时，每年不少于一千课时，文化、技术教育时间不低于总课时数的百分之七十。

第三十四条 对未成年犯的文化教育应当根据其文化程度，分别进行扫盲教育、小学教育、初中教育。采取分年级编班施教，按规定的课程开课，使用经国务院教育行政部门审定的教材。有条件的可以进行高中教育。鼓励完成义务教育的未成年犯自学，组织参加各类自学考试。

第三十五条 对未成年犯的技术教育应当根据其刑期、文化程度和刑满释放后的就业需要，重点进行职业技术教育和技能培训，其课程设置和教学要求可以参照社会同类学校。

第三十六条 对参加文化、技术学习的未成年犯，经考试合格的，由当地教育、劳动行政部门发给相应的毕业或者结业证书及技术证书。

第三十七条 对新入所的未成年犯，应当进行入所教育，其内容包括认罪服法、行为规范和所规纪律教育等；对即将刑满的罪犯在形势、政策、遵纪守法等方面进行出所教育，并在就业、复学等方面给予指导，提供必要的技能培训。入所、出所教育时间各不得少于两个月。

第三十八条 根据未成年犯的案情、刑期、心理特点和改造表现进行有针对性的个别教育，实行教育转化责任制。

第三十九条 未成年犯管教所应当建立心理矫治机构，对未成年犯进行生理、心理健康教育，进行心理测试、心理咨询和心理矫治。

未成年犯管教所应当对未成年犯进行生活常识教育，培养其生活自理能力。

第四十条 未成年犯管教所应当开展文化、娱乐、体育活动，办好报刊、黑板报、广播站、闭路电视等。

第四十一条 定期举行升国旗仪式，开展成人宣誓活动。

第四十二条 根据需要，设立适合未成年犯特点的习艺劳动场所及其设施。

第四十三条 组织未成年犯劳动，应当在工种、劳动强度和保护措施等方面严格执行国家有关规定，不得安排未成年犯从事过重的劳动或者危险作业，不得组织未成年犯从事外役劳动。未满十六周岁的未成年犯不参加生产劳动。

未成年犯的劳动时间，每天不超过四小时，每周不超过二十四小时。

第四十四条 未成年犯管教所应当加强与社会各界的联系，争取更多的社会力量参与对未成年犯的教育帮助。

第四十五条 对未成年犯的社会教育，采取到社会上参观或者参加公益活动，邀请社会各界人士及未成年犯的父母或者其他监护人来所帮教的方法。

未成年犯管教所可以聘请社会知名人士或者有影响的社会志愿者担任辅导员。

第四十六条 未成年犯的父母或者其他监护人应当依法履行监护职责和义务，协助未成年犯管教所做好对未成年犯的教育改造，不得遗弃或者歧视。

第五章　生活卫生

第四十七条 未成年犯的生活水平，应当以保证其身体健康发育为最低标准。

第四十八条 未成年犯管教所应当合理配膳，保证未成年犯吃饱、吃得卫生。对有特殊饮食习惯的少数民族罪犯，应当单独设灶配膳；对生病者，在伙食上给予照顾。

第四十九条 未成年犯的被服，须依照规定按时发放。

第五十条 未成年犯以班组为单位住宿，不得睡通铺。人均居住面积不得少于三平方米。

第五十一条 未成年犯管教所应当合理安排作息时间，保证未成年犯每天的睡眠时间不少于八小时。

第五十二条 未成年犯管教所定期安排未成年犯洗澡、理发、洗晒被服。

禁止未成年犯吸烟、喝酒。

第五十三条 经检查批准，未成年犯可以收受学习、生活用品以及钱款，现金由未成年犯管教所登记保管。

第五十四条 对未成年犯的私人财物，未成年犯管教所应当登记、造册，并发给本人收据。

第五十五条 未成年犯管教所在当地卫生主管部门指导下开展医疗、防病工作，设立医疗机构，保证未成年犯有病得到及时治疗，按照“预防为主，防治结合”的要求，做好未成年犯的防疫保健工作，每年进行一次健康检查。

第五十六条 未成年犯管教所设立生活物资供应站，由人民警察负责管理，保证未成年犯日常生活用品的供应。供应站所得收入，用于改善未成年犯的生活。

第六章 考核奖惩

第五十七条 对未成年犯的减刑、假释，可以比照成年犯依法适度放宽。

对被判处无期徒刑确有悔改表现的未成年犯，一般在执行一年六个月以上即可提出减刑建议。

对被判处有期徒刑确有悔改表现的未成年犯，一般在执行一年以上即可提出减刑建议。

未成年犯两次减刑的间隔时间应在六个月以上。

对未成年犯有《监狱法》第二十九条规定的重大立功表现情形之一的，可以不受前三款所述时间的限制，及时提出减刑建议。

第五十八条 对未成年犯的日常考核，采用日记载、周评议、月小结的方法，由人民警察直接考核。考核的结果应当作为对未成年犯奖惩的依据。

第五十九条 未成年犯有《监狱法》第五十七条情形之一的，未成年犯管教所应当给予表扬、物质奖励或者记功。

第六十条 对被判处有期徒刑的未成年犯在执行原判刑期三分之一以上，服刑期间一贯表现良好，离所后不致再危害社会的，未成年犯管教所可以根据情况准其离所探亲。

第六十一条 未成年犯被批准离所探亲的时间为五至七天（不包括在途时间），两次探亲的间隔时间至少在六个月以上。离所探亲的未成年犯必须由其父母或者其他监护人接送。

第六十二条 未成年犯有《监狱法》第五十八条规定的破坏监管秩序情形之一的，未成年犯管教所可以给予警告、记过或者禁闭处分；构成犯罪的，依法追究刑事责任。

第六十三条 对未成年犯实行禁闭的期限为三至七天。未成年犯禁闭期间，每天放风两次，每次不少于一小时。

第七章 附 则

第六十四条 对于年满十八周岁，余刑不满二年继续留在未成年犯管教所服刑的罪犯，仍适用本规定。

第六十五条 本规定自公布之日起实施，1986年颁布的《少年管教所暂行管理办法（试行）》同时废止。

司法解释类

最高人民法院、最高人民检察院有关未成年人权益保护的司法解释主要涉及的内容有：定罪量刑时，将损害未成年人权益作为加重情形；在刑事诉讼程序、执行程序中，对未成年人实行特殊保护程序；在信息公开方面，公布裁判文书时应保护未成年人个人信息，注重未成年人隐私保护。

定罪量刑时，将损害未成年人权益作为加重情形。《最高人民法院、最高人民检察院关于办理组织、强迫、引诱、容留、介绍卖淫刑事案件适用法律若干问题的解释》规定，组织他人卖淫，卖淫人员中未成年人、孕妇、智障人员、患有严重性病的人累计达5人以上的，应认定为“情节严重”；协助组织他人卖淫，招募、运送的卖淫人员中未成年人、孕妇、智障人员、患有严重性病的人累计达5人以上的，应认定为“情节严重”；组织、强迫未成年人卖淫的，应当从重处罚；引诱不满14周岁的幼女卖淫的，以引诱幼女卖淫罪定罪处罚。

在刑事诉讼程序、执行程序中，对未成年人实行特殊保护程序。《最高人民法院关于适用〈中华人民共和国刑事诉讼法〉的解释》规定，审理未成年人刑事案件，应当由熟悉未成年人身心特点、善于做未成年人思想教育工作的审判人员进行，未成年人刑事案件的人民陪审员，一般由熟悉未成年人身心特点，热心教育、感化、挽救失足未成年人工作，并经过必要培训的共青团、妇联、工会、学校、未成年人保护组织等单位的工作人员或者有关单位的退休人员担任。鼓励有条件的法院设立少年法庭，审理未成年人犯罪案件。人民法院审理未成年人刑事案件，在讯问和开庭时，应当通知未成年被告人的法定代理人到场。法定代理人无法通知、不能到场或者是共犯的，也可以通知未成年被告人的其他成年亲属，所在学校、单位、居住地的基层组织或者未成年人保护组织的代表到场，并将有关情况记录在案；犯罪时不满18周岁，被判处5年有期徒刑以下刑罚以及免除刑事处罚的未成年人的犯罪记录，应当封存保密；对被判处管制、宣告缓刑、裁定假释、决定暂予监外执行的未成年罪犯，人民法院可以协助社区矫正机构制定帮教措施。《最高人民检察院关于办理当事人达成和解的轻微刑事案件的若干意见》规定，人民检察院对未成年人、在校学生犯罪的轻微刑事案件，可以建议和解，必要时可以提供法律咨询。

在信息公开方面，公布裁判文书时应保护未成年人个人信息，注重未成年人隐私保护。《最高人民法院关于人民法院在互联网公布裁判文书的规定》要求人民法院有关未成年人犯罪的裁判文书不在互联网公布。《最高人民法院关于公布失信被执行人名单信息的若干规定》规定被执行人为未成年人的，不得将其纳入失信被执行人名单。

最高人民法院、最高人民检察院关于利用网络云盘制作、复制、贩卖、传播淫秽电子信息牟利行为定罪量刑问题的批复

（2017 年 8 月 28 日最高人民法院审判委员会第 1724 次会议、2017 年 10 月 10 日最高人民检察院第十二届检察委员会第 70 次会议通过，自 2017 年 12 月 1 日起施行）

各省、自治区、直辖市高级人民法院、人民检察院，解放军军事法院、军事检察院，新疆维吾尔自治区高级人民法院生产建设兵团分院、新疆生产建设兵团人民检察院：

近来，部分高级人民法院、省级人民检察院就如何对利用网络云盘制作、复制、贩卖、传播淫秽电子信息牟利行为定罪量刑的问题提出请示。经研究，批复如下：

一、对于以牟利为目的，利用网络云盘制作、复制、贩卖、传播淫秽电子信息的行为，是否应当追究刑事责任，适用刑法和《最高人民法院、最高人民检察院关于办理利用互联网、移动通讯终端、声讯台制作、复制、出版、贩卖、传播淫秽电子信息刑事案件具体应用法律若干问题的解释》（法释［2004］11 号）、《最高人民法院、最高人民检察院关于办理利用互联网、移动通讯终端、声讯台制作、复制、出版、贩卖、传播淫秽电子信息刑事案件具体应用法律若干问题的解释（二）》（法释［2010］3 号）的有关规定。

二、对于以牟利为目的，利用网络云盘制作、复制、贩卖、传播淫秽电子信息的行为，在追究刑事责任时，鉴于网络云盘的特点，不应单纯考虑制作、复制、贩卖、传播淫秽电子信息的数量，还应充分考虑传播范围、违法所得、行为人一贯表现以及淫秽电子信息、传播对象是否涉及未成年人等情节，综合评估社会危害性，恰当裁量刑罚，确保罪责刑相适应。

此复。

最高人民法院、最高人民检察院关于办理利用互联网、移动通讯终端、声讯台制作、复制、出版、贩卖、传播淫秽电子信息刑事案件具体应用法律若干问题的解释（二）（节选）

（2010 年 1 月 18 日最高人民法院审判委员会第 1483 次会议、2010 年 1 月 14 日最高人民检察院第十一届检察委员会第 28 次会议通过，自 2010 年 2 月 4 日起施行）

第一条　以牟利为目的，利用互联网、移动通讯终端制作、复制、出版、贩卖、传播淫秽电子信息的，依照《最高人民法院、最高人民检察院关于办理利用互联网、移动通讯终端、声讯台制作、复制、出版、贩卖、传播淫秽电子信息刑事案件具体应用法律若干问题的解释》第一条、第二条的规定定罪处罚。

以牟利为目的，利用互联网、移动通讯终端制作、复制、出版、贩卖、传播内容含有不满十四周岁未成年人的淫秽电子信息，具有下列情形之一的，依照刑法第三百六十三条第一款的规定，以制作、复制、出版、贩卖、传播淫秽物品牟利罪定罪处罚：

（一）制作、复制、出版、贩卖、传播淫秽电影、表演、动画等视频文件十个以上的；

（二）制作、复制、出版、贩卖、传播淫秽音频文件五十个以上的；

（三）制作、复制、出版、贩卖、传播淫秽电子刊物、图片、文章等一百件以上的；

（四）制作、复制、出版、贩卖、传播的淫

秽电子信息，实际被点击数达到五千次以上的；

（五）以会员制方式出版、贩卖、传播淫秽电子信息，注册会员达一百人以上的；

（六）利用淫秽电子信息收取广告费、会员注册费或者其他费用，违法所得五千元以上的；

（七）数量或者数额虽未达到第（一）项至第（六）项规定标准，但分别达到其中两项以上标准一半以上的；

（八）造成严重后果的。

实施第二款规定的行为，数量或者数额达到第二款第（一）项至第（七）项规定标准五倍以上的，应当认定为刑法第三百六十三条第一款规定的“情节严重”；达到规定标准二十五倍以上的，应当认定为“情节特别严重”。

第二条 利用互联网、移动通讯终端传播淫秽电子信息的，依照《最高人民法院、最高人民检察院关于办理利用互联网、移动通讯终端、声讯台制作、复制、出版、贩卖、传播淫秽电子信息刑事案件具体应用法律若干问题的解释》第三条的规定定罪处罚。

利用互联网、移动通讯终端传播内容含有不满十四周岁未成年人的淫秽电子信息，具有下列情形之一的，依照刑法第三百六十四条第一款的规定，以传播淫秽物品罪定罪处罚：

（一）数量达到第一条第二款第（一）项至第（五）项规定标准二倍以上的；

（二）数量分别达到第一条第二款第（一）项至第（五）项两项以上标准的；

（三）造成严重后果的。

最高人民法院、最高人民检察院关于办理扰乱无线电通讯管理秩序等刑事案件适用法律若干问题的解释（节选）

（2017 年 4 月 17 日由最高人民法院审判委员会第 1715 次会议、2017 年 5 月 25 日由最高人民检察院第十二届检察委员会第 64 次会议通过，2017 年 6 月 27 日公布，自 2017 年 7 月 1 日起施行）

第二条 违反国家规定，擅自设置、使用无线电台（站），或者擅自使用无线电频率，干扰无线电通讯秩序，具有下列情形之一的，应当认定为刑法第二百八十八条第一款规定的“情节严重”：

（一）影响航天器、航空器、铁路机车、船舶专用无线电导航、遇险救助和安全通信等涉及公共安全的无线电频率正常使用的；

（二）自然灾害、事故灾难、公共卫生事件、社会安全事件等突发事件期间，在事件发生地使用“黑广播”“伪基站”的；

（三）举办国家或者省级重大活动期间，在活动场所及周边使用“黑广播”　“伪基站”的；

（四）同时使用三个以上“黑广播”“伪基站”的；

（五）“黑广播”的实测发射功率五百瓦以上，或者覆盖范围十公里以上的；

（六）使用“伪基站”发送诈骗、赌博、招嫖、木马病毒、钓鱼网站链接等违法犯罪信息，数量在五千条以上，或者销毁发送数量等记录的；

（七）雇佣、指使未成年人、残疾人等特定人员使用“伪基站”的；

（八）违法所得三万元以上的；

（九）曾因扰乱无线电通讯管理秩序受过刑事处罚，或者二年内曾因扰乱无线电通讯管理秩序受过行政处罚，又实施刑法第二百八十八条规定的行为的；

（十）其他情节严重的情形。

最高人民法院、最高人民检察院关于办理组织、利用邪教组织破坏法律实施等刑事案件适用法律若干问题的解释（节选）

（2017年1月4日最高人民法院审判委员会第1706次会议、2016年12月8日最高人民检察院第十二届检察委员会第58次会议通过，2017年1月25日公布，自2017年2月1日起施行）

第八条 实施本解释第二条至第五条规定的行为，具有下列情形之一的，从重处罚：

（一）与境外机构、组织、人员勾结，从事邪教活动的；

（二）跨省、自治区、直辖市建立邪教组织机构、发展成员或者组织邪教活动的；

（三）在重要公共场所、监管场所或者国家重大节日、重大活动期间聚集滋事，公开进行邪教活动的；

（四）邪教组织被取缔后，或者被认定为邪教组织后，仍然聚集滋事，公开进行邪教活动的；

（五）国家工作人员从事邪教活动的；

（六）向未成年人宣扬邪教的；

（七）在学校或者其他教育培训机构宣扬邪教的。

最高人民法院、最高人民检察院关于办理抢夺刑事案件适用法律若干问题的解释（节选）

（2013年9月30日最高人民法院审判委员会第1592次会议、2013年10月22日最高人民检察院第十二届检察委员会第12次会议通过，2013年11月11日公布，自2013年11月18日起施行）

第二条 抢夺公私财物，具有下列情形之一的，“数额较大”的标准按照前条规定标准的百分之五十确定：

（一）曾因抢劫、抢夺或者聚众哄抢受过刑事处罚的；

（二）一年内曾因抢夺或者哄抢受过行政处罚的；

（三）一年内抢夺三次以上的；

（四）驾驶机动车、非机动车抢夺的；

（五）组织、控制未成年人抢夺的；

（六）抢夺老年人、未成年人、孕妇、携带婴幼儿的人、残疾人、丧失劳动能力人的财物的；

（七）在医院抢夺病人或者其亲友财物的；

（八）抢夺救灾、抢险、防汛、优抚、扶贫、移民、救济款物的；

（九）自然灾害、事故灾害、社会安全事件等突发事件期间，在事件发生地抢夺的；

（十）导致他人轻伤或者精神失常等严重后果的。

最高人民法院关于审理抢劫、抢夺刑事案件适用法律若干问题的意见（节选）

（2005年6月8日颁布、施行，法发［2005］8号）

4. 抢劫罪与寻衅滋事罪的界限

寻衅滋事罪是严重扰乱社会秩序的犯罪，行为人实施寻衅滋事的行为时，客观上也可能表现为强拿硬要公私财物的特征。这种强拿硬要的行为与抢劫罪的区别在于：前者行为人主观上还具有逞强好胜和通过强拿硬要来填补其精神空虚等目的，后者行为人一般只具有非法占有他人财物的目的；前者行为人客观上一般不以严重侵犯他人人身权利的方法强拿硬要财物，而后者行为人则以暴力、胁迫等方式作为劫取他人财物的手段。司法实践中，对于未成年人使用或威胁使用轻微暴力强抢少量财物的行为，一般不宜以抢劫罪定罪处罚。其行为符合寻衅滋事罪特征的，可以寻衅滋事罪定罪处罚。

最高人民法院、最高人民检察院关于办理寻衅滋事刑事案件适用法律若干问题的解释（节选）

（2013年5月27日最高人民法院审判委员会第1579次会议、2013年4月28日最高人民检察院第十二届检察委员会第5次会议通过，2013年7月15日公布，自2013年7月22日起施行）

第二条 随意殴打他人，破坏社会秩序，具有下列情形之一的，应当认定为刑法第二百九十三条第一款第一项规定的“情节恶劣”：

（一）致一人以上轻伤或者二人以上轻微伤的；

（二）引起他人精神失常、自杀等严重后果的；

（三）多次随意殴打他人的；

（四）持凶器随意殴打他人的；

（五）随意殴打精神病人、残疾人、流浪乞讨人员、老年人、孕妇、未成年人，造成恶劣社会影响的；

（六）在公共场所随意殴打他人，造成公共场所秩序严重混乱的；

（七）其他情节恶劣的情形。

第四条 强拿硬要或者任意损毁、占用公私财物，破坏社会秩序，具有下列情形之一的，应当认定为刑法第二百九十三条第一款第三项规定的“情节严重”：

（一）强拿硬要公私财物价值一千元以上，或者任意损毁、占用公私财物价值二千元以上的；

（二）多次强拿硬要或者任意损毁、占用公私财物，造成恶劣社会影响的；

（三）强拿硬要或者任意损毁、占用精神病人、残疾人、流浪乞讨人员、老年人、孕妇、未成年人的财物，造成恶劣社会影响的；

（四）引起他人精神失常、自杀等严重后果的；

（五）严重影响他人的工作、生活、生产、经营的；

（六）其他情节严重的情形。

最高人民法院、最高人民检察院关于办理组织、强迫、引诱、容留、介绍卖淫刑事案件适用法律若干问题的解释（节选）

（2017年5月8日由最高人民法院审判委员会第1716次会议、2017年7月4日由最高人民检察院第十二届检察委员会第66次会议通过，2017年7月21日公布，自2017年7月25日起施行）

第二条 组织他人卖淫，具有下列情形之一的，应当认定为刑法第三百五十八条第一款规定的“情节严重”：

（一）卖淫人员累计达十人以上的；

（二）卖淫人员中未成年人、孕妇、智障人员、患有严重性病的人累计达五人以上的；

（三）组织境外人员在境内卖淫或者组织境内人员出境卖淫的；

（四）非法获利人民币一百万元以上的；

（五）造成被组织卖淫的人自残、自杀或者其他严重后果的；

（六）其他情节严重的情形。

第五条 协助组织他人卖淫，具有下列情形之一的，应当认定为刑法第三百五十八条第四款规定的“情节严重”：

（一）招募、运送卖淫人员累计达十人以上的；

（二）招募、运送的卖淫人员中未成年人、孕妇、智障人员、患有严重性病的人累计达五人以上的；

（三）协助组织境外人员在境内卖淫或者协助组织境内人员出境卖淫的；

（四）非法获利人民币五十万元以上的；

（五）造成被招募、运送或者被组织卖淫的人自残、自杀或者其他严重后果的；

（六）其他情节严重的情形。

第六条 强迫他人卖淫，具有下列情形之一的，应当认定为刑法第三百五十八条第一款规定的“情节严重”：

（一）卖淫人员累计达五人以上的；

（二）卖淫人员中未成年人、孕妇、智障人员、患有严重性病的人累计达三人以上的；

（三）强迫不满十四周岁的幼女卖淫的；

（四）造成被强迫卖淫的人自残、自杀或者其他严重后果的；

（五）其他情节严重的情形。

行为人既有组织卖淫犯罪行为，又有强迫卖淫犯罪行为，且具有下列情形之一的，以组织、强迫卖淫“情节严重”论处：

（一）组织卖淫、强迫卖淫行为中具有本解释第二条、本条前款规定的“情节严重”情形之一的；

（二）卖淫人员累计达到本解释第二条第一、二项规定的组织卖淫“情节严重”人数标准的；

（三）非法获利数额相加达到本解释第二条第四项规定的组织卖淫“情节严重”数额标准的。

第七条 根据刑法第三百五十八条第三款的规定，犯组织、强迫卖淫罪，并有杀害、伤害、强奸、绑架等犯罪行为的，依照数罪并罚的规定处罚。协助组织卖淫行为人参与实施上述行为的，以共同犯罪论处。

根据刑法第三百五十八条第二款的规定，组织、强迫未成年人卖淫的，应当从重处罚。

第八条 引诱、容留、介绍他人卖淫，具有下列情形之一的，应当依照刑法第三百五十九条第一款的规定定罪处罚：

（一）引诱他人卖淫的；

（二）容留、介绍二人以上卖淫的；

（三）容留、介绍未成年人、孕妇、智障人员、患有严重性病的人卖淫的；

（四）一年内曾因引诱、容留、介绍卖淫行为被行政处罚，又实施容留、介绍卖淫行为的；

（五）非法获利人民币一万元以上的。

利用信息网络发布招嫖违法信息，情节严重的，依照刑法第二百八十七条之一的规定，以非法利用信息网络罪定罪处罚。同时构成介绍卖淫罪的，依照处罚较重的规定定罪处罚。

引诱、容留、介绍他人卖淫是否以营利为目的，不影响犯罪的成立。

引诱不满十四周岁的幼女卖淫的，依照刑法第三百五十九条第二款的规定，以引诱幼女卖淫罪定罪处罚。

被引诱卖淫的人员中既有不满十四周岁的幼女，又有其他人员的，分别以引诱幼女卖淫罪和引诱卖淫罪定罪，实行并罚。

第九条 引诱、容留、介绍他人卖淫，具有下列情形之一的，应当认定为刑法第三百五十九条第一款规定的“情节严重”：

（一）引诱五人以上或者引诱、容留、介绍十人以上卖淫的；

（二）引诱三人以上的未成年人、孕妇、智障人员、患有严重性病的人卖淫，或者引诱、容留、介绍五人以上该类人员卖淫的；

（三）非法获利人民币五万元以上的；

（四）其他情节严重的情形。

最高人民法院关于充分发挥审判职能作用切实维护学校、幼儿园及周边安全的通知（节选）

（2010年5月10日颁布施行，法［2010］193号）

二、要妥善审理、执行好各类案件。全国各级人民法院要按照“为大局服务，为人民司法”的要求，充分发挥人民法院化解矛盾纠纷、维护社会稳定的职能作用，依法公正高效审理各类案件。要严惩各类严重刑事犯罪，加大对人民群众反映强烈的黑社会性质组织犯罪、毒品犯罪和侵犯财产类犯罪的打击力度，增强人民群众的安全感。坚持“调解优先、调判结合”，在案结事了上下功夫，将调解工作贯穿于立案、审判、执行、申诉、信访等各个环节，全面加强刑事附带民事调解、轻微刑事案件和解、民事案件调解、行政案件协调、执行案件和解等工作，提高调解效率，注重调解质量，预防和避免矛盾纠纷激化。要妥善办理涉及校园人身损害赔偿、未成年人犯罪、学校、幼儿园教育设施建设等与教育和未成年人有关的案件，切实保护未成年人身心健康，维护良好的教育秩序。

最高人民法院、最高人民检察院、公安部、司法部关于依法惩治拐卖妇女儿童犯罪的意见

（2010年3月15日颁布、施行，法发［2010］号）

为加大对妇女、儿童合法权益的司法保护力度，贯彻落实《中国反对拐卖妇女儿童行动计划（2008-2012）》，根据刑法、刑事诉讼法等相关法律及司法解释的规定，最高人民法院、最高人民检察院、公安部、司法部就依法惩治拐卖妇女、儿童犯罪提出如下意见：

一、总体要求

1. 依法加大打击力度，确保社会和谐稳定。自1991年全国范围内开展打击拐卖妇女、儿童犯罪专项行动以来，侦破并依法处理了一大批拐卖妇女、儿童犯罪案件，犯罪分子受到依法严惩。2008年，全国法院共审结拐卖妇女、儿童犯罪案件1353件，比2007年上升9.91%；判决发生法律效力的犯罪分子2161人，同比增长11.05%，其中，被判处五年以上有期徒刑、无期徒刑至死刑的1319人，同比增长10.1%，重刑率为61.04%，高出同期全部刑事案件重刑率45.27个百分点。2009年，全国法院共审结拐卖妇女、儿童犯罪案件1636件，

比2008年上升20.9%；判决发生法律效力的犯罪分子2413人，同比增长11.7%，其中被判处五年以上有期徒刑、无期徒刑至死刑的1475人，同比增长11.83%。

但是，必须清醒地认识到，由于种种原因，近年来，拐卖妇女、儿童犯罪在部分地区有所上升的势头仍未得到有效遏制。此类犯罪严重侵犯被拐卖妇女、儿童的人身权利，致使许多家庭骨肉分离，甚至家破人亡，严重危害社会和谐稳定。人民法院、人民检察院、公安机关、司法行政机关应当从维护人民群众切身利益、确保社会和谐稳定的大局出发，进一步依法加大打击力度，坚决有效遏制拐卖妇女、儿童犯罪的上升势头。

2. 注重协作配合，形成有效合力。人民法院、人民检察院、公安机关应当各司其职，各负其责，相互支持，相互配合，共同提高案件办理的质量与效率，保证办案的法律效果与社会效果的统一；司法行政机关应当切实做好有关案件的法律援助工作，维护当事人的合法权益。各地司法机关要统一思想认识，进一步加强涉案地域协调和部门配合，努力形成依法严惩拐卖妇女、儿童犯罪的整体合力。

3. 正确贯彻政策，保证办案效果。拐卖妇女、儿童犯罪往往涉及多人、多个环节，要根据宽严相济刑事政策和罪责刑相适应的刑法基本原则，综合考虑犯罪分子在共同犯罪中的地位、作用及人身危险性的大小，依法准确量刑。对于犯罪集团的首要分子、组织策划者、多次参与者、拐卖多人者或者具有累犯等从严、从重处罚情节的，必须重点打击，坚决依法严惩。对于罪行严重，依法应当判处重刑乃至死刑的，坚决依法判处。要注重铲除“买方市场”，从源头上遏制拐卖妇女、儿童犯罪。对于收买被拐卖的妇女、儿童，依法应当追究刑事责任的，坚决依法追究。同时，对于具有从宽处罚情节的，要在综合考虑犯罪事实、性质、情节和危害程度的基础上，依法从宽，体现政策，以分化瓦解犯罪，鼓励犯罪人悔过自新。

二、管辖

4. 拐卖妇女、儿童犯罪案件依法由犯罪地的司法机关管辖。拐卖妇女、儿童犯罪的犯罪地包括拐出地、中转地、拐入地以及拐卖活动的途经地。如果由犯罪嫌疑人、被告人居住地的司法机关管辖更为适宜的，可以由犯罪嫌疑人、被告人居住地的司法机关管辖。

5. 几个地区的司法机关都有权管辖的，一般由最先受理的司法机关管辖。犯罪嫌疑人、被告人或者被拐卖的妇女、儿童人数较多，涉及多个犯罪地的，可以移送主要犯罪地或者主要犯罪嫌疑人、被告人居住地的司法机关管辖。

6. 相对固定的多名犯罪嫌疑人、被告人分别在拐出地、中转地、拐入地实施某一环节的犯罪行为，犯罪所跨地域较广，全案集中管辖有困难的，可以由拐出地、中转地、拐入地的司法机关对不同犯罪分子分别实施的拐出、中转和拐入犯罪行为分别管辖。

7. 对管辖权发生争议的，争议各方应当本着有利于迅速查清犯罪事实，及时解救被拐卖的妇女、儿童，以及便于起诉、审判的原则，在法定期间内尽快协商解决；协商不成的，报请共同的上级机关确定管辖。

正在侦查中的案件发生管辖权争议的，在上级机关作出管辖决定前，受案机关不得停止侦查工作。

三、立案

8. 具有下列情形之一，经审查，符合管辖规定的，公安机关应当立即以刑事案件立案，迅速开展侦查工作：

（1）接到拐卖妇女、儿童的报案、控告、举报的；

（2）接到儿童失踪或者已满十四周岁不满十八周岁的妇女失踪报案的；

（3）接到已满十八周岁的妇女失踪，可能被拐卖的报案的；

（4）发现流浪、乞讨的儿童可能系被拐卖的；

（5）发现有收买被拐卖妇女、儿童行为，依法应当追究刑事责任的；

（6）表明可能有拐卖妇女、儿童犯罪事实发生的其他情形的。

9. 公安机关在工作中发现犯罪嫌疑人或者被拐卖的妇女、儿童，不论案件是否属于自己管辖，都应当首先采取紧急措施。经审查，属于自己管辖的，依法立案侦查；不属于自己管辖的，及时移送有管辖权的公安机关处理。

10. 人民检察院要加强对拐卖妇女、儿童犯罪案件的立案监督，确保有案必立、有案必查。

四、证据

11. 公安机关应当依照法定程序，全面收集能够证实犯罪嫌疑人有罪或者无罪、犯罪情节轻重的各种证据。

要特别重视收集、固定买卖妇女、儿童犯罪行为交易环节中钱款的存取证明、犯罪嫌疑人的通话清单、乘坐交通工具往来有关地方的票证、被拐卖儿童的DNA鉴定结论、有关监控录像、电子信息等客观性证据。

取证工作应当及时，防止时过境迁，难以弥补。

12. 公安机关应当高度重视并进一步加强DNA数据库的建设和完善。对失踪儿童的父母，或者疑似被拐卖的儿童，应当及时采集血样进行检验，通过全国DNA数据库，为查获犯罪，帮助被拐卖的儿童及时回归家庭提供科学依据。

13. 拐卖妇女、儿童犯罪所涉地区的办案单位应当加强协作配合。需要到异地调查取证的，相关司法机关应当密切配合；需要进一步补充查证的，应当积极支持。

五、定性

14. 犯罪嫌疑人、被告人参与拐卖妇女、儿童犯罪活动的多个环节，只有部分环节的犯罪事实查证清楚、证据确实、充分的，可以对该环节的犯罪事实依法予以认定。

15. 以出卖为目的强抢儿童，或者捡拾儿童后予以出卖，符合刑法第二百四十条第二款规定的，应当以拐卖儿童罪论处。

以抚养为目的偷盗婴幼儿或者拐骗儿童，之后予以出卖的，以拐卖儿童罪论处。

16. 以非法获利为目的，出卖亲生子女的，应当以拐卖妇女、儿童罪论处。

17. 要严格区分借送养之名出卖亲生子女与民间送养行为的界限。区分的关键在于行为人是否具有非法获利的目的。应当通过审查将子女“送”人的背景和原因、有无收取钱财及收取钱财的多少、对方是否具有抚养目的及有无抚养能力等事实，综合判断行为人是否具有非法获利的目的。

具有下列情形之一的，可以认定属于出卖亲生子女，应当以拐卖妇女、儿童罪论处：

（1）将生育作为非法获利手段，生育后即出卖子女的；

（2）明知对方不具有抚养目的，或者根本不考虑对方是否具有抚养目的，为收取钱财将子女“送”给他人的；

（3）为收取明显不属于“营养费”、“感谢费”的巨额钱财将子女“送”给他人的；

（4）其他足以反映行为人具有非法获利目的的“送养”行为的。

不是出于非法获利目的，而是迫于生活困难，或者受重男轻女思想影响，私自将没有独立生活能力的子女送给他人抚养，包括收取少量“营养费”、“感谢费”的，属于民间送养行为，不能以拐卖妇女、儿童罪论处。对私自送养导致子女身心健康受到严重损害，或者具有其他恶劣情节，符合遗弃罪特征的，可以遗弃罪论处；情节显著轻微危害不大的，可由公安机关依法予以行政处罚。

18. 将妇女拐卖给有关场所，致使被拐卖的妇女被迫卖淫或者从事其他色情服务的，以拐卖妇女罪论处。

有关场所的经营管理人员事前与拐卖妇女的犯罪人通谋的，对该经营管理人员以拐卖妇女罪的共犯论处；同时构成拐卖妇女罪和组织卖淫罪的，择一重罪论处。

19. 医疗机构、社会福利机构等单位的工作人员以非法获利为目的，将所诊疗、护理、抚养的儿童贩卖给他人的，以拐卖儿童罪论处。

20. 明知是被拐卖的妇女、儿童而收买，具有下列情形之一的，以收买被拐卖的妇女、儿童罪论处；同时构成其他犯罪的，依照数罪并罚的规定处罚：

（1）收买被拐卖的妇女后，违背被收买妇女的意愿，阻碍其返回原居住地的；

（2）阻碍对被收买妇女、儿童进行解救的；

（3）非法剥夺、限制被收买妇女、儿童的人身自由，情节严重，或者对被收买妇女、儿童有强奸、伤害、侮辱、虐待等行为的；

（4）所收买的妇女、儿童被解救后又再次收买，或者收买多名被拐卖的妇女、儿童的；

（5）组织、诱骗、强迫被收买的妇女、儿童从事乞讨、苦役，或者盗窃、传销、卖淫等违法犯罪活动的；

（6）造成被收买妇女、儿童或者其亲属重伤、死亡以及其他严重后果的；

（7）具有其他严重情节的。

被追诉前主动向公安机关报案或者向有关单位反映，愿意让被收买妇女返回原居住地，或者将被收买儿童送回其家庭，或者将被收买妇女、儿童交给公安、民政、妇联等机关、组织，没有其他严重情节的，可以不追究刑事责任。

六、共同犯罪

21. 明知他人拐卖妇女、儿童，仍然向其提供被拐卖妇女、儿童的健康证明、出生证明或者其他帮助的，以拐卖妇女、儿童罪的共犯论处。

明知他人收买被拐卖的妇女、儿童，仍然向其提供被收买妇女、儿童的户籍证明、出生证明或者其他帮助的，以收买被拐卖的妇女、儿童罪的共犯论处，但是，收买人未被追究刑事责任的除外。

认定是否“明知”，应当根据证人证言、犯罪嫌疑人、被告人及其同案人供述和辩解，结合提供帮助的人次，以及是否明显违反相关规章制度、工作流程等，予以综合判断。

22. 明知他人系拐卖儿童的“人贩子”，仍然利用从事诊疗、福利救助等工作的便利或者了解被拐卖方情况的条件，居间介绍的，以拐卖儿童罪的共犯论处。

23. 对于拐卖妇女、儿童犯罪的共犯，应当根据各被告人在共同犯罪中的分工、地位、作用，参与拐卖的人数、次数，以及分赃数额等，准确区分主从犯。

对于组织、领导、指挥拐卖妇女、儿童的某一个或者某几个犯罪环节，或者积极参与实施拐骗、绑架、收买、贩卖、接送、中转妇女、儿童等犯罪行为，起主要作用的，应当认定为主犯。

对于仅提供被拐卖妇女、儿童信息或者相关证明文件，或者进行居间介绍，起辅助或者次要作用，没有获利或者获利较少的，一般可认定为从犯。

对于各被告人在共同犯罪中的地位、作用区别不明显的，可以不区分主从犯。

七、一罪与数罪

24. 拐卖妇女、儿童，又奸淫被拐卖的妇女、儿童，或者诱骗、强迫被拐卖的妇女、儿童卖淫的，以拐卖妇女、儿童罪处罚。

25. 拐卖妇女、儿童，又对被拐卖的妇女、儿童实施故意杀害、伤害、猥亵、侮辱等行为，构成其他犯罪的，依照数罪并罚的规定处罚。

26. 拐卖妇女、儿童或者收买被拐卖的妇女、儿童，又组织、教唆被拐卖、收买的妇女、儿童进行犯罪的，以拐卖妇女、儿童罪或者收买被拐卖的妇女、儿童罪与其所组织、教唆的罪数罪并罚。

27. 拐卖妇女、儿童或者收买被拐卖的妇女、儿童，又组织、教唆被拐卖、收买的未成年妇女、儿童进行盗窃、诈骗、抢夺、敲诈勒索等违反治安管理活动的，以拐卖妇女、儿童罪或者收买被拐卖的妇女、儿童罪与组织未成年人进行违反治安管理活动罪数罪并罚。

八、刑罚适用

28. 对于拐卖妇女、儿童犯罪集团的首要分子，情节严重的主犯，累犯，偷盗婴幼儿、强抢儿童情节严重，将妇女、儿童卖往境外情节严重，拐卖妇女、儿童多人多次、造成伤亡后果，或者具有其他严重情节的，依法从重处罚；情节特别严重的，依法判处死刑。

拐卖妇女、儿童，并对被拐卖的妇女、儿童实施故意杀害、伤害、猥亵、侮辱等行为，数罪并罚决定执行的刑罚应当依法体现从严。

29. 对于拐卖妇女、儿童的犯罪分子，应当注重依法适用财产刑，并切实加大执行力度，以强化刑罚的特殊预防与一般预防效果。

30. 犯收买被拐卖的妇女、儿童罪，对被收买妇女、儿童实施违法犯罪活动或者将其作为牟利工具的，处罚时应当依法体现从严。

收买被拐卖的妇女、儿童，对被收买妇女、儿童没有实施摧残、虐待行为或者与其已形成稳定的婚姻家庭关系，但仍应依法追究刑事责任的，一般应当从轻处罚；符合缓刑条件的，可以依法适用缓刑。

收买被拐卖的妇女、儿童，犯罪情节轻微的，可以依法免予刑事处罚。

31. 多名家庭成员或者亲友共同参与出卖亲生子女，或者“买人为妻”、“买人为子”构成收买被拐卖的妇女、儿童罪的，一般应当在综合考察犯意提起、各行为人在犯罪中所起作用等情节的基础上，依法追究其中罪责较重者的刑事责任。对于其他情节显著轻微危害不大，不认为是犯罪的，依法不追究刑事责任；必要时可以由公安机关予以行政处罚。

32. 具有从犯、自首、立功等法定从宽处罚情节的，依法从轻、减轻或者免除处罚。

对被拐卖的妇女、儿童没有实施摧残、虐待等违法犯罪行为，或者能够协助解救被拐卖的妇女、儿童，或者具有其他酌定从宽处罚情节的，可以依法酌情从轻处罚。

33. 同时具有从严和从宽处罚情节的，要在综合考察拐卖妇女、儿童的手段、拐卖妇女、儿童或者收买被拐卖妇女、儿童的人次、危害后果以及被告人主观恶性、人身危险性等因素的基础上，结合当地此类犯罪发案情况和社会治安状况，决定对被告人总体从严或者从宽处罚。

九、涉外犯罪

34. 要进一步加大对跨国、跨境拐卖妇女、儿童犯罪的打击力度。加强双边或者多边“反拐”国际交流与合作，加强对被跨国、跨境拐卖的妇女、儿童的救助工作。依照我国缔结或者参加的国际条约的规定，积极行使所享有的权利，履行所承担的义务，及时请求或者提供各项司法协助，有效遏制跨国、跨境拐卖妇女、儿童犯罪。

最高人民法院、最高人民检察院关于办理敲诈勒索刑事案件适用法律若干问题的解释（节选）

（2013 年 4 月 15 日最高人民法院审判委员会第 1575 次会议、2013 年 4 月 1 日最高人民检察院第十二届检察委员会第 2 次会议通过，2013 年 4 月 23 日公布，自 2013 年 4 月 27 日起实施）

第二条 敲诈勒索公私财物，具有下列情形之一的，“数额较大”的标准可以按照本解释第一条规定标准的百分之五十确定：

（一）曾因敲诈勒索受过刑事处罚的；

（二）一年内曾因敲诈勒索受过行政处罚的；

（三）对未成年人、残疾人、老年人或者丧失劳动能力人敲诈勒索的；

（四）以将要实施放火、爆炸等危害公共安全犯罪或者故意杀人、绑架等严重侵犯公民人身权利犯罪相威胁敲诈勒索的；

（五）以黑恶势力名义敲诈勒索的；

（六）利用或者冒充国家机关工作人员、军人、新闻工作者等特殊身份敲诈勒索的；

（七）造成其他严重后果的。

最高人民法院、最高人民检察院关于办理盗窃刑事案件适用法律若干问题的解释（节选）

（2013 年 3 月 8 日最高人民法院审判委员会第 1571 次会议，2013 年 3 月 18 日最高人民检察院第十二届检察委员会第 1 次会议通过，2013 年 4 月 2 日公布，自 2013 年 4 月 4 日起施行）

第二条 盗窃公私财物，具有下列情形之一的，“数额较大”的标准可以按照前条规定标准的百分之五十确定：

（一）曾因盗窃受过刑事处罚的；

（二）一年内曾因盗窃受过行政处罚的；

（三）组织、控制未成年人盗窃的；

（四）自然灾害、事故灾害、社会安全事件等突发事件期间，在事件发生地盗窃的；

（五）盗窃残疾人、孤寡老人、丧失劳动能力人的财物的；

（六）在医院盗窃病人或者其亲友财物的；

（七）盗窃救灾、抢险、防汛、优抚、扶贫、移民、救济款物的；

（八）因盗窃造成严重后果的。

最高人民检察院关于对涉嫌盗窃的不满16周岁未成年人采取刑事拘留强制措施是否违法问题的批复

（2011年1月10日由最高人民检察院第十一届检察委员会第54次会议通过，2011年1月25日公布，自2011年1月25日起施行）

北京市人民检察院：

你院京检字［2010］107号《关于对涉嫌盗窃的不满16周岁未成年人采取刑事拘留强制措施是否违法的请示》收悉。经研究，批复如下：

根据刑法、刑事诉讼法、未成年人保护法等有关法律规定，对于实施犯罪时未满16周岁的未成年人，且未犯刑法第十七条第二款规定之罪的，公安机关查明犯罪嫌疑人实施犯罪时年龄确系未满16周岁依法不负刑事责任后仍予以刑事拘留的，检察机关应当及时提出纠正意见。

此复。

最高人民检察院

二〇一一年一月二十五日

最高人民法院、最高人民检察院关于办理赌博刑事案件具体应用法律若干问题的解释（节选）

（2005年4月26日由最高人民法院审判委员会第1349次会议通过，2005年5月8日由最高人民检察院第十届检察委员会第34次会议通过，自2005年5月13日起施行）

第五条 实施赌博犯罪，有下列情形之一的，依照刑法第三百零三条的规定从重处罚：

（一）具有国家工作人员身份的；

（二）组织国家工作人员赴境外赌博的；

（三）组织未成年人参与赌博，或者开设赌场吸引未成年人参与赌博的。

最高人民法院、最高人民检察院、公安部关于办理网络赌博犯罪案件适用法律若干问题的意见

（公通字［2010］40号）

一、关于网上开设赌场犯罪的定罪量刑标准

利用互联网、移动通讯终端等传输赌博视频、数据，组织赌博活动，具有下列情形之一的，属于刑法第三百零三条第二款规定的“开设赌场”行为：

（一）建立赌博网站并接受投注的；

（二）建立赌博网站并提供给他人组织赌博的；

（三）为赌博网站担任代理并接受投注的；

（四）参与赌博网站利润分成的。

实施前款规定的行为，具有下列情形之一的，应当认定为刑法第三百零三条第二款规定的“情节严重”：

（一）抽头渔利数额累计达到3万元以上的；

（二）赌资数额累计达到30万元以上的；

（三）参赌人数累计达到120人以上的；

（四）建立赌博网站后通过提供给他人组织赌博，违法所得数额在3万元以上的；

（五）参与赌博网站利润分成，违法所得数额在3万元以上的；

（六）为赌博网站招募下级代理，由下级代理接受投注的；

（七）招揽未成年人参与网络赌博的；

（八）其他情节严重的情形。

全国部分法院审理毒品犯罪案件工作座谈会纪要（节选）

（2008年12月1日颁布，法［2008］324号）

二、毒品犯罪的死刑适用问题

…………

具有下列情形之一的，可以判处被告人死刑：（1）具有毒品犯罪集团首要分子、武装掩护毒品犯罪、暴力抗拒检查、拘留或者逮捕、参与有组织的国际贩毒活动等严重情节的；（2）毒品数量达到实际掌握的死刑数量标准，并具有毒品再犯、累犯，利用、教唆未成年人走私、贩卖、运输、制造毒品，或者向未成年人出售毒品等法定从重处罚情节的；（3）毒品数量达到实际掌握的死刑数量标准，并具有多次走私、贩卖、运输、制造毒品，向多人贩毒，在毒品犯罪中诱使、容留多人吸毒，在戒毒监管场所贩毒，国家工作人员利用职务便利实施毒品犯罪，或者职业犯、惯犯、主犯等情节的；（4）毒品数量达到实际掌握的死刑数量标准，并具有其他从重处罚情节的；（5）毒品数量超过实际掌握的死刑数量标准，且没有法定、酌定从轻处罚情节的。

…………

十二、特定人员参与毒品犯罪问题

近年来，一些毒品犯罪分子为了逃避打击，雇佣孕妇、哺乳期妇女、急性传染病人、残疾人或者未成年人等特定人员进行毒品犯罪活动，成为影响我国禁毒工作成效的突出问题。对利用、教唆特定人员进行毒品犯罪活动的组织、策划、指挥和教唆者，要依法严厉打击，该判处重刑直至死刑的，坚决依法判处重刑直至死刑。对于被利用、被诱骗参与毒品犯罪的特定人员，可以从宽处理。

要积极与检察机关、公安机关沟通协调，妥善解决涉及特定人员的案件管辖、强制措施、刑罚执行等问题。对因特殊情况依法不予羁押的，可以依法采取取保候审、监视居住等强制

措施，并根据被告人具体情况和案情变化及时变更强制措施；对于被判处有期徒刑或者拘役的罪犯，符合刑事诉讼法第二百一十四条规定情形的，可以暂予监外执行。

最高人民法院关于审理人身损害赔偿案件适用法律若干问题的解释（节选）

（2003年12月4日由最高人民法院审判委员会第1299次会议通过。2003年12月26日公布，自2004年5月1日起施行）

第七条 对未成年人依法负有教育、管理、保护义务的学校、幼儿园或者其他教育机构，未尽职责范围内的相关义务致使未成年人遭受人身损害，或者未成年人致他人人身损害的，应当承担与其过错相应的赔偿责任。

第三人侵权致未成年人遭受人身损害的，应当承担赔偿责任。学校、幼儿园等教育机构有过错的，应当承担相应的补充赔偿责任。

第二十八条 被扶养人生活费根据扶养人丧失劳动能力程度，按照受诉法院所在地上一年度城镇居民人均消费性支出和农村居民人均年生活消费支出标准计算。被扶养人为未成年人的，计算至十八周岁；被扶养人无劳动能力又无其他生活来源的，计算二十年。但六十周岁以上的，年龄每增加一岁减少一年；七十五周岁以上的，按五年计算。

被扶养人是指受害人依法应当承担扶养义务的未成年人或者丧失劳动能力又无其他生活来源的成年近亲属。被扶养人还有其他扶养人的，赔偿义务人只赔偿受害人依法应当负担的部分。被扶养人有数人的，年赔偿总额累计不超过上一年度城镇居民人均消费性支出额或者农村居民人均年生活消费支出额。

最高人民法院、最高人民检察院、公安部、司法部关于刑事诉讼法律援助工作的规定（节选）

（2013年2月4日颁布施行）

第九条 犯罪嫌疑人、被告人具有下列情形之一没有委托辩护人的，公安机关、人民检察院、人民法院应当自发现该情形之日起3日内，通知所在地同级司法行政机关所属法律援助机构指派律师为其提供辩护：

（一）未成年人；

（二）盲、聋、哑人；

（三）尚未完全丧失辨认或者控制自己行为能力的精神病人；

（四）可能被判处无期徒刑、死刑的人。

第十三条 对于可能被判处无期徒刑、死刑的案件，法律援助机构应当指派具有一定年限刑事辩护执业经历的律师担任辩护人。

对于未成年人案件，应当指派熟悉未成年人身心特点的律师担任辩护人。

最高人民检察院、公安部关于公安机关管辖的刑事案件立案追诉标准的规定（一）（节选）

（2008年6月25日施行，公通字［2008］36号）

三、侵犯公民人身权利、民主权利案

第三十一条 ［强迫职工劳动案（刑法第二百四十四条）］用人单位违反劳动管理法规，以限制人身自由方法强迫职工劳动，涉嫌下列情形之一的，应予立案追诉：

（一）强迫他人劳动，造成人员伤亡或者患职业病的；

（二）采用殴打、胁迫、扣发工资、扣留身份证件等手段限制人身自由，强迫他人劳动的；

（三）强迫妇女从事井下劳动、国家规定的第四级体力劳动强度的劳动或者其他禁忌从事的劳动，或者强迫处于经期、孕期和哺乳期妇女从事国家规定的第三级体力劳动强度以上的劳动或者其他禁忌从事的劳动的；

（四）强迫已满十六周岁未满十八周岁的未成年人从事国家规定的第四级体力劳动强度的劳动，或者从事高空、井下劳动，或者在爆炸性、易燃性、放射性、毒害性等危险环境下从事劳动的；

（五）其他情节严重的情形。

第三十二条 ［雇用童工从事危重劳动案（刑法第二百四十四条之一）］违反劳动管理法规，雇用未满十六周岁的未成年人从事国家规定的第四级体力劳动强度的劳动，或者从事高空、井下劳动，或者在爆炸性、易燃性、放射性、毒害性等危险环境下从事劳动，涉嫌下列情形之一的，应予立案追诉：

（一）造成未满十六周岁的未成年人伤亡或者对其身体健康造成严重危害的；

（二）雇用未满十六周岁的未成年人三人以上的；

（三）以强迫、欺骗等手段雇用未满十六周岁的未成年人从事危重劳动的；

（四）其他情节严重的情形。

五、妨害社会管理秩序案

第四十二条 ［引诱未成年人聚众淫乱案（刑法第三百零一条第二款）］引诱未成年人参加聚众淫乱活动的，应予立案追诉。

第五十二条 ［非法组织卖血案（刑法第三百三十三条第一款）］非法组织他人出卖血液，涉嫌下列情形之一的，应予立案追诉：

（一）组织卖血三人次以上的；

（二）组织卖血非法获利二千元以上的；

（三）组织未成年人卖血的；

（四）被组织卖血的人的血液含有艾滋病病毒、乙型肝炎病毒、丙型肝炎病毒、梅毒螺旋体等病原微生物的；

（五）其他非法组织卖血应予追究刑事责任的情形。

第七十八条 ［引诱、容留、介绍卖淫案（刑法第三百五十九条第一款）］引诱、容留、介绍他人卖淫，涉嫌下列情形之一的，应予立案追诉：

（一）引诱、容留、介绍二人次以上卖淫的；

（二）引诱、容留、介绍已满十四周岁未满十八周岁的未成年人卖淫的；

（三）被引诱、容留、介绍卖淫的人患有艾滋病或者患有梅毒、淋病等严重性病。

（四）其他引诱、容留、介绍卖淫应予追究刑事责任的情形。

人民检察院办理不起诉案件质量标准（试行）（节选）

（2007年6月19日颁布、施行，［2007］高检诉发63号）

一、符合下列条件的，属于达到不起诉案件质量标准

（三）根据刑事诉讼法第一百四十二条第二款决定不起诉的案件人民检察院对于犯罪情节轻微，依照刑法规定不需要判处刑罚或者免除刑罚的，经检察委员会讨论决定，可以作出不起诉决定。

对符合上述条件，同时具有下列情形之一的，依法决定不起诉：

1. 未成年犯罪嫌疑人、老年犯罪嫌疑人，主观恶性较小、社会危害不大的；

2. 因亲友、邻里及同学同事之间纠纷引发的轻微犯罪中的犯罪嫌疑人，认罪悔过、赔礼道歉、积极赔偿损失并得到被害人谅解或者双方达成和解并切实履行，社会危害不大的；

3. 初次实施轻微犯罪的犯罪嫌疑人，主观恶性较小的；

4. 因生活无着偶然实施盗窃等轻微犯罪的犯罪嫌疑人，人身危险性不大的；

5. 群体性事件引起的刑事犯罪中的犯罪嫌疑人，属于一般参与者的。

人民检察院办理未成年人刑事案件的规定

（2002年3月25日最高人民检察院第九届检察委员会第一百零五次会议通过，2006年12月28日最高人民检察院第十届检察委员会第六十八次会议第一次修订，2013年12月19日最高人民检察院第十二届检察委员会第十四次会议第二次修订）

第一章　总　则

第一条　为了切实保障未成年犯罪嫌疑人、被告人和未成年罪犯的合法权益，正确履行检察职责，根据《中华人民共和国刑法》、《中华人民共和国刑事诉讼法》、《中华人民共和国未成年人保护法》、《中华人民共和国预防未成年人犯罪法》、《人民检察院刑事诉讼规则（试行）》等有关规定，结合人民检察院办理未成年人刑事案件工作实际，制定本规定。

第二条　人民检察院办理未成年人刑事案件，实行教育、感化、挽救的方针，坚持教育为主、惩罚为辅和特殊保护的原则。在严格遵守法律规定的前提下，按照最有利于未成年人和适合未成年人身心特点的方式进行，充分保障未成年人合法权益。

第三条　人民检察院办理未成年人刑事案件，应当保障未成年人依法行使其诉讼权利，保障未成年人得到法律帮助。

第四条　人民检察院办理未成年人刑事案件，应当在依照法定程序和保证办案质量的前提下，快速办理，减少刑事诉讼对未成年人的不利影响。

第五条　人民检察院办理未成年人刑事案件，应当依法保护涉案未成年人的名誉，尊重其人格尊严，不得公开或者传播涉案未成年人的姓名、住所、照片、图像及可能推断出该未成年人的资料。

人民检察院办理刑事案件，应当依法保护未成年被害人、证人以及其他与案件有关的未成年人的合法权益。

第六条　人民检察院办理未成年人刑事案件，应当加强与公安机关、人民法院以及司法行政机关的联系，注意工作各环节的衔接和配合，共同做好对涉案未成年人的教育、感化、挽救工作。

人民检察院应当加强同政府有关部门、共青团、妇联、工会等人民团体，学校、基层组织以及未成年人保护组织的联系和配合，加强对违法犯罪的未成年人的教育和挽救，共同做好未成年人犯罪预防工作。

第七条 人民检察院办理未成年人刑事案件，发现有关单位或者部门在预防未成年人违法犯罪等方面制度不落实、不健全，存在管理漏洞的，可以采取检察建议等方式向有关单位或者部门提出预防违法犯罪的意见和建议。

第八条 省级、地市级人民检察院和未成年人刑事案件较多的基层人民检察院，应当设立独立的未成年人刑事检察机构。地市级人民检察院也可以根据当地实际，指定一个基层人民检察院设立独立机构，统一办理辖区范围内的未成年人刑事案件；条件暂不具备的，应当成立专门办案组或者指定专人办理。对于专门办案组或者专人，应当保证其集中精力办理未成年人刑事案件，研究未成年人犯罪规律，落实对涉案未成年人的帮教措施等工作。

各级人民检察院应当选任经过专门培训，熟悉未成年人身心特点，具有犯罪学、社会学、心理学、教育学等方面知识的检察人员承办未成年人刑事案件，并加强对办案人员的培训和指导。

第九条 人民检察院根据情况可以对未成年犯罪嫌疑人的成长经历、犯罪原因、监护教育等情况进行调查，并制作社会调查报告，作为办案和教育的参考。

人民检察院开展社会调查，可以委托有关组织和机构进行。开展社会调查应当尊重和保护未成年人名誉，避免向不知情人员泄露未成年犯罪嫌疑人的涉罪信息。

人民检察院应当对公安机关移送的社会调查报告进行审查，必要时可以进行补充调查。

提起公诉的案件，社会调查报告应当随案移送人民法院。

第十条 人民检察院办理未成年人刑事案件，可以应犯罪嫌疑人家属、被害人及其家属的要求，告知其审查逮捕、审查起诉的进展情况，并对有关情况予以说明和解释。

第十一条 人民检察院受理案件后，应当向未成年犯罪嫌疑人及其法定代理人了解其委托辩护人的情况，并告知其有权委托辩护人。

未成年犯罪嫌疑人没有委托辩护人的，人民检察院应当书面通知法律援助机构指派律师为其提供辩护。

第十二条 人民检察院办理未成年人刑事案件，应当注重矛盾化解，认真听取被害人的意见，做好释法说理工作。对于符合和解条件的，要发挥检调对接平台作用，积极促使双方当事人达成和解。

人民检察院应当充分维护未成年被害人的合法权益。对于符合条件的被害人，应当及时启动刑事被害人救助程序，对其进行救助。对于未成年被害人，可以适当放宽救助条件、扩大救助的案件范围。

人民检察院根据需要，可以对未成年犯罪嫌疑人、未成年被害人进行心理疏导。必要时，经未成年犯罪嫌疑人及其法定代理人同意，可以对未成年犯罪嫌疑人进行心理测评。

在办理未成年人刑事案件时，人民检察院应当加强办案风险评估预警工作，主动采取适当措施，积极回应和引导社会舆论，有效防范执法办案风险。

第二章　未成年人刑事案件的审查逮捕

第十三条 人民检察院办理未成年犯罪嫌疑人审查逮捕案件，应当根据未成年犯罪嫌疑人涉嫌犯罪的事实、主观恶性、有无监护与社会帮教条件等，综合衡量其社会危险性，严格限制适用逮捕措施，可捕可不捕的不捕。

第十四条 审查逮捕未成年犯罪嫌疑人，应当重点审查其是否已满十四、十六、十八周岁。

对犯罪嫌疑人实际年龄难以判断，影响对该犯罪嫌疑人是否应当负刑事责任认定的，应当不批准逮捕。需要补充侦查的，同时通知公安机关。

第十五条 审查逮捕未成年犯罪嫌疑人，应当审查公安机关依法提供的证据和社会调查报告等材料。公安机关没有提供社会调查报告的，人民检察院根据案件情况可以要求公安机关提供，也可以自行或者委托有关组织和机构进行调查。

第十六条 审查逮捕未成年犯罪嫌疑人，

应当注意是否有被胁迫、引诱的情节，是否存在成年人教唆犯罪、传授犯罪方法或者利用未成年人实施犯罪的情况。

第十七条 人民检察院办理未成年犯罪嫌疑人审查逮捕案件，应当讯问未成年犯罪嫌疑人，听取辩护律师的意见，并制作笔录附卷。

讯问未成年犯罪嫌疑人，应当根据该未成年人的特点和案件情况，制定详细的讯问提纲，采取适宜该未成年人的方式进行，讯问用语应当准确易懂。

讯问未成年犯罪嫌疑人，应当告知其依法享有的诉讼权利，告知其如实供述案件事实的法律规定和意义，核实其是否有自首、立功、坦白等情节，听取其有罪的供述或者无罪、罪轻的辩解。

讯问未成年犯罪嫌疑人，应当通知其法定代理人到场，告知法定代理人依法享有的诉讼权利和应当履行的义务。无法通知、法定代理人不能到场或者法定代理人是共犯的，也可以通知未成年犯罪嫌疑人的其他成年亲属，所在学校、单位或者居住地的村民委员会、居民委员会、未成年人保护组织的代表等合适成年人到场，并将有关情况记录在案。到场的法定代理人可以代为行使未成年犯罪嫌疑人的诉讼权利，行使时不得侵犯未成年犯罪嫌疑人的合法权益。

未成年犯罪嫌疑人明确拒绝法定代理人以外的合适成年人到场，人民检察院可以准许，但应当另行通知其他合适成年人到场。

到场的法定代理人或者其他人员认为办案人员在讯问中侵犯未成年犯罪嫌疑人合法权益的，可以提出意见。讯问笔录应当交由到场的法定代理人或者其他人员阅读或者向其宣读，并由其在笔录上签字、盖章或者捺指印确认。

讯问女性未成年犯罪嫌疑人，应当有女性检察人员参加。

询问未成年被害人、证人，适用本条第四款至第七款的规定。

第十八条 讯问未成年犯罪嫌疑人一般不得使用械具。对于确有人身危险性，必须使用械具的，在现实危险消除后，应当立即停止使用。

第十九条 对于罪行较轻，具备有效监护条件或者社会帮教措施，没有社会危险性或者社会危险性较小，不逮捕不致妨害诉讼正常进行的未成年犯罪嫌疑人，应当不批准逮捕。

对于罪行比较严重，但主观恶性不大，有悔罪表现，具备有效监护条件或者社会帮教措施，具有下列情形之一，不逮捕不致妨害诉讼正常进行的未成年犯罪嫌疑人，可以不批准逮捕：

（一）初次犯罪、过失犯罪的；

（二）犯罪预备、中止、未遂的；

（三）有自首或者立功表现的；

（四）犯罪后如实交待罪行，真诚悔罪，积极退赃，尽力减少和赔偿损失，被害人谅解的；

（五）不属于共同犯罪的主犯或者集团犯罪中的首要分子的；

（六）属于已满十四周岁不满十六周岁的未成年人或者系在校学生的；

（七）其他可以不批准逮捕的情形。

对于不予批准逮捕的案件，应当说明理由，连同案卷材料送达公安机关执行。需要补充侦查的，应当同时通知公安机关。必要时可以向被害方作说明解释。

第二十条 适用本规定第十九条的规定，在作出不批准逮捕决定前，应当审查其监护情况，参考其法定代理人、学校、居住地公安派出所及居民委员会、村民委员会的意见，并在审查逮捕意见书中对未成年犯罪嫌疑人是否具备有效监护条件或者社会帮教措施进行具体说明。

第二十一条 对未成年犯罪嫌疑人作出批准逮捕决定后，应当依法进行羁押必要性审查。对不需要继续羁押的，应当及时建议予以释放或者变更强制措施。

第三章 未成年人刑事案件的审查起诉与出庭支持公诉

第一节 审 查

第二十二条 人民检察院审查起诉未成年人刑事案件，自收到移送审查起诉的案件材料之日起三日以内，应当告知被害人及其法定代理人或者其近亲属、附带民事诉讼的当事人及其法定代理人有权委托诉讼代理人。

对未成年被害人或者其法定代理人提出聘请律师意向，但因经济困难或者其他原因没有委托诉讼代理人的，应当帮助其申请法律援助。

未成年犯罪嫌疑人被羁押的，人民检察院应当审查是否有必要继续羁押。对不需要继续羁押的，应当予以释放或者变更强制措施。

审查起诉未成年犯罪嫌疑人，应当听取其父母或者其他法定代理人、辩护人、被害人及其法定代理人的意见。

第二十三条 人民检察院审查起诉未成年人刑事案件，应当讯问未成年犯罪嫌疑人。讯问未成年犯罪嫌疑人适用本规定第十七条、第十八条的规定。

第二十四条 移送审查起诉的案件具备以下条件之一，且其法定代理人、近亲属等与本案无牵连的，经公安机关同意，检察人员可以安排在押的未成年犯罪嫌疑人与其法定代理人、近亲属等进行会见、通话：

（一）案件事实已基本查清，主要证据确实、充分，安排会见、通话不会影响诉讼活动正常进行；

（二）未成年犯罪嫌疑人有认罪、悔罪表现，或者虽尚未认罪、悔罪，但通过会见、通话有可能促使其转化，或者通过会见、通话有利于社会、家庭稳定；

（三）未成年犯罪嫌疑人的法定代理人、近亲属对其犯罪原因、社会危害性以及后果有一定的认识，并能配合司法机关进行教育。

第二十五条 在押的未成年犯罪嫌疑人同其法定代理人、近亲属等进行会见、通话时，检察人员应当告知其会见、通话不得有串供或者其他妨碍诉讼的内容。会见、通话时检察人员可以在场。会见、通话结束后，检察人员应当将有关内容及时整理并记录在案。

第二节 不起诉

第二十六条 对于犯罪情节轻微，具有下列情形之一，依照刑法规定不需要判处刑罚或者免除刑罚的未成年犯罪嫌疑人，一般应当依法作出不起诉决定：

（一）被胁迫参与犯罪的；

（二）犯罪预备、中止、未遂的；

（三）在共同犯罪中起次要或者辅助作用的；

（四）系又聋又哑的人或者盲人的；

（五）因防卫过当或者紧急避险过当构成犯罪的；

（六）有自首或者立功表现的；

（七）其他依照刑法规定不需要判处刑罚或者免除刑罚的情形。

第二十七条 对于未成年人实施的轻伤害案件、初次犯罪、过失犯罪、犯罪未遂的案件以及被诱骗或者被教唆实施的犯罪案件等，情节轻微，犯罪嫌疑人确有悔罪表现，当事人双方自愿就民事赔偿达成协议并切实履行或者经被害人同意并提供有效担保，符合刑法第三十七条规定的，人民检察院可以依照刑事诉讼法第一百七十三条第二款的规定作出不起诉决定，并可以根据案件的不同情况，予以训诫或者责令具结悔过、赔礼道歉、赔偿损失，或者由主管部门予以行政处罚。

第二十八条 不起诉决定书应当向被不起诉的未成年人及其法定代理人宣布，并阐明不起诉的理由和法律依据。

不起诉决定书应当送达公安机关，被不起诉的未成年人及其法定代理人、辩护人，被害人或者其近亲属及其诉讼代理人。

送达时，应当告知被害人或者其近亲属及其诉讼代理人，如果对不起诉决定不服，可以自收到不起诉决定书后七日以内向上一级人民检察院申诉，也可以不经申诉，直接向人民法院起诉；告知被不起诉的未成年人及其法定代理人，如果对不起诉决定不服，可以自收到不起诉决定书后七日以内向人民检察院申诉。

第三节 附条件不起诉

第二十九条 对于犯罪时已满十四周岁不满十八周岁的未成年人，同时符合下列条件的，人民检察院可以作出附条件不起诉决定：

（一）涉嫌刑法分则第四章、第五章、第六章规定的犯罪；

（二）根据具体犯罪事实、情节，可能被判处一年有期徒刑以下刑罚；

（三）犯罪事实清楚，证据确实、充分，符合起诉条件；

（四）具有悔罪表现。

第三十条 人民检察院在作出附条件不起

诉的决定以前，应当听取公安机关、被害人、未成年犯罪嫌疑人的法定代理人、辩护人的意见，并制作笔录附卷。被害人是未成年人的，还应当听取被害人的法定代理人、诉讼代理人的意见。

第三十一条　公安机关或者被害人对附条件不起诉有异议或争议较大的案件，人民检察院可以召集侦查人员、被害人及其法定代理人、诉讼代理人、未成年犯罪嫌疑人及其法定代理人、辩护人举行不公开听证会，充分听取各方的意见和理由。

对于决定附条件不起诉可能激化矛盾或者引发不稳定因素的，人民检察院应当慎重适用。

第三十二条　适用附条件不起诉的审查意见，应当由办案人员在审查起诉期限届满十五日前提出，并根据案件的具体情况拟定考验期限和考察方案，连同案件审查报告、社会调查报告等，经部门负责人审核，报检察长或者检察委员会决定。

第三十三条　人民检察院作出附条件不起诉的决定后，应当制作附条件不起诉决定书，并在三日以内送达公安机关、被害人或者其近亲属及其诉讼代理人、未成年犯罪嫌疑人及其法定代理人、辩护人。

送达时，应当告知被害人或者其近亲属及其诉讼代理人，如果对附条件不起诉决定不服，可以自收到附条件不起诉决定书后七日以内向上一级人民检察院申诉。

人民检察院应当当面向未成年犯罪嫌疑人及其法定代理人宣布附条件不起诉决定，告知考验期限、在考验期内应当遵守的规定和违反规定应负的法律责任，以及可以对附条件不起诉决定提出异议，并制作笔录附卷。

第三十四条　未成年犯罪嫌疑人在押的，作出附条件不起诉决定后，人民检察院应当作出释放或者变更强制措施的决定。

第三十五条　公安机关认为附条件不起诉决定有错误，要求复议的，人民检察院未成年人刑事检察机构应当另行指定检察人员进行审查并提出审查意见，经部门负责人审核，报请检察长或者检察委员会决定。

人民检察院应当在收到要求复议意见书后的三十日以内作出复议决定，通知公安机关。

第三十六条　上一级人民检察院收到公安机关对附条件不起诉决定提请复核的意见书后，应当交由未成年人刑事检察机构办理。未成年人刑事检察机构应当指定检察人员进行审查并提出审查意见，经部门负责人审核，报请检察长或者检察委员会决定。

上一级人民检察院应当在收到提请复核意见书后的三十日以内作出决定，制作复核决定书送交提请复核的公安机关和下级人民检察院。经复核改变下级人民检察院附条件不起诉决定的，应当撤销下级人民检察院作出的附条件不起诉决定，交由下级人民检察院执行。

第三十七条　被害人不服附条件不起诉决定，在收到附条件不起诉决定书后七日以内申诉的，由作出附条件不起诉决定的人民检察院的上一级人民检察院未成年人刑事检察机构立案复查。

被害人向作出附条件不起诉决定的人民检察院提出申诉的，作出决定的人民检察院应当将申诉材料连同案卷一并报送上一级人民检察院受理。

被害人不服附条件不起诉决定，在收到附条件不起诉决定书七日后提出申诉的，由作出附条件不起诉决定的人民检察院未成年人刑事检察机构另行指定检察人员审查后决定是否立案复查。

未成年人刑事检察机构复查后应当提出复查意见，报请检察长决定。

复查决定书应当送达被害人、被附条件不起诉的未成年犯罪嫌疑人及其法定代理人和作出附条件不起诉决定的人民检察院。

上级人民检察院经复查作出起诉决定的，应当撤销下级人民检察院的附条件不起诉决定，由下级人民检察院提起公诉，并将复查决定抄送移送审查起诉的公安机关。

第三十八条　未成年犯罪嫌疑人及其法定代理人对人民检察院决定附条件不起诉有异议的，人民检察院应当作出起诉的决定。

第三十九条　人民检察院在作出附条件不起诉决定后，应当在十日内将附条件不起诉决定书报上级人民检察院主管部门备案。

上级人民检察院认为下级人民检察院作出的附条件不起诉决定不适当的，应当及时撤销下级人民检察院作出的附条件不起诉决定，下级人民检察院应当执行。

第四十条 人民检察院决定附条件不起诉的，应当确定考验期。考验期为六个月以上一年以下，从人民检察院作出附条件不起诉的决定之日起计算。考验期不计入案件审查起诉期限。

考验期的长短应当与未成年犯罪嫌疑人所犯罪行的轻重、主观恶性的大小和人身危险性的大小、一贯表现及帮教条件等相适应，根据未成年犯罪嫌疑人在考验期的表现，可以在法定期限范围内适当缩短或者延长。

第四十一条 被附条件不起诉的未成年犯罪嫌疑人，应当遵守下列规定：

（一）遵守法律法规，服从监督；

（二）按照考察机关的规定报告自己的活动情况；

（三）离开所居住的市、县或者迁居，应当报经考察机关批准；

（四）按照考察机关的要求接受矫治和教育。

第四十二条 人民检察院可以要求被附条件不起诉的未成年犯罪嫌疑人接受下列矫治和教育：

（一）完成戒瘾治疗、心理辅导或者其他适当的处遇措施；

（二）向社区或者公益团体提供公益劳动；

（三）不得进入特定场所，与特定的人员会见或者通信，从事特定的活动；

（四）向被害人赔偿损失、赔礼道歉等；

（五）接受相关教育；

（六）遵守其他保护被害人安全以及预防再犯的禁止性规定。

第四十三条 在附条件不起诉的考验期内，人民检察院应当对被附条件不起诉的未成年犯罪嫌疑人进行监督考察。未成年犯罪嫌疑人的监护人应当对未成年犯罪嫌疑人加强管教，配合人民检察院做好监督考察工作。

人民检察院可以会同未成年犯罪嫌疑人的监护人、所在学校、单位、居住地的村民委员会、居民委员会、未成年人保护组织等的有关人员定期对未成年犯罪嫌疑人进行考察、教育，实施跟踪帮教。

第四十四条 未成年犯罪嫌疑人经批准离开所居住的市、县或者迁居，作出附条件不起诉决定的人民检察院可以要求迁入地的人民检察院协助进行考察，并将考察结果函告作出附条件不起诉决定的人民检察院。

第四十五条 考验期届满，办案人员应当制作附条件不起诉考察意见书，提出起诉或者不起诉的意见，经部门负责人审核，报请检察长决定。

人民检察院应当在审查起诉期限内作出起诉或者不起诉的决定。

作出附条件不起诉决定的案件，审查起诉期限自人民检察院作出附条件不起诉决定之日起中止计算，自考验期限届满之日起或者人民检察院作出撤销附条件不起诉决定之日起恢复计算。

第四十六条 被附条件不起诉的未成年犯罪嫌疑人，在考验期内有下列情形之一的，人民检察院应当撤销附条件不起诉的决定，提起公诉：

（一）实施新的犯罪的；

（二）发现决定附条件不起诉以前还有其他犯罪需要追诉的；

（三）违反治安管理规定，造成严重后果，或者多次违反治安管理规定的；

（四）违反考察机关有关附条件不起诉的监督管理规定，造成严重后果，或者多次违反考察机关有关附条件不起诉的监督管理规定的。

第四十七条 对于未成年犯罪嫌疑人在考验期内实施新的犯罪或者在决定附条件不起诉以前还有其他犯罪需要追诉的，人民检察院应当移送侦查机关立案侦查。

第四十八条 被附条件不起诉的未成年犯罪嫌疑人，在考验期内没有本规定第四十六条规定的情形，考验期满的，人民检察院应当作出不起诉的决定。

第四十九条 对于附条件不起诉的案件，不起诉决定宣布后六个月内，办案人员可以对被不起诉的未成年人进行回访，巩固帮教效果，并做好相关记录。

第五十条 对人民检察院依照刑事诉讼法第一百七十三条第二款规定作出的不起诉决定和经附条件不起诉考验期满不起诉的，在向被不起诉的未成年人及其法定代理人宣布不起诉决定书时，应当充分阐明不起诉的理由和法律依据，并结合社会调查，围绕犯罪行为对被害人、对本人及家庭、对社会等造成的危害，导致犯罪行为发生的原因及应当吸取的教训等，对被不起诉的未成年人开展必要的教育。如果侦查人员、合适成年人、辩护人、社工等参加有利于教育被不起诉未成年人的，经被不起诉的未成年人及其法定代理人同意，可以邀请他们参加，但要严格控制参与人范围。

对于犯罪事实清楚，但因未达刑事责任年龄不起诉、年龄证据存疑而不起诉的未成年犯罪嫌疑人，参照上述规定举行不起诉宣布教育仪式。

第四节　提起公诉

第五十一条　人民检察院审查未成年人与成年人共同犯罪案件，一般应当将未成年人与成年人分案起诉。但是具有下列情形之一的，可以不分案起诉：

（一）未成年人系犯罪集团的组织者或者其他共同犯罪中的主犯的；

（二）案件重大、疑难、复杂，分案起诉可能妨碍案件审理的；

（三）涉及刑事附带民事诉讼，分案起诉妨碍附带民事诉讼部分审理的；

（四）具有其他不宜分案起诉情形的。

对分案起诉至同一人民法院的未成年人与成年人共同犯罪案件，由未成年人刑事检察机构一并办理更为适宜的，经检察长决定，可以由未成年人刑事检察机构一并办理。

分案起诉的未成年人与成年人共同犯罪案件，由不同机构分别办理的，应当相互了解案件情况，提出量刑建议时，注意全案的量刑平衡。

第五十二条　对于分案起诉的未成年人与成年人共同犯罪案件，一般应当同时移送人民法院。对于需要补充侦查的，如果补充侦查事项不涉及未成年犯罪嫌疑人所参与的犯罪事实，不影响对未成年犯罪嫌疑人提起公诉的，应当对未成年犯罪嫌疑人先予提起公诉。

第五十三条　对于分案起诉的未成年人与成年人共同犯罪案件，在审查起诉过程中可以根据全案情况制作一个审结报告，起诉书以及出庭预案等应当分别制作。

第五十四条　人民检察院对未成年人与成年人共同犯罪案件分别提起公诉后，在诉讼过程中出现不宜分案起诉情形的，可以建议人民法院并案审理。

第五十五条　对于符合适用简易程序审理条件的未成年人刑事案件，人民检察院应当在提起公诉时向人民法院提出适用简易程序审理的建议。

第五十六条　对提起公诉的未成年人刑事案件，应当认真做好下列出席法庭的准备工作：

（一）掌握未成年被告人的心理状态，并对其进行接受审判的教育，必要时，可以再次讯问被告人；

（二）与未成年被告人的法定代理人、合适成年人、辩护人交换意见，共同做好教育、感化工作；

（三）进一步熟悉案情，深入研究本案的有关法律政策问题，根据案件性质，结合社会调查情况，拟定讯问提纲、询问被害人、证人、鉴定人提纲、举证提纲、答辩提纲、公诉意见书和针对未成年被告人进行法制教育的书面材料。

第五十七条　公诉人出席未成年人刑事审判法庭，应当遵守公诉人出庭行为规范要求，发言时应当语调温和，并注意用语文明、准确，通俗易懂。

公诉人一般不提请未成年证人、被害人出庭作证。确有必要出庭作证的，应当建议人民法院采取相应的保护措施。

第五十八条　在法庭审理过程中，公诉人的讯问、询问、辩论等活动，应当注意未成年人的身心特点。对于未成年被告人情绪严重不稳定，不宜继续接受审判的，公诉人可以建议法庭休庭。

第五十九条　对于具有下列情形之一，依法可能判处拘役、三年以下有期徒刑，有悔罪表现，宣告缓刑对所居住社区没有重大不良影响，具备有效监护条件或者社会帮教措施、适用缓刑确实不致再危害社会的未成年被告人，人民检察院应当建议人民法院适用缓刑：

（一）犯罪情节较轻，未造成严重后果的；

（二）主观恶性不大的初犯或者胁从犯、

从犯；

（三）被害人同意和解或者被害人有明显过错的；

（四）其他可以适用缓刑的情节。

建议宣告缓刑，可以根据犯罪情况，同时建议禁止未成年被告人在缓刑考验期限内从事特定活动，进入特定区域、场所，接触特定的人。

人民检察院提出对未成年被告人适用缓刑建议的，应当将未成年被告人能够获得有效监护、帮教的书面材料于判决前移送人民法院。

第六十条 公诉人在依法指控犯罪的同时，要剖析未成年被告人犯罪的原因、社会危害性，适时进行法制教育，促使其深刻反省，吸取教训。

第六十一条 人民检察院派员出席未成年人刑事案件二审法庭适用本节的相关规定。

第六十二条 犯罪的时候不满十八周岁，被判处五年有期徒刑以下刑罚的，人民检察院应当在收到人民法院生效判决后，对犯罪记录予以封存。

对于二审案件，上级人民检察院封存犯罪记录时，应当通知下级人民检察院对相关犯罪记录予以封存。

第六十三条 人民检察院应当将拟封存的未成年人犯罪记录、卷宗等相关材料装订成册，加密保存，不予公开，并建立专门的未成年人犯罪档案库，执行严格的保管制度。

第六十四条 除司法机关为办案需要或者有关单位根据国家规定进行查询的以外，人民检察院不得向任何单位和个人提供封存的犯罪记录，并不得提供未成年人有犯罪记录的证明。

司法机关或者有关单位需要查询犯罪记录的，应当向封存犯罪记录的人民检察院提出书面申请，人民检察院应当在七日以内作出是否许可的决定。

第六十五条 对被封存犯罪记录的未成年人，符合下列条件之一的，应当对其犯罪记录解除封存：

（一）实施新的犯罪，且新罪与封存记录之罪数罪并罚后被决定执行五年有期徒刑以上刑罚的；

（二）发现漏罪，且漏罪与封存记录之罪数罪并罚后被决定执行五年有期徒刑以上刑罚的。

第六十六条 人民检察院对未成年犯罪嫌疑人作出不起诉决定后，应当对相关记录予以封存。具体程序参照本规定第六十二条至第六十五条规定办理。

第四章 未成年人刑事案件的法律监督

第六十七条 人民检察院审查批准逮捕、审查起诉未成年犯罪嫌疑人，应当同时依法监督侦查活动是否合法，发现有下列违法行为的，应当提出纠正意见；构成犯罪的，依法追究刑事责任：

（一）违法对未成年犯罪嫌疑人采取强制措施或者采取强制措施不当的；

（二）未依法实行对未成年犯罪嫌疑人与成年犯罪嫌疑人分别关押、管理的；

（三）对未成年犯罪嫌疑人采取刑事拘留、逮捕措施后，在法定时限内未进行讯问，或者未通知其家属的；

（四）讯问未成年犯罪嫌疑人或者询问未成年被害人、证人时，未依法通知其法定代理人或者合适成年人到场的；

（五）讯问或者询问女性未成年人时，没有女性检察人员参加；

（六）未依法告知未成年犯罪嫌疑人有权委托辩护人的；

（七）未依法通知法律援助机构指派律师为未成年犯罪嫌疑人提供辩护的；

（八）对未成年犯罪嫌疑人威胁、体罚、侮辱人格、游行示众，或者刑讯逼供、指供、诱供的；

（九）利用未成年人认知能力低而故意制造冤、假、错案的；

（十）对未成年被害人、证人以暴力、威胁、诱骗等非法手段收集证据或者侵害未成年被害人、证人的人格尊严及隐私权等合法权益的；

（十一）违反羁押和办案期限规定的；

（十二）已作出不批准逮捕、不起诉决定，公安机关不立即释放犯罪嫌疑人的；

（十三）在侦查中有其他侵害未成年人合法权益行为的。

第六十八条 对依法不应当公开审理的未成年人刑事案件公开审理的，人民检察院应当在开庭前提出纠正意见。

公诉人出庭支持公诉时，发现法庭审判有下列违反法律规定的诉讼程序的情形之一的，应当在休庭后及时向本院检察长报告，由人民检察院向人民法院提出纠正意见：

（一）开庭或者宣告判决时未通知未成年被告人的法定代理人到庭的；

（二）人民法院没有给聋、哑或者不通晓当地通用的语言文字的未成年被告人聘请或者指定翻译人员的；

（三）未成年被告人在审判时没有辩护人的；对未成年被告人及其法定代理人依照法律和有关规定拒绝辩护人为其辩护，合议庭未另行通知法律援助机构指派律师的；

（四）法庭未告知未成年被告人及其法定代理人依法享有的申请回避、辩护、提出新的证据、申请重新鉴定或者勘验、最后陈述、提出上诉等诉讼权利的；

（五）其他违反法律规定的诉讼程序的情形。

第六十九条 人民检察院发现有关机关对未成年人犯罪记录应当封存而未封存的，不应当允许查询而允许查询的或者不应当提供犯罪记录而提供的，应当依法提出纠正意见。

第七十条 人民检察院依法对未成年犯管教所实行驻所检察。在刑罚执行监督中，发现关押成年罪犯的监狱收押未成年罪犯的，未成年犯管教所违法收押成年罪犯的，或者对年满十八周岁时余刑在二年以上的罪犯留在未成年犯管教所执行剩余刑期的，应当依法提出纠正意见。

第七十一条 人民检察院在看守所检察中，发现没有对未成年犯罪嫌疑人、被告人与成年犯罪嫌疑人、被告人分别关押、管理或者对未成年犯留所执行刑罚的，应当依法提出纠正意见。

第七十二条 人民检察院应当加强对未成年犯管教所、看守所监管未成年罪犯活动的监督，依法保障未成年罪犯的合法权益，维护监管改造秩序和教学、劳动、生活秩序。

人民检察院配合未成年犯管教所、看守所加强对未成年罪犯的政治、法律、文化教育，促进依法、科学、文明监管。

第七十三条 人民检察院依法对未成年人的社区矫正进行监督，发现有下列情形之一的，应当依法向公安机关、人民法院、监狱、社区矫正机构等有关部门提出纠正意见：

（一）没有将未成年人的社区矫正与成年人分开进行的；

（二）对实行社区矫正的未成年人脱管、漏管或者没有落实帮教措施的；

（三）没有对未成年社区矫正人员给予身份保护，其矫正宣告公开进行，矫正档案未进行保密，公开或者传播其姓名、住所、照片等可能推断出该未成年人的其他资料以及矫正资料等情形的；

（四）未成年社区矫正人员的矫正小组没有熟悉青少年成长特点的人员参加的；

（五）没有针对未成年人的年龄、心理特点和身心发育需要等特殊情况采取相应的监督管理和教育矫正措施的；

（六）其他违法情形。

第七十四条 人民检察院依法对未成年犯的减刑、假释、暂予监外执行等活动实行监督。对符合减刑、假释、暂予监外执行法定条件的，应当建议执行机关向人民法院、监狱管理机关或者公安机关提请；发现提请或者裁定、决定不当的，应当依法提出纠正意见；对徇私舞弊减刑、假释、暂予监外执行等构成犯罪的，依法追究刑事责任。

第五章 未成年人案件的刑事申诉检察

第七十五条 人民检察院依法受理未成年人及其法定代理人提出的刑事申诉案件和国家赔偿案件。

人民检察院对未成年人刑事申诉案件和国家赔偿案件，应当指定专人及时办理。

第七十六条 人民检察院复查未成年人刑事申诉案件，应当直接听取未成年人及其法定代理人的陈述或者辩解，认真审核、查证与案件有关的证据和线索，查清案件事实，依法作出处理。

案件复查终结作出处理决定后，应当向未成年人及其法定代理人当面送达法律文书，做好释法说理和教育工作。

第七十七条 对已复查纠正的未成年人刑事申诉案件，应当配合有关部门做好善后工作。

第七十八条 人民检察院办理未成年人国家赔偿案件，应当充分听取未成年人及其法定代理人的意见，对于依法应当赔偿的案件，应当及时作出和执行赔偿决定。

第六章 附 则

第七十九条 本规定所称未成年人刑事案件，是指犯罪嫌疑人、被告人实施涉嫌犯罪行为时已满十四周岁、未满十八周岁的刑事案件，但在有关未成年人诉讼权利和体现对未成年人程序上特殊保护的条文中所称的未成年人，是指在诉讼过程中未满十八周岁的人。犯罪嫌疑人实施涉嫌犯罪行为时未满十八周岁，在诉讼过程中已满十八周岁的，人民检察院可以根据案件的具体情况适用本规定。

第八十条 实施犯罪行为的年龄，一律按公历的年、月、日计算。从周岁生日的第二天起，为已满××周岁。

第八十一条 未成年人刑事案件的法律文书和工作文书，应当注明未成年人的出生年月日、法定代理人或者到场的合适成年人、辩护人基本情况。

对未成年犯罪嫌疑人、被告人、未成年罪犯的有关情况和办案人员开展教育感化工作的情况，应当记录在卷，随案移送。

第八十二条 本规定由最高人民检察院负责解释。

第八十三条 本规定自发布之日起施行，最高人民检察院2007年1月9日发布的《人民检察院办理未成年人刑事案件的规定》同时废止。

最高人民法院关于适用《中华人民共和国刑事诉讼法》的解释（节选）

（2012年11月5日最高人民法院审判委员会第1559次会议通过，2012年12月20日公布，自2013年1月1日起施行）

第七十四条 对证人证言应当着重审查以下内容：

（一）证言的内容是否为证人直接感知；

（二）证人作证时的年龄，认知、记忆和表达能力，生理和精神状态是否影响作证；

（三）证人与案件当事人、案件处理结果有无利害关系；

（四）询问证人是否个别进行；

（五）询问笔录的制作、修改是否符合法律、有关规定，是否注明询问的起止时间和地点，首次询问时是否告知证人有关作证的权利义务和法律责任，证人对询问笔录是否核对确认；

（六）询问未成年证人时，是否通知其法定代理人或者有关人员到场，其法定代理人或者有关人员是否到场；

（七）证人证言有无以暴力、威胁等非法方法收集的情形；

（八）证言之间以及与其他证据之间能否相互印证，有无矛盾。

第八十条 对被告人供述和辩解应当着重审查以下内容：

（一）讯问的时间、地点，讯问人的身份、人数以及讯问方式等是否符合法律、有关规定；

（二）讯问笔录的制作、修改是否符合法律、有关规定，是否注明讯问的具体起止时间和地点，首次讯问时是否告知被告人相关权利和法律规定，被告人是否核对确认；

（三）讯问未成年被告人时，是否通知其法定代理人或者有关人员到场，其法定代理人或者有关人员是否到场；

（四）被告人的供述有无以刑讯逼供等非法方法收集的情形；

（五）被告人的供述是否前后一致，有无反复以及出现反复的原因；被告人的所有供述和辩解是否均已随案移送；

（六）被告人的辩解内容是否符合案情和常理，有无矛盾；

（七）被告人的供述和辩解与同案被告人的供述和辩解以及其他证据能否相互印证，有无矛盾。

必要时，可以调取讯问过程的录音录像、被告人进出看守所的健康检查记录、笔录，并结合录音录像、记录、笔录对上述内容进行审查。

第一百一十七条 对下列被告人决定取保候审的，可以责令其提出一至二名保证人：

（一）无力交纳保证金的；

（二）未成年或者已满七十五周岁的；

（三）不宜收取保证金的其他被告人。

第二十章 未成年人刑事案件诉讼程序

第一节 一般规定

第四百五十九条 人民法院审理未成年人刑事案件，应当贯彻教育、感化、挽救的方针，坚持教育为主、惩罚为辅的原则，加强对未成年人的特殊保护。

第四百六十条 人民法院应当加强同政府有关部门以及共青团、妇联、工会、未成年人保护组织等团体的联系，推动未成年人刑事案件人民陪审、情况调查、安置帮教等工作的开展，充分保障未成年人的合法权益，积极参与社会管理综合治理。

第四百六十一条 审理未成年人刑事案件，应当由熟悉未成年人身心特点、善于做未成年人思想教育工作的审判人员进行，并应当保持有关审判人员工作的相对稳定性。

未成年人刑事案件的人民陪审员，一般由熟悉未成年人身心特点，热心教育、感化、挽救失足未成年人工作，并经过必要培训的共青团、妇联、工会、学校、未成年人保护组织等单位的工作人员或者有关单位的退休人员担任。

第四百六十二条 中级人民法院和基层人民法院可以设立独立建制的未成年人案件审判庭。尚不具备条件的，应当在刑事审判庭内设立未成年人刑事案件合议庭，或者由专人负责审理未成年人刑事案件。

高级人民法院应当在刑事审判庭内设立未成年人刑事案件合议庭。具备条件的，可以设立独立建制的未成年人案件审判庭。

未成年人案件审判庭和未成年人刑事案件合议庭统称少年法庭。

第四百六十三条 下列案件由少年法庭审理：

（一）被告人实施被指控的犯罪时不满十八周岁、人民法院立案时不满二十周岁的案件；

（二）被告人实施被指控的犯罪时不满十八周岁、人民法院立案时不满二十周岁，并被指控为首要分子或者主犯的共同犯罪案件。

其他共同犯罪案件有未成年被告人的，或者其他涉及未成年人的刑事案件是否由少年法庭审理，由院长根据少年法庭工作的实际情况决定。

第四百六十四条 对分案起诉至同一人民法院的未成年人与成年人共同犯罪案件，可以由同一个审判组织审理；不宜由同一个审判组织审理的，可以分别由少年法庭、刑事审判庭审理。

未成年人与成年人共同犯罪案件，由不同人民法院或者不同审判组织分别审理的，有关人民法院或者审判组织应当互相了解共同犯罪被告人的审判情况，注意全案的量刑平衡。

第四百六十五条 对未成年人刑事案件，必要时，上级人民法院可以根据刑事诉讼法第二十六条的规定，指定下级人民法院将案件移送其他人民法院审判。

第四百六十六条 人民法院审理未成年人刑事案件，在讯问和开庭时，应当通知未成年被告人的法定代理人到场。法定代理人无法通知、不能到场或者是共犯的，也可以通知未成年被告人的其他成年亲属，所在学校、单位、居住地的基层组织或者未成年人保护组织的代表到场，并将有关情况记录在案。

到场的其他人员，除依法行使刑事诉讼法第二百七十条第二款规定的权利外，经法庭同意，可以参与对未成年被告人的法庭教育等工作。

适用简易程序审理未成年人刑事案件，适用前两款的规定。

询问未成年被害人、证人，适用第一款、第二款的规定。

第四百六十七条 开庭审理时被告人不满十八周岁的案件，一律不公开审理。经未成年被告人及其法定代理人同意，未成年被告人所在学校和未成年人保护组织可以派代表到场。到场代表的人数和范围，由法庭决定。到场代表经法庭同意，可以参与对未成年被告人的法庭教育工作。

对依法公开审理，但可能需要封存犯罪记录的案件，不得组织人员旁听。

第四百六十八条 确有必要通知未成年被害人、证人出庭作证的，人民法院应当根据案件情况采取相应的保护措施。有条件的，可以采取视频等方式对其陈述、证言进行质证。

第四百六十九条 审理未成年人刑事案件，不得向外界披露该未成年人的姓名、住所、照片以及可能推断出该未成年人身份的其他资料。

查阅、摘抄、复制的未成年人刑事案件的案卷材料，不得公开和传播。

被害人是未成年人的刑事案件，适用前两款的规定。

第四百七十条 审理未成年人刑事案件，本章没有规定的，适用本解释的有关规定。

第二节　开庭准备

第四百七十一条 人民法院向未成年被告人送达起诉书副本时，应当向其讲明被指控的罪行和有关法律规定，并告知其审判程序和诉讼权利、义务。

第四百七十二条 审判时不满十八周岁的未成年被告人没有委托辩护人的，人民法院应当通知法律援助机构指派律师为其提供辩护。

第四百七十三条 未成年被害人及其法定代理人因经济困难或者其他原因没有委托诉讼代理人的，人民法院应当帮助其申请法律援助。

第四百七十四条 对未成年人刑事案件，人民法院决定适用简易程序审理的，应当征求未成年被告人及其法定代理人、辩护人的意见。上述人员提出异议的，不适用简易程序。

第四百七十五条 被告人实施被指控的犯罪时不满十八周岁，开庭时已满十八周岁、不满二十周岁的，人民法院开庭时，一般应当通知其近亲属到庭。经法庭同意，近亲属可以发表意见。近亲属无法通知、不能到场或者是共犯的，应当记录在案。

第四百七十六条 对人民检察院移送的关于未成年被告人性格特点、家庭情况、社会交往、成长经历、犯罪原因、犯罪前后的表现、监护教育等情况的调查报告，以及辩护人提交的反映未成年被告人上述情况的书面材料，法庭应当接受。

必要时，人民法院可以委托未成年被告人居住地的县级司法行政机关、共青团组织以及其他社会团体组织对未成年被告人的上述情况进行调查，或者自行调查。

第四百七十七条 对未成年人刑事案件，人民法院根据情况，可以对未成年被告人进行心理疏导；经未成年被告人及其法定代理人同意，也可以对未成年被告人进行心理测评。

第四百七十八条 开庭前和休庭时，法庭根据情况，可以安排未成年被告人与其法定代理人或者刑事诉讼法第二百七十条第一款规定的其他成年亲属、代表会见。

第三节　审　判

第四百七十九条 人民法院应当在辩护台靠近旁听区一侧为未成年被告人的法定代理人或者刑事诉讼法第二百七十条第一款规定的其他成年亲属、代表设置席位。

审理可能判处五年有期徒刑以下刑罚或者过失犯罪的未成年人刑事案件，可以采取适合未成年人特点的方式设置法庭席位。

第四百八十条 在法庭上不得对未成年被告人使用戒具，但被告人人身危险性大，可能妨碍庭审活动的除外。必须使用戒具的，在现实危险消除后，应当立即停止使用。

第四百八十一条 未成年被告人或者其法定代理人当庭拒绝辩护人辩护的，适用本解释第二百五十四条第一款、第二款的规定。

重新开庭后，未成年被告人或者其法定代理人再次当庭拒绝辩护人辩护的，不予准许。重新开庭时被告人已满十八周岁的，可以准许，但不得再另行委托辩护人或者要求另行指派律师，由其自行辩护。

第四百八十二条 法庭审理过程中，审判人员应当根据未成年被告人的智力发育程度和心理状态，使用适合未成年人的语言表达方式。

发现有对未成年被告人诱供、训斥、讽刺或者威胁等情形的，审判长应当制止。

第四百八十三条　控辩双方提出对未成年被告人判处管制、宣告缓刑等量刑建议的，应当向法庭提供有关未成年被告人能够获得监护、帮教以及对所居住社区无重大不良影响的书面材料。

第四百八十四条　对未成年被告人情况的调查报告，以及辩护人提交的有关未成年被告人情况的书面材料，法庭应当审查并听取控辩双方意见。上述报告和材料可以作为法庭教育和量刑的参考。

第四百八十五条　法庭辩论结束后，法庭可以根据案件情况，对未成年被告人进行教育；判决未成年被告人有罪的，宣判后，应当对未成年被告人进行教育。

对未成年被告人进行教育，可以邀请诉讼参与人、刑事诉讼法第二百七十条第一款规定的其他成年亲属、代表以及社会调查员、心理咨询师等参加。

适用简易程序审理的案件，对未成年被告人进行法庭教育，适用前两款的规定。

第四百八十六条　未成年被告人最后陈述后，法庭应当询问其法定代理人是否补充陈述。

第四百八十七条　对未成年人刑事案件宣告判决应当公开进行，但不得采取召开大会等形式。

对依法应当封存犯罪记录的案件，宣判时，不得组织人员旁听；有旁听人员的，应当告知其不得传播案件信息。

第四百八十八条　定期宣告判决的未成年人刑事案件，未成年被告人的法定代理人无法通知、不能到庭或者是共犯的，法庭可以通知刑事诉讼法第二百七十条第一款规定的其他成年亲属、代表到庭，并在宣判后向未成年被告人的成年亲属送达判决书。

第四节　执　行

第四百八十九条　将未成年罪犯送监执行刑罚或者送交社区矫正时，人民法院应当将有关未成年罪犯的调查报告及其在案件审理中的表现材料，连同有关法律文书，一并送达执行机关。

第四百九十条　犯罪时不满十八周岁，被判处五年有期徒刑以下刑罚以及免除刑事处罚的未成年人的犯罪记录，应当封存。

2012 年 12 月 31 日以前审结的案件符合前款规定的，相关犯罪记录也应当封存。

司法机关或者有关单位向人民法院申请查询封存的犯罪记录的，应当提供查询的理由和依据。对查询申请，人民法院应当及时作出是否同意的决定。

第四百九十一条　人民法院可以与未成年罪犯管教所等服刑场所建立联系，了解未成年罪犯的改造情况，协助做好帮教、改造工作，并可以对正在服刑的未成年罪犯进行回访考察。

第四百九十二条　人民法院认为必要时，可以督促被收监服刑的未成年罪犯的父母或者其他监护人及时探视。

第四百九十三条　对被判处管制、宣告缓刑、裁定假释、决定暂予监外执行的未成年罪犯，人民法院可以协助社区矫正机构制定帮教措施。

第四百九十四条　人民法院可以适时走访被判处管制、宣告缓刑、免除刑事处罚、裁定假释、决定暂予监外执行等的未成年罪犯及其家庭，了解未成年罪犯的管理和教育情况，引导未成年罪犯的家庭承担管教责任，为未成年罪犯改过自新创造良好环境。

第四百九十五条　被判处管制、宣告缓刑、免除刑事处罚、裁定假释、决定暂予监外执行等的未成年罪犯，具备就学、就业条件的，人民法院可以就其安置问题向有关部门提出司法建议，并附送必要的材料。

最高人民法院关于人民法院加强法律实施工作的意见（节选）

（2011年8月1日，最高人民法院，法发［2011］11号）

三、切实履行宪法法律赋予的审判执行工作职责

（五）加强刑事审判工作，正确实施刑事法律。深入贯彻宽严相济刑事政策，做到既有力打击和震慑犯罪，维护法制的严肃性，又尽可能减少社会对抗，化消极因素为积极因素；做好死刑案件审判和核准工作，严格控制和慎重适用死刑；严格执行刑事证据规则，确保无罪的人不受法律追究；全面推进量刑规范化改革，统一法律适用，实现量刑均衡；强化刑事自诉案件和刑事附带民事诉讼案件的调解工作，推进刑事和解工作；落实刑事被害人救助工作，有效化解社会矛盾；改革完善减刑假释工作，确保刑罚目的有效实现；加强未成年人犯罪审判工作，充分体现国家对未成年人的特殊司法保护；积极参与社区矫正工作，确保非监禁刑功能充分发挥；积极参与社会治安综合治理，支持和配合有关部门开展社会治安防控体系建设和平安创建活动，促进公共安全体系的健全完善，预防和减少犯罪，维护社会秩序。

最高人民检察院关于办理当事人达成和解的轻微刑事案件的若干意见（节选）

（2010年12月2日最高人民检察院第十一届检察委员会第50次会议通过，2011年1月19日公布）

四、关于当事人达成和解的途径与检调对接

当事人双方的和解，包括当事人双方自行达成和解，也包括经人民调解委员会、基层自治组织、当事人所在单位或者同事、亲友等组织或者个人调解后达成和解。

人民检察院应当与人民调解组织积极沟通、密切配合，建立工作衔接机制，及时告知双方当事人申请委托人民调解的权利、申请方法和操作程序以及达成调解协议后的案件处理方式，支持配合人民调解组织的工作。

人民检察院对于符合本意见适用范围和条件的下列案件，可以建议当事人进行和解，并告知相应的权利义务，必要时可以提供法律咨询：

1. 由公安机关立案侦查的刑事诉讼法第一百七十条第二项规定的案件；

2. 未成年人、在校学生犯罪的轻微刑事案件；

3. 七十周岁以上老年人犯罪的轻微刑事案件。

犯罪嫌疑人、被告人或者其亲友、辩护人以暴力、威胁、欺骗或者其他非法方法强迫、引诱被害人和解，或者在协议履行完毕之后威胁、报复被害人的，不适用有关不捕不诉的规定，已经作出不逮捕或者不起诉决定的，人民检察院应当撤销原决定，依法对犯罪嫌疑人、被告人逮捕或者提起公诉。

犯罪嫌疑人、被告人或者其亲友、辩护人实施前款行为情节严重的，依法追究其法律责任。

最高人民法院关于充分发挥刑事审判职能作用深入推进社会矛盾化解的若干意见（节选）

（法发［2010］63号）

五、强化未成年人审判工作

16、继续坚持“教育、感化、挽救”方针和“教育为主，惩罚为辅”原则。根据未成年人实施的具体犯罪行为后果、情节、性质，充分考虑其实施犯罪的动机和目的、犯罪时的年龄、是否初次犯罪、犯罪后的悔罪表现、个人成长经历、一贯表现等，从有利于未成年人教育、矫正的角度正确适用刑罚。

17、注重保障未成年被告人的合法权益。严格执行未成年人犯罪案件不公开审理的相关规定，积极探索未成年人轻罪犯罪记录消灭制度，保证失足未成年人在升学、就业等方面免受歧视，更加顺利地回归社会、重塑人生。

18、重视法庭教育和判后跟踪帮教。采取圆桌审判等适应未成年人身心特点的审理方式，视情邀请有利于教育、感化、挽救未成年被告人的人员参与庭审，寓教于审。协助未成年犯管教所或社区矫正部门做好帮教工作，确保改造效果，有效预防重新犯罪。

人民法院量刑指导意见（试行）（节选）

（最高人民法院2009年4月修订）

三、常见量刑情节的适用

量刑时要充分考虑各种法定和酌定量刑情节，根据案件的全部犯罪事实以及量刑情节的不同情形，依法确定量刑情节的适用及其调节比例。对严重暴力犯罪、黑社会性质组织犯罪、毒品犯罪，在确定从宽的幅度时，要从严掌握；对较轻的犯罪要充分体现从宽的政策。对以下常见量刑情节，可以在相应的幅度内确定具体调节比例。本意见尚未规定的其他量刑情节，在量刑时也要予以考虑，并确定适当的调节比例。

1. 对于未成年人犯罪，应当综合考虑未成年人对犯罪的认识能力、实施犯罪行为的动机和目的、犯罪时的年龄、是否初犯、悔罪表现、个人成长经历和一贯表现等情况，予以从宽处罚。

（1）已满十四周岁不满十六周岁的未成年人犯罪，可以减少基准刑的30%-60%；

（2）已满十六周岁不满十八周岁的未成年人犯罪，可以减少基准刑的10%-50%。

最高人民法院、最高人民检察院、公安部、国家安全部、司法部关于规范量刑程序若干问题的意见（试行）（节选）

（2010年9月13日颁布，2010年10月1日施行，法发［2010］35号）

第十一条 人民法院、人民检察院、侦查机关或者辩护人委托有关方面制作涉及未成年人的社会调查报告的，调查报告应当在法庭上宣读，并接受质证。

最高人民法院关于贯彻宽严相济刑事政策的若干意见（节选）

（2010年2月8日施行，法发［2010］9号）

15. 被告人的行为已经构成犯罪，但犯罪情节轻微，或者未成年人、在校学生实施的较轻犯罪，或者被告人具有犯罪预备、犯罪中止、从犯、胁从犯、防卫过当、避险过当等情节，依法不需要判处刑罚的，可以免予刑事处罚。对免予刑事处罚的，应当根据刑法第三十七条规定，做好善后、帮教工作或者交由有关部门进行处理，争取更好的社会效果。

20. 对于未成年人犯罪，在具体考虑其实施犯罪的动机和目的、犯罪性质、情节和社会危害程度的同时，还要充分考虑其是否属于初犯，归案后是否悔罪，以及个人成长经历和一贯表现等因素，坚持“教育为主、惩罚为辅”的原则和“教育、感化、挽救”的方针进行处理。对于偶尔盗窃、抢夺、诈骗，数额刚达到较大的标准，案发后能如实交代并积极退赃的，可以认定为情节显著轻微，不作为犯罪处理。对于罪行较轻的，可以依法适当多适用缓刑或者判处管制、单处罚金等非监禁刑；依法可免予刑事处罚的，应当免予刑事处罚。对于犯罪情节严重的未成年人，也应当依照刑法第十七条第三款的规定予以从轻或者减轻处罚。对于已满十四周岁不满十六周岁的未成年犯罪人，一般不判处无期徒刑。

34. 对于危害国家安全犯罪、故意危害公共安全犯罪、严重暴力犯罪、涉众型经济犯罪等严重犯罪；恐怖组织犯罪、邪教组织犯罪、黑恶势力犯罪等有组织犯罪的领导者、组织者和骨干分子；毒品犯罪再犯的严重犯罪者；确有执行能力而拒不依法积极主动缴付财产执行财产刑或确有履行能力而不积极主动履行附带民事赔偿责任的，在依法减刑、假释时，应当从严掌握。对累犯减刑时，应当从严掌握。拒不交代真实身份或对减刑、假释材料弄虚作假，不符合减刑、假释条件的，不得减刑、假释。

对于因犯故意杀人、爆炸、抢劫、强奸、绑架等暴力犯罪，致人死亡或严重残疾而被判处死刑缓期二年执行或无期徒刑的罪犯，要严格控制减刑的频度和每次减刑的幅度，要保证其相对较长的实际服刑期限，维护公平正义，确保改造效果。

对于未成年犯、老年犯、残疾罪犯、过失犯、中止犯、胁从犯、积极主动缴付财产执行财产刑或履行民事赔偿责任的罪犯、因防卫过当或避险过当而判处徒刑的罪犯以及其他主观恶性不深、人身危险性不大的罪犯，在依法减刑、假释时，应当根据悔改表现予以从宽掌握。对认罪服法，遵守监规，积极参加学习、劳动，确有悔改表现的，依法予以减刑，减刑的幅度可以适当放宽，间隔的时间可以相应缩短。符合刑法第八十一条第一款规定的假释条件的，应当依法多适用假释。

39. 要建立健全符合未成年人特点的刑事案件审理机制，寓教于审，惩教结合，通过科学、人性化的审理方式，更好地实现“教育、感化、挽救”的目的，促使未成年犯罪人早日回归社会。要积极推动有利于未成年犯罪人改造和管理的各项制度建设。对公安部门针对未成年人在缓刑、假释期间违法犯罪情况报送的拟撤销未成年犯罪人的缓刑或假释的报告，要及时审查，并在法定期限内及时做出决定，以真正形成合力，共同做好未成年人犯罪的惩戒和预防工作。

最高人民法院关于司法公开的六项规定（节选）

（2009年12月8日颁布、施行，法发［2009］58号）

五、文书公开

裁判文书应当充分表述当事人的诉辩意见、证据的采信理由、事实的认定、适用法律的推理与解释过程，做到说理公开。人民法院可以根据法制宣传、法学研究、案例指导、统一裁判标准的需要，集中编印、刊登各类裁判文书。除涉及国家秘密、未成年人犯罪、个人隐私以及其他不适宜公开的案件和调解结案的案件外，人民法院的裁判文书可以在互联网上公开发布。当事人对于在互联网上公开裁判文书提出异议并有正当理由的，人民法院可以决定不在互联网上发布。为保护裁判文书所涉及到的公民、法人和其他组织的正当权利，可以对拟公开发布的裁判文书中的相关信息进行必要的技术处理。人民法院应当注意收集社会各界对裁判文书的意见和建议，作为改进工作的参考。

最高人民法院关于为构建社会主义和谐社会提供司法保障的若干意见（节选）

（2007年1月15日颁布、施行，法发［2007］2号）

19. 积极参与社会治安综合治理。对构成犯罪的未成年人，坚持教育、感化、挽救的方针，寓教于审，惩教结合，争取更好的矫治效果，有效防止重新犯罪，促使其早日回归社会；严格依法办理减刑、假释案件，根据犯罪分子的犯罪情况和悔罪表现确实不致再危害社会的，可以适当扩大假释的适用，促进罪犯的改造与自新；针对审判中发现的治安隐患和管理漏洞，积极提出司法建议；结合审判工作，开展法制宣传教育活动，全面提高全社会的法治意识。

21. 完善司法救助制度，彰显司法人文关怀。充分关注贫困群众的司法需求，完善对经济困难的当事人缓、减、免交诉讼费的具体条件与标准，对追索抚养费、赡养费、人身伤害赔偿金、劳动报酬且经济上确有困难的当事人，以及农民工、下岗职工、孤寡老人、残疾人等特殊困难群体，积极采取缓、减、免交诉讼费的措施，确保符合救助条件的当事人打得起官司；研究建立刑事被害人国家救助制度；对于被告人是盲、聋、哑人或者限制行为能力的人，开庭审理时不满18周岁的未成年人，可能被判处死刑的人，没有委托辩护人的，人民法院应为其指定辩护人。

最高人民法院关于人民法院在互联网公布裁判文书的规定（节选）

（2016年7月25日最高人民法院审判委员会第1689次会议通过，2016年8月29日公布，自2016年10月1日起施行）

第四条 人民法院作出的裁判文书有下列情形之一的，不在互联网公布：

（一）涉及国家秘密的；

（二）未成年人犯罪的；

（三）以调解方式结案或者确认人民调解协议效力的，但为保护国家利益、社会公共利益、他人合法权益确有必要公开的除外；

（四）离婚诉讼或者涉及未成年子女抚养、监护的；

（五）人民法院认为不宜在互联网公布的其他情形。

第八条 人民法院在互联网公布裁判文书时，应当对下列人员的姓名进行隐名处理：

（一）婚姻家庭、继承纠纷案件中的当事人及其法定代理人；

（二）刑事案件被害人及其法定代理人、附带民事诉讼原告人及其法定代理人、证人、鉴定人；

（三）未成年人及其法定代理人。

最高人民法院关于公布失信被执行人名单信息的若干规定

（2013 年 7 月 1 日最高人民法院审判委员会第 1582 次会议通过，根据 2017 年 1 月 16 日最高人民法院审判委员会第 1707 次会议通过的《最高人民法院关于修改〈最高人民法院关于公布失信被执行人名单信息的若干规定〉的决定》修正）

第四条 被执行人为未成年人的，人民法院不得将其纳入失信被执行人名单。

地方性法规类

地方性法规在法律规定的基础上进一步细化，丰富了未成年人保护举措，其中对未成年人保护具有重要意义的内容主要有：

（一）家长应关心未成年人心理健康，采用正确的方式教育未成年人

地方法规规定家长应学习正确的教育方式，对未成年人不得溺爱、放任、辱骂或体罚，[1]应培养孩子积极进取、健康向上的品格。[2]为此，有的地方鼓励兴办家长学校。[3]有的地方则规定司法机关应依法督促不履行监护职责的监护人接受亲职教育，[4]或公安机关责令监护人接受家长教育。[5]有的地方法规则详细规定了撤销监护权制度的一系列配套制度。[6]

（二）学校应从制度上与家长建立更紧密的联系，共同保护未成年人

家长和学校是未成年人成长过程中两个最重要的角色，学校应当从制度层面与家长建立更密切的联系，通过加强相互间的沟通，提升保护未成年人的效果。有的地方落脚于沟通，要求学校、幼儿园、托儿所应当建立教师家访制度，[7]或组织建立家长委员会，[8]密切与家长的联系，讨论、协商、通报与未成年人有关的事项。有的地方则更进一步规定，学校应当建立与未成年学生家长的联系制度，并对家长进行家庭教育指导或者培训。[9]

（三）从多维度出发保障留守儿童和外来务工人员子女等特殊未成年人群体的权利

部分地方规定还关注保障特殊未成年人群体的权益，特别是留守未成年人和流动未成年人的权利。

一方面，从该类未成年人群体自身保护出发，江苏省规定，在留守未成年人比较集中的地区，可以设立留守未成年人托管机构，为留守未成年人的学习、生活提供指导和帮助。[10]安徽省规定政府应加强建设寄宿制学校，为留守未成年学生提供适合学习和生活的寄宿条件，并对家庭经济困难的留守未成年学生给予寄宿费用减免或者资助，为留守未成年学生提供良好的学习、生活条件。[11]海南省、河南省均规定，对留守学生登记造册，学校应加强和留守学生家长的沟通。[12]江苏省和河南省还规定将进城务工人员子女的义务教育纳入教育发展规划。[13]

---

〔1〕《上海市未成年人保护条例》第6条。

〔2〕《新疆维吾尔自治区预防未成年人犯罪条例》第8条，《天津市预防未成年人犯罪条例》第10条。

〔3〕《北京市未成年人保护条例》第34条。

〔4〕《湖北省预防未成年人犯罪条例》第10、11条。

〔5〕《江苏省预防未成年人犯罪条例》第31条。

〔6〕《南京市未成年人保护条例》第38、45、53条。

〔7〕《内蒙古自治区未成年人保护条例》第30条。

〔8〕《武汉市未成年人保护条例》第18条，《广东省预防未成年人犯罪条例》第14条。

〔9〕《山西省未成年人保护条例》第20条，《江西省未成年人保护条例》第26条。

〔10〕《江苏省未成年人保护条例》第51条，《湖南省实施〈中华人民共和国未成年人保护法〉办法》第19条。

〔11〕《安徽省未成年人保护条例》第61条。

〔12〕《海南省未成年人保护条例》第20条，《河南省未成年人保护条例》第21条。

〔13〕《江苏省未成年人保护条例》第52条，《河南省未成年人保护条例》第37条。

另一方面，着眼于该类未成年人的家长的相关义务，山西省规定父母应当履行通过电话、网络、书信等方式经常与未成年子女交流、沟通以及定期与未成年子女团聚的义务[1]，有地方甚至明确了每月父母必须和留守儿童至少联系一次。[2]还有的从留守儿童产生的源头出发，规定3周岁以下未成年人的父母应当与其共同生活，或者父母一方留家照料。[3]

（四）学校教学内容应与时俱进，提高未成年人正确使用网络的能力

家长、学校应当加强学生网络知识与技能教育，增强未成年学生甄别媒介信息的能力，提升未成年学生在网络上自我防范、自我保护的意识和能力，并教育其不看、不听、不传播不良信息。[4]有的地方法规将未成年人的这一素养概括为"网络素养"。[5]

（五）重视发挥未成年人主观能动性

地方法规普遍比较重视发挥未成年人主观能动性，强调未成年人也是"未成年人保护工作"的能动责任主体。《广东省未成年人保护条例》等地方法规新设"自我保护"专章，[6]规定了未成年人不得有吸烟、酗酒、滥用药物等不良行为，应当掌握基本的生存知识和应对意外伤害等突发性事件的技能，培养自我保护意识和能力等义务，以及请求保护、申诉、申请生活安置等权利。《山东省未成年人保护条例》等地方法规则是在总则中规定了相关要求。[7]有的地方法规则是在家庭保护或学校保护专章中规定，家长、学校等主体培养未成年人的辨别能力、自我保护意识。[8]这些规定明确了未成年人在"未成年人保护"工作中的能动性地位。

（六）"报告制度"鼓励社会全体成员帮助未成年人健康成长

有诸多地方法规建立了报告制度，鼓励全体社会成员加入未成年人保护工作中。《北京市未成年人保护条例》规定任何组织和个人都有权予以劝阻、制止侵害未成年人的行为，并有权向未成年人保护委员会或者有关部门投诉、举报。[9]同北京市一样，规定了"非强制性"报告制度的还有上海市、云南省、天津市、武汉市、广州市等地方。[10]

特别是江苏省南京市、浙江省杭州市规定有"强制性"报告制度。任何单位和个人发现未满16周岁的留守未成年人单独居住的，或者受托监护人因年老等原因疏于监护导致未成年人生活无着的，应当报告公安机关或者综合服务平台，[11]不过法规没有为这一规定附加法律责任，因而这一条的实际效果同"非强制性"报告制度一样，不具有强制性，但南京市还规定了行政机关、学校、医疗机构、儿童福利机构等特殊主体及其工作人员发现未成年人遭受监护人侵害后，应当立即向公安机关或者综合服务平台报告，[12]并规定了相应的法律责任，建立了"强制性"的报告

[1]《山西省家庭教育促进条例》第11条。

[2]《广西壮族自治区实施〈中华人民共和国未成年人保护法〉办法》第48条。

[3]《江苏省预防未成年人犯罪条例》第24条。

[4]《湖北省实施〈中华人民共和国未成年人保护法〉办法》第19条，《广州市未成年人保护规定》第34条，《上海市未成年人保护条例》第10条，《新疆维吾尔自治区未成年人保护条例》第10条等。

[5]《湖北省预防未成年人犯罪条例》第12条。

[6]《广东省未成年人保护条例》第六章，《上海市未成年人保护条例》第六章，《西藏自治区实施〈中华人民共和国未成年人保护法〉办法》第六章。

[7]《山东省未成年人保护条例》第3条，《江苏省未成年人保护条例》第8条，《南京市未成年人保护条例》第6条，《河南省未成年人保护条例》第5条，《湖南省实施〈中华人民共和国未成年人保护法〉办法》第2条，《湖北省实施〈中华人民共和国未成年人保护法〉办法》第5条，《北京市未成年人保护条例》第8条，《重庆市未成年人保护条例》第4条等。

[8]《南京市未成年人保护条例》第25条。

[9]《北京市未成年人保护条例》第7条。

[10]《上海市未成年人保护条例》第30条，《云南省预防未成年人犯罪条例》第21条，《天津市未成年人保护条例》第24条，《武汉市未成年人保护条例》第3条，《广州市未成年人保护规定》第37、38条。

[11]《南京市未成年人保护条例》第55条。

[12]《南京市未成年人保护条例》第43条。

制度。

（七）网络服务提供者须采取技术措施，引导未成年人健康上网

地方法规规定了网络服务提供者引导未成年人健康上网的义务。湖北省除要求网络游戏服务提供者采取技术措施，禁止未成年人接触不适宜的游戏或者游戏功能之外，还要求建立完善预防未成年人沉迷网络游戏的游戏规则，[1]武汉市更是规定网络服务提供者应当要求网络用户提供真实身份信息进行注册，有效识别未成年人用户，有针对性地提供网络信息内容、网络游戏、限制服务提供时间，还要求视频直播网站聘请未成年人担任主播或者为未成年人提供主播注册通道的，应当征得未成年人监护人的同意。[2]

（八）其他有关未成年人保护内容

各地方重视解决义务教育阶段未成年人非正常辍学的问题，切实落实义务教育制度。宁夏回族自治区规定了义务教育阶段未成年学生辍学问题岗位责任制。[3]合肥市更是专门制定了《合肥市控制义务教育阶段学生非正常辍学的规定》，[4]从监护人、学校、用人单位等各个角度出发，多管齐下，保障未成年人接受义务教育的权利。

性别意识是健全人格形成的重要因素，地方法规针对此进行了相关规定。如性骚扰与性侵案件是时下社会较为关注的问题，有地方性法规要求学校、幼儿园、托儿所应当采取可行措施，防止未成年人遭受性侵犯的规定。[5]部分地方法规还针对不同性别未成年人生理差异，特别规定，学校应当根据未成年女学生的生理特点建设和配置卫生间，女卫生间人均实际使用厕位应当多于男卫生间厕位。[6]

此外，各地倡导保障未成年人的知识产权和荣誉权，尊重未成年人的智力成果。对有特殊才能、有发明创造或者有突出成就的未成年人，应当为其发展创造有利条件，保障其知识产权和荣誉权。[7]

---

〔1〕《湖北省预防未成年人犯罪条例》第 24 条。

〔2〕《武汉市未成年人保护条例》第 24 条。

〔3〕《宁夏回族自治区预防未成年人犯罪条例》第 15 条。

〔4〕《合肥市控制义务教育阶段学生非正常辍学的规定》。

〔5〕《黑龙江省未成年人保护条例》第 31 条。

〔6〕《四川省未成年人保护条例》第 39 条，《陕西省实施〈中华人民共和国未成年人保护法〉办法》第 23 条。

〔7〕《广东省未成年人保护条例》第 34 条，《四川省未成年人保护条例》第 19 条，《甘肃省实施〈中华人民共和国未成年人保护法〉办法》，第 45 条。

北 京

北京市未成年人保护条例

（1988年10月20日北京市第九届人民代表大会常务委员会第五次会议通过，根据1992年2月14日北京市第九届人民代表大会常务委员会第三十二次会议《关于修改〈北京市未成年人保护条例〉的决定》第一次修正，根据1997年4月16日北京市第十届人民代表大会常务委员会第三十六次会议《关于修改〈北京市未成年人保护条例〉的决定》第二次修正，2003年12月5日北京市第十二届人民代表大会常务委员会第八次会议修订）

第一章 总 则

第一条 为了维护未成年人的合法权益，优化未成年人成长环境，保护未成年人健康成长，根据《中华人民共和国宪法》和《中华人民共和国未成年人保护法》等有关法律、法规，结合本市的实际情况，制定本条例。

第二条 本条例所称未成年人是指未满18周岁的公民。

第三条 本市保障未成年人享有宪法、法律规定的权利不受侵犯；培养未成年人在品德、智力、体质等诸方面全面发展，成为有理想、有道德、有文化、有纪律的社会主义建设者。

第四条 未成年人依法享受的权利，不因未成年人或者其监护人的民族、性别、家庭出身、宗教信仰、教育程度、财产状况、病残等而有任何差别。

第五条 未成年人有权对涉及本人利益的事项发表意见。

任何组织和个人对未成年人的意见应当给予重视；处理与未成年人有关的事务，应当根据未成年人的年龄及智力成熟程度，以其可以理解的方式告知未成年人。

第六条 本市国家机关、学校、社会团体和社会福利机构处理与未成年人有关的具体事务，应当以未成年人的最大利益为一种首要考虑。

第七条 培养、教育和保护未成年人是国家机关、政党、社会团体、部队、企业事业单位、学校、居民委员会、村民委员会以及家庭和每个成年公民的共同责任。

对侵犯未成年人合法权益的行为，任何组织和个人都有权予以劝阻、制止，并有权向未成年人保护委员会或者有关部门投诉、举报。

第八条 未成年人应当奋发向上，自尊、自爱，遵守宪法、法律、法规和社会公德。未成年学生应当遵守学生守则。

第二章 未成年人保护委员会

第九条 市和区、县设立未成年人保护委员会，由人民政府及其有关部门、审判机关、检察机关和工会、共青团委员会、妇女联合会、文学艺术界联合会、科学技术协会、社会科学界联合会、律师协会、红十字会、残疾人联合会等社会团体的负责人及社会知名人士组成。

委员会的主任委员由人民政府的主要负责人担任。

委员会的办事机构由有关部门和共青团委员会的人员组成。

第十条 乡镇及街道设立未成年人保护委员会。委员会及其办事机构的组成，参照本条例第九条规定。

第十一条 未成年人保护委员会的职责：

（一）宣传国家保护未成年人的法律、法规；

（二）监督国家有关保护未成年人的法律、法规的实施；

（三）协调有关部门对未成年人的教育保护工作；

（四）接受对侵犯未成年人合法权益行为

的投诉、举报，交由有关部门查处，为受害者提供或者寻求法律帮助；

（五）对因国家机关和国家机关工作人员的违法、失职行为致使未成年人合法权益受到严重损害的，有权建议有关机关对责任人员给予行政处分，直至依法追究刑事责任；

（六）建立完善未成年人保护工作相关制度，研究未成年人保护工作中的重大事项，并可向主管机关和部门提出意见和建议；

（七）完善未成年人保护工作队伍建设。

第十二条 居民委员会、村民委员会应当组织居民、村民做好对未成年人的教育、保护工作。

第十三条 未成年人保护专项资金列入市和区县财政预算。

第三章 家庭保护和学校保护

第十四条 父母、养父母、有抚养关系的继父母（以下通称父母），对未成年的子女、养子女、有抚养关系的继子女（以下通称未成年子女），应当依法履行监护职责，保护他们的人身、财产及其他合法权益。

任何人不得非法处分、侵占未成年人的财产。

第十五条 父母死亡、丧失监护能力或者监护人监护资格被依法撤销的未成年人，同时具备下列条件的，由民政部门依法担任监护人：

（一）没有祖父母、外祖父母、兄姐，或者祖父母、外祖父母、兄姐不具备监护能力的；

（二）没有其他亲属、朋友担任监护人和无人收养的；

（三）父母所在单位、居民委员会、村民委员会没有监护能力的。

第十六条 父母或者其他监护人必须保证适龄的子女或者其他被监护人依法接受九年制义务教育，不得使其中途退学。因特殊情况不能继续学习的，须经区、县教育行政部门批准。

第十七条 父母或者其他监护人应当教育制止未成年子女或者其他未成年被监护人的下列行为：

（一）擅自夜不归宿；

（二）不满16周岁，未经父母或者其他监护人许可于22时以后外出；

（三）未经父母或者其他监护人允许离家远游。

第十八条 父母或者其他监护人和学校教师应当以健康的思想、品行和适当的方法教育未成年人，引导未成年人进行有益身心健康的活动，预防和制止未成年人吸烟、酗酒、流浪以及赌博、吸毒、卖淫等行为。

第十九条 学校应当与家庭互相配合，密切联系，共同对未成年人进行理想教育、品德教育、文化知识教育和法制教育。

学校应当聘请法制工作者，担任学校专职或者兼职法制辅导员或者法制校长。

第二十条 学校和家庭应当对未成年人进行自我保护教育，增强未成年人自我保护意识和能力。

第二十一条 学校和教师应当执行国家教育行政部门的有关规定，保证学生必要的休息时间和参加文娱、体育活动的时间。

第二十二条 父母或者其他监护人和学校教师对进入青春期的未成年人应当正确地给予生理上、心理上的关心、教育和指导。

学校应当逐步配备具备法定资质条件的专职或者兼职心理教师，为在校接受教育的未成年人提供心理辅导。

第二十三条 学校、幼儿园、托儿所教职员应当尊重未成年人的人格尊严，不得对未成年人实施体罚，不得有侮辱、诽谤、歧视、恐吓、贬损等损害未成年人身心健康的言行。

第二十四条 对旷课、逃学的未成年学生，父母或者其他监护人和学校应当规劝其返校受课。

学校办理学生转学、复学、退学或者开除学生学籍，不得违反有关规定。

学校不得以停课、劝退等方式变相剥夺学生的受教育权。

第二十五条 对扰乱学校秩序的或者对学生进行拦截强索财物、侮辱、殴打的，学校、教师应当教育制止，或者向公安机关报告。公安机关应当与学校配合，采取有效措施，维护学校秩序，保护学生的人身安全。

第二十六条 学校应当支持、引导本校共青团、少先队、学生会及其他学生组织开展有利于学生身心健康的活动，听取他们的意见与建议。

第二十七条 禁止学校、教师违反国家有关规定向学生收取费用和以罚款手段惩处违反校规的学生。

学校不得强行要求学生捐款捐物。

第二十八条 幼儿园、托儿所应当做好保育、教育工作，组织有利于幼儿健康成长的文化娱乐等活动，促进幼儿在体质、智力、品德等方面和谐发展。组织幼儿活动，应当防止发生人身安全事故。

第二十九条 对有违纪行为的学生，学校应当给予说服、教育和帮助；确须给予处分的，学校应当先向未成年学生及其监护人说明理由并听取意见，按照公平、公正的原则作出处分决定。

第三十条 对有违法或者轻微犯罪行为的中学生，不宜留在原校学习的，应当按照国家有关规定送工读学校学习。家长应当支持，不得阻拦。

工读学校应当对学生加强管理教育，对接近就业年龄的学生，根据社会需要，进行职业技术培训。

工读学校的学生在升学、就业等方面，同普通学校的学生享有同等的权利。

第四章 政府保护和社会保护

第三十一条 本市各级人民政府对未成年人的保护工作，应当全面规划，组织实施。

教育、文化、劳动和社会保障、卫生、民政、公安、工商行政管理等政府部门应当按照各自的职责，贯彻执行法律、法规有关保护未成年人的规定和本条例。

第三十二条 各级工会、共青团委员会、妇女联合会、残疾人联合会应当发挥各自组织的作用，并动员社会力量，从多方面对未成年人进行培养教育，维护未成年人的合法权益。

第三十三条 学校、居民委员会、村民委员会以及未成年犯管教所、劳动教养机关，可以聘请志愿参与未成年人保护工作的公民担任辅导员，对未成年人进行帮助教育。

第三十四条 本市各级人民政府应当支持和鼓励学校、社会组织以及个人兴办家长学校和采取其他形式对家长培养教育未成年人进行指导。

本市各级人民政府应当支持和鼓励社会组织为培养教育未成年人开展生理咨询、心理咨询、法律咨询、教育咨询等服务活动。

第三十五条 本市各级人民政府应当关心未成年人的人身安全和身体健康，为未成年人提供必要的卫生保健条件。

对危险校舍必须及时进行维修、翻建；教室采光必须符合视力卫生保健标准；学生使用的课桌椅应当按规格配备。

定期为中小学生进行体格检查并提供优惠条件。

第三十六条 本市各级人民政府和有关部门应当创造条件，保障外地来京务工经商人员的未成年子女接受义务教育。

第三十七条 不得在中小学校门前和两侧设置集贸市场、停车场，摆摊设点，堆放杂物。不得在中小学校门前200米半径内设置台球、电子游戏机营业点。

第三十八条 本市各级人民政府应当维护并有计划地新建、扩建、改建供青少年文化娱乐、体育、科技等活动的场所。

本市各级人民政府应当支持和鼓励企业事业单位及其他社会组织和个人提供或者兴建有利于未成年人健康成长的活动场所及设施。

任何组织和个人不得以任何借口侵占供未成年人活动的场所及设施，不得擅自改变未成年人活动场所和活动设施的用途。

第三十九条 任何组织和个人不得招用未满十六周岁的未成年人，法律、法规另有规定的除外。

依照法律、法规的有关规定招用已满十六周岁未满十八周岁的未成年人的，应当在工种、劳动时间、劳动强度和保护措施等方面执行国家有关规定，不得安排其从事过重、有毒、有害的劳动或者危险作业。

第四十条 市和区、县人民政府对完成义务教育不再升学的未成年人，应当统筹安排，由教育、劳动和社会保障等部门组织就业前的职业技术培训。

第四十一条 本市各级人民政府应当支持和鼓励科学家、艺术家和作家及其他创作人员，创作有益于未成年人健康成长的科学、技术、文学、艺术等作品。

第四十二条 新闻出版、广播、电影、电视等单位和文艺团体应当出版、发行、播映、演出有益于未成年人身心健康的书报、杂志、图书、影视、音像制品、电子出版物和文艺节目。

广播电台、电视台应当为未成年人开辟专题节目，并在适宜未成年人收听、收看的时间播出。

第四十三条 图书、报刊、音像制品、电子出版物的出版、发行、经销单位、个体销售摊点和图书管理部门等，不得出版、发行、复制或者以出售、出租等形式传播淫秽、暴力、邪教、迷信、赌博等有害于未成年人身心健康的视听读物。

电影、电视节目中不得含有宣扬淫秽、暴力、邪教、迷信、赌博等有害于未成年人身心健康的内容。

第四十四条 学校、家庭、图书馆以及其他互联网上网服务场所应当采取有效的防范措施，避免让未成年人在互联网上接触有害于未成年人身心健康的内容。

第四十五条 博物馆、纪念馆、科技馆、文化馆、美术馆、影剧院、体育场（馆）、动物园、公园等场所应当对未成年人优惠开放。

第四十六条 儿童食品、玩具、用具、游乐设施以及公共设施，不得有害于未成年人的人身安全和身心健康。

生产、销售的前款所列产品应当标有适应年龄范围或者注意事项等警示标志或者中文警示说明。

游乐设施以及其他可能危及未成年人人身安全的设施的经营、管理单位，应当在设施附近的显著位置标明适应年龄范围或者注意事项等警示标志或者中文警示说明。

第四十七条 法律、法规规定禁止未成年人进入的互联网上网服务营业场所以及营业性舞厅、歌厅等场所，应当在入口处的显著位置设置未成年人禁入标志，不得允许其进入。

对难以判明是否已成年的，上述场所的工作人员可以要求其出示有效身份证明。

第四十八条 任何人不得在中小学、幼儿园、托儿所的教室、寝室、活动室和其他未成年人集中活动的场所吸烟。

第四十九条 任何组织和个人不得披露未成年人的个人隐私。

对未成年人的信件，任何组织和个人不得隐匿、毁弃；除因工作需要由司法机关依照法定程序进行检查，或者对无民事行为能力未成年人的信件由其父母或者其他监护人代为开拆外，任何组织或者个人不得开拆。

任何组织和个人未经未成年人的监护人同意，不得在互联网上收集、使用、公布未成年人的个人信息。

第五十条 卫生部门应当对儿童实行预防接种证制度，积极防治儿童常见病、多发病，加强对传染病防治工作的监督管理和对托儿所、幼儿园卫生保健的业务指导。

第五章　特殊保护

第五十一条 任何组织和个人不得歧视、侮辱、虐待和遗弃残疾未成年人。

第五十二条 市和区、县人民政府的教育、民政、劳动和社会保障等部门以及残疾人联合会应当根据残疾未成年人的不同情况，进行定向培训。对年满 16 周岁，具有一定劳动能力的，应当推荐安排就业。

本市各级人民政府应当支持和鼓励社会组织和个人依法兴办残疾未成年人的福利事业。

第五十三条 对有特殊天赋或者突出成就的未成年人，有关组织和个人应当为他们的发展创造条件，关心他们的身心健康，保护他们的智力成果或者其他成果不受侵犯。

第五十四条 未成年女子在入学、就业、劳动报酬等方面同未成年男子享有同等的权利。

第五十五条 人民法院审理离婚案件、婚姻登记机关办理离婚登记，应当照顾未成年子女的权益，保护他们受抚养、受教育等权利，并对有未成年子女的离婚夫妻进行关于未成年人权益保护方面的教育、指导。

第五十六条 市人民政府设立未成年人紧急救助机构，对因受虐待或者其他家庭问题需要帮助的未成年人提供救助。

第五十七条 对流浪乞讨的未成年人，按照国家的有关规定予以救助。在救助场所内应当与流浪乞讨的成年人分开救助，同时提供心理辅导、短期教育，进行不良行为矫治，并在监护人的带领下可以离开救助场所。

第六章 司法保护

第五十八条 审判机关、检察机关、公安机关、司法行政机关应当依法保护未成年人的合法权益不受侵犯。对侵犯未成年人合法权益行为的投诉、举报应当及时处理。对强奸、拐卖未成年人或者诱骗、胁迫、组织、教唆未成年人进行违法犯罪活动的，必须依法严惩。

第五十九条 对未成年人的刑事案件，公安机关、检察机关和审判机关应当分别组成专门的预审组、起诉组、合议庭，采取适合未成年人特点的方式进行讯问、审查、审理。

人民法院对14周岁以上不满16周岁的未成年人刑事案件一律不公开审理，对16周岁以上不满18周岁的未成年人刑事案件，一般也不公开审理；被告人没有委托辩护人的，人民法院应当为其指定辩护人，并可以通知被告人的法定代理人到场。

第六十条 在审理未成年人刑事案件的过程中，各级人民法院可以委托各级未成年人保护委员会或者其他组织聘请社会调查员。

社会调查员对未成年被告人性格特点、家庭情况、社会交往、成长经历以及实施被指控的犯罪前后的表现等情况进行调查，并制作书面材料提交司法机关。

第六十一条 对判决前的未成年人刑事案件和其他违法案件，新闻报道、影视节目、公开出版物不得披露其姓名、住所和照片及可能推断出该未成年人的资料。

第六十二条 对羁押或者服刑的未成年人，应当同羁押或者服刑的成年人分押、分管。

第六十三条 未成年犯管教所、劳动教养机关与各区、县人民政府之间，应当签订帮教安置协议，对正在服刑和接受收容教养、劳动教养的以及刑满释放、解除收容教养、劳动教养的未成年人进行帮教安置。

人民检察院不起诉、人民法院免予刑事处罚或者宣告缓刑和刑满释放、被解除收容教养、劳动教养的以及受过公安机关治安管理处罚的未成年人，复学、升学、就业不受歧视。

第六十四条 未成年犯管教所、劳动教养机关应当对正在服刑、接受收容教养、劳动教养的未成年人加强管理教育和思想改造工作，组织他们参加力所能及的劳动，参加文化技术学习，并根据社会需要，定向培训，为他们就学、就业创造条件。

第六十五条 公安机关、检察机关、审判机关以及未成年犯管教所、劳动教养机关应当依法保护违法犯罪未成年人的合法权益，尊重他们的人格。严禁辱骂、体罚。

第六十六条 对监护人侵害未成年人合法权益或者不履行监护职责的案件，未成年人可以直接申请法律援助；与该争议事项无利害关系的其他法定代理人也可以代为申请法律援助。

未成年人保护委员会、学校或者居民委员会、村民委员会、妇女联合会、残疾人联合会等社会组织以及未成年人的亲属、邻居等可以帮助未成年人申请法律援助，或者支持未成年人提起诉讼。

第六十七条 对被害人为未成年人的性侵害案件，公安机关、检察机关、审判机关在侦查、审查起诉、审判时，应当采取措施保护未成年人的隐私权和名誉权。

公安机关、医疗机构、未成年人保护委员会、学校、家庭等应当及时采取救助措施，减轻未成年被害人生理、心理上的伤害。

第七章 奖励与处罚

第六十八条 市和区、县人民政府以及有关部门，对有下列情形之一成绩显著的单位或者个人，给予精神鼓励、物质奖励：

（一）保护未成年人合法权益免受不法侵害的；

（二）组织、指导未成年人开展文化、体育、科技活动的；

（三）创作有利于未成年人健康成长的优秀精神产品的；

（四）为未成年人提供、兴建活动场所及设施或者提供经济资助的；

（五）对违法犯罪的未成年人进行教育、挽救的；

（六）培训、安置残疾未成年人就学、就业的；

（七）培训、安置工读学校毕业生就学、

就业的；

（八）培训、安置刑满释放、解除收容教养、劳动教养的未成年人就学、就业的；

（九）其他维护未成年人合法权益的。

第六十九条 违反本条例第十六条规定，剥夺未成年人接受义务教育权利的，由教育行政部门给予批评教育，责令改正，并可以处200元以上5000元以下罚款。

第七十条 违反本条例第二十三条规定，对未成年人实施体罚或者有侮辱、诽谤、歧视、恐吓、贬损等言行的，视情节轻重，由其所在单位或者上级机关给予批评教育、行政处分或者解聘。

第七十一条 违反本条例第二十七条第一款规定，学校、教师违反国家有关规定向学生收取费用和以罚款手段惩处违反校规的学生的，由教育行政部门责令退还所收费用；对直接负责的主管人员和其他直接责任人员，依法给予行政处分。

第七十二条 违反本条例第三十九条规定，招用未成年人的，依照《中华人民共和国劳动法》和国务院颁布的《禁止使用童工的规定》予以处罚。

第七十三条 违反本条例第四十三条第一款规定，出版、发行、复制或者以出售、出租等形式传播淫秽、暴力、邪教、迷信、赌博等有害于未成年人身心健康的视听读物的，依照《出版管理条例》的有关规定予以处罚。

第七十四条 违反本条例第四十六条第二款规定，生产、销售的产品没有警示标志或者中文警示说明的，由产品质量监督部门或者工商行政管理部门责令改正；情节严重的，依照《中华人民共和国产品质量法》的有关规定予以处罚。

第七十五条 违反本条例第四十七条的规定，法律、法规规定禁止未成年人进入的互联网上网服务营业场所以及营业性舞厅、歌厅等场所，不设未成年人禁入标志或者允许未成年人进入的，依照《中华人民共和国预防未成年人犯罪法》、《娱乐市场管理条例》、《互联网上网服务营业场所管理条例》的有关规定予以处罚。

第七十六条 侵犯未成年人的合法权益，对其造成财产损失或者其他损失、损害的，应当依法赔偿或者承担其他民事责任，属于违反治安管理的行为，依照《中华人民共和国治安管理处罚条例》予以处罚；构成犯罪的，依法追究刑事责任。

第八章 附 则

第七十七条 本条例自2004年1月1日起施行。

天 津

天津市预防未成年人犯罪条例

（2014年11月28日天津市第十六届人民代表大会常务委员会第十四次会议通过，自2015年1月1日起施行）

第一章 总 则

第一条 为了营造有利于未成年人健康成长的环境，促进未成年人养成良好品行，有效预防未成年人犯罪，根据《中华人民共和国预防未成年人犯罪法》和其他有关法律，结合本市实际情况，制定本条例。

第二条 预防未成年人犯罪应当坚持家庭、学校、社会相结合，一般预防和重点预防相结合，根据未成年人的特点，开展道德品行教育、法制教育、心理健康教育、犯罪预防、行为矫治等工作。

第三条 预防未成年人犯罪工作在市和区、县人民政府组织领导下，实行综合治理。

市和区、县人民政府应当制定预防未成年人犯罪工作规划，将预防未成年人犯罪工作纳入年度工作督查、考核体系。

市和区、县人民政府应当将预防未成年人犯罪工作经费列入本级财政预算。

第四条 市和区、县人民政府有关部门、人民法院、人民检察院和共青团组织等组成的预防未成年人犯罪工作议事协调机构，协助本级政府开展预防未成年人犯罪的综合治理工作。其主要职责如下：

（一）宣传贯彻有关预防未成年人犯罪的法律、法规；

（二）组织实施预防未成年人犯罪法律、法规和工作规划；

（三）指导、协调、监督、检查预防未成年人犯罪工作；

（四）向同级人民政府报告预防未成年人犯罪工作情况；

（五）组织开展有利于未成年人身心健康成长和养成良好道德品行的教育、培训等活动；

（六）建立预防未成年人犯罪的信息系统，收集、汇总、分析相关信息；

（七）开展预防未成年人犯罪工作调查研究。

议事协调机构的具体办事机构，由市和区、县人民政府确定。

第五条 预防未成年人犯罪是全社会的共同责任。

全社会应当积极教育、引导未成年人树立社会主义法治观念，养成良好的道德品行和遵纪守法的行为习惯，增强辨别是非和对违法犯罪自我预防的能力，自觉抵制各种不良行为和违法犯罪行为的引诱、侵害。

第六条 教育、公安、司法行政、文化广播影视、市场监管、民政等政府有关部门和人民法院、人民检察院，按照各自职责做好预防未成年人犯罪工作。

共青团组织、妇女联合会、工会等人民团体应当协助各级人民政府做好预防未成年人犯罪工作。

家庭、学校应当承担起预防未成年人犯罪的责任，居民委员会、村民委员会应当发挥优势，共同做好预防未成年人犯罪工作。

鼓励和支持企事业单位、社会组织和个人发挥自身优势，参与预防未成年人犯罪工作。

第七条 市和区、县人民政府对在预防未成年人犯罪工作中做出突出贡献的单位和个人，给予表彰。

第二章　家庭预防

第八条 未成年人的父母或者其他监护人，应当履行监护责任，关注未成年人的生理、心理状况和行为习惯，相互尊重、和谐友爱，为未成年人创造健康成长的良好家庭环境。

第九条 未成年人的父母或者其他监护人，应当学习家庭教育、有关未成年人健康成长和相关法律等方面的知识，以自身良好的品德和行为习惯教育影响未成年人，支持未成年人参加有组织的公益活动，帮助未成年人提高自我预防违法犯罪的能力。

第十条 未成年人的父母或者其他监护人在预防未成年人犯罪方面，应当履行下列责任：

（一）与未成年人保持经常性的沟通交流，了解未成年人日常的生活、交友、学习和兴趣爱好等情况，教育和指导未成年人养成积极进取、健康向上的品格；

（二）根据未成年人成长中的生理、心理特点，特别关注未成年人青春期，给予教育和指导，帮助未成年人解决成长过程中遇到的问题；

（三）培养未成年人养成良好的遵守纪律，遵守法律、法规的习惯，发现未成年人有不良行为，及时给予教育和纠正；

（四）主动与学校联系和沟通，了解未成年人在校情况，发现未成年人逃学、辍学的，应当及时教育劝说未成年人返校学习；

（五）支持未成年人参加学校和其他单位组织的预防未成年人犯罪的各种活动；

（六）教育和引导未成年人收听收看阅读健康向上的影视节目、音像制品、图书、报刊、电子出版物和网络信息，抵制不良信息的侵害。

第十一条 未成年人的父母或者其他监护人不得强迫、放任未成年人辍学、卖艺、乞讨，或者从事违法活动。

未成年人的父母或者其他监护人外出务工的，或者未成年人离开父母、其他监护人到异地上学、生活、工作的，未成年人的父母或者其他监护人应当对未成年人的教育、生活做出妥善安排，不得放任不管。

未成年人的父母离异的，双方对未成年人应当继续履行抚养教育的义务，任何一方不得因离异不履行对未成年人的教育义务。

未成年人的继父母、养父母对其抚养的未成年人，应当按照本条例第十条的规定履行对未成年人进行教育和管理责任。

第十二条 受未成年人的父母或者其他监护人委托教育和管理未成年人的组织或者个人，应当按照本条例第十条的规定履行对未成年人进行教育和管理责任，保持与委托人的联系，沟通未成年人有关情况。

第三章 学校预防

第十三条 学校应当加强对未成年学生思想、道德和法制等方面的教育，将预防未成年人犯罪作为每学期法制教育课的重要内容；每学期期末集中开展一次预防未成年人犯罪教育活动。

第十四条 学校应当主动加强与未成年学生的父母或者其他监护人的联系和沟通，及时告知未成年学生在学校的学习和品行情况。

学校应当指导未成年学生的父母或者其他监护人学习家庭教育和预防未成年人犯罪的相关知识。

第十五条 学校应当加强对教师在预防未成年人犯罪方面的法律知识和心理学知识的培训；配备经过心理专业培训的教师，为未成年学生提供心理教育和辅导。

第十六条 学校应当充分利用校内资源，组织未成年学生开展各种文化、娱乐、体育、科技等课外兴趣活动，促进未成年学生全面发展。

第十七条 学校应当加强与周边居民委员会、村民委员会的联系，支持和帮助居民委员会、村民委员会组织未成年学生开展校外和假期活动。

第十八条 学校应当接受教育行政部门对落实预防未成年人犯罪的思想、道德和法制教育教学计划的监督检查。

教育行政部门应当将学校落实预防未成年人犯罪的思想、道德和法制教育教学计划，作为学校教育教学考核内容。

第四章 社会预防

第十九条 各级人民政府应当组织和动员社会各方面力量开展预防未成年人犯罪工作。

第二十条 各级人民政府应当建设适合未成年人活动的公共文化体育设施，向未成年人免费或者优惠开放。

居民住宅区配套建设文化体育设施，应当有适合未成年人活动的设施。

文化、体育和教育等单位的文化体育设施应当向未成年人开放，有条件的可以对未成年人的业余文化、体育活动提供辅导。

乡镇人民政府、街道办事处应当组织、协调本辖区内的图书馆、博物馆、科技馆、纪念馆和其他爱国主义教育基地等单位，开展有益于未成年人身心健康成长的活动。

鼓励机关、企事业单位和社会组织兴建的文化体育设施向未成年人开放。

第二十一条 居民委员会、村民委员会应当利用本区域资源组织开展适合未成年人身心健康成长的校外和假期活动。

居民委员会、村民委员会对困难家庭中的未成年人或者其他需要帮助的未成年人，应当通过政府及其有关部门及时提供必要的帮助。

居民委员会、村民委员会对失学、辍学等闲散未成年人，应当督促其父母或者其他监护人送未成年人入学，接受并完成义务教育；对符合就业条件的未成年人，提供就业帮助。

居民委员会、村民委员会应当对不履行监护义务的未成年人的父母或者其他监护人，进行批评教育，督促其履行监护义务。

第二十二条 政府及其有关部门、学校、居民委员会、村民委员会和社会组织应当对服刑人员未成年子女给予必要关心，帮助解决生活、就学、就业等方面的困难，不得歧视。

第二十三条 人民法院、人民检察院、公安机关、司法行政部门应当利用典型案例，通过法制教育基地、模拟法庭等形式，加强对未成年人预防犯罪的警示教育。

第二十四条 新闻出版、文化广播影视、通信等行政主管部门应当严格执行法律、法规的有关规定，加强对以未成年人为主要对象的出版物、广播影视节目和网络信息等内容的监督管理。

第二十五条 旅馆、洗浴场所的经营者或者房屋出租者，接纳不满十六周岁未成年人住宿，应当及时与其父母、其他监护人或者所在学校联系；无法取得联系的，应当向当地公安机关报告。

第二十六条 学校、图书馆、书店、旅馆等公共场所提供互联网上网服务，应当采取技术手段屏蔽色情、暴力等有害信息。

通信、网络运营单位应当在预防未成年人犯罪方面发挥宣传、教育和引导作用，防止诱导未成年人违法犯罪信息的传播。

第二十七条 鼓励和支持高等学校、企业、律师事务所、心理咨询机构等单位和个人以志愿服务的方式，对未成年人开展道德品行教育、法制教育、心理疏导、就业培训、行为矫治等活动。

第二十八条 政府及其有关部门应当根据国家有关规定加强青少年事务社会工作者队伍建设，发挥其在预防未成年人犯罪方面的作用。

共青团组织通过志愿服务队伍和帮扶联系机制，对未成年人开展思想教育、法制宣传、心理疏导和特殊帮扶。

第五章 重点预防

第二十九条 政府及其有关部门和共青团等社会组织对家庭教育缺失的未成年人群体，应当根据其特点和需要，在生活、就学、就业等方面给予重点关注，提供必要的帮助，解决实际困难和问题。

对有不良行为、严重不良行为或者犯罪行为的未成年人，应当重点加强法制教育和有针对性的社会矫治，预防犯罪和避免重新犯罪。

第三十条 公安机关和城市管理综合行政执法机构发现流浪、乞讨的未成年人，应当及时将其送交民政部门给予救助。

第三十一条 未成年人的父母或者其他监护人对有不良行为或者严重不良行为的未成年人确实缺乏管教能力的，可以向教育行政部门申请到指定的专门学校接受教育和矫治。

第三十二条 未成年人的父母或者其他监护人对判处刑罚的未成年人，应当配合刑罚执行机关对其进行教育和矫正；对不配合帮教或者无正当理由拒不探视的，由其所在单位或者居民委员会、村民委员会予以批评教育。

第三十三条 学校对有不良行为的未成年学生应当加强有针对性的教育和指导，帮助其纠正不良行为。

第三十四条 教育行政部门设立的专门学校，负责对有不良行为或者严重不良行为不适宜在普通学校学习的未成年学生，进行教育和矫治。

原学校应当为到专门学校接受教育和矫治的未成年学生保留学籍。未成年学生完成教育和矫治后，应当接收其继续学习。

第三十五条 人民法院、人民检察院、公安机关应当配备熟悉未成年人身心特点的专门人员办理未成年人犯罪案件。

办案人员在办理案件的过程中应当对未成年人进行法制教育和心理疏导；对有严重心理问题的未成年人，可以由专业心理咨询人员进行心理干预。

第三十六条 人民法院、人民检察院、公安机关应当结合办理未成年人犯罪案件，研究分析未成年人犯罪的形势、特点和规律，向政府和有关单位提出预防建议。

第三十七条 人民法院、人民检察院、公安机关办理未成年人犯罪案件，根据实际需要对涉罪未成年人进行社会调查。社会调查结果作为案件处理和司法行政部门刑罚执行的参考。

人民法院、人民检察院、公安机关办理未成年人犯罪案件形成的相关犯罪记录，应当在案件终结后予以封存。

第三十八条 刑罚执行机关应当对被判处刑罚的未成年人建立矫正档案。刑罚执行完毕后，刑罚执行机关应当做出矫正效果评估报告，并封存矫正档案。

第三十九条 鼓励心理咨询机构和专业心理咨询师志愿为涉罪的未成年人提供心理干预服务。

第四十条 鼓励社会组织、企业和个人协助政府有关部门和司法机关，对涉罪的未成年人进行帮教。

第四十一条 全社会积极开展禁毒宣传教育，引导未成年人认识毒品危害，远离毒品，提高未成年人自觉抵制毒品的能力。

禁止任何单位和个人强迫、引诱、教唆、欺骗或者容留未成年人吸食、注射毒品，或者为未成年人吸食、注射毒品提供条件。

第四十二条 司法机关、教育行政部门、学校、社会组织和个人，不得泄露未成年人在专门学校学习、受到行政机关和司法机关处理的个人信息，但法律另有规定的除外。

第六章 法律责任

第四十三条 受未成年人的父母或者其他监护人委托教育和管理未成年人的组织或者个人，未按照本条例第十二条规定履行责任的，由公安机关予以训诫，责令改正。

第四十四条 学校未按照本条例第十三条规定开展预防未成年人犯罪法制教育的，由教育行政部门责令限期改正；逾期不改正的，对主要负责人给予行政处分。

第四十五条 旅馆、洗浴场所的经营者或者房屋出租者未按照本条例第二十五条规定联系或者报告的，由公安机关处二百元以上五百元以下罚款。

第四十六条 学校、图书馆、书店、旅馆等公共场所未按照本条例第二十六条第一款规定屏蔽色情、暴力等有害信息的，由公安机关责令改正；拒不改正的，处两千元以上五千元以下罚款。

第七章 附 则

第四十七条 本条例自2015年1月1日起施行。

天津市未成年人保护条例

（1990年6月12日天津市第十一届人民代表大会常务委员会第十八次会议通过，根据1997年5月5日天津市第十二届人民代表大会常务委员会第三十二次会议通过的《关于修改〈天津市未成年人保护条例〉的决定》修正，2007年11月15日天津市第十四届人民代表大会常务委员会第四十次会议修订）

第一章 总 则

第一条 为保障未成年人的合法权益，保护未成年人身心健康，促进未成年人在品德、智力、体质等方面全面发展，培养有理想、有道德、有文化、有纪律的社会主义建设者和接班人，根据《中华人民共和国未成年人保护法》和有关法律、法规规定，结合本市实际情况，制定本条例。

第二条 本市行政区域内未满十八周岁公民的保护，适用本条例。

第三条 本市各级人民政府领导有关部门做好未成年人的保护工作；将未成年人保护工作纳入国民经济和社会发展规划及年度计划，相关经费纳入本级财政预算。

第四条 国家机关、部队、政党、社会团体、企业事业组织、居民委员会、村民委员会、家庭以及成年公民，都有保障未成年人合法权益，优化未成年人成长环境，预防未成年人违法犯罪的责任；都有教育和帮助未成年人增强自我保护意识和能力、增强社会责任感的义务。

未成年人应当自强、自尊、自爱、自信，遵守法律、法规，遵守社会主义的公德，增强适应社会发展与自我保护的意识和能力。

第二章 家庭保护

第五条 父母或者其他监护人应当尊重未成年人的人格尊严，为其提供必要的学习、生活和医疗保健条件，保护未成年人的身体健康、心理健康和人身安全。

第六条 父母或者其他监护人应当保护未成年人的财产权利不受侵害，除为被监护的未成年人的利益外，不得处理其财产。

第七条 父母或者其他监护人应当遵守下列规定：

（一）引导、教育未成年人热爱祖国、服务人民、崇尚科学、辛勤劳动、团结互助、诚实守信、遵纪守法、艰苦奋斗；

（二）依法保障适龄未成年人接受并完成义务教育，不得使接受义务教育的未成年人辍学；

（三）指导未成年人养成良好的学习和生活习惯，鼓励、支持其参加家庭劳动、社会公益劳动以及各类积极健康的文体活动、社会交往活动，增强其自学、自理和自律能力，促进其身心健康发展；

（四）与学校配合保障未成年人有充裕的文化娱乐活动、体育活动和睡眠时间，不得强迫未成年人从事影响其身心健康的劳作和活动；

（五）预防和制止未成年人吸烟、饮酒、逃学、夜不归宿、擅自离家出走、沉迷网络、进入不适宜未成年人进入的营业性歌舞厅等场所、打架斗殴、赌博、吸毒、携带危险物品等行为；

（六）教育未成年人不观看、阅读、收听、搜集、宣扬危害国家安全、淫秽、色情、暴力、邪教、迷信等内容的影视节目、音像制品、图书、报刊、电子出版物和网络信息；

（七）不得打骂、歧视、虐待、伤害、遗弃未成年人；

（八）不得教唆、诱骗、胁迫、纵容和包庇未成人违法犯罪，发现其被教唆、诱骗、胁迫违法犯罪时，立即制止并报告公安机关；

（九）不得允许或者迫使未成年人与他人结婚或者同居。

第八条 家庭中的其他成年人应当协助未成年人的父母或者其他监护人教育、保护未成年人。

第九条 鼓励未成年人的父母或者其他监护人接受有关国家机关和社会组织提供的家庭教育指导，学习正确的教育和监护方法，以健康的思想、良好的言行和正确的方式教育、影响和保护未成年人。

第三章　学校保护

第十条 学校应当全面贯彻国家的教育方针，实施素质教育，促进未成年学生的全面发展。

第十一条 学校教师和其他教育工作者，应当严格遵守职业道德规范，以良好的品德、言行影响和教育未成年学生。

第十二条 学校应当尊重未成年学生接受九年制义务教育的权利，不得拒绝接收应当接受义务教育的适龄未成年人入学，不得责令未成年学生停课、转学、退学或者开除未成年学生。

学校处分未成年学生，应当听取未成年学生及其父母或者其他监护人的申辩，并对申辩的内容予以答复。

第十三条 学校和教师必须执行国家教育行政管理部门规定的课时和学业量，不得增加未成年学生的课业负担；应当与未成年学生的父母或者其他监护人配合，保证未成年学生的睡眠和参加文化、娱乐、体育、科技以及公益活动的时间，并创造条件有计划地组织上述活动。

学校在义务教育阶段，不得举行或者变相举行与入学挂钩的选拔考试或者测试；不得张榜公布未成年学生的考试成绩、名次；不得推销或者变相推销练习册、习题集等教学辅助材料；不得组织未成年学生参加与教育无关的活动。

第十四条 中小学校的非营业性互联网上网场所，应当为未成年学生提供健康有益的上网服务。

节假日期间，中小学校的文化体育设施应当向未成年学生开放。

第十五条 学校在组织未成年学生参加集会、文化娱乐、社会实践等集体活动时应当注意安全，防止发生人身安全事故，并有相应的安全保障措施。

学校应当为未成年学生的身体健康提供必要的卫生保健条件，定期组织未成年学生进行体格检查。

教学活动场所应当具有符合国家规定的安

全、卫生、通风和采光条件。供未成年学生使用的课桌椅和床具，应当按照国家规定的标准配备。

学校为未成年学生提供饮食，其价格和卫生条件应当符合国家和本市的有关规定。

第十六条 学校应当建立校园安全制度。非学校人员未经许可，不得进入学校。学校食堂、宿舍、传达室、保安室、医务室等场所配备的人员必须符合有关法律、法规规定的条件。

学校及教职员工应当对学校内及周边扰乱教学秩序或者侵害未成年学生人身、财产安全的行为予以制止，或者向公安机关报告。

第十七条 学校应当配备心理健康辅导员，有针对性地、适时地对未成年学生进行生理、心理健康教育和青春期教育，对行为有偏差、心理有障碍的未成年学生及时给予必要的关心和指导。

学校应当根据未成年学生的特点，开展公共安全和社会生活指导教育。

第十八条 学校应当开设法制教育课，根据有关规定配备专职或者兼职人员，开展道德、法制教育。

第十九条 学校的教职员工应当尊重和保护未成年学生的人格尊严，不得对其侮辱、恐吓、体罚、变相体罚或者用罚款手段惩罚学生，不得侵犯、泄露未成年学生的隐私。

第二十条 学校对旷课、逃学的未成年学生，应当会同其父母或者其他监护人及时教育规劝，促使其返校上课。

学校对有不良行为或者轻微违法行为的未成年学生，应当如实告知其父母、其他监护人或者有关部门，并应当加强教育、管理，不得歧视。

第二十一条 学校应当支持和帮助共产主义青年团、少年先锋队和学生会，开展有益于未成年学生身心健康的各项活动。

第二十二条 学校和教师不得违反国家规定，在未成年人入学、在学、转学时，向学生滥收费用。

第二十三条 托幼机构和保教人员应当参照本章的有关规定，做好婴幼儿的保育、教育工作。

第四章 社会保护

第二十四条 任何单位和个人，发现未成年人的合法权益受到侵害或者未成年人有违法犯罪行为时，应当立即制止，并向公安机关或者未成年人保护机构报告。

第二十五条 收留夜不归宿的未成年人的，应当征得其父母或者其他监护人同意，或者在二十四小时内及时通知其父母或者其他监护人、所在学校或者及时向公安机关报告。

第二十六条 任何单位和个人应当对未成年人依法就涉及自己权益的事项发表的意见或者建议，予以尊重。

第二十七条 未成年人集中活动的公共场所，应当设置提醒保护未成年人人身安全的明显标志，并采取相应的保护措施。

对可能危及未成年人人身安全的设施，经营、管理单位应当定期进行维护，并在显著位置标明适应年龄范围或者注意事项。

第二十八条 任何单位和个人不得胁迫或者诱骗未成年人表演有害其身心健康的恐怖、残忍、色情等节目，不得利用未成年人非法从事营利活动。

第二十九条 禁止向未成年人出售烟酒。经营者应当在其经营场所的显著位置设置不向未成年人出售烟酒的警示标志。

第三十条 生产、销售用于未成年人的食品、药品、用具、玩具，应当符合国家或者行业标准。需要标明注意事项的，应当在显著位置标明。

第三十一条 有关单位或者媒体播映不利于未成年人身心健康的影片、录像或者其他声像信息时，应当作出警示说明，不得允许未成年人观看收听。

营业性歌舞厅、酒吧、互联网上网服务营业场所及其他不适宜未成年人进入的活动场所，不得允许未成年人入内，并应当设置明显的禁入标志。

第三十二条 任何单位不得制作、发布有损未成年人身心健康的广告。

第三十三条 任何单位和个人不得扰乱学校和托幼机构的正常教学、办公和生活秩序，不得侵占、破坏学校和其他未成年人的活动场所、设施。

中小学校校门周边二百米之内不得开设歌舞厅、互联网上网服务营业场所、游戏机房以及其他未成年人不宜进入的场所。

第三十四条 机动车与非机动车驾驶人行车时，应当主动避让未成年人。

第三十五条 使用车辆从事接送未成年学生业务的单位或者驾驶人员，必须遵守国家有关交通安全管理方面的法律、法规，严格按照核定的车辆限乘人数安排运送未成年学生，保证使用车辆的安全性能。

公安交通管理部门应当加强对接送未成年学生车辆的检查监督，及时查处安全隐患。学校应当加强对接送未成年学生车辆的监督，发现不合格驾驶人员和车辆的，应当劝阻未成年学生乘坐，报告公安交通管理部门，并通知其父母或者其他监护人。

第三十六条 任何单位和个人未经监护人同意，不得以任何形式收集、使用、公布未成年人的个人信息。

第三十七条 医疗卫生单位，应当为未成年人进行体格检查提供条件，并予以优惠。

第三十八条 爱国主义教育基地、图书馆、青少年宫、儿童活动中心应当对未成年人免费开放；其他博物馆、纪念馆、科技馆、文化馆（站）、体育场（馆）、影剧院、文化宫（俱乐部）等公共文化体育设施和企业事业组织、社会团体所属的文化体育设施，应当保障对未成年人开放的时间，依照有关规定实行免费或者优惠。

第三十九条 企业事业组织、居民委员会、村民委员会应当与学校配合，为未成年学生参加社会实践活动提供方便。

第四十条 共产主义青年团、妇女联合会、工会、青年联合会、学生联合会、少年先锋队应当反映未成年人的合理要求，维护他们的合法权益，并根据未成年人的特点，开展各种有益活动，促进未成年人健康成长。

第五章 国家机关保护

第四十一条 各级人民政府应当建立和改善供未成年人开展文化、娱乐、体育、科技等活动的场所和条件。

鼓励企业事业组织、社会团体和个人，提供或者兴建有利于未成年人健康成长的活动场所和设施。

第四十二条 各级人民政府应当加强对音像制品、图书、报刊、影视节目、电子出版物、互联网和公共活动场所的管理，鼓励有利于未成年人健康成长的音像制品、图书、报刊和影视节目、电子出版物的出版、发行、播映和演出。

第四十三条 各级人民政府应当建立健全为有残疾的未成年人提供学习、生活、康复、医疗的教育和福利机构。

第四十四条 街道办事处和乡、镇人民政府应当组织本辖区内的有关单位开展下列工作：

（一）配合学校开展有益于未成年人身心健康的活动；

（二）协助学校和监护人制止未成年学生辍学；

（三）帮助缺乏教育能力的家庭管理教育其未成年子女；

（四）协同公安派出所、学校和家庭对有违法或者轻微犯罪行为的未成年人进行帮助教育。

第四十五条 未成年人发现他人侵犯其人身权、财产权和法律、法规规定的其他权利的，自己或者通过父母及其他监护人、所在学校、居民委员会、村民委员会、未成年人保护机构向侵权人所在单位或者其上级主管部门、公安机关报告，也可以依法向人民法院提起诉讼。

第四十六条 公安机关、人民检察院和人民法院在预审、起诉、审判工作中，应当采取适合未成年人特点的方式、方法，办理未成年人违法犯罪案件。

对未成年人犯罪的案件，在询问、讯问时，应当通知其父母或者其他监护人到场。

第四十七条 公安机关应当维护校园周边的治安和交通秩序，及时制止、处理中小学校周边发生的违法犯罪行为。

学校门前的道路没有行人过街设施的，公安交通管理部门应当施划人行横道线或者黄色网状线，设置提示标志。

第四十八条 市和区县、乡镇人民政府以及街道办事处设立未成年人保护委员会，在同级人民政府领导下，指导、协调、督促和检查未成年人的保护工作。

未成年人保护委员会由同级人民政府及其有关部门和其他有关机关、社会团体的负责人组成，委员会的主任委员由同级人民政府负责人担任。

未成年人保护委员会设办事机构，负责处理未成年人保护工作的日常事务。

第四十九条 未成年人保护委员会履行下列职责：

（一）宣传保护未成年人的法律、法规；

（二）接受对侵害未成年人合法权益行为的投诉、举报，并转交、督促有关部门查处；

（三）联系有关部门为受侵害的未成年人提供法律帮助；

（四）建立健全未成年人保护工作的相关制度；

（五）调查研究和协调处理未成年人保护工作的其他有关事项。

第六章 奖励与处罚

第五十条 各级人民政府和未成年人保护委员会对有下列情况之一的单位和个人，给予奖励：

（一）贯彻执行保护未成年人的法律、法规成绩突出的；

（二）教育、帮助未成年人健康成长成绩突出的；

（三）教育、挽救、改造违法犯罪的未成年人成绩突出的；

（四）组织、指导未成年人开展文化、娱乐、体育、科技等活动取得突出成绩的；

（五）创作出有利于未成年人健康成长的优秀作品的；

（六）为未成年人提供、兴建活动场所或者设施的；

（七）为保护未成年人提供经济资助的；

（八）为保护未成年人做出其他特殊贡献的。

第五十一条 违反本条例规定，侵害未成年人合法权益的，法律、法规已有处罚规定的，从其规定；造成财产损失或者其他损害的，依法承担民事责任；构成犯罪的，依法追究刑事责任。

第五十二条 违反本条例规定，未成年人的父母或者其他监护人不履行监护职责，放任未成年人的不良行为的，由公安机关对未成年人的父母或者其他监护人进行训诫，责令其严加管教。

第五十三条 违反本条例规定，出版含有诱发未成年人违法犯罪以及渲染暴力、色情、赌博、恐怖活动等危害未成年人身心健康内容的出版物的，由出版行政部门没收出版物和违法所得，并处违法所得三倍以上十倍以下罚款；情节严重的，没收出版物和违法所得，并责令停业整顿或者吊销许可证。对直接负责的主管人员和其他直接责任人员处以五百元以上五千元以下罚款。

制作、复制宣扬淫秽内容的未成年人出版物，或者向未成年人出售、出租、传播宣扬淫秽内容的出版物的，依法予以治安处罚；构成犯罪的，依法追究刑事责任。

第五十四条 违反本条例规定，有关单位或者媒体播映不利于未成年人身心健康的影片、录像或者其他声像信息时，未作出警示说明或者允许未成年人观看收听的，由有关主管部门没收违法播放的音像制品和违法所得，处以二千元以上一万元以下罚款；并对直接负责的主管人员和其他直接责任人员处以二百元以上一千元以下罚款；情节严重的，责令停业整顿或者由工商行政管理部门吊销营业执照。

第五十五条 违反本条例规定，营业性歌舞厅、酒吧、互联网上网服务营业场所及其他不适宜未成年人进入的场所允许未成年人进入或者不设置明显的禁入标志的，由文化行政主管部门责令改正、给予警告、责令停业整顿、没收违法所得，处以一万五千元以下罚款；并对直接负责的主管人员和其他直接责任人员处以五百元以上五千元以下罚款；情节严重的，由工商行政管理部门吊销营业执照。

第五十六条 违反本条例规定，向未成年人出售烟酒或者没有在显著位置设置不向未成年人出售烟酒标志的，由烟草专卖行政主管部门、商务行政主管部门按照各自职责责令改正，并给予警告；情节严重的，处以二百元以上二千元以下罚款。

第五十七条 违反本条例规定，胁迫或者诱骗未成年人表演有害其身心健康的恐怖、残忍、色情等节目的，由公安机关依照治安管理处罚法给予处罚；构成犯罪的，依法追究刑事责任。

第七章 附 则

第五十八条 本条例自2008年3月1日起施行。

河 北

河北省实施《中华人民共和国未成年人保护法》办法

（1994年12月22日河北省第八届人民代表大会常务委员会第十一次会议通过，根据1997年9月3日河北省第八届人民代表大会常务委员会第二十八次会议《关于修改〈河北省实施中华人民共和国未成年人保护法办法〉的决定》修正，根据2010年7月30日河北省第十一届人民代表大会常务委员会第十七次会议《关于修改部分法规的决定》第二次修正，根据2011年11月26日河北省第十一届人民代表大会常务委员会第二十七次会议《关于修改部分法规的决定》第三次修正）

第一条 根据《中华人民共和国未成年人保护法》第五十五条第二款的规定，结合本省实际，制定本办法。

第二条 本办法所称未成年人，是指居住、暂住和进入本省境内的未满十八周岁的公民。

第三条 国家、社会、学校和家庭，应当保障未成年人的合法权益，尊重未成年人的人格尊严，并根据未成年人身心发展的特点，坚持教育与保护相结合的原则，对未成年人进行爱祖国、爱人民、爱劳动、爱科学、爱社会主义的教育，使他们成为有理想、有道德、有文化、守纪律的公民。

第四条 保护未成年人是全社会的共同责任。

各级人民政府应当采取组织措施，协调有关部门做好未成年人的保护工作。

共产主义青年团、妇女联合会、工会、青年联合会、学生联合会、少年先锋队及其他有关的社会团体，协助各级人民政府做好未成年人的保护工作。

第五条 父母或者其他监护人、学校教师应当对未成年人进行教育，预防和制止其下列行为：

（一）旷课、辍学、流浪或者夜出不归；

（二）妨碍公共秩序，破坏公共卫生；

（三）损坏公共设施和公私物品；

（四）吸烟、酗酒、诈骗；

（五）打架斗殴、辱骂他人，携带公安机关明令管制的刀具、枪支和其他可能致人伤害的器械和物品；

（六）赌博、盗窃；

（七）吸毒、卖淫、嫖娼；

（八）阅读或者收听、收看宣扬色情、淫秽、凶杀、恐怖和其他有不健康内容的书报、杂志、音像制品、广播、影视节目和文艺演出；

（九）参加封建迷信活动或者非法组织；

（十）其他违背社会公德或者违纪、违法行为。

第六条 禁止对未成年人实施下列行为：

（一）溺婴、遗弃、买卖、偷劫婴幼儿；

（二）侮辱、诽谤、歧视；

（三）虐待、体罚、伤害；

（四）刁难或者拒绝应当接受义务教育的未成年人入学，随意开除未成年学生，允许或者强迫未接受完义务教育的未成年学生辍学、退学务工、经商；

（五）允许或者强迫未成年人订婚、结婚；

（六）教唆、强迫未成年人吸烟、酗酒、

打架斗殴、赌博、盗窃、外出乞讨、吸毒、卖淫、嫖娼；

（七）向未成年人灌输封建迷信思想，传播淫书、淫画、淫秽录像或者其他淫秽物品；

（八）其他损害未成年人身心健康的行为。

第七条 学校和幼儿园应当关心未成年学生和儿童的身体健康，为学生和儿童创造必要的生活卫生保健条件。高级中学、幼儿园和有条件的初级中学、小学，都要设卫生室，按规定配备医务人员或者保健教师。学校要开设卫生健康课，定期开展未成年学生常见病、多发病的群体预防，并保证学生休息、娱乐、体育和课外活动的时间。学校和幼儿园不得将其教学设施和场所挪作他用；不准在危险房舍进行教学和教育活动。

学校在组织未成年学生参加勤工俭学、社会实践活动时，应当做好安全保护工作。不得安排其从事有毒、有害、有危险的工作和不适宜的劳动。

第八条 学校、幼儿园不得违反国家规定向未成年学生和儿童乱收和摊派费用；不得以任何借口让未成年学生集资或者向未成年学生借款、索要或者收受礼品和财物；不得以任何形式向未成年学生和儿童推销商品；不得以罚款手段处罚违纪的未成年学生和儿童。

任何单位和个人不得以任何形式和借口让未成年学生参与计划生育、征购粮棉、收提留款等行政工作。

第九条 各级人民政府应当将未成年人活动场所和设施的建设项目，纳入本行政区经济的社会发展规划，列入财政预算，安排必要的建设资金。

各级人民政府应当逐步建立和完善青少年活动场所，创造优良的育人环境。

禁止任何单位和个人挪用、挤占、毁坏、污染未成年人的活动场所和设施。

第十条 博物馆、纪念馆、科技馆、文化馆、体育场（馆）、动物园、公园等场所，应当对学龄前儿童免费开放；对中、小学生凭学生证或者学校证明实行半价优惠或者免费。

第十一条 下列场所应当设置“未成年人不得入内”的标志，禁止未成年人进入：

（一）营业性歌舞厅、电子游戏厅、卡拉OK厅、夜总会、酒吧、通宵电影院；

（二）放映或者上演不适宜未成年人观看的影片（含镭射影片）、录像等娱乐节目的场所；

（三）其他不适宜未成年人进入的活动场所。

对难以判明是否未成年人的，上述场所工作人员有权要求其出示身份证件。

第十二条 人民政府有关部门应当按照各自职责，互相配合，制止下列行为：

（一）在学校、幼儿园、托儿所门口摆摊设点经商；

（二）发出超标准噪音或者排放有毒、有害的废水、废气、废渣，影响学校、幼儿园、托儿所的环境卫生；

（三）在学校、幼儿园、托儿所内赌博、哄闹、寻衅滋事、打架斗殴；

（四）其他妨碍、扰乱学校、幼儿园、托儿所正常秩序的行为。

第十三条 禁止任何单位和个人招用未满十六周岁的未成年人。法律、法规另有规定的除外。

禁止任何单位和个人胁迫、引诱、雇用未成年人从事残忍、恐怖、色情等摧残身心健康的表演活动；不得雇用儿童做不利于其身心健康的广告。

第十四条 公民发现有流浪乞讨或者离家出走的未成年人，有义务规劝或者护送其回住所；有义务向其监护人或者民政、公安部门报告，协助做好有关工作。

第十五条 未成年人受违法犯罪分子的引诱、胁迫实施违法犯罪行为而无法摆脱或者可能受到伤害时，任何人都有义务采取必要措施予以保护，并及时报告公安机关。

第十六条 各级人民政府及其有关部门，各人民团体、企业事业组织、村（居）民委员会，应当按照有关、法律法规的规定，对女性、残疾、无家庭保障和有特殊天赋、少数民族的未成年人实施特殊保护。

第十七条 公安机关、人民检察院，应当依法保护未成年人的合法权益不受侵犯。对侵犯未成年人合法权益行为的投诉、举报应当及时处理。

第十八条 人民法院审理未成年人的父母或者其他监护人离婚、收养、财产继承案件时，应当保障和维护未成年人的财产权、继承权、受抚养权、受教育权和探视权、受探视权。

第十九条 公安机关、人民检察院、人民法院办理未成年人犯罪的案件，应当根据需要建立专门的预审组、起诉组、少年法庭，并依法采取适合未成年人身心特点的方式、方法进行讯问、起诉和审理。

第二十条 各级人民政府以及有关部门，对有下列情形之一，成绩显著的单位或者个人，给予表彰和奖励：

（一）保护未成年人合法权益免受不法侵害的；

（二）预防和制止第五条各项行为的；

（三）为未成年人提供、兴建活动场所及设施或者提供经济资助的；

（四）发现有流浪乞讨或者离家出走的未成年人，能够主动规劝或者护送其回住所，或者及时报告有关部门，协助做好有关工作的；

（五）其他保护未成年人合法权益行为的。

第二十一条 父母或者其他监护人、学校教师，对未成年人发生第五条所列行为而未能预防和制止的，由其所在单位或者上级主管部门、街道办事处或者乡级人民政府、村（居）民委员会给予批评教育，并责令严加管教。

因未成年人实施第五条所列行为，给国家、集体和他人造成财产损失的，由其监护人依法承担民事责任。

第二十二条 实施本办法第六条第（一）（二）（三）（五）（六）（八）项行为，情节轻微的，由其所在单位或者上级主管部门、街道办事处或者乡级人民政府、村（居）民委员会给予批评教育，并责令改正；情节较重，尚不构成犯罪的，由有关部门给予直接责任人行政处分或者行政处罚；情节严重，构成犯罪的，依法追究刑事责任。

实施本办法第六条第（四）项行为的，依照《河北省实施〈中华人民共和国义务教育法〉办法》的有关规定处理。

实施本办法第六条第（七）项行为的，依照《中华人民共和国治安管理处罚法》有关规定处理。

父母或者其他监护人拒绝履行抚养义务的，由其所在单位、街道办事处或者乡级人民政府、村（居）民委员会给予批评教育，责令改正；拒不改正的，由其所在单位或者组织在其工资或者其他收入中代扣抚养费；情节恶劣，构成犯罪的，依法追究刑事责任。

第二十三条 违反本办法第七条、第八条第一款规定的，由当地人民政府有关部门责令改正，退还财物，没收其非法所得；拒不改正的，可给予单位负责人和直接责任人行政处分或者行政处罚；构成犯罪的，依法追究刑事责任。

违反本办法第八条第二款规定，属个人责任的，由乡级人民政府或者街道办事处给予批评教育，并责令改正；拒不改正的，给予直接责任人行政处分或者行政处罚；属乡级人民政府、街道办事处或者村（居）民委员会责任的，由县级人民政府或者乡级人民政府、街道办事处批评教育，并责令改正；拒不改正的，给予乡级人民政府、街道办事处或者村（居）民委员会主要负责人和直接责任人行政处分或者行政处罚。

第二十四条 挪用、挤占未成年人活动场所和设施的，由人民政府责令退回；拒不退回的，给予主要责任人和直接责任人行政处分或者行政处罚；造成损坏的，照价赔偿；造成污染的，依法处理。

第二十五条 违反本办法第十一条规定的，由文化、音像行政管理部门分别按照各自的职责责令改正；拒不改正的，吊销其许可证，并处三千元以下罚款。

第二十六条 实施本办法第十二条第（一）项行为的，由工商、城建行政管理部门责令其改正，并依法予以处罚。

实施本办法第十二条第（二）项行为的，由环保行政管理部门责令改正，并依法予以处罚。

实施本办法第十二条第（三）（四）项行为的，由公安和其他有关部门责令改正，并依法予以处罚。

第二十七条 违反国家规定，招用未满十六周岁未成年人的，由劳动行政管理部门责令退回，并依照有关规定处以罚款；情节严重，屡教不改的，加重罚款，并责令停业整顿，是个体工商户的，由工商行政管理部门吊销营业执照，是企业的，由有关部门依照有关法律处理；构成犯罪的，依法追究刑事责任。

违反本办法第十三条第二款规定的，由公安部门责令停止演出，没收非法所得，并处二百元以下罚款；情节严重的，由文化行政管理部门吊销演出经营许可证，是个体工商户的，由工商行政管理部门吊销营业执照，是企业的，由有关部门依照有关法律处理，公安部门处三千元以下罚款。

第二十八条 当事人对依照本办法作出的行政处罚决定不服的，可以依照《行政复议法》和《中华人民共和国行政诉讼法》的规定，申请复议或者向人民法院起诉。当事人逾期不申请复议、不起诉又不履行处罚决定的，作出行政处罚决定的机关可以申请人民法院强制执行，当事人对依照本办法作出的行政处罚决定不服的，可以依照《中华人民共和国行政复议法》和《中华人民共和国行政诉讼法》的规定，申请复议或者向人民法院起诉。当事人逾期不申请复议、不起诉又不履行处罚决定的，作出行政处罚决定的机关可以申请人民法院强制执行。

第二十九条 本办法自公布之日起施行，1990年6月20日河北省第七届人民代表大会常务委员会第十四次会议通过的《河北省未成年人保护条例》同时废止。

山　西

山西省家庭教育促进条例

（2018年5月31日山西省第十三届人民代表大会常务委员会第三次会议通过，并公布，自2018年9月1日起施行）

第一章　总　则

第一条 为了促进家庭教育发展，保障未成年人健康成长，提高家庭成员素养，维护家庭和睦、社会稳定，根据有关法律、行政法规的规定，结合本省实际，制定本条例。

第二条 本省行政区域内家庭教育活动适用本条例。

本条例所称家庭教育，是指父母或者其他监护人对未成年人的教育和影响。

第三条 家庭教育应当践行社会主义核心价值观，坚持家庭实施、政府推进、学校指导、社会参与的原则。

倡导全社会注重家庭、注重家教、注重家风。

第四条 父母或者其他监护人是家庭教育的直接责任主体，依法履行家庭教育义务。

第五条 县级以上人民政府应当将家庭教育发展规划纳入本级国民经济和社会发展规划，建立城乡家庭教育指导服务体系，并将家庭教育事业发展经费纳入本级财政预算。

第六条 县级以上人民政府负责妇女儿童工作的机构，负责组织、协调、指导、督促有关部门做好家庭教育工作。

县级以上妇女联合会（以下简称妇联）负责指导推进本行政区域内的家庭教育工作，宣传家庭教育知识，开展家庭教育培训工作。

第七条 县级以上人民政府教育行政部门负责本行政区域内幼儿园、中小学、中等职业学校的家庭教育指导管理工作。

县级以上人民政府公安、民政、司法行政、文化、广播电视等部门以及工会、共产主义青年团、关心下一代工作委员会等组织应当按照各自职责，做好家庭教育的相关工作。

第二章　家庭实施

第八条 家庭成员应当相互尊重、相互学习、相互关爱，传承良好家风，共同培养健康的家庭文化，维护平等、和睦、文明的家庭关系。

第九条 父母或者其他监护人应当树立正确的家庭教育观念，学习家庭教育知识，参加家庭教育社会实践活动，提高家庭教育能力，营造和谐的家庭环境，以身作则，教育、引导未成年人养成优良的品德、健康的人格和良好的行为习惯。

父母或者其他监护人应当对未成年人进行理想信念、爱国主义、遵纪守法、社会公德、家庭美德、创新精神、生活技能、热爱劳动、安全知识、身心健康教育以及法律、法规规定的其他教育，促进未成年人全面发展。

第十条 父母或者其他监护人应当向幼儿园、学校了解未成年人的学习、生活情况，配合幼儿园、学校做好未成年人的教育工作。

第十一条 父母因外出务工或者其他原因不能与未成年子女共同生活的，还应当履行下列义务：

（一）委托有能力的其他成年人教育未成年子女，并与被委托人保持联系，了解未成年子女的学习、生活情况；

（二）通过电话、网络、书信等方式经常与未成年子女交流、沟通；

（三）定期与未成年子女团聚；

（四）法律、法规规定的教育未成年子女的其他义务。

第十二条 未成年人父母离异的，双方应当相互配合，继续履行对子女的家庭教育义务。

养父母应当履行对未成年养子女的家庭教育义务。

继父母应当履行对与其形成抚养教育关系的未成年继子女的家庭教育义务。

第十三条 有下列情形之一的，未成年人可以向学校、村（居）民委员会、未成年人保护委员会、民政部门、妇联等单位或者组织求助，接到求助的单位或者组织应当按照职责及时给予帮助：

（一）父母或者其他监护人不履行家庭教育义务的；

（二）父母或者其他监护人因实施家庭暴力等不当家庭教育方式，危害未成年人身心健康的；

（三）父母或者其他监护人死亡、失踪、重病、重度残疾，或者因父母双方或者其他监护人服刑、被采取强制性教育措施等原因不能履行家庭教育义务的。

任何单位、组织或者个人发现以上情形的，可以向有关单位或者组织反映。接到反映的单位或者组织应当及时给予帮助。

第三章　政府推进

第十四条 县级以上人民政府应当建立政府领导、部门联动、社会广泛参与的家庭教育工作机制。

各级人民政府应当督促有关单位或者组织落实家庭教育发展规划，发展家庭教育公共服务，推进家庭教育工作。

第十五条 各级人民政府应当制定农村留守儿童关爱保护措施，组织开展针对农村留守儿童的关爱教育、心理辅导等活动。

第十六条 留守、流动、贫困、重病、重度残疾等特殊困境儿童的父母或者其他监护人履行家庭教育义务确有困难的，县级以上人民政府教育行政、民政等部门以及妇联应当提供家庭教育指导服务。

第十七条 县级以上人民政府教育行政部门应当将家庭教育工作纳入综合督导评估体系。

第十八条 县级以上人民政府民政部门应当做好城乡社区家庭教育指导服务工作，加强对家庭教育服务类社会组织的规范管理，监督寄养、助养家庭履行家庭教育义务。

第十九条 县级以上人民政府公安、司法行政等部门应当按照各自职责，加强保护未成年人合法权益、预防和制止家庭暴力、预防未成年人犯罪等方面的工作。

第二十条 县级以上人民政府卫生健康行政部门应当推进0-3岁儿童早期家庭教育指导服务。

第二十一条 县级以上人民政府文化、广播电视部门应当推动公共文化机构开展家庭教育服务宣传，开发相关公共文化服务产品。

第二十二条 县级以上人民政府及其有关部门可以向符合条件的企业事业单位、社会组织购买家庭教育公共服务。

第二十三条 县级以上人民政府有关部门应当将从事家庭教育社会服务的心理咨询、教育咨询、文化咨询等机构的注册信息和行政处罚信息向社会公示。属于营利性质的机构，应当在国家企业信用信息公示系统（山西）进行公示；属于非营利性质的机构，应当在教育行政等部门相关公示系统进行公示。

县级以上人民政府有关部门应当依法查处家庭教育服务欺诈行为和虚假广告。

第四章　学校指导

第二十四条　幼儿园、中小学、中等职业学校应当建立健全家庭教育工作制度，将家庭教育指导服务纳入工作计划，成立家长委员会和家长学校，每年至少开展两次家庭教育实践活动。

第二十五条　未成年人在幼儿园、中小学、中等职业学校有不良行为的，学校应当及时制止并告知其父母或者其他监护人，并提供家庭教育指导。

第二十六条　政府举办的幼儿园、中小学、中等职业学校不得以营利为目的组织开展家庭教育活动。

鼓励其他性质的幼儿园、中小学、中等职业学校开展公益性家庭教育活动。

第二十七条　鼓励师范类院校和其他有条件的高等学校开设家庭教育课程。

鼓励相关研究机构和高等学校开展家庭教育理论研究，编写家庭教育读本。

第五章　社会参与

第二十八条　国家机关、企业事业单位、社会团体、村（居）民委员会应当引导职工、村（居）民重视对子女的家庭教育，为职工、村（居）民实施家庭教育创造条件。

第二十九条　国家机关、企业事业单位、社会团体、村（居）民委员会应当将家庭教育纳入精神文明创建活动，将家庭教育情况作为创建文明家庭的重要内容。

第三十条　鼓励心理咨询、婚姻家庭咨询、社会工作等专业人员参与家庭教育指导服务工作。

鼓励有条件的村（居）民委员会引入前款规定的专业人员，提供家庭教育指导服务。

第三十一条　妇幼保健机构应当开展儿童早期家庭教育知识宣传普及。

鼓励婚姻登记机构提供家庭教育辅导。

第三十二条　广播、电视、报刊等媒体应当设立家庭教育专栏、专题，开展公益宣传。

鼓励图书馆、博物馆、文化馆、纪念馆、科技馆、美术馆以及儿童文化团体等公共文化服务机构开展公益性家庭教育活动。

鼓励利用微博、微信和手机客户端等开展家庭教育知识普及和信息交流。探索建立远程家庭教育服务网络。

第三十三条　从事家庭教育服务的机构应当加强行业自律，接受有关部门的监督管理，不得宣传封建迷信、邪教、暴力、色情等非法内容，不得泄露未成年人及其家庭成员隐私。

第六章　法律责任

第三十四条　违反本条例规定，父母或者其他监护人不履行家庭教育义务，或者因实施家庭暴力等不当家庭教育方式，危害未成年人身心健康的，由相关单位或者组织予以批评教育或者向公安机关报案；公安机关接到报案后应当依法及时处理；构成犯罪的，依法追究刑事责任。

第三十五条　违反本条例规定，政府举办的幼儿园、中小学、中等职业学校以营利为目的开展家庭教育活动的，由县级以上人民政府教育行政部门责令改正，没收违法所得，对直接负责的主管人员和其他直接责任人员依法给予处分。

第三十六条　违反本条例规定，从事家庭教育服务的机构宣传封建迷信、邪教、暴力、色情等非法内容或者泄露未成年人及其家庭成员隐私的，由相关部门依法处理；构成犯罪的，依法追究刑事责任。

第七章　附　则

第三十七条　本条例自 2018 年 9 月 1 日起施行。

山西省未成年人保护条例

（2009年6月4日山西省第十一届人民代表大会常务委员会第十次会议通过，自2009年9月1日起施行）

第一章 总 则

第一条 根据《中华人民共和国未成年人保护法》和其他有关法律、行政法规，结合本省实际，制定本条例。

第二条 本省行政区域内未满18周岁公民的保护，适用本条例。

第三条 保护未成年人的身心健康、保障未成年人的合法权益、促进未成年人的全面发展是全社会的共同责任。

开展未成年人保护工作，应当坚持尊重未成年人人格尊严、保护与教育相结合以及适应未成年人身心发展规律和特点的原则，并采取特殊保护和优先保护措施。

第四条 县级以上人民政府应当加强对未成年人保护工作的领导，制定未成年人发展规划，研究解决未成年人保护工作中的重大和突出问题，并将未成年人保护工作作为政府工作考核的内容。

县级以上人民政府应当将未成年人保护工作纳入本地区国民经济和社会发展规划以及年度计划，并将维护未成年人合法权益经费列入本级财政预算。

县级以上人民政府有关部门以及共青团、妇联、工会、科协等组织应当按照各自职责，做好未成年人保护工作。

第五条 县级以上人民政府应当设立未成年人保护委员会，其主任由同级人民政府负责人担任；其工作机构设在共青团组织，并配备必要的工作人员。

未成年人保护委员会的职责是：

（一）宣传有关未成年人保护的法律、法规，并对其实施情况进行监督、检查；

（二）研究解决未成年人保护工作中的问题，组织开展涉及未成年人保护重大事项的调查研究，向本级人民政府和有关部门提出意见和建议；

（三）组织协调有关部门和其他单位做好未成年人保护工作，指导其他未成年人保护组织开展工作；

（四）受理侵害未成年人合法权益的投诉、控告和举报，督促有关部门查处，协调有关部门为受到侵害的未成年人提供法律帮助；

（五）法律、法规规定的其他职责。

第六条 乡（镇）人民政府应当配备专职或者兼职工作人员，村（居）民委员会应当指定专人，具体负责未成年人保护工作。

第二章 家庭保护

第七条 父母或者其他监护人应当履行下列义务：

（一）保护未成年人的人身、财产权利不受侵犯；

（二）为未成年人提供必要的生活、学习和医疗保健条件，保护未成年人的身心健康；

（三）教育、指导未成年人养成良好的思想品德、行为习惯，增强其自我保护意识；

（四）鼓励、支持未成年人参加与其年龄相适应的家务劳动、社会公益活动和健康的文体、社交活动；

（五）了解未成年人的心理状况和行为习惯，预防和制止其吸烟、饮酒、旷课、沉迷网络等不良行为；

（六）法律、法规规定的其他义务。

第八条 父母无法履行监护职责的，应当委托有监护能力的其他成年人代为监护，并及时告知未成年人居住地的村（居）民委员会和就读学校。

第九条 禁止父母或者其他监护人实施下列行为：

（一）教唆、诱骗、胁迫未成年人违法犯罪；

（二）体罚、虐待、遗弃未成年人；

（三）为未成年人订立婚约或者允许、迫使未成年人与他人同居；

（四）允许、迫使义务教育阶段的未成年人失学、辍学；

（五）允许、迫使不满16周岁的未成年人务工；

（六）放任、迫使未成年人夜不归宿；

（七）其他不履行监护、抚养未成年人义务，侵害未成年人合法权益或者影响其健康成长的行为。

第三章　学校保护

第十条　学校应当尊重未成年人接受义务教育的权利，不得拒绝接收本学区适龄未成年人入学，不得责令未成年学生停课、转学、退学，不得违反法律和国家规定开除未成年学生。

学校处分未成年学生，应当听取本人及其父母或者其他监护人的申辩，并及时答复。

第十一条　学校应当对未成年学生进行爱国主义、思想道德、传统文化、法制以及科普教育，并将其纳入学校教学计划。

学校应当根据未成年学生的生理、心理发展特点，开展心理健康辅导、疏导，并对进入青春期的未成年学生进行性生理、性心理和性道德等青春期教育。

学校应当聘请校内外辅导员，对未成年学生进行前两款规定的教育。

第十二条　学校应当向未成年学生普及生活安全常识以及应对突发事件和不法侵害的知识，传授帮助他人的正确方法，制定地震、火灾、洪水、泥石流、传染性疾病、食物中毒、意外伤害等突发事件的应急预案并定期组织未成年学生进行逃生和自救演练，提高其自我保护的能力。

第十三条　学校应当建立健全卫生保健制度，为未成年学生提供卫生保健服务。学校发现未成年学生患病的，应当及时通知其父母或者其他监护人；情况紧急的，应当立即与医疗机构联系或者送其到医疗机构就医。

第十四条　学校应当建立健全校园安全制度，加强对未成年学生的教育和管理，及时制止校园内的打架斗殴等行为，维护正常的校园教学、生活秩序。

对校园内和校园周边针对未成年学生的违法犯罪行为，学校应当制止并及时向公安机关报告。

第十五条　学校不得在危及未成年学生人身安全、健康的校舍和其他设施、场所中进行教育教学活动。学校发现安全隐患，应当及时处理；无法处理或者情况紧急的，应当立即组织未成年学生撤离，并报告主管部门和其他相关部门。

寄宿制学校应当加强对未成年学生宿舍和食堂的安全、卫生管理。

第十六条　学校应当组织未成年学生参加有益其健康成长的集会、文化娱乐、社会实践等活动，并采取安全防范措施，防止发生人身安全事故。学校不得组织未成年学生参加商业性活动、超负荷的体力劳动或者其他与其年龄、身心健康不相适应的活动。

学校应当支持少先队、共青团组织依照各自章程，开展有益于未成年学生身心健康的各项活动。

第十七条　学校应当建设用于教学的互联网上网服务设施，引导、教育未成年学生正确选择和使用网络资源，并采取安全过滤措施，防止其接触有害信息。

第十八条　学校应当保证未成年学生休息、文娱和体育活动的时间，不得以各种名义占用未成年学生寒暑假期、法定节假日集体补课。

第十九条　学校应当在学习、生活等方面帮助在校未成年学生中的孤儿、留守儿童、服刑人员子女、单亲家庭子女以及残疾学生。

第二十条　学校应当建立与未成年学生家长的联系制度，并对家长进行家庭教育指导或者培训。

第二十一条　教师应当尊重未成年学生的人格尊严，平等对待未成年学生，在履行职责期间尽到保护未成年学生人身安全的义务；不得体罚、侮辱、恐吓、歧视未成年学生。

学校和教师不得违反国家规定向未成年学生收取费用，不得索要、收受礼品和财物，不得以罚款方式处罚违纪的未成年学生。

第二十二条　幼儿园、托儿所参照本章的有关规定执行。

第四章　国家机关保护

第二十三条　县级以上人民政府应当采取

措施，合理配置教育资源，保障适龄未成年人平等接受义务教育，保障正在接受劳动教养、服刑的未成年人接受义务教育，并根据需要设置特殊教育学校（班），对视力残疾、听力语言残疾和智力残疾的适龄未成年人实施义务教育。

父母或者其他监护人在非户籍所在地工作或者居住的适龄未成年人，在父母或者其他监护人工作或者居住地接受义务教育的，当地人民政府应当为其提供平等接受义务教育的条件。

第二十四条 县级以上人民政府应当将未成年人教育教学和校外活动场所建设纳入城乡建设总体规划，并按照国家标准进行建设。

任何单位和个人不得侵占、损毁未成年人教育教学和校外活动场所。确因城乡建设征用的，应当按照不低于原场所的规模，先行规划和建设，并配置相应的设施。

第二十五条 县级以上人民政府应当定期对学校校舍的安全情况进行检查，需要维护、改造的，及时维修、改造；维修、改造期间，应当妥善安置未成年学生。

第二十六条 县级以上人民政府应当逐步建立未成年人重大疾病、意外伤害、心理疾病的救助机制，保障其健康成长。

第二十七条 县级以上人民政府应当加强对文化市场的管理，支持、鼓励有利于未成年人健康成长的文化产业的发展和文化产品的创作。

新闻出版部门应当会同教育部门加强对中小学教材、教辅读物出版、发行市场的监督管理。

文化、新闻出版、广播电视等部门应当加强对图书、报刊、影视节目、音像制品、电子出版物等文化产品市场的监督管理。

第二十八条 教育部门应当维护未成年人的受教育权益及其他有关权益，及时处理学校和教师侵害未成年学生合法权益的行为。

教育部门应当建立有利于未成年学生品德、智力、体质全面发展的教育评价制度，督促学校实施素质教育，提高未成年学生的综合素质。

第二十九条 公安机关应当对学校周边地区的治安状况进行排查，及时发现和消除治安隐患，预防、制止侵害未成年学生人身、财产安全的违法犯罪行为。

公安机关应当在学校门前和周边的道路上划定人行横道，设置未成年学生过往警示标志和车辆限速、禁鸣标志，并加强对学校周边的道路交通安全管理。

第三十条 工商、卫生、质监、交通等相关部门应当在各自职责范围内，加强对生产、销售未成年人食品、药品、文具、玩具等产品，以及向未成年人提供餐饮、休息和接送服务的监督管理。

第三十一条 人力资源和社会保障部门应当会同其他有关部门对完成义务教育不再升学的未成年人进行就业、创业培训，对正在接受劳动教养、服刑的未成年人进行职业技术培训。

第三十二条 对羁押、服刑的未成年人，应当与成年人分别关押、管理。

未成年人教养机构、未成年犯管教机构应当坚持教育、感化、挽救的方针，对正在接受劳动教养、服刑的未成年人进行心理矫治和道德、法制、文化、职业技术教育，为其就学、就业创造条件。

第三十三条 公安、司法行政、教育、人力资源和社会保障等部门以及村（居）民委员会应当共同做好劳动教养期满、刑满释放的未成年人的帮教、落户、就学、就业等工作。

第三十四条 县级以上人民政府有关部门和其他有关单位接到未成年人合法权益受侵害的投诉、控告、举报，应当自受理之日起30日内提出处理意见并答复相关人员，法律、法规另有规定的除外；对不属于本单位受理的事项，应当告知其有权受理的单位或者及时转交有关单位。

第五章 社会保护

第三十五条 中、小学校周围200米范围内和居民住宅楼（院），不得设立互联网上网服务营业场所、营业性歌舞娱乐场所和其他不适宜未成年人活动的场所。

互联网上网服务营业场所、营业性歌舞娱乐场所和其他不适宜未成年人活动的场所，不得接纳未成年人，经营者应当在入口处的显著位置设置未成年人禁入标志；对难以判明是否已成年的，应当要求其出示身份证件。

第三十六条 烟酒经营者不得向未成年人出售烟酒，并在经营场所的显著位置设置禁售标志、标明举报电话。

第三十七条 任何单位和个人不得违反国家有关规定，招用未满16周岁的未成年人。文艺、体育和特种工艺单位确需招用未成年人的，应当经人力资源和社会保障部门批准，并保障其接受义务教育的权利和身心健康。

用人单位招用已满16周岁、未满18周岁未成年人的，应当依法与其签订劳动合同，并实行单独管理。禁止安排已满16周岁、未满18周岁的未成年人从事过重、有毒、有害等危害其身心健康的劳动或者危险作业。

第三十八条 对未成年人进行DNA鉴定的，应当保护未成年人的隐私，避免对其心理健康造成伤害。

第三十九条 任何单位和个人不得披露涉及未成年人隐私的文字、图片、音像以及可能推断出该未成年人身份的信息。法律、行政法规另有规定的除外。

第四十条 大众传播媒体应当宣传有关未成年人保护的法律、法规，并对侵害未成年人合法权益的行为实行舆论监督。

第六章　奖励与处罚

第四十一条 县级以上人民政府应当对有下列情形之一的单位和个人给予表彰、奖励：

（一）宣传、执行未成年人保护的法律、法规成绩突出的；

（二）教育、挽救有不良行为的未成年人或者劳动教养期满、刑满释放的未成年人成绩突出的；

（三）在突发事件中救助未成年人事迹突出的；

（四）创作出有利于未成年人健康成长的优秀作品的；

（五）提供、兴建未成年人活动场所、设施贡献突出的；

（六）捐建、捐助未成年人福利机构的；

（七）其他为保护未成年人做出特殊贡献的。

第四十二条 违反本条例规定，国家机关及其工作人员不依法履行保护未成年人合法权益的职责，侵害未成年人合法权益，或者对提出申诉、控告、检举的人打击报复的，由其所在单位或者上级机关责令改正，对直接负责的主管人员和其他直接责任人员依法给予处分。

第四十三条 违反本条例规定，学校、幼儿园不履行职责致使未成年人发生人身安全事故，情节严重的，由教育部门对直接负责的主管人员和其他直接责任人员给予处分。

第四十四条 违反本条例规定，学校占用未成年学生寒暑假期、法定节假日集体补课的，由教育部门责令改正；拒不改正的，对其主要负责人给予处分。

第四十五条 违反本条例规定，侵占、损毁未成年人教育教学和校外活动场所、设施，有关责任人员属于国家工作人员的，由其上级主管部门给予处分；不属于国家工作人员的，由有关部门依法给予处罚，并责令恢复原状、赔偿损失。构成犯罪的，依法追究刑事责任。

第四十六条 违反本条例规定，用人单位招用未满16周岁未成年人的，由人力资源和社会保障部门责令其将招用的未成年人送回原居住地，并按照每招用1人每月处5000元罚款的标准进行处罚；情节严重的，由工商部门依法吊销营业执照。

违反本条例规定，用人单位安排已满16周岁、未满18周岁的未成年人从事过重、有毒、有害等危害其身心健康的劳动或者危险作业的，由人力资源和社会保障部门按照每涉及1人处1000元以上5000元以下罚款的标准进行处罚；情节严重的，由工商部门依法吊销营业执照。

第四十七条 违反本条例规定，营业性歌舞娱乐场所接纳未成年人的，由文化部门没收违法所得和非法财物，并处违法所得1倍以上3倍以下罚款；没有违法所得或者违法所得不足1万元的，并处1万元以上3万元以下罚款；情节严重的，责令停业整顿1个月至6个月。

第四十八条 违反本条例规定，互联网上网服务营业场所接纳未成年人的，由文化部门给予警告，可以并处15000元以下罚款；情节严重的，责令停业整顿，直至吊销《网络文化经营许可证》。

第四十九条 违反本条例规定，向未成年人出售烟酒的，由烟草、商务部门依法责令改正，可以并处200元以下罚款；向多人多次出售的，处200元以上2000元以下罚款。

第五十条 违反本条例规定，向未成年人提供不符合食品安全、安全保护标准的餐饮、休息、接送服务的，由卫生、交通等部门依法给予处罚；构成犯罪的，依法追究刑事责任。

第七章 附 则

第五十一条 本条例自2009年9月1日起施行。1996年9月23日山西省第八届人民代表大会常务委员会第二十四次会议通过的《山西省实施〈中华人民共和国未成年人保护法〉办法》同时废止。

内蒙古

内蒙古自治区未成年人保护条例

（1989年4月15日内蒙古自治区第七届人民代表大会常务委员会第六次会议通过，2010年12月2日内蒙古自治区第十一届人民代表大会常务委员会第十九次会议修订，自2011年1月1日起施行）

第一章 总 则

第一条 为了保护未成年人的身心健康，保障未成年人的合法权益，促进未成年人全面发展，根据《中华人民共和国未成年人保护法》和国家有关法律、法规，结合自治区实际，制定本条例。

第二条 本条例所称未成年人是指未满十八周岁的公民。

第三条 保护未成年人的工作，应当遵循尊重人格尊严、平等对待，适应未成年人身心发展规律和特点，教育与保护相结合的原则。

第四条 旗县级以上人民政府应当将未成年人保护工作纳入国民经济和社会发展规划及年度计划，将相关经费纳入本级政府财政预算。

教育、公安、民政、司法行政、人力资源和社会保障、环境保护、住房和城乡建设、文化、卫生、工商、广播电影电视、新闻出版、通信管理等部门和人民法院、人民检察院，应当在各自职责范围内，做好未成年人保护工作。

苏木乡镇人民政府、街道办事处应当采取有效措施，确定专职或者兼职人员做好未成年人保护工作。

第五条 共产主义青年团、妇女联合会、工会、残疾人联合会、青年联合会、学生联合会、少年先锋队、红十字会、关心下一代工作委员会以及其他有关社会团体和居民委员会、嘎查村民委员会等组织，协助各级人民政府做好未成年人保护工作，维护未成年人的合法权益。

第六条 旗县级以上人民政府应当设立未成年人保护委员会。未成年人保护委员会的办事机构设在同级共产主义青年团组织，负责日常工作。

第七条 旗县级以上人民政府未成年人保护委员会的职责是：

（一）宣传有关未成年人保护的法律、法规和规章，并对其实施情况进行监督、检查；

（二）制定未成年人保护工作发展规划、年度工作计划和相关工作制度；

（三）组织研究未成年人保护工作中的重大问题，并向本级人民政府和有关部门提出意见和建议；

（四）组织、指导和协调各有关部门做好未成年人保护、教育和救助工作；

（五）接受侵犯未成年人合法权益的投诉、

控告和举报，并督促有关部门予以查处；

（六）保护未成年人的其他工作。

第八条 家庭、学校和社会应当教育未成年人自强、自尊、自爱、自信，遵守法律、法规和社会公德，维护自己的合法权益，增强自我保护意识和能力，增强社会责任感。

第九条 旗县级以上人民政府和未成年人保护委员会对保护未成年人有显著成绩的组织和个人，给予表彰和奖励。

第二章　家庭保护

第十条 父母或者其他监护人应当为未成年人的健康成长创造良好环境，鼓励、支持、指导未成年人参加与其年龄相适应的家务劳动、社会公益活动以及各类积极健康的文体娱乐活动。

第十一条 父母或者其他监护人应当学习家庭教育知识，掌握正确的教育和监护方法，以健康的思想、良好的品行和科学的方法教育和影响未成年人，帮助和引导未成年人树立正确的人生观、价值观，养成良好的思想品德和行为习惯。

第十二条 父母因外出务工或者其他原因不能履行对未成年人监护职责的，应当委托有监护能力的成年人代为监护，并将委托监护的情况及时告知未成年人居住地的居民委员会、嘎查村民委员会和就读学校，接受委托的人应当为未成年人创造良好的成长环境，保护被监护人的合法权益不受侵害。

第十三条 父母或者其他监护人应当对有残疾的未成年人给予更多的关爱，同时加强早期教育和诊治，禁止侵害残疾未成年人的合法权益。

不得歧视残疾未成年人、女性未成年人和未成年的继子女、养子女、非婚生子女。

第十四条 禁止父母或者其他监护人实施下列行为：

（一）对未成年人实施家庭暴力，虐待、遗弃未成年人；

（二）教唆、胁迫、引诱未成年人违法犯罪；

（三）放任、迫使接受义务教育阶段的未成年人失学、辍学；

（四）放任未成年人观看、阅读、收听、收集或者传播含有危害国家安全、淫秽、色情、暴力、邪教、迷信等内容的图书、报刊、影视节目、音像制品、电子出版物和网络信息等行为；

（五）放任未成年人吸烟、酗酒、旷课、夜不归宿、离家出走、沉迷网络以及打架斗殴、赌博、吸毒等行为；

（六）放任不满十六周岁的未成年人脱离监护单独居住；

（七）侵害未成年人的其他行为。

第十五条 父母或者其他监护人不履行监护职责、抚养义务或者侵害未成年人人身、财产以及其他合法权益，经教育不改的，人民法院可以根据有关人员或者有关单位的申请，撤销其监护人资格，另行确定监护人。被撤销监护资格的父母或者其他监护人应当继续承担未成年人的抚养费用。

第三章　学校保护

第十六条 学校应当依法保障未成年人接受教育的权利。义务教育阶段的学校按照国家规定实行免费、免试就近入学，不得拒绝接收应当接受义务教育的适龄未成年人入学。学校不得责令未成年学生停课、转学、退学，不得违反法律和国家规定开除未成年学生。

学校处分未成年学生，应当听取学生及其父母或者其他监护人的申辩，并及时答复。

第十七条 学校应当配备法制副校长或者聘请法制辅导员，并将法制教育的内容纳入教学计划，对未成年学生进行法制教育、道德教育，有效地防止、矫正未成年学生的不良行为。

第十八条 学校应当配备心理健康辅导员，根据未成年学生的生理、心理发展特点有针对性地进行生理、心理上的关心、教育和指导，并对进入青春期的未成年学生进行青春期教育和心理矫正。

学校应当建立健全卫生保健制度，为未成年学生提供必要的卫生保健条件，建立健全健康档案，做好疾病预防和控制工作，定期组织未成年学生进行体检。

第十九条 学校应当按照教育行政管理部门的规定合理安排课时和作业，保证未成年学生休息、娱乐和体育活动的时间，不得以各种名义占用未成年学生寒暑假期、法定节假日集体补课。

第二十条 学校和教师应当向未成年学生传授必要的社会生活技能和知识，培养学生良好的行为习惯和自理、自律、自立能力。

第二十一条 学校应当引导教育未成年学生正确选择和使用网络资源。配备用于教学的互联网上网服务设施的学校，应当采取安全过滤措施，防止未成年学生接触有害信息。

第二十二条 学校应当按照国家有关规定，配备适于未成年学生的文化、体育活动设施。节假日期间，中小学校的文化体育设施和场地应当向本学校学生免费开放，并建立健全相关的安全保护措施。

第二十三条 学校应当组织未成年学生参加有益其健康成长的集会、爱国主义教育、文化娱乐、社会实践等活动，并采取安全防范措施，防止发生人身安全事故。不得组织未成年学生参加商业性活动。

第二十四条 学校、幼儿园、托儿所应当向未成年人普及生活安全常识以及应对突发事件和不法侵害的知识，制定预防洪水、地震、火灾、泥石流、传染性疾病、食物中毒、意外伤害等突发事件的预案，开展应急演练，增强未成年人自我保护、自我救助的意识和能力。

第二十五条 学校、幼儿园、托儿所应当建立健全校园安全制度，配备专兼职保卫人员，加强对未成年人的教育和管理，保障未成年人人身安全。对校园及周边发生的扰乱教学秩序或者侵犯未成年人人身、财产安全的行为应当及时制止，必要时向公安机关报告。

第二十六条 学校、幼儿园、托儿所应当定期对校舍、教学设施、体育场所以及其他设施进行检查，发现存在安全隐患的设备、设施、场地要立即停止使用，及时修复；无法处理或者情况紧急的，应当书面报告教育行政管理部门或者所在地人民政府。

第二十七条 学校和教师应当尊重未成年学生的人格尊严，保护未成年人的隐私，平等对待未成年学生，不得张榜公布未成年学生的考试成绩名次，不得对未成年学生实施体罚、变相体罚或者其他侮辱人格尊严的行为。学校应当建立对教师体罚、侮辱学生行为的投诉制度。

第二十八条 收容教养期满、刑满释放的未成年人要求复学的，学校应当接收，并配合有关部门做好帮教工作。

第二十九条 学校、幼儿园、托儿所应当在学习、生活等方面关心、爱护和帮助在校未成年人中的孤儿、外出务工人员子女以及残疾未成年人。

第三十条 学校、幼儿园、托儿所应当建立教师家访制度，密切与家长的联系，讨论、协商、通报与未成年人有关的事项。

第四章 国家机关保护

第三十一条 旗县级以上人民政府应当采取措施，合理配置教育资源，促进义务教育均衡发展，保障适龄未成年人平等接受教育。保障未成年人学习和使用本民族语言、文字的权利。

第三十二条 旗县级以上人民政府应当重视发展特殊教育事业，根据需要设置特殊教育学校（班），对视力残疾、听力残疾、言语残疾和智力残疾的适龄未成年人实施义务教育，确保适龄残疾未成年人完成义务教育。

第三十三条 有条件的地区应当根据需要设置专门学校。自治区人民政府教育、财政、公安等行政管理部门应当根据各自职责，加强协调和指导工作，对专门学校的办学条件、师资待遇、经费投入应当予以保障。

第三十四条 旗县级以上人民政府应当按照国家有关规定建立寄宿制学校，并定期对学校校舍安全进行检查，对需要维修、改造的，及时予以维修、改造。

第三十五条 旗县级以上人民政府应当把未成年人活动场所和设施的建设纳入城乡建设规划，逐步建立布局合理、规模适当、经济实用、功能配套的未成年人校外活动场所，任何单位和个人不得侵占、损毁未成年人的活动场所和设施。确因城乡建设需要征用未成年人活动场所时，应当先行另建不低于原场所规模的未成年人活动场所，并配置相应的设施。

第三十六条 各级人民政府要制定优惠政策，吸纳社会资金，鼓励社会团体、企业事业单位和个人等社会力量兴建未成年人活动场所和设施，并对未成年人活动场所和设施进行监督检查。

第三十七条 教育行政管理部门应当保障未成年人的受教育权利及其他有关权益，建立学生申诉制度，及时处理学校和教师侵害未成年学生合法权益的行为。建立有利于未成年学生全面发展的教育评价制度，督促学校实施素质教育，减轻学生课业负担。教育行政管理部门应当会同公安机关指导学校建立健全安全预警机制，制定突发事件应急预案和事故预防措施，及时排除安全隐患，预防事故发生。

第三十八条 公安机关应当依法对残害未成年人，以及强迫、教唆未成年人从事乞讨、盗窃、抢夺等不利于未成年人成长的行为予以处理。公安机关应当加强对学校周边地区的治安巡逻、监控，及时发现和消除治安隐患，维护学校周边秩序，预防、制止侵害未成年学生人身、财产安全的违法犯罪行为。公安交通管理部门应当在学校附近的交通道口划定人行横道线，设置学生过往及车辆缓行标志，并加强学校周边的道路交通安全管理。

第三十九条 质量技术监督、工商、食品药品监督等行政管理部门应当加强对中小学校、幼儿园、托儿所周边食品安全等方面的监督管理。

第四十条 文化、广播电影电视、新闻出版等行政管理部门应当加强对涉及未成年人的图书、报刊、戏剧、影视节目、音像制品以及电子出版物等的监督管理，防止传媒活动或者产品内容对未成年人造成不良影响。

第四十一条 文化、公安、工商、广播电影电视、新闻出版、通信管理等行政管理部门，应当加强对互联网上网服务场所、网络信息内容以及手机运营商、网络运营商、网络信息提供商的监督管理，运用技术手段屏蔽、过滤传播不良信息的网站、网页，净化网络环境，防止手机信息、网络信息等对未成年人造成不良影响和危害。

第四十二条 人力资源和社会保障行政管理部门应当会同其他有关部门对完成义务教育不再升学的未成年人进行就业、创业培训，对正在接受收容教养、服刑的未成年人提供职业技术培训服务。

第四十三条 任何单位和个人不得介绍或者招用未满十六周岁的未成年人从业。文艺、体育、特种工艺单位确需招用的，应当经旗县级以上人民政府人力资源和社会保障行政管理部门批准，并保证被招用的未成年人接受义务教育。用人单位招用已满十六周岁未满十八周岁的未成年人应当依法签订劳动合同，不得安排其从事过重、有毒、有害等危害未成年人身心健康的劳动或者危险作业，并对未成年工定期进行健康检查。

第四十四条 民政部门应当采取措施做好流浪乞讨等生活无着未成年人的返乡救助工作。民政部门应当根据需要设立儿童福利机构，依法做好孤残儿童的养育、治疗、康复、教育工作。

第四十五条 未成年人在被收容教养期间，执行机关应当坚持教育、感化、挽救的原则，对正在接受收容教养、服刑的未成年人进行心理矫治和法律、道德、文化、职业技术教育，为其就学、就业创造条件。

第四十六条 盟、设区的市以及有条件的旗县区应当设置未成年人维权专用电话或者平台，为未成年人提供咨询，及时受理侵害未成年人合法权益的投诉、举报。旗县级以上人民政府有关部门和单位接到侵害未成年人合法权益的控告、举报、申诉，应当自受理之日起三十日内作出处理意见并答复相关人员，法律、法规另有规定的除外。

第五章　社会保护

第四十七条 全社会都应当尊重、关心、保护、教育未成年人，为其健康成长创造良好的社会环境。对侵害未成年人合法权益的行为，任何组织或者个人都有权制止，都有向未成年人保护委员会或者有关部门投诉、举报的权利。

第四十八条 对于有发明创新能力或者突出成就的未成年人，学校、监护人和相关部门应当为其发展创造有利条件。任何组织和个人不得侵犯未成年人的智力成果及其相关权益。

第四十九条 爱国主义教育基地、图书馆、少年宫、儿童活动中心应当对未成年人免费开放。博物馆、纪念馆、科技馆、展览馆、美术馆、文化馆、烈士纪念建筑物、名人故居以及影剧院、体育场馆、动物园、公园等场所，应当按照有关规定对未成年人免费或者优惠开放。

第五十条 禁止任何组织、个人制作或者向未成年人出售、出租或者以其他方式传播淫秽、暴力、凶杀、恐怖、赌博等毒害未成年人的图书、报刊、音像制品、电子出版物以及网络信息等。

第五十一条 中学、小学校园周围200米范围内和居民住宅楼（院）不得设立互联网上网服务营业场所和营业性歌舞娱乐场所。互联网上网服务营业场所、营业性歌舞娱乐场所不得接纳未成年人，经营者应当在显著位置设置未成年人禁入标志；对难以判明是否已成年的，应当要求其出示身份证件。

第五十二条 生产、销售用于未成年人的食品、药品、用具、玩具和游乐设施，应当符合国家强制标准或者行业标准，需要标明注意事项的，应当在显著位置标明。

第五十三条 烟酒经营单位、个人不得向未成年人出售烟酒，并在经营场所的显著位置设置禁售标志；对难以判明是否已成年的，应当要求其出示身份证件。任何人不得在中小学校、幼儿园、托儿所的教室、寝室、活动室和其他未成年人集中活动的场所吸烟、饮酒。

第五十四条 大众传播媒体应当对侵害未成年人合法权益的行为实行舆论监督。大众传播媒体不得披露涉嫌违法犯罪的未成年人或者受侵害的未成年人的姓名、住所、学校、单位、照片、图像以及可能推断出该未成年人的资料。

第五十五条 居民委员会、嘎查村民委员会应当协助有关部门和未成年人家长，做好未成年人的安全保护、思想教育、行为规范等工作，支持社会工作者和志愿者开展未成年人保护工作。居民委员会、嘎查村民委员会应当配合公安、司法行政等有关部门，做好收容教养期满、刑满释放未成年人的矫治和帮教工作。

第六章　法律责任

第五十六条 违反本条例规定，父母或者其他监护人不依法履行保护未成年人的责任或者侵害未成年人合法权益的，由其所在单位或者居民委员会、嘎查村民委员会予以劝诫、制止；违反治安管理规定的，由公安机关依法给予处罚，构成犯罪的，依法追究刑事责任。

第五十七条 违反本条例规定，学校、幼儿园、托儿所不履行职责致使未成年人发生人身安全事故，情节严重的，由教育行政管理部门对直接负责的主管人员和其他直接责任人员给予处分；造成人身财产损失或者其他损害的，依法承担民事责任；构成犯罪的，依法追究刑事责任。

第五十八条 违反本条例规定，对未成年学生实施体罚、变相体罚、开除未成年人的，由教育行政管理部门责令改正；情节严重的，对直接负责的主管人员和其他直接责任人员依法给予处分。

第五十九条 违反本条例规定，非法招用未满十六周岁的未成年人，或者招用已满十六周岁的未成年人从事过重、有毒、有害等危害未成年人身心健康的劳动或者危险作业的，由人力资源和社会保障行政管理部门责令改正，并依法处以罚款；情节严重的，由工商行政管理部门依法吊销其营业执照。

第六十条 违反本条例规定，国家机关及其工作人员不依法履行保护未成年人合法权益的责任，侵害未成年人的合法权益，或者对提出申诉、控告、举报的人进行打击报复的，由其所在单位或者上级机关责令改正，对直接负责的主管人员和其他直接责任人员依法给予行政处分。

第六十一条 违反本条例规定，在中学、小学校园周围200米范围内和居民住宅楼（院）设置互联网上网服务营业场所、营业性歌舞娱乐场所的，由文化、工商等行政管理部门予以关闭，依法给予行政处罚。违反本条例规定，互联网上网服务营业场所、营业性歌舞娱乐场所接纳未成年人，或者没有在显著位置设置未成年人禁入标志的，由文化行政管理部门责令改正，依法给予行政处罚。

第六十二条 违反本条例规定，生产、销售用于未成年人的食品、药品、用具、玩具和游乐设施不符合国家强制标准或者行业标准的，由质量技术监督、工商、食品药品监督等行政管理部门在各自职责范围内，依法给予行政处罚。

第六十三条 违反本条例规定，经营者向未成年人出售烟酒或者未在经营场所的显著位置设置禁售标志的，由有关部门责令改正，依法给予行政处罚。

第七章 附 则

第六十四条 本条例自2011年1月1日起施行。

辽 宁

辽宁省实施《中华人民共和国未成年人保护法》规定

（2009年11月27日辽宁省第十一届人民代表大会常务委员会第十三次会议通过，自2010年2月1日起施行）

第一条 根据《中华人民共和国未成年人保护法》和其他有关法律、行政法规的规定，结合本省实际，制定本规定。

第二条 省、市、县（含县级市、区，下同）人民政府领导本行政区域内的未成年人保护工作，决定未成年人保护工作中的重大事项。

省、市、县青少年教育保护委员会是本级人民政府负责未成年人保护工作的机构，负责组织、协调、指导、督促有关部门做好未成年人保护工作；其下设的办公室负责具体工作。

省、市、县人民政府的有关部门在各自职责范围内做好未成年人保护工作。

乡镇人民政府和城市街道办事处应当确定人员负责未成年人保护工作。

居民委员会、村民委员会应当协助人民政府及其有关部门做好未成年人保护工作，组织开展有益于未成年人身心健康的活动。

第三条 省、市、县人民政府应当将未成年人保护工作纳入国民经济和社会发展规划以及年度计划，将相关经费纳入本级政府预算，并将未成年人保护工作列为本级政府的工作考核内容。

第四条 父母或者其他监护人不得因未成年人难以管教或者有违法犯罪行为而拒绝履行其监护职责和抚养义务。

父母因外出务工或者其他原因不能履行对未成年人监护职责的，应当委托有监护能力的其他成年人代为监护；委托监护前应当听取有表达意愿能力的未成年子女的意见，并保持与子女和监护人的联系。

父母应当将委托监护的情况及时向未成年人居住地的居民委员会、村民委员会和未成年人就读学校通报。

第五条 禁止对未成年人实施家庭暴力。

公民、法人和其他组织应当劝阻并向公安机关举报正在实施的家庭暴力行为。公安机关接到举报后应当立即出警，予以制止，并依法作出处理。

第六条 省、市、县人民政府应当鼓励和支持学校、居民委员会、村民委员会和社会组织，通过举办家长学校、家长培训班等形式，进行家庭教育指导，为父母或者其他监护人教育培养未成年人提供服务。

第七条 未成年人保护工作机构、居民委员会、村民委员会、学校应当做好对父母或者其他监护人因外出务工等原因而留守的未成年人的保护工作，为留守未成年人的学习、生活、心理提供指导和帮助，开展对留守未成年人的学习督促、生活关爱和心理疏导等活动。

未成年人保护工作机构、居民委员会、村民委员会应当支持社会工作者和志愿者开展未成年人保护工作，预防和制止侵害未成年人合法权益的违法犯罪行为。

未成年人保护工作机构、居民委员会、村民委员会应当协助学校、家庭和公安机关、司法机关，对有严重不良行为和被判处非监禁刑罚以及刑满释放、解除劳动教养的未成年人进行教育和矫治。

第八条 学校不得违反法律和国家规定强制或者变相强制未成年学生停学、转学、退学。

第九条 学校应当配备健康指导教师，对未成年学生进行生理和心理健康教育。

第十条 学校可以聘请校外法律辅导员，对未成年学生进行法制教育。

第十一条 学校、幼儿园和托儿所为未成年人提供饮食、饮水的，应当符合卫生部《学生营养午餐营养供给量》的规定要求，卫生条件和价格应当符合有关规定。

第十二条 学校、幼儿园、托儿所和教师应当对属于残疾、孤儿、单亲家庭、再婚家庭以及父母服刑等情形的未成年学生给予特别关心，不得歧视。

第十三条 省、市、县人民政府应当加强公办幼儿园和托儿所的建设，保证幼儿教育经费投入，全面提高幼儿保育、教育质量；加强对社会力量举办的幼儿园、托儿所的指导和监督，保证学前教育健康发展。

教育主管部门会同财政、价格主管部门加强对幼儿园、托儿所收费的监督管理。

第十四条 专门为未成年人提供接送服务的车辆，应当经过有关部门安全技术检测合格，并在显著位置设置统一的未成年人专用车标志。遇有设置未成年人专用车标志的车辆时，其他车辆应当主动避让。

公安、交通等有关部门应当严格管理从事接送未成年人服务工作的车辆和驾驶人员。

第十五条 省、市、县人民政府应当将适合未成年人的文化体育活动场所和设施建设纳入本地区社会发展总体规划并保证实施。

每个县应当至少有一处综合性的、多功能的未成年人活动场所。

新建或者改建居民小区，应当建设适合未成年人活动的场所和文化体育设施。

第十六条 省、市、县人民政府应当鼓励企业事业组织、社会团体和个人，兴建或者向社会提供有利于未成年人身心健康的活动场所和设施。

第十七条 未成年人活动场所不得出租或者转为他用。任何单位和个人不得侵占、损坏未成年人的活动场所和文化体育设施。

因城市建设确需占用未成年人活动场所的，应当就近新建不低于原标准的活动场所。

第十八条 省、市、县人民政府应当逐步建立未成年人基本医疗保险制度。

第十九条 省、市、县人民政府应当对享受最低生活保障待遇家庭的未成年人给予适当救助。

第二十条 省、市、县人民政府应当采取措施，对已经完成规定义务教育未再升学的未成年人进行职业教育、职业技能培训和就业指导。

第二十一条 新闻媒体应当做好维护未成年人合法权益的宣传工作。

出版、制作和传播专门以未成年人为对象的图书、报刊、音像制品、电子出版物以及网络信息等，应当有利于未成年人的身心健康。

第二十二条 食品安全监督管理和城市行政综合执法等部门应当对学校周围的食品销售、餐饮服务和文具、玩具用品的摊点，依法严格监督管理。

第二十三条 互联网上网服务营业场所的经营者，应当在其营业场所的显著位置设置未成年人禁止入内的标志和主管部门的举报电话，并阻止未成年人进入。文化主管部门应当监督实施。

第二十四条 文化主管部门接到容留未成年人在营业性歌舞娱乐场所、互联网上网服务营业场所活动的举报，应当立即调查处理。

第二十五条 公益性未成年人活动场所的水、电、燃气、供暖等费用，按照当地居民收费标准收缴。

第二十六条 禁止在中小学校、幼儿园、托儿所的教室、寝室、活动室、阅览室和未成年人集中活动的其他室内场所吸烟、饮酒。

第二十七条 禁止向未成年人出售烟酒，对难以判明是否成年的，应当要求其出示身份证件。经营者应当在显著位置设置不向未成年人销售烟酒的标志和主管部门的举报电话。烟酒主管部门应当监督实施。

第二十八条 未成年人的合法权益受到侵害时，任何单位和个人有权予以制止。被侵害人有权直接或者通过监护人向未成年人保护工作机构、所在学校、当地居民委员会、村民委员会或者有关部门请求保护和投诉、举报。未成年人保护工作机构、学校、居民委员会、村民委员会或者有关部门应当及时采取救助措施，不得拒绝、推诿。

第二十九条 人民法院受理涉及未成年人的抚养费、教育权、探视权等案件，应当保护未成年人权益；对交纳诉讼费用确有困难的，应当减交或者免交。

第三十条 人民法院开庭审理未成年人案件，应当采取适合未成年人身心健康特点的审判方式，设立少年刑事法庭或者指定专人办理未成年人刑事案件。

选任审理未成年人案件的陪审员，应当优先邀请未成年人保护工作机构等有关组织的人员担任。

第三十一条 公安机关、人民检察院讯问未成年违法、犯罪嫌疑人，询问未成年证人、被害人，应当通知其监护人到场，无法通知监护人或者监护人不能到场的，应当通知未成年人所在学校或者未成年人住所地的居民委员会、村民委员会或者未成年人保护工作机构指派的人员到场。

第三十二条 对侵害未成年人合法权益的行为，未成年人保护工作机构有权要求有关部门及时依法查处；对严重侵害未成年人的行为或者造成严重社会影响的侵害未成年人权益的事件，未成年人保护工作机构可以向有关部门发出督办意见书。有关部门应当在接到督办意见书后十五个工作日内依法处理并作出书面答复；逾期不作出答复也不处理的，未成年人保护工作机构可以建议同级人民政府或者上级组织责令其改正，并可以建议追究直接责任人的责任。

第三十三条 违反本规定，侵害未成年人的合法权益，《中华人民共和国未成年人保护法》和其他法律、法规已规定行政处罚的，从其规定；法律、法规没有处罚规定，人民政府负有监督管理职责的，人民政府应当责令其改正，视情节对有关责任人员给予行政处分。

第三十四条 违反本规定，有下列行为之一的，由有关部门给予处罚：

（一）将未成年人活动场所出租或者转为他用的，由其上级主管部门责令其改正；情节严重的，对有关责任人员给予行政处分。

（二）互联网上网服务营业场所接纳未成年人进入或者没有在显著位置设置未成年人禁止入内标志的，由文化主管部门给予警告，并处五千元至一万五千元罚款；情节严重的，责令停业整顿，直至吊销《网络文化经营许可证》。

（三）向未成年人出售烟酒或者没有在显著位置设置不向未成年人销售烟酒标志的，由烟酒主管部门或者会同工商部门处五百元至二千元罚款。

第三十五条 本规定自2010年2月1日起施行，1995年1月20日辽宁省第八届人民代表大会常务委员会第十二次会议通过的《辽宁省实施〈中华人民共和国未成年人保护法〉办法》同时废止。

吉　林

吉林省实施《中华人民共和国未成年人保护法》办法

（1994年11月26日吉林省第八届人民代表大会常务委员会第十三次会议通过，1997年7月25日吉林省第八届人民代表大会常务委员会第三十二次会议修改，2011年9月30日吉林省第十一届人民代表大会常务委员会第二十八次会议修订，自2011年10月1日起施行）

第一章　总　则

第一条 为了保护未成年人的身心健康，保障未成年人的合法权益，促进未成年人全面发展，根据《中华人民共和国未成年人保护法》和有关法律、法规，结合本省实际，制定本办法。

第二条 本办法所称未成年人是指未满十八周岁的公民。

第三条 保护未成年人，是国家机关、武装力量、政党、社会团体、企业事业组织、城乡基层群众性自治组织、未成年人的监护人和其他成年公民的共同责任。

第四条 各级国家机关应当在各自职责范围内做好未成年人保护工作。

各级人民政府领导有关部门做好未成年人保护工作，将未成年人保护工作纳入国民经济和社会发展规划以及年度计划，相关经费纳入本级财政预算，保证工作需要。

第五条 共产主义青年团、妇女联合会、工会等有关社会团体和城乡基层群众性自治组织，协助各级人民政府做好未成年人保护工作。

第六条 任何组织和个人对危害未成年人身心健康、侵犯未成年人合法权益的行为，都有权予以劝阻、制止或者向有关部门提出检举或者控告。

第七条 省、市（州）、县（市、区）人民政府和有关部门对保护未成年人有显著成绩的组织和个人，给予表彰和奖励。

第八条 每年九月的第二周为全省未成年人保护宣传周。

第二章　未成年人保护委员会

第九条 省、市（州）、县（市、区）人民政府设立未成年人保护委员会，指导、协调、监督本行政区域内的未成年人保护工作。

乡镇人民政府、街道办事处建立未成年人保护工作协调机制，指定专人负责处理日常工作。

第十条 未成年人保护委员会成员由人民政府及其教育、民政、公安、司法行政等有关部门和人民法院、人民检察院以及共产主义青年团、妇女联合会、工会、关心下一代工作委员会等社会团体的相关负责人组成。主任委员由同级人民政府的负责人担任。

委员会实行例会制度。

委员会办事机构设在同级共产主义青年团委员会，负责日常工作。

第十一条 未成年人保护委员会的职责：

（一）宣传、贯彻有关保护未成年人的法律、法规和政策，并监督、检查落实情况；

（二）研究、决定有关未成年人保护工作中的重大事项；

（三）指导、协调有关部门共同做好未成年人保护工作；

（四）接受对危害未成年人身心健康、侵犯未成年人合法权益行为的投诉、举报、控告，建议或者要求有关部门查处；

（五）其他与未成年人保护工作有关的职责。

第十二条 有下列情形之一的组织和个人，未成年人保护委员会应当给予表彰、奖励或者建议同级人民政府和有关部门给予表彰、奖励：

（一）教育、挽救有不良行为或者违法犯罪未成年人成绩显著的；

（二）与侵害未成年人合法权益行为作斗争表现突出的；

（三）援救处于危险境地的未成年人表现突出的；

（四）捐赠、赞助未成年人保护事业贡献较大的；

（五）其他对未成年人保护工作有特殊贡献的。

第十三条 各级未成年人保护委员会可以设立未成年人保护基金，用于未成年人保护事业。未成年人保护基金的筹措、管理及使用办法由省人民政府制定。

第三章　家庭保护

第十四条 父母或者其他监护人应当履行对未成年人的抚养义务和监护职责，为其提供必要的学习、生活和医疗保健条件，保护其身心健康和人身安全。

父母或者其他监护人应当以健康的思想、良好的品行和适当的方法教育、影响和保护未成年人，关注未成年人的生理、心理状况和行为习惯，尊重未成年人的人格尊严。预防和制止未成年人吸烟、酗酒、流浪、沉迷网络以及赌博、吸毒、卖淫等行为。

第十五条 禁止父母及家庭成员或者其他监护人实施下列行为：

（一）对未成年人实施家庭暴力；

（二）虐待、遗弃、残害未成年人；

（三）歧视女性或者有残疾的未成年人；

（四）为未成年人订立婚约，允许或者迫使其结婚；

（五）纵容、包庇、教唆未成年人违法犯罪；

（六）指使、胁迫未成年人乞讨、卖艺；

（七）其他危害未成年人健康成长或者侵害未成年人合法权益的行为。

第十六条 父母或者其他监护人应当保障未成年人接受教育的权利，保障适龄未成年人依法接受义务教育，不得使其辍学或者失学。

对旷课、放弃正常学习的未成年人，父母或者其他监护人应当配合学校共同教育，使其返校就读。

第十七条 未成年人的父母或者其他监护人，不得让未满十六周岁的未成年人脱离监护单独居住。

第十八条 父母或者其他监护人因外出务工或者其他原因不能履行对未成年人监护职责的，应当委托有监护能力的其他成年人代为监护。

被委托的监护人因故不能全面履行监护职责的，应当及时变更监护人。

第四章 学校保护

第十九条 学校应当全面贯彻国家的教育方针，遵循教育规律，针对未成年学生身心发展特点，实施素质教育，促进其全面发展。

学校应当严格执行国家教育主管部门规定的教育教学内容和课程设置，关心未成年学生的身心健康，减轻其课业负担，保证体育锻炼时间。

第二十条 教师和其他教育工作者应当遵守法律、法规和职业道德规范，平等对待未成年学生，以良好的品德、言行教育和影响未成年学生。

学校及老师应当尊重学生的人格，不得歧视学生，不得对学生实施体罚、变相体罚或者其他侮辱人格尊严的行为；严禁向学生乱收费、摊派或者索取财物及以罚款手段惩处学生，不得侵犯学生合法权益。

第二十一条 学校不得拒收应在本学区内接受义务教育的未成年人，不得强迫尚未完成义务教育的未成年学生转学、停学、退学或者违法开除未成年学生。

公办中小学校应当按照有关规定接收进城务工农民随迁子女，对其进行义务教育。

第二十二条 学校应当配备专职或者兼职心理健康辅导员，对未成年学生开展生理、心理健康教育和青春期教育。

教师应当对行为有偏差、心理有障碍的学生以及孤儿、单亲、残疾的学生，给予必要的关心和心理疏导。

第二十三条 学校将有严重不良行为的未成年学生转往专门学校矫治的，应当经县级以上教育主管部门批准。

县级以上教育主管部门作出前款决定，必须依据证实未成年学生具有严重不良行为的书面材料和相关部门出具的有法律效力的证明材料。

第二十四条 学校应当定期对未成年学生的父母或者其他监护人提供家庭教育指导，帮助家长在家庭中对未成年学生实施科学的教育。

第二十五条 学校处分未成年学生，应当听取未成年学生及其父母或者其他监护人的申辩，并作出答复；对确有悔改表现、改正错误的，应当及时撤销处分，并消除学籍档案中的相关记录。

第二十六条 学校、幼儿园、托儿所应当建立健全安全管理制度，配备安保人员，加强校园安全保卫。

学校、幼儿园、托儿所应当定期检查校舍和教学、娱乐等设施、场所，及时消除安全隐患。

学校、幼儿园、托儿所为未成年人提供的食品、饮用水和玩具、文体用品应当符合国家、地方和行业的卫生安全标准，保障未成年人的卫生安全。

有关行政部门应当加强对学校、幼儿园、托儿所安全的监管。

第二十七条 学校、幼儿园、托儿所应当根据需要，制定应对灾害、传染性疾病、食物中毒、意外伤害等突发事件的预案，配备相应的设施并定期组织自救演练。遇有突发事件，应当及时启动应急预案，并向有关主管部门报告。

第二十八条 学校、幼儿园、托儿所应当加强对校车的管理，定期进行安全检查，禁止使用不符合安全运输条件的车辆。

学校、幼儿园、托儿所应当聘请具有五年以上实际驾驶经验、驾驶记录良好、身心健康的人员作为校车驾驶员。

校车应当按照有关规定设置明显标识，严禁超载、超速等违法驾驶行为。

第五章　社会保护

第二十九条　全社会应当树立尊重、保护、教育未成年人的良好风尚，关心、爱护未成年人。

国家鼓励社会团体、企业事业组织以及其他组织和个人，开展多种形式的有利于未成年人健康成长的社会活动。

第三十条　省、市（州）、县（市、区）人民政府应当根据本地区经济、社会、文化、人口及未成年人发展需要，将新建、改建、扩建未成年人文化、科技、体育、娱乐等活动场所纳入城乡发展规划。

各县（市、区）应当至少有一所综合性、多功能的未成年人活动场所。

任何组织和个人不得挤占、毁坏未成年人活动的场所和设施。

第三十一条　省、市（州）、县（市、区）人民政府应当支持和鼓励有关企业事业组织、社会团体和居民委员会、村民委员会等组织开展多种形式的有利于未成年人健康成长的社会活动，并为其提供必要条件。

居民委员会、村民委员会应当协助有关部门教育和挽救违法犯罪的未成年人，预防和制止侵害未成年人合法权益的违法犯罪行为。

第三十二条　学校、幼儿园、托儿所周边禁止设立易燃、易爆、剧毒、放射性、腐蚀性等危险物品的生产、经营、储存、使用场所或者设施，禁止排放有毒、有害的废水、废气、废渣等。

不得在学校、幼儿园、托儿所周边制造影响正常教学秩序的噪声。

第三十三条　中小学校园周边二百米以内和主要对未成年人开放的场馆内不得设置营业性歌舞娱乐场所、互联网上网服务营业场所、电子娱乐场所等不适宜未成年人活动的场所。

营业性歌舞娱乐场所、互联网上网服务营业场所等不适宜未成年人活动的场所，不得允许未成年人进入，经营者应当在显著位置设置未成年人禁入标志。

第三十四条　禁止用人单位违法招用未满十六周岁的未成年人。

对违法招用的未满十六周岁的未成年人，有关部门应当通知其父母或者其他监护人领回。对孤儿、无法查明其父母或者其他监护人的未满十六周岁的未成年人，由民政部门设立的专门机构收留监护。

第三十五条　各级人民政府应当为闲散、流浪、留守、有不良行为等重点群体的未成年人提供权益保护、心理咨询、亲情沟通等服务。

公安部门或者其他有关部门应当对流浪乞讨或者离家出走的未成年人实施救助，承担临时监护责任，由民政部门设立的专门机构予以妥善照顾，并及时通知其父母或者其他监护人领回。

鼓励和支持企业事业组织、社会组织和个人等社会力量为重点群体的未成年人的学习和生活提供帮助和支持。

第三十六条　食品药品监督管理、工商行政管理等部门应当对校园内及周边餐饮食品经营点卫生状况、食品质量进行监督，依法取缔非法经营的小卖部、饮食摊点。

第三十七条　禁止任何组织和个人纵容、包庇、教唆未成年人违法犯罪，拐卖、残害未成年人，组织、胁迫、诱骗、利用未成年人乞讨或者进行有害其身心健康的表演等活动。

第三十八条　公安交通管理部门应当在学校、幼儿园、托儿所门前或者其他未成年人集中活动的场所及其周边道路设置交通警示标志，施划人行横道线，根据需要设置交通信号灯等设施。

第三十九条　被作出不起诉决定、免除刑事处罚、宣告缓刑、假释、刑满释放以及被解除劳动教养的未成年人，复学、升学、就业不受歧视。

第四十条　禁止任何组织和个人向未成年人提供和出售管制刀具、仿真玩具枪以及其他可以致人严重伤害的器械和物品。

第四十一条　新闻媒体报道涉及未成年人

的案件，应当保护未成年人的隐私，维护未成年人合法权益，为未成年人创造积极健康的舆论氛围。

第六章　司法保护

第四十二条　公安机关、人民检察院、人民法院以及司法行政部门在司法活动中应当依法保护未成年人的合法权益。

第四十三条　对违法犯罪的未成年人，实行教育、感化、挽救的方针，坚持教育为主、惩罚为辅的原则，进行有效地矫治，防止其重新违法犯罪。

对违法犯罪的未成年人，应当依法从轻、减轻或者免除处罚。

第四十四条　公安机关、人民检察院、人民法院应当设立专门机构或者指定专人办理未成年人犯罪案件；有条件的律师事务所应当指定专人承担未成年人的辩护工作。

办理未成年人犯罪案件，应当采取适合未成年人特点的方式进行讯问、审理。

第四十五条　公安机关应当把学校周边地区作为重点治安巡逻、监控区域，及时发现和消除各类治安隐患，维护学校周边治安秩序，预防、制止侵害未成年人人身、财产安全的违法犯罪行为。

第四十六条　公安机关、人民检察院、人民法院以及司法行政部门应当协助学校配备专职或者兼职法制副校长或者法制辅导员，开展法制教育，并保证课时。

第四十七条　对需要法律援助或者司法救助的未成年人，法律援助机构或者人民法院应当依法为其提供法律援助或者司法救助。

第四十八条　公安机关和司法行政部门对羁押、服刑及劳动教养的未成年人，应当保证其继续接受文化、法律知识或者职业技术教育；对未完成义务教育的，应当保证其继续接受义务教育。

第四十九条　对违法犯罪未成年人的档案应当严格保密，建立档案的有效管理制度。

第七章　自我保护

第五十条　未成年人应当增强自我保护的意识，提高自我保护能力，遵守法律法规和社会公德，养成良好的生活习惯和行为规范，自觉抵制各种不良行为和违法犯罪行为。

未成年人应当掌握基本的生存知识和应对意外伤害等突发性事件的技能，增强抵御自然灾害的意识和能力，熟练掌握常用的报警、急救电话的正确使用方法。

第五十一条　未成年人不得有下列行为：

（一）吸烟、酗酒；

（二）吸毒、服用兴奋剂、卖淫；（三）携带管制刀具；

（四）寻衅滋事、打架斗殴；（五）强行向他人索要财物；

（六）参与赌博或者变相赌博；

（七）观看、收听淫秽、暴力、凶杀、恐怖、赌博等毒害未成年人的图书、报刊、音像制品、电子出版物以及网络信息；

（八）沉迷网络或者电子游戏，进入营业性歌舞娱乐场所、互联网上网服务营业场所等不适宜未成年人活动的场所；

（九）驾驶机动车辆或者参与道路竞驶、竞技等危险活动；

（十）在没有安全保障的情况下，进行攀岩、蹦极等高危险性的体育和娱乐活动；

（十一）其他危及或者损害身心健康的行为。

第五十二条　未成年人的合法权益受到侵害时，本人及其父母或者其他监护人可以向有关国家机关、未成年人保护委员会、学校、居民委员会、村民委员会请求保护或者救助。被请求单位或者部门接到请求后，应当及时妥善处理、不得推诿、拒绝；对不属于本单位或者部门管辖的，应当及时移送有关部门处理，并通知请求人。

第五十三条　生活无着的未成年人，可以直接或者通过监护人、所在学校、居民委员会、村民委员会向民政部门申请生活安置。

第五十四条　未成年学生及其监护人对学校作出的纪律处分和其他决定不服的，可以向教育主管部门提出申诉。

第八章　法律责任

第五十五条　违反本办法规定，侵害未成年人的合法权益，其他法律、法规已规定行政处罚的，从其规定；造成人身财产损失或者其他损害的，依法承担民事责任；构成犯罪的，依法追究刑事责任。

第五十六条 国家机关及其工作人员不依法履行保护未成年人合法权益的责任，或者侵害未成年人合法权益，或者对提出申诉、控告、检举的人进行打击报复的，由其所在单位或者上级机关责令改正，对直接负责的主管人员和其他直接责任人员依法给予行政处分。

第五十七条 父母或者其他监护人不依法履行监护职责，或者侵害未成年人合法权益的，由其所在单位或者居民委员会、村民委员会予以劝诫、制止；构成违反治安管理行为的，由公安机关依法给予处罚。

第五十八条 学校、幼儿园、托儿所等单位及其工作人员不履行保护未成年人合法权益的义务或者侵害未成年人合法权益的，由其所在单位或者教育行政管理部门责令改正，对直接负责的主管人员和其他直接责任人员依法给予处分。

第五十九条 违反本办法第三十二条规定，在校园周边违法设立相关场所或者设施、违禁排放、制造影响正常教学秩序噪声的，由公安机关和环境保护主管部门依法给予处罚。

第六十条 违反本办法第三十三条规定，在中小学校园周边二百米内或者主要对未成年人开放的场馆内，设置不适宜未成年人活动的场所的，由文化主管部门依法给予处罚。

第六十一条 违反本办法第三十四条规定，违法招用未满十六周岁未成年人的，由劳动主管部门和工商行政管理部门依法给予处罚。

第六十二条 违反本办法第三十七条规定，纵容、包庇、教唆未成年人违法犯罪，拐卖、残害未成年人，组织、胁迫、诱骗、利用未成年人乞讨或者进行有害其身心健康的表演等活动的，由公安机关依法给予处罚；构成犯罪的，依法追究刑事责任。

第六十三条 违反本办法第四十条规定，向未成年人提供或者出售相关器械和物品的，由公安机关和工商行政管理部门没收相关物品并依法给予处罚。

第九章 附 则

第六十四条 本办法自 2011 年 10 月 1 日起施行。

黑龙江

黑龙江省未成年人保护条例

（1989 年 12 月 13 日黑龙江省第七届人民代表大会常务委员会第十二次会议通过，根据 1996 年 4 月 26 日黑龙江省第八届人民代表大会常务委员会第二十一次会议《关于修改〈黑龙江省保护未成年人条例〉的决定》修正，2009 年 8 月 20 日黑龙江省第十一届人民代表大会常务委员会第十二次会议修订，2009 年 10 月 1 日起施行）

第一章 总 则

第一条 为了保护未成年人的身心健康，保障未成年人的合法权益，促进未成年人在品德、智力、体质等方面全面发展，培养有理想、有道德、有文化、有纪律的社会主义建设者和接班人，根据《中华人民共和国未成年人保护法》等有关法律、法规，结合本省实际制定本条例。

第二条 本省行政区域内未成年人的保护，适用本条例。

第三条 国家机关、社会组织和成年公民在处理与未成年人权益有关的事务时，应当依法保障未成年人的合法权益。

第四条 本条例由各级人民政府组织实施。

县级以上人民政府设立未成年人保护委员会，并行使下列职权：

（一）组织宣传维护未成年人合法权益的法律、法规和政策，并对贯彻落实情况进行监督检查；

（二）讨论、决定未成年人保护工作中的重大事项，指导、协调和监督各有关部门和单位的未成年人保护工作；

（三）确定各成员单位在未成年人保护工作中的具体职责，对其职责落实情况进行定期考评，并通报考评情况；

（四）接受对侵犯未成年人合法权益行为的投诉和举报，转交和督促有关部门进行处理；

（五）指导下级未成年人保护委员会的工作。

未成年人保护委员会由本级人民政府一名负责人任主任。

未成年人保护委员会办公室设在本级共产主义青年团组织，负责日常工作。共产主义青年团组织应当认真履行未成年人保护委员会办公室的各项职责，保证工作任务的落实。

各成员单位应当认真履行未成年人保护委员会确定的具体职责。

第五条　共产主义青年团、妇女联合会、工会、关心下一代工作委员会、青年联合会、学生联合会、少年先锋队以及其他有关社会团体，协助各级人民政府做好下列有关工作：

（一）采取多种形式对未成年人进行爱国主义、革命传统、中华传统美德和民主法制等教育；

（二）宣传维护未成年人合法权益的法律、法规和政策；

（三）组织开展未成年人自我保护教育；

（四）组织开展各种适合未成年人特点的文化娱乐活动；

（五）做好预防未成年人违法犯罪和违法犯罪未成年人的帮教工作；

（六）开展未成年人保护的理论研究工作；

（七）做好有关未成年人保护的其他工作。

第六条　各级人民政府应当将未成年人保护工作纳入国民经济和社会发展规划以及年度计划，相关经费纳入本级政府预算。

第七条　公民和社会组织有权向国家机关反映未成年人的合理诉求，对未成年人的保护工作实行社会监督。

第八条　各级人民政府、县级以上人民政府未成年人保护委员会及其成员单位对下列在未成年人保护工作中有显著成绩的组织和个人，给予表彰和奖励：

（一）教育、帮助未成年人，促进其健康成长的；

（二）提供、兴建未成年人活动场所或者设施的；

（三）创作出有利于未成年人健康成长的优秀作品的；

（四）援救处于危险境地的未成年人的；

（五）捐建、捐助未成年人福利机构等支持未成年人福利事业的；

（六）预防未成年人违法犯罪的；

（七）教育、感化、挽救违法犯罪未成年人的；

（八）为残疾、刑满释放、解除劳动教养等未成年人提供就学、就业的；

（九）资助家庭有经济困难的未成年学生完成学业的；

（十）维护未成年人合法权益的；

（十一）其他推动未成年人保护工作的。

第二章　家庭保护

第九条　父母或者其他监护人应当对未成年子女或者被监护的未成年人依法履行监护职责和抚养义务。

生父母对其非婚生子女、继父母对其抚养的继子女、养父母对其养子女、离婚父母对其婚生子女在十八周岁前应当依法履行监护职责和抚养义务。未成年人的父母已经死亡或者丧失监护能力的，由其他监护人依法履行监护职责。

父母或者其他监护人因故不能或者暂时不能对未成年子女或者被监护的未成年人履行监护职责的，应当委托有监护能力的其他成年人代为监护，受委托人应当依法履行监护职责。

第十条　父母或者其他监护人应当教育未成年人爱祖国、爱人民、爱科学，尊老爱幼、文明礼貌、诚信友善、遵纪守法、勤劳节俭、爱护环境。

父母或者其他监护人应当学习科学的家庭教育知识，提高自身素质，关注未成年人青春期的心理、生理、行为习惯的变化，并与学校配合，及时给予指导。

第十一条 父母或者其他监护人应当依法保证适龄的未成年子女或者被监护的未成年人接受义务教育，不得迫使其辍学。对逃学、弃学的，及时进行教育，使其复学。

父母或者其他监护人应当与学校配合，保证未成年学生的睡眠、娱乐和体育锻炼时间。

第十二条 父母或者其他监护人对未成年子女或者被监护的未成年人应当进行交通、火灾、水灾、地震和用电用气等安全常识教育，增强其安全防范意识和能力。

第十三条 父母或者其他监护人应当对未成年子女或者被监护的未成年人的下列不良或者违法行为进行批评、教育、制止和矫正：

（一）吸烟、饮酒；

（二）携带火药枪、管制刀具等危险物品；

（三）赌博或者变相赌博；

（四）打架斗殴、辱骂他人；

（五）阅读、观看、收听、传播宣扬淫秽、色情、凶杀、暴力、恐怖和封建迷信的报刊、图书、音像制品、电子出版物及网络信息；

（六）夜不归宿、擅自离家出走；

（七）偷盗、破坏公共财物及损害他人合法权益；

（八）沉迷网络；

（九）早恋、非法同居和吸毒、卖淫、嫖娼；

（十）违反交通规则；

（十一）其他不良或者违法行为。

第十四条 父母或者其他监护人不得对未成年子女或者被监护的未成年人施行下列行为：

（一）歧视、遗弃；

（二）打骂、体罚和虐待等家庭暴力；

（三）迫使辍学务工、经商或者外出乞讨；

（四）允许或者强迫订婚、换亲或者早婚；

（五）教唆、纵容、包庇违法犯罪；

（六）其他损害未成年人健康成长的行为。

第十五条 父母或者其他监护人应当尊重未成年人的人格尊严，保护未成年人的隐私权。

第十六条 父母或者其他监护人对违法犯罪的未成年子女或者被监护的未成年人不得拒绝履行监护职责和抚养义务，并应当配合有关部门和单位对其做好矫治、帮教工作。

第三章 学校保护

第十七条 学校应当尊重未成年学生接受教育的权利，不得拒绝适龄未成年人入学，不得无故责令未成年学生停课、转学、退学或者开除未成年学生。

第十八条 教育行政部门应当采取措施，督促学校减轻未成年学生的课业负担，不得把升学率作为考核学校工作的主要目标。

学校和教师应当严格执行国家课程方案和课程标准，不得随意挤占德育、技术、音乐、体育、美术等课时，不得增加未成年学生的课业负担，不得公布未成年学生的考试名次。

第十九条 在职教师不得有偿补课，不得开办、推荐课外辅导班或者在课外辅导班授课。教育行政部门应当予以监督检查，并公布举报电话。

第二十条 学校应当配备专职或者兼职的法制副校长或者法制辅导员开展法制教育，并保证课时。

第二十一条 学校应当定期组织未成年学生进行体检，及时了解其身体健康状况。

学校应当配备开展心理健康教育的专职或者兼职教师，对未成年学生进行心理健康教育，及时向有心理健康问题的未成年学生的父母或者其他监护人反映情况，并提供指导意见或者建议。

第二十二条 学校、教师和其他教育工作者应当保护未成年学生的隐私权，不得擅自披露和使用其个人信息。

第二十三条 教师应当关心、爱护未成年学生，不得对未成年学生进行讽刺、侮辱、歧视、谩骂、体罚或者变相体罚。

对学习有困难、品行有缺点的未成年学生，应当给予帮助，加强教育和辅导。

学校应当关心爱护残疾的未成年学生，在招生、录取和日常的学习生活上不得歧视。

第二十四条 学校处分未成年学生，应当充分听取未成年学生的申辩及其父母或者其他监护人的意见。

第二十五条 学校应当举办各种有益于未成年学生的文体娱乐和公益活动，培养未成年学生的良好道德品质。

学校不得组织未成年学生参加各种商业或者具有商业性质的活动。

第二十六条 学校公共卫生间等设施的建设、配置、使用，应当照顾未成年女学生的生理特点，女卫生间人均使用厕位的数量应当多于男卫生间人均使用厕位的数量。

学校和教师应当允许未成年女学生在经期内不进行剧烈的体育活动。

第二十七条 学校、教师和其他教育工作者发现未成年学生之间有歧视、侮辱、打骂、欺压等行为时应当及时制止，并预防校园暴力的发生。

学校应当主动配合公安机关维护校园周边治安，预防和制止扰乱教学秩序或者危害未成年学生人身、财产安全的行为。

第二十八条 学校和教师不得向未成年学生滥收费用、实物，摊销学习资料或者其他物品。

第二十九条 学校不得出租、出借校园内的场地、房屋。

第三十条 学校、幼儿园、托儿所应当对本单位接送未成年人的机动车加强管理，定期检修，禁止使用不符合安全运输规定的机动车接送未成年人。

学校、幼儿园、托儿所接送未成年人的机动车应当有指定位置停放，粘贴专用标志，并配备随车管理人员，禁止超载。

第三十一条 学校、幼儿园、托儿所应当采取可行措施，防止未成年人遭受性侵犯。

第三十二条 学校、幼儿园、托儿所应当制定突发事件应急预案。发生突发事件时，应当及时启动应急预案，引导、疏散、转移和优先救护未成年人，并向有关主管部门报告。

学校、幼儿园应当开展应对各种灾害事故的基本安全防范教育，并每学期至少组织一次自救演练。

第三十三条 学校、幼儿园、托儿所在突发事件发生后，应当及时了解未成年人的心理状况，充分运用自身和借助社会力量，对其进行心理危机干预。

第三十四条 对于在学校接受教育的有严重不良行为的未成年学生，学校和父母或者其他监护人应当互相配合加以管教；对无力管教或者管教无效的十二周岁以上未成年学生，可以由其父母或者其他监护人，或者所在学校提出申请，经教育行政部门批准，将其送专门学校继续接受义务教育。

专门学校的毕业生或者结业生在升学、就业等方面和普通学校未成年学生享有同等权利，任何学校和就业单位不得歧视。

第四章　社会保护

第三十五条 各级人民政府应当对用于未成年人的食品、药品、玩具、用具和游乐设施等的生产、销售及游乐设施的使用加强监管，保证未成年人安全和健康。

第三十六条 各级人民政府应当鼓励和支持文学、艺术、科技工作者及公民，创作或者提供有益于未成年人健康成长的作品。

对宣扬淫秽、色情、凶杀、暴力、恐怖、赌博、封建迷信和其他危害未成年人身心健康的图书、报刊和音像制品、电子出版物以及网络信息等，有关部门应当依法查禁。

第三十七条 社区居民委员会、村民委员会应当协助有关部门预防和制止侵害未成年人合法权益的违法犯罪行为；教育和挽救违法犯罪的未成年人。

第三十八条 中小学校周边直线距离二百米内不得设置营业性歌舞娱乐场所、互联网上网服务营业场所等不适宜未成年人活动场所。

营业性歌舞娱乐场所、互联网上网服务营业场所等不适宜未成年人活动场所，不得允许未成年人进入，经营者应当在显著位置设置未成年人禁入标志。

第三十九条 禁止向未成年人出售烟酒，经营者应当在显著位置设置不向未成年人出售烟酒的标志；对难以判明是否已成年的，经营者应当要求其出示身份证件。

第四十条 彩票发行机构、彩票销售机构、彩票代销者，不得向未成年人销售彩票和兑奖。

彩票代销者应当在显著位置设置不向未成年人出售彩票和兑奖的标志；对难以判明是否已成年的，代销者应当要求其出示身份证件。

第四十一条 公安机关交通管理部门应当对接送未成年人的机动车加强安全管理和监督检查，定期检修并配有专用标志，禁止使用不符合安全规定的机动车接送未成年人；在车流量较大的学校门前道路应当设置车辆缓行减速带、人行横道线，并在未成年学生横过道路集中的学校路口设置手动控制交通信号灯。

第四十二条 任何单位和个人不得在学校、幼儿园、托儿所周边排放影响未成年人学习、休息的噪声。

第四十三条 任何单位和个人不得在学校周边五十米范围内向未成年学生流动销售商品。

第四十四条 县级以上人民政府应当每年对中小学校校舍进行至少一次安全检查，对需要维修和改造的危险校舍，应当及时拨付资金予以维修、改造，并保障学校的用电、取暖等需求。

第四十五条 新闻媒体在报道未成年人及与未成年人有关的违法犯罪行为时，不得使用未成年人照片等真实身份信息或者可以推断出未成年人及其家属真实身份的信息。

第四十六条 解除羁押、服刑的未成年人的复学、升学、就业不受歧视。

第四十七条 各级人民政府应当把建立和完善未成年人活动场所和设施纳入经济和社会发展规划，并每年拨出适当经费用于重点场所的新建、改建和扩建。各级人民政府应当鼓励和支持社会组织和个人创建非营利性未成年人活动场所和捐赠活动设施。

任何单位和个人不得挪用、挤占、毁坏、污染未成年人活动场所和设施。

第四十八条 各级人民政府及其有关部门应当采取措施，对下列未成年人给予特殊保护：

（一）残疾未成年人；

（二）弃儿、孤儿、流浪乞讨等生活无着的未成年人；

（三）父母在外地务工的未成年人；

（四）进城务工人员的未成年子女；

（五）服刑人员的未成年子女；

（六）少数民族的未成年人。

第五章 司法保护

第四十九条 县级以上公安机关、人民检察院、人民法院办理未成年人犯罪案件和涉及未成年人权益保护案件，应当根据需要依法设立专门机构或者指定专人办理，采取适合未成年人身心特点的方式进行，严禁对其侮辱、谩骂、体罚或者变相体罚，并保护未成年人的隐私权和名誉权。

第五十条 县级以上公安机关、人民检察院、人民法院办理未成年人犯罪案件时，可以对被指控犯罪的未成年人的性格特点、家庭情况、社会交往、成长经历以及实施被指控的犯罪前后的表现等情况进行社会调查，也可以委托有关组织进行社会调查，作为办理案件的参考。

第五十一条 公安机关、人民检察院、人民法院对侵犯未成年人合法权益行为的举报、投诉应当及时处理；对强奸、嫖宿、拐卖未成年人或者诱骗、胁迫、组织、教唆未成年人进行违法犯罪活动的，应当依法从重惩处。

第五十二条 司法行政机关及其法律援助机构和人民法院对未成年人申请的法律援助或者司法救助，应当依法给予支持。

学校、社区居民委员会、村民委员会以及未成年人的亲属、邻居等可以帮助未成年人申请法律援助或者司法救助。

第五十三条 司法行政机关和教育行政部门应当按照《中华人民共和国义务教育法》的规定，支持和帮助未成年犯管教所、劳动教养机关成立未完成义务教育的未成年服刑人员和劳动教养人员的专门义务教育学校或者学习班，对未成年服刑人员和劳动教养人员继续进行义务教育，并建立正规的义务教育学籍，为其转学、毕业、升学和就业创造条件，其经费由本级人民政府予以保障。

第六章 法律责任

第五十四条 违反本条例第九条、第十四条、第十五条规定的，由监护人所在单位、社区居民委员会、村民委员会或者当地民政部门、公安派出所予以劝诫、制止，进行批评教育；构成违反治安管理行为的，由公安机关依照《中华人民共和国治安管理处罚法》予以处罚；构成犯罪的，依法追究刑事责任。

第五十五条 违反本条例第十八条第二款规定的，由教育行政部门责令改正，并对学校主要负责人或者教师给予警告。

第五十六条 违反本条例第十九条规定的，由教育行政部门责令改正，没收办班或者授课所得，并取消其三年内评选先进、晋级资格；情节严重的，给予行政处分。

第五十七条 违反本条例第二十二条、第二十五条第二款规定的，由教育行政部门责令改正，造成不良后果的，对责任人给予行政处分。

第五十八条 违反本条例第二十三条第一款规定的，由教育行政部门责令改正，造成不良后果的，对责任人给予行政处分；构成违反治安管理行为的，由公安机关依照《中华人民共和国治安管理处罚法》予以处罚；构成犯罪的，依法追究刑事责任。

第五十九条 违反本条例第二十八条、第二十九条规定的，由教育行政部门责令改正，没收违法所得，对责任人给予行政处分。

第六十条 违反本条例第三十二条第一款规定的，由教育行政部门责令改正，造成严重后果的，对主要负责人和直接责任人给予行政处分。

第六十一条 违反本条例第三十五条、第四十二条和第四十七条第二款规定的，由主管部门责令改正，并依据有关法律规定给予行政处罚。

第六十二条 违反本条例第三十八条规定的，对互联网上网服务营业场所由主管部门责令改正，给予警告，可以并处五千元至一万五千元罚款；情节严重的，责令停业整顿，直至依法吊销经营许可证和营业执照。对营业性歌舞娱乐场所由主管部门责令改正，给予警告，并依据国家有关规定予以处罚。

第六十三条 违反本条例第三十九条规定的，由主管部门责令改正，给予警告，可以并处五百元至一千元罚款。

第六十四条 违反本条例第四十条第一款规定的，由主管部门依据国家彩票管理规定给予处罚。

违反本条例第四十条第二款规定的，由主管部门对彩票代销者责令改正，给予警告，可以并处五百元至一千元罚款。

第六十五条 违反本条例第四十三条规定的，由城市执法部门或者相关部门予以清理和处罚。

第六十六条 违反本条例第四十五条规定的，由主管部门对主要负责人给予行政处分。

第六十七条 国家机关及其工作人员不依法履行保护未成年人合法权益的职责，或者在未成年人保护工作中滥用职权、玩忽职守、徇私舞弊的，由本级未成年人保护委员会建议其所在单位或者上级机关、监察机关责令改正；情节严重的，对主管和直接责任人依法给予行政处分；构成犯罪的，依法追究刑事责任。

第七章 附 则

第六十八条 本条例自2009年10月1日起施行。

上 海

上海市未成年人保护条例

（2004年11月25日上海市第十二届人民代表大会常务委员会第十六次会议通过，根据2013年12月27日上海市第十四届人民代表大会常务委员会第十次会议《关于修改〈上海市未成年人保护条例〉的决定》修正）

第一章 总 则

第一条 为了保护未成年人的身心健康，保障未成年人合法权益，促进未成年人在品德、智力、体质等方面全面发展，把他们培养成为有理想、有道德、有文化、有纪律的社会主义事业接班人，根据《中华人民共和国未成年人保护法》、《中华人民共和国预防未成年人犯罪法》以及其他有关法律、行政法规，结合本市实际情况，制定本条例。

第二条 本市行政区域内未满十八周岁的公民的保护适用本条例。

第三条 保护未成年人的工作，应当遵循下列原则：

（一）保障未成年人的合法权益；

（二）尊重未成年人的人格尊严；

（三）适应未成年人身心发展的特点；

（四）教育与保护相结合。

第四条 保障未成年人合法权益，优化未成年人成长环境，预防未成年人违法犯罪，是全社会的共同责任。

第五条 市和区县人民政府领导、协调本行政区域内的未成年人保护工作，讨论和决定保护未成年人的重大事项。

市和区县、乡镇人民政府以及街道办事处设立未成年人保护委员会，根据法律、法规的规定以及上级人民政府的要求和部署，做好未成年人保护工作。未成年人保护委员会配备必要的工作人员。

共产主义青年团、妇女联合会、工会、青年联合会、学生联合会、少年先锋队、城乡基层群众性自治组织、红十字会及其他有关社会团体，按照各自职责，协助各级人民政府做好未成年人保护工作。

第二章 家庭保护

第六条 父母或者其他监护人应当依法履行对未成年人的监护职责和抚养义务，保障未成年人受教育的权利；保证其必要的物质、精神生活和医疗保健条件；保障未成年人充分的休息和娱乐时间；关心未成年人不同年龄阶段的生理、心理变化和思想、道德状况，并及时给予正确的指导；对未成年人不溺爱、不放任、不辱骂、不体罚。

家庭其他成年人有协助未成年人的父母或者其他监护人教育、保护未成年人的责任。

第七条 父母或者其他监护人以及其他成年人携带未满十二周岁未成年人乘车的，不得安排其乘坐在副驾驶座位；携带未满四周岁的未成年人乘坐家庭乘用车，应当配备并正确使用儿童安全座椅。

第八条 父母或者其他监护人应当看护好未成年人，避免让学龄前儿童独处。

第九条 父母或者其他监护人应当指导未成年人养成良好的学习和生活习惯，鼓励、支持其参加家庭劳动、社会公益劳动以及各类积极健康的文体活动、社会交往活动，增强其自学、自理和自律能力，促进其身心健康发展。

第十条 父母或者其他监护人应当预防和制止未成年人吸烟、饮酒、流浪、沉迷网络和电子游戏；预防和制止未成年人阅读、观看不适合未成年人的图书、报刊、影视节目、音像制品和电子出版物；预防和制止未成年人赌博、吸毒、卖淫等违法行为；发现未成年人逃学、夜不归宿的，应当及时寻找；发现有人诱骗、胁迫、教唆未成年人违法犯罪的，应当及时向公安机关或者未成年人保护机构报告。

父母或者其他监护人对有不良行为的未成年人应当进行教育，并协助有关部门对其进行矫治。

第十一条 父母或者其他监护人应当接受学校和家庭教育机构的指导，学习正确的教育和监护方法，以健康的思想、良好的言行和正确的方法教育、影响和保护未成年人。

第三章 学校保护

第十二条 学校应当全面贯彻国家的教育方针，遵循教育规律和未成年人的身心发展规律，提高未成年人的思想道德、科学文化和健康素质。

学校应当建立未成年人保护工作制度，并明确一名学校负责人分管未成年人保护工作。

第十三条 教师应当恪守职业道德，以自身良好的品德、言行影响和教育学生，把传授知识同陶冶情操、养成良好的行为习惯结合起来，引导学生德、智、体、美全面发展。

教师应当尊重学生的人格，维护学生的合法权益；不得对学生实施辱骂、体罚和变相体罚或者其他侮辱人格尊严的行为。

第十四条 学校应当建立安全保卫制度，非学校人员未经许可不得进入学校。食堂、学生宿舍、传达室等场所必须配备符合教育行政管理部门规定条件的人员。

学校使用校车的，应当按照国家规定，取得校车使用许可，建立校车安全管理制度。校车应当符合国家标准，并由符合条件的驾驶人驾驶。校车运载学生时，学校应当配备随车照管人员，随车照管人员应当依法履行职责，保障学生乘坐校车安全。

学校应当为学生提供安全的学习和生活设施，提供的食品、药品及学生服等学习和生活用品应当符合国家和本市的有关标准，并向家长、学生和学校教职员工公开采购情况。

在教育教学活动期间发生涉及学生人身、财产安全事件的，学校应当按照有关法律、法规立即会同有关部门处理。

第十五条 学校应当按照教学计划和课程要求开展教学活动，积极探索和改进教育方法，减轻学生过重的课业负担。

义务教育阶段的公办学校实行免试就近入学，并予以公示。

学校在义务教育阶段，不得举行或者变相举行与入学挂钩的选拔考试或者测试；不得张榜公布学生的考试成绩名次；不得推销或者变相推销练习册、习题集等教辅材料。

学校和教师不得组织或者变相组织学生参加商业性活动以及与其年龄、身心健康不相适应的其他活动。

学校应当保证学生休息、文娱、体育、课外活动和社会实践的时间，不得将学生的活动设施、场地移作他用。

第十六条 中小学校应当建设非营业性的互联网上网场所，为未成年人提供健康有益的上网服务。

寒暑假期间，中小学校的文化体育设施和场地应当向未成年人开放。

建设非营业性互联网上网场所、开放文化体育设施和场地的具体办法由市人民政府规定。

第十七条 学校应当配备合格的法制辅导员、心理指导教师，加强对学生的法制教育和心理健康指导。

市教育行政部门负责编制本市中小学生公共安全行为教材。学校应当根据教材对学生进行珍惜生命和安全防范教育，提高学生自我保护、自我救助的能力。

学校应当按照规定，制定突发事件具体应急预案，配备必要的应急救援设备、设施，进行应急知识教育，定期开展安全演练。

第十八条 学校应当建立家长委员会，加强家庭教育指导，健全家访制度，密切与家长的联系。

发现学生行为异常或者缺课的，学校应当及时与其父母或者其他监护人取得联系，查明原因。寄宿制学校学生擅自外出、夜不归宿的，学校应当及时告知其父母或者其他监护人。

学校应当及时将本校未能升入高一级学校学习的学生情况告知其居住地的街道办事处、乡镇人民政府的未成年人保护机构。

第十九条 残疾儿童、学生接受学前教育、义务教育、高中阶段教育，依照本市有关规定，享受相应的免费待遇。

学校和教师应当关心残疾学生在学习、生活上的困难，帮助其树立自强、自立的人生观。

第二十条 学校和教师对品行有缺陷、学习有困难的学生应当耐心教育、帮助，不得歧视，不得擅自停止其上课，不得随意开除学生。

学校处分学生，应当给予学生及其父母或者其他监护人申辩的机会，并对申辩的内容予以答复。

第二十一条 为未成年人提供课外培训的教育培训机构应当建立安全保卫制度，落实安全知识教育和防范措施，保障未成年人在教育培训活动期间的人身安全。

未成年人保护委员会应当督促有关部门加强对未成年人教育培训机构安全工作的定期检查。

第二十二条 有《中华人民共和国预防未成年人犯罪法》所列严重不良行为的未成年人，由其父母或者其他监护人，或者所在学校提出申请，经区县教育行政管理部门批准，可以送专门学校进行矫治和接受教育。

有《中华人民共和国预防未成年人犯罪法》所列不良行为，父母缺乏管教能力，在普通学校无法继续学习的未成年人，其父母或者其他监护人提出申请，经专门学校同意，可以进入专门学校托管班或者职业培训班学习。

学生进入专门学校后，原学校应当保留其学籍。

已满十四周岁的未成年人犯罪，因不满十

六周岁不予刑事处罚的，可以送专门学校进行矫治和接受教育。

专门学校学生在升学、就业等方面与普通学校学生享有同等权利，任何单位和个人不得歧视。

第四章 社会保护

第二十三条 家庭乘用车、儿童安全座椅的生产者、销售者应当按照有关标准和规范为购买者提供儿童安全座椅安装、使用的技术指导和服务。

质量技监部门和工商行政部门应当加强对儿童安全座椅生产、销售的监督。

第二十四条 本市鼓励为未成年人创作、出版、发行、展出、演出、播放适合未成年人特点，有利于未成年人身心健康的图书、报刊、影视节目、音像制品、计算机软件、文艺节目和其他精神文化产品。

凡向未成年人提供精神文化产品的单位和个人，都应当对产品的内容、情节负责。内容、情节不利于未成年人身心健康的，严禁向未成年人提供或者展示。

第二十五条 各类博物馆、纪念馆、展览馆、烈士陵园等爱国主义教育基地以及美术馆等场所，对未成年人集体参观一律免票，对未成年人个人参观实行半票。

科技馆、影剧院、体育场馆等场所以及非公益性文化体育场所，应当定期开放未成年人专场，并对未成年人实行优惠。

向未成年人开放的场所应当符合国家和本市规定的安全标准。体育场馆等场所应当指派人员指导未成年人开展活动，预防和制止有害未成年人身心健康的行为。

第二十六条 营业性歌舞娱乐场所、互联网上网服务营业场所、酒吧以及其他未成年人不适宜进入的场所，应当在门口醒目位置设置全市统一的未成年人禁入标志，并禁止接纳未成年人。

第二十七条 中小学校校园周边二百米之内不得开设营业性歌舞娱乐场所、营业性游艺娱乐场所、互联网上网服务营业场所以及其他未成年人不适宜进入的场所。

第二十八条 任何经营场所不得向未成年人出售烟酒。任何人不得让未成年人为其购买烟酒。

经营烟酒的场所应当在醒目位置设置不向未成年人出售烟酒的标志。

托儿所、幼儿园、中小学及少年宫、青少年活动中心的室内外区域禁止吸烟、饮酒。

第二十九条 除国家另有规定外，任何组织和个人不得招用未满十六周岁的未成年人。

任何组织和个人依照国家有关规定招收已满十六周岁未满十八周岁的未成年人的，应当在工种、劳动时间、劳动强度和保护措施等方面执行国家有关规定，不得安排其从事过重、有毒、有害的劳动或者危险作业。

第三十条 公民有权检举揭发危害未成年人身心健康，侵犯未成年人合法权益的行为；有义务劝阻、制止未成年人的不良行为。

收留夜不归宿的未成年人的，应当征得其父母或者其他监护人的同意，或者在二十四小时内及时通知其父母或者其他监护人、所在学校，或者及时向公安机关报告。

第三十一条 任何组织和个人不得披露未成年人的个人隐私。

报刊、广播、电视、网络和其他公开出版物，不得披露违法犯罪的未成年人或者受侵害的未成年人的姓名、住所、单位、照片、图像以及可能推断出该未成年人的资料。

对未成年人的信件、电子邮件，任何组织和个人不得隐匿、毁弃，除因追查犯罪的需要由公安机关或者人民检察院依照法律规定的程序进行检查，或者对无行为能力的未成年人的信件由其父母或者其他监护人代为开拆外，任何组织或者个人不得开拆。

第三十二条 各级妇女联合会应当会同教育、卫生等行政管理部门和其他有关社会团体开展家庭教育指导，组建和培训家庭教育指导队伍。

第三十三条 共产主义青年团、青年联合会、学生联合会、少年先锋队应当反映未成年人的合理要求，维护他们的合法权益，并根据未成年人的特点，开展各种有益活动，促进未成年人健康成长。

第三十四条 居民委员会、村民委员会应当协助有关部门组织、指导未成年人在课余和闲暇时间，开展有益于身心健康的文体活动和社会实践。

居民委员会、村民委员会以及社区矫正人员的所在单位、就读学校、家庭成员或者监护人、保证人应当协助社区矫正机构开展对接受社区矫正的未成年人的帮教活动。

第五章　国家机关保护

第三十五条　市和区县人民政府在未成年人保护工作中承担下列职责：

（一）优先发展未成年人事业，把未成年人保护工作纳入国民经济和社会发展总体规划；

（二）为本地区未成年人保护工作提供必要的工作经费，列入财政预算；

（三）统筹规划未成年人校内外活动场所建设，保障公益性未成年人活动场所运营所需资金；

（四）引导社会力量参与未成年人保护事业，支持共产主义青年团、妇女联合会及其他社会组织为未成年人的健康成长提供社会服务；

（五）表彰和奖励保护未成年人成绩显著的组织和个人。

第三十六条　市和区县未成年人保护委员会承担下列职责：

（一）建立并完善未成年人保护工作的相关制度，加强未成年人保护工作队伍建设；

（二）督促、检查、协调、指导同级政府的各行政部门、下级未成年人保护委员会以及有关单位和组织共同实施保护未成年人的法律、法规；

（三）研究未成年人保护工作，向有关国家机关提出意见和建议；

（四）接受对侵犯未成年人合法权益行为的投诉、举报，提交并督促有关部门查处；

（五）其他应当由未成年人保护委员会承担的职责。

第三十七条　教育行政管理部门应当维护未成年人的受教育权及其相关的权益，对学校拒绝招收符合条件的学生或者随意开除学生的，及时予以处理。

教育行政管理部门应当建立科学的教育评价制度，推进教育制度改革，指导学校主动开发、利用社会教育资源，采取措施督促学校减轻学生过重的课业负担，不得把升学率作为考核学校工作的指标。

教育行政管理部门应当会同公安机关督促、指导学校建立校园安全制度。

第三十八条　公安机关对虐待、遗弃、残害、拐骗未成年人和胁迫、教唆未成年人违法犯罪的，应当依法予以处理。

公安机关应当加强校园周边的治安管理，发现对未成年人进行拦截、强索财物、侮辱殴打的，应当采取有效措施，及时制止和依法处理。

公安交通管理部门在学生上学和放学时，应当加强对校园周边交通秩序的维护，保障学生的人身安全。

第三十九条　市和区县人民政府及其民政部门应当根据需要设立救助场所，对流浪乞讨、离家出走等生活无着未成年人实施救助，承担临时监护责任，并会同公安等部门帮助寻找其父母或者其他监护人。

公安机关在依法履行职责时，发现流浪乞讨、离家出走的未成年人的，应当及时采取保护性措施，并护送其到流浪未成年人救助场所接受救助。

城管执法部门在依法履行职责时，发现流浪乞讨、离家出走的未成年人的，应当告知并协助公安或者民政部门将其护送到流浪未成年人救助场所接受救助。

第四十条　民政部门应当对孤儿、无法查明其父母或者其他监护人以及其他生活无着的未成年人，通过设立儿童福利机构、委托或者购买服务等方式收留抚养。

鼓励社会力量依法设立儿童福利机构。

第四十一条　文广影视、新闻出版、信息化行政管理部门应当编制适合未成年人的图书、报刊、影视节目、音像制品和计算机软件的创作、发行规划。

新闻出版行政管理部门应当会同教育行政管理部门依法加强对中小学教辅材料出版、发行市场的监管。

文化综合执法机构应当对图书、报刊、影视节目、音像制品、计算机软件、互联网文化产品等精神文化产品加强市场监督，及时受理市民投诉和举报，依法及时查处危害未成年人身心健康的精神文化产品。

第四十二条 劳动和社会保障行政管理部门、教育行政管理部门以及街道、乡镇劳动就业服务机构应当为已经完成义务教育、但未能继续就学的未成年人，提供职业培训的信息，并为其参加培训提供帮助。

第四十三条 工商行政、司法行政、质量技监、食品药品监管、商务、绿化市容等部门按照各自职责，做好未成年人保护工作。

第四十四条 公安机关、人民检察院、人民法院应当依法采取适合未成年人特点的方式方法讯问、审查和审理未成年人犯罪案件。

公安机关、人民检察院、人民法院在办理未成年人犯罪案件时，应当取得未成年人保护机构、学校等有关方面的协助。

第六章 自我保护

第四十五条 未成年人应当遵守法律、法规和社会公德，自尊、自爱、自律、自强，增强抵御各种灾害、伤害侵袭的意识和能力，增强辨别是非、自我保护的意识和能力，自觉抵制各种不良行为及违法犯罪行为的引诱或者侵害。

第四十六条 未成年人发现他人侵犯其人身权、财产权和法律、法规规定的其他权利的，可以通过父母或者其他监护人、所在学校、居民委员会、村民委员会、未成年人保护机构向公安机关或者其他政府有关主管部门报告，也可以自己向上述机关、部门报告。

第四十七条 未成年人遭受父母或者其他监护人遗弃、虐待的，可以向公安机关、未成年人保护机构、共产主义青年团、妇女联合会、所在学校、居民委员会、村民委员会请求保护。被请求的上述组织不得拒绝、推诿，需要采取救助措施的，应当先采取救助措施。

第七章 法律责任

第四十八条 违反本条例规定的行为，法律、行政法规有处理规定的，依照有关法律、行政法规的规定处理。

第四十九条 违反本条例第十二条第一款、第二款，第十三条第二款、第三款、第四款、第五款，第十九条第三款规定的，由教育行政管理部门对负有责任的学校负责人或者直接责任人给予行政处分。

第五十条 违反本条例第二十一条第一款规定的，由价格行政管理部门责令改正，可以处一千元以上一万元以下的罚款。

第五十一条 酒吧未在门口醒目位置设置未成年人禁入标志的，由文化综合执法机构责令改正，予以警告。酒吧接纳未成年人进入的，由文化综合执法机构处一万元以上三万元以下的罚款；情节严重的，责令停业整顿。

第五十二条 违反本条例规定，侵犯未成年人合法权益的，应当依法承担民事责任；构成犯罪的，依法追究刑事责任。

第五十三条 国家机关工作人员玩忽职守、滥用职权、徇私舞弊，不依法履行保护未成年人职责或者侵犯未成年人合法权益的，由其所在单位或者上级主管部门依法给予行政处分；构成犯罪的，依法追究刑事责任。

第五十四条 当事人对行政管理部门的具体行政行为不服的，可以依照《中华人民共和国行政复议法》或者《中华人民共和国行政诉讼法》的规定，申请行政复议或者提起行政诉讼。

当事人对具体行政行为逾期不申请复议，不提起诉讼，又不履行的，作出具体行政行为的行政管理部门可以申请人民法院强制执行。

第八章 附 则

第五十五条 本条例所称的学校，是指托儿所、幼儿园和各类初等、中等学校。

第五十六条 本条例自2005年3月1日起施行。1987年6月20日上海市第八届人民代表大会常务委员会第二十九次会议通过的《上海市青少年保护条例》同时废止。

江　苏

江苏省未成年人保护条例

（2009年1月18日江苏省第十一届人民代表大会常务委员会第七次会议通过，自2009年6月1日起施行）

第一章　总　则

第一条　为了保护未成年人身心健康，保障未成年人合法权益，促进未成年人在品德、智力、体质等方面全面发展，根据《中华人民共和国未成年人保护法》《中华人民共和国预防未成年人犯罪法》等法律、行政法规，结合本省实际，制定本条例。

第二条　本省行政区域内未满十八周岁公民的保护，适用本条例。

第三条　保障未成年人合法权益，优化未成年人成长环境，预防未成年人违法犯罪，是家庭、学校、国家机关和社会的共同责任。

第四条　地方各级国家机关应当在各自的职责范围内做好未成年人保护工作。

地方各级人民政府领导本行政区域的未成年人保护工作，制定未成年人发展规划，并将其纳入国民经济和社会发展规划以及年度计划。

第五条　县级以上地方各级人民政府设立未成年人保护委员会，指导、协调和监督本行政区域的未成年人保护工作。未成年人保护委员会由同级人民政府及其有关部门、人民法院、人民检察院和有关社会团体的负责人组成，其日常办事机构设在同级共产主义青年团组织，工作经费列入本级政府预算。

乡（镇）人民政府、街道办事处应当有专（兼）职人员负责未成年人保护工作。

第六条　共产主义青年团、妇女联合会、工会等有关社会团体和社会组织，按照各自职责，协助地方各级人民政府以及有关国家机关做好未成年人保护工作，维护未成年人的合法权益。

第七条　家庭、学校、国家机关和社会应当采取多种形式，教育和帮助未成年人维护自己的合法权益，增强其自我保护意识和社会责任感；教育未成年人自尊、自爱、自强、自信，珍爱生命，遵守法律、法规和社会公德。

家庭、学校、国家机关和社会处理与未成年人有关的事务，应当优先考虑未成年人的利益，并根据未成年人的年龄和智力发展状况，以其可以理解的方式告知未成年人，通过多种途径听取其意见。

第八条　未成年人应当接受家庭、学校、国家机关和社会的教育，增强辨别是非和自我保护的意识和能力。对于侵犯自己合法权益的行为，未成年人有权提出检举、控告和申诉，有关国家机关应当及时依法处理。

第二章　家庭保护

第九条　父母或者其他监护人应当创造良好、和睦的家庭环境，保护未成年人的身心健康和人身安全，尊重和保障未成年人在人身、财产、受教育等方面享有的权利，依法履行对未成年人的监护职责和抚养义务。

父母或者其他监护人应当学习正确的教育和监护方法，以健康的思想、良好的品行和适当的方法教育和影响未成年人。

家庭中的其他成年人应当协助未成年人的父母或者其他监护人教育、保护未成年人。

第十条　父母或者其他监护人应当关心未成年人的学习、生活和交往情况，关注未成年人不同年龄阶段的生理、心理变化和思想道德状况，传授家庭生活、社会生活的知识和技能，教育未成年人养成良好的行为习惯和道德品质，引导未成年人参与家庭劳动、社会公益活动等有益身心健康的活动。

第十一条　父母或者其他监护人应当妥善管理和保护未成年人的财产，除为未成年人的利益外，不得处理未成年人的财产。在依法处理涉及限制民事行为能力未成年人的财产时，应当听取其意见。

第十二条 父母或者其他监护人应当尊重和依法保护未成年人的通信自由和通信秘密。需要了解未成年人学习、生活和交往情况的，应当采取适当的方式。

第十三条 父母或者其他监护人不得有下列行为：

（一）放任、迫使义务教育阶段的未成年人失学、辍学；

（二）强迫未成年人参加有害其身心健康的活动；

（三）放任、教唆、迫使未成年人吸烟、饮酒、旷课、夜不归宿、离家出走、沉迷网络、进入不适宜场所、携带危险物品、打架斗殴、赌博、吸毒等不良行为；

（四）放任、教唆、引诱未成年人观看、阅读、收听、收集或者传播含有危害国家安全、淫秽、色情、暴力、邪教、迷信等内容的影视节目、音像制品、图书、报刊、电子出版物和网络信息等；

（五）对未成年人实施家庭暴力，歧视、虐待、伤害、遗弃未成年人；

（六）教唆、诱骗、胁迫、纵容或者包庇未成年人违法犯罪；

（七）其他不履行对未成年人的监护职责和抚养义务、侵害未成年人合法权益或者影响其健康成长的行为。

第十四条 父母或者其他监护人不履行监护职责和抚养义务或者侵害未成年人人身、财产以及其他合法权益，经教育不改的，未成年人的近亲属、未成年人父母所在单位、未成年人住所地的居民委员会、村民委员会或者民政部门等有关人员或者有关单位，可以向人民法院申请撤销其监护人的资格。

人民法院撤销监护人资格的，依法另行指定监护人。被撤销监护资格的父母应当依法继续负担未成年人的抚养费用。

父母或者其他监护人被撤销监护人资格的，载入个人户籍信息。

第十五条 父母对未成年的继子女、养子女、非婚生子女，应当依法履行监护职责和抚养义务，不得歧视、虐待、伤害或者遗弃。

第十六条 父母或者其他监护人不得因未成年人有违法犯罪行为而拒绝履行监护职责和抚养义务。

对被判处管制、宣告缓刑、裁定假释以及暂予监外执行的未成年人，父母或者其他监护人应当配合社区矫正机构做好帮助和教育工作。

第三章 学校保护

第十七条 学校应当全面贯彻国家教育方针，遵循教育规律和未成年人身心发展特点，实施素质教育，促进学生全面发展。

学校应当建立未成年人保护工作制度，建立与家庭、社区的经常性联系制度。

教师和其他教育工作者，应当遵守职业道德，尊重学生的人格，平等对待学生，不得歧视学生，不得对学生实施体罚、变相体罚或者其他侮辱人格尊严的行为。

第十八条 学校应当执行国家关于教学制度、教学内容和课程设置的规定，执行国家和省教育行政部门关于课时和作业量的规定，不得增加学生的课业负担。

第十九条 学校应当保证学生的课外活动时间，有计划地组织学生参加文化、艺术、娱乐、体育、科技、社会实践等集体活动，注重培养学生创新精神和实践能力。

学校应当为学生提供必要的文化、艺术、娱乐、体育和课外活动的设施和场所。

学校和教师不得组织学生参加商业性活动或者与学生年龄、身心健康等不相适应的其他活动。

第二十条 中小学校应当建设用于教学的互联网上网服务设施，并采取安全过滤措施，防止学生接触有害信息。

节假日期间，中小学校的图书馆、体育馆等文化体育设施、互联网上网服务设施等应当逐步向学生免费或者优惠开放。

第二十一条 学校应当配备健康辅导人员，对学生进行生理、心理健康教育，对行为有偏差、心理有障碍的学生及时给予必要的关心和指导。

学校应当与父母或者其他监护人互相配合，对进入青春期的学生有针对性地进行生理、心理方面的指导和教育，使学生的身心得到健康发展。

第二十二条 学校应当配备法制副校长或者法制辅导员，开展法制教育、道德教育和自我保护教育，普及基本法律知识、公共安全知识和社会生活知识。

第二十三条 学校应当建立健全校园安全制度，加强对学生的安全教育，采取措施保障学生的人身安全。

学校应当采取措施，保证校园内的教学、生活等设施的安全。为学生提供的食品、用品应当符合国家标准、行业标准。

对校园内以及校园周边侵害学生人身、财物安全的行为，学校、教师和其他教育工作者应当予以制止或者及时向公安机关报告。

学校应当根据需要，制定应对各种灾害、传染性疾病、食物中毒、意外伤害等突发事件的预案，配备相应的设施并进行必要的演练。遇有突发事件，学校、教师和其他教育工作者应当及时引导、疏散、转移和优先救护学生，并及时向有关部门报告。

第二十四条 学校对旷课、逃学的学生，应当会同其父母或者其他监护人，及时教育规劝，促使其返校上课。

学校对有不良行为或者轻微违法行为的学生，应当如实告知其父母、其他监护人或者有关部门，并加强教育、管理，不得歧视。

学校处分学生，应当听取学生及其父母或者其他监护人的陈述和意见。

第四章 国家机关保护

第二十五条 各级未成年人保护委员会应当履行下列职责：

（一）协调、督促和指导有关部门做好未成年人保护工作；

（二）宣传有关未成年人保护的法律、法规和政策，并对其贯彻实施情况进行监督检查；

（三）研究未成年人保护工作的重大问题，并向政府及有关部门提出意见和建议，参与制定和修改未成年人保护的法规、规章和政策；

（四）受理对侵害未成年人合法权益行为的投诉、举报，督促有关部门查处；

（五）联系有关部门为未成年人提供帮助和救助；

（六）表彰和奖励未成年人保护工作成绩突出的组织和个人；

（七）调查研究和协调处理其他有关未成年人保护工作的事项。

第二十六条 乡（镇）人民政府和街道办事处应当组织本辖区内的社会团体、群众组织和有关单位开展下列工作：

（一）了解和掌握本地区未成年人的就学、生活等情况；

（二）组织开展有益于未成年人身心健康的活动；

（三）协助学校和监护人防止未成年学生辍学；

（四）帮助缺乏教育能力的家庭教育其未成年子女；

（五）制止对未成年人的家庭暴力以及虐待、遗弃等违法犯罪行为，并对受害的未成年人提供救助；

（六）协助司法机关、学校和未成年人的监护人，对有不良行为、严重不良行为或者轻微犯罪行为的未成年人进行教育和矫正；

（七）其他涉及未成年人保护工作的事项。

第二十七条 县级以上地方各级人民政府应当采取措施，保障适龄未成年人平等接受义务教育。县（市、区）人民政府应当在本行政区域内逐步统一配置教育资源。

地方各级人民政府应当落实对家庭经济困难的未成年人义务教育阶段各项资助政策，所需补助经费由县级以上地方各级人民政府统筹，并列入本级政府预算。

第二十八条 地方各级人民政府应当统筹规划和建设适宜未成年人的文化、体育、科技等活动场所，保障公益性未成年人活动场所向未成年人免费开放所需资金。

第二十九条 地方各级人民政府应当加强对文化市场的管理，支持和鼓励有利于未成年人健康成长的文化产业的发展和文化产品的创作。

新闻出版行政部门应当会同教育行政部门依法加强对中小学教材、教辅读物的出版、发行市场的监督管理。

文化、新闻出版、广播电视等行政部门应

当对图书、报刊、影视节目、音像制品、电子出版物等文化产品加强市场监督管理，依法及时查处危害未成年人身心健康的文化产品。

文化行政部门、工商行政部门、公安机关应当加强对营业性歌舞娱乐场所、互联网上网服务营业场所的监督管理，依法查处接纳未成年人进入营业场所的行为。

第三十条 教育行政部门应当维护未成年人的受教育权以及其他相关权益。对学校拒绝招收符合条件的学生、违法开除学生以及其他侵害学生合法权益的行为，应当及时予以处理。

教育行政部门应当采取措施督促学校减轻学生课业负担，不得把升学率作为考核学校工作的主要指标。

教育行政部门应当会同公安机关指导、督促学校建立校园安全制度。

第三十一条 公安机关对虐待、遗弃、伤害、拐骗未成年人和胁迫、教唆、诱骗未成年人违法犯罪的，应当依法予以处理。

公安机关应当维护校园及其周边地区的治安秩序，及时处置侵害未成年人权益的行为。

第三十二条 交通、建设行政部门应当在学校门口及周边道路设置交通警示标志，施划人行横道线，根据需要设置交通信号灯等设施。

公安机关应当配合有关部门完善学校门口及其周边道路交通安全设施，并加强对校车交通安全的检查监督。

第三十三条 设区的市民政部门应当设立社会救助场所，县（市、区）民政部门根据需要设立社会救助场所，对弃儿、孤儿和流浪乞讨等生活无着以及因受虐待等需要紧急救助的未成年人实施救助。

公安机关、市容管理部门或者其他有关部门在履行职责时，发现有流浪乞讨、离家出走的未成年人的，应当及时采取保护性措施，并安全护送其到社会救助场所接受救助。

第三十四条 卫生行政部门、学校应当为未成年人提供必要的卫生保健条件，做好疾病预防工作。

卫生、食品药品监督、质量技术监督、工商等行政部门应当加强对生产、销售儿童食品、药品、用品等的监督管理，对不符合国家标准、行业标准的，依法及时查处。

第三十五条 司法行政部门应当对学校的法制宣传教育工作进行指导、督促和检查。

司法行政部门应当指导、督促法律援助机构依法对未成年人实施法律援助。

第三十六条 公安机关、人民检察院、人民法院应当设立专门机构或者指定专人办理未成年人犯罪的案件和涉及未成年人权益保护的案件，并采取适合未成年人身心特点的方式进行。

公安机关、人民检察院讯问未成年犯罪嫌疑人、询问未成年证人、被害人，应当通知其父母或者其他监护人到场。父母或者其他监护人无法通知或者通知不到场的，公安机关、人民检察院应当通知其他具有监护资格的人员或者单位到场。

公安机关、人民检察院和人民法院除有碍侦查、审判的情形外，应当批准未成年人的父母或者其他监护人会见被羁押的未成年人。

公安机关、人民检察院和人民法院可以进行社会调查，向学校、社区、家庭等有关组织和人员了解未成年人的有关情况，为办理未成年人犯罪案件提供参考。必要时也可以委托有关社会组织进行社会调查。

第三十七条 司法、公安、教育、劳动保障等行政部门和乡（镇）人民政府、街道办事处、居民委员会、村民委员会以及学校，应当按照各自职责做好被免予刑事处罚、判处非监禁刑罚以及刑罚执行完毕的未成年人的矫正、帮教、落户、复学、就业培训等工作。

第五章 社会保护

第三十八条 爱国主义教育基地、图书馆、博物馆、纪念馆、科技馆、展览馆、美术馆、文化馆和青少年宫、儿童活动中心等公共文化体育设施，对未成年人免费开放。

学校组织学生开展教育教学活动时，影剧院、体育场馆、公园等文化体育设施应当免费或者优惠开放。

社区中的文化体育设施、公益性互联网上网服务设施，应当对未成年人免费或者优惠开放。

鼓励社会团体、企业事业单位和个人等社会力量兴办或者提供适合未成年人活动的场所和设施。

第三十九条 未成年人集中活动的公共场所，应当在显著位置设置安全警示标志，并采取相应的保护措施。

对可能危及未成年人人身安全的设施，经营管理单位应当定期进行维护，并在显著位置标明适应年龄范围或者注意事项。对涉及危险性较大的体育娱乐项目，应当指派专业人员指导未成年人开展活动，确保安全。

第四十条 中小学校校园周边二百米范围内不得设立营业性歌舞娱乐场所、互联网上网服务营业场所等不适宜未成年人活动的场所。

营业性歌舞娱乐场所、互联网上网服务营业场所等不适宜未成年人活动的场所，不得接纳未成年人，经营者应当在显著位置设置未成年人禁入的明显标志。对难以判明是否已成年的，应当要求其出示身份证件。

第四十一条 任何单位和个人不得组织、胁迫、诱骗、利用未成年人乞讨，不得胁迫或者诱骗未成年人参加营利性的表演、礼仪、选美等活动。

组织未成年人参加表演、礼仪等活动，应当征得其父母或者其他监护人的同意，并不得损害其身心健康。

第四十二条 广播、电视、报刊、互联网等公共传媒应当介绍、宣传未成年人保护工作，创作、传播有利于未成年人健康成长的作品。

有关单位或者媒体出版、播映不适宜未成年人阅读、观看的图书、报刊、影视节目、音像制品、电子出版物以及网络信息等时，应当作出警示说明。

任何单位和个人不得让未成年人阅读、观看或者向未成年人提供有淫秽、色情、暴力、邪教、迷信等危害未成年人身心健康内容的图书、报刊、音像制品以及电子出版物等。

第四十三条 任何单位和个人不得披露未成年人的隐私；未经未成年人、未成年人父母或者其他监护人的同意，不得收集、使用未成年人的隐私，但法律另有规定的除外。

广播、电视、报刊、互联网和其他公开出版物，不得披露违法犯罪的未成年人或者受侵害的未成年人的姓名、住所、学校、照片、图像以及可能推断出该未成年人身份的资料。

第四十四条 鼓励和支持妇女联合会等社会组织通过兴办家长学校等形式开展家庭教育指导，为父母或者其他监护人教育未成年人提供服务。

提倡和鼓励社会团体、企业事业单位和个人为未成年人提供法律咨询、心理辅导等志愿服务。

第四十五条 未成年人的合法权益受到侵害时，任何单位和个人有权予以制止。被侵害人及其监护人或者学校、居民委员会、村民委员会、未成年人保护机构有权向有关主管部门投诉。有关部门应当依法及时处理。

第四十六条 未成年人遭受父母或者其他监护人歧视、虐待、伤害、遗弃的，可以向国家机关、未成年人保护机构、共产主义青年团、妇女联合会、学校、居民委员会、村民委员会等请求保护或者救助，被请求者不得推诿、拒绝。

第六章 特殊保护

第四十七条 本条例对下列对象实施特殊保护：

（一）残疾未成年人；

（二）弃儿、孤儿、流浪乞讨等生活无着未成年人；

（三）留守未成年人；

（四）外来人员未成年子女。

对有严重不良行为的未成年人，应当有针对性地采取教育和保护措施。

第四十八条 地方各级人民政府应当根据需要，建立为残疾未成年人提供学习、生活、康复、医疗的教育和福利机构。

地方各级人民政府应当重视发展特殊教育事业，根据需要设置实施特殊教育的学校或者在普通学校附设特殊教育班，对残疾未成年人实施义务教育。

设区的市、县（市、区）应当开展残疾未成年人职业技术教育。教育、民政、劳动和社会保障等行政部门以及残疾人联合会应当根据残疾未成年人的不同情况，进行定向培训。

对于可以进入普通学校学习的残疾未成年人，普通学校应当放宽入学条件予以招录。

第四十九条 任何组织和个人应当尊重残

疾未成年人的人格尊严，不得歧视、侮辱、虐待、伤害、遗弃残疾未成年人。

严禁组织、利用残疾未成年人开展营利性活动。

第五十条 对弃儿、孤儿和流浪乞讨等生活无着以及因受虐待等需要紧急救助的未成年人，民政部门设立的社会救助场所应当实施救助，承担临时监护责任。对未成年人实施救助的生活、教育、康复、医疗的费用纳入本级政府预算。

对弃儿、孤儿和流浪乞讨等生活无着的未成年人，民政部门应当及时通知其父母、其他监护人或者流出地民政部门接回；查找不到或者无法通知接回的，由民政部门妥善安置。

第五十一条 父母或者其他监护人因外出务工或者其他原因不能履行对未成年人监护职责的，应当委托有监护能力的人员代为监护，并将委托监护情况告知未成年人所在学校、居民委员会或者村民委员会。外出时间较长的，应当与未成年子女及其所在学校、居民委员会或者村民委员会建立经常性的联系。

县（市、区）、乡（镇）人民政府，应当指导学校、居民委员会、村民委员会和其他社会团体、群众组织做好留守未成年人的保护工作，改善学校寄宿条件，并对家庭经济困难的学生给予费用减免和资助。留守未成年人比较集中的地区，可以根据需要设立留守未成年人托管机构，为留守未成年人的学习、生活提供指导和帮助。

学校、居民委员会、村民委员会和其他社会团体、群众组织应当开展对留守未成年人的生活关爱、心理疏导、情感沟通等活动。

第五十二条 地方各级人民政府及其有关部门应当采取措施，解决外来人员未成年子女在生活、学习、医疗等方面的困难，保障其合法权益。

地方各级人民政府及其教育行政部门应当将外来人员未成年子女的义务教育纳入当地教育发展规划，列入教育经费预算，以全日制公办中小学为主接收外来人员未成年子女入学，保障其平等地接受义务教育。

第五十三条 设区的市、县（市）根据需要设立专门学校，依照国家和省有关规定接收有严重不良行为的未成年人。省教育行政部门应当对全省专门学校的设置作出规划。

专门学校毕业的学生在升学、就业等方面，同普通学校毕业的学生享有同等的权利，任何单位和个人不得歧视。

对有严重不良行为但不符合专门学校就读条件的未成年人，家庭、学校和有关部门应当协同管理、教育。

第七章 奖励与处罚

第五十四条 地方各级人民政府和未成年人保护委员会对有下列情况之一的单位和个人，给予表彰和奖励：

（一）贯彻执行保护未成年人的法律、法规成绩突出的；

（二）教育、帮助未成年人健康成长成绩突出的；

（三）教育、矫正、帮教违法犯罪的未成年人成绩突出的；

（四）组织、指导未成年人开展文化、体育、科技等活动成绩突出的；

（五）创作有利于未成年人健康成长的作品成绩突出的；

（六）为未成年人提供活动场所或者设施贡献较大的；

（七）为保护未成年人提供经济资助贡献较大的；

（八）为保护未成年人做出其他贡献的。

第五十五条 学校违反本条例第十九条第三款、第二十三条第二款规定的，由教育行政部门责令改正；拒不改正的，对负有直接责任的学校负责人或者直接责任人员依法给予行政处分。

第五十六条 未成年人的父母或者其他监护人违反本条例第十三条的规定，不履行监护职责和抚养义务或者侵害未成年人合法权益的，由其所在单位或者居民委员会、村民委员会予以劝诫、制止；放任未成年人不良行为或者严重不良行为的，由公安机关对其进行训诫，责令其严加管教；构成违反治安管理行为的，由公安机关依法给予行政处罚；构成犯罪的，依法追究刑事责任。

第五十七条 违反本条例第四十条的规定，

营业性歌舞娱乐场所未在显著位置设置未成年人禁入标志的，由县级文化行政部门、公安机关依据法定职权责令改正，给予警告。

违反本条例第四十条的规定，营业性歌舞娱乐场所接纳未成年人进入的，由县级文化行政部门没收违法所得，并处以违法所得一倍以上三倍以下罚款；没有违法所得或者违法所得不足一万元的，处以一万元以上三万元以下罚款；情节严重的，责令停业整顿。

违反本条例第四十条的规定，互联网上网服务营业场所接纳未成年人进入或者未在显著位置设置未成年人禁入标志的，由文化行政部门责令改正，给予警告，可以并处五千元以上一万五千元以下罚款；情节严重的，责令停业整顿直至吊销经营许可证。

第五十八条 违反本条例第四十一条第一款的规定，构成违反治安管理行为的，由公安机关依法给予处罚；构成犯罪的，依法追究刑事责任。

第五十九条 国家机关及其工作人员不依法履行保护未成年人合法权益的职责，或者侵犯未成年人合法权益，或者对提出申诉、控告、检举的人进行打击报复的，由其上级机关或者所在单位责令改正，对直接负责的主管人员和其他直接责任人员依法给予行政处分；构成犯罪的，依法追究刑事责任。

第八章 附 则

第六十条 本条例所称的学校，是指各类普通小学、初等学校、中等学校，职业技术学校、特殊教育学校、专门学校，幼儿园、托儿所和其他教育机构。

本条例所称的留守未成年人，是指因父母或者其他监护人外出半年以上，不能得到法定监护的未成年人。

本条例所称的外来人员未成年子女，是指随同父母或者其他监护人在本省居住，符合国家和省规定的暂住人口条件的未成年人。

本条例所称的有不良行为和严重不良行为的未成年人，是指具有《中华人民共和国预防未成年人犯罪法》第十四条、第三十四条规定的行为的未成年人。

第六十一条 本条例自2009年6月1日起施行。1994年6月25日江苏省第八届人民代表大会常务委员会第八次会议通过的《江苏省实施〈中华人民共和国未成年人保护法〉办法》同时废止。

江苏省预防未成年人犯罪条例

（2017年3月30日江苏省第十二届人民代表大会常务委员会第二十九次会议通过，自2017年6月1日起施行）

第一章 总 则

第一条 为了有效预防未成年人犯罪，保障未成年人健康成长，根据《中华人民共和国预防未成年人犯罪法》等法律、行政法规，结合本省实际，制定本条例。

第二条 在本省行政区域内对未成年人犯罪的预防，适用本条例。

第三条 预防未成年人犯罪应当遵循政府领导、家庭主责、学校教育、社会参与的原则，坚持一般预防、重点预防、特殊预防并重，立足于教育和保护，对未成年人的不良行为及早进行预防和矫治。

第四条 预防未成年人犯罪，在地方各级人民政府组织领导下，实行综合治理。

地方各级人民政府应当制定预防未成年人犯罪工作规划和年度实施计划，保障预防未成年人犯罪工作经费并列入本级财政预算，将预防未成年人犯罪工作纳入年度工作督查、考核体系，加强对预防未成年人犯罪工作的指导、监督和考核，对做出突出贡献的单位和个人给予表彰。第五条 省、设区的市、县（市、区）应当建立预防未成年人犯罪工作协调机构，由政府有关部门、人民法院、人民检察院、共产主义青年团、妇女联合会和关心下一代工作委员会等单位组成，其日常工作由同级共产主义青年团承担。

预防未成年人犯罪协调机构主要职责如下：

（一）宣传贯彻预防未成年人犯罪的有关法律、法规；

（二）组织实施预防未成年人犯罪工作规划、年度计划；

（三）指导、协调、检查预防未成年人犯罪工作；

（四）组织开展有利于未成年人身心健康成长和养成良好道德品行的教育、培训等活动；

（五）组织开展对预防未成年人犯罪工作重大问题的研究，提出解决方案和制定政策措施的建议；

（六）向同级人民政府报告预防未成年人犯罪工作情况；

（七）开展预防未成年人犯罪的其他工作。

第六条 预防未成年人犯罪是全社会的共同责任。

政府有关部门、人民法院、人民检察院、人民团体、有关社会团体、学校、家庭、居民委员会、村民委员会等应当各负其责、相互配合，共同做好预防未成年人犯罪工作，为未成年人身心健康发展创造良好的社会环境。

地方各级人民政府应当通过将预防未成年人犯罪工作项目纳入政府购买公共服务目录等方式，鼓励和支持企业、事业单位和其他社会组织以及个人参与预防未成年人犯罪工作，培育和引导青少年事务社会工作者、志愿者参与预防未成年人犯罪工作。

第二章　一般预防

第七条 预防未成年人犯罪应当根据未成年人不同年龄的生理、心理特点，对未成年人加强心理教育、青春期教育、社会生活指导；实施道德教育和法治教育，培养未成年人良好的道德品质和文明行为，增强未成年人的法律意识和法治观念。

第八条 未成年人应当遵守法律、法规及社会公共道德规范，树立自尊、自律、自强意识，增强辨别是非和自我保护的能力，自觉抵制各种不良行为以及违法犯罪行为的引诱和侵害。

第九条 未成年人的父母或者其他监护人对未成年人的预防犯罪教育负有直接责任，应当学习科学的教育方法，提升监护能力，对未成年人进行遵纪守法、文明礼貌、诚实守信、自理自护等方面的教育，依法保证未成年人接受并完成九年义务教育。

第十条 司法行政部门应当会同教育行政部门、共产主义青年团等制定未成年人法治教育工作规划，建立未成年人法治教育评价机制。

设区的市、县（市、区）应当根据需要建设综合性的青少年法治教育实践基地，在政府有关部门、人民法院、人民检察院或者有关组织、学校建立专项的法治教育基地，针对未成年人开展法治宣传教育和预防犯罪教育。

人民法院、人民检察院、公安机关、司法行政部门等应当深入学校、社区开展未成年人法治宣传教育，为学校、社区提供相应的法治教育资源和实践机会。

第十一条 公安机关应当会同有关部门建立学校、家庭和社区的毒品预防教育衔接机制，采取专门措施加强对未成年人的毒品预防教育，提高未成年人自觉抵制毒品的能力。

第十二条 学校应当将未成年人道德教育、法治教育纳入教育教学计划，开设道德与法治课程，配备具有法治及预防未成年人犯罪专门知识的专职或者兼职的教育师资，遵循未成年人身心发展规律，根据不同学段特点开展针对性的法治教育。

教育行政部门应当将预防未成年人犯罪法律知识纳入教师继续教育内容，督促学校开展预防未成年人犯罪工作，丰富法治宣传教育的方法和手段，组织编写或者配备符合未成年人认知特点的法治教材，并定期进行工作考核。

第十三条 学校应当配备法治副校长、法治辅导员，并可以从人民法院、人民检察院、公安机关、司法行政部门、律师事务所等单位聘请。法治副校长、法治辅导员应当熟悉未成年学生身心特点，善于做未成年学生思想教育工作，具有预防未成年人犯罪工作经验。

法治副校长、法治辅导员应当参与研究制

定法治教学计划，结合未成年人犯罪典型案例，对未成年学生进行预防犯罪教育和遵纪守法教育。

司法行政部门应当会同教育等行政部门指导学校开展校园普法工作，组织开展对法治课教师、法治副校长、法治辅导员的业务培训。

第十四条 学校应当配备专职或者兼职的心理辅导教师，开设心理健康课程，对未成年学生进行心理健康教育，引导其进行有益身心健康的活动，对有需要的学生开展个别辅导和帮助。

鼓励从事心理健康教育的专业社会机构和团体参与未成年人心理辅导活动。

第十五条 学校应当建立和完善与未成年人父母或者其他监护人的联系制度，及时反映和了解未成年人的情况，指导、帮助未成年人的父母或者其他监护人学习科学的家庭教育方法和预防未成年人犯罪相关法律知识。发现未成年学生有不良行为时，应当及时告知其父母或者其他监护人。

未成年人父母或者其他监护人应当主动与学校联系沟通，了解未成年子女在校情况；发现未成年子女有不良行为时，应当及时告知学校，共同做好教育工作。

第十六条 学校、父母或者其他监护人应当指导未成年人正确使用互联网，拒绝暴力、色情等不良网络信息和网络游戏产品。

教育行政部门应当鼓励建立校园网络中心，学校可以逐步建立校园网络，引导未成年人健康上网。

已配置校内网络设施的学校应当配备上网辅导人员，并采用安全过滤等技术防止未成年人接触有害信息。有条件的学校应当在课外向未成年人开放校内网络设施。

第十七条 中小学校校园周边二百米范围内不得设立互联网上网服务营业场所、营业性歌舞娱乐场所、营业性电子游戏场所等不适宜未成年人进入的场所。

互联网上网服务营业场所、营业性歌舞娱乐场所等不适宜未成年人活动的场所不得接纳未成年人；营业性电子游戏场所除国家法定节假日外，不得接纳未成年人。对难以判明是否已成年的，应当要求其出示身份证件。上述场所应当在显著位置设置未成年人禁入或者限入警示标志，并注明文化行政部门的举报电话。

第十八条 学校、文化馆（站）、青少年宫、公共图书馆、妇女儿童活动中心等场所可以建立公益性上网场所，对未成年人免费或者优惠开放。

公益性上网场所向未成年人提供网络服务，其计算机终端应当安装和使用封堵暴力、色情等危害未成年人身心健康信息的过滤软件，防止未成年人接触有害信息。

第十九条 广播电台、电视台、报刊、互联网站等媒体应当宣传预防未成年人犯罪的法律、法规，播出或者刊登有关预防未成年人犯罪的公益广告，引导未成年人抵制违法犯罪行为和各种不良行为的诱惑和侵害。

第二十条 广播、电影、电视、戏剧节目、互联网信息和以未成年人为主要对象的读物、音像制品、电子出版物，不得含有传授犯罪方法以及渲染暴力、色情、赌博、恐怖活动、宗教极端主义等危害未成年人身心健康的内容。

任何单位或者个人不得向未成年人传播含有前款所列内容的信息、读物、音像制品或者电子出版物。

新闻出版广电行政部门、文化行政部门、互联网主管部门应当加强对广播、电影、电视、网络、戏剧节目以及各类演播场所的管理，依法查处违法行为，防止危害未成年人身心健康内容的产生与传播。

第二十一条 不满十六周岁的未成年人在旅馆住宿时，应当有父母、其他监护人或者监护人委托的其他完全民事行为能力人陪同。旅馆业经营者接纳无前述人员陪同的不满十六周岁未成年人住宿的，应当及时与其父母、其他监护人、近亲属或者所在学校联系；无法取得联系的，应当向当地公安机关报告。

没有经未成年人父母或者其他监护人同意，房屋出租者不得向不满十六周岁的未成年人出租房屋。

第二十二条 未成年人的父母或者其他监护人和学校应当教育未成年人不吸烟、不饮酒。

任何单位和个人不得向未成年人出售烟酒。销售烟酒的经营者应当在显著位置设置禁止向未成年人出售烟酒的警示标志，并注明烟草专卖、工商行政（市场监督）管理部门的举报电话。

第三章　重点预防

第二十三条　地方各级人民政府应当建立健全社会治理信息平台，收集、汇总和分析本行政区域内未成年人信息，对留守未成年人、流浪乞讨未成年人、闲散未成年人、服刑或者强制隔离戒毒人员的未成年子女、不良行为或者严重不良行为未成年人等群体，根据其特点和需要，在生活、入学等方面给予重点关注，提供必要的帮助。

第二十四条　父母外出务工携带未成年子女的，应当确保未成年子女在当地及时接受义务教育，引导其适应生活、学习环境。当地人民政府应当为外来务工人员的未成年子女提供平等接受义务教育的条件。

三周岁以下未成年人的父母应当与其共同生活，或者父母一方留家照料。三周岁以上未成年人的父母因外出务工等原因不能对留在原籍未成年子女履行监护义务的，应当委托有监护能力的人代为监护，妥善安排未成年子女的生活、教育事项，并将委托监护情况告知未成年子女所在学校、居民委员会或者村民委员会。

第二十五条　离异的父母对未成年子女有抚养教育的义务，任何一方不得因离异而拒绝履行教育未成年子女、预防未成年子女犯罪的责任。

继父母、养父母对受其抚养教育的未成年继子女、养子女，应当履行本条例规定的父母对未成年子女在预防犯罪方面的责任。

第二十六条　受民政部门委托或者批准的寄养未成年人的家庭，应当根据寄养协议，保障被寄养未成年人的合法权益，承担预防被寄养未成年人犯罪的职责。

寄养家庭所在地居民委员会、村民委员会发现寄养家庭不再符合寄养条件的，应当及时向当地民政部门报告，民政部门应当及时调查、处理。

第二十七条　对旷课、夜不归宿或者流落街头的未成年人，公安机关、公共场所管理机构等发现后应当采取有效保护措施，并及时通知其父母或者其他监护人、学校领回，必要时应当护送其返回住所。拒不提供真实姓名、联系方式或者无法与其父母、其他监护人取得联系的，公安机关、公共场所管理机构等应当将其护送到民政部门救助保护。

第二十八条　对孤儿、被遗弃的未成年人、暂时查找不到父母或者其他监护人以及其他生活无着的未成年人，民政部门应当妥善安置，配合教育行政部门确保适龄未成年人接受并完成义务教育。

第二十九条　未成年人的父母或者其他监护人因都在监狱服刑、被强制隔离戒毒等无法履行监护权的，未成年人的父母或者其他监护人应当委托有监护能力的其他成年人代为监护。委托监护前应当听取未成年人的意见。

对监护人无法履行监护权的未成年人，司法行政、教育行政、民政等部门和学校应当做好帮扶救助工作并妥善安置，引导其健康成长。

第三十条　父母或者其他监护人发现未成年人有不良行为或者严重不良行为的，应当进行批评教育，正确引导、规劝其改正，但不得对未成年人实施家庭暴力。

第三十一条　未成年人的父母或者其他监护人因不履行监护职责或者履行监护职责不力，致使未成年人的合法权益受到严重侵害，或者放任未成年人有严重不良行为的，公安机关发现或者接到举报后应当责令其接受家长教育，教育行政部门、妇女联合会负责实施家长教育。

第三十二条　学校发现未成年学生有不良行为或者严重不良行为的，应当及时制止和纠正，并与其父母或者其他监护人沟通联系，共同对其进行有针对性的教育、疏导和帮助，但不得体罚、虐待和歧视，不得擅自停止其上课，不得强迫或者变相强迫其退学、转学。学校发现未成年学生有违法犯罪行为的，应当及时向公安机关报告，公安机关应当依法处理。

学校对实施不良行为或者严重不良行为的未成年学生作出处分的，处分前应当向未成年学生及其父母或者其他监护人说明理由，并听取其申辩。

第三十三条　学校、家庭应当教育在校未成年学生和谐相处。学校、教育行政部门应当对未成年学生、教师和家长进行预防欺凌和暴力专门知识的教育、培训，预防发生未成年学生欺凌和暴力行为。

学校应当建立防治学生欺凌和校园暴力工作制度，建立早期预警、事中处置及事后干预机制。发生欺凌或者暴力行为的，学校应当及时制止，与未成年学生、家长进行沟通处理，并视情况向所在地教育行政部门报告；对可能构成校园治安或者刑事案件的，应当立即向公安机关报告，公安机关应当依法处理。

第三十四条 教育行政部门应当会同公安机关、学校等建立校园欺凌和暴力事件预防处置机制，建设校园及周边地区公共安全视频监控系统，对未成年人违法犯罪活动开展预测预警和实时监控，加强对校园及其周边地区的综合治理。有条件的地方可以配备专门的校园警力。

第三十五条 对在学校内外实施欺凌和暴力的未成年人，学校、家长应当对其进行批评教育和警示谈话，情节较重的，公安机关应当参与警示教育。对实施的欺凌、暴力行为属于严重不良行为的未成年人，可以送专门学校进行矫治和接受教育。

欺凌和暴力事件处置后，学校应当对涉及欺凌和暴力事件的未成年学生进行跟踪观察和辅导教育。

涉及欺凌和暴力事件的报道、信息，不得泄漏未成年学生的姓名、住所、照片以及可能推断出未成年学生信息的资料。

第三十六条 县（市、区）教育行政部门和乡镇人民政府（街道办事处）应当建立防止义务教育阶段未成年学生辍学的岗位责任制，采取措施防止未成年学生辍学。学校应当加强未成年学生学籍管理，建立未成年学生辍学情况报告制度，会同未成年人父母或者其他监护人、乡镇人民政府（街道办事处）、公安机关帮助辍学未成年人回到学校继续学习。

第三十七条 居民委员会、村民委员会应当配合有不良行为、严重不良行为未成年人的父母或者其他监护人进行帮助和个别教育。公安机关等有关部门对有严重不良行为的未成年人，应当采取有效措施进行帮教，并督促未成年人的父母或者其他监护人加强教育。

第三十八条 居民委员会、村民委员会、学校等组织和个人发现未成年人父母或者其他监护人不履行监护职责，放任未成年人实施不良行为或者严重不良行为的，可以对其批评劝诫，必要时向共产主义青年团报告；涉嫌违法犯罪的，向公安机关报告。

第三十九条 设区的市根据需要建立专门学校，作为教育矫治有严重不良行为未成年人的主要场所。对建立的专门学校，设区的市人民政府应当加大财政投入，保障专门学校的教育场所和设施，加强师资队伍建设。

未成年人有严重不良行为，在学校不能继续学习，其父母或者其他监护人缺乏教育能力的，可以由其父母或者其他监护人、学校提出申请，经教育行政部门批准，进入专门学校学习。

专门学校应当针对未成年人不良行为产生的原因和心理特点，开展矫治工作，加强法治教育，并进行适当的职业技术培训。

进入专门学校就读的学生，符合条件要求回原就读学校学习的，原就读学校不得拒绝接收；在专门学校毕业的学生可以向原就读学校申领毕业证书，原就读学校应当颁发。

第四十条 推动建设高素质的专门从事预防未成年人犯罪工作的社会工作人才队伍。鼓励社会工作者和有关组织进驻学校、社区参与重点预防工作。

第四章 特殊预防

第四十一条 办理未成年人犯罪案件，应当根据未成年人的身心特点，结合其平常表现、家庭情况、犯罪原因、悔罪态度等开展教育矫治，预防未成年人重新犯罪。

人民法院、人民检察院、公安机关、司法行政部门应当设立相应机构或者指定专门人员办理未成年人刑事案件，办案人员应当熟悉未成年人身心特点，具有专业知识和办案经验。

第四十二条 未成年人因不满十六周岁不予刑事处罚的，公安机关责令其父母或者其他监护人严加管教。确有必要的，可以根据有关法律对其收容教养。

第四十三条 办理未成年人刑事案件，应当对未成年犯罪嫌疑人、被告人的成长经历、犯罪原因、监护教育等情况进行调查，作为对其司法处置和教育矫治的重要参考。

第四十四条 在讯问和审判未成年犯罪嫌疑人、被告人时，人民法院、人民检察院、公安机关应当通知其法定代理人到场，其法定代理人应当在被通知后及时到场，配合办案机关做好教育等工作。

无法通知、法定代理人不能到场或者法定代理人是共犯的，也可以通知未成年犯罪嫌疑人、被告人的其他成年亲属，所在学校、单位或者居住地的居民委员会、村民委员会、未成年人保护组织的代表到场，并将有关情况记录在案。

第四十五条 设区的市应当由人民法院、人民检察院、公安机关和司法行政部门共同建立未成年人观护教育基地，对涉嫌犯罪但无羁押必要的未成年人、附条件不起诉的未成年人、被判处非监禁刑的未成年人实施符合其身心特点的观察保护措施，开展评估、考察和帮教。鼓励有条件的县（市、区）根据需要建立未成年人观护教育基地。

对因不满刑事责任年龄不予刑事处罚的未成年人，观护教育基地可以经其父母或者其他监护人同意，协助其父母或者其他监护人对其进行教育。

第四十六条 被判处管制、宣告缓刑、假释、暂予监外执行的未成年犯，应当依法接受社区矫正。

对未成年社区服刑人员，应当根据其年龄、心理特点、身心发育需要和家庭情况，采取有针对性的矫正措施。对未成年社区服刑人员实施社区矫正时，矫正宣告不公开进行，矫正教育与成年社区服刑人员分开，矫正档案应当保密。

附条件不起诉的未成年人应当接受人民检察院的监督考察，在考验期可以参照前款规定接受教育矫治。

第四十七条 收容教养所和未成年犯管教所应当对接受收容教养或者服刑的未成年人开展思想、法律、文化和职业技术教育，保证学习时间，并积极开展法律援助和心理矫治，预防其重新犯罪。

未成年人因接受收容教养或者服刑未完成义务教育的，司法行政部门、教育行政部门和其他执行机关应当从场地、师资、经费等方面提供保障，保证其继续接受义务教育。

第四十八条 强制隔离戒毒所应当对接受戒毒的未成年人与成年人实行分别管理。

解除强制隔离戒毒措施的未成年人，强制隔离戒毒所应当协助其父母或者其他监护人、所在学校、住所地居民委员会或者村民委员会以及公安机关等有关部门，落实帮教措施，防止其再次吸食、注射毒品。

第四十九条 对正在服刑、接受收容教养或者强制隔离戒毒的未成年人，其父母或者其他监护人应当主动探视，配合执行机关对其进行教育、矫治。拒不探视或者不配合教育、矫治的，其所在的单位、乡镇人民政府（街道办事处）、居民委员会、村民委员会应当对其进行批评教育，要求其改正。

第五十条 对刑满释放、解除收容教养或者强制隔离戒毒的未成年人，未成年犯管教所、收容教养所、强制隔离戒毒所应当提前通知其父母或者其他监护人，按时将其接回；没有父母或者其他监护人、无法查明其父母或者其他监护人的，原执行机关应当提前通知未成年人户籍所在地的司法行政部门组织相关人员按时将其接回，所在地人民政府和有关部门、居民委员会、村民委员会应当对未成年人进行妥善安排。

第五十一条 人民法院、人民检察院应当采取有效措施落实未成年人犯罪记录封存的法律规定，防止应当封存的未成年人犯罪记录不当泄露。

第五十二条 被判处管制、免予刑事处罚、宣告缓刑、宣告假释、暂予监外执行、刑罚执行完毕、解除收容教养和解除强制隔离戒毒的未成年人，在复学、升学、就业等方面与其他未成年人享有同等权利。

第五十三条 任何单位和个人不得公开披露未成年人被收容教养、强制隔离戒毒和追究刑事责任的个人信息，法律另有规定的除外。

第五十四条 鼓励组建专业的社会工作人才队伍，为涉及刑事犯罪的未成年人在诉讼期间、刑罚执行期间和刑罚执行完毕后，开展帮教矫正、预防重新犯罪提供社会化服务。

第五章 法律责任

第五十五条 政府有关部门及其工作人员

在预防未成年人犯罪工作中滥用职权、玩忽职守、徇私舞弊的，由同级人民政府或者上级主管部门责令改正；情节严重的，对直接负责的主管人员和其他直接责任人员依法给予处分；构成犯罪的，依法追究刑事责任。

第五十六条 未成年人的父母或者其他监护人有监护能力但不履行监护责任，或者对有不良行为、严重不良行为的被监护未成年人放任不管的，由公安机关予以训诫，责令其严加管教。未成年人的父母或者其他监护人不履行监护职责严重侵害未成年人合法权益的，有关单位和人员可以依法向人民法院申请撤销其监护人资格。

第五十七条 违反本条例第十七条第一款规定，在中小学校校园周边二百米范围内设立互联网上网服务营业场所、营业性歌舞娱乐场所、营业性电子游戏场所等不适宜未成年人进入场所的，由文化行政部门依法予以取缔，没收违法所得及其从事违法经营活动的专用工具、设备；违法经营额一万元以上的，并处违法经营额五倍以上十倍以下罚款；违法经营额不足一万元的，并处一万元以上五万元以下罚款。

违反本条例第十七条第二款规定，互联网上网服务营业场所、营业性歌舞娱乐场所等不适宜未成年人活动的场所接纳未成年人，营业性电子游戏场所除国家法定节假日外接纳未成年人，或者未在显著位置设置未成年人禁入或者限入警示标志的，除依照法律、法规给予处罚外，由文化行政部门对直接负责的主管人员和其他直接责任人员处二千元以上一万元以下罚款。

第五十八条 违反本条例第十八条第二款规定，向未成年人提供网络服务的公益性上网场所，其计算机终端未安装或者使用封堵暴力、色情等危害未成年人身心健康信息过滤软件的，由文化行政部门责令改正，可以处二千元以上一万元以下罚款。

第五十九条 违反本条例第二十一条第一款规定，旅馆业经营者接纳不满十六周岁未成年人住宿，未按照规定联系或者报告的，由公安机关责令改正，没收违法所得，并处二千元以上一万元以下罚款。

违反本条例第二十一条第二款规定，房屋出租者向不满十六周岁的未成年人出租房屋的，由公安机关责令改正，没收违法所得，并处五千元以上二万元以下罚款。

第六十条 违反本条例第二十二条第二款规定，向未成年人出售烟酒或者未在显著位置设置禁止向未成年人出售烟酒的警示标志的，由烟草专卖、工商行政（市场监督）管理部门责令改正，处五百元以上五千元以下罚款。

第六章 附 则

第六十一条 本条例所称的不良行为和严重不良行为，依照《中华人民共和国预防未成年人犯罪法》的规定予以认定。

第六十二条 本条例自2017年6月1日起施行。

南京市未成年人保护条例

（2015年10月29日南京市第十五届人民代表大会常务委员会第二十一次会议制定，2015年12月4日江苏省第十二届人民代表大会常务委员会第十九次会议批准，自2016年5月1日起施行）

第一章 总 则

第一条 为了保护未成年人的身心健康，保障未成年人的合法权益，根据《中华人民共和国未成年人保护法》《江苏省未成年人保护条例》等法律、法规，结合本市实际，制定本条例。

第二条 本市行政区域内未满十八周岁公

民的保护，适用本条例。

第三条 任何单位和个人在处理涉及未成年人事务时，应当充分保护未成年人的合法权益，了解和听取未成年人的意见。

第四条 市、区人民政府负责本行政区域的未成年人保护工作，制定未成年人保护发展规划，并将其纳入地区经济和社会发展规划以及年度计划。

第五条 市、区人民政府应当扶持未成年人保护公益性、专业性社会服务组织，将困境未成年人救助帮扶社会工作纳入政府购买服务的范围。

爱国主义教育基地、青少年宫、科技馆等公益性未成年人校外活动场所的运转、维护经费，按照财政保障政策纳入同级财政预算。公益性未成年人校外活动场所应当免费开放。

第六条 市、区人民政府应当加强未成年人保护宣传工作，提高全社会依法保护未成年人的意识。

本市相关国家机关、家庭、学校和社会应当教育和帮助未成年人维护自己的合法权益，增强自我保护意识和能力。

第七条 市、区人民政府对在未成年人保护工作中做出突出成绩的单位和个人，给予表彰和奖励。

第二章　一般保护

第一节　行政保护

第八条 市、区人民政府设立未成年人保护委员会，指导、监督本行政区域的未成年人保护工作，协调人民法院、人民检察院以及共产主义青年团（以下称共青团）、妇女联合会（以下称妇联）、工会、残疾人联合会等人民团体做好未成年人保护的相关工作。

未成年人保护委员会由民政、教育、公安、司法行政、财政、人力资源和社会保障、食品药品监督、质量技术监督、工商、文化广电新闻出版、卫生计生等行政主管部门以及人民法院、人民检察院和前款规定的人民团体的负责人组成。委员会主任由同级人民政府的主要负责人担任。

未成年人保护委员会每半年至少召开一次工作会议，每年定期向社会公布未成年人保护工作的开展情况和下一年度的工作目标、任务等内容。

关心下一代工作委员会（以下称关工委）、科学技术协会以及有关社会组织应当协助市、区人民政府以及有关国家机关做好未成年人保护工作。

第九条 市、区未成年人保护委员会办公室设在同级民政行政主管部门，负责未成年人保护委员会的日常工作，工作经费列入同级财政预算。

市、区未成年人保护委员会办公室主任由同级民政行政主管部门负责人担任，副主任由同级共青团负责人担任。

第十条 市、区未成年人保护委员会办公室履行下列职责：

（一）制定、完善未成年人保护工作的政策、制度，并向有关部门提出意见、建议；

（二）研究、拟定保护未成年人合法权益的计划、措施，报未成年人保护委员会批准后实施；

（三）联系、协调未成年人保护委员会成员单位开展工作，建立协调合作和信息共享机制，实现未成年人保护的有效衔接；

（四）组织开展对未成年人保护委员会成员单位的考核工作，提出奖惩方案，报未成年人保护委员会批准后实施；

（五）组织、引导公众参与未成年人保护相关工作；

（六）完成本级人民政府、未成年人保护委员会交办的其他工作。

第十一条 市未成年人保护委员会办公室设立未成年人保护综合服务平台（以下称综合服务平台），设置专用电话并向社会公布，接受和处理有关未成年人权益保护的求助、投诉、建议和咨询。

综合服务平台在接到求助、投诉、建议后，应当在一个工作日内移交有关行政主管部门处理，情况紧急的应当立即移交。有关行政主管部门应当及时处理移交的事项，并在移交后五个工作日内向综合服务平台书面报告处理情况，处理结束后两个工作日内书面报告处理结果。情况紧急的应当及时报告。综合服务平台应当将处理情况和处理结果及时向求助、投诉、建议人反馈，有关行政主管部门和人员应当为其保密。

第十二条 民政行政主管部门设立未成年人救助保护机构，承担困境未成年人的救助、管理、教育、护送工作以及突发事件中需要紧急庇护的未成年人救助工作。

对进入救助保护机构庇护的未成年人，由该机构承担临时监护责任，并及时报告市未成年人保护委员会办公室。

第十三条 街道办事处（镇人民政府）负责本辖区的未成年人保护和日常服务工作。

街道办事处（镇人民政府）明确专职未成年人事务社会工作者，协助区未成年人保护委员会办公室开展工作。

第十四条 教育行政主管部门应当加强安全教育和安全管理，做好学校重大安全事件的处置工作，建立科学的教育评价制度，保障未成年人的受教育权以及其他相关合法权益。

第十五条 公安机关应当加强学校校园周边的治安管理和消防安全管理，应当在学校校园或者其周边设立警务室、治安岗亭或者派驻保安人员。派驻的保安人员应当经过审核和培训。

公安机关应当加强学校校园周边交通秩序管理。在学生上学和放学时，应当在交通拥堵路段安排专人负责疏导交通。

公安机关应当加强对互联网信息的监督检查，为未成年人的健康成长营造良好的网络环境。

第十六条 文化广电新闻出版、工商等行政主管部门应当加强对音像制品、图书、报刊、影视节目、电子出版物、信息网络视听节目的监督检查，净化社会文化环境，保障未成年人身心健康。

第十七条 食品药品监督、质量技术监督、工商、卫生计生等行政主管部门应当依法加强对学校和未成年人托管服务机构等其他未成年人集中活动场所食品安全和产品质量的监督检查，保障未成年人食品、药品、玩具、服装、用具等安全。

在传染性疾病爆发流行时，卫生计生行政主管部门应当对未成年人采取优先预防和保护措施。

第十八条 非本市户籍未成年人遭受其监护人侵害的，或者监护人失踪、死亡以及被拘留、逮捕、强制戒毒的，市、区未成年人保护委员会办公室应当协调相关未成年人保护委员会成员单位联系其户籍地相关部门，处理未成年人的生活、教育问题。

第二节 家庭保护

第十九条 父母对未成年子女负有保护、教育和抚养的首要责任。

父母或者其他监护人应当根据未成年人不同阶段的生理和心理发育特点，正确实施教育。

第二十条 父母或者其他监护人不得以下列方式对待被监护的未成年人：

（一）以暴力等方式侵害未成年人身体；

（二）以饥饿、侮辱性语言等虐待方式惩罚未成年人，使其身心发育受到不利影响；

（三）让未满六周岁或者基于生理原因需要特别照顾的未成年人单独留在家中、车内及其他可能造成危害的场所，以及将其交由无民事行为能力、限制民事行为能力或者患有法定传染性疾病的人员代为照顾；

（四）组织、胁迫、诱骗、利用未成年人流浪乞讨，以及以伤害未成年人身心健康的方式获取利益；

（五）法律、法规规定的其他侵害被监护未成年人合法权益的行为。

第二十一条 父母或者其他监护人发现未成年人在校有实施或者遭受侵害以及有侵害迹象的，应当及时与学校进行沟通，情节严重的，应当立即向公安机关报告。

父母或者其他监护人发现未成年人行为出现异常的，应当及时为其寻求心理辅导。

第二十二条 父母处理离婚事务时，应当协商处理好涉及未成年子女的财产、受教育等权益以及抚养、探望等事宜，避免对未成年子女生活、学习和心理健康造成不利影响。

第二十三条 父母在离婚过程中，任何一方不得擅自将未成年子女带离住所或者藏匿，但处于哺乳期的女方可以将未成年子女带离住所哺乳。

父母离婚后，直接抚养未成年子女的一方无法定事由不得阻挠另一方行使探望权，但该探望权被人民法院裁判中止的除外；不直接抚养未成年子女的一方有权利和义务探望未成年子女，但未成年子女拒绝探望的除外。未成年子女要求探望祖父母、外祖父母的，父母任何一方应当提供帮助。

第二十四条 父母或者其他监护人以及其他成年人携带未满十二周岁未成年人乘车的，应当安排其在后排座位就座；携带未满四周岁的未成年人乘坐家庭用车的，应当配备并正确使用儿童安全座椅。

第三节 学校保护

第二十五条 学校应当加强校园安全、食品和饮用水安全、校服安全、设施设备安全、装修环保安全的管理，消除安全隐患，保障学生及其家长的知情权。

学校应当定期进行各种安全防范行为训练，提高未成年人的安全防范意识和自我保护能力。

第二十六条 学校、教师及相关工作人员不得有下列行为：

（一）罚款、嘲讽、辱骂、体罚或者变相体罚；

（二）随意查看、公布涉及学生隐私的信息；

（三）未经监护人同意，泄露学生个人及家庭信息；

（四）以任何形式公布学生在校分数排名；

（五）强迫或者变相强迫学生参与有偿家教或者捐款捐物、购买商品等活动；

（六）削减或者挤占体育、艺术等非升学考试科目课时用于升学考试科目教学；

（七）法律、法规禁止的其他侵害未成年人权益的行为。

第二十七条 学校应当设置心理辅导室，配备专兼职心理辅导教师，开展心理健康教育。对有行为偏差、心理障碍的学生，应当及时与其监护人沟通，并给予相应的心理辅导。

第二十八条 学校应当通过多种形式开展有关性知识以及预防性侵犯教育，培养学生健康的性心理，增强其防范性侵犯的意识和能力。

学校应当及时制止学生间发生的伤害行为，及时通知学生家长，并根据情节轻重对侵害者予以教育和处理；对可能构成的校园治安事件，应当立即向公安机关报告。

第二十九条 学校应当允许适合的残疾学生随班就读，并配备专门师资和专业设备。

学生患有心脏病、哮喘、癫痫等特定疾病或者具有过敏等特异体质的，父母或者其他监护人应当主动告知学校。学校在开展体育锻炼和户外活动时，应当给予相应照顾。

第三十条 学校应当设立家校沟通平台，制定家校互动计划。班主任应当了解学生家庭情况，经常与家长沟通，根据需要对学生进行家访。

第四节 社会保护

第三十一条 社区居（村）民委员会应当了解和掌握辖区内未成年人的就学、生活等情况，配合和协助学校、未成年人救助保护机构、公益性未成年人社会服务组织等单位在辖区内开展有益于未成年人身心健康成长的活动，对辖区内留守未成年人的学习、生活给予必要的关心和帮助。

第三十二条 未成年人社会服务组织应当按照政府购买服务合同要求，配合和协助政府行政主管部门做好未成年人保护相关工作，提供心理治疗、监护评估等专业服务。

第三十三条 任何经营场所不得向未成年人出售烟酒以及含酒精的饮品。

经营烟酒的场所应当在显著位置设置不向未成年人出售烟酒的标志。

第三十四条 网络服务提供者应当加强对网络信息的监管，发现未成年人遭受网络欺凌、侮辱或者接到相关投诉后，经查证属实的，应当立即采取删除、屏蔽、断开链接等必要措施。

互联网上网服务营业场所不得接纳未成年人，并在显著位置设置未成年人禁入的标志。

第三十五条 家政服务经营者应当对从事涉及未成年人家政服务的人员进行岗前培训，提高其对未成年人保护的责任意识和基本技能。

第三十六条 任何单位和个人不得在报纸、电视、广播、网络或者即时通讯工具上公布受害未成年人的姓名、照片、家庭住址、就读学校等能够识别该未成年人身份的信息。

新闻媒体报道涉及未成年人事件时，应当安排熟悉未成年人身心特点的从业人员进行报道，且不得直接采访受害未成年人。

第三十七条 公共场所经营管理单位应当加强对未成年人的安全保护，对可能危及未成年人人身安全的设施，应当在显著位置设置安全警示标志，定期进行维护，并在显著位置标明适应年龄范围和注意事项。

大型的商场、超市、医院、图书馆、博物馆、科技馆等场所应当设置搜寻走失儿童的安全警报系统。警报系统警示后应当立即进行搜寻，搜寻无果的，应当立即报警。

第五节 司法保护

第三十八条 未成年人起诉其法定监护人且没有与该争议事项无利害关系的其他监护人的，具有民事行为能力的亲属、共青团、妇联、关工委、未成年人住所地的社区居（村）民委员会、未成年人父母所在单位、学校等可以帮助未成年人向司法行政主管部门申请法律援助。在上述单位和个人都没有提出申请的情况下，民政行政主管部门应当履行政府救助责任代为申请。

符合法律援助条件的，司法行政主管部门应当指定律师代理未成年人提起诉讼，保障未成年人行使诉讼权利。

第三十九条 人民法院在审理涉及未成年人的离婚、收养、抚养、监护等民事案件中，可以委托人民调解员或者社会工作者进行家庭走访、社会调查，提交社会观护评估意见。

委托社会观护调查的，人民法院在法庭调查阶段应当宣读社会观护调查报告，征询当事人、代理人意见。

第四十条 人民法院在审理离婚及其他涉及未成年人利益的民事案件中，应当采取适当方式听取有表达能力的未成年人陈述。

第四十一条 未成年人的父母在离婚诉讼中达成离婚调解协议的，人民法院应当对协议内容进行审查，对涉及侵害未成年人合法权益的内容，不予确认。

第四十二条 人民法院应当根据案件审理查明的事实，及时向未尽到未成年人教育、管理、救助、帮助职责的有关单位提出司法建议，并将建议报送未成年人保护委员会办公室。收到司法建议的单位应当在一个月内予以回复。

第三章 特别保护

第一节 受监护人侵害的未成年人的保护

第四十三条 行政机关、学校、医疗机构、儿童福利机构、社区居（村）民委员会等单位及其工作人员发现未成年人遭受监护人侵害的，应当立即向公安机关或者综合服务平台报告。

公安机关接到报告后应当立即出警制止侵害行为。造成人身伤害的，应当立即将被侵害未成年人送医院就诊并进行伤情鉴定。符合立案条件的，应当立案调查并通知未成年人保护委员会办公室协调处置。

综合服务平台接到报告后应当立即通知事发地公安机关和未成年人救助保护机构。公安机关和未成年人救助保护机构接到通知后应当立即启动处置程序。

第四十四条 办案单位需要询问未成年人的，应当安排熟悉未成年人身心特点的办案人员和社会工作者负责询问。询问女性未成年人时，应当由女性办案人员负责询问。询问过程应当全程录音录像，对录音录像内容应当保密。

办案单位应当共享询问资料，减少相同问题重复询问给未成年人的心理造成伤害。

第四十五条 公安机关应当根据调查结果，采取下列措施：

（一）情节轻微或者明显不构成轻伤害的，对侵害人予以教育和告诫。向有表达能力的被侵害未成年人发放救助卡；

（二）情节严重或者可能构成轻伤害的，应当依法将被侵害未成年人与侵害人隔离。有其他未实施侵害行为的监护人的，不应将被侵害未成年人带离住所隔离。无其他未实施侵害行为的监护人的，应当询问侵害人有无符合条件的受托监护人。有符合条件的受托监护人的，征求有表达能力的未成年人的意见后，通知其到场并办理委托监护手续；无符合条件的受托监护人的，应当将被侵害未成年人送至未成年人救助保护机构或者未成年人救助保护机构指定的临时寄养家庭、机构进行安置。

第四十六条 被侵害未成年人在安置期间，未成年人救助保护机构对其承担法定监护人的权利与义务。

被侵害未成年人被临时监护或者安置期间发生的生活、学习、医疗、护理等各项费用由侵害人承担。未成年人救助保护机构垫付上述费用的，有权向侵害人追偿。

第四十七条 教育行政主管部门应当协调解决被安置未成年人的就学问题，征求未成年人意见后，指定公办学校作为其临时就读学校。

第四十八条 被侵害未成年人在安置期间遭受伤害、威胁、跟踪、骚扰等行为的，未成年人救助保护机构应当向公安机关报告，并可以依法向人民法院申请人身安全保护令。

侵害人取保候审的，公安机关应当依法责令其在取保候审期间不得进入被侵害未成年人居住和就学场所、与被侵害未成年人会面。

第四十九条 监护人侵害被监护未成年人合法权益符合撤销监护人资格规定的，未成年人的其他监护人、具有民事行为能力的亲属、共青团、妇联、关工委、未成年人住所地的社区居（村）民委员会、未成年人父母所在单位、学校等有权向人民法院申请撤销其监护人资格。

在上述单位和个人都没有提出申请的情况下，民政行政主管部门应当履行政府救助责任，向人民法院提出申请。

第五十条 未成年人保护委员会办公室应当组织由法学、心理学、社会学等领域专业人员组成的评估小组或者委托社会工作服务机构，对侵害人是否具有监护能力进行调查评估。相关单位和人员应当予以配合并提供相关资料。

调查评估应当在评估小组成立或者机构接受委托后九十日内完成。

调查评估人员应当对调查事项承担保密义务。

第五十一条 未成年人保护委员会办公室应当为被侵害未成年人提供免费心理辅导。

实施侵害行为的监护人应当接受心理辅导，费用自行承担。

第五十二条 辖区内家庭有下列情形之一的，区未成年人救助保护机构应当在六个月内，每月安排一次家访：

（一）未成年人的监护人被告诫的；

（二）未成年人安置结束回归家庭的；

（三）监护人资格被撤销后重新恢复的。

第五十三条 未成年人的财产权益遭受监护人侵害的，未成年人的其他监护人、具有民事行为能力的亲属、未成年人救助保护机构、共青团、妇联、未成年人住所地的社区居（村）民委员会等依法可以向人民法院提起诉讼，维护未成年人财产权益。人民法院判决撤销监护人保管财产的权利并确定未成年人的财产代管人或者代管机构的，财产代管人或者代管机构不得收取任何费用。

第二节 留守未成年人的保护

第五十四条 父母因外出务工等原因不能履行监护义务的，应当委托有监护能力的人担任留守未成年子女的监护人。双方应当签订委托监护协议，明确留守未成年子女留守期间的居住、生活、教育、经济来源等内容。未签订书面协议但实际委托的，可以认定形成事实委托监护关系。

父母应当加强与留守未成年子女沟通交流，了解其生活、学习情况，给予相应的关心和指导。

未成年人救助保护机构、共青团、妇联、未成年人住所地的社区居（村）民委员会、学校等应当督促父母或者其他监护人履行监护职责和抚养义务。

第五十五条 任何单位和个人发现未满十六周岁的留守未成年人单独居住的，或者受托监护人因年老等原因疏于监护导致未成年人生活无着的，应当报告公安机关或者综合服务平台。

综合服务平台接到报告后应当立即通知公安机关。

第五十六条 公安机关接报核实后，应当立即联系留守未成年人的父母，责令其履行监护义务或者委托他人实施监护。无符合条件的受托监护人的，公安机关应当将该留守未成年人送至未成年人救助保护机构或者未成年人救助保护机构指定的临时寄养家庭、机构进行安置。

第五十七条 单独居住的未满十六周岁留守未成年人的父母拒绝履行监护义务六个月以上，导致未成年人生活无着的，未成年人的其他监护人、具有民事行为能力的亲属、共青团、妇联、关工委、未成年人住所地的社区居

（村）民委员会、未成年人父母所在单位、学校等可以向人民法院申请撤销其监护人资格。

在上述单位和个人都没有提出申请的情况下，民政行政主管部门应当履行政府救助责任，向人民法院提出申请。

第三节　弃婴（儿）、被拐卖未成年人、流浪未成年人的保护

第五十八条　任何单位和个人发现弃婴（儿）、被拐卖未成年人、流浪未成年人的，应当及时向公安机关报案，不得自行收留或者处置。

第五十九条　公安机关应当及时查找弃婴（儿）的监护人。查找不到的，由公安机关出具证明，送民政行政主管部门指定的儿童福利机构临时代养，并签订代养协议。

公安机关解救被拐卖未成年人后，应当采集被拐卖未成年人血样比对查找其亲生父母或者其他亲属。查找不到的，出具证明，送民政行政主管部门指定的儿童福利机构临时代养，并签订代养协议。

公安机关发现或者接到流浪未成年人报告的，应当立即将流浪未成年人送至未成年人救助保护机构。

第六十条　儿童福利机构接收弃婴（儿）、被拐卖未成年人后，应当在媒体上发布寻亲公告，公告期六十日。公告期满仍未寻找到监护人的，该弃婴（儿）、被拐卖未成年人由国家监护。

未成年人救助保护机构接收查找不到原籍的流浪未成年人后，应当在媒体上发布寻亲公告，公告期六十日。公告期满仍未寻找到监护人的，该流浪未成年人由国家监护。

第四章　法律责任

第六十一条　国家机关及其工作人员不依法履行保护未成年人合法权益的职责，或者侵害未成年人合法权益的，由其上级机关或者所在单位责令改正，对直接负责的主管人员和其他直接责任人员依法给予行政处分；构成犯罪的，依法追究刑事责任。

第六十二条　未成年人的父母或者其他监护人不依法履行监护责任，或者侵害未成年人合法权益的，由其所在单位、未成年人救助保护机构、社区居（村）民委员会予以劝诫、制止；违反治安管理规定的，由公安机关依法给予行政处罚；构成犯罪的，依法追究刑事责任。

第六十三条　学校、教师及相关工作人员违反本条例第二十六条规定的，由教育行政主管部门责令改正；拒不改正的，对负有直接责任的学校负责人和直接责任人员依法给予行政处分；构成犯罪的，依法追究刑事责任。

第六十四条　新闻媒体违反本条例第三十六条规定，公布受害未成年人身份信息的，由文化广电新闻出版行政主管部门予以警告，责令改正；情节严重或者拒不改正的，依法追究新闻媒体负责人和直接责任人的责任。

第六十五条　行政机关、学校、医疗机构、儿童福利机构、社区居（村）民委员会等单位及其工作人员违反本条例第四十三条规定，发现未成年人被侵害不予报告，造成严重后果的，由其上级机关或者所在单位对直接责任的主管人员和其他直接责任人员依法予以处分。

第五章　附　则

第六十六条　本条例所称的学校，是指各类普通小学、初等学校、中等学校，职业技术学校、特殊教育学校、专门学校，幼儿园、托儿所和其他教育机构。

第六十七条　本条例自2016年5月1日起施行。

浙　江

浙江省未成年人保护条例

（2010年3月30日浙江省第十一届人民代表大会常务委员会第十七次会议通过，根据2016年12月1日浙江省第十二届人民代表大会常务委员会第三十五次会议《关于修改〈浙江省未成年人保护条例〉的决定》修正，自2010年6月1日起施行）

第一章　总　则

第一条　为了保护未成年人的身心健康，保障未成年人的合法权益，促进未成年人全面发展，根据《中华人民共和国未成年人保护法》《中华人民共和国预防未成年人犯罪法》和有关法律、行政法规，结合本省实际，制定本条例。

第二条　本条例所称未成年人是指未满十八周岁的公民。

第三条　保护未成年人工作，应当遵循尊重人格尊严、平等对待，适应未成年人身心发展规律和特点，教育与保护相结合的原则。

对未成年人享有的生存权、发展权、受教育权、受保护权、参与权等权利，应当给予特殊、优先保护。

第四条　国家机关、社会团体、企业事业组织、城乡基层群众性自治组织、未成年人的监护人和其他成年公民，都有责任关心、培养、教育未成年人，优化未成年人成长环境，保障未成年人合法权益。

第五条　县级以上人民政府应当做好未成年人保护工作，将未成年人保护工作纳入国民经济和社会发展规划及年度计划，组织制定和实施未成年人保护工作规划，并将相关经费纳入本级财政预算。

教育、公安、民政、司法行政、人力资源社会保障、环境保护、住房城乡建设、文化、卫生计生、工商、新闻出版广电、通信管理等部门以及人民检察院、人民法院，应当在各自职责范围内，做好未成年人保护工作。

乡（镇）人民政府、街道办事处应当采取有效措施，做好未成年人保护工作。

第六条　共青团、妇女联合会、工会、残疾人联合会、青年联合会、学生联合会、少年先锋队、红十字会、关心下一代工作委员会以及其他有关社会团体和村（居）民委员会等组织，协助各级人民政府做好未成年人保护工作，维护未成年人的合法权益。

第七条　省、市、县（市、区）设立未成年人保护委员会，负责协调、指导和监督未成年人保护工作，具体职责是：

（一）宣传有关未成年人保护法律、法规和政策，并对其实施情况进行监督、检查；

（二）调查、评估本行政区域未成年人保护状况，协调、指导未成年人保护工作；

（三）研究未成年人保护工作中的重大问题，并向有关部门、机关提出建议和意见；

（四）受理侵害未成年人合法权益的投诉、举报，督促有关部门及时处理，协调有关部门为未成年人提供或者寻求法律帮助；

（五）做好有关未成年人保护的其他工作。

未成年人保护委员会办事机构设在同级共青团组织，负责日常工作。

乡（镇）、街道根据需要设立未成年人保护委员会。

第八条　未成年人应当接受家庭、学校、国家机关和社会的教育，增强明辨是非和自我保护的意识、能力。对于侵犯自己合法权益的行为，未成年人有权提出检举、控告和申诉，有关国家机关应当依法及时处理。

第二章　抚养与监护

第九条　父母或者其他监护人应当创造良好、和睦的家庭环境，尊重和保障未成年人在人身、财产、受教育等方面享有的权利，依法履行对未成年人的监护职责和抚养义务。

第十条 父母或者其他监护人应当关注未成年人的生理、心理状况和行为习惯，学习家庭教育知识，运用科学、适当的教育方法，正确履行监护未成年人的职责，抚养、教育未成年人。

第十一条 父母或者其他监护人不得有下列行为：

（一）放任、迫使义务教育阶段的未成年人失学、辍学；

（二）放任未成年人吸烟、酗酒、旷课、夜不归宿、离家出走、沉迷网络、进入不适宜场所、携带危险物品、打架斗殴、赌博、吸毒等行为；

（三）放任未成年人观看、阅读、收听、收集或者传播含有危害国家安全、淫秽、色情、暴力、邪教、迷信等内容的影视节目、图书、报刊、音像制品、电子出版物和网络信息等行为；

（四）对未成年人实施家庭暴力，虐待、遗弃未成年人；

（五）强迫未成年人参加有害其身心健康的活动；

（六）其他不履行对未成年人的监护职责和抚养义务、侵害未成年人合法权益或者影响其健康成长的行为。

第十二条 未成年人的父母已经死亡或者没有监护能力的，依法确定有监护能力的人或者组织担任监护人。

第十三条 父母或者其他监护人有实施家庭暴力、虐待、遗弃、强迫结婚、将未成年子女置于无人监管和照看状态导致其面临危险且经教育不改、拒不履行监护职责超过六个月导致未成年子女生活无着等严重危害未成年人合法权益行为的，未成年人的近亲属、未成年人父母或者其他监护人所在的单位、未成年人住所地的村（居）民委员会、民政部门等，可以申请人民法院撤销其监护人资格，另行确定监护人。被撤销监护资格的父母应当依法继续承担抚养费用。

人民法院另行确定监护人时，应当尊重未成年人的意愿，同时指定监护方法，裁定未成年人抚养费用支付等相关事项。

第十四条 未成年人父母离异的，离异双方应当依据协议、判决或者裁定，履行对未成年子女的监护职责和抚养义务。

离婚后，不直接抚养子女的父或母，有探望子女的权利，另一方有协助的义务。

第十五条 鼓励村（居）民委员会、学校和其他组织、人员，为未成年人提供临时照管服务。

第三章 教育与安全保障

第十六条 父母或者其他监护人负有对未成年人安全教育、保护的义务。

父母或者其他监护人应当引导、教育未成年人正确选择和使用网络资源，防止其沉迷网络；指导未成年人正确使用电器、燃气等可能危及未成年人安全的设备、物品，给予未成年人户外活动安全的相关指引，防止未成年人参加安全保障措施不健全的户外活动。

第十七条 父母或者其他监护人、学校、幼儿园、托儿所及未成年人救助机构、儿童福利机构，应当培养和引导未成年人形成良好品性和素质。

教育行政部门和学校应当按照素质教育的要求，通过教育、教学、实践、体验等活动，丰富未成年学生在文化、体育、社会及自然等方面的知识，增强未成年学生的独立思考能力、创新能力和实践能力，促进其全面发展。

第十八条 父母已经死亡或者没有监护能力的未成年人，需要在其监护人户籍所在地或者经常居住地就近入学的，教育行政部门应当予以保障。

第十九条 学校应当开展法治教育，普及基本法律知识，配备法制副校长或者法制辅导员。

第二十条 学校应当配备健康辅导员，对学生进行心理、生理健康教育和珍惜生命的教育。学校、幼儿园、托儿所发现未成年人行为异常的，应当及时与其父母或者其他监护人取得联系，并采取必要的干预措施，互相配合，共同教育引导。

第二十一条 学校、幼儿园、托儿所应当加强对未成年人的校园安全、食品安全、交通安全等公共安全教育，根据实际情况和需要，有针对性地制定应对突发事件的预案，并按预案要求定期组织演练，增强其自我保护、自我救助的意识和能力。

学校、幼儿园、托儿所发生突发事件或者未成年人人身伤害事故时，应当优先保护未成年人的安全，及时救护，妥善处理，并向有关部门报告。

禁止组织未成年人参与抢险、救灾、制止暴力等危险性活动。

第二十二条 学校、幼儿园、托儿所应当建立健全校园安全制度，加强对人员、场所、活动、用品及车辆的安全管理，开展经常性安全检查，及时消除安全隐患，保障未成年人的人身安全。

教职员工对校园及周边发生的扰乱教学秩序或者侵犯未成年人人身、财产安全的行为应当及时制止，必要时向公安机关报告。

第二十三条 学校、幼儿园、托儿所应当建立健全卫生保健制度，为未成年人提供必要的卫生保健条件，做好疾病预防和控制工作，采取有效措施，保障未成年人在校园期间的卫生安全；为未成年人提供的食品、餐饮应当符合安全、营养的标准和要求。

第二十四条 公安、环境保护、住房城乡建设、文化、卫生计生、工商、安全生产监督管理、城市管理行政执法等部门，应当依法履行职责，采取措施，共同创造和维护安静、清洁、文明和安全的校园周边环境。

公安、卫生计生、安全生产监督管理等部门应当加强对学校安全、卫生等工作的监督和指导。

第二十五条 学校应当按照教育行政部门的规定合理安排课时和作业，保证未成年学生的休息、睡眠时间和每天不少于一小时的体育锻炼时间。

第二十六条 学校应当引导、教育未成年学生正确选择和使用网络资源，培养未成年学生良好的上网习惯，自觉抵制网络不良信息。

学校对用于教学的互联网上网服务设施，应当采取安全过滤措施，防止未成年学生接触网络不良信息。

第二十七条 学校应当建立由学校代表、家长代表等参加的家长委员会，及时讨论、协商、通报与教育教学活动相关的重大事项。

学校应当通过开放教学、教师定期家访、召开座谈会和组织社区活动等形式，听取家庭、未成年学生和社区的意见，改进和完善教育、教学方法。

第二十八条 妇女联合会应当会同教育行政部门和学校，通过家长学校、社区家庭指导站等形式开展家庭教育指导工作。

用人单位应当为其员工与未成年子女共同参与校外活动提供便利。

第二十九条 学校、幼儿园、托儿所及其教职员工应当尊重未成年人的人格尊严，平等对待，不得实施体罚、变相体罚、辱骂或者其他侮辱人格尊严的行为；对品行有缺点、心理有障碍、生理有缺陷、学习有困难的未成年人，应当帮助、关爱。

学校不得违反法律法规开除未成年学生。

第三十条 未成年学生因违反学校纪律受学校处分，受处分学生或者其父母、其他监护人对学校处分决定不服的，可以向教育行政部门提出申诉。教育行政部门应当进行核查，并在收到申诉之日起十五个工作日内给予答复。

第四章 公共服务与监管

第三十一条 县级以上人民政府及其有关部门和单位应当根据国家和本省有关规定，结合本地实际，开展和完善下列服务：

（一）促进未成年人健康成长的基本医疗卫生服务；

（二）托幼服务；

（三）对未成年人或者其家庭提供与未成年人相关的咨询、指导；

（四）对特困家庭的未成年人提供生活、教育、医疗等救助；

（五）对弃婴、孤儿、流浪儿童等生活无着的未成年人提供安置和救助；

（六）对残疾未成年人提供特殊教育、康复等服务；

（七）对未成年人提供娱乐、体育和文化活动的场所、设施及相关服务；

（八）其他促进未成年人健康成长的服务。

鼓励、支持社会力量依法开展前款规定的相关服务。

第三十二条　各级人民政府和卫生计生主管部门应当合理规划、配置卫生服务资源，加强基层医疗卫生服务体系建设，向未成年人提供基本医疗卫生服务。

有关医疗卫生机构应当对婴幼儿家长普及科学喂养知识，提供未成年人保健、生长发育监测、计划免疫、常见病诊疗等基本卫生服务，组织开展未成年人心理咨询和矫治等卫生服务。

第三十三条　教育、卫生计生等有关部门应当组织开展对幼儿园、托儿所工作人员的业务培训，提高幼儿园、托儿所的服务质量和水平。

第三十四条　县级以上人民政府及其民政部门应当根据本地实际情况，加强未成年人救助机构、儿童福利机构建设，健全相关服务功能。

第三十五条　鼓励、支持为民政部门监护的未成年人提供家庭寄养服务。提供寄养服务的家庭应当符合国家和本省有关规定。

县级以上人民政府民政部门应当建立和完善相关管理制度，加强对未成年人家庭寄养服务的监督、指导。

第三十六条　文化、新闻出版广电等主管部门应当加强对传媒行业的监督和指导，督促传媒行业建立健全自律管理的各项制度，防止传媒活动或者产品内容对未成年人造成不良影响。

传媒行业发布广告应当考虑未成年人身心发展的特点和规律，防止广告内容对未成年人造成不良影响。

第三十七条　中小学校园周边二百米范围内不得设置营业性电子游戏场所和互联网上网服务营业场所。

禁止在中小学校园周边设置营业性歌舞娱乐场所等不适宜未成年人进入的场所，具体场所及周边范围由省人民政府规定。

营业性歌舞娱乐场所、互联网上网服务营业场所等不适宜未成年人进入的场所，不得接纳未成年人。经营者应当在显著位置设置未成年人禁入标志和主管部门的举报电话。

营业性电子游戏场所除国家法定节假日外，不得向未成年人开放。

第三十八条　公安、文化、工商、新闻出版广电、通信管理等部门应当加强对互联网上网服务营业场所、网络信息内容以及手机运营商、网络运营商、网络信息提供商的监督管理，运用技术手段屏蔽、过滤传播不良信息的网站、网页，净化网络环境，防止手机信息、网络信息等对未成年人造成不良影响和危害。

公安、文化、工商、通信管理等部门应当建立健全无证无照互联网上网服务营业场所的及时发现、执法协作、查处取缔等机制。

第三十九条　生产和销售用于未成年人的食品、药品、玩具、用具和游乐设施，应当符合国家强制性标准或者行业标准；需要标明注意事项的，应当在显著位置标明。

第四十条　县级以上人民政府应当将青少年宫等未成年人校外活动场所建设纳入城乡建设规划，保障建设、运营和管理资金投入，促进设施资源的共享利用。

未成年人校外活动场所应当按照国家和本省有关规定进行建设和维护，保证正常开放，丰富活动内容，加强服务管理，不得擅自改变使用性质或者挪作他用。

第四十一条　爱国主义教育基地、公共图书馆、青少年宫应当对未成年人免费开放；博物馆、纪念馆、科技馆、展览馆、美术馆、文化馆、影剧院、体育场馆、动物园、公园等场所应当按照县级以上人民政府及有关部门的规定，对未成年人免费或者优惠开放。

社区的文化体育设施、公益性互联网上网服务设施，应当对未成年人免费或者优惠开放。

鼓励科研机构和科技团体对未成年人开展科学知识普及活动。

第四十二条　鼓励、支持有条件的村（居）民委员会聘用社区工作人员，了解、调查、报告未成年人生活状况和成长环境，开展宣传、教育、咨询等服务活动，预防和制止侵害未成年人合法权益的行为，协助有关部门做好未成年人保护工作。

鼓励、支持企业事业单位、社会团体和村（居）民委员会组织开展未成年人保护志愿服务活动。

第四十三条　任何人发现下列行为，应当立即向公安、人力资源社会保障、文化或者民政等部门报告：

（一）对未成年人实施家庭暴力，虐待、遗弃未成年人；

（二）溺婴和其他残害婴儿的行为；

（三）胁迫、诱骗、利用未成年人乞讨，或者组织、胁迫、诱骗未成年人进行有害其身心健康的表演等活动；

（四）拐卖、绑架未成年人；

（五）组织、强迫、引诱、容留、介绍未成年人进行猥亵行为或者性行为；

（六）使用童工；

（七）其他严重侵害未成年人权益和身心健康的行为。

有关部门接到报告后，应当及时对未成年人采取临时安置等紧急保护措施，同时立即组织调查，核实情况并依法做出相应处理；对不属于本部门管理的事项，应当及时转送有关部门。

任何人发现第一款所列行为，也可以直接向未成年人保护委员会办事机构报告，由其转送有关部门予以依法处理。

第四十四条 市、县（市、区）应当设置未成年人维权专用电话或者平台，为未成年人提供咨询，及时受理侵害未成年人合法权益的投诉、举报。

第五章 留守儿童保护

第四十五条 父母应当委托有监护能力的亲属或者其他成年人代为监护留守儿童，不得让留守儿童脱离监护单独居住生活。

父母应当在外出前将委托监护情况、务工地点、居住地址和联系电话等信息，告知留守儿童户籍所在地或者经常居住地的村（居）民委员会和就读学校、幼儿园、托儿所。

父母外出后应当与留守儿童每个月至少联系一次，及时了解留守儿童的生活、学习和心理状况。

本条例所称留守儿童，是指父母双方外出务工、一方外出务工另一方无监护能力或者父母因其他原因外出不能履行监护职责，不满十六周岁的未成年人。

第四十六条 县级以上人民政府应当加强留守儿童保护工作，健全留守儿童关爱服务体系和救助保护机制。

民政、教育、公安、司法行政、财政、人力资源社会保障、卫生计生等部门应当采取措施，共同做好留守儿童保护工作。

第四十七条 县级以上人民政府应当统筹协调产业政策和就业政策，支持和引导企业增加就业岗位，鼓励外出务工人员返乡创业、就业，促进本行政区域劳动者充分就业。

县级以上人民政府在安排政府投资和确定重大建设项目时，应当发挥投资和重大建设项目带动就业的作用，增加就业岗位。

对父母因务工等原因确需外出较长时间的，各级人民政府应当采取措施鼓励父母携带未成年子女共同生活。

第四十八条 民政部门会同教育、公安等部门建立留守儿童信息管理平台，定期核实、更新留守儿童基本信息，对留守儿童信息实行动态管理。

乡（镇）人民政府、街道办事处应当建立留守儿童信息台账，按照一人一档的要求，确定关爱服务联系人，并定期将有关信息报县级人民政府民政部门。

村（居）民委员会应当定期开展走访排查和留守儿童信息登记工作，及时掌握留守儿童的家庭情况、监护情况、就学情况等基本信息，并向乡（镇）人民政府、街道办事处报告。

第四十九条 民政部门会同教育、公安等部门建立健全留守儿童评估帮扶机制，开展留守儿童安全处境、监护情况、身心健康等调查评估，对家庭生活困难、监护人长期缺失、事实上无人抚养、义务教育阶段辍学的留守儿童实施重点帮扶。

第五十条 共青团、妇女联合会、工会、关心下一代工作委员会以及其他有关社会团体应当发挥自身优势，组织开展关爱留守儿童服务活动，通过家长学校、妇女之家、儿童之家等形式，指导父母或者其他监护人及时关注留守儿童身心健康状况。

第五十一条 学校、幼儿园、托儿所应当对就读留守儿童信息进行登记，了解留守儿童的监护、抚养和身心健康情况，并定期将信息报县级人民政府教育行政部门和乡（镇）人民政府、街道办事处。

学校、幼儿园、托儿所应当通过电话、视

频、教师家访、家长座谈会等形式促进留守儿童与父母或者其他监护人的情感联系和亲情交流，帮助父母或者其他监护人掌握留守儿童学习、生活等情况。

留守儿童无故旷课、辍学的，学校应当劝导其复学；劝返无效的，应当及时告知留守儿童父母或者其他监护人，并书面报告县级人民政府教育行政部门和乡（镇）人民政府、街道办事处，依法采取措施劝返复学。

第五十二条 民政部门应当会同教育、卫生计生等部门建立健全留守儿童精神关爱工作机制。

乡（镇）人民政府、街道办事处、村（居）民委员会和共青团、妇女联合会、工会、关心下一代工作委员会等，应当通过结对关爱等方式，做好留守儿童精神关爱工作，并根据女性留守儿童的生理和心理特点，开展有针对性的指导和帮助。

乡（镇）人民政府、街道办事处、村（居）民委员会应当为父母与留守儿童保持联系创造条件，并对双方联系有困难的提供帮助。

第五十三条 民政、教育等部门可以通过政府购买服务等方式，开展留守儿童监护指导、心理疏导、行为矫治、社会融入等专业服务。

鼓励社会工作服务机构、公益慈善社会组织、志愿服务组织参与关爱留守儿童服务活动。

第五十四条 学校、幼儿园、托儿所、医疗机构、村（居）民委员会、社会工作服务机构、未成年人救助机构、儿童福利机构及其工作人员，在工作中发现留守儿童脱离监护单独居住生活的，应当及时与其父母或者其他监护人联系；父母或者其他监护人拒不改正，或者无法与其父母或者其他监护人取得联系的，应当立即向公安机关报告。

学校、幼儿园、托儿所、医疗机构、村（居）民委员会、社会工作服务机构、未成年人救助机构、儿童福利机构及其工作人员，在工作中发现留守儿童失踪、监护人丧失监护能力或者不履行监护责任、疑似遭受家庭暴力、疑似遭受意外伤害或者不法侵害的，应当立即向公安机关报告。

其他组织和个人发现前两款规定情形的，应当及时告知留守儿童所在的学校、幼儿园、托儿所、医疗机构、村（居）民委员会、社会工作服务机构、未成年人救助机构、儿童福利机构，或者向公安机关报告。

第五十五条 公安机关接到本条例第五十四条规定的有关报告后，应当及时出警调查，并按照下列规定作出应急处置：

（一）属于留守儿童脱离监护单独居住或者监护人不履行监护责任的，责令其父母返回或者责令父母确定其他亲属监护，并对其父母进行训诫。

（二）属于监护人丧失监护能力或者无法与留守儿童父母取得联系的，通知民政部门协助，就近护送至其他近亲属或者村（居）民委员会、临时庇护场所、未成年人救助机构、儿童福利机构临时监护照料。

（三）属于留守儿童失踪的，按照儿童失踪快速查找等规定开展调查。

（四）属于遭受家庭暴力或者其他不法侵害、意外伤害的，依照有关法律、法规及时处置。

学校、幼儿园、托儿所、医疗机构、村（居）民委员会、社会工作服务机构、未成年人救助机构、儿童福利机构及其工作人员，应当协助公安机关做好调查和应急处置工作。

第六章　其他特殊群体保护

第五十六条 对有特殊才能或者突出成就的未成年人，各级人民政府、学校、家庭应当为其发展创造有利条件。

第五十七条 对因家庭贫困导致生活、就医、就学等困难的未成年人，因自身残疾导致康复、照料、护理和社会融入等困难的未成年人，以及因家庭监护缺失或者监护不当遭受虐待、遗弃、意外伤害、不法侵害等导致人身安全受到威胁或者侵害的未成年人，县级人民政府应当参照留守儿童救助保护机制，建立健全强制报告、应急处置、评估帮扶和监护干预等安全保护机制。

第五十八条 对残疾未成年人，各级人民政府及有关社会组织应当在康复、教育、文化生活等方面予以特殊保护。

第五十九条 公安机关、城市管理行政执法等部门在执行职务时，发现流浪乞讨的未成年人，应当及时采取保护性措施，并安全护送其到社会救助机构接受救助。

社会救助机构应当对受助未成年人及时提供救助，帮助其寻找父母或者其他监护人。

第六十条 有条件的设区的市人民政府应当设置专门学校。省人民政府教育、财政、公安等部门应当根据各自职责，予以支持，加强协调和指导。

专门学校的办学条件、教师待遇，应当予以保障。省、设区的市人民政府根据实际情况，可以对专门学校的教师待遇、师资引进等作出特别规定。

第六十一条 有《中华人民共和国预防未成年人犯罪法》规定的严重不良行为的未成年人，其父母、其他监护人或者所在学校在征求本人意见后提出申请，经教育行政部门批准，可以将其送专门学校进行矫治和接受特殊教育。

有《中华人民共和国预防未成年人犯罪法》规定的不良行为，父母或者其他监护人缺乏管教能力，在普通学校无法继续学习的未成年人，其父母或者其他监护人在征求本人意见后提出申请，经专门学校同意，可以进入专门学校接受托管教育。

第六十二条 进入专门学校就读的学生，原学校应当保留其学籍；符合条件要求转回原学校的，原学校不得拒绝接收；毕业后要求颁发原就读学校毕业证书的，原学校应当颁发。

专门学校毕业的学生，与普通学校毕业的学生享有同等权利，任何单位和个人不得歧视。

第六十三条 公安机关、人民检察院、人民法院和司法行政部门，应当加强对未成年人合法权益的保护。在办理未成年人刑事案件时，应当设立专门机构或者指定专人负责，分案起诉、分案审理、分别矫治。对未成年人应当慎用羁押性强制措施；确需羁押的，应当分别羁押。

公安机关、人民检察院讯问未成年犯罪嫌疑人、询问未成年证人、被害人，应当通知其父母或者其他监护人到场。父母或者其他监护人无法通知或者经通知不到场的，公安机关、人民检察院应当通知其他具有监护资格的人员或者组织派员到场。

公安机关、人民检察院和人民法院在办理未成年人刑事案件时，可以对未成年犯罪嫌疑人、被告人的性格特点、家庭情况、社会交往、成长经历等情况进行社会调查；必要时，也可以委托有关组织进行社会调查。

第六十四条 人民检察院不起诉、人民法院免予刑事处罚或者宣告缓刑、刑满释放以及受过公安机关治安管理处罚的未成年人，复学、升学、就业不受歧视。

对违法和轻微犯罪的未成年人，实行违法和轻罪记录封存制度。具体办法由省公安机关、省人民检察院、省高级人民法院和省司法行政部门共同制定。

第六十五条 有关部门、单位应当按照国家和本省有关规定做好未成年人的矫治、帮教和法律援助工作。村（居）民委员会应当协助有关部门教育和挽救违法犯罪的未成年人。

第七章 奖励与处罚

第六十六条 有下列情形之一的组织和个人，由人民政府或者未成年人保护委员会按照有关规定予以表扬或者奖励：

（一）教育、培养未成年人或者研究未成年人保护工作，成绩突出的；

（二）创作有利于未成年人健康成长的优秀作品，并取得良好社会效果的；

（三）为兴建或者提供未成年人活动场所、设施，作出突出贡献的；

（四）培训、安置残疾未成年人和专门学校结业（毕业）生就学、就业，成绩突出的；

（五）培训、安置刑满释放的未成年人就学、就业，成绩突出的；

（六）预防未成年人违法犯罪或者教育、挽救违法犯罪的未成年人，成绩突出的；

（七）其他维护未成年人合法权益，成绩突出的。

第六十七条 违反本条例规定，侵害未成年人的合法权益，法律、法规已规定行政处罚的，依照有关法律、法规的规定从重处罚；造成人身财产损失或者其他损害的，依法承担民事责任；构成犯罪的，依法追究刑事责任。

第六十八条 父母或者其他监护人不依法履行保护未成年人的责任或者侵害未成年人合法权益的，由其所在单位或者村（居）民委员会予以劝诫、制止；违反治安管理规定的，由公安机关依法给予处罚。

第六十九条 学校违反本条例第二十九条规定，对未成年学生实施体罚、变相体罚、开除、辱骂或者其他侮辱人格尊严的，由教育行政部门责令改正；情节严重的，对直接负责的主管人员和其他直接责任人员依法给予处分。

第七十条 违反本条例第三十七条第一款、第二款规定，在中小学校园周边设置营业性电子游戏场所、互联网上网服务营业场所、营业性歌舞娱乐场所等不适宜未成年人进入的场所的，由文化、工商等部门予以关闭，依法给予处罚。

违反本条例第三十七条第三款规定，营业性歌舞娱乐场所、互联网上网服务营业场所等不适宜未成年人活动的场所接纳未成年人，或者没有在显著位置设置未成年人禁入标志的，由文化主管部门责令改正，依法给予处罚。

违反本条例第三十七条第四款规定，营业性电子游戏场所在非国家法定节假日向未成年人开放的，由文化主管部门责令改正，依法给予处罚。

第七十一条 违反本条例第三十九条规定，生产、销售用于未成年人的食品、药品、玩具、用具和游乐设施不符合国家强制性标准或者行业标准，或者没有在显著位置标明注意事项的，由质量技术监督、工商、食品药品监督管理等部门在各自职责范围内，依法给予处罚。

第七十二条 违反本条例第四十五条第二款规定，父母未将委托监护情况、务工地点、居住地址和联系电话等信息告知村（居）民委员会和就读学校、幼儿园、托儿所的，由县级人民政府民政部门责令限期改正；逾期不改正的，可以处二百元以上一千元以下的罚款。

第七十三条 对侵害未成年人合法权益的行为，未成年人保护委员会有权督促有关部门或者单位查处。

第七十四条 学校未按照本条例第五十一条第三款规定报告并及时告知留守儿童父母和其他监护人，或者学校、幼儿园、托儿所、医疗机构、村（居）民委员会、社会工作服务机构、未成年人救助机构、儿童福利机构及其工作人员未按照本条例第五十四条规定向公安机关报告，造成严重后果的，由上级主管部门或者本单位对直接负责的主管人员和其他直接责任人员依法给予处分。

第七十五条 有关部门及其工作人员不依法履行保护未成年人责任或者侵害未成年人合法权益的，由上级主管部门或者本单位责令改正；情节严重的，对直接负责的主管人员和其他直接责任人员依法给予处分。

第八章　附　则

第七十六条 本条例自 2010 年 6 月 1 日起施行。1990 年 5 月 12 日浙江省第七届人民代表大会常务委员会第十六次会议通过、1997 年 6 月 28 日浙江省第八届人民代表大会常务委员会第三十七次会议修正的《浙江省未成年人保护条例》同时废止。

安　徽

安徽省预防未成年人犯罪条例

（2005 年 12 月 16 日安徽省第十届人民代表大会常务委员会第二十次会议通过，自 2006 年 2 月 1 日起施行）

第一章　总　则

第一条 为了保障未成年人健康成长，预防未成年人犯罪，根据《中华人民共和国预防未成年人犯罪法》和有关法律、行政法规，结合本省实际，制定本条例。

第二条 保障未成年人合法权益、优化未成年人成长环境、预防未成年人犯罪是全社会的共同责任。

第三条 预防未成年人犯罪，在各级人民政府组织领导下，实行综合治理。

各级人民政府未成年人保护委员会具体负责预防未成年人犯罪工作的组织、协调、检查和监督。

政府有关部门、司法机关、人民团体、有关社会团体、学校、家庭、居民（社区）委员会、村民委员会等共同参与，各负其责，做好预防未成年人犯罪工作，为未成年人身心健康发展创造良好的社会环境。

鼓励社会组织和个人参与、资助预防未成年人犯罪工作。

第四条 预防未成年人犯罪工作应当适应未成年人身心特点，遵循教育、保护相结合，及时预防和个别矫治的原则。

第五条 各级人民政府应当将预防未成年人犯罪工作经费列入财政预算，并逐步增加投入。

居民（社区）委员会、村民委员会和社会志愿者受政府委托从事预防未成年人犯罪工作，政府及其有关部门应当根据实际需要提供资助和支持。

对在预防未成年人犯罪工作中做出突出贡献的单位和个人，政府应当给予表彰和奖励。

第二章　对未成年人的教育

第六条 政府、学校、未成年人的父母或者其他监护人应当依法履行职责，保障未成年人受教育的权利，使未成年人完成法律规定的义务教育学业。

政府应当为家庭经济困难的未成年学生减免有关费用，提供适当的学习资助。学校应当做好减免家庭经济困难的未成年学生有关费用的具体工作。

第七条 流动人口流入地的人民政府及其教育行政部门应当在招生计划安排、费用收取、学籍管理、教育资源配置等方面创造条件，保障流动人口中的未成年人及时接受义务教育。流动人口流出地的人民政府应当配合流动人口流入地的人民政府做好有关教育管理工作。

流动人口的未成年子女仍留在原籍的，其父母或者其他监护人应当对其接受义务教育作出安排。政府应当组织有关部门采取措施帮助其接受义务教育。

鼓励社会力量举办接收流动人口中未成年人就学的中小学校、职业技术学校。教育行政部门应当将其纳入当地中小学校、职业技术学校管理体系，向其提供教师资格认定、学籍管理、教学评估等公共服务。

第八条 省教育行政部门应当将未成年学生法制教育纳入教育教学计划。学校每学期对学生进行的法制讲座不得少于6个课时。中小学校应当根据需要聘请校外法制副校长、法制辅导员。班主任、辅导员应当具备与其承担的教育管理职责相应的法律知识。

学校应当对未成年学生进行自我保护知识教育。

学校应当逐步配备具备资质条件的专职或者兼职心理教育教师，对未成年学生进行心理健康教育。

教育行政部门应当将保护未成年人的法律知识纳入教师继续教育内容，将中小学校法制教育、心理健康教育效果纳入教学评估内容。

第九条 学校应当指导、帮助未成年学生的父母或者其他监护人学习科学的家庭教育方法和法律常识，通过家长会、家访等形式与未成年学生的父母或者其他监护人相互通报未成年学生的学习和品行情况。

第十条 未成年学生品行有缺陷、学习有困难的，学校应当及时告知其父母或者其他监护人，并对其进行有针对性的个别教育，不得歧视，不得擅自停止其上课，不得强迫或者变相强迫其退学、转学；未成年学生需要进行生理或者心理治疗的，其父母或者其他监护人应当及时为其治疗，学校应当提供休学等便利。

学校应当将中途辍学的未成年学生的情况告知其居住地的居民（社区）委员会或者村民委员会。

第十一条 乡镇人民政府、街道办事处应当组织、指导本辖区内的居民（社区）委员会、村民委员会、具有教育功能的单位在寒暑假期间开展有益于未成年学生身心健康的活动。

第十二条 鼓励创作、出版、发行、展出、演出、播放适合未成年人特点，有利于未成年人身心健康的图书、报刊、影视节目、音像制品、计算机软件、文艺节目和其他精神文化产品。

第十三条 县级以上人民政府应当合理规划和建设青少年宫、儿童活动中心、科技馆、图书馆等适合未成年人活动的公共文化体育场所；鼓励、支持社会组织和个人兴建适合未成年人活动的文化体育场所和设施。

新建、改建、扩建居民住宅区的开发建设单位应当配套建设适合未成年人活动的文化体育设施。已建成的文化体育设施，必须投入使用，不得擅自改变用途。

公共文化体育场所应当对未成年人免费或者优惠开放；在寒暑假期间，应当延长开放时间，开展适合未成年人的文化体育活动。

鼓励机关、学校等单位内部的文化体育设施向未成年人开放。

第三章　对未成年人的监护

第十四条 未成年人的父母或者其他监护人应当对被监护的未成年人依法履行以下义务：

（一）指导其养成良好的行为习惯；

（二）给予其正确的生理、心理知识指导；

（三）预防和制止其阅读、观看、收听不适合未成年人的图书、报刊、影视节目、网络信息、音像制品和电子出版物等；

（四）预防和制止其进入互联网上网服务营业场所、营业性歌舞娱乐场所；

（五）主动配合学校、居民（社区）委员会、村民委员会对其进行教育；

（六）预防和制止不良行为、严重不良行为；

（七）法律、法规规定的其他义务。

第十五条 未成年人的父母或者其他监护人有监护能力但不履行监护责任的，乡镇人民政府、街道办事处和居民（社区）委员会、村民委员会应当对其批评教育，责令其履行监护责任。

未成年人的父母或者其他监护人虐待、遗弃被监护的未成年人的，任何组织和个人均有权制止并向公安机关举报，接到举报的公安机关应当及时调查、处理。

未成年人的父母或者其他监护人对有不良行为、严重不良行为的被监护未成年人放任不管的，由公安机关予以训诫，责令其严加管教。

第十六条　未成年人的父母或者其他监护人侵害被监护的未成年人的合法权益的，应当依法承担责任。受侵害的未成年人、有关人员或者有关单位可以依法申请人民法院撤销其监护人资格。

未成年人的父母或者其他监护人均吸毒成瘾或者均在监狱服刑，以及其他情形不宜行使监护权或者无法行使监护权的，经未成年人的父母或者其他监护人同意，可以依法另行确定监护人。暂未确定监护人的未成年人由政府举办的社会福利机构收养。

第十七条 受民政部门委托或者受民政部门批准的家庭寄养服务机构委托的寄养未成年人的家庭，应当根据寄养协议，履行保障被寄养未成年人合法权益的义务。

寄养家庭所在的居民（社区）委员会、村民委员会发现寄养家庭不再符合寄养条件的，应当及时向当地民政部门报告。民政部门应当及时调查、处理。

第四章　对未成年人不良行为的预防

第十八条 居民（社区）委员会、村民委员会应当逐步建立本辖区内未成年人基本信息资料；确定居民（社区）委员会成员、村民委员会成员、社会志愿者或者其他热心未成年人教育的人员，对家庭教育失当或者有不良行为、严重不良行为的未成年人进行指导和个别教育；为贫困、单亲或者失亲等家庭中的未成年人提供必要的帮助。

第十九条 民政部门应当依法对辖区内流浪乞讨的未成年人进行救助。救助机构应当将救助的未成年人与成年人分开管理，对有不良行为的未成年人进行心理指导和矫治。

对流浪乞讨或者离家出走的未成年人，民政部门或者其他有关部门应当负责交送其父母或者其他监护人；暂时无法查明其父母或者其他监护人的，由民政部门设立的儿童福利机构抚养。

第二十条 任何单位和个人不得有下列行为：

（一）制作、出版、播放、展出、演出、出售、出租含有淫秽、暴力等诱发未成年人违法犯罪、危害未成年人身心健康内容的图书、报刊、影视节目、音像制品、计算机软件、文艺节目、玩具和饰品等；

（二）利用通讯工具、互联网等载体制作、传播色情、暴力等有害信息；

（三）向未成年人提供毒品，引诱、教唆、欺骗、强迫或者容留未成年人吸食、注射毒品，或者为未成年人吸食、注射毒品提供便利条件；

（四）胁迫、诱骗未成年人乞讨、盗窃、卖淫或者从事色情表演；

（五）引诱、教唆、容留未成年人赌博或者为未成年人参与赌博提供便利条件；

（六）诱发未成年人违法犯罪、危害未成年人身心健康的其他行为。

第二十一条 未成年人的父母或者其他监护人和学校应当教育未成年人不得吸烟、酗酒；发现未成年人吸烟、酗酒的，应当予以劝阻和制止。

经营烟、酒的场所应当设置禁止未成年人购买烟、酒的警示标志。任何单位和个人不得向未成年人提供或者出售烟、酒。

任何人不得在中小学校的教室、阅览室、寝室、活动室和未成年人集中活动的其他场所吸烟。

第二十二条 宾馆服务业经营者接纳不满16周岁的未成年人住宿的，应当及时与其父母或者其他监护人、近亲属或者所在的学校联系。无法联系的，应当向当地公安机关报告。

禁止洗浴场所留宿无监护人陪同的不满16周岁的未成年人。

未经未成年人的父母或者其他监护人同意，任何人不得向不满16周岁的未成年人出租房屋。

确因学习需要，经父母或者其他监护人书面同意，不满16周岁的未成年人租房住宿的，其父母或者其他监护人和学校应当履行监护职责，并不得让未成年人单独居住。房屋出租人发现租房的未成年人的人身、财产受到他人侵害，或者发现租房的未成年人有不良行为、严重不良行为的，应当制止，及时告知其父母或者其他监护人，并向公安机关报告。

第二十三条 互联网上网服务营业场所不得接纳未成年人。学校、未成年人的父母或者其他监护人应当引导未成年人健康使用互联网资源，发现互联网上网服务营业场所接纳未成年人的，应当予以制止，并向文化行政部门、公安机关或者工商行政管理部门举报。接到举报的部门应当立即到场调查处理，并应当为举报人保密。举报人要求反馈处理结果的，接到举报的部门应当将处理结果向举报人反馈。

营业性歌舞娱乐场所不得接纳未成年人。营业性游艺娱乐场所中设置的电子游戏机，除国家法定节假日外，不得向未成年人提供。

学校、图书馆、书店等场所向未成年人提供网络服务，其计算机终端应当安装和使用封堵色情、暴力等有害信息的过滤软件。

第五章 对未成年人严重不良行为的矫治

第二十四条 省人民政府教育行政部门应当将对有严重不良行为未成年人的教育列入教育规划。

设区的市人民政府根据需要可以设立或者指定一所学校承担工读教育任务。

省人民政府、设区的市人民政府应当保证工读教育所需经费和教育设施投入；教育行政部门应当在招生、学籍管理、教职工的待遇和职称评定等方面实行特殊政策。公安机关应当协助做好工读教育管理工作，维护正常教学秩序，做好法制宣传教育工作。

第二十五条 未成年人有严重不良行为的，由其父母或者其他监护人，或者所在学校申请，经县级以上人民政府教育行政部门批准，送设区的市人民政府教育行政部门指定的学校学习和接受矫治。

未成年人有不良行为，其父母或者其他监护人缺乏管教能力、在学校无法继续学习的，经其监护人申请，可以送其到设区的市人民政府教育行政部门指定的学校学习和接受矫治。

第二十六条 对在设区的市人民政府教育行政部门指定的学校接受教育矫治的未成年学生，原就读的学校应当保留其学籍，对学习期满要求转回的学生，不得拒绝接收。

第二十七条 未成年人因不满16周岁不予刑事处罚的，公安机关应当责令其父母或者其他监护人严加管教；确有必要的，可以由政府依法收容教养。

第二十八条 对有下列情形之一的未成年人，公安机关应当建立教育矫治档案，对其遵纪守法、学习和劳动情况进行记录，以利教育、监督、考核：

（一）被判处管制、宣告缓刑、裁定假释、批准保外就医和劳动教养所外执行的；

（二）被公安机关立案调查并确认有严重不良行为的。

对有前款所列情形之一的未成年人，其居住地乡镇人民政府或者街道办事处应当组织当地司法所、公安派出所、未成年人所在的学校（单位）、居民（社区）委员会或者村民委员会、有关社会团体成员和社会志愿者，对其进行教育、心理指导和行为矫治，安排其参加有益的文化体育活动和从事力所能及的社会公益劳动。

第二十九条 被依法判处管制、宣告缓刑、裁定假释、免予刑事处罚和刑罚执行完毕、解除收容教养或者劳动教养的未成年人，在复学、升学、就业等方面与其他未成年人享有同等权利，任何单位和个人不得歧视。

第三十条 对正在监管场所服刑或者接受劳动教养、收容教养的未成年人，其父母或者其他监护人应当主动探视，配合执行机关对其进行教育、矫治。拒不探视、不配合的，其所在的单位、乡镇人民政府或者街道办事处、居民（社区）委员会或者村民委员会应当对其进行批评教育，要求其改正。

第六章　法律责任

第三十一条 违反本条例第二十条规定行为的，由公安机关依法给予治安处罚或者由有关部门依法处理；构成犯罪的，依法追究刑事责任。

第三十二条 违反本条例第二十二条第二款规定，洗浴场所留宿无监护人陪同的不满16周岁的未成年人的，由公安机关按每接纳1名未成年人处以500元罚款。

违反本条例第二十二条第三款规定，房屋出租人未经未成年人的父母或者其他监护人同意，向不满16周岁的未成年人出租房屋的，由公安机关处以1000元的罚款。

第三十三条 违反本条例第二十三条第一款规定，互联网上网服务营业场所接纳未成年人的，由文化行政部门给予警告，可以按每接纳1名未成年人并处2000元罚款，但一次接纳多名未成年人的，罚款总额不超过15000元；情节严重的，责令停业整顿，直至吊销《网络文化经营许可证》。

违反本条例第二十三条第二款规定，营业性歌舞娱乐场所接纳未成年人或者营业性游艺娱乐场所在国家法定节假日外向未成年人提供电子游戏机服务的，由文化行政部门责令改正，给予警告，责令停业整顿，没收违法所得，违法所得在2500元以上的，并处违法所得2倍以上4倍以下的罚款；没有违法所得或者违法所得不足2500元的，并处2500元以上10000元以下的罚款；情节严重的，由工商行政管理部门吊销营业执照。

违反本条例第二十三条第三款规定，学校、图书馆、书店等场所向未成年人提供网络服务的计算机终端未安装和使用封堵色情、暴力等有害信息的过滤软件的，由公安机关给予警告，责令改正；拒不改正的，处2000元以上5000元以下的罚款。

第三十四条 国家机关及其工作人员不履行本条例规定的职责，对直接负责的主管人员和其他直接责任人员依法给予行政处分；构成犯罪的，依法追究刑事责任。

学校不履行本条例规定的职责，由教育行政部门对负有责任的学校负责人和其他直接责任人员依法给予行政处分。

第七章　附　则

第三十五条 本条例所称不良行为和严重不良行为，是指《中华人民共和国预防未成年人犯罪法》规定的不良行为和严重不良行为。

第三十六条 本条例自2006年2月1日起施行。

合肥市控制义务教育阶段学生非正常辍学的规定

（2004年10月27日合肥市第十三届人民代表大会常务委员会第十二次会议通过，2004年12月23日安徽省第十届人民代表大会常务委员会第十三次会议批准，2018年4月27日合肥市第十六届人民代表大会常务委员会第三次会议修改，根据2018年6月1日安徽省第十三届人民代表大会常务委员会第三次会议关于批准《合肥市人民代表大会常务委员会关于废止和修改部分地方性法规的决定》的决议修正）

第一条 为了控制义务教育阶段学生非正常辍学，保障适龄儿童、少年接受义务教育的权利，巩固实施义务教育成果，依据《中华人民共和国义务教育法》等法律、行政法规，结合本市实际，制定本规定。

第二条 本规定所指的义务教育阶段学生非正常辍学（以下简称学生非正常辍学），是指在本市行政区域内，已入学接受九年制义务教育的儿童、少年，未按照规定办理手续而中止学业。

第三条 控制学生非正常辍学是各级人民政府及其有关部门，实施义务教育的学校，其他社会组织以及学生父母或者其他监护人的共同责任。

第四条 各级人民政府对控制学生非正常辍学工作负总责，并依据本规定制定具体实施方案。

控制学生非正常辍学工作纳入各级人民政府及其派出机构年度工作目标考核范围。

第五条 各级人民政府应当开展控制学生非正常辍学工作的监督检查。对控制学生非正常辍学工作取得显著成绩的单位和个人，给予表彰奖励。

第六条 各级人民政府应当加大对义务教育阶段的经费投入，改善办学条件。

第七条 居民委员会、村民委员会可以在不与法律、法规相抵触的范围内制定公约、守则，协助做好控制学生非正常辍学工作。

第八条 教育行政主管部门负责做好控制学生非正常辍学的管理工作，健全学籍档案，严格学籍管理，对未完成规定年限义务教育的学生不得核发义务教育毕业证书。

建立控制学生非正常辍学的目标责任制，并纳入对实施义务教育的学校负责人和教师的考核内容。

第九条 实施义务教育的学校应当全面贯彻教育方针，全面实施素质教育，面向全体学生，加强师德建设，保证教育教学质量。

第十条 实施义务教育的学校及其工作人员对学生应当因材施教，对品行有缺陷、身体有残疾、学习有困难的学生应当给予关心、帮助，不得歧视，不得对学生实施体罚、变相体罚或者有其他侮辱人格的行为。

第十一条 实施义务教育的学校应当规范收费行为，严禁擅自扩大收费项目、提高收费标准，不得因乱收费导致学生辍学。

第十二条 实施义务教育的学校在每学期开学后两周内，应当对在校学生就读情况进行调查统计，并向所在地教育行政主管部门报告。

学校应当及时做好学生变动情况记录，发现有学生非正常辍学，班主任应当及时向学校报告，并进行家访。经多次动员无效的，学校应当及时将情况报告所在地人民政府以及教育行政主管部门，由其对辍学学生父母或者其他监护人批评教育，并视情况发出《敦促入学通知书》。

第十三条 父母或者其他监护人应当尊重子女或者被监护人接受义务教育的权利，应当使其按照规定接受义务教育，不得使在校接受义务教育的学生辍学。

第十四条 禁止任何单位或者个人招用义务教育阶段学生务工及从事其他职业。法律、法规另有规定的除外。

禁止各类职业介绍机构以及其他单位或者个人为义务教育阶段学生介绍职业。

第十五条 市、县（市）区劳动保障行政部门应当对用人单位进行监督检查，依法查处违法招用义务教育阶段学生的行为。

第十六条 各级人民政府以及公安、工商、文化行政部门或者其他有关部门应当加强社会治安综合治理，依法净化校园周边环境。

营业性歌舞娱乐场所、互联网上网服务营业场所，不得接纳义务教育阶段学生。

第十七条 教育行政主管部门和其他有关部门及其工作人员玩忽职守、弄虚作假、未履行应有责任造成学生辍学的，由同级人民政府视情况给予通报批评，并追究相关人员责任。

第十八条 学校违反本规定第九条、第十条、第十二条的，由教育行政主管部门通报批评，并视情节轻重对其负责人给予行政处分；学校工作人员违反本规定，造成学生辍学的，由学校视情节轻重给予批评或者行政处分；构成犯罪的，依法追究刑事责任。

第十九条 违反本规定第十一条，擅自扩大收费项目、提高收费标准的，由教育行政主管部门责令退还所收费用，对直接负责的主管人员和其他直接责任人员，依法给予行政处分。

第二十条 义务教育阶段学生的父母或者其他监护人违反本规定第十三条的，由当地人民政府进行批评教育，并采取必要措施使其子女或者其他被监护人返校就读。

第二十一条 违反本规定第十四条第一款的，由劳动保障部行政部门责令限期改正，并按照每使用一名义务教育阶段学生每月处以五千元罚款的标准给予处罚。情节严重的，由工商行政管理部门吊销其营业执照。

违反本规定第十四条第二款的，由劳动保障部行政部门按照每介绍一人处以五千元罚款的标准给予处罚，并吊销其人力资源服务许可证。

第二十二条 违反本规定第十六条第二款的，由文化行政部门责令改正并依法予以处罚。

第二十三条 当事人对行政处罚决定不服的，可以依法申请行政复议或者向人民法院提起诉讼。

第二十四条 本规定自2005年3月1日起施行。

福　建

福建省实施《中华人民共和国未成年人保护法》办法

（1994年11月19日福建省第八届人民代表大会常务委员会第十三次会议通过，1994年11月21日公布施行1997年10月25日福建省第八届人民代表大会常务委员会第三十五次会议修改）

第一章　总　则

第一条 根据《中华人民共和国未成年人保护法》，结合本省情况，制定本办法。

第二条 本办法所保护的未成年人是指居住或临时进入本省的未满十八周岁的公民。

第三条 保护未成年人是国家机关、学校、社会团体、企业事业单位、村（居）民委员会、家庭和公民的共同责任。

未成年人应增强自我保护和自我教育的能力。

第四条 省、地（市）、县（市、区）人民政府负责领导未成年人保护工作：

（一）研究、规划、检查未成年人保护工作；

（二）规划、建设未成年人活动的场所和设施；

（三）加强对图书、报刊、音像制品和有关活动场所的管理，对不适合未成年人的图书、报刊、音像制品和活动场所应当严格控制；

（四）鼓励文艺工作者创作有益于未成年人身心健康的作品，对成绩突出者给予奖励；

（五）对保护未成年人成绩显著的组织和个人，给予表彰；

（六）为未成年人保护工作提供必要的经费；

（七）讨论决定其他有关未成年人保护工作的重大事项。

第五条 省、地（市）、县（市、区）设立未成年人保护委员会，乡（镇）、街道可以设立未成年人保护委员会或指定专人负责未成年人保护工作。

未成年人保护委员会由同级人民政府领导，负责组织、协调和督促有关部门做好未成年人保护工作。

第六条 省、地（市）、县（市、区）未成年人保护委员会下设办事机构，负责未成年人保护的日常工作。

未成年人保护委员会的办事机构列入同级人民政府的行政序列。同级人民政府应当为其核定编制、提供办公条件。

第七条 公安、教育、劳动、文化、工商、新闻出版、广播电视、卫生以及其他部门应当按各自职责，做好未成年人保护工作。

共青团、妇女联合会、工会、青年联合会、学生联合会、少年先锋队等社会团体有责任协助政府做好未成年人保护工作。

第八条 省、地（市）、县（市、区）可筹措基金，用于未成年人的保护事业。鼓励集体、个人捐资兴办有助于未成年人健康成长的公益事业。

第二章　家庭保护

第九条 父母或其他监护人的责任：

（一）保护未成年人的身体健康，提供必要的物质保障；

（二）注重未成年人的思想品德教育，引导他们积极向上，健康成长；

（三）保证未成年人接受国家规定年限的义务教育，不得以任何借口迫使他们中途辍学；

（四）制止未成年人观看、阅读不适合未成年人的图书、报刊、音像制品和进入不适合未成年人的活动场所；

（五）关心未成年人的日常生活和社会活动，预防和制止其逃学、逃夜或擅自离家出走以及吸烟、酗酒、偷窃、赌博、吸毒、卖淫等行为。

第十条 严禁父母或其他监护人施行下列行为：

（一）歧视、虐待、遗弃未成年人；

（二）溺婴、弃婴；

（三）迫使未成年人外出乞讨、流浪；

（四）迫使未成年人当童工；

（五）强迫、诱骗未成年人订婚或结婚；

（六）教唆、纵容、包庇未成年人违法犯罪；

（七）其他损害未成年人身心健康的行为。

第三章　学校保护

第十一条 学校和教师应执行国家教育主管部门有关课时和学业量的规定，不得擅自增加未成年学生的课业负担。

第十二条 未经县级以上教育主管部门批准，任何组织和个人不得占用教学计划内的课时和文体活动时间；不得要求学生参加与教育无关的活动。

第十三条 学校和教师应倡导未成年学生参加健康、有益的文体活动，不进入电子游戏机室、桌（台）球室等不适宜未成年人活动的场所。

第十四条 学校和教师对学习有困难、品行有缺点和有轻微违法行为的学生，应耐心教育、帮助，不得歧视或放任不管。

第十五条 学校和教师不得对未成年学生实施体罚、变相体罚或其他侮辱人格尊严的行为。

禁止用罚款手段处罚未成年学生和儿童。

第十六条 学校和教师不得擅自停止未成年学生上学、上课。

学校非经县级以上教育主管部门批准，不得责令未成年学生退学或开除其学籍。

第十七条 学校、幼儿园和教师不得违反省教育主管部门和物价、财政等部门的规定，向未成年学生和儿童收取费用。必须收取的费用，要出具合法、足额的收据；不出具的，家长和未成年学生、儿童有权拒付或向有关部门投诉。

第十八条 学校、幼儿园必须建立健全卫生保健制度，定期为未成年学生和儿童进行体检，并适时地对未成年学生进行生理、心理卫生教育和社会生活指导。

学校要为未成年女学生指派生活指导员，指导员由女性教职员兼任。

第十九条 学校、幼儿园、托儿所供应未成年学生和儿童食品，应指定专人负责，防止发生食物中毒事故。

第二十条 学校、幼儿园应对未成年学生和儿童进行安全教育，落实安全防范措施，防止发生人身安全事故。

对学校危房，各级人民政府应及时解决，防止和杜绝校舍倒塌造成伤亡事故的发生。禁止在危房中安排教学、集会、社会实践等活动。

第二十一条 各地（市）人民政府，应当积极创造条件，设立工读学校，依法对有轻微违法犯罪行为而又屡教不改的未成年学生进行教育。

第二十二条 各级人民政府应有计划地改善革命老区、少数民族居住较集中的地区和贫困地区的办学条件。

第二十三条 各级人民政府对归侨、华侨和香港、澳门、台湾同胞的未成年子女在本省入学的，应给予照顾。

第四章 社会保护

第二十四条 省、地（市）、县（市、区）人民政府所在地，应建立未成年人文化、科技活动中心；（乡）镇人民政府所在地，应开设未成年人阅览和文娱活动场所。

供未成年人活动的场所和设施，任何单位和个人不得挤占或挪作他用。

第二十五条 文化宫、科技馆、体育馆、纪念馆、博物馆、公园、动物园等场所，在法定节日和寒暑假期间，对未成年人实行减免费开放；公共图书馆应开设未成年人阅览场所。

第二十六条 文化、工商等部门应加强对学校、幼儿园周围营业性活动的管理，维护学校、幼儿园的正常秩序。

第二十七条 公安部门应加强对学校和幼儿园的治安管理，及时制止和查处各种违法犯罪活动。

第二十八条 文化、广播电视、出版等部门应依法加强对图书、报刊、影视、音像制品、广告、文艺活动和其他文化产品的管理。对不利于未成年人身心健康的作品和文艺活动，应采取必要的限制措施。

任何组织和个人都不得向未成年人提供宣扬恐怖、暴力及淫秽内容的图书、报刊和音像制品。

第二十九条 在中小学校周围200米范围内不得设立电子游戏机室和桌（台）球室。

第三十条 营业性的歌厅、舞厅、卡拉OK演唱厅、电子游戏机室、桌（台）球室等不适宜未成年人活动的场所，必须设置明显的禁入标志，严禁未成年人进入。

前款所述场所的负责人和工作人员，对难以判明年龄和身份的入场者，应要求其出示身份证件。

第三十一条 中小学、幼儿园、托儿所和其他未成年人集中活动的室内场所应设置禁止吸烟的标志。

第三十二条 禁止任何组织和个人让未成年人从事有害身心健康的演出、卖艺活动。

除艺术、体育学校、国家专业艺术、体育团体外，任何组织和个人不得招收未成年人参加专业性的演出活动。

第三十三条 任何组织和个人不得强迫、诱骗、唆使未成年人信仰宗教或参加封建迷信活动。

第三十四条 任何单位和个人不得向未成年人提供、出售匕首、三棱刀、弹簧刀及其他管制刀具。

第三十五条 任何单位和个人不得招用童工，不得安排未成年职工从事国家规定的禁忌作业。

第三十六条 信托商店、废旧物资回收部门及个体商贩不得代售、收购未成年人寄售、出售的工业、建筑、交通、机电器材及其他贵重废旧物品。

第五章 司法保护

第三十七条 公安、检察、审判机关应分别设立专门机构或者指定专人负责，采取适合未成年人身心特点的审理方式，办理未成年人犯罪案件。

第三十八条 新闻报道、影视节目、公开出版物，不得披露违法犯罪未成年人的姓名、肖像、住所和单位。

第三十九条 对符合监外改造和所外教养条件的未成年人，应实行监外改造和所外教养，有关单位、家庭、学校、基层群众性自治组织应相互配合，共同做好矫治工作。

第四十条 被免予起诉、免除刑事处分或宣告缓刑以及被解除收容教育、收容教养、劳动教养或服刑期满释放的未成年人，在复学、升学、就业方面享有与其他未成年人同等的权利，教育、劳动部门及有关单位应依法予以保障。

第四十一条 人民法院在审理离婚、抚养、收养、继承等民事案件时，应维护未成年人的合法权益。

第六章 法律责任

第四十二条 违反本办法第十条第（五）项规定的，由民政部门对直接责任人员处以三百元以上、三千元以下罚款，并解除该非法婚姻。

第四十三条 违反本办法第十六条规定的，由教育主管部门或学校给予教育，责令改正；情节严重，经教育不改者，给予行政处分。

第四十四条 违反本办法第十七条规定的，由有关主管部门给予批评教育，并责令其退还款项；拒不改正的，可对主管负责人和直接责任人给予行政处分。

第四十五条 违反本办法第二十九条规定的，由工商、文化部门责令其立即停业，限期搬迁。

第四十六条 违反本办法第三十条规定的，由文化等主管部门视情节轻重，对主管负责人和责任人员予以警告，并处以五十元以上，五百元以下罚款；情节严重的，可以处五百元以上，三千元以下罚款；或责令停业。

第四十七条 违反本办法第三十六条规定的，由公安、工商部门对代售、收购者，视情节给予三千元以下罚款。

第四十八条 违反本办法第三十八条规定的，依法承担民事责任。

第四十九条 公安、检察、审判机关及有关行政主管部门，对侵犯未成年人合法权益的投诉、检举、控告，应及时受理，并在三个月内作出处理决定，同时将处理决定告知有关当事人。法律另有规定的除外。

第五十条 违反本办法，其他法律、法规已有处罚规定的，按其规定执行。

第七章 附 则

第五十一条 本办法自公布之日起施行。

1988年4月29日福建省第七届人民代表大会常务委员会第二次会议通过的《福建省未成年人保护条例》同时废止。

江 西

江西省未成年人保护条例

（2010年7月30日江西省第十一届人民代表大会常务委员会第十七次会议通过并公布，自2010年9月1日起施行）

第一章 总 则

第一条 为了保护未成年人的身心健康，保障未成年人的合法权益，促进未成年人在品德、智力、体质等方面全面发展，根据《中华人民共和国未成年人保护法》、《中华人民共和国预防未成年人犯罪法》及其他有关法律、行政法规的规定，结合本省实际，制定本条例。

第二条 本省行政区域内未满十八周岁公民的保护，适用本条例。

第三条 保护未成年人，是国家机关、武装力量、政党、社会团体、企业事业组织、城乡基层群众性自治组织、未成年人的监护人和其他成年公民的共同责任。

第四条 各级国家机关应当在各自的职责范围内做好未成年人保护工作。

各级人民政府领导有关部门做好本行政区域内未成年人保护工作，决定保护未成年人的重大事项；将未成年人保护工作纳入国民经济和社会发展规划以及年度计划，相关经费纳入本级政府预算。

第五条 县级以上人民政府应当设立未成年人保护委员会。

未成年人保护委员会由同级人民政府及其有关部门、人民法院、人民检察院和有关社会团体的负责人组成。委员会的主任由同级人民政府的负责人担任。

未成年人保护委员会办事机构设在同级共产主义青年团委员会，负责未成年人保护委员会的日常事务。

乡（镇）人民政府和城市街道办事处应当有专（兼）职人员负责未成年人保护工作。

第六条 未成年人保护委员会在同级人民政府领导下履行下列职责：

（一）组织宣传有关未成年人保护的法律、法规和政策；

（二）组织监督检查有关未成年人保护的法律、法规和政策的贯彻落实情况；

（三）研究未成年人保护工作的重大事项，向有关国家机关提出意见和建议；

（四）协调督促国家机关、社会团体、企业事业组织做好未成年人保护工作；

（五）建立完善未成年人保护工作制度；

（六）接受对侵犯未成年人合法权益行为的投诉、检举、控告，并督促有关部门处理；

（七）应当履行的与未成年人保护工作有关的其他职责。

第七条 共产主义青年团、妇女联合会、工会、残疾人联合会、关心下一代工作委员会、青年联合会、学生联合会、少年先锋队以及其他有关社会团体，应当协助国家机关做好未成年人保护工作，维护未成年人的合法权益。

第八条 各级人民政府和有关部门对保护未成年人有显著成绩的组织和个人，给予表彰和奖励。

第九条 每年九月的第三周为本省未成年人保护宣传周。

第二章　家庭保护

第十条 父母或者其他监护人应当依法履行对未成年人的监护责任和抚养义务，保护未成年人的人身、财产以及其他合法权益。家庭中的其他成年人应当协助未成年人的父母或者其他监护人教育、保护未成年人。

父母或者其他监护人因外出务工或者其他原因不能履行对未成年人监护责任的，应当委托有监护能力的成年人代为监护，并与未成年人和受委托的监护人保持经常联系，关心未成年人的身心健康和生活、学习情况，提供必要的生活保障。在委托监护前应当听取有表达意愿能力的未成年人的意见，并将委托监护情况及时告知未成年人所在学校、幼儿园、托儿所和城乡基层群众性自治组织。

第十一条 父母或者其他监护人应当创造良好、和睦的家庭环境，以健康的思想、良好的品行和适当的方法教育、影响未成年人。

父母或者其他监护人应当关心未成年人的学习、生活和交往情况，关注未成年人不同年龄阶段的生理、心理变化和思想道德状况，教育未成年人养成良好的行为习惯和道德品质，传授家庭生活、社会生活的知识和技能，引导未成年人参与家庭劳动、社会公益活动等有益身心健康的劳动和活动。

第十二条 父母或者其他监护人应当保障未成年人受教育的权利，保证适龄子女或者其他被监护人依法接受义务教育。因身体状况需要延缓入学或者休学的，父母或者其他监护人应当提出申请，由当地乡（镇）人民政府或者县级人民政府教育主管部门批准。

第十三条 父母或者其他监护人应当学习家庭教育知识，接受有关国家机关、社会组织和学校的指导，掌握正确的教育和监护方法，并配合学校做好未成年人教育工作。

第十四条 父母或者其他监护人负有对未成年人进行安全教育的义务。

父母或者其他监护人应当指导未成年人正确使用电器、燃气等可能危及未成年人安全的设备、物品，并给予未成年人户外活动安全的相关指引。

第十五条 父母或者其他监护人应当预防和制止未成年人的下列行为：

（一）吸烟、酗酒；

（二）打架斗殴、辱骂他人；

（三）旷课、逃学；

（四）沉迷网络；

（五）夜不归宿、离家出走、流浪；

（六）赌博、偷窃、吸毒、贩毒、卖淫、嫖娼；

（七）携带管制刀具和其他危险品；

（八）毁损公共设施及其他公私财物；

（九）阅读、观看、收听含有淫秽色情、凶杀、暴力、迷信、恐怖内容的报刊、图书、音像制品、电子出版物以及网络信息等；

（十）进入互联网上网服务营业场所、营业性歌舞娱乐场所等不适宜未成年人进入的场所；

（十一）其他不良行为。

第十六条 父母或者其他监护人不得有下列行为：

（一）教唆、诱骗、胁迫、纵容或者包庇未成年人违法犯罪；

（二）侮辱、体罚、虐待、遗弃、买卖未成年人；

（三）允许、强迫未成年人订婚、换亲和结婚；

（四）允许、强迫义务教育阶段的未成年人失学、辍学；

（五）允许、强迫不满十六周岁的未成年人务工；

（六）歧视女性未成年人、有残疾的未成年人；

（七）因未成年人有违法犯罪行为而拒绝履行监护责任和抚养义务；

（八）其他侵害未成年人权益和健康的行为。

第三章　学校保护

第十七条 学校应当贯彻国家教育方针，遵循教育规律和针对未成年学生身心发展的特点，实施素质教育，促进未成年学生全面发展。

学校应当支持和引导本校共青团、少先队、学生会以及其他学生组织开展活动，并保证必要的活动经费。

第十八条 学校应当执行国家关于教学制度、教学内容和课程设置的规定，执行教育主管部门关于课时和作业量的规定。不得以各种名义占用未成年学生寒暑假期、法定节假日补课，加重未成年学生学习负担，不得延长其在校学习时间，保证未成年学生娱乐、体育锻炼的时间和参加文化、科技以及公益活动的时间。

义务教育阶段学校不得举行或者变相举行与入学挂钩的选拔考试或者测试，不得公布未成年学生的考试成绩和名次。

第十九条 学校、幼儿园、托儿所应当为未成年人提供必要的活动设施和场所，不得违反规定出租、出借校园内的场地、房屋和设施。

第二十条 学校、幼儿园、托儿所及其教职员工不得组织未成年人参加与教育无关的活动或者与其年龄、身心健康不相适应的其他活动。确需组织未成年人参加的重大庆典、外事活动，应当经县级以上人民政府教育主管部门批准。

第二十一条 学校、幼儿园、托儿所应当建立健全门卫、值班、巡逻、检查等安全管理制度。教职员工对校园内及其周边扰乱教学秩序或者侵犯未成年人人身、财产安全的行为，应当立即制止，并及时向公安机关报告。

学校、幼儿园、托儿所应当定期检查校舍和其他设施、场所，及时消除安全隐患。

学校、幼儿园、托儿所应当保障未成年人的饮食安全，改善卫生条件，向未成年人提供的食品、饮用水以及玩具、文体用品应当符合国家、地方或者行业的卫生、安全标准。

学校、幼儿园、托儿所应当根据需要，制定应对灾害、传染性疾病、食物中毒、意外伤害等突发事件的预案，配备相应的设施并定期组织自救演练。遇有突发事件，应当及时启动应急预案，并向有关主管部门报告。

第二十二条 学校应当聘请兼职法制副校长或者法制辅导员，对未成年学生开展法制、道德和自我保护教育，普及基本法律知识和公共安全知识。

学校应当配备健康辅导员，对未成年学生

进行生理、心理健康教育，提供健康咨询。对进入青春期的未成年学生有针对性地进行辅导和教育，对行为有偏差、心理有障碍的未成年学生给予积极的关心和指导。

寄宿制学校应当配备生活辅导员，加强未成年学生在校期间的生活指导和安全保护。

第二十三条 学校应当与未成年学生的父母或者其他监护人保持经常联系，反映和了解未成年学生的情况。对旷课、逃学的未成年学生，应当会同其父母或者其他监护人，及时教育、规劝，促使其返校上课。对有不良行为或者轻微违法行为的未成年学生，应当如实告知其父母或者其他监护人，并加强教育、管理。

学校处分未成年学生，应当听取其本人以及其父母或者其他监护人的陈述和申辩，并给予书面答复。受处分的未成年学生确已悔改的，毕业时其处分记录不载入个人档案。

第二十四条 学校、幼儿园、托儿所及其教职员工应当遵守法律、法规和职业道德规范，尊重未成年人的人格尊严，不得有下列行为：

（一）对未成年人实施侮辱、恐吓、歧视、体罚、变相体罚或者其他侵犯人身权利的行为；

（二）违反国家规定向未成年人收取费用；

（三）向未成年人索要或者变相索要礼品和财物；

（四）强迫、变相强迫未成年人购买或者向未成年人推销读物和其他物品；

（五）为谋取经济利益要求未成年人从事劳动；

（六）其他侵害未成年人合法权益的行为。

第二十五条 普通学校应当接收具有接受普通教育能力的残疾适龄未成年人，并为其学习、康复提供便利和帮助。

第二十六条 学校、幼儿园、托儿所应当了解和掌握留守未成年人的基本情况，加强与其父母及其他监护人的沟通，有针对性地开展教育和管理工作。

第四章 国家机关保护

第二十七条 县级以上人民政府应当保障未成年人受教育的权利，均衡配置教育资源，保障适龄未成年人平等接受义务教育。

县级以上人民政府应当采取措施，保障家庭经济困难和流动人口中的适龄未成年人接受义务教育，并根据需要设置特殊教育学校（班），对视力残疾、听力语言残疾和智力残疾的适龄未成年人实施义务教育。

教育主管部门对学校拒绝招收符合条件的未成年人、违法开除未成年人以及其他侵犯未成年人合法权益的行为，应当及时予以处理。

第二十八条 县（市、区）、乡（镇）人民政府应当做好留守未成年人的保护工作，指导共产主义青年团、妇女联合会等社会团体、学校和城乡基层群众性自治组织开展对留守未成年人的学习督促、生活关爱、心理疏导等活动。

各级人民政府应当加强寄宿制学校建设，指导和督促教育主管部门、学校为留守未成年学生提供必要的寄宿条件。

第二十九条 县级以上人民政府应当鼓励和支持妇女联合会等社会团体、学校和城乡基层群众性自治组织开展家庭教育指导，采取多种形式，为未成年人的父母或者其他监护人教育培养未成年人提供服务。

第三十条 县级以上人民政府应当将建设适合未成年人的文化、体育、科普活动场所和设施纳入本地区城乡规划。县（市、区）应当有综合性、多功能的未成年人活动场所。新建或者改建的城镇、居民小区，应当建设适合未成年人的文化体育设施。

未成年人活动场所不得出租或者转作他用。任何单位和个人不得侵占、损坏未成年人的活动场所和文化体育设施。因城市建设确需占用的，应当就近新建不低于原标准的活动场所和设施。

各级人民政府应当鼓励社会力量兴办适合未成年人活动的文化、体育、科普场所和设施。

第三十一条 县级以上人民政府应当建设公益性互联网上网服务场所和设施，定时向未成年人免费或者优惠开放，为未成年人提供安全、健康的上网服务。

县级以上人民政府及其教育主管部门应当鼓励和支持中小学校在节假日期间向未成年人免费开放互联网上网服务设施和文化体育设施。

第三十二条 文化主管部门应当对营业性歌舞娱乐场所、互联网上网服务营业场所等不适宜未成年人活动的场所加强监督管理，依法查处接纳未成年人进入相关营业场所的行为。

公安、文化、新闻出版、通信管理等主管部门应当加强对网络信息内容以及手机运营商、网络运营商、网络信息提供商的监督管理，防止未成年人通过互联网和手机接触不健康信息。

第三十三条 各级人民政府应当加强对文化市场的管理。鼓励和支持有利于未成年人健康成长的文化产业的发展和文化产品的创作。

新闻出版、教育主管部门应当加强对中小学教材和教辅读物出版、发行市场的监督管理。

文化、新闻出版、广播电视等主管部门应当加强对图书、报刊、影视节目、音像制品、电子出版物等文化产品市场的监督管理，依法查处危害未成年人身心健康的文化产品。

第三十四条 公安机关应当加强对学校、幼儿园、托儿所及其周边的治安管理和消防安全管理，实行领导责任制和目标管理责任制，明确责任民警，加强装备配备，把校园及其周边地区作为治安巡逻、监控的重点区域，及时发现和消除各类治安隐患，预防和制止侵犯未成年人合法权益的违法犯罪行为。有条件的地方应当在学校、幼儿园、托儿所或者其周边设立警务室或者治安报警点，帮助和支持其做好安全保卫工作。

第三十五条 公安交通管理部门应当在学校、幼儿园、托儿所门口或者其他未成年人集中活动的场所及其周边道路设置交通警示标志，施划人行横道线，根据需要设置交通信号灯等设施。

公安交通管理部门应当加强对从事未成年人接送服务工作的车辆和驾驶人员的监督管理。

第三十六条 工商行政管理、质量技术监督、卫生、食品药品监督和城市管理等部门应当按照各自职责，依法查处生产销售有害未成年人安全和健康的食品、药品、玩具和游乐设施等违法行为，加强对学校、幼儿园、托儿所周边提供餐饮服务和销售食品、文具、玩具等市场的监督管理。

卫生、食品药品监督部门应当依法加强对学校、幼儿园、托儿所校内食品卫生的监督管理、传染病防控和营养健康指导。

第三十七条 各级人民政府及其有关主管部门应当加强对家庭经济困难的未成年人生活救助工作。

民政、卫生等主管部门应当对患重大疾病且生活困难的未成年人实施医疗救助。

第三十八条 人力资源和社会保障主管部门应当加强对单位和个人用工的监督管理，依法查处非法使用童工、不执行未成年工特殊劳动保护规定等违法行为。

第三十九条 司法机关对遗弃、伤害、虐待、拐卖、绑架未成年人和胁迫、教唆、诱骗未成年人违法犯罪的行为，应当及时依法处理。

第四十条 公安机关、人民检察院、人民法院办理未成年人犯罪案件和涉及未成年人权益保护案件，应当照顾未成年人的生理、心理特点和健康成长的需要，尊重他们的人格尊严，保障他们的合法权益，并设立专门机构或者指定专人办理。

在司法活动中对需要法律援助或者司法救助的未成年人，法律援助机构或者人民法院应当给予帮助，依法为其提供法律援助或者司法救助。

第四十一条 公安机关、人民检察院、人民法院可以对未成年犯罪嫌疑人或者未成年被告人进行社会调查，向有关组织和人员了解其性格特点、家庭情况、社会交往、成长经历以及实施被指控的犯罪前后的表现等情况，为办理案件提供参考。必要时也可以委托有关社会组织进行社会调查。

第四十二条 对羁押、服刑或者采取强制性教育措施的未成年人，应当与成年人分别关押、分别管理、分别教育；未成年犯在被执行刑罚期间，执行机关应当加强对未成年犯的法制教育、职业技术教育；对没有完成义务教育的，执行机关应当保证其继续接受义务教育。

解除羁押、服刑期满或者解除强制性教育措施的未成年人复学、升学、就业不受歧视。

第四十三条 公安机关、司法行政部门应当做好对羁押、服刑或者采取强制性教育措施的未成年人的教育、感化和挽救工作，家庭、学校和有关组织应当予以配合。

对被判处管制、宣告缓刑、暂予监外执行、裁定假释的未成年人，公安机关、司法行政等有关主管部门以及城乡基层群众性自治组织应当制定帮教措施，共同做好帮助、教育和矫正工作。

第五章　社会保护

第四十四条　爱国主义教育基地、图书馆、青少年宫、儿童活动中心应当对未成年人免费开放；博物馆、纪念馆、科技馆、展览馆、美术馆、文化馆以及影剧院、体育场馆、动物园、植物园、公园等场所，应当按照有关规定对未成年人免费或者优惠开放。

第四十五条　未成年人集中活动或者可能危害未成年人人身安全的公共场所，应当在显著位置设置安全警示标志，并采取相应的保护措施。

经营管理单位或者个人应当对可能危及未成年人人身安全的游乐设施定期进行维护，并在显著位置标明适应年龄范围和注意事项。对组织未成年人参加的体育娱乐项目，应当指派专业人员指导，确保未成年人人身安全。

第四十六条　中小学校周边二百米范围内不得设立互联网上网服务营业场所；学校周围不得设立营业性歌舞娱乐场所、游艺娱乐场所以及其他不适宜未成年人活动的场所。

营业性歌舞娱乐场所、互联网上网服务营业场所等不适宜未成年人活动的场所，不得接纳未成年人，经营者应当在入口处的显著位置设置未成年人禁入的标志。除国家法定节假日外，游艺娱乐场所设置的电子游戏机不得向未成年人提供，经营者应当在入口处的显著位置设置未成年人限制进入的标志，并设专人专岗加强管理。对难以判断是否已成年的，应当要求其出示身份证件。

第四十七条　禁止以猥亵、调戏、侮辱或者其他方式对未成年人实施性侵犯。

禁止胁迫、诱骗、利用未成年人进行乞讨、兜售商品或者组织未成年人进行有害身心健康的表演等活动。

第四十八条　任何单位和个人不得侵犯未成年人的隐私权。广播、电视、报刊、互联网和其他公开出版物，不得披露违法犯罪的未成年人或者受侵害的未成年人的姓名、住所、学校、照片、图像以及可能推断出该未成年人身份的资料。

第四十九条　广播、电视、报刊、出版社、互联网等公共传媒应当加强对未成年人保护工作的宣传，创作、出版、传播有利于未成年人健康成长的作品。

任何单位或者媒体出版、播映图书、报刊、影视节目、音像制品、电子出版物和网络信息等文化产品时，对其中不适宜未成年人阅读、观看的，应当作出中文警示说明，并不得在公共场所或者有未成年人的场所展示；不得刊登、播放和张贴有损未成年人身心健康的广告。

任何单位和个人不得向未成年人提供危害国家安全、破坏民族团结以及淫秽、色情、暴力、邪教、迷信等危害未成年人身心健康的图书、报刊、影视节目、音像制品、电子出版物、声讯和网络信息。

第五十条　禁止向未成年人出售烟酒，经营者应当在显著位置设置不向未成年人出售烟酒的标志。对难以判断是否已成年的，应当要求其出示身份证件。

任何人不得在学校、幼儿园、托儿所的教室、寝室、活动室或者其他未成年人集中活动的场所吸烟、饮酒。

第五十一条　鼓励具有法定资质或者资格的社会组织和个人为未成年人提供公益性生理、心理、法律、教育咨询服务。

第六章　法律责任

第五十二条　违反本条例规定，父母或者其他监护人不依法履行监护责任，或者侵害未成年人合法权益的，由其所在单位或者城乡基层群众性自治组织予以劝诫、制止；构成违反治安管理行为的，由公安机关依法给予行政处罚；构成犯罪的，依法追究刑事责任。

第五十三条　违反本条例规定，学校、幼儿园、托儿所及其教职员工侵害未成年人合法权益的，由教育主管部门或者其他有关主管部门责令改正；情节严重的，对直接负责的主管人员和其他直接责任人员依法给予处分；构成犯罪的，依法追究刑事责任。

第五十四条　违反本条例规定，擅自设立互联网上网服务营业场所、营业性歌舞娱乐场所、游艺娱乐场所以及其他不适宜未成年人活动的场所的，由工商行政管理部门或者由工商行政管理部门会同公安机关，依法予以取缔，并给予行政处罚。

违反本条例规定，营业性歌舞娱乐场所、互联网上网服务营业场所未在入口处的显著位置设置未成年人禁入标志，或者游艺娱乐场所未设置未成年人限制进入标志的，由文化主管部门、公安机关根据各自职权责令改正，并给予行政处罚；营业性歌舞娱乐场所、互联网上网服务营业场所等不适宜未成年人活动的场所接纳未成年人的，或者游艺娱乐场所设置的电子游戏机在国家法定节假日外向未成年人提供的，由文化主管部门按照国务院有关规定处罚。

第五十五条 违反本条例规定，胁迫、诱骗、利用未成年人进行乞讨、兜售商品或者组织未成年人进行有害身心健康的表演等活动，构成违反治安管理行为的，由公安机关依法给予行政处罚；构成犯罪的，依法追究刑事责任。

第五十六条 违反本条例规定，向未成年人出售烟酒或者未在显著位置设置禁止向未成年人出售烟酒标志的，由烟草专卖或者商务主管部门会同有关主管部门责令改正，依法给予行政处罚。

第五十七条 未成年人保护委员会对本行政区域内违反本条例有关规定的单位，应当督促其改正；拒不改正的，予以通报批评，并建议有关主管部门对直接负责的主管人员和其他直接责任人员依法给予处分。

第五十八条 国家机关及其工作人员不依法履行保护未成年人合法权益的职责，或者侵犯未成年人合法权益，或者对提起申诉、检举、控告的人进行打击报复的，由其所在单位或者上级机关责令改正，对直接负责的主管人员和其他直接责任人员依法给予处分；构成犯罪的，依法追究刑事责任。

第七章　附　则

第五十九条 本条例所称学校，是指实施义务教育、高中阶段教育、特殊教育的学校以及其他承担未成年人教育任务的机构。

第六十条 本条例自2010年9月1日起施行。1994年4月16日江西省第八届人民代表大会常务委员会第八次会议通过、1997年6月20日江西省第八届人民代表大会常务委员会第二十八次会议修正的《江西省实施〈中华人民共和国未成年人保护法〉办法》同时废止。

山　东

山东省未成年人保护条例

（1989年11月1日山东省第七届人民代表大会常务委员会第十二次会议通过，2010年7月30日山东省第十一届人民代表大会常务委员会第十八次会议修订）

第一章　总　则

第一条 为了保护未成年人的身心健康，保障未成年人的合法权益，促进未成年人在品德、智力、体质等方面全面发展，培养有理想、有道德、有文化、有纪律的社会主义建设者和接班人，根据《中华人民共和国未成年人保护法》和有关法律、行政法规，结合本省实际，制定本条例。

第二条 本省行政区域内未成年人的保护，适用本条例。

本条例所称未成年人是指未满十八周岁的公民。

第三条 未成年人的生存权、发展权、受教育权、受保护权、参与权等合法权益受特殊、优先保护。

保护未成年人是国家机关、武装力量、政党、团体、企业事业组织、民办非企业单位、城乡基层群众性自治组织、未成年人的监护人和其他成年公民的共同责任。

国家机关、学校、家庭和社会应当优化未成年人成长环境，教育和帮助未成年人奋发向上，自尊、自爱、自信、自强，增强自我保护意识和能力，自觉抵制各种不良行为以及违法犯罪行为的引诱或者侵害。

第四条 各级人民政府领导有关部门做好未成年人保护工作，建立和落实未成年人保护工作责任制；将未成年人保护工作纳入国民经济和社会发展规划以及年度计划，相关经费列入本级财政预算。

共产主义青年团、妇女联合会、工会、残疾人联合会、青年联合会、学生联合会、少年先锋队等团体和城乡基层群众性自治组织，协助各级人民政府做好未成年人保护工作。

第五条 省、设区的市、县（市、区）设立未成年人保护委员会，指导、协调和监督本行政区域的未成年人保护工作，其办事机构设在同级共产主义青年团组织。

乡镇人民政府、街道办事处建立未成年人保护工作协调机制，指定专人负责处理日常工作。

第六条 任何组织和成年公民对侵害未成年人合法权益的行为，有权予以劝阻、制止或者向有关部门提出检举或者控告。

对侵害本人或者其他未成年人合法权益的行为，未成年人有权向有关部门提出检举或者控告。

对侵害未成年人合法权益的检举或者控告，有关部门受理后应当及时处理。

第七条 任何组织和个人在处理未成年人事务时，应当根据未成年人的年龄和智力发展状况，听取他们的意见，充分实现其权利和利益。未成年人有权对涉及本人权益的事项发表意见。

第八条 各级人民政府和有关部门对在未成年人保护工作中做出突出成绩的组织和个人，给予表彰和奖励。

第二章　家庭保护

第九条 父母或者其他监护人应当履行对未成年人的抚养义务和监护职责，为其提供必要的学习、生活和医疗保健条件，保护其身心健康和人身安全。

第十条 父母或者其他监护人应当创造良好的家庭环境，以健康的思想、良好的品行和适当的方法教育、影响和保护未成年人，引导未成年人进行有益身心健康的活动。

家庭中的其他成年人应当协助未成年人的父母或者其他监护人教育、保护未成年人。

第十一条 父母或者其他监护人应当根据未成年人的年龄和智力发展状况，在作出涉及未成年人人身、财产或者其他合法权益的决定时听取其意见，并将决定告知其本人；除为被监护的未成年人利益外，不得使用、处分其个人财产。

第十二条 父母因外出务工经商或者其他原因不能履行对未成年人监护职责的，应当委托有监护能力的其他成年人代为监护，保持与子女的联系，并将委托监护情况及时告知未成年人就读学校和经常居住地的村民委员会、居民委员会。留守未成年人比较集中的地区，可以设立留守未成年人托管机构，为留守未成年人的学习、生活和身心健康提供指导和帮助。父母需要将未成年人托管的，应当与托管机构签订托管协议。

第十三条 父母或者其他监护人不得有下列行为：

（一）对未成年人实施家庭暴力；

（二）虐待、遗弃、拐卖未成年人以及教唆、胁迫、引诱未成年人从事违法、犯罪行为；

（三）允许、强迫不满十六周岁的未成年人从事非法务工、经商或者卖艺、乞讨；

（四）允许、强迫未成年人结婚或者为其订立婚约；

（五）歧视、虐待、伤害、遗弃女性未成年人、有残疾的未成年人和未成年的继子女、养子女、非婚生子女；

（六）对有不良行为或者违法犯罪的未成年人拒绝履行抚养义务和监护职责；

（七）其他危害未成年人的行为。

第十四条 父母或者其他监护人应当预防和制止未成年人的下列行为：

（一）吸烟、酗酒、旷课、离家出走、夜不归宿、沉迷网络和电子游戏；

（二）观看、阅读、收听、收集或者传播含有色情、暴力、邪教、封建迷信等内容的广播影视节目、音像制品、图书、报刊、电子出版物和网络信息等；

（三）携带管制刀具、辱骂他人、打架斗殴、强行索要他人财物；

（四）赌博、吸毒、卖淫嫖娼；

（五）其他违反法律、法规和社会公德的不良行为。

第十五条 父母或者其他监护人发现有人威胁、侵害未成年人人身、财产安全的，应当予以制止、劝阻，排除不法侵害，或者报告当地公安机关。公安机关接到报告后，应当立即救助并依法查处。

第十六条 父母或者其他监护人不履行监护职责或者侵害未成年人合法权益，经教育不改的，未成年人的其他近亲属、未成年人父母或者其他监护人所在单位以及未成年人住所地的村民委员会、居民委员会可以向人民法院申请撤销监护人的监护资格。

人民法院撤销监护人监护资格的，依法另行指定监护人。被撤销监护资格的父母应当依法继续负担未成年人的抚养费用。

第三章 学校保护

第十七条 学校应当依法接收适龄儿童、少年及时入学，不得责令接受义务教育的未成年学生转学、退学；不得违反法律和国家规定开除未成年学生；不得以停课、劝退等方式剥夺或者变相剥夺未成年学生的受教育权。

对旷课、逃学、辍学的未成年学生，学校或者父母以及其他监护人应当规劝其返校上课；对有品行缺陷、学习困难的未成年学生，学校应当耐心教育、帮助。

依法免予刑事处罚、判处非监禁刑罚、判处刑罚宣告缓刑、假释或者刑罚执行完毕的未成年人，其复学、升学与其他未成年人享受同等权利，学校不得歧视。

第十八条 学校应当合理安排课时和作业，保证未成年学生的娱乐、睡眠时间和每天不少于一小时的体育锻炼时间，不得以任何理由加重课业负担。

第十九条 学校、幼儿园、托儿所的教职员工应当恪守职业道德，以良好的品行影响和教育未成年人；尊重未成年人的人格尊严，不得对未成年人实施体罚、变相体罚或者其他侮辱人格尊严的行为。

第二十条 学校应当与未成年人的父母或者其他监护人互相配合，对未成年学生进行生理、心理健康和青春期、生命安全教育。

学校应当按照有关规定开设法制教育课，配备专职或者兼职法制辅导人员，开展法制和道德教育。

第二十一条 学校、幼儿园、托儿所应当建立健全安全制度，落实安全责任，保护未成年人的人身安全；校舍、教育教学用具和生活、游乐设施设备、场地应当符合国家安全质量标准，发现存在安全隐患的，立即予以排除，并向主管部门报告。

学校、幼儿园、托儿所对校园内以及校园周围侵害未成年人人身、财产安全的行为，应当予以制止并及时向公安机关报告。

学校、幼儿园组织未成年人参加集会、文化娱乐、社会实践等集体活动，应当成立临时安全管理组织，制定安全措施和应急预案。

学校、幼儿园不得组织未成年人参加与其年龄不相适应，影响身心健康的活动。

第二十二条 学校、幼儿园、托儿所应当开展应对各种灾害、传染性疾病、食物中毒、意外伤害等突发事件的基本安全防范教育，培养未成年人的安全意识；每学期至少组织一次应对火灾、地震等灾害的紧急疏散演练，提高未成年人自救自护能力。

第二十三条 学校、幼儿园、托儿所应当建立健全卫生保健和食品安全制度，按照有关规定配备专职卫生技术人员或者专职、兼职保健教师，为未成年人提供必要的卫生保健条件，做好疾病预防和控制工作，保障未成年人在校期间的卫生安全；为未成年人提供的食品、饮料应当符合安全、营养标准和要求。

第二十四条 小学、幼儿园、托儿所应当建立低年级小学生上下学和幼儿入园（所）、离园（所）交接制度。幼儿入园（所）或者离园（所），幼儿园、托儿所应当与幼儿父母、其他监护人或者其委托的成年人当面交接。

第二十五条 学校、幼儿园、托儿所应当制定突发事件应急预案；发生突发事件时，立即启动应急预案，优先保护未成年人的安全，并向主管部门报告；突发事件发生后，及时关心、安抚未成年人，做好心理疏导。

第二十六条 学校应当加强对学生的信息技术和网络素养教育，引导学生正确使用互联网，自觉抵制不良信息的侵害。

学校的互联网上网服务设施应当采取安全措施，为学生提供健康有益的上网服务。

节假日期间，学校图书馆、阅览室、体育场（馆）等文化体育设施和互联网上网服务设施等，应当向本校学生免费或者优惠开放。

第二十七条 学校应当健全家访制度，密切教师与未成年学生的父母或者其他监护人的联系；发现未成年学生有本条例第十四条规定的不良行为或者违法犯罪行为的，应当及时制止并告知其父母或者其他监护人，共同予以矫治。

寄宿制学校未成年学生擅自外出夜不归宿的，学校应当及时查找，并告知其父母或者其他监护人，或者向公安机关请求帮助。

第二十八条 学校处分学生，应当听取未成年学生及其父母或者其他监护人的申辩，并作出答复；对确有悔改表现、改正错误的，应当及时撤销处分，并销毁学籍档案中的相关记录。

第四章 社会保护

第二十九条 公共场所和未成年人集中活动场所，应当设置保护未成年人人身安全标志，并采取相应的保护措施；对可能危害未成年人人身安全的设施，经营管理单位应当定期维护，并在显著位置标明适应年龄范围或者注意事项。

第三十条 禁止任何组织和个人制作、复制、出版或者向未成年人出租、出售或者以其他方式传播危害国家安全，渲染色情、暴力、凶杀、恐怖、赌博、邪教、封建迷信等危害未成年人身心健康的图书、报刊、音像制品、电子出版物以及网络信息等。

第三十一条 在中小学校校园周围外延直线距离二百米以内，任何组织和个人不得开设营业性歌舞娱乐场所、电子游戏场所、互联网上网服务场所以及其他不适宜未成年人活动的场所。已开办的，应当限期迁移或者停业。

法律、法规规定禁止未成年人进入的营业性歌舞娱乐场所、电子游戏场所、互联网上网服务场所等不得接纳未成年人。经营者应当在入口处显著位置设置未成年人禁入或者限入标志，注明举报电话，并逐步安装实名管理系统、视频管理系统；尚未安装实名管理系统的，对难以判明是否已成年的人员，应当要求其出示身份证件。

第三十二条 任何组织和个人不得在学校校门周围五十米范围内摆摊设点或者流动销售商品。

第三十三条 公益性互联网上网服务设施应当采取安全措施，对未成年人免费或者优惠开放，为其提供健康有益的上网服务。

第三十四条 以未成年人为对象的网络游戏不得含有暴力、色情、凶杀等诱发未成年人违反社会公德和违法犯罪行为的内容，以及危害未成年人身心健康的内容。

网络游戏经营者应当按照国家规定，防止未成年人接触不适宜的游戏或者游戏功能，限制未成年人的游戏时间。

第三十五条 禁止向未成年人出售烟酒。经营者应当在经营场所的显著位置设置不向未成年人出售烟酒的标识；对难以判明购买者是否已成年的，应当要求其出示身份证件。

任何人不得在中小学校、幼儿园、托儿所的教室、寝室、活动室和其他未成年人集中活动的场所吸烟、饮酒。

第三十六条 彩票销售、发行机构和代销者，不得向未成年人销售彩票或者兑奖。

彩票销售机构和代销者应当在显著位置设置不向未成年人出售彩票和兑奖的标识；对难以判明购买者是否已成年的，应当要求其出示身份证件。

第三十七条 对未成年人的信件、日记、手机短信、电子邮件、网上聊天记录以及其他个人信息，任何组织和个人不得隐匿、毁弃或者擅自查阅；司法机关确因法定事由需要检查或者对无行为能力未成年人的个人信息由其父母或者其他监护人代为开拆、查阅的除外。

新闻报道、广播影视节目、图书、报刊、音像制品、网络信息、电子出版物等，不得披露违法犯罪或者受侵害的未成年人的姓名、住所、单位、照片、图像以及可能推断出该未成年人的其他资料。

第三十八条 新闻报道涉及未成年人权益侵害事件，应当坚持正确导向，推动事件妥善处理，维护社会稳定和人心安定。

第三十九条 禁止向未成年人提供和出售匕首、三棱刀、弹簧刀等管制刀具、仿真玩具枪以及其他可能致人严重伤害的器械和物品。任何组织和个人发现未成年人拥有、携带该类器械和物品时，可以予以劝阻，必要时报告公安机关处理。

第四十条 未成年人的合法权益受到侵害时，本人及其父母或者其他监护人可以向有关国家机关、未成年人保护委员会、关心下一代工作委员会、共产主义青年团、妇女联合会、残疾人联合会、学校、村民委员会、居民委员会请求保护或者救助。被请求人接到请求后，应当及时妥善处理，不得推诿、拒绝；对不属于本单位管辖的，应当及时移送主管部门处理，并通知请求人。

第五章 行政保护

第四十一条 县级以上人民政府及其教育行政部门应当在本行政区域内均衡配置教育资源，保证适龄未成年人平等接受义务教育。

教育行政部门应当建立健全对未成年学生科学的评价体系，不得以考试成绩作为评价学生的唯一标准。

第四十二条 县级以上人民政府及其教育行政部门应当依法保障进城务工经商人员随迁未成年子女接受义务教育；落实对家庭经济困难的未成年人、残疾未成年人义务教育阶段各项资助政策，所需经费由县级以上人民政府统筹。

第四十三条 县级以上人民政府应当统筹协调教育、人力资源社会保障等部门，引导、组织已完成义务教育不再升学的未成年人接受职业技能培训，为其就业创造条件。

第四十四条 各级人民政府及教育行政部门、妇女联合会应当鼓励、支持学校和其他社会组织通过兴办公益性家长学校等形式，对家长培养、教育未成年人进行指导。

第四十五条 教育行政部门应当加强对学校处分未成年学生的监督管理，建立完善相关制度，保障学生申辩、申诉权利。

第四十六条 公安机关、教育行政部门应当指导和督查学校、幼儿园、托儿所建立健全门卫、值班、巡逻、安全检查等安全管理制度；配置安全防护设施，保证学校校门、围墙等符合国家安全质量标准；加强技术防范措施，将学校校园及其周围的信息监控设备纳入治安监控体系，保障未成年人的人身安全。

公安机关应当依法维护校园及其周围地区的治安秩序，在治安情况复杂的学校周围和学校集中的区域设立治安岗亭和报警点，即时处置突发暴力事件；对扰乱学校教育教学秩序或者对学生侮辱、殴打、强行索要财物的，及时依法处理。

第四十七条 县级以上人民政府有关部门应当在学校门口以及周边道路设置交通警示标志，施划人行横道线，根据需要设置交通信号灯等设施。

公安机关应当配合有关部门完善学校门口以及周边道路的交通安全设施，加强对校车交通安全的监督、检查。

第四十八条 卫生部门和学校、幼儿园、托儿所应当采取措施，加强对未成年人的营养指导，提供必要的卫生保健条件，做好疾病预防工作。

卫生部门应当做好适龄未成年人预防接种工作，对国家免疫规划项目的预防接种实行免费。

第四十九条 卫生、食品药品监督管理、质量技术监督、工商行政管理等行政部门应当加强对用于未成年人的食品、药品、玩具、用具和生活游乐设施等生产、销售的监督管理；对不符合国家标准或者行业标准有害于未成年人安全和健康的，应当依法及时查处。

第五十条 各级人民政府应当按照小型、分散、便利的原则，有计划地建设、改善适合未成年人文化、体育活动需要的场所和设施，并加强监督管理；鼓励和支持社会组织和个人提供、兴建有利于未成年人健康成长的活动场所和设施。

任何组织和个人对未成年人活动场所和设施，不得侵占、损毁或者擅自改变其用途。

第五十一条 爱国主义教育基地、图书馆、青少年宫、儿童活动中心应当对未成年人免费开放；博物馆、纪念馆、科技馆、展览馆、美术馆、文化馆以及影剧院、体育场（馆）、动物园、公园等场所，应当按照有关规定对未成年人免费或者优惠开放。

第五十二条 各级人民政府应当采取有效措施，鼓励并扶持有利于未成年人健康成长的文化产业的发展和文化产品的创作。

文化、新闻出版、广播电影电视等行政部门或者文化市场综合执法机构应当加强对文化产品的监督管理，依法及时查处制作、复制、出版、贩卖、传播危害未成年人身心健康文化产品的行为。

文化、工商行政管理、公安等行政部门或者文化市场综合执法机构应当加强对歌舞娱乐、互联网上网服务等营业场所的监督管理，依法查处接纳未成年人的行为。

第五十三条 公安、经济和信息化、广播电影电视、通信管理等行政部门，应当密切配合、整合资源，增强执法合力，加强对互联网信息和手机信息内容的监督管理，净化网络环境，防止不良信息对未成年人造成危害。

第五十四条 县级以上人民政府及其民政部门应当根据需要设立流浪未成年人救助保护机构以及救助场所，对弃婴、孤儿、流浪乞讨等生活无着和离家出走的未成年人依法救助保护和管理教育，并及时通知其父母或者其他监护人领回；对孤儿、无法查明其父母或者其他监护人以及其他生活无着的未成年人，由民政部门设立的儿童福利机构收留抚养或者实行家庭寄养。

公安机关或者其他部门发现前款规定的未成年人，应当及时采取保护性措施，并护送到救助场所接受救助，救助场所不得拒收。

第五十五条 各级人民政府及有关部门应当建立散居孤儿最低养育标准制度；逐步提高社会福利机构抚养的孤残儿童的生活、医疗标准。

鼓励依法收养孤儿、残疾儿童或者社会福利机构抚养的查找不到生父母的弃婴和儿童。收养关系成立后，公安机关应当依法及时为被收养人办理户口登记。

第五十六条 各级人民政府及有关部门应当为残疾未成年人的生活、教育、康复、医疗、就业创造条件；鼓励和支持社会力量兴办残疾未成年人福利事业，为年满十六周岁的残疾未成年人提供就业机会。

第五十七条 县级以上人民政府应当健全未成年人医疗保障制度，将未成年人医疗纳入新型农村合作医疗制度或者城镇居民基本医疗保险制度。

民政、卫生等行政部门应当对患有重大疾病且生活困难的未成年人实施重点救助。

鼓励社会组织和个人对患有重大疾病且生活困难的未成年人实施救助。

第六章 司法保护

第五十八条 在司法活动中对需要法律援助或者司法救助的未成年人，法律援助机构或者人民法院应当依法为其提供法律援助或者司法救助。

前款规定的法律援助或者司法救助，未成年人可以本人申请，其父母或者其他监护人、近亲属、所在学校、父母所在单位、经常居住地的村民委员会或者居民委员会、未成年人保护委员会、共产主义青年团等组织也可以代为申请。

第五十九条 人民法院审理继承案件，应当依法保护未成年人的继承权和受遗赠权；审理离婚案件，应当听取和尊重有表达能力的未成年人的意见，保护其受抚养、受教育等权利。

第六十条 对未成年人犯罪案件和涉及未成年人的案件，公安机关、人民检察院、人民法院应当设立专门机构或者指定专人办理。

基层人民法院、中级人民法院可以设立未成年人刑事案件审判庭；具备条件的，可以设立综合性的未成年人案件审判庭，统一审理未成年人刑事案件和涉及未成年人的民事、行政案件。

第六十一条 公安机关、人民检察院在讯问未成年犯罪嫌疑人，询问未成年证人、被害人时，应当通知其父母或者其他监护人、负有保护责任的机关、团体代表到场，并采取适合未成年人特点的方式进行。人民法院在讯问和审判未成年人时，应当通知未成年犯罪嫌疑人、被告人的法定代理人到场。

公安机关、人民检察院、人民法院办理未成年人刑事案件，应当及时告知其本人、父母或者其他监护人有权聘请律师和申请法律援助的途径、程序。

第六十二条 办理未成年人犯罪案件时，公安机关或者人民检察院、辩护人可以通过学校、家庭、基层群众性自治组织等有关组织和人员，调查了解未成年犯罪嫌疑人的成长经历、家庭环境、个性特点、社会交往、日常表现等情况，并制作书面材料提交人民法院。必要时，人民法院可以委托有关组织就未成年人的个人情况进行调查或者自行进行调查。

第六十三条 对被判处管制、被宣告缓刑、被暂予监外执行、被假释等并在社会服刑的未成年人，其父母或者其他监护人、学校、基层群众性自治组织应当协助公安、司法行政等部门采取有效帮教措施，做好教育矫治工作。

第六十四条 对被拘留、逮捕和执行刑罚的未成年人与成年人应当分别关押、分别管理、分别教育。未成年犯管教机构、强制性教育管理机构对未成年犯和被采取强制性教育措施的未成年人，应当保证其继续接受文化、法律知识或者职业技术教育；对未完成义务教育的，应当保证其继续接受义务教育，所需经费由人民政府予以保障。

家庭、学校及其他组织应当配合未成年犯管教机构、强制性教育管理机构，共同做好违法犯罪未成年人的教育、改造和转化工作。

第六十五条 试行未成年人违法记录和轻罪犯罪记录有条件消灭制度。

曾受行政处罚和解除羁押、服刑期满的未成年人在复学、升学、就业以及参加职业技能考核鉴定时，与其他未成年人享有同等权利，任何组织和个人不得歧视。

第七章 法律责任

第六十六条 法律、法规对侵害未成年人合法权益行为的处理已有规定的，适用其规定。

第六十七条 对严重侵害未成年人合法权益的行为，有关部门不予处理或者处理不当的，县级以上未成年人保护委员会应当向有关部门发出督促处理建议书，有关部门应当自接到督促处理建议书之日起三十日内依法处理并作出答复。逾期不处理又不答复的，县级以上未成年人保护委员会应当建议主管机关责令其限期改正，由主管机关对直接负责的主管人员和其他直接责任人员给予处分。

第六十八条 国家机关及其工作人员不依法履行保护未成年人合法权益的职责，或者侵害未成年人合法权益，或者对提出申诉、检举、控告的个人进行打击报复的，由其上级机关或者本人所在单位责令改正，对直接负责的主管人员和其他直接责任人员依法给予处分；造成人身财产损失或者其他损害的，依法承担国家赔偿责任；构成犯罪的，依法追究刑事责任。

第六十九条 未成年人的父母或者其他监护人违反本条例规定，不履行抚养义务、监护职责或者侵害未成年人合法权益的，由其所在单位或者村民委员会、居民委员会予以劝诫、制止；放任未成年人不良行为的，由公安机关予以训诫，责令其严加管教；构成违反治安管理行为的，由公安机关依法给予行政处罚；构成犯罪的，依法追究刑事责任。

第七十条 学校、幼儿园、托儿所违反本条例规定，不履行保护未成年人合法权益的职责或者侵害未成年人合法权益的，由教育行政部门责令限期改正；逾期不改的，对直接负责的主管人员和其他直接责任人员依法给予处分；构成违反治安管理行为的，由公安机关依法给予行政处罚；构成犯罪的，依法追究刑事责任。

第七十一条 违反本条例规定，制作、复制、出版、贩卖、传播危害国家安全，渲染色情、暴力、凶杀、恐怖、赌博、邪教、封建迷信等危害未成年人身心健康出版物以及网络信息的，由主管部门责令改正，依法给予行政处罚；构成犯罪的，依法追究刑事责任。

第七十二条 违反本条例规定，营业性歌舞娱乐场所、电子游戏场所、互联网上网服务场所以及其他不适宜未成年人进入的场所允许未成年人进入，或者没有在显著位置设置禁止进入标志或者限入标志的，由文化主管部门责令改正，依法给予警告、责令停业整顿、没收违法所得、处以罚款；情节严重的，由主管部门依法吊销经营许可证或者营业执照。

第七十三条 经营者违反本条例规定，向未成年人出售烟酒，或者未在经营场所显著位置设置不向未成年人出售烟酒标识的，由烟草专卖主管部门、酒类主管部门按照各自职责，责令改正，并给予警告；情节严重的，处以二百元以上二千元以下罚款。

烟草专卖零售经营者违反前款规定且一年内被烟草专卖主管部门处罚两次以上的，可以责令其暂停烟草专卖零售业务、进行整顿；拒不改正的，取消其从事烟草专卖零售业务资格。

第八章　附　则

第七十四条　本条例自 2010 年 10 月 1 日起施行。

山东省预防未成年人犯罪条例

（2016 年 9 月 23 日山东省第十二届人民代表大会常务委员会第二十三次会议通过，自 2016 年 12 月 1 日起施行）

第一章　总　则

第一条　为了保障未成年人健康成长，促进未成年人养成良好品行，有效预防未成年人犯罪，根据《中华人民共和国预防未成年人犯罪法》、《中华人民共和国未成年人保护法》和其他有关法律、行政法规，结合本省实际，制定本条例。

第二条　本省行政区域内对未成年人犯罪的预防，适用本条例。

第三条　预防未成年人犯罪是全社会的共同责任，实行统一领导、统筹协调、社会参与、各负其责、综合治理。

预防未成年人犯罪工作应当根据未成年人的生理、心理特点，坚持保护与教育、预防与矫治相结合。

第四条　各级人民政府负责预防未成年人犯罪工作的统筹规划、组织协调、督促检查，并将预防未成年人犯罪工作经费列入本级预算。

各级社会治安综合治理委员会协调指导有关国家机关和人民团体开展预防未成年人犯罪工作，将其纳入社会治安综合治理工作考核评价指标体系。

教育、公安、司法行政、文化、新闻出版广电、市场监督管理、民政、人力资源社会保障等政府有关部门和人民法院、人民检察院，应当按照各自职责做好预防未成年人犯罪工作。

第五条　共产主义青年团、妇女联合会、残疾人联合会、青年联合会、学生联合会、少年先锋队等团体，协助各级人民政府和司法机关做好预防未成年人犯罪工作。

家庭、学校应当履行预防未成年人犯罪的职责，居民委员会、村民委员会应当协助有关人民政府，共同做好预防未成年人犯罪工作。

鼓励、支持从事法律服务、心理服务等活动的社会组织和个人，发挥自身优势，参与预防未成年人犯罪工作。

第六条　省、设区的市、县（市、区）应当建立预防未成年人犯罪工作协调机构。协调机构由政府有关部门、人民法院、人民检察院、共产主义青年团、妇女联合会和关心下一代工作委员会等单位组成，主要履行下列职责：

（一）宣传贯彻预防未成年人犯罪的法律、法规；

（二）指导、协调解决预防未成年人犯罪工作中的重大事项；

（三）组织开展对预防未成年人犯罪工作重大问题的研究，提出解决方案和制定政策措施的建议；

（四）组织开展有利于未成年人健康成长和养成良好品行的教育、培训等活动；

（五）向本级人民政府和上一级预防未成年人犯罪工作协调机构报告工作情况；

（六）组织开展与预防未成年人犯罪有关的其他工作。

协调机构的日常工作由同级共产主义青年

团组织承担。

第七条 国家机关、人民团体、具有行政管理职能或者从事公益服务的事业单位，可以通过购买服务的方式将预防未成年人犯罪工作中的公共服务委托社会力量承担，所需服务纳入政府购买服务指导目录。

第八条 全社会应当优化未成年人成长环境，教育、引导未成年人树立正确的世界观、人生观、价值观，增强法治观念，养成良好品行和遵纪守法的行为习惯，自觉抵制不良行为和违法犯罪行为的引诱、侵害，增强违法犯罪自我预防能力。

第九条 各级人民政府和有关部门应当对在预防未成年人犯罪工作中做出突出贡献的单位和个人，按照有关规定给予表彰和奖励。

第二章 对未成年人的监护

第十条 未成年人的父母或者其他监护人应当履行对未成年人的管理、教育、保护等监护职责，关注未成年人的生理、心理发展状况和行为习惯，尊重未成年人的人格尊严，为其健康成长创造良好家庭环境。

家庭中的其他成年人应当协助未成年人的父母或者其他监护人履行监护职责。

第十一条 未成年人的父母或者其他监护人应当树立正确的家庭教育观念，学习家庭教育知识和法律知识，掌握科学的家庭教育方法，针对未成年人不同时期的生理、心理特点，教育、帮助其增强违法犯罪自我预防能力。

未成年人的父母或者其他监护人应当言传身教，以健康思想和良好品行教育、引导未成年人健康成长。家庭中的其他成年人应当共同培育积极健康的家庭文化，传承良好家风，构建平等和谐的家庭教育环境。

第十二条 未成年人的父母或者其他监护人在预防未成年人犯罪方面应当履行下列监护职责：

（一）加强对未成年人个人品德和社会公德教育，培养其集体精神和规则意识；

（二）对未成年人进行辨别是非和自我保护教育，增强其应对性侵害、校园欺凌、校园暴力等行为的能力；

（三）保持与未成年人经常性沟通交流，了解其日常生活、交友、学习和兴趣爱好等情况，对其遇到的生理、心理问题及时给予指导；

（四）主动与学校联系和沟通，了解未成年人在校情况，发现其逃学、辍学的，及时规劝其返校学习；

（五）预防和制止未成年人观看、阅读、收听含有渲染暴力、色情、赌博、毒品、邪教、迷信、恐怖主义和极端主义等危害未成年人健康成长内容的影视节目、现场文艺表演活动、图书、报刊、音像制品、电子出版物和网络信息；

（六）预防和制止未成年人进入互联网上网服务营业场所、歌舞娱乐场所等不适宜的场所；

（七）引导未成年人参加有益健康成长的活动，预防和制止其吸烟、酗酒、沉迷网络、赌博、吸毒等行为；

（八）与预防未成年人犯罪相关的其他职责。

第十三条 未成年人的父母离异的，双方应当继续履行对未成年人的教育义务，任何一方不得因离异而拒绝履行。

未成年人的继父母、养父母对其抚养的未成年人，应当依照本条例的规定履行对未成年人的监护职责。

第十四条 未成年人的父母或者其他监护人不得有下列行为：

（一）让不满十六周岁的未成年人脱离监护单独居住或者放任其离家出走；

（二）强迫、放任正在接受义务教育的未成年人辍学；

（三）教唆、胁迫、引诱、放任未成年人从事违反法律、法规和社会公共道德的活动；

（四）危害未成年人健康成长的其他行为。

第十五条 父母或者其他监护人有下列情形之一，不能履行监护职责的，应当委托有监护能力的其他成年人代为监护，并告知所在地的居民委员会、村民委员会：

（一）外出务工、经商的；

（二）依法被执行拘留、逮捕刑事强制措施的；

（三）正在监狱、看守所服刑或者被收容教育的；

（四）接受强制隔离戒毒的；

（五）不能履行监护职责的其他情形。

委托监护前应当听取有表达意愿能力的未成年子女的意见。未成年人的父母或者其他监护人应当与受委托的监护人保持经常性联系，及时沟通未成年人的有关情况。

第十六条　政府设立的救助管理机构，对暂时查找不到父母或者其他监护人的流浪未成年人应当承担临时监护职责。

第三章　对未成年人的学校教育和社会教育

第十七条　各级人民政府以及有关部门、学校、未成年人的父母或者其他监护人应当依法履行职责，保障未成年人接受义务教育的权利，保证适龄的未成年人完成法律规定的义务教育，防止未成年人失学、辍学。

县级以上人民政府应当从经费、场地、师资等方面保障未完成义务教育的未成年犯和被收容教养的未成年人接受义务教育。

第十八条　县级以上人民政府及其教育行政部门应当在教育资源配置、招生计划安排、学籍管理等方面创造条件，保障流动人口中的未成年人平等接受义务教育。

第十九条　县级以上人民政府教育行政部门应当将预防未成年人犯罪工作纳入对学校的年度考核，定期进行检查监督。

第二十条　学校应当按照国家课程方案，开设法治知识课程，将法治教育纳入教育教学计划，不断增强未成年学生的法治意识和法治观念。

第二十一条　学校应当将预防未成年学生犯罪的法律知识纳入教师继续教育内容，聘任从事法治教育的专职或者兼职教师，根据条件可以聘请兼职法治副校长或者法治辅导员，对未成年学生开展法治教育，对有不良行为和严重不良行为的未成年学生进行重点教育、帮助。

有条件的学校可以引入驻校社会工作者，协助其开展法治教育、法律咨询、心理辅导、行为矫治等专业服务。

第二十二条　学校应当对未成年学生进行自我保护教育，增强其应对性侵害、校园欺凌、校园暴力等行为的能力。

学校应当加强对未成年学生的禁毒教育，帮助其认识毒品的危害性，自觉远离毒品。

第二十三条　学校应当建立和完善与未成年学生父母或者其他监护人的联系制度，及时沟通未成年学生的在校情况，指导未成年学生的父母或者其他监护人学习家庭教育和预防未成年人犯罪的相关知识。

第二十四条　学校应当配备具有资质的心理辅导教师，设立心理辅导室，加强学生心理健康教育，定期对学生开展心理辅导。

第二十五条　学校应当教育引导未成年学生正确认识、使用互联网，拒绝不良的网络游戏和网络信息，增强其分辨、抵制网络违法犯罪的能力。配置校内网络设施的学校应当配备上网辅导员，并采用安全过滤等技术防止未成年学生接触有害信息。

第二十六条　对品行有缺点、学习有困难的未成年学生，学校应当进行有针对性的教育，不得歧视，不得强迫或者变相强迫其停课、转学、退学；需要进行生理或者心理治疗的，学校应当及时告知其父母或者其他监护人。

第二十七条　学校不得开除或者以劝退等方式变相开除义务教育阶段的未成年学生。

非义务教育阶段的未成年学生因严重违反纪律给予开除学籍处分的，学校可以实行留校试读进行教育、帮助；被开除学籍或者被勒令退学的，学校应当出具情况报告，并报送主管的教育行政部门备案。

第二十八条　各级人民政府以及教育行政部门、妇女联合会，应当鼓励、支持学校、居民委员会、村民委员会和其他社会组织，通过举办家长学校、家长培训班等形式，对家长培养、教育未成年人进行指导。

第二十九条　县级以上人民政府教育行政部门应当整合资源，充分利用法治教育基地、模拟法庭等形式，开展法治教育实践活动。

人民法院、人民检察院、公安机关、司法行政部门根据需要建立未成年人法治教育基地，并结合工作职责，加强预防未成年人犯罪的警示教育。

乡镇人民政府、街道办事处应当整合法治资源，组织协调驻地的人民法庭、派驻检察室、公安派出所、司法所、法律服务机构等单位，对未成年人开展有针对性的法治宣传教育。

共产主义青年团和少年先锋队应当组织、举办展览会、报告会、演讲会等多种形式的预防未成年人犯罪的法治宣传教育活动。

居民委员会、村民委员会应当积极开展预防未成年人犯罪的法治宣传教育活动。

第三十条 广播电台、电视台、报刊、互联网等媒体应当宣传预防未成年人犯罪的法律、法规，播出或者刊登有关预防未成年人犯罪的公益广告，引导未成年人抵制违法犯罪行为和各种不良行为的诱惑和侵害。

广播、影视、戏剧节目和以未成年人为对象的图书、报刊、音像制品、电子出版物等文化产品，不得含有诱发未成年人违法犯罪以及渲染暴力、色情、赌博、毒品、邪教、迷信、恐怖主义和极端主义等危害未成年人健康成长的内容。

第三十一条 县级以上人民政府应当鼓励、支持有关单位和个人创作、出版、发行、展出、演出、播放适应未成年人特点，有利于未成年人健康成长的图书、报刊、影视节目、音像制品、游戏软件、现场文艺表演活动等文化产品。

第三十二条 县级以上人民政府应当合理规划和举办青少年宫、儿童活动中心、科技馆、文化馆、图书馆、体育场（馆）等适宜未成年人活动的公共文化体育设施；鼓励、支持社会组织和个人举办适宜未成年人活动的文化体育设施。

公共文化体育设施应当对未成年人免费或者优惠开放；在寒假、暑假期间，延长开放时间，开展适合未成年人的文化体育活动。

第四章　对未成年人不良行为的预防

第三十三条 学校应当建立对未成年学生不良行为的预警、处理、心理干预等预防处置机制，避免校园欺凌、校园暴力事件的发生。

学校发现未成年学生有不良行为或者组织、参加实施不良行为团伙的，应当及时劝阻、制止，告知其父母或者其他监护人，并对其进行有针对性的教育、管理和帮助。

第三十四条 政府设立的救助管理机构应当依法对流浪、乞讨的未成年人进行救助。救助管理机构应当将受助的未成年人与成年人分别管理，对有不良行为的未成年人进行心理指导和教育矫治。

第三十五条 公安机关、公共场所管理机构发现未成年人旷课、夜不归宿或者流落街头、车站、码头、机场等公共场所的，应当规劝其返回学校、住所或者采取其他保护措施，必要时通知其父母或者其他监护人、所在学校或者护送到救助管理机构。

第三十六条 居民委员会、村民委员会或者学校应当按照各自职责，建立对不在学、未就业的未成年人和农村留守儿童、服刑人员未成年子女的跟踪教育管理机制，预防和制止其实施不良行为。

居民委员会、村民委员会应当掌握未成年人基本信息资料，邀请社会工作者、社会志愿者以及其他热心未成年人教育的人员，对有不良行为的未成年人进行指导和教育。

第三十七条 旅馆接待无监护人陪同的不满十六周岁未成年人住宿的，应当及时与其父母或者其他监护人、近亲属或者所在学校联系；无法联系的，应当向当地公安机关报告。

禁止洗浴场所留宿无监护人陪同的不满十六周岁未成年人。

第三十八条 互联网上网服务营业场所、歌舞娱乐场所等不适宜未成年人进入的场所，不得接纳未成年人。营业性游艺娱乐场所设置的电子游戏机，除国家法定节假日外，不得向未成年人开放。

前款规定的营业场所应当在入口、大厅等明显位置设置禁止或者限制未成年人进入的警示标志，并注明文化行政部门的举报电话。

第三十九条 任何单位和个人不得有下列行为：

（一）出售、出租诱发未成年人违法犯罪行为以及渲染暴力、色情、赌博、毒品、邪教、迷信、恐怖主义和极端主义等有害信息的图书、报刊、音像制品、电子出版物或者游戏软件；

（二）利用通讯工具、互联网等载体，制作和传播教唆、胁迫、引诱、欺骗未成年人实施网络违法犯罪行为；

（三）向未成年人提供毒品，教唆、引诱、欺骗、强迫或者容留未成年人吸食、注射毒品，或者为未成年人吸食、注射毒品提供便利条件；

（四）教唆、引诱、容留未成年人赌博或者为未成年人参与赌博提供便利条件；

（五）教唆、胁迫、引诱未成年人乞讨、偷窃、卖淫或者从事色情表演；

（六）危害未成年人健康成长，诱发未成年人实施不良行为的其他行为。

第五章　对未成年人严重不良行为的矫治

第四十条　县级以上人民政府根据需要，设置专门学校或者通过职业学校，对有严重不良行为的未成年人进行教育矫治。

设置专门学校的县级以上人民政府应当保障专门学校的办学条件，教育行政部门应当加强对专门学校的管理和指导，政府其他有关部门和司法机关、共产主义青年团等有关单位应当给予协助和配合。

第四十一条　对有严重不良行为的未成年人，父母或者其他监护人无力管教、管教无效，在原学校无法继续学习的，由其监护人或者原学校提出申请，或者由司法机关、共产主义青年团组织、居民委员会、村民委员会提出建议并征得其监护人同意，经教育行政部门批准，将其送专门学校或者职业学校进行教育矫治。

第四十二条　专门学校或者职业学校应当根据严重不良行为产生的原因，对未成年人进行心理辅导、思想教育、文化教育、纪律和法治教育、职业技术教育。

进入专门学校就读的学生，原学校应当保留其学籍；符合条件要求回原学校学习的，原学校不得拒绝接收。在专门学校毕业的学生，由专门学校颁发毕业证书，也可以向原学校申领毕业证书。原学校根据专门学校提供的有关材料进行认定，对符合条件的学生应当颁发毕业证书。

第四十三条　学校、团体、社区基层组织等单位发现未成年人有严重不良行为的，应当及时制止，告知其父母或者其他监护人；必要时向公安机关报告，由公安机关及时依法查处。

第四十四条　强制隔离戒毒场所应当对接受戒毒的未成年人与成年人实行分别管理。

对依法接受社区戒毒或者解除强制隔离戒毒措施的未成年人，由其户籍所在地或者居住地乡镇人民政府、街道办事处，与其父母或者其他监护人共同落实社区戒毒或者教育、帮助措施。

第四十五条　鼓励心理咨询机构和专业心理咨询师志愿对有严重不良行为的未成年人提供心理咨询。

鼓励社会组织和个人协助有关行政机关和司法机关，对有严重不良行为的未成年人进行教育矫治。

第四十六条　学校对有严重不良行为的未成年学生给予处分前，应当向学生及其父母或者其他监护人说明理由，并听取其陈述、申辩。处分撤销的，学校应当及时销毁学生个人档案中的处分记录。

司法机关、教育行政部门、共产主义青年团组织、学校以及其他社会组织和个人，不得向社会披露未成年人在专门学校学习、受到行政机关和司法机关处理的个人信息，但是法律另有规定的除外。

第六章　对未成年人重新犯罪的预防

第四十七条　有关国家机关办理未成年人犯罪案件，应当根据其生理、心理特点，做好教育、感化、挽救等工作。

第四十八条　有关国家机关应当结合办理未成年人犯罪案件，研究分析未成年人犯罪的形势、特点和规律，并向同级人民政府或者有关单位提出预防建议。

第四十九条　有关国家机关应当配备熟悉未成年人生理、心理特点的人员办理未成年人犯罪案件，并对未成年人进行法治教育和心理辅导；对有严重心理问题的，应当由专业心理咨询人员提供心理咨询。

第五十条　对正在监管场所服刑或者被收容教养的未成年人，其父母或者其他监护人应当主动探视，配合执行机关对其进行教育矫治。

第五十一条　拘留所、看守所和未成年犯管教所等机构，应当对被羁押的未成年人进行法治教育、道德教育和心理辅导。

未成年人服刑场所应当对服刑的未成年人开展文化和职业技术教育。

第五十二条　司法行政部门应当根据未成年社区矫正人员的犯罪情况以及生理、心理特点，对其制定监管、教育、帮助措施，不得违反规定公开其身份信息以及可能推断出其身份信息的资料。

未成年社区矫正人员的父母或者其他监护人、学校、居民委员会、村民委员会等，应当协助司法行政部门做好矫正工作。

第五十三条 人民法院、人民检察院、政府有关部门、乡镇人民政府、街道办事处、学校、居民委员会、村民委员会和其他社会组织，应当对违法犯罪的未成年人给予必要关心，帮助解决生活、就学等困难。

对有不良行为、严重不良行为或者依法免予刑事处罚、判处非监禁刑罚、判处刑罚宣告缓刑、假释或者刑罚执行完毕的未成年人，任何单位和个人在其复学、升学、就业等方面不得歧视。

第七章 法律责任

第五十四条 父母或者其他监护人违反本条例规定，不履行监护职责，放任未成年人有不良行为或者严重不良行为的，由公安机关对其予以训诫，责令其严加管教；符合法定情形的，由人民法院依法撤销其监护资格。

父母或者其他监护人违反本条例规定，让不满十六周岁的未成年人脱离监护单独居住的，由公安机关对其予以训诫，责令其立即改正。

第五十五条 学校违反本条例规定，不履行预防未成年人犯罪职责的，由教育行政部门给予通报批评，责令改正；情节严重的，对直接负责的主管人员和其他直接责任人员依法给予处分。

第五十六条 出版、发行、放映、演出、出售、出租、制作、发布含有渲染暴力、色情、赌博、毒品、邪教、迷信、恐怖主义和极端主义等危害未成年人健康成长内容的图书、报刊、电子出版物、影视节目、现场文艺表演活动、音像制品和网络信息的，由公安、文化、新闻出版广电等行政部门按照各自职责依法给予处罚；情节严重，构成犯罪的，依法追究刑事责任。

第五十七条 互联网上网服务营业场所经营单位接纳未成年人进入营业场所的，由文化行政部门对经营单位依法给予警告，可以并处五千元以上一万五千元以下罚款；情节严重的，责令停业整顿，直至吊销网络文化经营许可证。

歌舞娱乐场所等不适宜未成年人进入的场所，接纳未成年人的，由文化行政部门没收违法所得和非法财物，并处违法所得一倍以上三倍以下的罚款；没有违法所得或者违法所得不足一万元的，并处一万元以上三万元以下的罚款；情节严重的，责令停业整顿一个月至六个月。

第五十八条 有关国家机关、人民团体及其工作人员在预防未成年人犯罪工作中不履行法定职责的，由主管机关或者所在单位督促改正，通报批评；情节严重的，对直接负责的主管人员和其他直接责任人员依法给予处分。

居民委员会、村民委员会未履行本条例规定职责，造成严重后果或者不良影响的，由有关主管机关取消其相关评先评优资格，并按照规定追究有关人员的责任。

第五十九条 违反本条例的行为，法律、法规对法律责任已有规定的，适用其规定。

第八章 附 则

第六十条 本条例中下列用语的含义：

（一）未成年人，是指未满十八周岁的公民。

（二）不良行为，是指《中华人民共和国预防未成年人犯罪法》第十四条规定的行为。

（三）严重不良行为，是指《中华人民共和国预防未成年人犯罪法》第三十四条规定的行为。

第六十一条 本条例自 2016 年 12 月 1 日起施行。

河　南

河南省未成年人保护条例

（2010年9月29日河南省第十一届人民代表大会常务委员会第十七次会议通过，自2010年12月1日起施行）

第一章　总　则

第一条　为了保护未成年人身心健康，保障未成年人合法权益，促进未成年人在品德、心理、智力、体质等方面全面发展，培养有理想、有道德、有文化、有纪律的社会主义建设者和接班人，根据《中华人民共和国未成年人保护法》等有关法律、法规的规定，结合本省实际，制定本条例。

第二条　本省行政区域内未满十八周岁公民的保护，适用本条例。

第三条　对未成年人享有的生存权、发展权、受教育权、受保护权、参与权等权利，应当给予特殊、优先保护。

第四条　保护未成年人的工作，应当遵循以下原则：

（一）严格执行国家保护未成年人的法律、法规；

（二）符合未成年人身心发展的规律和特点；

（三）教育和保护相结合。

第五条　各级国家机关应当贯彻执行国家有关未成年人保护方面的法律、法规，做好未成年人保护工作。各级人民政府应当将未成年人保护工作纳入国民经济和社会发展规划以及年度计划，相关经费纳入财政预算。

社会、学校和家庭应当教育和帮助未成年人维护自己的合法权益，增强其自我保护的意识和能力。

第六条　共产主义青年团、妇女联合会、工会、残疾人联合会、青年联合会、学生联合会、少年先锋队、关心下一代工作委员会、城乡基层群众性自治组织以及其他组织应当发挥各自作用，动员社会力量，协助各级人民政府做好未成年人保护工作，维护未成年人的合法权益。

第七条　任何单位和个人对侵害未成年人合法权益的行为，都有权向有关部门和单位检举、控告、申诉；有关部门和单位应当依法及时处理。

第二章　家庭保护

第八条　父母或者其他监护人应当学习家庭教育知识，接受家庭教育指导，掌握家庭教育和监护方法，创造良好、和睦的家庭环境，对未成年人依法履行下列义务：

（一）为未成年人提供必要的生活、学习和医疗条件；

（二）向未成年人传授家庭生活、社会生活的知识和技能，鼓励、支持未成年人参加与其年龄相适应的家务劳动、社会实践活动；

（三）对进入青春期的未成年人进行青春期教育；

（四）尊重未成年人的人格尊严，保护未成年人的隐私权；

（五）保证未成年人的休息、娱乐、体育活动时间；

（六）保护未成年人的人身、财产权利及其他合法权益；

（七）预防和制止未成年人吸烟、酗酒、流浪、乞讨等行为，预防其违法犯罪；

（八）作为法定代理人参与以未成年人为当事人的诉讼活动；

（九）法律、法规规定的其他义务。

家庭中的其他成年人应当协助未成年人的父母或者其他监护人教育、保护未成年人。

第九条　父母或者其他人员不得实施下列行为：

（一）对未成年人实施家庭暴力；

（二）虐待、遗弃未成年人；

（三）溺婴及其他残害婴儿行为；

（四）歧视女性未成年人；

（五）歧视有残疾的未成年人；

（六）允许、迫使义务教育阶段的未成年人失学、辍学；

（七）强迫未成年人卖艺、乞讨；

（八）非法侵占、处分未成年人的财产；

（九）允许、迫使未成年人结婚；

（十）教唆、诱骗、胁迫、纵容、放任未成年人违法犯罪；

（十一）强迫不满十六周岁的未成年人务工；

（十二）其他损害未成年人合法权益和健康成长的行为。

第十条 父母或者其他监护人应当引导未成年人正确使用互联网，预防和制止未成年人沉迷网络、电子游戏等。

第十一条 父母或者其他监护人应当防止婴幼儿接触电器、燃气等危险设备和物品；指导未成年人根据其年龄阶段和认知能力，正确使用电器、燃气等可能危及未成年人安全的设备、物品；对未成年人户外活动给予安全指导；不得将未满七周岁的未成年人长时间单独留置家中。

父母或者其他监护人以及其他成年公民应当注意未成年人的乘车安全，不得将未成年人单独留在机动车内，不得安排未满十二周岁的未成年人在机动车副驾驶位置乘坐。

第十二条 父母或者其他监护人因外出务工或者其他原因不能履行对未成年人监护职责的，应当委托有监护能力的其他成年人代为监护，并告知未成年人居住地的村（居）民委员会和就读学校。

父母应当与未成年子女和受委托监护人保持经常联系，关心未成年子女生活、学习和身心健康情况。

受委托人应当依法履行监护职责，并将未成年人的有关情况及时告知委托人和就读学校。

第三章 学校保护

第十三条 学校应当全面贯彻国家教育方针，实施素质教育，提高教育质量，遵循教育规律和未成年学生身心发展特点，促进未成年学生全面发展。

学校应当执行国家和省教育行政部门关于课时、作业量和作息时间的规定，不得增加学生的课业负担，保证每天不少于一小时的体育锻炼时间。

第十四条 学校、幼儿园、托儿所应当建立、健全安全管理制度，配备安保人员，加强校园保卫、校内巡逻和安全检查。寄宿制学校应当建立夜间值班或者巡逻制度。有条件的地方，可以配置视频监控和报警系统。

学校、幼儿园、托儿所应当加强对未成年人的安全教育和自我保护教育，提高未成年人的安全意识和自我保护能力。

第十五条 学校不得违反法律和国家规定责令未成年学生停课、转学、退学或者开除未成年学生。

学校处分未成年学生，应当充分听取未成年学生的陈述和申辩及其父母或者其他监护人的意见。未成年学生受到处分后已改正的，不列入品行记载。

第十六条 学校应当教育、引导未成年学生正确使用互联网，增强未成年学生的网络甄别力和自制能力，为未成年学生提供健康有益的上网服务。

第十七条 学校、幼儿园、托儿所应当为未成年人提供必要的卫生保健条件，及时了解未成年人身体健康状况，为未成年人提供的食品应当符合安全、卫生标准。

学校应当配备心理健康教育辅导员，对未成年学生进行心理健康教育和青春期教育，提供心理咨询，及时向有心理健康问题的未成年学生的父母或者其他监护人反映情况，并提供指导意见。

第十八条 学校应当对未成年学生进行法制教育，可以聘请政法机关工作人员或者其他具备相关资格的人员担任法制辅导员，开展形式多样的法制教育活动。

第十九条 学校、幼儿园、托儿所应当制定应对各种灾害、传染性疾病、食物中毒、意外伤害等突发事件的应急预案，每学年至少组织一次有针对性的应急演练。突发事件发生时，应当启动应急预案，优先保护未成年人的安全，及时救护，妥善处理，并立即向有关主管部门报告。

不得组织未成年人参与抢险、救灾等应急救援。

第二十条 学校、幼儿园、托儿所应当关心爱护未成年人，不得体罚、变相体罚未成年人；不得嘲讽、辱骂、恐吓、贬损或者以其他方式歧视未成年人；不得随意中断未成年人上课；对未成年人之间发生的歧视、侮辱、打骂等行为应当及时制止，预防暴力现象的发生。

第二十一条 农村学校、幼儿园应当建立父母进城务工的留守未成年学生档案，对留守未成年学生的基本情况、监护人情况、父母外出务工去向及联系方式等登记造册，全面掌握留守未成年学生的情况，加强与其父母和委托监护人的沟通，指定专人负责对留守未成年学生学习、生活、心理上的指导，有针对性地开展教育和管理工作。

学校应当加强对寄宿留守未成年学生的管理，保障寄宿安全，为寄宿未成年学生与其父母或者其他监护人进行沟通提供电话等便利条件。

第二十二条 学校对单亲家庭的未成年学生、未成年学生中的孤儿、残疾者，应当采取保护措施，帮助其克服学习、生活中的困难。

第二十三条 学校应当建立健全家长会和家访制度。教师应当与家长保持联系，反映和了解学生的情况，并协助家长进行家庭教育。学生家长应支持、配合学校和教师的工作。

第二十四条 对依法免予刑事处罚、判处非监禁刑罚、判处刑罚宣告缓刑、假释或者刑罚执行完毕的未成年学生，学校不得拒绝接收其复学、升学。

第四章 社会保护

第二十五条 鼓励创作、出版、发行、制作、传播适合未成年人的内容健康的图书、报刊、音像制品、电子出版物、网络信息、动漫和其他文化产品。

严禁制作和传播不利于未成年人身心健康或者诱发违法犯罪的文化产品。

第二十六条 爱国主义教育基地、图书馆、青少年宫、儿童活动中心以及公益性互联网上网服务等场所，应当对未成年人免费开放。

科技馆、文化馆等科普基地以及影剧院、体育场馆、动物园、植物园、公园等场所，应当按照有关规定对未成年人免费或者优惠开放。

向未成年人开放的场所应当符合国家和省规定的安全标准，并设置安全警示标志，设立安全防护设施。

第二十七条 为未成年学生提供餐饮、临时休息服务的午托场所应当依法经营，并符合国家和省规定的安全、卫生标准。教育、公安、工商、食品药品监督管理等有关行政部门应当对其加强监管。

第二十八条 营业性歌舞娱乐场所、电子游戏场所、互联网上网服务场所以及其他未成年人不适宜进入的场所，经营者应当在营业场所入口处的显著位置设置未成年人禁入标志和主管部门的举报电话，并采取出示身份证件等措施禁止未成年人进入。

第二十九条 中小学校校园周边二百米之内不得开设营业性歌舞娱乐场所、电子游戏场所、互联网上网服务场所以及其他未成年人不适宜进入的场所。

中小学校门口五十米之内不得摆设流动摊点。城镇中小学校门口由城市管理行政部门负责监管，乡村中小学校门口由工商行政管理部门负责监管。

第三十条 居（村）民委员会应当协助有关部门组织、指导未成年人开展有益于身心健康的文化体育、社会实践等活动；协助和参与对判处管制、缓刑、假释以及保外就医、监外执行的未成年人的矫治活动。

第三十一条 共产主义青年团、妇女联合会应当反映未成年人的合理要求，维护其合法权益，并根据未成年人的特点，开展各种有益活动，促进未成年人健康成长。

第五章 国家机关保护

第三十二条 县级以上人民代表大会常务委员会可以通过听取专项工作报告、开展执法检查等形式，加强对未成年人保护工作的监督。

第三十三条 县级以上人民政府应当依法履行下列职责：

（一）根据城市人口增长和进城务工人员子女就学的需求，将新增学校建设纳入城乡规划，加大投入，加强对公办学校校舍和其他设施、场所的建设和改造，按照所在地政府负责、公办学校接纳为主的原则，保障适龄未成年人就学。对民办中小学、幼儿园、托儿所，要加强指导和监督，并给予一定的政策支持。

（二）将未成年人的文化体育活动场所和设施建设，纳入本地区城乡规划，省辖市、县（市）应当至少建设一所综合性未成年人活动场所。新建或者扩建城镇、居民小区，应当将适合未成年人的文化体育设施纳入建设规划。

（三）按照国家有关标准建设寄宿制学校，为寄宿学校的留守未成年学生提供学习、生活资助。

（四）根据需要设立未成年人救助场所和儿童福利机构，加强对流浪乞讨等生活无着落未成年人的救助和对孤儿、弃婴的收留抚养、教育管理。

（五）鼓励、支持社会组织和个人兴办或者提供适合未成年人活动的场所和设施，依法设立未成年人福利机构和保护基金。

（六）鼓励、支持社会组织和个人开展志愿服务、教育帮扶等活动，为留守未成年人提供权益保护、心理咨询、生活资助、亲情沟通等服务，营造关心、关爱留守未成年人的良好社会环境。

第三十四条 省、省辖市、县（市、区）设立未成年人保护委员会，协调和推动本地区未成年人保护工作。

未成年人保护委员会下设办公室，负责未成年人保护委员会的日常工作，办公室设在同级共青团组织，工作经费应当列入财政预算。

未成年人保护委员会的职责是：

（一）加强未成年人保护工作机构和队伍建设，建立健全未成年人保护工作的相关制度，完善未成年人保护工作机制；

（二）宣传有关未成年人保护方面的法律、法规，督促、检查、协调、指导有关单位和下级未成年人保护委员会的未成年人保护工作；制定未成年人保护的长期规划和年度工作计划，向有关国家机关提出意见和建议；

（三）接受对侵犯未成年人合法权益行为的投诉、举报，转交、督促有关部门依法查处；

（四）未成年人保护工作的其他事项。

第三十五条 未成年人保护委员会收到侵犯未成年人合法权益行为的投诉举报，进行初步审查后，转交有关部门。有关部门应当依法及时处理并报告处理结果。

第三十六条 教育行政部门应当合理配置教育资源，统筹城乡教育协调发展，建立科学的教育评价制度，综合考核义务教育阶段学校的教学质量。

第三十七条 教育行政部门应当保障留守未成年人、进城务工人员子女入学。

教育行政部门应当将进城务工人员子女的义务教育纳入教育发展规划，列入教育经费预算，保证其享有平等的受教育权和其他合法权益。

第三十八条 公安机关应当加强中小学校校园周边的治安管理和消防安全管理。有条件的地方要在中小学校校园或者其周边设立警务室或者治安岗亭，帮助和支持中小学校建立安全监控报警系统，建立健全安全保卫组织，并配备相应专业安全保卫人员和必要的防护装备。

公安机关应当加强中小学校校园周边交通秩序管理。在学生上学和放学时，应当加强对校园周边交通秩序的维护，并在交通拥堵路段安排专人负责疏导交通，保障未成年学生的人身安全。

第三十九条 公安、工商、文化、工信等行政部门应当加强对音像制品、图书、报刊、影视节目、电子出版物、互联网的监管。实行互联网上网服务场所社会监督员制度，提高网络从业人员素质。

第四十条 卫生、质监、工商、食品药品监督管理等行政部门应当依法加强对学校和其他未成年人集中活动场所食品、药品、玩具、用具等的安全监督检查。在重大传染性疾病发生时采取优先接种疫苗等措施保护未成年人。

第四十一条 公安机关、人民检察院、人民法院应当采取适合未成年人特点的方式方法讯问、审查和审理未成年人犯罪案件。

第四十二条 公安机关、人民检察院、人民法院、司法行政部门办理未成年人案件时，可以聘请具备相关资格的社会工作人员，对未成年人进行矫治和帮助，保障未成年人合法权益。

第四十三条 未成年犯管教所的工作人员，应当保护未成年犯的合法权益，管理、教育工作应当符合未成年人的身心特点。

第四十四条 在未成年人解除羁押、刑满释放后，实行未成年人犯罪信息、档案封存制度。

第六章 法律责任

第四十五条 违反本条例规定，侵害未成年人合法权益，法律、法规已有处罚规定的，从其规定。

第四十六条 违反本条例第九条、第十二条规定的，由其所在单位或者村（居）民委员会予以劝诫、制止和教育。违反治安管理的，依法给予治安处罚；构成犯罪的，依法追究刑事责任。

第四十七条 违反本条例第二十八条规定，营业性歌舞娱乐场所、电子游戏场所、互联网上网服务场所以及其他未成年人不适宜进入的场所，允许未成年人进入、不设置明显未成年人禁入标志或者未采取措施禁止未成年人进入的，由文化、公安、工商行政管理部门依法予以处罚。

违反本条例第二十九条第一款规定，在中小学校校园周边二百米之内开设营业性歌舞娱乐场所、电子游戏场所、互联网上网服务场所，以及其他未成年人不适宜进入的场所的，由文化、公安、工商行政管理部门依法予以关闭、处罚。

文化、工商行政管理部门违反本条例第二十九条第一款规定，违法批准在中小学校校园周边二百米之内开设营业性歌舞娱乐场所、电子游戏场所、互联网上网服务场所，以及其他未成年人不适宜进入的场所的，对其直接负责的主管人员和其他直接责任人员依法给予行政处分。

第四十八条 违反本条例第二十九条第二款规定，在城镇中小学校门口五十米之内摆设流动摊点的，由城市管理行政部门责令改正，拒不改正的，对其处以五十元以上二百元以下罚款；在乡村中小学校门口五十米之内摆设流动摊点的，由工商行政管理部门责令改正，拒不改正的，对其处以五十元以上二百元以下罚款。

第四十九条 国家机关及其工作人员不依法履行保护未成年人合法权益的职责，或者对提出的申诉、控告、检举不及时查处的，由其上级机关或者所在单位责令改正，对直接负责的主管人员和其他直接责任人员依法给予行政处分；构成犯罪的，依法追究刑事责任。

第七章 附 则

第五十条 本条例自2010年12月1日起施行。1988年12月22日河南省第七届人民代表大会常务委员会第七次会议通过的《河南省未成年人保护条例（试行）》同时废止

湖 北

湖北省实施《中华人民共和国未成年人保护法》办法

（2009年7月31日湖北省第十一届人民代表大会常务委员会第十一次会议通过，自2009年10月1日起施行）

第一章 总 则

第一条 为了实施《中华人民共和国未成年人保护法》，结合本省实际，制定本办法。

第二条 本省行政区域内未满十八周岁公民的保护，适用本办法。

未成年人享有生存权、发展权、受教育权、受保护权、参与权等权利，其合法权益应当得到特殊、优先保护。

第三条 国家机关、政党、社会团体、部队、企业事业单位、基层群众性自治组织、学校及家庭和每个成年公民应当共同关心、培养、教育未成年人，优化未成年人成长环境，教育和帮助未成年人增强自我保护意识和能力，促进未成年人在德、智、体、美等方面全面发展。

对侵犯未成年人合法权益的行为，任何组织和个人都有权予以劝阻、制止或者向有关部门检举、控告。

第四条 各级人民政府领导本行政区域内的未成年人保护工作，决定未成年人保护工作中的重大事项，将未成年人保护工作纳入国民经济和社会发展规划及年度计划，建立和落实未成年人保护工作责任制。

教育、公安、民政、卫生、文化、人力资源和社会保障、工商、广播电影电视、新闻出版等部门以及审判检察机关共同配合，在各自职责范围内，做好未成年人保护工作。

共产主义青年团、妇女联合会、工会、残疾人联合会、科学技术协会、关心下一代工作委员会以及其他社会组织，应当把维护未成年人合法权益作为重要职责，协助人民政府做好未成年人保护工作。

乡镇人民政府、街道办事处应当确定专人负责未成年人保护工作。

村（居）民委员会应当协助和配合做好本辖区内的未成年人保护工作。

第五条 县级以上人民政府设立未成年人保护委员会，其办事机构设在同级共产主义青年团委员会，工作经费列入财政预算。

未成年人保护委员会承担下列职责：

（一）宣传贯彻有关未成年人保护的法律、法规，并对实施情况进行监督、检查；

（二）制定未成年人保护工作发展规划、年度工作计划和相关工作制度；

（三）组织、指导、协调有关部门做好未成年人保护、教育和救助工作；

（四）接受有关侵犯未成年人合法权益的投诉、举报，督促相关部门及时处理；

（五）开展未成年人保护工作的调查研究，向本级人民政府和有关部门提出意见和建议；

（六）加强未成年人保护工作队伍建设；

（七）做好有关未成年人保护的其他工作。

第六条 各级人民政府和有关部门对保护未成年人和促进未成年人事业发展方面作出突出贡献的单位和个人，给予表彰和奖励。

第二章　家庭保护

第七条 父母或者其他监护人应当依法对未成年人履行监护职责和抚养、教育义务。家庭其他成年人有协助监护人关心、教育、保护未成年人的责任。

父母或者其他监护人应当为未成年人创造良好、和睦的家庭环境，关注未成年人的生理、心理状况和行为习惯，以健康、良好的品行教育影响未成年人。

父母或者其他监护人应当学习、掌握科学的教育和监护方法，配合学校做好未成年人的教育工作。

未成年人的父母或者其他监护人所在单位、社区和基层组织，应当关心职工、村（居）民的家庭教育问题，教育、引导和督促职工、村（居）民重视对未成年人的教育和保护。

第八条 父母或者其他监护人不得因未成年人的性别、健康状况、是否婚生以及有违法犯罪行为等任何理由，拒绝履行监护职责和抚养、教育义务。没有监护措施，不得让未满十六周岁的未成年人分户独居。

禁止对未成年人实施殴打、辱骂、体罚等家庭暴力行为，禁止虐待、遗弃未成年人，禁止溺婴和其他残害婴儿的行为，不得歧视女性未成年人或者有残疾的未成年人。

第九条 父母或者其他监护人应当预防和制止未成年人发生以下行为：

（一）吸烟、酗酒、旷课、弃学、夜不归宿；

（二）携带管制刀具、打架斗殴、辱骂他人；

（三）偷窃、故意毁坏财物、强行向他人索要财物；

（四）参与赌博或者变相赌博；

（五）观看、收听色情、淫秽的音像制品、读物等；

（六）进入法律、法规规定未成年人不适宜进入的互联网上网服务营业场所、营业性歌舞娱乐场所等活动场所，或者沉溺于网络、电玩游戏等；

（七）其他违法或者违背社会公德的行为。

禁止任何人教唆、引诱、胁迫未成年人实施不良行为或者违法犯罪行为。

第十条 父母或者其他监护人应当保证未成年人接受并完成义务教育，不得使正在接受义务教育的未成年人中途辍学。

第十一条 父母或者其他监护人应当妥善保护未成年人财产，除有利于未成年人的利益外，不得处分其财产。

第十二条 父母因外出务工或者其他原因不能履行对未成年子女监护职责的，应当委托有监护能力的其他成年人代为监护，并提供生活保障。受委托监护人应当依法履行监护职责。

委托监护时，父母应当听取有表达意愿能力的未成年子女意见，并及时将委托监护情况告知未成年子女所在学校和户籍所在地或者经常居住地的村（居）民委员会，村（居）民委员会和学校应当与受委托监护人保持联系，对未成年人提供必要的帮助。

父母应当与未成年子女和受委托监护人保持经常联系，关心未成年子女生活、学习和身心健康情况。

第三章 学校保护

第十三条 学校、幼儿园应当尊重和维护未成年人受教育权，不得拒绝适龄未成年人入学。学校不得强迫未成年学生停课、退学或者违法开除未成年学生。

第十四条 学校应当实施素质教育。义务教育阶段学校不得举行与入学挂钩的选拔考试，不得增加学生课业负担，不得公布学生成绩名次。

教育行政部门应当将法制教育纳入教学大纲。学校应当配备专兼职法制教师，聘请兼职法制副校长或者法制辅导员，实行课堂教学与校外教育相结合，保证法制教育课时。

学校应当根据未成年学生身心发展的特点，对其进行社会生活指导、心理健康辅导和青春期教育，配备心理健康辅导员。

学校教师和其他教育工作者应当履行本职工作职责，严格遵守职业道德规范；教师不得开办、参与或者推荐学生参与有偿课外辅导补习班、家教。教育行政部门、学校应当采取措施，保证教师将主要精力用于校内教学。

第十五条 学校、未成年学生父母或者其他监护人应当互相配合，合理安排课业，保证未成年人的睡眠、娱乐和体育锻炼时间。

第十六条 学校、幼儿园、托儿所的教育工作者应当关心、爱护、平等对待未成年人，不得以成绩或者其他因素歧视未成年人；禁止对未成年人实施体罚或者侮辱、诽谤、恐吓、贬损等损害其身心健康的言行。

第十七条 对有违纪行为的未成年学生，学校应当进行说服、教育和帮助；确需给予处分的，学校应当听取未成年学生及其父母或者其他监护人的陈述、申辩，并予以答复。未成年学生受到处分后已改正的，学校应当取消其处分决定，不列入品行记载。

第十八条 学校、父母或者其他监护人应当加强对有严重不良行为未成年学生的教育、管理；无力管教或者管教无效的，可以按照有关规定送专门学校继续接受教育。学生在专门学校学习期间，原所在学校应当保留其学籍，其在专门学校学习的经历不记入个人档案。

专门学校学生在复学、升学、就业等方面与普通学校学生享有同等权利，任何单位和个人不得歧视。

第十九条 学校应当加强网络知识与技能教育，校内互联网上网场所应当优先为未成年学生提供健康有益的上网服务，不得出租或者承包经营。

第二十条 鼓励和支持中小学校在节假日期间将文化体育设施对未成年人免费或者优惠开放。

学校应当加强对学生的活动场地、设施的检查、维护，保证其使用安全，并不得将其移作与教学无关的非公益性用途。

第二十一条 学校、幼儿园、托儿所校舍和其他设施建设应当符合国家抗震设防、消防、环境保护等规定，并进行经常性地安全、卫生检查。

第二十二条 学校、幼儿园应当建立校园安全制度，配备或者聘请专兼职保卫人员。教职员工对学校及周边发生的扰乱教学秩序或者侵犯未成年学生人身、财产安全的行为应当及时制止，必要时向公安机关报告。

学校、幼儿园组织未成年学生参加集会、文化娱乐、体育、社会实践等集体活动应当采取安全措施，防止发生人身安全事故。

第二十三条 学校、幼儿园、托儿所应当制定突发事件应急预案，针对各种灾害、传染性疾病、食物中毒、意外伤害等突发事件进行的安全演练，每学期不少于一次。教育行政部门应当予以指导和监督。

发生突发事件和未成年人人身伤害事故时，学校、幼儿园、托儿所应当优先保护未成年人的安全，及时救护，妥善处理，并向有关主管部门报告。

第二十四条 学校、幼儿园不得组织未成年学生参加剪彩、奠基等商业性活动；确需组织未成年人参加公益性庆典和外事活动的，应当经县级以上人民政府教育行政部门批准。

第二十五条 学校、幼儿园、托儿所除按国家和省规定收取费用外，不得另立收费项目或者提高收费标准；不得强迫或者变相强迫学生购买商品、教学辅助材料或者捐款捐物。

第四章　社会保护

第二十六条 各级人民政府应当将未成年人文化体育活动场所和设施建设纳入经济社会发展总体规划。县级以上行政区域应当至少建有一处综合性未成年人活动场所；新建或者扩建城镇、居民小区，应当配套建设向未成年人开放的社区活动场所。鼓励社会力量兴办未成年人活动场所，并加强管理。

爱国主义教育基地、公共博物馆、图书馆、青少年宫、儿童活动中心应当免费对未成年人开放。展览馆、科技馆、文化馆、纪念馆、美术馆、体育场馆、公园、动物园、植物园等场馆，应当依照国家有关规定免费或者优惠对未成年人开放。

第二十七条 公安、卫生、文化、环境保护、工商、住房和城乡建设等行政部门，应当加强对学校、幼儿园、托儿所周边治安、交通、食品安全、文化市场、环境、广告、市政设施等方面的监管和综合治理；对学校周边环境恶劣的地段，应当组织专项治理。

前款规定的行政部门应当设立举报电话，教育行政部门应当统一制作列有各行政部门举报电话的标牌，悬挂在学校门口显著位置。

第二十八条 公安、住房和城乡建设、交通运输行政部门应当在学校、幼儿园周边道路设置完善的交通标志、标线及交通安全设施；在城市学校、幼儿园周边有条件的道路设置上学、放学时段的临时停车泊位。

使用车辆接送未成年人的单位或者个人，应当严格按照核定的车辆限乘人数接送未成年人，保证车辆的安全性能，并在显著位置设置未成年人乘用车辆标志。公安、教育行政部门和有关单位应当加强对接送未成年人车辆的检查监督，及时排除安全隐患。

第二十九条 中小学校园周边二百米范围内不得开设互联网上网服务营业场所、营业性歌舞娱乐场所等不适宜未成年人活动的场所；不得设立易燃易爆、剧毒、放射性、腐蚀性等危险物品的生产、经营、储存、使用场所或者设施。

第三十条 广播、电视、报纸、互联网等新闻媒体以及演艺团体，在其传播、创作活动中，应当强化有利于未成年人身心健康的社会责任，完善审查、审核机制，及时揭露侵害未成年人合法权益的行为，为未成年人健康成长营造良好的社会舆论氛围。

第三十一条 互联网上网服务营业场所、营业性歌舞娱乐场所等不适宜未成年人活动的场所，不得允许未成年人进入；对难以判明是否成年的，应当要求其出示身份证件。经营者应当在显著位置设置未成年人禁入标志和主管部门的举报电话，主管部门应当监督实施。

文化、公安、工商、通信管理等行政部门应当加强对互联网上网服务营业场所及网上信息内容的管理和监督检查，建立完善互联网上网服务营业场所义务监督员等制度，净化网络及上网服务营业场所环境；乡镇人民政府、街道办事处以及村（居）民委员会应当予以配合。

第三十二条 各级人民政府及有关部门应当采取措施，鼓励和支持社区、学校以及有条件的单位建设、开放公益性互联网上网服务设施，推广绿色上网软件，为未成年人提供安全、健康、便利的上网服务。

第三十三条 禁止向未成年人出售烟酒；对难以判明是否成年的，应当要求其出示身份证件。经营者应当在显著位置设置禁售标志和主管部门的举报电话，主管部门应当监督实施。

任何单位和个人不得向未成年人提供烟酒。禁止在中小学校、幼儿园、托儿所的教室、寝室、活动室、阅览室和未成年人活动的其他室内场所吸烟、饮酒。

第三十四条 任何组织和个人不得披露未成年人隐私。对未成年人的信件、日记、电子邮件、网上聊天记录、手机短信及其他个人信息，任何组织和个人不得隐匿、毁弃，未经本人或其监护人同意，不得擅自开拆、查阅。法律法规另有规定的除外。

第三十五条 对于人民检察院不起诉，人民法院免予刑事处罚、判处管制、宣告缓刑，解除羁押、服刑期满以及解除劳动教养的未成年人，学校、企业事业单位、人力资源和社会保障行政部门应当保障其享有复学、升学、就业的权利，任何单位和个人不得歧视。

第三十六条 任何单位和个人不得招用未满十六周岁的未成年人，国家另有规定的除外。

依照国家有关规定招用已满十六周岁的未成年人，应当执行国家有关工种、劳动时间、劳动强度和劳动保护措施的规定，不得安排其从事过重、有毒、有害等危害未成年人身心健康的劳动或者危险作业。

第三十七条 对因父母进城务工而随父母进城接受义务教育的未成年人，流入地人民政府应当采取措施，保障其享有与当地城镇居民子女同等的受教育权；流出地人民政府应当配合做好相关的服务保障工作。

第三十八条 未成年人合法权益受到侵害时，当事人有权直接或者通过监护人向所在学校、当地村（居）民委员会或者有关部门请求保护和投诉、举报。

接到保护请求的有关单位和组织应当及时采取救助措施，不得拒绝、推诿。

未成年人遇有人身伤害危险而紧急求助时，首先接到求助请求的国家机关、企业事业单位和社会组织，应当及时提供救助。

民政部门应当对弃儿、孤儿和流浪乞讨等生活无着以及因受虐待等需要及时救助的未成年人实施救助，并对孤儿、无法查明其父母或者其他监护人的以及其他生活无着的未成年人予以收留抚养。

民政、卫生等行政部门应当完善相关政策，对患重大疾病且生活困难的未成年人实施医疗救助。

第三十九条 教育行政部门可以根据实际情况，鼓励中小学校参加学校责任保险。

提倡未成年学生自愿参加意外伤害保险。

第五章 司法保护

第四十条 公安机关、人民检察院、人民法院、司法行政部门应当在司法活动中保护未成年人的合法权益，坚持教育为主、惩罚为辅的原则，做好未成年人违法犯罪预防和矫治工作，教育、感化、挽救违法犯罪未成年人。

公安机关、人民检察院、人民法院应当根据需要设立专门机构或者指定专人依法办理涉及未成年人的案件。

第四十一条 公安机关、人民检察院讯问未成年犯罪嫌疑人，询问未成年被害人、未成年证人时，应当通知监护人到场。

公安机关、人民检察院、人民法院在办理未成年人遭受性侵害案件时，应当采取措施保护未成年人的隐私权和名誉权，防止未成年被害人生理、心理上受到新的伤害。

第四十二条 人民法院办理未成年人刑事案件，必要时委托未成年人保护委员会或者其他组织聘请社会调查员。

社会调查员根据委托，可以对涉嫌犯罪的未成年人性格特点、家庭情况、社会交往、成长经历以及被指控犯罪前后的表现等情况进行调查，并制作书面材料供办案参考。

社会调查员在开展调查过程中，不得披露被调查未成年人的有关信息和资料。

第四十三条 保护未成年人继承、接受赠予或者以其他合法方式获得财产的权利。

人民法院审理离婚案件，应当维护未成年人的合法权益，在涉及未成年子女抚养问题时，应当听取有表达意愿能力的未成年子女的意见，根据保障子女权益的原则和双方具体情况依法处理。

第四十四条 对监护人侵害未成年人合法权益或者不履行监护职责的，未成年人可以申请行政救助、法律援助或者司法救助；村（居）民委员会或者与该争议事项无利害关系的其他法定代理人可以代为申请行政救助、法律援助或者司法救助。

第四十五条 公安机关和其他有管辖权的机关接到未成年人受侵害案件的投诉、举报后应当及时受理，并在受理之日起30日内作出处理决定；重大复杂案件经其上级主管部门批准可延长15日。法律法规另有规定的除外。

处理决定应当及时通知举报人、投诉人、被害人及其监护人。

第六章　法律责任

第四十六条 违反本办法规定，侵害未成年人合法权益，其他法律、法规已规定行政处罚的，从其规定；造成人身财产损失或者其他损害的，依法承担民事责任；构成犯罪的，依法追究刑事责任。

第四十七条 违反本办法第八条、第九条、第十条、第十一条、第十二条规定，由其所在单位或者村（居）民委员会予以劝诫、制止和教育。

第四十八条 学校、幼儿园违反本办法规定，有下列情形之一的，由教育行政部门责令改正；拒不改正的，对直接负责的主管人员和其他直接责任人员依法给予行政处分：

（一）拒绝适龄未成年人入学，强迫未成年学生停课、退学或者违法开除未成年学生的；

（二）将校内互联网上网场所出租或者承包经营的；

（三）未建立校园安全制度，校园安全管理混乱的；

（四）组织未成年学生参加剪彩、奠基等商业性活动的；

（五）强迫或者变相强迫学生购买商品、教学辅助材料或者捐款捐物的。

学校、幼儿园、托儿所的教育工作者对未成年人实施体罚或者侮辱、诽谤、恐吓、贬损等损害其身心健康的言行的，由其所在单位或者教育行政部门依法给予行政处分或者解聘。

第四十九条 违反本办法第三十一条规定，互联网上网服务营业场所接纳未成年人进入的，由文化行政部门责令改正，并可处500元以上2000元以下罚款；拒不改正的，处2000元以上15000元以下罚款；情节严重的，责令停业整顿，直至吊销《网络文化经营许可证》。

第五十条 违反本办法第三十三条第一款规定，向未成年人出售烟酒的，由负责烟草、酒类专卖的主管部门责令改正，并可处100元以上500元以下罚款；拒不改正的，处500元以上2000元以下的罚款。

第五十一条 违反本办法第三十三条第二款规定，在中小学校、幼儿园、托儿所的教室、寝室、活动室、阅览室和未成年人活动的其他室内场所吸烟、饮酒的，所在学校（园、所）应当及时制止，予以批评教育；拒不改正的，由教育行政部门处以200元以下罚款。

第五十二条 国家机关及其工作人员违反本办法规定，不履行保护未成年人合法权益职责或者在未成年人保护工作中滥用职权、玩忽职守、徇私舞弊的，由其所在单位或者上级主管机关责令改正；情节严重的，对直接负责的主管人员和直接责任人员依法给予行政处分；构成犯罪的，依法追究刑事责任。

第七章　附　则

第五十三条 本办法自2009年10月1日起施行。1992年11月30日湖北省第七届人民代表大会常务委员会第三十次会议通过，1997年12月3日湖北省第八届人民代表大会常务委员会第三十一次会议修改的《湖北省未成年人保护实施办法》同时废止。

湖北省预防未成年人犯罪条例

（2016 年 12 月 1 日湖北省第十二届人民代表大会常务委员会第二十五次会议通过，自 2017 年 2 月 1 日起施行）

第一章　总　则

第一条　为了保障未成年人身心健康，培养未成年人良好品行，有效预防未成年人犯罪，根据《中华人民共和国预防未成年人犯罪法》和有关法律、行政法规，结合本省实际，制定本条例。

第二条　预防未成年人犯罪应当遵循政府主导、家庭尽责、学校教育、社会参与的原则，坚持普遍预防和重点预防相结合，有针对性地开展教育、预防和矫治等工作。

第三条　县级以上人民政府预防未成年人犯罪工作应当履行下列职责：

（一）将预防未成年人犯罪工作纳入国民经济和社会发展规划及社会治理总体方案，并纳入年度工作考核体系；

（二）制定预防未成年人犯罪中长期规划和年度计划；

（三）将预防未成年人犯罪工作所需经费列入本级财政预算，并建立与经济社会发展相适应的预算保障机制；

（四）将预防未成年人犯罪工作项目纳入政府购买服务指导目录；

（五）组织协调政府相关部门、人民团体和社会组织开展预防未成年人犯罪工作，健全未成年人教育引导和权益保障机制；

（六）总结、推广预防未成年人犯罪工作的经验，表彰先进典型；

（七）法律、法规规定的其他预防未成年人犯罪工作。

第四条　县级以上社会治安综合治理委员会设立的预防未成年人犯罪工作议事协调机构，协助同级人民政府开展预防未成年人犯罪工作，并履行下列职责：

（一）宣传贯彻预防未成年人犯罪的法律、法规；

（二）组织实施预防未成年人犯罪工作规划、计划；

（三）开展预防未成年人犯罪工作的调查研究，向相关部门提出意见和建议；

（四）开展预防未成年人犯罪的其他相关工作。

共青团组织负责同级预防未成年人犯罪工作议事协调机构的日常工作。

第五条　教育、公安、民政、司法行政、人力资源和社会保障、文化、新闻出版广电、工商、通信管理等政府相关部门和人民法院、人民检察院、人民团体，应当按照各自职责，做好预防未成年人犯罪工作。

家庭、学校应当承担预防未成年人犯罪的责任。街道办事处、村（居）民委员会应当建立与家庭、学校的联动机制，共同做好预防未成年人犯罪工作。

企业事业单位、社会组织和个人应当积极参与预防未成年人犯罪工作。

第六条　预防未成年人犯罪是全社会的共同责任。

全社会应当优化未成年人成长环境，教育、引导未成年人树立正确的世界观、人生观、价值观，培养良好的道德品行和遵纪守法的意识，增强抵御各种不良行为和对违法犯罪自我预防的能力。

第二章　家庭预防

第七条　未成年人的父母或者其他监护人应当学习和掌握科学的家庭教育理念和方法，提升监护能力，以自身良好的品德和行为习惯影响未成年人，尊重未成年人的人格尊严，为未成年人健康成长创造良好的家庭环境。

第八条　未成年人的父母或者其他监护人应当履行下列责任：

（一）加强对未成年人品德教育，培养集体主义精神和规则意识，支持未成年人参加社会公益活动，引导未成年人养成向上从善的品格；

（二）与未成年人保持沟通、交流，把握未成年人生理、心理特点和成长规律，特别关注未成年人青春期，对其成长过程中遇到的问题及时给予帮助和疏导；

（三）对未成年人进行自我保护教育，提高其应对不法侵害的能力；

（四）教育和引导未成年人观看收听健康向上的影视节目、音像制品、图书、报刊、电子出版物和网络信息；

（五）保障未成年人受教育的权利，主动与学校联系、沟通，了解未成年人在校情况，积极配合学校的教育工作；

（六）培养未成年人遵纪守法的良好习惯，发现未成年人有吸烟、酗酒、沉迷网络等行为以及不良行为的，及时教育、纠正。

第九条 父母应当履行对未成年人的监护责任，不得让未满十六周岁的未成年人脱离监护单独居住、生活；暂不具备监护条件的，应当委托具有监护能力的亲属或者其他成年人代为监护。

未成年人的父母和委托监护人应当将委托监护事宜向村（居）民委员会报告；村（居）民委员会应当定期走访、及时了解监护责任履行情况。

委托监护人或者村（居）民委员会发现未成年人有心理问题或者不良行为，应当及时向未成年人的父母反映。

第十条 未成年人的父母或者其他监护人不得实施家庭暴力，虐待、遗弃未成年人，或者强迫、放任未成年人从事违法犯罪活动。

未成年人的父母或者其他监护人因不履行监护职责，致使未成年人的合法权益受到严重侵害，或者放任未成年人有违法犯罪行为的，由司法机关依法纳入强制亲职教育名单，督促其接受亲职教育。

第十一条 各级人民政府及相关部门应当将家庭教育指导服务纳入社区教育体系，培育和扶持家庭教育服务机构发展，为未成年人的父母或者其他监护人提供亲职教育、家庭教育培训和咨询等服务。

第三章 学校预防

第十二条 教育行政部门应当将法治教育、心理健康教育纳入学校教育教学计划和评估内容，定期进行考核。

学校应当按照国家课程标准开设法治课程，并根据未成年学生身心特点和成长规律开展心理健康、网络素养、毒品预防等教育教学活动。

第十三条 教育行政部门应当将预防未成年人犯罪的法律知识和心理学知识纳入教师继续教育内容，在学校配备具备资质条件的专职或者兼职法治教育和心理健康教育教师。

学校应当配备法治副校长，并可以从司法机关、律师事务所等单位聘请具有预防未成年人犯罪工作经验的人员担任法律顾问，参与研究制定学校法治教学计划，开展预防犯罪教育活动。

学校应当建立心理辅导室，为未成年学生提供心理咨询和辅导，对有不良行为的未成年学生进行重点辅导和治疗。

第十四条 教育行政部门应当鼓励学校社会工作的发展，通过引入驻校社会工作者等方式，支持社会组织参与学校的未成年人保护和预防犯罪工作，提供心理疏导、行为矫治等专业服务。

第十五条 学校应当通过家长委员会、家长学校、家长会等家校联系渠道，及时了解、沟通未成年学生的情况，指导未成年学生的父母或者其他监护人学习家庭教育和预防未成年人犯罪的相关知识。

学校应当加强与周边村（居）民委员会的联系，共同做好预防未成年人犯罪工作。

第十六条 教育、公安等部门应当与学校建立校园欺凌和暴力事件预防处置机制，加强对校园及其周边地区的综合治理，及时处理校园欺凌和暴力事件。

学校应当将校园欺凌和暴力事件的预防治理纳入学校安全工作，健全应急处置预案，配合教育、公安等部门搭建校园安全信息平台，公布举报电话，做好早期预警、及时上报、受理处置以及心理干预等工作。

学校工作人员发现校园欺凌和暴力行为，应当及时制止、报告。任何单位和个人应当向学校或者教育、公安等部门举报校园欺凌和暴力行为。

涉及校园欺凌和暴力事件的报道、披露，不得泄露未成年学生的姓名、住所、照片以及可能推断出未成年学生信息的资料。

第十七条 学校应当对有不良行为或者严重不良行为的未成年学生进行有针对性的教育，帮助其改正，不得开除或者以劝退等方式变相开除义务教育阶段的未成年学生。

学校不得随意开除或者以劝退等方式变相开除非义务教育阶段的未成年学生；因严重违反学校管理制度需要取消学籍的，应当告知其父母或者其他监护人，并报教育行政部门备案。

学校按照有关规定对未成年学生给予处分前，应当向本人及其父母或者其他监护人说明理由，并听取其申辩。未成年学生及其父母或者其他监护人对处分不服的，可以向教育行政部门申诉。

第四章　社会预防

第十八条 各级人民政府应当组织和动员社会各方面力量，共同参与预防未成年人犯罪工作。

支持企业事业单位、社会组织和个人为未成年人提供困难帮扶、法律援助、心理疏导、行为矫治等志愿服务。

第十九条 公安、司法行政部门和人民法院、人民检察院应当建立预防未成年人犯罪工作联席会议制度，加强警务、检察、审判、矫正工作的配套与衔接。

政府相关部门、人民法院、人民检察院和人民团体、村（居）民委员会应当结合工作职责，通过法治教育基地、法治讲堂、模拟法庭等形式，开展法治教育实践活动，加强预防未成年人犯罪的警示教育。

第二十条 县级以上人民政府及其相关部门应当合理规划和建设适合未成年人活动的公共文化体育场所，对未成年人免费或者优惠开放。鼓励、支持社会组织和个人兴建适合未成年人活动的文化体育设施。

乡镇人民政府、街道办事处应当组织、指导村（居）民委员会、学校，开展有利于未成年人健康成长的校外和假期活动。

第二十一条 村（居）民委员会应当将预防未成年人犯罪作为基层自治的重要内容，及时掌握辖区内未成年人监护、就学等情况，协助政府相关部门对有困难的未成年人提供必要的帮助；对有不良行为的，应当督促其父母或者其他监护人进行教育、纠正。

第二十二条 县级以上人民政府及文化、新闻出版广电、通信、公安等部门应当加强游戏产品、出版物、广播影视节目等文化产品的监督管理；对含有渲染暴力、色情、赌博、毒品和恐怖主义、极端主义等危害未成年人健康成长内容的，依法予以查处。

广播、电视、报刊、网络等媒体应当制作、刊播有利于未成年人身心健康的公益广告和文化产品，为未成年人思想道德建设创造良好的舆论环境。

第二十三条 县级以上人民政府应当规划、建设公益性上网设施和场所，适应未成年人网络文化需求。

各级人民政府及相关部门应当加强网络文化的建设和管理，推进网络依法规范有序运行，营造健康文明的网络环境。

家庭、学校和社会应当引导未成年人正确使用网络；对于有沉迷网络倾向的未成年人，学校应当指导其父母或者其他监护人开展家庭教育，配合家庭、社区及社会组织进行干预和矫治。

第二十四条 网络信息服务提供者应当对其所登载的信息进行审查，不得发布与传播对未成年人产生有害导向的违法犯罪细节描述和其他可能影响社会认知的内容；发现违反法律法规的信息，应当采取措施予以删除或者屏蔽。

网络游戏服务提供者应当按照国家有关规定和标准，采取技术措施，禁止未成年人接触不适宜的游戏或者游戏功能；建立完善预防未成年人沉迷网络游戏的游戏规则，对可能诱发沉迷网络游戏的游戏规则进行技术改造。

第二十五条 县级以上人民政府及其相关部门应当加强对社会文化场所的管理，中小学校周围二百米范围内不得设立互联网上网服务营业场所、电子游戏场所、歌舞厅以及其他未成年人不宜进入的营业场所。

未成年人不宜进入的营业场所应当依法经

营，并在入口、大厅等明显位置设置禁止未成年人进入的警示标志、公布举报电话。

任何单位和个人对违反规定接纳未成年人的营业场所，有权进行监督、举报。文化、公安、工商行政等部门接到举报，应当立即调查处理。

第二十六条 宾馆、洗浴场所经营者或者房屋出租者接纳未满十六周岁未成年人单独住宿的，应当及时与其父母、其他监护人或者所在学校联系；无法取得联系的，应当报告公安机关依法处理。

公共场所管理单位发现未成年人夜不归宿的，应当采取保护措施，及时通知其父母或者其他监护人；无法取得联系的，应当报告公安机关依法处理。

第二十七条 县级以上人民政府应当建立学校、家庭和社区毒品预防教育衔接机制，培育毒品预防教育志愿服务队伍，开展未成年人的禁毒知识宣传和毒品预防教育，引导全社会共同做好未成年人毒品预防工作。

任何单位和个人不得强迫、引诱、教唆或者容留未成年人吸食、注射毒品，或者为未成年人吸食、注射毒品提供条件。

第二十八条 教育、民政、人力资源和社会保障等部门以及共青团、妇联等人民团体应当健全未成年人事务社会工作服务体系，加强未成年人事务社会工作专业人才队伍建设，开展预防未成年人犯罪工作。

第五章 重点预防

第二十九条 县级以上人民政府应当健全社会治理网格化管理信息平台，收集、汇总和分析本行政区域内未成年人信息，对留守未成年人、闲散未成年人、流浪乞讨未成年人等群体，根据其特点和需要，在生活、就学、就业等方面给予重点关注，提供必要的帮助。

第三十条 各级人民政府及相关部门应当健全留守未成年人关爱服务体系和救助保护机制，履行留守未成年人关爱保护职责。

乡镇人民政府、街道办事处和村（居）民委员会应当加强对留守未成年人的父母或者其他监护人的法治宣传、监护监督和指导，督促其履行监护责任。

第三十一条 政府相关部门、人民团体、村（居）民委员会和学校应当加强对不在学、未就业的闲散未成年人的联系、服务和管理。对有就学意愿的，鼓励和支持其接受职业教育或者继续教育；对符合就业条件的，提供就业创业指导服务。

政府相关部门和救助管理机构应当健全流浪乞讨未成年人的监测预防、发现报告和帮扶干预联动机制，加强应急救助，进行妥善安置。

第三十二条 对有不良行为或者严重不良行为的未成年人，应当重点加强家庭监护和学校教育，有针对性地开展法治教育和行为矫治。

对涉罪未成年人，应当完善社会观护体系，依托社会力量建立观护教育基地，共同做好取保候审观护帮教、附条件不起诉监督考察、社区矫正、安置帮教等工作，帮助其回归社会。

第三十三条 县级以上人民政府根据需要设置专门学校或者依托职业学校，对有严重不良行为的未成年人进行教育矫治，并保障相应的办学条件。

第三十四条 有严重不良行为的未成年人无法继续在学校学习，且父母或者其他监护人缺乏管教能力和条件的，由其父母、其他监护人或者所在学校书面提出申请，或者经公安机关和学校共同评估后提出建议，经县级以上人民政府教育行政部门批准，送往专门学校进行教育和矫治。

司法机关在刑事诉讼过程中，可以根据实际情况，将被取保候审、附条件不起诉尚在考察期的未成年犯罪嫌疑人送往专门学校接受考察帮教和教育矫治。

第三十五条 专门学校应当结合心理辅导、思想教育、文化教育、法治教育和职业技术培训，对有严重不良行为的未成年学生开展有针对性的行为矫治。

进入专门学校就读的未成年学生，原学校应当保留其学籍；完成教育和矫治后，要求返回原学校学习的，原学校不得拒绝接收。

专门学校毕业的未成年学生在升学、就业等方面，同普通学校毕业的学生享有同等的权利。

第三十六条 司法机关应当落实涉罪未成年人司法保护制度，建立与未成年人所在村

(居)民委员会、学校和人民团体、社会组织参与的未成年人刑事诉讼程序联系机制，共同做好教育、挽救、预防再犯罪工作。

第三十七条　社区矫正机构应当对接受社区矫正的未成年人进行教育、感化、挽救，履行下列职责：

(一)针对未成年人的年龄、心理特点等情况，采取有益其身心健康发展的监督管理措施，开展思想、法治、道德教育和心理辅导；

(二)协调相关部门，为未成年人在就学、就业创业等方面提供帮助；

(三)督促未成年人的监护人履行监护职责，承担抚养、管教等义务；

(四)采取其他有利于未成年人融入社会生活的必要措施。

社区矫正机构应当对接受社区矫正的未成年人给予身份保护，其矫正宣告不公开进行，矫正档案应当保密。

第三十八条　教育、民政、人力资源和社会保障等部门应当加强对刑满释放未成年人的职业指导和技能培训，帮助其就业创业。对未完成义务教育的，应当保障其继续接受义务教育。

第三十九条　任何单位和个人不得向社会披露未成年人在专门学校学习、受到行政机关和司法机关处理的个人信息，法律、法规另有规定的除外。

第六章　法律责任

第四十条　违反本条例，法律、法规有规定的，从其规定。

第四十一条　未成年人的父母或者其他监护人违反本条例第八条、第九条、第十条第一款规定，不履行监护职责，放任未成年人有不良行为或者严重不良行为的，由乡镇人民政府、街道办事处对其批评教育，督促其履行监护责任，必要时由公安机关予以训诫。符合法定情形的，由人民法院依法撤销其监护资格。

违反本条例第十条第二款规定，拒不接受亲职教育的，由相关部门依法纳入社会征信系统。

第四十二条　学校及其工作人员违反本条例第十二条第二款、第十六条、第十七条规定，不履行法定职责的，由教育行政部门责令改正；对拒不改正的，通报批评；情节严重的，并对直接负责的主管人员和其他直接责任人员给予行政处分。

第四十三条　违反本条例第二十五条第一款规定，擅自在中小学校周围二百米范围内设立互联网上网服务营业场所、电子游戏场所、歌舞厅以及其他未成年人不宜进入的营业场所的，由文化、工商行政、公安等部门依法责令改正；拒不改正的，依法吊销经营许可证。

第四十四条　宾馆、洗浴场所经营者或者房屋出租者违反本条例第二十六条第一款规定，接纳未满十六周岁未成年人单独住宿，未联系或者报告的，由公安机关责令改正，没收违法所得；拒不改正或者造成严重后果的，并处1千元以上5千元以下罚款。

第四十五条　违反本条例第三十九条规定，向社会披露未成年人在专门学校学习、受到行政机关和司法机关处理的个人信息，依法给予行政处罚；造成人身财产损失或者其他损害的，依法承担民事责任；构成犯罪的，依法追究刑事责任。

第四十六条　国家机关及其工作人员违反本条例规定，不履行法定职责的，由其所在单位或者上级机关责令改正；拒不改正的，对直接负责的主管人员和其他直接责任人员给予行政处分；构成犯罪的，依法追究刑事责任。

第七章　附　则

第四十七条　本条例所称未成年人，是指未满十八周岁的公民。

本条例所称不良行为，是指《中华人民共和国预防未成年人犯罪法》第十四条规定的行为。

本条例所称严重不良行为，是指《中华人民共和国预防未成年人犯罪法》第三十四条规定的行为。

本条例所称专门学校，是指对有严重不良行为的未成年学生进行教育和矫治的学校。

第四十八条　本条例自2017年2月1日起施行。

武汉市未成年人保护条例

（2017年9月19日武汉市第十四届人民代表大会常务委员会第六次会议通过，2017年11月29日湖北省第十二届人民代表大会常务委员会第三十一次会议批准，自2018年2月1日起施行）

第一章　总　则

第一条　为了保护未成年人的身心健康，保障未成年人的合法权益，促进未成年人的全面发展，根据《中华人民共和国未成年人保护法》、《湖北省实施〈中华人民共和国未成年人保护法〉办法》等法律法规，结合本市实际，制定本条例。

第二条　本市行政区域内未满十八周岁公民的保护，适用本条例。

第三条　国家机关、社会团体、企业事业单位、基层群众性自治组织、学校和其他社会组织以及家庭和成年公民应当依法履行保护、教育未成年人的责任，优化未成年人成长环境，保障未成年人合法权益。

未成年人享有的生存权、发展权、受教育权、受保护权、参与权等权利，应当受到特殊、优先保护。

对侵犯未成年人合法权益的行为，任何组织和个人都有权予以劝阻、制止或者向有关部门举报、控告。

第四条　市、区人民政府领导、协调本行政区域内的未成年人保护工作，将未成年人保护工作纳入国民经济和社会发展规划及年度计划。

教育、公安、民政、司法行政、人力资源和社会保障、文化、体育、卫生计生、工商、网信、食品药品监督等部门以及人民法院、人民检察院应当按照各自职责，做好未成年人保护工作。

共产主义青年团、妇女联合会、工会、残疾人联合会、科学技术协会、青年联合会、学生联合会、少年先锋队、关心下一代工作委员会以及其他社会组织应当协助人民政府做好未成年人保护工作。

街道办事处、乡镇人民政府应当确定专人负责未成年人保护工作。

居（村）民委员会应当协助和配合做好本辖区内的未成年人保护工作。

第五条　市、区人民政府设立未成年人保护委员会，其办事机构设在同级共产主义青年团委员会，工作经费列入财政预算。

未成年人保护委员会履行下列职责：

（一）宣传贯彻有关未成年人保护的法律法规，并对实施情况进行监督、检查；

（二）制定未成年人保护工作发展规划、年度工作计划和相关工作制度；

（三）组织、指导、协调、督促有关部门做好未成年人保护、教育和救助工作；

（四）建立12355未成年人保护综合服务平台，受理有关未成年人权益保护的求助、投诉、举报、建议和咨询，督促有关部门及时处理；

（五）开展未成年人保护工作的调查研究，建立健全未成年人风险评估机制，向同级人民政府和有关部门提出意见和建议；

（六）加强未成年人保护专业社会工作者、志愿者等工作队伍建设；

（七）向同级人民政府提出表彰、奖励在未成年人保护工作中取得显著成绩的组织和个人的建议；

（八）做好有关未成年人保护的其他工作。

未成年人保护委员会依法设立未成年人保护基金，用于未成年人保护事业。

第二章　家庭保护

第六条　父母或者其他监护人应当依法履行对未成年人的监护职责和抚养义务，保证其必要的物质和精神生活条件，保障其充分的休息和娱乐时间，培养其良好的生活与学习习惯，促进其身心健康发展。

禁止溺婴或者以其他方式残害婴儿，禁止虐待、遗弃未成年人，禁止对未成年人实施家庭暴力，禁止歧视女性未成年人或者残疾未成年人。

第七条 父母或者其他监护人应当学习科学的教育和监护方法，可以接受家长学校或者家庭教育专业机构的指导，根据未成年人不同阶段的生理和心理状况，对未成年人进行健康、法治、道德和安全等方面的教育，培养未成年人的法治意识、诚信意识、安全意识和自我保护意识。

第八条 父母或者其他监护人应当为未满八周岁的未成年人提供充分监护，不得使其处于无人看护状态或者将其委托给无看护能力者看护；不得使其处于容易触电、溺水、高空坠落等场所。

父母或者其他监护人以及其他成年人携带未满十二周岁未成年人乘车的，不得安排其乘坐副驾驶座位，不得将未满八周岁未成年人单独留在车内；携带未满四周岁的未成年人乘坐家庭乘用车，应当使用儿童安全座椅。父母或者其他监护人不得让未满十二周岁未成年人在道路上驾驶自行车，不得让未满十六周岁未成年人在道路上驾驶电动自行车和残疾人机动轮椅车。

第九条 父母或者其他监护人应当尊重和依法保护未成年人的隐私，采取适当的方式了解未成年人学习、生活和交往情况。

父母或者其他监护人在作出与未成年人权益有关的决定时，应当根据未成年人的年龄和智力发展状况，告知其本人并听取意见。

第十条 父母或者其他监护人应当依法保证受其监护的适龄未成年人按时入学，接受义务教育，不得迫使或者放任义务教育阶段的未成年人失学、辍学。

适龄未成年人因身体状况或者其他特殊情况需要延缓入学或者休学的，应当由其父母或者其他监护人提出申请，报经所在区教育部门批准。

第十一条 父母或者其他监护人应当预防和制止未成年人吸烟、饮酒、沉迷网络、赌博、吸毒、卖淫等行为。

父母或者其他监护人发现未成年人有不良行为的，应当进行教育、纠正；发现未成年人有严重不良行为的，应当及时予以制止，必要时向公安机关报告，配合有关部门进行矫治；发现初中阶段的未成年人有严重不良行为的，可以申请将其送入专门学校学习。

第三章　学校保护

第十二条 学校、幼儿园应当尊重和维护未成年人的受教育权，按照规定接收适龄未成年人入学，对品行有缺点、学习有困难的学生，应当耐心教育、帮助，不得歧视。学校与家庭共同做好义务教育阶段辍学学生的返校工作。

教师、卫生保健人员应当按照国家和省有关规定取得职业资格。幼儿园保育员应当接受职业培训，取得岗位任职资格。

第十三条 学校应当对学生进行社会主义核心价值观教育，培养学生的爱国主义精神、创新意识、责任意识、奉献精神，帮助学生树立科学的世界观、人生观、价值观。

第十四条 学校应当实施素质教育，严格执行课程计划，注重培养学生社会责任感、创新能力和实践能力，积极探索和改进教育方法，不得增加学生课业负担。在义务教育阶段，不得举行或者变相举行与入学挂钩的选拔考试或者测试，不得以任何形式公布学生成绩排名。

第十五条 学校应当加强学生的法治教育，保证法治教育课时，普及基本法律知识，培养法治观念，增强自我保护能力。

学校应当帮助学生树立和强化生命安全意识，教育学生尊重和珍爱生命，远离毒品，防范溺水。

学校应当对学生进行防范性侵犯教育，增强其防范性侵犯的意识和能力。

第十六条 学校应当根据学生身心发展的特点，对其进行社会生活指导和青春期教育，设置心理辅导室，配备专兼职心理辅导教师或者心理健康辅导员，开展心理健康教育，建立学生心理健康档案。对有行为偏差、心理障碍的学生，应当及时与其监护人沟通，并给予心理辅导。

第十七条 学校应当对学生进行网络安全和网络文明教育，帮助其形成良好的上网习惯，自觉抵制网络不良信息。

学校互联网上网场所应当采取安全过滤措施，防止学生接触网络不良信息。

第十八条 学校应当通过开放教学、教师定期家访、召开座谈会和组织社区活动等形式，听取家长、学生和社区的意见，改进和完善教育、教学方法。

学校通过开办家长学校等方式，对入学新生父母或者其他监护人集中进行学前培训，普及科学的家庭教育知识和方式方法；学校应当按照有关规定建立家长委员会，设立家校沟通平台，制定家校互动计划，及时讨论、协商、通报与学校活动相关的重大事项。

第十九条 学校、幼儿园应当定期组织学生进行体检，了解其身体健康状况，建立学生健康档案并妥善保管。学生健康档案应当经其父母或者其他监护人签字确认。

学生患有心脏病、哮喘、癫痫等特定疾病或者具有过敏等特异体质的，父母或者其他监护人应当主动告知学校。学校在开展体育锻炼和户外活动时，应当给予相应照顾。

第二十条 学校、幼儿园应当落实安全工作制度，加强对校舍、校车、校服、食品药品、饮用水、宿舍用品及其他设施设备的安全管理，并向家长、学生和教职员工公开相关安全信息，保障其知情权。

第二十一条 学校应当加强对学生的教育和管理，发现学生实施不良行为或者严重不良行为的，应当及时制止、予以批评教育，视情节给予处分，并及时告知其监护人，必要时向公安机关报告。

第二十二条 学校应当将校园欺凌的预防治理纳入学校安全工作，建立校园欺凌的预防、处理制度和应急处置预案，公布举报、投诉电话，调查、掌握学生的情况，及时开展学生心理健康咨询和疏导，预防校园欺凌行为的发生。

学校应当及时制止校园欺凌行为，通知学生家长，并根据情节轻重对侵害者予以教育和处理；对可能构成校园治安事件的，应当立即向公安机关报告。

第二十三条 学校、幼儿园应当将安全教育列入教学计划，制定针对各种灾害、传染性疾病、食物中毒、意外伤害等突发事件的应急预案，并定期组织演练，每学期不少于一次。

学校、幼儿园应当安装安全视频设施，有条件的，与公安机关实施联网监控。

学校、幼儿园组织学生参加集会、文化娱乐、体育、社会实践等集体活动应当采取安全措施。发生突发事件和学生人身伤害事故时，应当优先保护学生的安全，并及时向有关部门报告。

学校、幼儿园应当参加学校责任保险，提倡学生自愿参加意外伤害险。

第二十四条 学校、幼儿园及其教职员工不得有下列行为：

（一）侮辱、体罚或者变相体罚学生；

（二）泄露、出卖学生个人以及家庭信息；

（三）组织或者变相组织学生参加剪彩、奠基等商业性活动以及与其年龄、身心健康不相适应的其他活动；

（四）推销或者变相推销教辅材料，强迫或者变相强迫学生参与有偿家教、捐款捐物、购买商品等活动；

（五）法律、法规禁止的其他侵害学生权益的行为。

第二十五条 学校、幼儿园发现校园及其周边出现下列活动，应当及时向有关部门或者未成年人保护综合服务平台报告，有关部门应当及时处理：

（一）违章摆摊设点；

（二）出售可能对学生身心健康产生不良影响的食品、药品、文具、玩具、音像制品、书刊杂志等物品；

（三）提供可能对学生身心健康产生不良影响的服务；

（四）侵占、破坏学校场地、校舍和其他设施设备或者移作他用；

（五）排放有毒有害的废气、废水、废渣或者制造噪音污染；

（六）其他妨碍、扰乱学校、幼儿园正常秩序或者侵害学生人身、财产安全的活动。

第四章 国家机关保护

第二十六条 市、区人民政府应当建立未成年人保护管理信息系统，实现未成年人保护、救助信息互联互通、资源共享。

第二十七条 市、区人民政府应当加大对学校、幼儿园建设的财政投入，合理配置教育资源，保障教育规划用地，有计划地建设适合不同年龄阶段未成年人活动的设施和场所。

市、区人民政府应当保障专门学校的办学条件，采取购买社会服务、依法减免有关税费等方式扶持民办学校教育事业的发展。

第二十八条 教育部门应当建立科学的教育评估体系并定期进行考核，不得把升学率作为考核学校工作的指标。

教育部门应当在学校组织成立由教育部门、学校、街道办事处（乡镇人民政府）、公安派出所、基层司法所的工作人员和家长代表组成的工作小组，预防和处理校园欺凌事件。

教育部门应当加强对幼儿园的监管，定期检查、评估和指导幼儿园的保育、教育工作，协助卫生部门检查、指导幼儿园的卫生保健工作。

第二十九条 公安机关应当加强对学校、幼儿园周边地区的治安管理和巡逻防控，及时制止、查处扰乱校园秩序和侵害学生人身、财产权益的违法犯罪行为。

公安机关交通管理部门应当加强对学校周边路段的交通管理，设置学校标志牌和相应的交通标志标线；没有行人过街设施的，应当施划人行横道线，设置提示标志或者人行横道信号灯。

公安机关接到针对未成年人的家庭暴力报案后，应当及时出警，制止家庭暴力，并依法处理。

第三十条 卫生防疫和医疗机构应当保证未成年人享受计划免疫和初级保健，积极预防、治疗未成年人的各种疾病。

第三十一条 民政部门应当健全未成年人关爱服务体系和救助保护机制；采取购买社会服务的方式，支持、引导社会组织、专业社会工作者等社会力量参与未成年人保护工作。

第三十二条 人力资源和社会保障部门应当为完成义务教育后未继续就学的未成年人提供职业培训信息，为其参加培训提供便利，帮助其就业创业。

第三十三条 食品药品监督、工商等部门应当按照各自职责，加强对学校、幼儿园周边食品、餐饮经营者的日常监管，及时查处违法行为。

第三十四条 文化、工商、公安等部门应当加强对各类社会文化场所的监督管理。

文化、公安等部门应当加强对游戏产品、广播影视节目、出版物等文化产品的监督管理，对含有渲染暴力、色情、赌博、毒品、邪教、恐怖活动等危害未成年人健康成长内容的，依法予以查处。

第三十五条 公安、网信、文化、工商等部门应当加强对网络信息内容以及手机运营商、网络运营商、网络服务提供者的监督管理，净化网络环境；建立健全对违规经营互联网上网服务营业场所的监督和查处机制，依法惩治利用网络危害未成年人身心健康的活动。

第三十六条 公安机关、人民检察院、人民法院办理涉及未成年人的案件，应当采取适应未成年人生理、心理特点和健康成长需要的工作方式，依法保护未成年人的合法权益。

第三十七条 公安机关、人民检察院、人民法院办理未成年人刑事案件，根据情况，可以依法对未成年犯罪嫌疑人、被告人的成长经历、犯罪原因、监护教育等情况进行调查。

第三十八条 对被刑事拘留、逮捕和执行刑罚的未成年人，应当依法与成年人分别关押、分别管理、分别教育。

犯罪的时候不满十八周岁，被判处五年有期徒刑以下刑罚的，应当依法对相关犯罪记录予以封存。

第三十九条 社区矫正机构对未成年人实施社区矫正，应当与成年人分开进行，并根据其生理、心理特点，采取有益于其身心健康发展的监督管理措施。

社区矫正机构应当给予未成年社区矫正人员身份保护，其矫正宣告不公开进行，管理类别不张榜公布，矫正档案保密。

第五章 社会保护

第四十条 全社会应当树立尊重、保护、教育未成年人的良好风尚，关心、爱护未成年人。

鼓励企业、事业单位及其他社会组织、个人捐助款物支持未成年人保护事业。

第四十一条 共产主义青年团应当反映未

成年人的合理诉求，维护其合法权益，并根据未成年人的特点，开展各种有益活动，促进未成年人健康成长。

第四十二条 妇女联合会应当组织开展家庭教育指导，组建和培训家庭教育指导队伍，为未成年人的父母或者其他监护人提供指导和帮助。

第四十三条 关心下一代工作委员会应当发挥自身优势，动员和组织各种社会力量参与未成年人保护工作。

第四十四条 居（村）民委员会应当协助有关部门，组织、指导未成年人在课余和闲暇时间开展有益于身心健康的文体活动和社会实践。

第四十五条 公共场所经营管理单位应当加强对未成年人的安全保护。对电梯、旋转门、地铁站台等容易危及未成年人人身安全的设施或者场所，应当在显著位置设置安全警示标志，标明注意事项，并定期进行维护。

第四十六条 驾驶机动车行经学校、幼儿园门前路段，应当减速行驶，必要时应当停车让行。

第四十七条 学校周边二百米范围内不得开设互联网上网服务营业场所、营业性娱乐场所等不适宜未成年人活动的场所；不得设立易燃易爆、剧毒、放射性、腐蚀性等危险物品的生产、经营、储存、使用设施或者场所。

互联网上网服务营业场所、营业性娱乐场所等不适宜未成年人活动场所的经营单位，应当在营业场所入口处设置“禁止未成年人入内”的明显标志和监督电话，不得允许未成年人进入；对难以判明是否成年的，应当要求其出示身份证件。

任何组织或者个人对违反本条第一款、第二款规定的行为，有权进行监督、举报。

第四十八条 网络服务提供者应当要求网络用户提供真实身份信息进行注册，有效识别未成年人用户，并妥善保存用户注册信息。网络服务提供者应当根据相关规定对网络信息内容、网络游戏、网络提供时间进行技术规范和改造。

网络服务提供者制作、发布、传播不适宜未成年人接触的信息，应当进行浏览前提示。

网络服务提供者应当加强对网络信息的监管，发现未成年人接触网络不良信息或者接到相关投诉经查证属实的，应当立即停止信息传播、保存相关证据、删除不良内容并上报网信、文化、公安等部门。

视频直播网站聘请未成年人担任主播或者为未成年人提供主播注册通道，应当征得未成年人的父母或者其他监护人的同意。

第四十九条 禁止向未成年人出售或者提供烟酒。

禁止在学校、幼儿园的教室、寝室、活动室、阅览室和未成年人活动的其他室内场所吸烟、饮酒。

第五十条 任何组织或者个人不得体罚、变相体罚、殴打或者虐待未成年人，不得组织、胁迫、诱骗、利用未成年人乞讨或者参加营利性和其他不利于身心健康的表演活动。

第五十一条 任何组织或者个人不得招用未满十六周岁的未成年人，法律、法规另有规定的除外。

依照国家有关规定招用已满十六周岁的未成年人，应当执行国家有关工种、劳动时间、劳动强度和劳动保护措施的规定，不得安排其从事过重、有毒、有害等危害未成年人身心健康的劳动或者危险作业。

任何组织或者个人发现违反前款规定的行为，有权向人力资源和社会保障部门进行举报，也可以向未成年人保护综合服务平台报告，由其转送有关部门依法处理。

第五十二条 任何组织或者个人不得披露未成年人隐私，不得非法收集、使用、加工和传输未成年人的个人信息。

任何组织或者个人不得在报刊、书籍、广播、电视、新媒体上披露违法犯罪未成年人或者受侵害未成年人的姓名、住所、单位、照片、图像、就读学校以及其他可能推断出未成年人身份的资料；报道涉及未成年人事件时，应当安排熟悉未成年人身心特点的从业人员进行报道，不得直接采访未成年当事人。

第五十三条 对未成年人的信件、日记、电子邮件、手机短信和微信等即时通讯软件记录，任何组织或者个人不得隐匿、毁弃；未经其本人同意，任何组织或者个人不得擅自开拆、查阅。法律、法规另有规定的除外。

第五十四条 未成年人合法权益受到侵犯时，本人有权直接或者通过监护人向侵权人所在单位、侵权发生地的有关部门和未成年人保护综合服务平台投诉或者请求保护。

第六章 对特殊群体的保护

第五十五条 本市加强对下列未成年人特殊群体的保护：

（一）残疾未成年人；

（二）外来务工人员随迁的未成年子女；

（三）监护缺失的未成年人；

（四）弃婴（儿）、被拐卖未成年人。

第五十六条 市、区人民政府应当对残疾未成年人在康复、教育、文化生活等方面予以特殊保护，鼓励社会组织和个人兴办残疾未成年人福利事业。

人力资源和社会保障部门应当为已满十六周岁有劳动能力的残疾未成年人就业创造条件。

第五十七条 市、区人民政府应当加强特殊教育学校建设，并统筹规划，优先在部分普通学校中建立特殊教育资源教室，配备必要的设备和专门从事残疾人教育的教师及专业人员，指定其招收残疾未成年人接受义务教育。

第五十八条 适龄残疾未成年人能够适应普通学校生活、接受普通教育的，就近到普通学校入学接受义务教育。

适龄残疾未成年人能够接受普通教育，但是学习、生活需要特别支持的，根据身体状况就近到教育部门在一定区域内指定的具备相应资源、条件的普通学校入学接受义务教育。

适龄残疾未成年人不能接受普通教育的，由教育部门统筹安排进入特殊教育学校接受义务教育。

适龄残疾未成年人需要专人护理、不能到学校就读的，由教育部门统筹安排，通过提供送教上门或者远程教育等方式实施义务教育，并纳入学籍管理。

第五十九条 教育部门应当会同卫生计生、民政部门和残疾人联合会，建立由教育、心理、康复、社会工作等方面专家组成的残疾人教育专家委员会。

残疾人教育专家委员会可以接受教育部门的委托，对适龄残疾未成年人的身体状况、接受教育的能力和适应学校学习、生活的能力进行评估，提出入学、转学建议；对残疾人义务教育问题提供咨询，提出建议。

第六十条 市、区人民政府应当将外来务工人员随迁子女接受义务教育纳入公共教育体系，保障其平等接受义务教育。

第六十一条 父母或者其他监护人因外出务工、服刑或者其他特殊原因不能履行对未成年人监护职责的，应当委托有监护能力的人代为监护，并为其生活、教育提供保障。

第六十二条 任何组织或者个人发现未成年人单独居住或者生活无着的，可以向公安机关、民政部门或者未成年人保护综合服务平台报告。

公安机关、民政部门接到报告后应当及时调查，联系未成年人的父母或者其他监护人，责令其履行监护职责或者委托有监护能力的人实施监护；无符合条件的受托监护人的，送至未成年人救助保护机构或者儿童福利机构。

第六十三条 任何组织或者个人发现弃婴（儿）、被拐卖未成年人，应当及时向公安机关、民政部门报告。公安机关、民政部门发现弃婴（儿）、被拐卖未成年人，应当及时采取保护性措施，并查找监护人。查找不到的，送至未成年人救助保护机构或者儿童福利机构。

第七章 法律责任

第六十四条 违反本条例规定，侵害未成年人合法权益，法律、法规已有行政处罚规定的，从其规定；造成人身、财产损害或者其他损害的，依法承担民事责任；构成犯罪的，依法追究刑事责任。

第六十五条 学校、幼儿园违反本条例第十二条、第十四条、第二十条、第二十三条、第二十四条规定的，由教育部门或者其他有关部门责令改正；情节严重的，对直接负责的主管人员和其他直接责任人员依法给予处分。

学校、幼儿园教职员工违反本条例第二十四条规定的，由其所在单位或者上级机关责令改正；情节严重的，依法给予处分或者解聘。

第六十六条 互联网上网服务营业场所经营单位违反本条例第四十七条第二款规定，接纳未成年人的，由文化部门依法责令改正，并可处五百元以上二千元以下罚款；拒不改正的，处二千元以上一万五千元以下罚款；情节严重的，责令停业整顿，直至吊销经营许可证。

第六十七条　用人单位违反本条例第五十一条第一款、第二款规定的，由人力资源和社会保障部门责令改正，依法处以罚款；情节严重的，由工商行政管理部门依法吊销营业执照。

第六十八条　单位或者个人违反本条例第五十二条第二款规定的，由文化、公安部门予以警告，责令改正；情节严重的，依法追究单位负责人和直接责任人的责任。

第六十九条　国家机关及其工作人员违反本条例规定，不履行保护未成年人合法权益职责或者在未成年人保护工作中滥用职权、玩忽职守、徇私舞弊的，侵害未成年人合法权益的，或者对提出申诉、检举、控告者进行打击报复的，由其所在单位或者上级主管机关责令改正；对直接负责的主管人员和直接责任人员依法给予行政处分。

第八章　附　则

第七十条　本条例自2018年2月1日起施行。1991年12月21日武汉市第八届人民代表大会常务委员会第二十七次会议通过，1992年3月14日湖北省第七届人民代表大会常务委员会第二十五次会议批准的《武汉市未成年人保护实施办法》同时废止。

湖　南

湖南省实施《中华人民共和国未成年人保护法》办法

（1995年8月29日湖南省第八届人民代表大会常务委员会第十七次会议通过，根据1997年8月2日湖南省第八届人民代表大会常务委员会第二十九次会议《关于修改〈湖南省实施中华人民共和国未成年人保护法办法〉的决定》修正，2008年9月28日湖南省第十一届人民代表大会常务委员会第四次会议修订通过）

第一章　总　则

第一条　根据《中华人民共和国未成年人保护法》和其他有关法律、行政法规的规定，结合本省实际，制定本办法。

第二条　国家机关、武装力量、政党、社会团体、企业事业组织、基层群众性自治组织、学校、家庭和成年公民，都有保护未成年人的责任，应当对未成年人进行理想、道德、文化、纪律和法制教育，帮助未成年人努力做到：

（一）爱祖国，爱人民，爱劳动，爱科学，爱社会主义；

（二）遵纪守法，遵守社会公德，爱护公共财物，保护环境，有社会责任感；

（三）文明礼貌，尊老爱幼，诚信谦虚，艰苦朴素；

（四）勤奋学习，掌握科学文化知识和劳动技能；

（五）珍爱生命，注意安全，锻炼身体，讲究卫生；

（六）心理健康，有自我保护和辨别是非的能力，能抵制不良行为及违法犯罪行为的引诱或者侵害。

第三条　各级国家机关应当在各自职责范围内做好未成年人保护工作。

各级人民政府领导有关部门做好未成年人保护工作，讨论和决定保护未成年人的重大事项；将未成年人保护工作纳入国民经济和社会发展规划以及年度计划，相关经费纳入本级政府财政预算。

第四条　县级以上人民政府未成年人保护委员会负责指导、协调未成年人保护工作，其职责是：

（一）宣传和组织学习有关未成年人保护的法律、法规、政策；

（二）组织、协调、督促有关国家机关或者企业事业组织做好未成年人保护工作；

（三）接受对侵犯未成年人合法权益行为的投诉、举报、控告，转交并督促有关国家机关处理；

（四）建立完善未成年人保护工作相关制度，调查研究未成年人保护工作中的重大事项，向有关国家机关提出意见和建议；

（五）其他应当由未成年人保护委员会承担的职责。

未成年人保护委员会办事机构承担未成年人保护委员会的日常工作。

乡镇人民政府、城市街道办事处应当确定人员具体负责未成年人保护工作。

第五条　共产主义青年团、妇女联合会、工会、残疾人联合会、青年联合会、学生联合会、少年先锋队、关心下一代工作委员会以及其他有关的社会团体，应当把维护未成年人合法权益作为一项重要职责，协助人民政府做好未成年人保护工作。

第六条　有下列情形之一的单位和个人，由人民政府或者有关行政部门予以表彰、奖励：

（一）教育、培养未成年人成绩突出的；

（二）挽救、帮教有严重不良行为、违法犯罪行为的未成年人成绩突出的；

（三）为未成年人健康成长提供物质条件或者精神产品贡献突出的；

（四）与侵犯未成年人合法权益行为作斗争表现突出的；

（五）接收专门学校毕业生或者未成年残疾人就学成效突出的；

（六）为未成年人提供法律帮助表现突出的；

（七）对未成年人保护工作做出其他突出贡献的。

第二章　家庭保护

第七条　父母是未成年子女的法定监护人，应当依法履行监护职责和抚养义务，为未成年子女创造良好的家庭生活环境，提供必要的物质、精神生活及医疗保健条件。

家庭其他成年人有协助监护人关心、教育、保护未成年人的责任。

第八条　父母一方死亡的，另一方不论是否再婚，都应当履行对未成年子女的监护职责和抚养义务。父母死亡或者丧失监护能力的，依法由其他监护人履行监护职责和抚养义务。

父母离异的，应当按照协议或者判决，履行对未成年子女的监护职责和抚养义务，任何一方不得拒绝履行或者阻止、限制另一方履行。

第九条　父母因外出务工或者其他原因不能履行对未成年子女的监护职责的，应当委托有监护能力的其他成年人代为监护。委托监护前应当听取有表达意愿能力的未成年子女的意见。

父母应当将委托监护的情况及时向未成年子女户籍所在地或者经常居住地的村（居）民委员会和就读学校报告。村（居）民委员会和学校应当与受委托监护人加强联系，对未成年人提供必要的帮助。

父母应当与未成年子女和受委托监护人保持经常联系，关心未成年子女的身心健康和生活、学习情况，提供必要的生活保障。

受委托监护人应当按照委托协议履行监护职责，切实维护未成年人的合法权益。

第十条　父母或者其他监护人应当履行下列义务：

（一）教育、培养未成年人具备良好的思想品德；

（二）依法保障适龄未成年人接受并完成义务教育，不得使接受义务教育的未成年人辍学；

（三）引导未成年人养成良好的学习和生活习惯，鼓励和支持其参加家庭和社会公益劳动，以及各类积极健康的文化娱乐体育、社会交往、防灾避险演练等活动，不得强迫未成年人从事影响其身心健康的劳动和活动；

（四）保障未成年人的文化娱乐体育活动和睡眠时间；

（五）教育未成年人不观看、阅读、收听、搜集、传播含有危害国家安全、淫秽、色情、暴力、邪教、迷信等内容的图书、报刊、影视节目、音像制品、电子出版物和网络信息；

（六）预防和制止未成年人吸烟、酗酒、逃学、夜不归宿、离家出走、沉迷网络以及打架斗殴、赌博、吸毒、携带危险物品等行为；

（七）不得以未成年子女是残疾人、疾病患者、女性或者有违法犯罪行为等理由拒绝履行监护职责和抚养义务；

（八）不得对未成年人实施家庭暴力，不得歧视、虐待、遗弃、残害未成年人；

（九）不得允许或者迫使未成年人与他人订婚、结婚。

第三章　学校保护

第十一条　学校和教师应当尊重未成年学生受教育的权利，关心、爱护学生，实施素质教育，注重培养未成年学生的独立思考能力、创新能力和实践能力，促进未成年学生全面发展。

第十二条　学校应当配备专职或者兼职心理健康辅导员，有针对性地、适时地对未成年学生进行生理、心理健康教育和青春期教育；对品行有缺点、心理有障碍的未成年学生及时给予必要的关心和指导。

第十三条　学校应当开设法制教育课，根据有关规定配备专职或者兼职人员，对未成年学生进行法制、道德教育。

第十四条　学校和教师应当保证未成年学生休息和参加文娱体育、课外活动的时间，不得任意增加未成年学生课时和学习负担。

重大庆典、外事活动确需组织未成年学生参加的，应当经县级以上人民政府教育行政部门批准。任何单位和个人不得组织未成年学生参加其他与学习无关的活动。

第十五条　学校、幼儿园、托儿所的教职员工应当恪守职业道德，尊重未成年人的人格尊严，不得对未成年人实施体罚或者变相体罚、性侵害等侵害人身权利的行为；在未成年人人身安全受到危害时，应当及时制止或者救护，妥善处理，并报告有关行政部门。

第十六条　学校、幼儿园、托儿所应当保障未成年人的饮食安全，改善卫生条件，为未成年人提供的饮料食品质量应当符合国家和本省的有关规定。

第十七条　学校、幼儿园、托儿所应当建立安全制度，定期检查校舍和其他设施、场所；发现有安全隐患的，应当停止使用，及时采取相应措施并报告有关行政部门。

学校、幼儿园组织未成年人参加集会、文化娱乐体育和社会实践等活动，应当做好安全防范工作，防止发生人身伤亡事故。

教育行政等部门和学校、幼儿园、托儿所应当对未成年人进行交通、消防、游泳、卫生等方面的安全知识教育，制定应对各种灾害、传染性疾病、食物中毒、意外伤害等突发事件的预案，配备相应设施并进行必要的演练，增强未成年人的自我保护意识和能力。

第十八条　学校在义务教育阶段，不得举行或者变相举行与入学挂钩的考试，不得公布未成年学生的考试成绩、名次。

第十九条　学校应当建立教师家访和学生家长会议制度，密切与学生家长的联系，及时反映和了解学生的情况。学生家长应当主动与学校联系，配合学校对未成年学生进行教育和管理。

第二十条　学校不得违反法律和国家规定处分未成年学生，或者责令未成年学生停课、转学、退学。

学校处分未成年学生前，应当听取未成年学生及其父母或者其他监护人的申辩，并予以答复。

第二十一条　专门学校应当对在校就读的未成年学生进行思想、文化、纪律和法制教育以及劳动技术和职业教育，开展心理辅导，矫治不良行为。

专门学校学生在复学、升学、就业等方面与普通学校学生享有同等权利，任何单位和个人不得歧视。

第四章　社会保护

第二十二条　各级人民政府应当加大投入，按照国家有关标准加强对公办学校、幼儿园、托儿所校舍和其他设施、场所的建设和改造。学校、幼儿园、托儿所的活动场所应当具有符合国家规定的安全、卫生、通风和采光条件，配备符合国家规定标准供未成年人使用的课桌椅和床具，建有必要的无障碍设施。

各级人民政府应当将适合未成年人的文化

体育活动场所和设施建设，纳入本地区社会发展总体规划。县、不设区的市、市辖区应当至少建有一所综合性未成年人活动场所。新建或者扩建城镇、居民小区，应当将适合未成年人的文化体育设施纳入建设规划，并采取措施落实。未成年人活动场所不得出租或者转作他用。

各级人民政府应当投入必要资金按照国家有关标准建设寄宿制学校，有关行政部门应当加强对寄宿制学校的教学、安全、卫生等方面工作的监督检查。对因父母进城务工而随父母进城接受义务教育的未成年人，当地人民政府应当采取措施，保障其享有与当地城镇居民子女同等的受教育权。

县级以上人民政府及其民政部门应当根据需要设立未成年人救助场所和儿童福利机构，加强对流浪乞讨等生活无着未成年人的救助和对孤儿的收留抚养。

任何单位和个人不得侵占、损坏未成年人的学习、活动场所和设施。

第二十三条 爱国主义教育基地、图书馆、青少年宫、儿童活动中心、博物馆、纪念馆以及社区公共文化体育设施应当对未成年人免费开放。科技馆、展览馆、美术馆、文化馆以及影剧院、体育场馆、动物园、公园等场所，应当按照有关规定对未成年人免费或者优惠开放。

第二十四条 在未成年人集中活动的公共场所，应当设置提醒保护未成年人人身安全的明显标志，并采取相应的保护措施。

对可能危及未成年人人身安全的设施，经营、管理单位应当定期进行维护，并在显著位置标明注意事项。

第二十五条 各级人民政府及其有关部门应当采取措施，支持社区、学校建设公益性互联网上网服务设施，为未成年人提供安全、健康的上网服务。

县级以上人民政府及其教育行政部门应当采取措施，鼓励和支持中小学校在节假日期间将文化体育设施对未成年人免费或者优惠开放。

第二十六条 各级人民政府应当组织公安、卫生、文化、环境保护、产品质量监督、工商行政管理、城市管理等行政部门加强对中小学校、幼儿园、托儿所周边治安、交通、环境、食品卫生、广告、市政设施等方面的管理。

第二十七条 公安、建设和交通行政部门应当在学校、幼儿园周边道路设置完善的警告、限速、慢行、让行等交通标志及交通安全设施；在学校门前的道路上施划人行横道线，有条件的设置人行横道信号灯；在城市学校、幼儿园周边有条件的道路设置上学、放学时段的临时停车泊位。

驾驶机动车与非机动车应当主动避让未成年人。

第二十八条 使用车辆从事接送未成年人服务的单位或者个人，应当遵守道路交通安全法律、法规，严格按照核定的车辆限乘人数接送未成年人，保证使用车辆的安全性能，并在显著位置设置未成年人乘用车辆标志。

公安、教育行政部门和有关单位应当采取措施加强对从事接送未成年人服务车辆的检查监督，及时排除安全隐患。

第二十九条 有关国家机关、社会团体、企业事业组织等应当为未成年人有组织的观摩学习、社会实践等活动提供便利条件。

第三十条 有关国家机关、社会团体在制定涉及未成年人切身利益的政策、制度或者作出相关决定时，应当通过多种渠道听取未成年人意见，对合理的意见应当采纳。

有关单位和个人应当对未成年人依法就涉及自己权益的事项发表的意见或者建议予以尊重。

第三十一条 广播、电影、电视等媒体应当演播有利于未成年人健康成长的节目。

广播电影电视和文化行政部门应当采取措施，加强对广播、电影、电视、戏剧节目以及各类演播场所的管理。公安、通信等行政部门应当加强对网络有害信息的查处。

禁止制作或者向未成年人出售、出租或者以其他方式传播含有淫秽、暴力、凶杀、恐怖、赌博、迷信等毒害未成年人内容的图书、报刊、音像制品、电子出版物以及网络信息等。

第三十二条 中小学校校园周围二百米范围内不得设置营业性歌舞娱乐场所、互联网上网服务营业场所、营业性电子游戏场所等不适宜未成年人活动的场所。

互联网上网服务营业场所、营业性歌舞娱乐场所等不适宜未成年人活动的场所，不得允许未成年人进入，经营者应当在显著位置设置未成年人禁入标志；对难以判明是否已成年的，应当要求其出示身份证件。

第三十三条 禁止向未成年人出售烟酒，经营者应当在显著位置设置不向未成年人出售烟酒的标志；对难以判明是否已成年的，应当要求其出示身份证件。

任何单位和个人不得向未成年人提供烟酒。

禁止在中小学校、幼儿园、托儿所的教室、寝室、活动室、阅览室和其他未成年人集中的场所吸烟、饮酒。

第三十四条 任何单位和个人不得违反国家关于招工年龄的规定，录用或者介绍未满十六周岁的未成年人从业。文艺、体育和特种工艺单位确需招用的，应当经县级以上人民政府劳动行政部门批准，并保证被招用的未成年人接受义务教育。

第三十五条 任何单位和个人不得强迫、利用未成年人卖艺、乞讨，不得教唆、诱骗、胁迫、纵容和包庇未成年人违法犯罪。

第三十六条 村（居）民委员会应当积极开展面向未成年人的社区教育服务，协助有关部门组织、指导未成年人开展有益于身心健康的各种活动。

村（居）民委员会应当配合家庭、学校对有不良行为的未成年人进行教育和管理，对有严重不良行为的未成年人进行教育和矫治。

第五章　司法保护

第三十七条 公安机关、人民检察院、人民法院应当依法及时办理未成年人违法犯罪案件和涉及未成年人权益保护的案件，照顾未成年人的生理、心理特点和健康成长的需要，尊重他们的人格尊严，保障他们的合法权益，并根据需要设立专门机构或者指定专人办理。

第三十八条 公安机关、人民检察院讯问未成年犯罪嫌疑人，询问未成年证人、被害人，应当通知其监护人到场。无法通知监护人或者监护人不能到场的，可以通知法律援助机构、未成年人所在学校、未成年人住所地村（居）民委员会或者未成年人保护委员会指派人员到场。

第三十九条 对羁押、服刑或者采取强制性教育措施的未成年人，应当与成年人分别关押或者管理；对其中没有完成义务教育的，有关行政部门应当从场地、师资、经费等方面给予支持，保证其继续接受义务教育。

解除羁押、服刑期满或者解除强制性教育措施的未成年人的复学、升学、就业不受歧视。

第四十条 家庭、学校和有关组织应当配合公安、司法行政部门，共同做好对羁押、服刑或者采取强制性教育措施的未成年人的教育、感化和挽救工作。

对被判处管制、缓刑以及假释、保外就医、监外执行、所外执行的未成年人，当地村（居）民委员会、派出所及有关组织应当组成帮教小组，制定帮教措施，共同做好教育挽救工作。

第四十一条 对未成年人违法犯罪案件和涉及未成年人的性侵害案件，新闻报道、影视节目、公开出版物、网络等不得披露该未成年人的姓名、住所、照片、图像以及其他可能推断出其身份的资料。

第四十二条 在司法活动中对需要法律援助或者司法救助的未成年人，法律援助机构或者公安机关、人民检察院、人民法院应当依法为其提供法律援助或者司法救助。

被告人是未成年人而没有委托辩护人的，人民法院为被告人指定辩护时，法律援助机构应当提供法律援助。

第六章　法律责任

第四十三条 国家机关及其工作人员违反本办法规定，不依法履行保护未成年人合法权益的责任，或者侵害未成年人合法权益的，由其所在单位或者上级机关责令改正，对直接负责的主管人员和其他直接责任人员依法给予行政处分。

父母或者其他监护人违反本办法规定，不依法履行监护职责和抚养义务，或者侵害未成年人合法权益的，由其所在单位或者村（居）民委员会予以劝诫、制止；违反治安管理处罚法的，由公安机关依法给予行政处罚。

第四十四条 违反本办法第三十二条第一款规定的，由县级以上人民政府文化行政部门、工商行政管理部门依照有关法律、法规的规定予以取缔，并给予行政处罚。

违反本办法第三十二条第二款规定的，由文化行政部门按照国务院《娱乐场所管理条例》和《互联网上网服务营业场所管理条例》的规定处罚。

互联网上网服务营业场所累计两次接纳未成年人或者一次接纳三名以上未成年人进入的，由文化行政部门责令停业整顿；累计三次接纳未成年人或者一次接纳八名以上未成年人进入，或者在规定营业时间以外接纳未成年人的，吊销网络文化经营许可证。

第四十五条 违反本办法第三十三条第一款规定的，由烟草专卖行政主管部门、酒类行政主管部门按照各自职责责令改正，给予警告；拒不改正的，处以五十元以上二百元以下罚款；情节严重的，处以二百元以上二千元以下罚款。

第四十六条 违反本办法规定，侵害未成年人的合法权益，本办法没有规定处罚，其他法律、法规已规定行政处罚的，从其规定；造成人身财产损失或者其他损害的，依法承担民事责任；构成犯罪的，依法追究刑事责任。

第七章 附 则

第四十七条 本办法自2008年12月1日起施行。

湖南省实施《中华人民共和国预防未成年人犯罪法》办法

（2004年9月28日湖南省第十届人民代表大会常务委员会第十一次会议通过，自2004年11月1日起施行）

第一条 根据《中华人民共和国预防未成年人犯罪法》（以下简称预防未成年人犯罪法）和有关法律、行政法规的规定，结合本省实际，制定本办法。

第二条 预防未成年人犯罪是全社会的共同责任。

预防未成年人犯罪，在各级人民政府组织领导下，实行综合治理。

县级以上人民政府应当采取措施，完善制度，组织、协调有关部门和其他社会组织，做好本行政区域预防未成年人犯罪工作。

第三条 各级人民政府应当结合实际，安排预防未成年人犯罪工作所必需的经费。

第四条 教育行政部门、学校应当全面贯彻国家的教育方针，加强对未成年人理想、道德、法制和爱国主义、集体主义、社会主义教育，提高未成年人思想道德素质。

第五条 学校应当每学期安排不少于二课时的法制教育课，结合常见多发的未成年人犯罪的典型案例，对未成年人进行有针对性的预防犯罪教育。

学校应当配备从事法制教育的专职或者兼职教师，可以从人民法院、人民检察院、公安机关、司法行政部门以及其他方面聘请熟悉法律的人员担任法制副校长或者校外法律辅导员。

第六条 未成年人的父母或者其他监护人对未成年人的教育负有直接责任，应当经常对未成年人进行遵纪守法、文明礼貌、诚实守信、自理自护等方面的教育，培养未成年人良好的道德品质和文明行为。

未成年人的父母或者其他监护人对未成年人不得放任不管，放弃监护职责。

第七条 未成年人的父母或者其他监护人和学校，对进入青春期的未成年人，应当根据其不同年龄段的生理、心理特点，适时进行青春期教育，给予生理、心理上的关心和指导。

第八条 学校应当采取措施，加强与未成年人的父母或者其他监护人的联系；未成年人的父母或者其他监护人和学校发现未成年人有不良行为，应当及时制止和纠正。

第九条 妇女联合会、共青团组织、教育行政部门和学校，应当采取措施，指导、帮助未成年人的父母或者其他监护人掌握科学的家庭教育方法，提高教育未成年人的水平。

机关、企业事业单位、城市居民委员会、农村村民委员会，应当支持本单位职工或者辖区内居民做好家庭教育工作。

第十条 县级以上人民政府应当加强青少年宫、儿童活动中心等未成年人活动场所的规划、建设和管理。每个县（市、区）至少应当有一所综合性、多功能的未成年人活动场所。

未成年人活动场所应当把预防未成年人犯罪教育作为一项重要的工作内容，开展多种形式的宣传教育活动。

第十一条 新闻出版、广播电视、文化、信息产业等行政部门应当采取措施，鼓励、支持有利于未成年人身心健康的读物、音像制品、电子出版物的创作、制作和出版。

广播、电影、电视、戏剧节目和以未成年人为对象的读物、音像制品、电子出版物，不得含有诱发未成年人违法犯罪以及渲染暴力、色情、赌博、恐怖、邪教、封建迷信等危害未成年人身心健康的内容。

任何单位和个人不得向未成年人出售、出租含有前款规定的危害未成年人身心健康内容的读物、音像制品、电子出版物，不得利用通讯、计算机网络等方式提供含有前款规定的危害未成年人身心健康内容的信息。

第十二条 公安、教育、文化、工商等行政部门应当按照各自的职责加强学校及其周围环境的社会治安综合治理。城市居民委员会、农村村民委员会应当协助做好维护学校周围社会治安的工作。

在中小学校园周围二百米范围内禁止开办互联网上网服务营业场所、营业性歌舞厅、营业性电子游戏场所以及其他未成年人不宜进入的场所。

第十三条 互联网上网服务营业场所、营业性歌舞厅以及其他未成年人不宜进入的场所，应当设置明显的未成年人禁止进入标志，不得允许未成年人进入。

营业性电子游戏场所在国家法定节假日外，不得允许未成年人进入，并应当设置明显的未成年人禁止进入标志。

互联网上网服务营业场所、营业性歌舞厅、营业性电子游戏场所以及其他未成年人不宜进入的场所违反本条第一、二款规定，接纳未成年人的，任何人都有权向文化行政部门或者有关行政部门举报；文化行政部门或者有关行政部门接到举报后，应当及时进行查处。

第十四条 未成年人的父母或者其他监护人和学校应当教育未成年人不得吸烟、酗酒。

任何经营场所不得向未成年人出售烟酒，并应当设置明显的禁止未成年人购买烟酒的标志；经营场所未设置标志的，由工商行政部门责令改正。

第十五条 向未成年人提供毒品，教唆、胁迫、诱骗未成年人吸食、注射毒品，或者为未成年人吸食、注射毒品提供便利条件的，依法从严惩处。

第十六条 公安派出所、城市居民委员会、农村村民委员会应当掌握本辖区内社会闲散未成年人的基本情况，采取有效措施，预防未成年人不良行为发生。

公安、民政等行政部门应当加强对社会闲散未成年人、城市流浪乞讨未成年人的救助和管理。禁止利用未成年人乞讨牟利。

对教唆未成年人犯罪或者利用未成年人进行违法犯罪活动的，依法从严惩处。

第十七条 对有严重不良行为的未成年人，未成年人的父母或者其他监护人和学校应当互相配合，及时掌握其思想动态和行为表现，采取批评、引导、心理矫治等措施严加管教；经多次教育和矫治无效的，可以按照预防未成年人犯罪法的有关规定送工读学校进行矫治。

第十八条 省和设区的市、自治州人民政府应当加强对工读学校的规划、建设和管理。

工读学校应当开展义务教育，加强法制教育，针对未成年人严重不良行为产生的原因以及有严重不良行为的未成年人的心理特点，开展矫治工作。

第十九条 司法机关办理未成年人犯罪案件，应当实行教育、感化、挽救方针，坚持教育为主、惩罚为辅的原则；应当根据未成年人的身心特点，结合其平常表现、家庭情况、犯罪原因、悔罪态度等，做好教育、挽救工作。

未成年人犯罪案件，应当由熟悉未成年人身心特点、善于做未成年人思想教育工作、具有办案经验的人员承办。

第二十条 羁押未成年人的拘留所、看守所，未成年人收容教养、劳动教养场所和未成年犯服刑场所，应当将未成年人与成年人分别关押、分别管理、分别教育。

未成年人收容教养、劳动教养场所和未成年犯服刑场所应当对接受收容教养、劳动教养或者服刑的未成年人开展思想、法律、文化和职业技术教育，进行心理测试、心理咨询和心理矫治。对没有完成义务教育的未成年人，应当从场地、师资、经费等方面保证其继续接受义务教育。

第二十一条　刑罚执行完毕或者解除收容教养、劳动教养的未成年人无家可归，或者无法查明其父母或者其他监护人的，原执行机关应当及时与未成年人住所地的民政、司法行政部门或者城市居民委员会、农村村民委员会、未成年人父母所在单位取得联系，对未成年人进行妥善安排。

第二十二条　有不良行为或者严重不良行为的未成年人，工读学校的学生或者从工读学校毕业的未成年人，解除收容教养、劳动教养的未成年人以及依法免予刑事处罚、判处非监禁刑罚、判处刑罚宣告缓刑、假释或者刑罚执行完毕的未成年人，在升学或者复学、就业等方面与其他未成年人享有同等权利，任何单位和个人不得歧视。

第二十三条　对预防未成年人犯罪工作有突出成绩的单位和个人，人民政府或者有关部门应当予以表彰、奖励。

第二十四条　未成年人的父母或者其他监护人不依法履行教育、管理职责，放任未成年人有不良行为或者严重不良行为的，由公安机关依法予以训诫，责令其严加管教。

第二十五条　行政部门不履行预防未成年人犯罪法和本办法规定的职责，情节严重的，对直接负责的主管人员和其他直接责任人员依法给予行政处分。

第二十六条　学校因教育管理不力导致在校未成年人违法犯罪情况严重的，由人民政府或者教育行政部门给予通报批评，对直接负责的主管人员和其他直接责任人员依法给予行政处分。

第二十七条　违反本办法第十一条第二款规定，放映或者演出渲染暴力、色情、赌博、恐怖、邪教、封建迷信等危害未成年人身心健康的节目的，由政府有关主管部门没收违法播放的音像制品和违法所得，处四千元以上四万元以下罚款，并对直接负责的主管人员和其他直接责任人员处一千元以上三千元以下罚款；情节严重的，责令停业整顿或者由工商行政部门依法吊销营业执照。

违反本办法第十一条第二款规定，出版含有诱发未成年人违法犯罪以及渲染暴力、色情、赌博、恐怖、邪教、封建迷信等危害未成年人身心健康的内容的出版物的，由出版行政部门没收出版物和违法所得，并处违法所得三倍以上十倍以下罚款；情节严重的，没收出版物和违法所得，并责令停业整顿或者吊销许可证。对直接负责的主管人员和其他直接责任人员处三千元以上五千元以下罚款。

违反本办法第十一条第三款规定，向未成年人出售、出租含有危害未成年人身心健康内容的读物、音像制品、电子出版物，或者利用通讯、计算机网络等方式提供含有危害未成年人身心健康内容的信息的，由政府有关主管部门没收读物、音像制品、电子出版物和违法所得，处违法所得三倍以上五倍以下罚款。对单位直接负责的主管人员和其他直接责任人员处一千元以上三千元以下罚款。

第二十八条　违反本办法第十二条第二款规定，批准在中小学校园周围二百米范围内开办互联网上网服务营业场所、营业性歌舞厅、营业性电子游戏场所以及其他未成年人不宜进入的场所的，由作出行政许可的行政部门或者其上级行政部门依照行政许可法第六十九条的规定撤销行政许可，对直接负责的主管人员和其他直接责任人员依法给予行政处分。擅自在中小学校园周围二百米范围内开办互联网上网服务营业场所、营业性歌舞厅、营业性电子游戏场所以及其他未成年人不宜进入的场所的，依照有关法律、行政法规的规定予以取缔并处罚。

第二十九条　互联网上网服务营业场所违反本办法第十三条第一款规定，接纳未成年人进入营业场所，或者未依法设置未成年人禁止进入标志的，由文化行政部门给予警告，可以并处一万五千元以下罚款，并对直接负责的主管人员和其他直接责任人员处一千元以下罚款；情节严重的，责令停业整顿，直至依法吊销网络文化经营许可证，并由工商行政部门依法吊销营业执照。

营业性歌舞厅、营业性电子游戏场所以及其他未成年人不宜进入的场所违反本办法第十三条第一、二款规定的，由文化行政部门或者有关行政部门责令改正、给予警告、责令停业整顿、没收违法所得；违法所得二千五百元以上的，并处违法所得二倍以上四倍以下罚款；没有违法所得或者违法所得不足二千五百元的，并处二千五百元以上一万元以下罚款；对直接负责的主管人员和其他直接责任人员处一千元以下罚款；情节严重的，由工商行政部门依法吊销营业执照。

第三十条 违反本办法规定，构成犯罪的，由司法机关依法追究刑事责任。

第三十一条 本办法自2004年11月1日起施行。

广　东

广东省预防未成年人犯罪条例

（2006年12月1日广东省第十届人民代表大会常务委员会第二十八次会议通过，自2007年1月1日起施行）

第一章　总　则

第一条 为保障未成年人健康成长，预防未成年人犯罪，根据《中华人民共和国预防未成年人犯罪法》和其他有关法律法规，结合本省实际，制定本条例。

第二条 预防未成年人犯罪工作应当坚持教育、预防、矫治相结合的原则，优先保护未成年人的合法权益。

第三条 预防未成年人犯罪，是全社会的共同责任，在各级人民政府的组织领导下实行综合治理。

各级预防未成年人犯罪工作协调机构是协助同级人民政府开展预防未成年人犯罪工作的机构，具体组织和协调有关部门开展工作。

政府有关部门、司法机关、人民团体、社会团体、学校、居民委员会、村民委员会等各方面共同参与，各负其责，做好预防未成年人犯罪工作。

父母或者其他监护人应当履行监护职责，做好预防未成年人犯罪工作。

鼓励企业、事业单位和其他社会组织及个人参与预防未成年人犯罪工作。

第四条 各级人民政府在预防未成年人犯罪工作方面的职责是：

（一）宣传、贯彻有关预防未成年人犯罪的法律法规；

（二）制定预防未成年人犯罪的规划和措施，并对执行情况进行检查；

（三）组织、协调、监督有关部门、团体和社会组织开展预防未成年人犯罪工作；

（四）研究本行政区域预防未成年人犯罪工作中的重大事项，提出对策；

（五）总结、推广预防未成年人犯罪工作的经验，对预防未成年人犯罪工作成绩突出的组织和个人给予表彰。

第五条 预防未成年人犯罪工作协调机构由人民政府有关部门、人民法院、人民检察院、共产主义青年团、妇女联合会、关心下一代工作委员会等单位组成，其办事机构负责日常工作。

预防未成年人犯罪工作协调机构具体做好下列工作：

（一）制定并组织实施预防未成年人犯罪的工作计划；

（二）定期向同级人民政府和上一级预防

未成年人犯罪工作协调机构通报预防未成年人犯罪工作的情况；

（三）协助人民政府检查、督促有关部门落实预防未成年人犯罪的措施、方案，总结、推广开展预防未成年人犯罪工作的经验；

（四）组织有关部门对实施本条例中遇到的重大问题进行研究，提出建议；

（五）推动社区未成年人信息管理系统的建立和使用。

第六条 各级人民政府应当对预防未成年人犯罪工作所需经费予以保障。经费应当用于未成年人法制宣传教育，社区青少年活动场所、教育基地、工读学校的建设，以及未成年犯帮教、安置等工作。

第二章 教 育

第七条 各级人民政府、学校、未成年人的父母或者其他监护人应当依法履行职责，保障未成年人受教育的权利，保证适龄的未成年人按时入学接受义务教育，防止未成年人因失学而导致违法犯罪。

各级人民政府应当从场地、师资等方面保障未完成义务教育的未成年犯和未成年劳动教养人员接受义务教育。

第八条 县级以上人民政府教育行政部门应当建立未成年人教育基地，开展法制宣传教育工作。

乡镇人民政府、街道办事处应当指定专人负责本辖区内未成年人法制宣传教育工作。

居民委员会、村民委员会应当配合有关部门开展预防未成年人犯罪的法制宣传教育活动，引导未成年人参与健康有益的活动。

第九条 广播电台、电视台、报刊、互联网站等媒体应当宣传预防未成年人犯罪的法律法规，播出或者刊登有关预防未成年人犯罪的公益广告，引导未成年人抵制违法犯罪行为和各种不良行为的诱惑和侵害。

第十条 教育行政部门应当对学校开展预防未成年人犯罪工作进行年度考核，纳入综合考评体系。

学校应当将预防未成年人犯罪作为法制教育的内容，并指定负责人分管预防未成年人犯罪工作。

第十一条 学校应当聘任兼职法制副校长，协助开展预防未成年人犯罪工作，并为其开展工作提供必要条件。

兼职法制副校长应当协助制定法制教育计划，组织法制讲座，配合学校对学生进行法制教育，并对有不良行为和严重不良行为的学生进行重点帮教。

第十二条 学校每学期应当组织不少于五个课时的法制讲座，对学生进行法制教育、预防犯罪教育，讲授自我保护知识，树立遵纪守法和防范违法犯罪的意识，引导其通过合法途径维护自己的合法权益。

学校应当配备心理辅导教师，对未成年学生进行心理健康教育。对有需要的学生进行个别辅导和帮助。有条件的学校，应当设立心理辅导室。

第十三条 学校、父母或者其他监护人应当指导未成年人正确使用互联网，拒绝不良的网络游戏产品和网络信息。已配置校内网络设施的学校应当配备上网辅导员，并采用安全过滤等技术防止未成年人接触有害信息。有条件的，应当在课外向未成年人开放校内网络设施。

第十四条 学校应当成立家长委员会，健全学校与家长联系的制度，及时反映和了解未成年人的情况，指导、帮助未成年人的父母或者其他监护人学习科学的家庭教育方法。

第十五条 父母或者其他监护人应当经常与受其监护的未成年人进行思想交流，引导未成年人养成良好的行为习惯，鼓励、支持未成年人参加各种有益身心健康的活动；教育未成年人不得进入互联网上网服务营业场所、营业性歌舞娱乐场所等不适宜未成年人进入的场所，不得阅读、观看、收听不适宜未成年人的出版物、视听节目等。

第十六条 父母或者其他监护人离开未成年人外出务工的，或者未成年人离开父母或者其他监护人到异地上学、生活、工作的，父母或者其他监护人不得放任不管、不履行监护职责。

父母或者其他监护人不得强迫、放任未成年人辍学务工、务农、经商、卖艺、乞讨，或者从事违法活动。

第三章 预 防

第十七条 父母或者其他监护人应当履行监护职责，关注未成年人的生理、心理状况和行为习惯，防止未成年人实施不良行为和严重不良行为。发现未成年人有不良行为和严重不良行为的，应当及时劝阻，正确引导、规劝其改正，不得对其实施暴力。

第十八条 学校发现未成年人有不良行为的，应当及时进行个别教育、帮助，不得歧视，并告知其父母或者其他监护人。父母或者其他监护人应当加强教育、引导。

学校发现未成年人有严重不良行为，或者组织、参加实施不良行为团伙的，应当及时制止，并告知其父母或者其他监护人。发现该团伙有违法犯罪行为或者未成年人有违法犯罪行为的，应当立即向公安机关报告。

学校对实施不良行为或者严重不良行为的学生给予处分前，应当向未成年学生及其父母或者其他监护人说明理由，并听取申辩。处分撤销的，学校应当及时撤出学生个人档案中的处分记录。

第十九条 学校不得开除或者以劝退等方式变相开除义务教育阶段的未成年学生，不得随意开除或者以劝退等方式变相开除非义务教育阶段的未成年学生，不得随意停止学生上课。

未成年学生退学或者非义务教育阶段的未成年学生被开除的，学校应当自未成年学生退学或者被开除之日起十五个工作日内，出具关于该未成年学生退学或者被开除情况报告，并报送主管的教育行政部门备案。

未成年学生辍学或者非义务教育阶段的未成年学生被开除的，学校应当告知其居住地的居民委员会或者村民委员会。

第二十条 任何人发现有人教唆、胁迫、诱骗未成年人实施违法犯罪行为的，应当立即向公安机关报告。

第二十一条 公安、教育、文化、工商等行政部门应当按照各自的职责加强学校及其周边环境的社会治安综合治理。居民委员会、村民委员会应当协助维护学校周围的社会治安秩序。

公安机关应当在校园周边治安复杂区域设立治安岗亭，有针对性地开展治安巡逻。

第二十二条 中小学校周围二百米范围内不得设立互联网上网服务营业场所、营业性歌舞娱乐场所、营业性游艺娱乐场所以及其它不适宜未成年人进入的场所。

禁止流动摊贩在学校内或者校门附近摆摊设点。

第二十三条 广播、电影、电视、戏剧节目、出版物，不得有渲染色情、赌博或者教唆犯罪的内容。以未成年人为对象的出版物、影视作品、游戏软件产品等，不得含有恐怖、残酷等危害未成年人身心健康的内容，不得含有诱发未成年人模仿违反社会公德的行为和违法犯罪的行为的内容。

任何组织和个人不得向未成年人出售、出租、散发含有前款禁止内容的出版物，不得利用通讯、计算机网络向未成年人提供前款规定的危害未成年人身心健康的信息。

出售、出租单位应当将以未成年人为对象的出版物与其他出版物分类摆放。

第二十四条 广播电影电视部门应当加强对视听节目的审查，对有展示暴力、凶杀、恐怖的场景、内容，以及渲染犯罪细节和手段的，应当删减、弱化，对电视台是否遵守有关禁播规定进行监督，防止对未成年人产生不良影响。

第二十五条 互联网上网服务营业场所、营业性歌舞娱乐场所以及其他不适宜未成年人活动的营业场所，不得接纳未成年人。营业性游艺娱乐场所设置的电子游戏机，除国家法定节假日外，不得向未成年人开放。

前款规定的营业场所应当在入口、大厅等明显位置设置禁止或者限制未成年人进入的警示标志，并注明文化行政部门的举报电话。

鼓励公民、法人和其他组织对违反本条第一款规定的互联网上网服务营业场所的经营活动进行监督和举报。有关主管部门在接到举报后，应当及时记录，依法查处，并对有突出贡献的举报者给予奖励。

第二十六条 任何经营场所不得向未成年人提供或者出售烟酒。任何人不得向未成年人提供烟酒，不得要求未成年人为其购买烟酒。

经营者应当在经营场所的明显位置设置禁止向未成年人出售烟酒的警示标志，并注明有关行政主管部门的举报电话。

第二十七条 居民委员会、村民委员会应当掌握本辖区内失学、失业、失管以及有不良行为、严重不良行为的未成年人的情况。对本辖区内的未成年人有不良行为的，应当及时制止，并告知其父母或者其他监护人。

公安派出所应当掌握本辖区内暂住人口中未成年人的就学、就业情况。公安派出所对有严重不良行为的未成年人，应当依法查处，进行帮教，并督促未成年人的父母或者其他监护人加强管教。

对家庭教育失当或者有不良行为、严重不良行为的未成年人，居民委员会、村民委员会应当配合其父母或者其他监护人进行指导和个别教育。

第二十八条 公安机关、公共场所管理人员发现未成年人旷课、夜不归宿或者流落街头、车站、码头、机场等公共场所的，应当规劝、护送其返回住所或者采取其他保护措施，并及时通知其父母或者其他监护人及其所在学校。对流浪乞讨的未成年人，应当引导、护送其到流浪未成年人救助保护机构或者流浪乞讨人员救助站。

对于孤儿或者被遗弃的未满十四周岁的未成年人，有关单位和个人应当按照有关规定送其到民政部门设立的儿童福利机构。

第二十九条 流浪未成年人救助保护机构和流浪乞讨人员救助站，应当对流浪乞讨或者离家出走的未成年人给予临时救助保护，并负责交送其父母或者其他监护人。暂时查找不到其父母或者其他监护人的，可以根据具体情况延长对其救助和教育的时间；确实无法查明身份的，可由流浪未成年人救助保护机构和儿童福利机构安置。

流浪乞讨人员救助站应当将救助的未成年人与成年人分开管理。流浪未成年人救助保护机构和流浪乞讨人员救助站对有不良行为的未成年人，应当进行心理指导和帮助。

第三十条 各级人民政府有关部门应当在主要街道、集市、码头、车站等公共场所提供救助机构的地点、电话，以及未成年人维权服务电话、报警电话等信息。

第四章 矫 治

第三十一条 地级以上市人民政府应当设置工读学校，对有不良行为和严重不良行为的未成年人实施特殊教育，矫正其行为。

地级以上市人民政府应当加强对工读学校的建设和管理。教育行政部门应当把工读学校教育纳入义务教育体系。

第三十二条 未成年人有严重不良行为的，由所在学校、其父母或者其他监护人申请，经教育行政部门批准，送工读学校学习，接受矫治。

未成年人有不良行为，在学校不能继续学习，其父母或者其他监护人缺乏管教能力的，其父母或者其他监护人提出申请，经教育行政部门批准，可以进入工读学校学习。

父母或者其他监护人应当配合工读学校对未成年人开展特殊教育。

第三十三条 工读学校除按照义务教育法的要求，在课程设置上与普通学校相同外，还应当针对未成年人的心理特点和严重不良行为产生的原因，加强法制教育，开展矫治工作，并进行适当的职业技术培训。

进入工读学校就读的学生，原学校应当保留其学籍；符合条件要求转回原学校的，原学校不得拒绝接收；毕业后要求颁发原就读学校毕业证书的，原学校应当颁发。

工读学校毕业的学生，与普通中小学校毕业的学生享有同等权利，任何单位和个人不得歧视。

第三十四条 戒毒所应当对接受戒毒的未成年人与成年人实行分别管理，自愿戒毒场所应当与强制戒毒场所隔离。

解除强制戒毒措施的未成年人，戒毒所应当协助其父母或者其他监护人、所在学校、户口所在地居民委员会或者村民委员会以及公安派出所，落实帮教措施，防止其再次吸食、注射毒品。

对于戒毒期满出所的未成年人，任何单位或者个人在其复学、升学、就业等方面不得歧视。

第三十五条 对于已被采取拘留、逮捕等强制措施或者其案件已进入审查起诉、审判阶段的未成年犯罪嫌疑人、被告人，该未成年人的父母或者其他监护人应当配合办案机关做好教育工作。

第三十六条 拘留所、看守所、收容教养、劳动教养场所和未成年人服刑场所，应当将未成年人与成年人分别关押、分别管理。

第三十七条 看守所应当对被羁押的未成年人进行法制教育和提供必要的心理辅导。未成年犯管教所、劳动教养所、收容教养所等场所应当尊重未成年人的人格尊严，维护其合法权利，根据未成年人身心发育的特点，开展思想、法律、文化和职业技术教育，并提供必要的心理辅导和心理矫治。

未成年犯管教所、劳动教养所、收容教养所等场所应当根据未成年犯和接受劳动教养、收容教养的未成年人的违法犯罪情况和个人其他情况，制定不同的矫治方案。

第三十八条 被判处刑罚宣告缓刑、被判处管制、被批准暂予监外执行以及被裁定假释的未成年犯，应当依照有关规定接受社区矫正。

司法行政机关应当对接受社区矫正的未成年人实行分类管理，个性化教育，采取与其身心发育相适应的矫治措施。

任何单位或者个人在复学、升学、就业等方面，不得歧视接受社区矫正的未成年人。

第三十九条 对于刑满释放、解除教养的未成年人，未成年犯管教所、收容教养所、劳动教养所应当提前通知其父母或者其他监护人，按时将其接回。

第四十条 未成年人的父母或者其他监护人、学校、居民委员会、村民委员会应当配合公安机关、司法行政部门，做好刑满释放、解除教养未成年人的安置帮教和接受社区矫正的未成年人的矫治工作。

政府有关部门应当加强对刑满释放、解除教养未成年人的职业指导和技能培训，帮助、引导其复学、就业。

第五章 法律责任

第四十一条 违反本条例规定，侵害未成年人合法权益的，依法给予行政处罚；造成财产损失、损害的，依法承担民事责任；构成犯罪的，依法追究刑事责任。

第四十二条 父母或者其他监护人违反本条例规定，不履行监护职责，放任未成年人有不良行为或者严重不良行为的，由公安机关予以训诫，督促其履行。

第四十三条 学校违反本条例规定，不履行职责造成不良后果的，由教育行政部门责令改正，通报批评；情节严重的，对直接负责的主管人员和其他直接责任人员给予处分。

第四十四条 违反本条例第二十六条规定，互联网上网服务营业场所未设置未成年人禁入或者限入标志的，由县级人民政府文化行政部门依法予以处罚；娱乐场所及其他不适宜未成年人进入的营业场所未设置未成年人禁入或者限入标志的，由县级人民政府文化行政部门责令停业整顿，可以没收违法所得，处以五千元以上一万五千元以下的罚款，并对直接负责的主管人员和其他直接责任人员处以五千元以下的罚款；情节严重的，由工商行政部门依法吊销营业执照。

互联网上网服务营业场所接纳未成年人的，由文化行政部门处五千元以上一万五千元以下罚款，情节严重的，责令其停业整顿，直至吊销网络文化经营许可证。

营业性歌舞娱乐场所接纳未成年人或者营业性游艺娱乐场所在国家法定节假日外向未成年人提供电子游戏机服务的，由县级人民政府文化行政部门没收违法所得和非法财物，并处违法所得一倍以上三倍以下罚款；没有违法所得或者违法所得不足一万元的，处一万元以上三万元以下罚款；情节严重的，除罚款外，依法责令停业整顿，直至吊销娱乐经营许可证。

第四十五条 违反本条例第二十七条规定，经营场所未设置禁止向未成年人出售烟酒标志或者向未成年人出售烟酒的，由相关行政主管部门给予警告，责令改正，或者依法给予行政处罚。

第四十六条 公安机关、文化行政部门、工商行政部门和其他有关部门的工作人员有下列行为之一的，对直接负责的主管人员和其他直接责任人员依法给予处分；构成犯罪的，依法追究刑事责任：

（一）不履行监督管理职责，发现违法行为不依法查处的；

（二）接到对违法行为的举报、通报后不依法查处的；

（三）利用职务之便，参与、包庇违法行为，或者向有关单位、个人通风报信的；

（四）有其他滥用职权、玩忽职守、徇私舞弊行为的。

第六章 附 则

第四十七条 本条例下列用语的含义是：

（一）未成年人是指未满十八周岁的公民。

（二）不良行为是指《中华人民共和国预防未成年人犯罪法》第十四条规定的行为；严重不良行为是指《中华人民共和国预防未成年人犯罪法》第三十四条规定的严重危害社会，尚不够刑事处罚的违法行为。

（三）学校是指承担未成年人教育任务的，由地方人民政府设置或者批准设置的全日制小学、全日制普通中学、中等职业技术学校、盲童学校、聋哑学校、弱智儿童辅读学校等。

第四十八条 本条例自2007年1月1日起施行。

广州市未成年人保护规定

（2013年6月26日广州市第十四届人民代表大会常务委员会第十六次会议通过，2013年9月27日广东省第十二届人民代表大会常务委员会第四次会议批准，根据2015年5月20日广州市第十四届人民代表大会常务委员会第三十九次会议通过，并经2015年12月3日广东省第十二届人民代表大会常务委员会第二十一次会议批准的《广州市人民代表大会常务委员会关于因行政区划调整修改〈广州市建筑条例〉等六十六件地方性法规的决定》修正）

第一章 总 则

第一条 为了保护未成年人的合法权益，促进未成年人品德、心理、智力、体质等方面全面发展，根据《中华人民共和国未成年人保护法》、《广东省未成年人保护条例》和有关法律、法规，结合本市实际，制定本规定。

第二条 本规定适用于本市行政区域内的未成年人保护工作。

第三条 市、区人民政府领导本行政区域内的未成年人保护工作，建立健全未成年人保护工作协调机制，制定保护未成年人合法权益、促进未成年人身心全面发展的政策措施，并组织实施本规定。镇人民政府、街道办事处做好本辖区内的未成年人保护工作。

市、区教育、公安、财政、民政、食品药品监管、工商、质量技术监督、司法行政、卫生、文化广电新闻出版、人力资源和社会保障、交通、城市管理、城乡建设、水务、科技、安全生产监督等行政管理部门应当按照各自职责，做好未成年人保护工作。

第四条 共产主义青年团、妇女联合会、工会、残疾人联合会、关心下一代工作委员会、科学技术协会以及其他相关社会团体和居民委员会、村民委员会应当协助各级人民政府做好未成年人保护工作。

第五条 市人民政府应当每年定期向社会公布未成年人保护情况，接受社会监督。公布的内容应当包括未成年人保护工作的情况、经费投入与使用情况和下一年度的工作目标、任务。

第六条 本市各级人民政府应当加强未成年人保护宣传工作，培养和提高全社会保护未成年人的意识。

第二章 国家机关保护

第七条 市、区人民政府应当设立未成年人保护委员会。未成年人保护委员会由教育、公安、财政、民政、食品药品监管、工商、质量技术监督、司法行政、卫生、文化广电新闻出版、人力资源和社会保障、交通、城乡建设、水务、科技、安全生产监督等行政管理部门和共产主义青年团、妇女联合会、工会、残疾人联合会、关心下一代工作委员会、科学技术协会以及其他相关单位的负责人组成，委员会主任由同级人民政府的有关负责人担任。

未成年人保护委员会履行下列职责：

（一）制定未成年人保护规划、年度工作计划并组织实施；

（二）贯彻落实本市儿童发展规划有关未成年人保护的要求；

（三）组织、协调、指导、督促同级人民政府相关行政管理部门和各相关单位做好未成年人保护工作；

（四）受理未成年人保护方面的诉求并移交依法处理，向未成年人提供相关服务；

（五）收集各相关行政管理部门和其他相关单位有关未成年人保护方面的情况，调查、研究未成年人保护工作中的重大问题，并向同级人民政府或者相关行政管理部门提出意见和建议；

（六）总结、推广未成年人保护工作的经验，组织宣传有关未成年人保护的法律、法规、规章和政策；

（七）向同级人民政府提出表彰、奖励在未成年人保护工作中取得显著成绩的单位和个人的建议；

（八）法律、法规和省人民政府规定的其他应当由未成年人保护委员会履行的职责。

未成年人保护委员会的办事机构设在同级共产主义青年团，工作经费列入同级人民政府财政预算。

未成年人保护委员会每半年至少召开一次会议，有特殊需要或者委员会主任认为必要时可以召开临时会议。

未成年人保护委员会可以根据需要，建立由教育、医疗、心理、法律、社工等方面的专家组成的专家咨询委员会，协助其开展工作。

第八条 市未成年人保护委员会应当建立未成年人保护综合服务平台，设置并公开全市统一的专用电话和网址，提供下列服务：

（一）接受对侵害未成年人合法权益行为的投诉、举报；

（二）接受对相关行政管理部门不履行保护未成年人职责的投诉、举报；

（三）收集、反馈有关未成年人保护方面的意见、建议；

（四）接受未成年人及其父母或者其他监护人有关未成年人保护的求助；

（五）接受未成年人及其父母或者其他监护人、教育工作者等有关未成年人保护的咨询；

（六）其他有关未成年人保护的工作。

未成年人保护综合服务平台的日常管理由市未成年人保护委员会的办事机构负责。

第九条 未成年人保护委员会的办事机构通过综合服务平台等渠道收到投诉、举报、求助事项后，工作人员应当在一个工作日内移交有关行政管理部门或者单位处理，情况紧急的应当立即移交。有关行政管理部门和单位应当在收到相关信息后五个工作日内将处理情况书面告知未成年人保护委员会的办事机构，在处理结束后两个工作日内，将处理结果书面告知未成年人保护委员会的办事机构。未成年人保护委员会的办事机构应当在收到处理情况、处理结果信息后的三个工作日内将有关情况向投诉、举报、求助人反馈。

有关行政管理部门和单位不按照前款规定依法履行职责进行处理的，未成年人保护委员会可以向其发出督促意见书，督促其依法履行相关职责、回复处理情况和处理结果。

第十条 未成年人保护委员会应当将未成年人保护工作纳入同级妇女儿童工作委员会组织实施的儿童发展规划监测评估，并支持、配合监测评估工作。未成年人保护委员会的办事机构应当按照儿童发展规划监测评估的要求，向同级妇女儿童工作委员会提出未成年人保护的报告和监测数据等信息。

未成年人保护委员会、妇女儿童工作委员会在履行保护未成年人职责时存在需要协调的问题的，由同级人民政府统筹解决。

第十一条 未成年人保护委员会的成员单位应当通过全市统一的信息共享平台将本单位的未成年人保护信息与未成年人保护委员会和其他相关单位共享，共享的信息内容和范围由市未成年人保护委员会另行规定。

第十二条 未成年人保护委员会应当组织有关行政管理部门、社会团体和企业、事业单位以及基层群众性自治组织，采取开设宣传栏、举办讲座、播放电视、广播公益广告等多种形式，开展未成年人保护宣传工作。

每年五月的最后一周为本市的未成年人保护宣传周。

第十三条 未成年人保护委员会应当建立完善未成年人保护咨询制度，利用社会各类保护未成年人的资源和力量，通过未成年人保护综合服务平台向未成年人及其监护人、其他有关单位和人员提供关于未成年人学习、教育、人际关系、恋爱、职业、家庭、身心障碍等方面的咨询。

未成年人保护委员会收到咨询事项后，能够自行提供相关服务的，应当及时提供，不能自行提供的，应当及时联系有关专业机构提供服务，将联系情况及时向咨询者反馈，并做好后续的协调、督促工作。

第十四条 市、区人民政府应当制定学前教育发展规划，加大对学前教育的财政投入，逐步构建覆盖城乡、布局合理的学前教育公共服务体系，满足适龄儿童的入园需求。

市、区人民政府应当采取政府购买服务、减免租金、依法减免有关税费、派驻公办教师等方式，扶持民办幼儿园发展，重点扶持收费合理、办学规范的普惠性民办幼儿园。

第十五条 市、区人民政府应当采取措施，推进义务教育学校标准化建设，均衡配置教师、设备、图书、校舍等教育资源，促进义务教育均衡发展，重点提升农村学校和薄弱学校的办学水平，逐步使所有适龄未成年人均能接受良好的义务教育。

教育行政管理部门应当建立健全义务教育阶段教师、校长定期交流制度并组织实施。

第十六条 市、区人民政府应当根据满足实际需求的原则，设立或者增设各类特殊教育学校，为因身体或者心理原因不适宜在普通学校接受教育的未成年人提供教育；设立或者增设专门学校，对有违法和轻微犯罪等严重不良行为、学校和父母或者其他监护人无力管教或者管教无效的未成年人进行教育和矫治。

市人民政府应当制定特殊教育和专门教育发展规划，在资金、场地、办学条件、教师待遇、师资引进等方面给特殊教育学校和专门学校予以优先保障，并视财力情况，逐步加大对特殊教育学校和专门学校的扶持力度。

第十七条 市、区人民政府应当建立未成年人保护工作监测预警和应急反应机制。

教育行政管理部门应当会同食品药品监管、公安、质量技术监督、卫生等行政管理部门，督促、指导学校、幼儿园、托儿所建立健全食品、饮用水、药品、卫生保健、消防、住宿、运动场地及相关设备设施等方面的安全管理制度，定期进行安全检查，发现问题的，应当及时责令整改。

各相关行政管理部门应当按照下列规定加强对学校、幼儿园、托儿所周边环境的治理：

（一）公安行政管理部门应当加强对学校、幼儿园、托儿所周边地区及学生上学、放学期间学校周边路段的治安管理和巡逻防控，在治安情况复杂学校的周边路段增设治安岗亭和报警点，及时制止、查处扰乱校园秩序和殴打、敲诈勒索、抢劫、抢夺等侵害学生人身、财产安全的违法犯罪行为；

（二）公安行政管理部门应当加强对学校门前和学生上学、放学期间学校周边路段的交通管理，保障交通安全；

（三）交通、公安行政管理部门应当加强学校、幼儿园、托儿所门前道路停车泊位的管理，禁止在学校、幼儿园、托儿所大门两侧机动车道各50米范围内设置停车泊位，已经设置的，应当予以取消；

（四）城市管理、交通、城乡建设、水务等行政管理部门应当按照各自职能，加强对学校、幼儿园、托儿所周边市政等公共设施的日常检查和维护，发现安全隐患的，应当及时处理；

（五）城市管理综合执法机关应当加强对学校、幼儿园、托儿所门前路段的日常巡查，及时查处占用门前公共场所设摊经营、兜售食品和物品的行为；

（六）食品药品监管、工商行政管理部门应当按照各自职能，加强对学校、幼儿园、托儿所周边餐饮经营者的日常监管，发现违法行为的，应当及时查处；

（七）文化广电新闻出版、公安、工商等行政管理部门应当按照各自职能，依法关闭学校周边歌舞娱乐、互联网上网服务等不适宜未成年人的经营场所。

第十八条 质量技术监督、工商等行政管理部门应当加强对校服等学生生活用品质量的监督检查，发现生产或者销售不合格校服等学生生活用品的，应当及时依法查处。

教育行政管理部门应当建立校服等学生生活用品的安全与采购管理制度，指导、督促学校加强校服等学生生活用品采购的质量监督和管理，确保选购的校服等学生生活用品符合有关标准。

第十九条 教育、民政、工商、公安、食品药品监管等行政管理部门应当按照各自职责，加强对学生托管服务机构和民办非学历教育机构的监管，规范服务行为，对存在治安、消防等安全隐患或者食品安全不符合条件的学生托管服务机构和民办非学历教育机构，应当及时责令整改、依法进行处理；对无证经营的学生托管服务机构、民办非学历教育机构，依法予以取缔。

学生托管服务机构和民办非学历教育机构的管理办法由市人民政府另行制定。

第二十条 市、区人民政府设立的救助保护机构，应当对流浪乞讨未成年人、处理违法犯罪案件中解救的未成年人给予临时救助保护。

救助保护机构应当为受助未成年人提供文化知识教育。教育、公安和司法行政等行政管理部门应当配合救助保护机构对有不良行为或者严重不良行为的受助未成年人进行法制教育、行为矫治和心理辅导。

救助保护机构应当加强同已返乡未成年人所在地的政府及相关部门的交流与合作，协助落实返乡未成年人的教育管理和后续安置。

第二十一条 民政行政管理部门的工作人员发现流浪乞讨未成年人的，应当引导、护送其前往救助保护机构接受救助。

人民警察在执行职务的过程中，发现流浪乞讨未成年人的，应当引导、护送其前往救助保护机构接受救助。对由成年人携带流浪乞讨的，应当进行调查，发现有胁迫、诱骗、利用未成年人乞讨等违法犯罪嫌疑的，应当及时依法处理。

城市管理综合执法机关和其他行政管理部门的工作人员在执行职务的过程中，发现流浪乞讨未成年人的，应当告知并协助民政或者公安行政管理部门护送其前往救助保护机构接受救助。

第二十二条 市、区人民政府应当将未成年人活动场所的建设纳入经济社会发展规划，在资金、场地等方面支持少年宫、儿童活动中心、儿童公园和社区未成年人活动场所等未成年人活动场所的新建、改建和扩建。

市、区人民政府应当采取措施，鼓励和支持社会组织和个人开设非营利性未成年人活动场所。

第二十三条 市、区人民政府应当采取措施，鼓励、支持社会组织和社工群体为未成年人提供专业的社工服务、组织未成年人开展有益身心的文体活动和社会实践。

市、区人民政府可以通过未成年人保护的有关组织购买未成年人事务的社工服务，并采取措施对购买服务的资金使用和购买服务质量进行监管。

第三章　学校保护

第二十四条 学校、幼儿园及其教职员工不得对未成年学生实施下列行为：

（一）强迫或者变相强迫未成年学生购买商品、教学辅助材料或者捐款捐物；

（二）索要、变相索要或者收受财物；

（三）以罚款手段惩处未成年学生；

（四）组织未成年学生参与商业性活动；

（五）法律、法规禁止的其他行为。

第二十五条 学校、幼儿园、托儿所在招聘教职员工时，应当加强对应聘人员的资格审查，不得聘用有犯罪记录或者患有精神疾病、传染性疾病的人员，法律、法规另有规定的除外。

学校、幼儿园、托儿所应当每年定期组织教职员工进行身体检查和心理健康测评，对经具有资质的医疗机构鉴定患有精神疾病、传染性疾病的，应当视其病情，采取在岗治疗、离岗治疗、调整工作岗位、调离等措施。

第二十六条 学校、幼儿园在开展体育锻炼和户外活动时，应当对患有心脏病、哮喘、癫痫等特定疾病或者有过敏等特异体质的未成年学生给予特别关注和照顾。

学校应当保证未成年学生在校期间每天参加不少于一小时的户外体育锻炼，因天气、突发事件等原因不适宜进行户外体育锻炼的除外。

第二十七条 学校应当设置心理辅导室，配备专业的心理辅导老师，有针对性、适时地对未成年学生进行生理、心理健康和青春期教育，接受心理咨询，对有行为偏差、心理障碍的未成年学生给予相应的辅导。

学校应当对未成年学生进行防范性侵犯教育，增强其防范性侵犯的意识和能力。

第二十八条 学校、幼儿园应当定期对未成年学生进行体检和体质监测，了解其身体健康状况，并建立学生健康档案。学校、幼儿园应当妥善保管学生健康档案，保护未成年学生的个人隐私。未成年学生的健康档案应当经其监护人签字确认。

教育行政管理部门应当制定学生健康档案管理规定，规范学生健康档案的建立、使用和管理。

第二十九条 学校、幼儿园和托儿所提供的食品、饮用水，应当符合食品安全标准和要求以及卫生部《学生营养午餐营养供给量》的有关规定，提供的药品、玩具、学习用品和校服等生活用品应当符合规定的标准和要求。

第三十条 学校、幼儿园、托儿所和提供校车服务的企业应当在校车上安装、使用带有卫星定位功能的行驶记录仪，并接入教育行政管理部门的监控平台。教育和公安行政管理部门应当加强对校车的日常监管，发现问题的，应当及时处理，保障校车安全运行。

未成年人及其监护人发现校车超载、驾驶人饮酒等违法情形时，有权拒绝乘坐，并向教育或者公安行政管理部门举报，也可以向未成年人保护委员会举报。教育、公安行政管理部门和未成年人保护委员会应当及时依照法律、法规的相关规定进行处理。

第三十一条 除下列情形外，在七时至十八时时间段内，学校应当允许本校未成年学生入校或者留校：

（一）法定节假日、公休日；

（二）教育或者人力资源和社会保障行政管理部门因防疫、安全防范等原因要求学生离校；

（三）法律、法规规定的其他情形。

教育或者人力资源和社会保障行政管理部门应当制定未成年学生在前款规定的时间段内入校、留校的安全管理规定并监督实施。

第三十二条 学校及其教师不得实施下列增加未成年学生课业负担的行为：

（一）在国家教育行政管理部门规定的教学内容之外增加新的教学内容；

（二）削减、挤占体育、艺术等非升学考试科目课时用于升学考试科目教学；

（三）利用寒暑假期和法定节假日为义务教育阶段的未成年学生集体补课；

（四）超过国家教育行政管理部门规定的作业量布置家庭作业；

（五）组织、动员未成年学生参加校内、校外课业补习班；

（六）增加未成年学生课业负担的其他行为。

教育行政管理部门应当建立未成年学生课业负担监测制度，定期对未成年学生的课业负担情况进行检查，发现存在前款规定情形的，应当及时责令改正。

第三十三条 学校应当加强对未成年学生的教育和管理，防止其实施寻衅滋事、打架斗殴、索要财物、赌博、抽烟、酗酒、滥用药物、吸毒、视听或者传播淫秽物品等行为，发现后应当及时制止、予以批评教育，并及时告知其监护人，必要时及时向公安机关报告。

第三十四条 学校应当采取措施，增强未成年学生甄别媒介信息的能力，提升未成年学生在网络上自我防范、自我保护的意识和能力，并教育其不看、不听、不传播不良信息。

第三十五条 学校对有不良行为、严重不良行为的未成年学生，应当会同其父母或者其他监护人进行耐心教育、帮助。对有严重不良行为、学校和父母或者其他监护人无力管教或者管教无效的未成年人，经其父母或者其他监护人同意，学校可以依照相关规定申请将其送往专门学校。

第三十六条 新建、改建、扩建学校的教学和生活设施，建设单位应当按照国家无障碍设施工程建设标准建设无障碍设施，为随班就读的残疾未成年学生的学习和生活提供便利。

第四章 社会保护

第三十七条 任何单位和个人发现有下列情形之一的，有权予以劝阻、制止或者向相关行政管理部门报告：

（一）发现未成年人流浪街头的，向民政或者公安行政管理部门报告；

（二）发现用人单位非法招用未满十六周岁的未成年人的，向人力资源和社会保障行政管理部门报告；

（三）发现适龄未成年人未接受义务教育的，向教育行政管理部门报告；

（四）发现校车存在超载等不符合安全标准情形的，向教育或者公安行政管理部门报告；

（五）发现本规定第三十八条规定情形的，向公安机关报告；

（六）发现其他侵害未成年人合法权益行为的，向相关行政管理部门报告。

发现前款规定情形的，也可以通过未成年人保护综合服务平台向未成年人保护委员会反映或者举报。

第三十八条 学校、幼儿园、托儿所、医疗机构、救助保护机构、居民委员会、村民委员会及其工作人员发现下列情形之一的，应当立即向公安机关报告：

（一）未成年人被操纵、教唆、引诱从事违法犯罪活动的；

（二）向未成年人提供、出售毒品或者国家规定管制的麻醉药品、精神药品的；

（三）未成年人吸食、注射毒品或者国家规定管制的麻醉药品、精神药品的；

（四）未成年人遭受虐待、遗弃、家庭暴力的；

（五）未成年人被拐卖、绑架的；

（六）未成年人遭受性侵害、被迫卖淫或者从事其他色情服务的；

（七）未成年人被利用或者被胁迫、诱骗进行乞讨的；

（八）未成年人遭受其他严重伤害的。

发现前款规定情形的，也可以通过未成年人保护综合服务平台向未成年人保护委员会反映或者举报。

第三十九条 相关行政管理部门和公安机关接到本规定第三十七条和第三十八条的报告后，应当及时处理，并在接到报告后的五个工作日内将处理情况反馈给报告人，在处理结束后两个工作日内，将处理结果书面告知报告人。

有关单位和人员直接向未成年人保护综合服务平台反映或者举报的，未成年人保护委员会的办事机构应当依照本规定第九条的规定移交相关行政管理部门进行处理。

相关行政管理部门和公安机关接到报告后不及时处理的，报告人可以向未成年人保护委员会投诉，未成年人保护委员会应当依照本规定第九条的规定进行处理。

第四十条 居民委员会、村民委员会应当开展下列未成年人保护工作：

（一）配合、协助学校、少年宫、儿童活动中心等单位在本社区、本村开展有益于未成年人身心健康成长的活动，提供便利和帮助；

（二）督促家庭和协助学校防止义务教育阶段的学生辍学；

（三）帮助缺乏教育能力的家庭教育未成年人；

（四）制止父母或者其他监护人不依法履行监护责任或者侵害未成年人合法权益的行为；

（五）对本社区、本村留守儿童的学习、生活给予必要的关心和帮助；

（六）配合公安机关、社区矫正机构、学校和家庭对有违法和轻微犯罪行为的未成年人进行帮扶教育。

第四十一条 少年宫、儿童活动中心等公益性未成年人活动场所应当根据未成年人生理、心理发展的特点开设各类兴趣班，内容设置应当以科技活动、体育锻炼、文学艺术等为主。不得利用兴趣班进行义务教育阶段升学考试科目的补习。

鼓励少年宫、儿童活动中心与社会力量合作，进入社区、村庄为未成年人提供各类课外活动项目。

第四十二条 互联网上网服务营业场所经营者应当依法在营业场所入口处设置未成年人

禁入标志，不得接纳未成年人进入营业场所。

第四十三条 社区矫正机构应当让符合社区矫正适用条件的未成年人在居住地接受社区矫正。

社区矫正机构在对未成年人实施社区矫正时，应当根据其犯罪原因、犯罪类型、危害程度、悔罪表现、家庭及社会关系等具体情况，结合其特殊的生理、心理特点，制定有针对性的矫正方案，进行个别教育和心理辅导。

未成年人的社区矫正应当与成年人分开进行，可以邀请熟悉未成年人成长特点的教育、医疗、心理、法律等方面的专家以及热心未成年人保护工作的退休干部、义工参加。教育、人力资源和社会保障等行政管理部门应当为未成年社区矫正人员提供就学、就业等方面的帮助。

第四十四条 不提倡未成年人实施医疗美容项目，未成年人确因特殊原因需要进行医疗美容的，须经其法定监护人同意。

医疗机构及其医务人员为未成年人实施医疗美容项目前，应当向未成年人及其法定监护人书面告知治疗的适应症、禁忌症、医疗风险等事项。

第五章 家庭保护

第四十五条 父母或者其他监护人应当关心未成年人的学习和生活，教育其遵守社会公德，指导其养成良好的学习和生活习惯，鼓励、支持其参加家庭劳动、社会公益劳动以及各类积极健康的文体活动、社会交往活动，增强自学、自理和自律能力，促进身心健康发展。

父母或者其他监护人应当教育未成年人遵守非教学时间段内的留校纪律，告知其遇到危险和突发事件时的求助途径和自救方法。

父母或者其他监护人应当配合学校对有不良行为或者严重不良行为的未成年人进行管教，但不得对其实施家庭暴力。

第四十六条 父母或者其他监护人发现未成年人身体或者心理出现异常时，应当及时送医治疗或者进行心理辅导，可以将有关情况告知未成年人所在学校。

第四十七条 父母或者其他监护人负有保护未成年人安全的义务，不得实施下列行为：

（一）使未满十周岁的或者基于生理原因需要特别照顾的未成年人独处；

（二）将未满十周岁的或者基于生理原因需要特别照顾的未成年人交由未满十六周岁、或者有法定传染病、或者身心有严重缺陷、或者其他有可能影响未成年人安全的人代为照顾；

（三）使未满十六周岁的未成年人独处于容易触电、溺水、高空坠落等场所。

第四十八条 父母或者其他监护人应当合理安排未成年人的课外学习和休息娱乐时间，配合并监督学校减轻未成年人的课业负担，保障未成年人应有的休息、娱乐权利，促进其健康成长。

第四十九条 父母或者其他监护人应当预防和制止未成年人阅读、观看、收听不适宜未成年人的图书、报刊、影视节目、音像制品、网络视频、电子出版物等，对不适宜其单独阅读、观看、收听的，父母或者其他监护人应当陪同并给予指导。

第五十条 父母或者其他监护人应当合理控制未成年人的上网时间，防止其沉迷网络。对已经沉迷网络的，应当及时进行教育和心理辅导。父母或者其他监护人应当在电脑中采用安全过滤技术或者陪同、指导未成年人上网，防止其接触不良网络信息。

第五十一条 父母或者其他监护人外出务工的，应当妥善安排留守未成年人的生活和学习，加强沟通交流，定期了解其生活、学习情况，并给予指导。

第六章 法律责任

第五十二条 相关行政管理部门及其工作人员有下列情形之一的，由任免机关或者监察机关责令改正；情节严重的，对直接负责的主管人员和其他直接责任人员依法给予处分：

违反本规定第九条规定，不依法处理投诉、举报和求助事项的；

（二）违反本规定第十七条第二款规定，不督促、指导学校、幼儿园、托儿所建立健全相关安全管理制度，或者不定期进行安全检查的；

（三）违反本规定第十七条第三款规定，不依法对学校、幼儿园、托儿所的周边环境进行治理的；

（四）违反本规定第十八条规定，不依法对校服等学生生活用品的质量进行监督检查，或者不建立校服等学生生活用品的安全与采购管理制度的；

（五）违反本规定第十九条第一款规定，不依法对学生托管服务机构和民办非学历教育机构进行监管的；

（六）违反本规定第二十条第一款规定，不依法对流浪乞讨未成年人、处理违法犯罪案件中解救的未成年人进行救助的；

（七）违反本规定第二十八条第二款规定，不制定学生健康档案管理规定的；

（八）违反本规定第三十二条第二款规定，不依法建立未成年学生课业负担监测制度，或者未定期对未成年学生的课业负担进行检查的；

（九）违反本规定第三十九条规定，接到报告后不依法处理，或者不依法将处理情况和处理结果反馈给报告人的；

（十）不履行保护未成年人合法权益职责，或者侵害未成年人合法权益，或者对投诉、举报人进行打击报复等其他违法行为。

第五十三条 相关行政管理部门及其工作人员未依照本规定第九条、第三十九条的规定履行保护未成年人合法权益的职责，经未成年人保护委员会督促其依法限期履行职责，在规定期限内仍不履行的，未成年人保护委员会可以建议任免机关或者监察机关对直接负责的主管人员和直接责任人员依法给予处分。

第五十四条 未成年人保护委员会的工作人员未依照本规定第九条、第三十九条的规定履行保护未成年人合法权益的职责的，由监察机关对直接负责的主管人员和直接责任人员依法给予处分。

第五十五条 学校、幼儿园、托儿所及其教职员工有下列情形之一的，由教育行政管理部门或者其所在单位责令改正；情节严重的，对直接负责的主管人员和其他直接责任人员依法予以处理：

（一）违反本规定第二十四条规定，强迫或者变相强迫未成年学生购买商品、教学辅助材料、捐款捐物，索要、变相索要或者收受财物的；

（二）违反本规定第二十五条规定，聘用有犯罪记录或者患有精神疾病、传染性疾病的人员，或者不依法定期组织教职员工进行身体检查和心理健康测评的；

（三）违反本规定第二十七条第一款规定，不依法设置心理辅导室，或者不依法配备专业的心理辅导老师的；

（四）违反本规定第二十八条第一款规定，不依法建立学生健康档案的；

（五）违反本规定第二十九条规定，提供的食品、饮用水、药品、玩具、学习用品以及校服等生活用品不符合有关标准和要求的；

（六）违反本规定第三十一条第一款规定，在法定时间段内不允许本校未成年学生入校、留校的；

（七）违反本规定第三十二条第一款规定，增加未成年学生课业负担的；

（八）发现本规定第三十八条规定的情形而不向公安机关报告或者不向未成年人保护委员会反映、举报的；

（九）不履行保护未成年人合法权益的义务或者侵害未成年人合法权益的其他违法行为。

第五十六条 互联网上网服务营业场所经营者违反本规定第四十二条规定，不依法设置未成年人禁入标志或者接纳未成年人进入营业场所的，由文化广电新闻出版行政管理部门给予警告，可以并处五千元以上一万五千元以下罚款；情节严重的，责令停业整顿，直至吊销《网络文化经营许可证》。

第五十七条 医疗机构及其医务人员违反本规定第四十四条规定，未经法定监护人同意，对未成年人实施医疗美容项目的，或者未向未成年人及其法定监护人书面告知相关事项的，由卫生行政管理部门责令改正；造成医疗事故的，依照国务院《医疗事故处理条例》的相关规定进行处理。

第五十八条 未成年人的父母或者其他监护人违反本规定第四十五条、第四十六条、第四十七条、第四十八条、第五十一条的规定，不依法履行监护职责，或者侵害未成年人合法权益的，由其所在单位或者居民委员会、村民委员会予以劝诫、制止；构成违反治安管理行为的，由公安行政管理部门依法给予行政处罚。

第五十九条　违反本规定的相关规定构成犯罪的，依法追究刑事责任。

第七章　附　则

第六十条　本规定所称的学校，是指承担未成年人教育任务的，由地方人民政府设置或者批准设置的全日制小学、全日制普通中学、中等职业技术学校、专门学校、残障学校和智障学校等。

第六十一条　本规定自2014年1月1日起施行。

广　西

广西壮族自治区实施《中华人民共和国未成年人保护法》办法

（1994年9月28日广西壮族自治区第八届人民代表大会常务委员会第十一次会议通过，根据1997年9月24日广西壮族自治区第八届人民代表大会常务委员会第三十次会议《关于修改广西壮族自治区实施〈中华人民共和国未成年人保护法〉办法》的决定第一次修正，根据2010年9月29日广西壮族自治区第十一届人民代表大会常务委员会第十七次会议《关于修改部分法规的决定》第二次修正，2017年9月21日广西壮族自治区第十二届人民代表大会常务委员会第三十一次会议修订）

第一章　总　则

第一条　为了保护未成年人的身心健康和人身安全，保障未成年人的合法权益，促进未成年人全面发展，根据《中华人民共和国未成年人保护法》等法律的规定，结合本自治区实际，制定本办法。

第二条　本办法所称的未成年人，是指本行政区域内未满十八周岁的公民。

第三条　县级以上人民政府指导、协调、监督本行政区域的未成年人保护工作，设立未成年人保护委员会。未成年人保护委员会由本级有关国家机关和社会团体负责人组成，委员会主任由同级人民政府的负责人担任，其日常办事机构由县级以上人民政府确定。

发展改革、教育、公安、民政、司法行政、财政、人力资源社会保障、环境保护、文化、卫生计生、工商、新闻出版广电、体育、食品药品监督等有关部门和人民法院、人民检察院，应当按照各自职责做好未成年人保护工作。

乡镇人民政府、街道办事处负责本辖区未成年人保护的具体工作，并确定专职或者兼职人员，协助未成年人保护委员会开展工作。

第四条　共产主义青年团、妇女联合会、工会、残疾人联合会、青年联合会、学生联合会、少年先锋队、关心下一代工作委员会、居民委员会、村民委员会以及其他组织应当发挥各自作用，协助各级人民政府做好未成年人保护工作。

第五条　未成年人保护委员会每年至少召开一次工作会议，定期向社会公布未成年人保护工作的开展情况，并向社会征求意见和建议。

未成年人保护委员会的主要职责是：

（一）拟定未成年人保护工作发展规划和年度工作计划，经批准后组织实施；

（二）指导、协调有关部门宣传贯彻未成年人保护的法律、法规和政策，并对实施情况进行监督检查；

（三）受理侵犯未成年人合法权益的投诉、举报，督促有关部门、单位及时处理，协调有关部门为未成年人提供法律服务；

（四）组织开展未成年人权益保护重大问题的调查研究，向有关部门提出意见和建议；

（五）总结推广未成年人保护的工作经验；

（六）做好有关未成年人保护的其他工作。

第六条 县级以上人民政府应当将涉及未成年人保护的身心健康促进、合法权益维护、违法犯罪预防等工作纳入政府购买服务的范围。

第七条 县级以上人民政府制定政策、处理社会公共事务时，应当优先保障未成年人的权益。

任何组织和个人在处理涉及未成年人事务时，应当了解和听取未成年人及其监护人的意见。

第八条 爱国主义教育基地、图书馆、青少年宫、儿童活动中心、科技馆等场所应当对未成年人免费开放。

第九条 每年六月为未成年人保护宣传月。

教育、文化、新闻、广播、电视、网络等单位和公共媒体应当配合做好未成年人保护宣传教育工作。

未成年人集中的场所应当由其管理单位通过设置宣传栏、宣传标志等方式进行未成年人保护宣传教育。

第二章　家庭保护

第十条 父母对未成年子女负有保护、抚养、教育的首要责任。

家庭中的其他成年人应当协助未成年人的父母或者其他监护人保护、教育未成年人。

父母或者其他监护人不得因未成年人有不良行为或者违法犯罪行为而拒绝履行监护职责和抚养义务。

第十一条 父母或者其他监护人委托监护时，应当充分考虑受托人的责任心、道德品行、家庭环境、经济状况等条件，并及时将委托监护的情况告知未成年人及其住所地的就读学校、居民委员会、村民委员会或者未成年人保护委员会。

乡镇人民政府或者其委托的组织应当对委托监护情况进行调查和评估，并将评估结果告知父母或者其他监护人。

鼓励居民委员会、村民委员会或者其他社会组织、个人，为未成年人提供临时照管服务；鼓励有条件的单位在寒假、暑假期间为本单位职工十二周岁以下未成年子女提供临时集中照管服务。

第十二条 父母或者其他监护人不得实施下列行为：

（一）歧视、侮辱、虐待、遗弃未成年人；

（二）教唆、诱骗、胁迫、纵容或者包庇未成年人违法犯罪；

（三）强迫、纵容未成年人辍学，利用或者强迫未成年人卖艺、乞讨；

（四）强迫未成年人订婚或者与异性同居；

（五）未在确保安全的情况下让未满八周岁或者需要特别照顾的未成年人独处；

（六）非法侵占、处分未成年人财产；

（七）法律、法规规定的其他禁止行为。

第十三条 父母或者其他监护人应当预防和制止未成年人实施下列行为：

（一）赌博、盗窃、吸毒、卖淫、嫖娼、携带管制刀具、打架斗殴、欺凌弱小；

（二）吸烟、酗酒、沉迷网络和电子游戏；

（三）旷课、流浪、夜不归宿、离家出走；

（四）损坏公共设施及其他公私财物；

（五）阅读、观看、传播含有暴力、淫秽、邪教等内容的图书报刊、音像制品、网络信息；

（六）进入互联网上网服务营业场所、营业性歌舞娱乐场所等不适宜未成年人进入的场所；

（七）其他不利于未成年人身心健康的行为。

第十四条 父母或者其他监护人以及其他成年人应当注意未成年人的乘车安全。未满四周岁的未成年人乘坐家庭乘用车，应当配备并正确使用儿童安全座椅；不得将未满十二周岁的未成年人安排在机动车副驾驶座位乘坐或者将其单独留在车内；未满十二周岁的，不得驾驶自行车、三轮车；未满十六周岁的，不得驾驶电动自行车、机动轮椅车。

第十五条 父母或者其他监护人携带未成年人外出时，应当注意安全警示标志，预防和制止未成年人进入不安全区域，防止可能造成未成年人人身伤害情况的发生。

未满十二周岁的未成年人游泳、乘坐游乐设施、客运索道和自动扶梯等具有危险性的活动，应当有成年人陪同。

第十六条 离婚后，直接抚养子女的一方，应当协助不直接抚养子女的另一方对未成年人进行探望。探望不得损害未成年人的身心健康，不得妨碍其正常学习生活。

第三章 学校保护

第十七条 学校应当对未成年学生进行爱国主义、民族团结、思想道德、法律知识、健康知识、优秀传统文化、环境保护、安全避险和公共秩序等教育，并将其纳入学校教学计划。

学校应当配备辅导员对学生进行心理、生理健康、自我保护和珍惜生命的教育。

第十八条 学校应当保护未成年学生接受教育的权利，不得违反法律法规拒绝适龄未成年人入学、责令未成年学生退学或者开除未成年学生。

学校有权对严重违反学校规章制度的未成年学生采取必要措施进行管理和教育。

第十九条 学校、幼儿园、托儿所应当与未成年人父母或者其他监护人建立联系沟通机制，采取多种方式将未成年人异常情况及时告知其父母或者其他监护人，并采取必要的干预措施。父母或者其他监护人应当听取学校、幼儿园、托儿所和教师的意见、建议。

第二十条 学校、幼儿园、托儿所以及教职员工不得对未成年人实施下列行为：

（一）嘲讽、辱骂、恐吓、贬损；

（二）非法披露或者使用未成年人隐私和信息；

（三）以经济手段惩处违反校规校纪行为；

（四）强迫或者变相强迫购买商品、教学辅助材料或者捐款捐物；

（五）索要、变相索要或者收受财物；

（六）强迫或者变相强迫接受有偿补习或者家教；

（七）法律、法规规定的其他行为。

第二十一条 学校、幼儿园、托儿所应当配备符合国家标准的教学、生活设施、场所，并定期检查、维修，及时改造存在安全隐患的设施、场所。

学校、幼儿园、托儿所应当配备专职安全管理人员，加强校园安全保卫。

第二十二条 学校、幼儿园、托儿所应当建立健全卫生保健制度，做好疾病预防和控制工作，为未成年人提供的食品、药品、饮用水、玩具和文体用品等必须符合保障人体健康和人身、财产安全的国家标准、行业标准；未制定国家标准、行业标准的，必须符合保障人体健康和人身、财产安全的要求。

第二十三条 学校应当与公安机关、人民检察院、人民法院、司法行政机关建立法治教育联动机制，并配备法治副校长或者法治辅导员。

学校应当协助公安机关制止校园以及周边发生的扰乱教学秩序或者侵犯未成年人人身、财产安全的行为。

第二十四条 学校应当制定校园欺凌的预防和处理制度，建立校园欺凌事件应急处置预案，明确相关岗位教职工预防和处理校园欺凌的职责，公布学生救助或者校园欺凌治理的电话号码和负责人。

学校应当及时发现、调查和处置校园欺凌事件，涉嫌违法犯罪的，向公安机关报案并配合查处。

教育行政部门应当加强对校园欺凌治理的指导和检查。

第二十五条 学校、幼儿园、托儿所应当依法制定应对地震、火灾、洪水、泥石流、传染性疾病、食物中毒、意外伤害等突发事件应急预案，配备相应的设施并进行逃生、自救演练。突发事件发生时，应当立即启动应急预案，及时优先疏散、转移和救护未成年人。

学校不得组织未成年人参加抢险、救灾、制止暴力等危险性活动。

第二十六条 学校应当建立健全投诉、建议处理机制，设立专门的信箱和举报电话，方便学生投诉、举报或者提出建议，学校处理投诉、建议时应当保护投诉人或者建议人的隐私。

第四章 社会保护

第二十七条 县级以上人民政府建立协调合作和信息共享机制，实现未成年人保护工作的衔接。

第二十八条 教育行政部门应当建立未成年学生受教育权的保护制度，对侵害未成年学生受教育权的行为予以查处。

教育行政部门和学校应当对未成年人违法违纪的相关档案采取保密措施。

第二十九条 公安机关应当加强校园周边治安、交通和消防安全管理，在城市学校、幼儿园设立警务室或者在学校周边治安复杂地段设立治安岗亭，在上学和放学时段，应当在交通拥堵路段安排专人负责疏导交通。

第三十条 民政部门应当承担困境未成年人的救助、管理、教育、护送工作；对突发事件中需要紧急救助的未成年人给予救助，并及时告知当地公安机关以及未成年人保护委员会。

对于流浪乞讨的未成年人，应当与流浪的成年人分开救助，提供心理疏导、短期教育，帮助其寻找父母或者其他监护人。

第一款所称困境未成年人，是指因家庭贫困导致生活、就医、就学等困难，因自身残疾导致康复、照料、护理和社会融入等困难，以及因家庭监护缺失或者监护不当遭受虐待、遗弃、意外伤害、不法侵害等导致人身安全受到威胁或者侵害的未成年人。

第三十一条 文化、公安、工商、新闻出版广电等部门应当加强对图书、报刊、音像制品、影视节目、电子出版物、网络视听节目的监督检查，依法查处违法经营者，净化社会文化环境，保障未成年人身心健康。

第三十二条 环境保护、卫生计生、工商、质监、食品药品监督等行政主管部门，应当依法加强对学校和其他未成年人集中活动的场所、设施、周边环境以及产品质量和食品安全的监督检查。

第三十三条 教育、公安、民政、工商、质监、食品药品监督等部门，应当对为未成年人提供接送、用餐、休息、培训等有偿服务的托管机构或者培训机构加强监管，保障未成年人的人身安全。

托管机构或者培训机构的具体管理办法由自治区人民政府制定。

第三十四条 居民委员会、村民委员会应当督促家庭和协助学校防止义务教育阶段的学生失学、辍学，对未成年人的学习、生活给予必要的关心和帮助。

第三十五条 县级以上人民政府及其有关部门应当采取措施，鼓励、支持社会工作专业机构和人员为未成年人提供健康成长、维护合法权益、预防违法犯罪等专业服务。

县级以上人民政府可以通过未成年人保护的有关组织购买未成年人事务的社会工作专业服务，并对资金使用进行监督。

第三十六条 图书、报刊、广播电影电视、互联网或者即时通讯工具中不得含有宣扬暴力、淫秽、邪教、迷信、恐怖、赌博等有害未成年人身心健康的内容。

新闻媒体报道涉及未成年人事件时，应当安排熟悉未成年人身心特点的从业人员进行报道，不得直接采访受害未成年人。

第三十七条 网络信息服务提供者应当有效识别未成年人用户，按照国家有关规定和标准，提供网络信息服务。

网络信息服务提供者应当对任何组织和个人在其网络平台制作、发布、传播的信息进行审查，发现不适宜未成年人接触的信息，应当采取措施以显著方式进行浏览前提示。

任何组织和个人不得在网络或者即时通讯工具上恶意披露未成年人身份信息。

第三十八条 禁止向未成年人出售烟酒，经营者应当在显著位置设置不向未成年人出售烟酒的标志，并注明烟草专卖、酒类主管部门的举报电话；对难以判明是否已成年的，应当要求其出示身份证件。

第三十九条 组织未成年人参加表演、礼仪、选美等活动，应当征得其父母或者其他监护人的同意，不得损害其身心健康。

第四十条 鼓励社会力量兴办适合未成年人活动的文化、体育、科普等场所。任何组织和个人不得侵占和破坏未成年人活动场所及设施。

鼓励社会组织和个人发展未成年人福利事业，扶持未成年人保护公益性、专业性社会服务组织，依法设立未成年人福利机构、学前教育机构、特殊教育机构、救助机构、救助评估机构或者救助基金。

第四十一条 对侵犯未成年人合法权益的行为，任何组织和个人应当及时制止并报告有关部门。有关部门应当将办理结果抄送未成年人保护委员会，并告知报告人和未成年人。

第五章 司法保护

第四十二条 公安机关、人民检察院、人民法院办理未成年人违法犯罪案件和涉及未成年人权益保护案件，应当采取适合未成年人身心特点的方式，并就涉及未成年人合法权益保护存在的问题，向有关组织和个人提出意见建议。

第四十三条 公安机关、人民检察院、人民法院、司法行政部门以及社会团体，对需要法律援助或者司法救助的未成年人，应当依法为其提供法律援助或者司法救助。

对监护人侵害未成年人合法权益或者不履行监护职责的案件，民政部门和未成年人保护委员会、学校、居民委员会、村民委员会、妇女联合会、残疾人联合会以及未成年人的近亲属，可以帮助未成年人申请法律援助或者司法救助。

第四十四条 服刑的未成年人没有完成义务教育的，司法行政部门、教育行政部门和刑罚执行机关应当从场地、师资、经费等方面提供保障，保证其继续接受义务教育。

刑罚执行机关应当根据服刑未成年人的身心特点开展帮教工作。

第四十五条 教育、民政、人力资源社会保障等有关部门，居民委员会、村民委员会、学校、父母或者其他监护人等应当协助社区矫正机构进行社区矫正。

对刑罚执行完毕的未成年人，其父母或者其他监护人、学校、居民委员会、村民委员会应当配合公安、司法行政部门做好安置帮教工作。

第六章　特别保护

第四十六条 任何组织和个人不得歧视、侮辱、伤害、虐待、遗弃残疾未成年人。严禁组织、利用残疾未成年人开展损害其身心健康的活动。

县级以上人民政府应当根据需要，依法设置实施特殊教育的学校或者在普通学校附设特殊教育班。对生活基本能自理、可以正常学习的残疾未成年人，普通学校应当予以招录。

第四十七条 各级人民政府应当组织做好留守未成年人的保护工作，改善学校寄宿条件，并对家庭经济困难的学生给予费用减免或者资助。

学校、居民委员会、村民委员会和其他社会组织应当开展对留守未成年人的生活关爱、情感沟通等活动。

第四十八条 父母应当在外出务工前将务工地点、居住地址和联系电话等信息，告知留守未成年人就读学校、住所地的居民委员会、村民委员会，并经常保持联系。

父母外出务工后应当与留守未成年子女每个月至少联系一次，及时了解其生活、学习和身心健康状况，并提供必要的生活保障。

第四十九条 县级以上人民政府及其有关部门应当将进城务工人员随行未成年子女的义务教育和医疗保障纳入发展规划，解决进城务工人员未成年子女在教育、医疗等方面的困难。

第五十条 学校、家庭以及共产主义青年团、妇女联合会等社会团体或者其他组织应当协助卫生计生、民政等部门做好感染艾滋病病毒未成年人的信息保护、医疗救助、生活救助等工作。

鼓励慈善组织和其他组织以及个人向感染艾滋病病毒的未成年人提供经济援助、心理疏导。

第五十一条 任何组织和个人发现未满十六周岁的未成年人单独居住或者生活无着的，应当报告乡镇人民政府或者街道办事处，公安机关应当在必要时予以协助。

乡镇人民政府、街道办事处、公安机关核实后，应当立即联系未成年人的父母或者其他监护人，责令其履行监护职责。监护人不明的，应当将其送至救助场所。

第七章　法律责任

第五十二条 违反本办法规定，法律、行政法规已有法律责任规定的，从其规定。

第五十三条 未成年人的父母或者其他监护人违反本办法规定，不依法履行监护责任或者侵害未成年人合法权益的，由有关主管部门、父母或者其他监护人所在单位、居民委员会或者村民委员会予以劝诫、制止；构成违反治安管理行为的，由公安机关依法给予行政处罚；构成犯罪的，依法追究刑事责任。

第五十四条 学校、幼儿园、托儿所及其人员违反本办法规定，不依法履行保护未成年人合法权益的义务或者侵害未成年人合法权益的，由教育行政部门或其他有关主管部门责令改正；情节严重或者逾期不改的，对直接负责的主管人员和其他直接责任人员依法给予处分。

第五十五条　网络信息服务提供者违反本办法第三十七条规定，未按照国家有关规定和标准，提供网络信息服务及进行浏览前提示的，由有关主管部门依据职责责令改正；拒不改正的，给予警告，并处一万元以上三万元以下罚款。

第五十六条　未成年人保护委员会对违反本办法有关规定的单位和人员，应当督促其改正；拒不改正的，予以通报批评，并建议有关部门对直接负责的主管人员和其他直接责任人员依法给予处分。

未成年人保护委员会及其日常办事机构工作人员不依法履行保护未成年人合法权益的职责，或者侵害未成年人合法权益，或者对提出申诉、控告、检举的人进行打击报复的，由其所在单位或者上级机关责令改正，对直接负责的主管人员和其他直接责任人员依法给予处分。

第八章　附　则

第五十七条　本办法自 2017 年 12 月 1 日起施行。

海　南

海南省未成年人保护条例

（2015 年 11 月 27 日海南省第五届人民代表大会常务委员会第十八会议通过，自 2016 年 1 月 1 日起施行）

第一章　总　则

第一条　为保护未成年人合法权益，优化未成年人成长环境，促进未成年人健康成长，根据《中华人民共和国未成年人保护法》、《中华人民共和国义务教育法》、《中华人民共和国预防未成年人犯罪法》以及其他有关法律、法规，结合本省实际，制定本条例。

第二条　本条例所称未成年人是指未满十八周岁的公民。

第三条　保护未成年人是全社会的共同责任。国家机关、武装力量、政党、社会团体、企业事业组织、城乡基层群众性自治组织、未成年人的监护人和其他成年公民，都有责任依法维护其合法权益。

对侵犯未成年人合法权益的行为，任何组织和个人都有权予以劝阻、制止或者向有关部门提出检举或者控告。

第四条　县级以上人民政府应当将未成年人保护工作纳入国民经济和社会发展规划以及年度计划，相关经费纳入本级政府财政预算。

第五条　省建立未成年人保护协调联席会议制度，负责指导、监督和协调未成年人保护工作。联席会议由省人民政府召集，成员单位由省人民政府有关部门和其他有关机关、社会团体组成。联席会议设办事机构，负责日常工作。具体办事机构由省人民政府规定。

各市、县、自治县参照前款规定，建立相应的工作机制和工作制度。

第六条　共产主义青年团、妇女联合会、工会、青年联合会、学生联合会、少年先锋队以及其他有关社会团体，协助各级人民政府做好未成年人保护工作，维护未成年人的合法权益。

第二章　家庭保护

第七条　父母或者其他监护人应当依法履行对未成年人的监护职责和抚养义务，保障未成年人受教育的权利；创造良好、和睦的家庭环境，以健康的思想、良好的言行和科学的方法教育、影响未成年人。

第八条 父母或者其他监护人应当关心未成年人的学习和生活情况，传授家庭生活、社会生活的知识和技能，指导未成年人养成良好的学习、生活习惯和道德品质。

父母或者其他监护人应当配合并监督学校减轻未成年人的课业负担，保障未成年人应有的休息、娱乐权利。

父母或者其他监护人应当关注未成年人不同年龄阶段的生理、心理变化和思想道德状况，对有心理、生理障碍的未成年人，应当送到医疗机构及时进行诊断治疗。

第九条 父母或者其他监护人应当对未成年人进行法治教育、公共安全教育和生理健康教育等，培养未成年人的法律意识和自我保护意识。父母或者其他监护人不了解相关知识的，应当向有关国家机关和社会组织求助，有关国家机关和社会组织应当提供有关教育指导。

第十条 父母或者其他监护人应当尊重和依法保护未成年人的隐私；需要了解未成年人学习、生活和交往情况时，应当采取适当的方式进行。

父母或者其他监护人应当根据未成年人的年龄和智力发展状况，在作出与未成年人权益有关的决定时告知其本人，并听取他们的意见。

第十一条 父母或者其他监护人不得有下列行为：

（一）放任、迫使义务教育阶段的未成年人失学、辍学；

（二）放任、教唆、迫使未成年人吸烟、饮酒、旷课、夜不归宿、离家出走、沉迷网络、进入未成年人不适宜进入的场所、打架斗殴、赌博、吸毒、卖淫、嫖娼、携带管制刀具或者其他危险物品等不良行为；

（三）放任、教唆、引诱未成年人观看、阅读、收听、搜集或者传播含有危害国家安全、淫秽、色情、暴力、邪教、迷信等内容的影视节目、音像制品、图书、报刊、电子出版物和网络信息等；

（四）使未满十周岁的未成年人或者基于生理健康原因需要看护的未成年人，处于无人看护状态或者委托给无看管能力者看管；

（五）允许或者放任不满十六周岁的未成年人脱离监护进入酒店、宾馆或者其他脱离监护的地方单独居住。

（六）其他违反法律法规规定，侵害未成年人人身和财产权益的行为。

第十二条 父母或者其他监护人以及其他成年人携带未满十二周岁未成年人乘车的，不得安排其乘坐在副驾驶座位；携带未满四周岁的未成年人乘坐家庭乘用车的，应当配备并正确使用儿童安全座椅。

第十三条 父母或者其他监护人应当不分性别，平等地对待未成年人；不得歧视、虐待和遗弃女性未成年人、残疾的未成年人和未成年的继子女、养子女、非婚生子女。

父母或者其他监护人应当鼓励未成年人参加与其年龄和身心健康相适应的家务劳动、社区公益服务以及各类积极健康的有益活动，但不得让其从事影响身心健康的劳作和活动。

第十四条 父母或者其他监护人发现未成年人组织或者参加实施不良行为的团伙的，应当及时予以制止；发现该团伙有违法犯罪行为的，应当向公安机关报告。

父母或者其他监护人应当对有不良行为的未成年人进行教育，并协助有关部门对其进行矫治；对有违法犯罪行为的未成年人，不得拒绝履行监护职责和抚养义务。

第十五条 父母因外出务工或者其他原因不能履行对未成年人监护职责的，应当委托有监护能力的其他监护人代为监护，并及时将委托情况告知未成年人所在学校、村（居）民委员会。未成年人居住地的妇女联合会、共产主义青年团、关心下一代工作委员会、村（居）民委员会和未成年人的就读学校应当关注未成年人的思想、学习、生活等情况，并及时对其提供帮助指导。

父母和其他监护人应当与未成年人及其所在的学校、村（居）民委员会保持经常性的联系。

第三章　学校保护

第十六条 学校应当全面贯彻国家教育方针，遵循教育规律，针对未成年人身心发展特点，有针对性地实施素质教育、法治教育和公共安全教育，促进学生全面发展，增强法治观念和安全意识。

学校应当将未成年人保护工作纳入学校管理制度体系，实行校长负责制，建立学校与学生监护人的经常性联系机制。

第十七条 学校应当尊重未成年学生受教育的权利，不得拒绝接收服务区域内符合条件的适龄未成年人入学，不得违反国家和本省有关规定责令处于义务教育阶段的未成年学生转学、退学或者予以开除。

对旷课、逃学、辍学的学生，学校应当及时会同其父母或者其他监护人进行教育规劝，督促其返校上课；发现未成年学生有不良行为或者违法行为，应当及时告知其父母或者其他监护人以及有关部门，并加强教育、管理；处分未成年学生，应当听取未成年学生及其父母或者其他监护人的申辩，并对申辩的内容予以答复。

第十八条 学校应当按照国家和本省的有关规定开展教育教学活动，不得随意增减课程和课时；严格执行国家和本省确定的作息时间、课时和作业量的规定，保证未成年人休息、睡眠时间和每天不少于一小时的体育锻炼时间。

第十九条 学校应当设立家长委员会，通过开放教学、教师定期家访、召开座谈会和组织社区活动等形式，听取家庭、未成年学生和社区的意见，改进和完善教育、教学方法。

第二十条 学校应当对父母外出务工的留守未成年学生的基本情况、监护人情况、父母外出务工去向及联系方式等登记造册，加强与其父母和委托监护人的沟通，指定专人负责对留守未成年学生学习、生活、心理上的指导，有针对性地开展教育和管理工作。

第二十一条 学校应当配备心理健康教育教师，提供心理健康教育的专门场所和设施。

学校应当与父母或者其他监护人互相配合，根据不同阶段的生理、心理特点，有针对性地对学生进行生理、心理指导和教育。心理健康教育教师要对有心理困扰或者心理问题的学生给予必要的心理辅导，并及时与学生家长沟通。

学校应当按照国家和本省的有关规定，配备兼职法治副校长、法治教育教师、法治辅导员、法治教育志愿者等，开设法治教育课程，普及基本法律知识、培养学生的法治观念。

第二十二条 学校应当建立和完善卫生保健制度，根据需要配备专职卫生技术人员或者兼职保健教师，每学年组织未成年学生进行体格检查。

第二十三条 学校应当为学生提供安全的学习和生活设施，提供的食品、药品及学生服等学习和生活用品应当符合国家和本省的有关规定，并公开采购情况。

第二十四条 学校应当建立健全校园安全制度，配备安全保卫人员。非学校人员未经许可不得进入学校。

学校应当根据需要，制定应对各种灾害、传染性疾病、食物中毒、意外伤害等突发事件的预案；定期开展室内、野外、水上和火灾、洪灾、台风、雷电、地震、海啸等自然灾害的生命安全自救教育演练，提高学生的自我保护能力和安全防范意识。

学校应当结合未成年人身心发展特点开展性知识教育和防范性侵犯知识教育。

第二十五条 教师应当履行《中华人民共和国教师法》规定的义务，遵守职业道德规范，教书育人，为人师表；制止有害于学生的行为或者其他侵犯学生合法权益的行为，批评和抵制有害于学生健康成长的现象；关心、爱护、尊重学生，促进学生在品德、智力、体质等方面全面发展。

第二十六条 学校应当合理安排学生校内外活动，配备必要的救护药品、器具和救护人员，防止发生拥挤踩踏等伤害事故，确保交通安全、活动安全、食品卫生安全。

第二十七条 学校及其工作人员发现校园及周边发生下列行为时应当及时制止，根据需要向公安等相关部门报告：

（一）破坏学校的场地、房屋和其他教学设施的；

（二）寻衅滋事或者进行其他违法活动，扰乱教学秩序的；

（三）侵害学生人身、财物安全的；

（四）噪声排放超出国家规定标准，影响学校正常教育教学的；

（五）在校园及周边非法出售可能对学生的身心健康产生影响的食品、饮料、书刊杂志等物品的；

（六）其他应当及时报告的危害行为。

第二十八条 学校使用校车的，应当按照国家规定取得校车使用许可，建立校车安全管理制度。校车应当符合国家标准，并由符合条件的驾驶人驾驶。校车运载学生时，学校应当配备随车照管人员，随车照管人员应当依法履行职责，保障学生乘坐校车安全。

第四章 社会保护

第二十九条 新闻媒体应当做好维护未成年人合法权益的宣传工作，对损害未成年人合法权益的行为进行舆论监督。

第三十条 爱国主义教育基地、图书馆、青少年活动场所、儿童活动场所应当对未成年人免费开放。

博物馆、纪念馆、科技馆、展览馆、美术馆、文化艺术馆、动物园、公园、影剧院、体育场馆等场所，应当按照有关规定对未成年人免费或者优惠开放；对学校组织学生开展的教育教学活动，应当免费或者优惠开放。

博物馆、纪念馆、科技馆、展览馆、美术馆、文化艺术馆等场所陈列展览的内容不适宜未成年人的，应当禁止向未成年人开放。

社区中的文化体育设施、公益性互联网上网服务设施，应当对未成年人免费或者优惠开放。

第三十一条 面向未成年人开放的公共场所，经营管理者应当在显著位置设置安全警示标志，并采取相应的保护措施。

对可能危及未成年人人身安全的设施，经营管理者应当定期进行维护，并在显著位置标明适应年龄范围或者注意事项。

对危险性较大的娱乐项目或者体育经营项目，经营管理者或者组织者应当指派专业人员指导未成年人开展活动，确保安全。

第三十二条 经营者不得向未成年人出售烟酒和销售彩票、兑付奖金。

经营者应当在经营场所显著位置设置不向未成年人出售的标志，对难以判明是否已成年的，经营者应当要求其出示身份证件。

第三十三条 任何组织或者个人不得披露未成年人的隐私；未经未成年人本人、未成年人父母或者其他监护人同意，不得收集、使用未成年人的隐私，法律另有规定的除外。

广播、电视、报刊、互联网和其他公开出版物，不得披露违法犯罪的未成年人或者受侵害的未成年人的姓名、住所、学校、照片、图像以及可能推断出该未成年人身份的资料。

第三十四条 学校校园周边200米之内不得批准、设置营业性歌舞娱乐场所、电子游戏厅、录像厅、网吧、酒吧、夜总会、成人用品商店等不适宜未成年人进入的场所。

营业性歌舞娱乐场所、互联网上网服务营业场所等不适宜未成年人活动的场所应当在显著位置设置未成年人禁入的明显标志；经营者不得接纳未成年人，对难以判明是否已成年的，应当要求其出示身份证件。

营业性歌舞娱乐场所、互联网上网服务营业场所等不适宜未成年人活动的场所允许未成年人进入的，任何组织和个人发现后，应当予以劝阻、制止，并向公安机关报案或者向文体部门举报。

第三十五条 任何组织和个人不得组织、胁迫、诱骗、利用未成年人乞讨，不得胁迫或者诱骗未成年人参加营利性的表演、礼仪、选美等活动。

组织未成年人参加表演、礼仪、选美等活动，应当征得其父母或者其他监护人的同意，并不得损害其身心健康。

第五章 国家机关保护

第三十六条 各级未成年人保护协调联席会议应当履行下列职责：

（一）研究未成年人保护工作的重大问题，并向政府及有关部门提出意见和建议，参与制定和修改未成年人保护的法规、规章和政策；

（二）协调、督促和指导有关部门做好未成年人保护工作；

（三）宣传有关未成年人保护的法律、法规和政策，并对其贯彻实施情况进行监督检查；

（四）对成员单位的未成年人保护工作进行考核；

（五）表彰和奖励未成年人保护工作成绩突出的组织和个人；

（六）对不履行或者不完全履行保护职责的成员单位及相关人员，可以建议有关部门进行问责；

（七）调查研究和协调处理其他有关未成年人保护工作的事项。

第三十七条 县级以上人民政府应当建立未成年人保护管理信息系统，实现未成年人保护、救助信息互联互通、资源共享；制定政策，鼓励企业、事业单位及其他社会组织、个人捐助款物支持未成年人保护事业。

乡镇人民政府、街道办事处应当协助未成年人保护协调联席会议和其他有关单位开展未成年人保护工作，并安排人员负责具体事务。

第三十八条 各级人民政府可以采取购买社会服务的方式，引导社工、志愿者组织开展未成年人社会工作服务。

第三十九条 县级以上人民政府应当采取措施，合理配置教育资源，促进义务教育均衡发展，保障适龄未成年人平等接受义务教育。

各级人民政府应当落实对家庭经济困难的未成年人义务教育阶段的各项资助政策，所需补助经费由省、市、县人民政府统筹，并列入本级政府预算。

各级人民政府应当将外来务工人员随迁子女接受义务教育纳入公共教育体系；对外来务工人员随迁子女就读的公办学校所需公用经费列入本级财政预算；加大教育资源投入，保障外来务工人员随迁子女平等接受义务教育。

第四十条 各级人民政府应当按照国家和本省有关规定建立健全农村留守儿童关爱服务体系。

第四十一条 省人民政府应当设置相应的实施特殊教育的学校，对各类残疾未成年人实施义务教育。特殊教育学校应当具备适应残疾儿童、少年学习、康复、生活特点的场所和设施。

特殊教育学校应当根据需要，在适当阶段对残疾未成年人进行劳动技能教育、职业教育和职业指导。

普通学校应当接收具有接受普通教育能力的残疾适龄未成年人随班就读，并为其学习、康复提供帮助。

县级以上人民政府应当对接受义务教育的残疾未成年人给予适当的教育补助，补助标准由县级以上人民政府根据当地经济社会发展水平和教育救助对象基本学习、生活需求确定。

第四十二条 省人民政府应当设置专门学校，依照国家有关规定接收有严重不良行为的未成年人。

专门学校毕业的学生在升学、就业等方面，同普通学校毕业的学生享有同等的权利，任何组织和个人不得歧视。

对有严重不良行为但不符合专门学校就读条件的未成年人，家庭、学校和有关部门应当协同管理、教育。

第四十三条 各级人民政府应当统筹规划和建设、改善适宜未成年人的文化、体育、科技等活动场所与设施，保障公益性未成年人活动场所向未成年人免费开放。对社会力量兴建未成年人活动场所的，应当在项目用地、信贷、规划报建等方面给予支持和优惠。

任何组织和个人不得非法转让和侵占未成年人活动场所或者设施，不得改变其用途。确因市政建设规划调整需要征用未成年人活动场所或者设施的，应当征得产权人同意，并在征用前先行规划和择地新建不小于原有规模的未成年人活动场所或者设施。

第四十四条 各级人民政府应当按照国家和本省关于文化市场管理的有关规定，加强对图书、报刊、影视节目、音像制品、电子出版物等文化产品市场的监督管理，依法及时查处危害未成年人身心健康的文化产品。

公安、文化、工商、广播电影电视、新闻出版、通信管理等主管部门，应当加强对网络信息内容以及手机运营商、网络运营商、网络信息提供商的监督管理，运用技术手段屏蔽、过滤传播不良信息的网站、网页，净化网络环境，防止手机信息、网络信息等对未成年人造成不良影响和危害。

文化行政部门、公安机关应当全面加强对营业性歌舞娱乐场所、互联网上网服务营业场所等不适宜未成年进入的场所的监督管理，依法查处接纳未成年人进入营业场所的行为。

第四十五条 县级以上人民政府民政、城市管理、公安等部门应当依照有关规定，对弃儿和流浪乞讨等生活无着以及因受监护侵害等需要紧急救助的未成年人实施救助。

村（居）民委员会应当积极组织和动员村

（居）民提供需要救助的未成年人的线索，劝告、引导流浪未成年人向公安机关、民政部门求助，或者及时向公安机关报警。

第四十六条　各级人民政府民政部门应当及时对孤儿、无法查明其父母或者其他监护人及其他生活无着的未成年人，采取亲属抚养、儿童福利机构抚养、家庭寄养、依法收养等方式依法妥善安置。

各级人民政府民政部门应当按照国家和本省有关规定对符合社会救助条件的未成年人提供必要的生活、医疗和教育救助。

第四十七条　公安机关对虐待、遗弃、伤害、拐骗未成年人和胁迫、教唆、诱骗未成年人违法犯罪的，应当依法及时予以处理。

公安机关应当把学校周边作为重点治安巡逻区域，及时制止、查处扰乱学校秩序和侵害学生人身、财产安全的违法犯罪行为。

第四十八条　公安机关交通管理部门应当加强学校、幼儿园周边道路交通安全管理，合理施划人行横道线或者黄色网状线，设置交通警示标志。对学校校车加强检查监督。

第四十九条　卫生部门和学校应当对未成年人进行卫生保健和营养指导，提供必要的卫生保健条件。食品药品监督管理、卫生等行政部门应当加强对学校食堂的食品、饮用水安全监管，做好疾病预防工作。

食品药品监督管理、工商、城市管理等行政部门应当严格查处学校周边的无照、无证经营的餐饮店、副食店、流动商贩，确保食品卫生安全。

质量技术监督、工商、食品药品监督管理等行政部门应当加强对生产、销售儿童食品、药品、用品等的监督管理，对不符合国家标准或者行业标准的，依法及时查处。

第五十条　为未成年学生提供餐饮、休息服务的场所应当依法经营，并符合国家和本省有关安全、卫生标准。公安、工商、食品药品监督管理、消防、教育等有关部门应当按照各自职责对其加强监管。

第五十一条　各级司法行政机关应当依法组织实施本区域内未成年人的社区矫正工作，针对未成年人的年龄、心理特点和身心发育需要等特殊情况，采取有益于其身心健康发展的监督管理措施。

第五十二条　消防部门应当加强学校的消防工作，每年定期组织学校消防检查，发现火灾隐患或者其他消防违法行为，应当责令学校落实整改措施。

第五十三条　公安机关、人民检察院、人民法院对未成年人的父母或者其他监护人采取拘留、逮捕、强制隔离戒毒、判处刑罚等剥夺人身自由的措施或者处罚，可能导致未成年人失去监护的，应当及时通知未成年人居住地的民政部门。民政部门应当依照有关规定给予救助和妥善安置。

村（居）民委员会应当经常关注父母长期服刑在押、强制戒毒或者父母一方死亡，另一方无法履行抚养义务和监护职责的未成年人的生活、学习情况，防止出现危害未成年人身心健康的行为。

第五十四条　公安机关、人民检察院、人民法院以及司法行政部门，应当依法履行职责，在司法活动中保护未成年人的合法权益。

公安机关、人民检察院、人民法院应当依法采取适合未成年人特点的方式、方法，办理未成年人犯罪案件和涉及未成年人权益的案件，依法保护未成年人的合法权益。

第六章　法律责任

第五十五条　违反本条例，侵害未成年人的合法权益，其他法律、法规已规定行政处罚的，从其规定；造成人身财产损失或者其他损害的，依法承担民事责任；构成犯罪的，依法追究刑事责任。

第五十六条　父母或者其他监护人违反本条例，不履行监护职责，或者侵害未成年人合法权益的，由其所在单位或者村（居）民委员会、予以制止、劝诫；放任未成年人的不良行为的，由公安机关依法予以训诫，责令其严加管教；构成违反治安管理行为的，由公安机关依法给予行政处罚；构成犯罪的，依法追究刑事责任。

第五十七条　学校及其工作人员违反本条例规定的，由教育行政部门给予批评教育，责令改正；情节严重的，对直接负责的主管人员和其他直接责任人员依法给予处分；构成犯罪的，依法追究刑事责任。

第五十八条 国家机关及其工作人员违反本条例，不依法履行保护未成年人合法权益责任，或者侵害未成年人合法权益，或者对提出申诉、控告、检举的人进行打击报复的，由其所在单位或者上级机关责令改正，对直接负责的主管人员和其他直接责任人员依法给予处分；构成犯罪的，依法追究刑事责任。

第五十九条 社会团体及其工作人员违反本条例，不履行保护未成年人相关义务或者侵害未成年人合法权益的，由监察机关或者主管部门责令改正，对直接负责的主管人员和其他直接责任人员依法给予处分；构成犯罪的，依法追究刑事责任。

第七章 附 则

第六十条 本条例所称的学校，是指托儿所、幼儿园、普通中小学校、中等职业学校、特殊教育学校、专门学校和其他针对未成年人教育的教育培训机构。

第六十一条 本条例自2016年1月1日起施行。2008年11月28日海南省第四届人民代表大会常务委员会第六次会议通过的《海南省未成年人保护若干规定》同时废止。

重 庆

重庆市未成年人保护条例

（2010年7月23日经重庆市第三届人民代表大会常务委员会第十八次会议通过，自2010年9月1日起施行）

第一章 总 则

第一条 根据《中华人民共和国未成年人保护法》和《中华人民共和国预防未成年人犯罪法》等法律、行政法规，结合本市实际，制定本条例。

第二条 未成年人享有生存权、发展权、参与权、受保护权、受教育权等权利。

未成年人不分性别、民族、种族、家庭财产状况、宗教信仰等，依法平等地享有权利。

未成年人的合法权益应当得到特殊、优先保护。

第三条 保护未成年人是全社会共同的责任。各级国家机关、武装力量、社会团体、企事业单位、村民委员会、居民委员会、未成年人的监护人和其他成年公民，应当教育和帮助未成年人，依法维护未成年人合法权益，预防未成年人违法犯罪。

各级国家机关、社会组织在处理与未成年人权益有关的事务时，应当根据未成年人的年龄等状况，了解和听取未成年人的意见。

对侵犯未成年人合法权益的行为，任何组织或者个人有权劝阻、制止或者向有关部门提出检举、控告。

第四条 国家、社会、学校和家庭应当引导、教育和帮助未成年人增强自我保护的意识和能力，掌握基本的生存和应对意外事件的常识，了解与自身权益相关的法律、法规，抵制不良行为、违法犯罪行为的引诱。

对侵犯自己合法权益的行为，未成年人有权提出检举、控告或者申请有关国家机关依法处理。

第二章 机构与职责

第五条 未成年人保护工作由本市各级人民政府领导并组织实施。

市和区、县（自治县）人民政府应当将未成年人保护工作、预防未成年人犯罪工作纳入国民经济和社会发展规划及年度计划，相关经费纳入本级财政预算，其年增长幅度应当不低于当年同级财政经常性收入的增长幅度。

第六条 市和区县（自治县）设立未成年人保护和预防未成年人犯罪工作协调机构，其日常工作由同级共产主义青年团委员会承担，并配备专职工作人员。协调机构由人民政府及其有关部门、人民法院、人民检察院等单位负责人组成。

乡镇人民政府、街道办事处应当确定人员负责未成年人保护和预防未成年人犯罪工作。

未成年人保护和预防未成年人犯罪工作协调机构履行下列职责：

（一）宣传和贯彻《中华人民共和国未成年人保护法》、《中华人民共和国预防未成年人犯罪法》等法律法规，并对实施情况进行检查、监督；

（二）协调解决本行政区域未成年人保护和预防未成年人犯罪工作中的重大问题；

（三）组织、协调、指导、监督有关部门和社会团体、企事业组织共同做好未成年人保护和预防未成年人犯罪工作；

（四）接受有关侵犯未成年人合法权益的投诉、举报、控告，对侵犯未成年人合法权益的行为提出处理意见或者移送有关部门查处；

（五）组织开展未成年人保护和预防未成年人犯罪工作的调查研究，向有关主管机关和部门提出意见和建议；

（六）开展未成年人保护和预防未成年人犯罪工作的经验交流和学术研讨，宣传和推广未成年人保护和预防未成年人犯罪工作的有益经验；

（七）制定未成年人保护和预防未成年人犯罪工作发展规划，建立和完善未成年人保护和预防未成年人犯罪的工作制度；

（八）对本级未成年人保护和预防未成年人犯罪工作成员单位和下一级未成年人保护和预防未成年人犯罪工作协调机构履行职责的情况进行年度目标任务考核，并纳入市人民政府年度目标考核。

第七条 文化、教育、工商、公安、通信、食品药品、价格等主管部门、文化执法机构以及人民法院、人民检察院等司法机关应当按照各自职责分工，建立信息共享、联合执法、责任倒查等工作机制，共同做好未成年人保护和预防未成年人犯罪工作。

对在未成年人保护工作中作出显著成绩的组织或者个人，由各级人民政府和有关部门给予表彰、奖励。

第三章 家庭保护

第八条 父母或者其他监护人应当依法履行对未成年人的抚养义务和监护职责，对未成年人进行安全教育、法制教育，保障未成年人的人身、财产和其他合法权益，预防未成年人违法犯罪。家庭中的其他成年人应当对未成年人的保护、教育予以协助。

第九条 父母或者其他监护人应当学习家庭教育知识，接受有关单位和组织提供的家庭教育指导，为未成年人的健康成长创造良好的家庭环境，以健康思想、良好行为和科学方法教育、影响未成年人。

第十条 父母或者其他监护人应当保障未成年人接受教育的权利，使适龄未成年人依法接受义务教育，不得以任何理由使其辍学。

对旷课、放弃正常学习的未成年人，父母或者其他监护人应当配合学校共同教育，督促其返校就读。

第十一条 父母或者其他监护人对女性未成年人、未成年的残疾子女、继子女、养子女、非婚生子女、父母离婚后随其中一方生活的子女，应当依法履行抚养义务和监护职责，不得歧视、伤害、虐待或者遗弃。

禁止溺婴和其他残害婴儿的行为。

第十二条 父母或者其他监护人应当结合未成年人的生理发育、心理发展状况，进行生理健康教育和心理健康指导，不得允许或者迫使未成年人结婚或者同居，不得为未成年人订立婚约。

第十三条 父母或者其他监护人应当引导和监督未成年人正确使用互联网，审慎开通移动通信终端上网接入服务，防止未成年人沉迷网络。

第十四条 父母或者其他监护人在房屋装修、车辆驾驶、电器使用、食品药品使用等方面不得违反有关规定或者技术规范，防止对未成年人造成人身损害。

第十五条 父母或者其他监护人因外出务

工或者其他原因不能履行监护职责时，应当委托有监护能力的其他成年人代为监护，并将委托监护情况告知未成年子女所在学校和户籍所在地或者居住地的村民委员会、居民委员会。

委托监护应当充分考虑受委托监护人的家庭环境、经济状况、道德品质等基本情况，并应当听取未成年子女的意见。

父母应当与未成年子女、受委托监护人、学校、村民委员会、居民委员会保持经常联系，关心未成年子女的生活和健康，为其提供必要的生活保障。

第十六条 父母或者其他监护人不得以未成年人有违法犯罪行为而拒绝履行监护职责和抚养义务。

对有违法行为屡教不改或者被判处管制、宣告缓刑、裁定假释、暂予监外执行的未成年人，父母或者其他监护人应当配合所在地的乡镇人民政府、街道办事处、公安派出所、村民委员会、居民委员会进行帮助和教育，并送专门学校接受义务教育。

第十七条 对侵害未成年人合法权益的行为，父母及其他监护人应当予以制止并及时向有关部门报告。有关部门或者单位应当依法查处，办理结果应当答复报告人并抄报未成年人保护工作机构。

第四章　学校保护

第十八条 学校应当建立未成年人保护工作责任制度，保持与未成年学生家庭、所在村民委员会、居民委员会和相关单位的联系，共同做好未成年人保护和预防未成年人犯罪工作。

教育行政主管部门应当将未成年人保护和预防未成年人犯罪工作纳入对学校的考核范围。

第十九条 学校应当将未成年人保护和预防未成年人犯罪教育纳入教学计划，配备法制副校长或者法制辅导员，定期开展未成年学生法制教育、道德教育和自我保护教育等专题教育活动。

第二十条 各级人民政府应当保障义务教育阶段未成年学生在户籍所在地、父母或者其他法定监护人工作、居住地就近入学。

学校不得以任何形式迫使未成年学生退学或者停止接受义务教育，不得违反国家和本市规定收取费用，不得违反法律规定开除未成年学生。

第二十一条 区、县（自治县）人民政府应当统筹规划农村外出务工人员子女的教育和监护服务工作，外出务工人员子女集中的地区每个乡镇应当建立寄宿制学校，在乡镇、村社推行建立外出务工人员子女托管服务机构，并对家庭经济困难的未成年学生给予寄宿费用减免或者资助。

鼓励社会捐资支持寄宿制学校和托管服务机构建设。

第二十二条 学校应当根据未成年学生的身心发展特点适时开展青春期教育和社会生活指导，配备心理健康辅导员，提供心理健康辅导。

第二十三条 学校应当确保课业量与未成年学生身心发展相适应，不得违反国家规定增加学生的课业负担。

学校应当保证未成年学生的课外活动时间，组织开展课外文化、体育、科普等活动，保障未成年学生的休息、娱乐和体育锻炼。

学校应当建立管理制度，规范学生在校园内使用移动通讯工具的行为，并向学生宣传关于互联网的法律法规，教育和引导未成年人正确使用互联网。

学校和教师不得组织学生参加商业性活动或者与未成年学生年龄、身心健康等不相适应的其他活动。

第二十四条 学校的教职员工应当尊重未成年学生的人格，不得歧视品行有缺点、学习有困难、身体有残疾的未成年学生，不得对未成年学生实施体罚、变相体罚或者其他侮辱人格尊严的行为。

第二十五条 学校的服务设施建设必须符合国家有关标准。

学校应当保障校舍和其他校内设施的使用安全，定期检查维修，消除安全隐患。

学校应当建立学生食品安全管理制度，保证未成年学生的饮食安全。

第二十六条 学校应当建立校园安全制度，配备安保人员，实行校外人员入校检查登记，及时制止危害、侵害未成年学生人身、财产权利的行为。

学校应当协助公安机关做好校园及其周边治安工作，发现违法犯罪行为应当及时制止，并向公安机关报告。

公安机关应当建立校园及其周边治安管理制度，建设中小学校、幼儿园周边公共视频监控系统和报警系统，及时处理校园及其周边治安事件。

第二十七条 学校应当制定突发事件应急预案，组织开展针对各种灾害、传染性疾病、食物中毒、人身伤害等突发事件的应急演练，应急演练每学期不少于一次。

发生突发事件和未成年人人身伤害事故时，应当优先保护未成年人的安全。

第二十八条 学校的文化、体育设施应当在教学时间和课余时间免费向本校未成年学生开放；寒暑假、公休日、节假日期间，学校的文化体育场所、互联网上网设施应当向本校未成年学生免费开放，相关费用由财政适当补助。

第二十九条 学校对未成年学生的处分，应当听取未成年学生本人及其父母或者其他监护人的陈述、申辩，并给予答复，同时在处分决定中说明是否采纳的理由。

受处分后有改正表现的，学校应当在其毕业前将处分记录从个人档案中消除。受处分较轻的，不记入个人档案。

第三十条 市人民政府应当根据需要规划、设置专门学校，并将其纳入普通学校序列。专门学校所需经费纳入财政预算，教育行政主管部门应当对专门学校的教育和管理提供指导。

未成年人有严重不良行为的，学校与其父母或者其他监护人无力管教或者管教无效的，可以由其父母、其他监护人或者所在学校申请，经教育行政主管部门批准，送专门学校接受教育和矫治。

未成年学生被送到专门学校后，原就读学校应当为其保留学籍，其专门学校学习经历不记入个人档案。专门学校学生在复学、升学、就业等方面与普通学校学生享有同等权利，任何单位和个人不得歧视。

专门学校应当保证未成年学生完成义务教育，开展心理辅导，矫治不良行为，并根据社会需要进行劳动技术教育和职业技能培训。

第五章　社会保护

第三十一条 各级人民政府应当组织社会各界开展法制宣传教育和科普知识宣传，营造有利于未成年人成长和保护未成年人合法权益的社会氛围。

未成年人保护工作机构和相关职能部门应当建立未成年人保护服务工作制度，公开联系方式，受理投诉和提供法律、心理咨询等服务。

鼓励和支持社会团体和个人为未成年人开展生理、心理和法律咨询等服务工作，或者为未成年人保护工作提供经费、场所、人员等资助。

第三十二条 各级人民政府应当将未成年人的科技、文化、体育、娱乐场所等活动场所建设纳入城乡总体规划，规划草案应当征求教育行政主管部门的意见。

各区县（自治县）至少应当建设一个区域性、综合性青少年活动中心。街道办事处、乡镇人民政府应当建设未成年人课外活动场所和设施。

未成年人科技、文化、体育、娱乐场所、设施应当符合国家规定的安全和健康标准，建设者、管理者和经营者应当定期对未成年人活动场所、设施进行维护，消除安全隐患。

第三十三条 爱国主义教育基地、青少年宫（青少年活动中心）、儿童活动中心、图书馆、文化馆、公园（植物园）、除文物建筑类和遗址类外的博物馆、纪念馆以及公益性互联网上网设施等活动场所，应当向未成年人免费开放。

公益性的科技馆、展览馆、美术馆应当向学校或者社会团体组织的未成年人集体参观和随家长及其他监护人参观的未成年人免费开放。

体育场馆、动物园以及非公益性的科技馆、展览馆、美术馆、文物建筑类和遗址类的博物馆、影剧院对未成年人实行至少半价的票价优惠。

第三十四条 中小学校园周围二百米范围和居民住宅楼内不得设置营业性歌舞娱乐场所、互联网上网服务营业场所、营业性电子游戏场所。

中小学校园门口五十米范围内不得摆摊设

点和从事妨碍教学秩序和影响未成年人身心健康的其他营业活动。

营业性歌舞娱乐场所、互联网上网服务营业场所不得允许未成年人进入；营业性电子游戏场所在国家法定节假日外不得接纳未成年人。

营业性歌舞娱乐场所、互联网上网服务营业场所、营业性电子游戏场所经营者应当在经营场所入口及其他显著位置设置未成年人禁入、限入标志。

互联网上网服务营业场所实行有效身份证件实名登记制度。

第三十五条 禁止任何组织和个人制作或者向未成年人出售、出租或者以其他方式传播淫秽、暴力、凶杀、恐怖、赌博等毒害未成年人身心健康的图书、报刊、影视节目、音像资料、电子出版物。出版、播映不适宜未成年人阅读、观看的图书、报刊、影视节目、音像制品、电子出版物，应当在醒目位置标识警示说明。

任何单位、个人不得利用互联网向未成年人传播淫秽、暴力、凶杀、恐怖、赌博等有害信息。

网络服务提供者、相关监管部门应当依法对互联网信息进行管理和监督。

第三十六条 任何组织和个人不得向未成年人出售或者提供烟酒；彩票销售场所不得向未成年人销售彩票和兑付奖金。对难以判明是否已成年的，应当要求其出示身份证件。

烟酒经营及彩票销售场所应当在显著位置设置不向未成年人出售烟酒和彩票的标志。

第三十七条 生产、销售用于未成年人的食品、药品、玩具、用具和游乐设施等，应当符合国家标准或者行业标准，不得有害于未成年人的安全和健康；如需要标明注意事项的，应当在显著位置用中文标明。

第三十八条 卫生部门和学校应当为未成年人提供必要的卫生保健条件，宣传卫生保健知识，开展预防接种工作，对于国家免疫规划项目的预防接种实行免费，逐步扩大免费预防接种的范围。

卫生部门应当对学校卫生保健工作进行业务指导和监督检查，协助学校开展对未成年学生的体检工作。

第三十九条 任何组织和个人不得违背法律规定，开拆或者查看未成年人的信件、日记、电子邮件、网上聊天记录、手机短信等个人信息，不得披露未成年人的个人隐私。

第四十条 任何组织和个人不得组织、教唆、利用未成年人实施乞讨、有害其身心健康的表演或者进行违法犯罪活动。

县级以上人民政府及其民政部门应当设立救助场所，对孤儿、流浪乞讨等生活无着的未成年人实施救助，承担临时监护责任。在临时监护期间，民政部门应当及时查明其监护人，并负责交送其监护人。暂时无法查明的，由民政部门设立的儿童福利机构收养。

第四十一条 解除羁押、服刑期满、解除强制性教育措施的未成年人，在复学、升学、就业等方面与其他未成年人享有同等的权利，任何组织和个人不得歧视或者阻挠。

第六章　司法保护

第四十二条 公安机关、人民检察院、人民法院以及司法行政主管部门在司法活动中应当依法保护未成年人的合法权益。

对违法犯罪的未成年人，实行教育、感化、挽救的方针，坚持教育为主、惩罚为辅的原则，进行有效矫治，防止其重新违法犯罪。

第四十三条 公安机关、人民检察院、人民法院以及司法行政主管部门应当设立专门机构或者指定专人办理未成年人犯罪案件和涉及未成年人权益保护的案件。

对羁押、服刑的未成年人，应当与成年人分别关押。未成年人违反治安管理法律法规被处以行政拘留或者采取强制性教育措施的，应当在专门场所执行。

第四十四条 公安机关、人民检察院讯问未成年犯罪嫌疑人，询问未成年被害人、未成年证人时，应当通知其父母或者其他监护人到场。无法通知或者通知后不到场的，应当通知未成年人所在学校、村民委员会、居民委员会或者人民团体、法律援助机构派人到场。

第四十五条 对需要法律援助或者司法救助的未成年人，法律援助机构或者公安机关、人民检察院、人民法院以及司法行政主管部门应当依法为其提供法律援助或者司法救助。

未成年被告人没有委托辩护人的，人民法院应当为其指定辩护人。

第四十六条 人民法院在司法活动中，应当严格执行不公开审理的规定。对已满十四周岁未满十六周岁的未成年人犯罪案件，一律不公开审理；已满十六周岁未满十八周岁的未成年人犯罪案件，一般也不公开审理。

对被害人为未成年人的性侵害案件，人民法院一律不得公开审理，公安机关、人民检察院、人民法院以及司法行政主管部门在办理案件过程中，应当给予被害人特别保护。

第四十七条 在办理未成年人刑事案件中，公安机关、人民检察院、人民法院可以自行或者委托有关社会团体组织对犯罪嫌疑人、被告人进行社会调查。学校、有关社会团体组织、辩护人也可以进行社会调查。

学校、村民委员会、居民委员会及有关人员应当配合社会调查，如实提供未成年人的有关情况。

社会调查内容包括未成年犯罪嫌疑人、被告人的性格特点、家庭情况、社会交往、成长经历以及实施被指控犯罪前后的表现等，调查材料可以作为公安机关、人民检察院、人民法院是否逮捕、提起公诉和判处刑罚的参考依据。

调查材料不得向社会公布。

第四十八条 人民法院审理继承案件，应当依法保护未成年人的继承权和受遗赠权。

人民法院审理离婚案件，离婚双方因抚养未成年子女发生争执，不能达成协议时，应当听取有表达意愿能力的未成年子女的意见，根据保障子女权益的原则和双方具体情况依法处理。

第四十九条 刑罚执行机关应当根据服刑未成年人的身心发展情况，完善管教措施，开展帮教工作。

第五十条 广播、电视、报刊、互联网对未成年人犯罪案件的报道，不得披露未成年人的姓名、住所、照片、图像及可能推断出该未成年人的资料。

第五十一条 街道办事处、乡镇人民政府、社会团体、村民委员会、居民委员会和各有关单位应当配合司法行政主管部门共同做好违法犯罪未成年人的教育、矫正、挽救工作。

第七章 法律责任

第五十二条 父母或者其他监护人侵害未成年人合法权益的，其他家庭成员或者所在村民委员会、居民委员会应当予以制止并向有关部门报告，有关部门应当及时处理并给予劝诫、批评教育；构成犯罪的，依法追究刑事责任。

父母或者其他监护人不履行抚养义务，由其所在单位、村民委员会、居民委员会应当予以劝诫、制止；父母或者其他监护人不履行监护职责，放任未成年人的严重不良行为的，公安机关应当予以训诫，责令其严加管教。拒不改正的，未成年人的亲属或者就读学校、村民委员会、居民委员会可以申请人民法院撤销其监护人资格，人民法院撤销原监护人监护资格后，应当另行指定监护人，被撤销监护人资格的原监护人仍应当支付未成年人的生活费用。

第五十三条 学校教职员工对未成年学生实施体罚、变相体罚或者其他损害未成年学生人格尊严等行为的，由教育行政主管部门责令改正；对直接负责的主管人员和其他直接责任人员按照规定给予处分。造成民事损害的，应当依法赔偿；违反治安管理的行为，由公安机关对违法行为人依法给予行政处罚；构成犯罪的，依法追究刑事责任。

第五十四条 违反本条例第三十三条活动场所免费或者优惠开放规定的，由价格行政主管部门没收违法所得并处以一千元以上五千元以下罚款。

第五十五条 对违反本条例第三十四条规定，未落实身份证登记制度的，由公安机关依法查处；其中有接纳未成年人上网情形的，由文化行政执法机构依法查处。

第五十六条 违反本条例第三十四条第一款规定的，由工商行政主管部门、文化行政主管部门和文化行政执法机构依法予以取缔，并依法给予行政处罚；违反本条例第三十四条第二款规定的，由市政、工商等行政主管部门依法责令移除，并依法给予行政处罚。

在本条例施行前已经设置的，应当在三个月内迁移或者停业。逾期未迁移或者停业的，依照前款给予处罚。

第五十七条 营业性电子游戏场所未在入

口及其他显著位置设置未成年人限入标志的，由文化行政执法机构责令改正，给予警告；拒不改正的，处以一百元以上一千元以下罚款。营业性歌舞娱乐场所、互联网上网服务营业场所未在入口及其他显著位置设置未成年人禁入标志的，由文化行政执法机构责令改正，给予警告，可以并处以二千元以上一万五千元以下罚款。

第五十八条 营业性歌舞娱乐场所、互联网上网服务营业场所、营业性电子游戏场所违法接纳未成年人的，文化行政执法机构按照以下规定予以处罚，并对其直接负责的主管人员和其他直接责任人员处以五百元以上五千元以下罚款：

（一）营业性歌舞娱乐场所接纳未成年人进入的，没收违法所得，并处以一万元以上三万元以下罚款；情节严重的，责令停业整顿六个月；

（二）互联网上网服务营业场所接纳未成年人进入的，处以五千元以上一万五千元以下罚款；一次接纳两名以下未成年人的，依法责令停业整顿三十日；一次接纳三名以上未成年人或者一年内累计两次接纳未成年人的，依法吊销《网络文化经营许可证》；

（三）营业性电子游戏场所在国家节假日外接纳未成年人的，没收违法所得，并处以二千元以上一万元以下罚款；情节严重的，责令停业整顿三个月。

第五十九条 制作或者向未成年人出售、出租或者以其他方式传播淫秽、暴力、凶杀、恐怖、赌博等不利于未成年人身心健康的图书、报刊、音像资料、电子出版物或者网络信息等的，由公安机关、文化执法机构依法给予行政处罚；构成犯罪的，依法追究刑事责任。

出版、播映或者以其他方式传播不适宜未成年人阅读、观看的图书、报刊、影视节目、音像制品、电子出版物及网络信息，没有在醒目位置标识警示说明的，由文化行政执法机构依法查处。

第六十条 组织、教唆、胁迫未成年人乞讨的，由公安机关依法查处。

胁迫、诱骗未成年人进行残忍、恐怖、色情表演的，由公安机关、工商行政主管部门依照职责分别责令停业整顿，对直接负责的主管人员和其他直接责任人员由公安机关依法给予处罚；构成犯罪的，依法追究刑事责任。

第六十一条 烟酒、彩票销售场所未在显著位置设置不向未成年人出售烟酒、彩票标志的，由烟草、酒类、民政、体育行政主管部门责令改正，并处以一百元以上一千元以下的罚款。

向未成年人出售烟酒的，由烟草专卖行政主管部门、酒类行政主管部门处以二百元以上两千元以下罚款。

彩票发行机构、彩票销售机构向未成年人出售彩票的，由财政部门责令改正，没收违法所得，并对直接负责的主管人员和其他直接责任人员，依法给予处分。彩票代销者向未成年人出售彩票的，由民政部门、体育行政主管部门责令改正，没收违法所得，并处二千元以上一万元以下罚款。

第六十二条 向未成年人发送有害信息的单位、个人，由公安等职能部门按有关法律、法规予以处罚。

第六十三条 泄露未成年人的个人隐私，由公安机关责令改正；违反治安管理的行为，依法给予行政处罚；构成犯罪的，依法追究刑事责任。

第六十四条 有关行政主管部门、司法机关、文化行政执法机构以及未成年人保护机构的工作人员有以下情形的，相关部门应当实施行政问责，由其所在单位或者上级机关责令改正；情节严重的，由其主管部门或者监察部门对直接负责的主管人员和其他直接责任人员给予行政处分；构成犯罪的，依法追究刑事责任：

（一）批准不符合法定设立条件的歌舞娱乐场所、互联网上网服务营业场所、电子游戏场所的；

（二）发现违法行为或者接到举报、通报不及时查处或者不予依法查处的；

（三）为违法经营场所通风报信的；

（四）对提出申诉、控告、检举的人进行打击报复的；

（五）违反本条例第四十三条、第四十五条、第四十六条、第五十条规定未依法保护未成年人合法权益的；

（六）其他滥用职权、玩忽职守、徇私舞弊的行为。

第八章　附　则

第六十五条　本条例所称的学校，是指各级人民政府设立或者政府相关部门根据职权批准设立的全日制小学、全日制普通中学、中等职业技术学校、专门学校、特殊教育学校、幼儿园、托儿所以及其他承担未成年人教育任务的机构。

第六十六条　本条例自2010年9月1日起施行。1998年5月29日重庆市第一届人民代表大会常务委员会第九次会议通过的《重庆市实施〈中华人民共和国未成年人保护法〉办法》同时废止。

重庆市家庭教育促进条例

（2016年5月27日重庆市第四届人民代表大会常务委员会第二十五次会议通过，自2016年9月1日起施行）

第一章　总　则

第一条　为了推进家庭教育发展，促进未成年人全面健康成长，增进家庭幸福、社会和谐，根据《中华人民共和国教育法》、《中华人民共和国未成年人保护法》等法律、行政法规，结合本市实际，制定本条例。

第二条　本行政区域内家庭教育的实施、指导和服务，适用本条例。

第三条　本条例所称家庭教育，是指父母或者其他监护人对未成年子女的教育和影响。

第四条　家庭教育遵循家庭尽责、学校指导、社会参与、政府推进的原则。

第五条　父母或者其他监护人是家庭教育的直接责任主体，依法承担家庭教育义务。

第六条　推进家庭教育健康发展是政府、社会和每个家庭的共同责任。

国家机关、人民团体、社会组织、村（居）民委员会、企业事业单位和个人应当为家庭教育提供支持。

第七条　市、区县（自治县）人民政府应当将家庭教育事业发展列入国民经济和社会发展规划，将家庭教育工作经费纳入本级财政预算。

第八条　市、区县（自治县）人民政府妇女儿童工作委员会是本行政区域家庭教育议事协调机构，负责组织、协调、指导、督促有关部门做好家庭教育工作。妇女联合会（以下简称妇联）负责家庭教育议事协调机构的日常工作。

市、区县（自治县）妇联和教育行政部门负责指导、推进家庭教育工作。

民政、卫生和计生、公安等部门，以及关心下一代工作组织，按照各自职责，做好家庭教育相关工作。

第九条　每年5月第三周的星期一为本市家庭教育日。

第二章　家庭实施

第十条　父母或者其他监护人应当对未成年子女进行社会公德、家庭美德、生活技能、行为习惯和身心健康教育以及法律、法规规定的其他教育，促进未成年人全面发展。

第十一条　父母或者其他监护人应当学习家庭教育知识，树立正确的家庭教育观念，掌握科学的家庭教育方法，提高家庭教育的能力。

第十二条　父母或者其他监护人应当言传身教，以健康的思想、良好的品行，教育和影响未成年人健康成长。

家庭成员应当共同培育积极健康的家庭文化，传承良好家风，构建平等和谐的家庭教育环境。

第十三条　父母应当与未成年子女共同生活，依法履行监护职责。

父母未与未成年子女共同生活的，应当履行以下义务：

（一）委托有监护能力的其他成年人或者机构教育未成年子女；

（二）通过各种方式与未成年子女及其他监护人和学校联系交流，了解掌握未成年子女的生活、学习和心理状况，定期与未成年子女团聚；

（三）法律、法规规定的其他义务。

第十四条 父母或者其他监护人应当配合有关国家机关、社会组织和村（居）民委员会依法开展的家庭教育指导活动。

第十五条 父母或者其他监护人应当接受学校的家庭教育指导，参加学校的家长委员会、家长学校等组织开展的家庭教育活动。

父母或者其他监护人应当主动与学校沟通未成年子女学习、生活情况，配合学校及其他教育机构对未成年子女进行教育。

第十六条 未成年人父母离异的，双方应当继续共同履行对未成年子女的家庭教育义务。一方履行家庭教育义务时，另一方应当予以配合。

养父母、与继子女形成抚养教育关系的继父母，应当履行对未成年养子女、继子女的家庭教育义务。

第十七条 未成年子女应当接受父母或者其他监护人的教育，参加学校和社区（村）家庭教育指导机构开展的家庭教育活动。

第十八条 父母或者其他监护人有下列情形之一的，未成年人可以向学校、父母或者其他监护人所在单位、村（居）民委员会、妇联、民政部门、未成年人保护组织反映、投诉、求助，或者向公安机关报案，相关单位和组织应当及时处理：

（一）不履行家庭教育职责，使未成年子女置于无人照看或者危险状态的；

（二）采用暴力、侮辱等方式实施家庭教育的；

（三）因父母死亡、失踪、重病、重度残疾，或者父母双方服刑、强制戒毒及其他情形不能履行家庭教育职责的。

其他单位和个人发现前款所列情形，或者未成年子女认为父母或者其他监护人的教育有损自己身心健康的，可以向相关单位和组织反映。

第三章 学校指导

第十九条 中小学、幼儿园应当建立健全家庭教育工作制度，将家庭教育工作纳入学校工作计划。

第二十条 中小学、幼儿园应当将家庭教育工作纳入教职工业务培训内容，建立家庭教育工作队伍。

第二十一条 教师进修培训机构应当将家庭教育课程纳入师资培训计划。

鼓励师范院校和其他有条件的高等院校、研究机构设置家庭教育专业或者课程，开展家庭教育研究。

第二十二条 中小学、幼儿园应当定期开展家庭教育指导与交流活动。

中小学、幼儿园应当成立家长委员会、家长学校，向家长提供家庭教育咨询和辅导。

中小学的家长学校每学期应当开展两次以上家庭教育活动。幼儿园的家长学校每学期应当开展三次以上家庭教育活动。

第二十三条 父母或者其他监护人未按照要求参加学校家庭教育活动的，学校应当及时与其联系和沟通。

未成年人在学校有违纪、违法或者其他不良、不当行为的，学校应当及时告知其父母或者其他监护人。无法告知父母或者其他监护人或者告知后仍不履行家庭教育责任的，学校应当向其所在的单位或者村（居）民委员会通报情况。

父母或者其他监护人履行家庭教育职责有困难的，学校应当及时提供家庭教育指导和帮助。

第二十四条 中小学、幼儿园及师范院校应当协助当地家庭教育指导机构开展家庭教育指导工作。

第四章 社会参与

第二十五条 办理结婚、离婚登记时，婚姻登记机构应当对申请人进行家庭教育宣传指导。

第二十六条 妇幼保健院等医疗服务机构

应当组织开展家庭教育宣传指导。

鼓励医疗服务机构和其他社会组织建立孕妇学校、新生儿父母学校，开展公益性早期家庭教育指导。

第二十七条 履行监护责任的寄养、助养机构或者家庭，应当履行家庭教育义务。

儿童社会福利机构应当对寄养孤儿的家庭提供家庭教育指导服务。

未成年人流浪乞讨或者离家出走的，未成年人救助保护机构应当对未成年人进行临时照料，为未成年人提供心理疏导、情感抚慰等服务。其户籍所在地未成年人救助保护机构应当对其父母或者其他监护人提供家庭教育指导，并将其履行家庭教育义务的情况纳入监护评估内容。

第二十八条 鼓励国家机关、企业事业单位和社会组织将家庭教育纳入单位文化建设，把家庭教育情况作为评选文明职工、文明家庭和文明单位的重要内容，为职工实施家庭教育创造条件，提供支持。

父母、其他监护人参加学校家庭教育活动，其所在单位应当支持。

鼓励国家机关、社会团体、企业事业单位为职工提供公益性家庭教育指导服务。

第二十九条 为妇女、儿童提供公共服务的机构和组织，应当开展公益性家庭教育指导。

第三十条 设立经营性家庭教育服务机构或者提供经营性家庭教育服务的，应当向工商部门申请登记。登记机关应当依法予以登记。

第三十一条 鼓励社会工作服务机构和志愿服务组织开展家庭教育志愿服务。

第三十二条 鼓励依法设立家庭教育基金会或者家庭教育基金，支持家庭教育事业发展。

鼓励单位、个人向家庭教育基金会、家庭教育基金和家庭教育社会组织捐赠。捐赠人的捐赠支出，按照国家有关规定税前扣除。

第五章 保障激励

第三十三条 市、区县（自治县）人民政府应当将家庭教育指导服务纳入城乡公共服务，建立城乡家庭教育指导服务体系。

第三十四条 市、区县（自治县）人民政府应当为未成年人及其家庭提供家庭教育指导，并优先向孤残、留守、流动、遗弃、流浪、单亲或者父母服刑、强制戒毒等未成年人家庭和贫困地区、少数民族地区家庭，提供家庭教育救助和指导服务。

第三十五条 市、区县（自治县）人民政府应当建立家庭教育培训制度，制定家庭教育人才培训计划，组织编制家庭教育培训教材，培养家庭教育专门人才。

市人民政府应当制定家庭教育大纲，根据未成年子女的年龄阶段、身心发展规律和特点，以及生活环境等情况，分别确定家庭教育的重点内容，指导父母或者其他监护人实施家庭教育。

第三十六条 市、区县（自治县）人民政府及有关行政部门可以向社会组织购买家庭教育公共服务。购买家庭教育公共服务可以在同等条件下优先选择社会工作服务机构和志愿服务组织作为承接主体。

第三十七条 市、区县（自治县）人民政府应当运用各种媒体和宣传手段，普及家庭教育知识，营造家庭教育文化氛围。

广播、电视、报刊、互联网等媒体应当以专题节目、专题报道、专栏、公益广告等多种形式，普及家庭教育知识，开展经常性、公益性宣传。

第三十八条 市、区县（自治县）人民政府应当完善进城务工人员未成年子女入学、招生、住房等政策措施，保障未成年子女在父母务工地就近入（托）学、参加考试、居住。

第三十九条 市、区县（自治县）人民政府应当制定家庭教育规划和年度工作计划，将家庭教育工作纳入教育督导事项，建立家庭教育工作督查评估制度，对家庭教育工作作出突出成绩和贡献的单位和个人给予表彰和奖励。

第四十条 乡（镇）人民政府、街道办事处应当将家庭教育纳入社区教育工作体系，每年开展四次家庭教育指导活动。

村（居）民委员会应当协助乡（镇）人民政府、街道办事处推进家庭教育工作，处理家庭教育求助申请。

第六章 法律责任

第四十一条 父母或者其他监护人不履行

或者不当履行家庭教育职责，侵害未成年人合法权益的，相关单位和组织依法予以劝诫、批评教育或者向公安机关报案；公安机关接到报案后应当及时处理，并根据情节依法予以训诫、告诫或者行政处罚；构成犯罪的，依法追究刑事责任。

父母或者其他监护人不依法履行家庭教育职责，经教育不改的，人民法院可以依法根据有关人员或者有关单位的申请，撤销其监护人的资格，另行指定监护人。

第四十二条 家庭教育服务机构未依法登记，或者在教育活动中违反法律、法规和规章规定的，由有关主管部门依法进行处理。

第四十三条 负有家庭教育指导、管理职责的部门、机构和组织有以下情形的，由其所在单位或者上级机关责令改正；情节严重的，对直接负责的主管人员和其他责任人员依法给予处分；构成犯罪的，依法追究刑事责任：

（一）不履行家庭教育工作职责，不落实家庭教育政策和措施的；

（二）截留、挤占、挪用或者虚报、冒领家庭教育经费的；

（三）因工作失职致使家庭教育经费被骗取的；

（四）未成年人依照本条例第十九条的规定向有关单位或者组织求助，有关单位或者组织怠于行使职权或者互相推诿，造成严重后果的；

（五）其他滥用职权、玩忽职守或者徇私舞弊行为。

第七章 附 则

第四十四条 本条例自2016年9月1日起施行。

四 川

四川省未成年人保护条例

（1990年9月5日四川省第七届人民代表大会常务委员会第十八次会议通过，2011年9月29日四川省第十一届人民代表大会常务委员会第二十五次会议修订，自2012年1月1日起施行）

第一章 总 则

第一条 为了保护未成年人的身心健康，保障未成年人的合法权益，促进未成年人在品德、智力、体质等方面全面发展，根据《中华人民共和国未成年人保护法》、《中华人民共和国预防未成年人犯罪法》和相关法律法规，结合四川省实际，制定本条例。

第二条 四川省行政区域内未成年人的保护，适用本条例。

本条例所称未成年人是指未满十八周岁的公民。

第三条 国家、社会、学校和家庭应当根据未成年人身心发展的规律与特点，特殊、优先保护未成年人合法权益，保障未成年人安全健康成长。

保护未成年人的工作，应当遵循下列原则：

（一）尊重未成年人的人格尊严；

（二）适应未成年人身心发展的规律和特点；

（三）教育与保护相结合。

第四条 保护未成年人，是国家机关、社会团体、企业事业组织、村（居）民委员会、未成年人的监护人和其他成年公民的共同责任。

国家、社会、学校和家庭应当教育和帮助未成年人树立正确的人生观、世界观和价值观。未成年人有义务接受法律、人身安全和心理健康等知识宣传，遵守法律法规和社会公德，诚实守信，珍爱生命，掌握基本的生存常识，提高应对突发事件的能力，增强自我保护意识和社会责任感，增强辨别是非和自我保护的能力，抵制不良行为和违法犯罪行为。

国家、社会、学校和家庭在处理与未成年人权益有关的事务时，应当根据未成年人的身心发展规律和特点听取其意见。

第五条 未成年人保护工作由地方各级人民政府领导并组织实施。

县级以上地方各级人民政府设立未成年人保护委员会。未成年人保护委员会由同级人民政府及有关部门、司法机关、社会团体等成员单位组成，主任委员由同级人民政府负责人担任。共产主义青年团委员会协助同级人民政府做好未成年人保护工作，承担未成年人保护委员会的日常工作，并配备专职工作人员。

乡镇人民政府、街道办事处根据需要设立未成年人保护委员会；不设立的，应当指定专人负责未成年人保护工作，督促并指导社区的未成年人保护工作。

第六条 未成年人保护委员会在同级地方人民政府领导下，履行下列职责：

（一）宣传、贯彻有关未成年人保护的法律、法规和政策；

（二）督促国家机关、社会、学校和家庭做好未成年人保护工作；

（三）对未成年人进行理想教育、道德教育、纪律和法制教育，进行爱国主义、集体主义和社会主义的教育；

（四）接受对侵害未成年人合法权益行为的举报、投诉，督促、协调有关部门调查处理，为未成年人提供或者寻求法律帮助；

（五）制定未成年人保护工作发展规划，建立和完善未成年人保护工作制度；

（六）研究未成年人保护工作中的重大事项，向有关国家机关提出意见和建议；

（七）对本级未成年人保护委员会的成员单位和下一级未成年人保护委员会履行职责情况进行年度考核；

（八）处理其他有关未成年人保护工作的事项。

第七条 妇女联合会、工会、青年联合会、学生联合会、少年先锋队以及其他有关社会团体，协助各级人民政府做好下列工作：

（一）宣传保护未成年人合法权益的法律、法规和政策；

（二）组织开展对未成年人的革命传统、纪律和法制等教育；

（三）组织开展未成年人自我保护教育；

（四）组织开展适合未成年人特点的文化娱乐与科技活动；

（五）做好预防未成年人违法犯罪和帮教工作；

（六）开展未成年人保护的理论研究工作；

（七）其他有关工作。

第八条 对在未成年人保护工作中做出显著成绩的组织和个人，由地方各级人民政府和有关部门联合或者分别给予表彰、奖励。

未成年人的合法权益受到侵害的，任何单位或者个人有权向有关部门反映、投诉或者举报。有关部门接到举报，应当记录，并及时依法调查、处理；对不属于本部门职责范围的，应当及时移送相关部门。

第二章 未成年人的权利

第九条 未成年人享有生存权、发展权、受保护权、参与权等权利。未成年人的合法权益不受侵犯。

第十条 未成年人依法享有平等权。未成年人不分性别、民族、种族、财产状况、宗教信仰等，依法平等地享有权利。

非婚生子女、养子女与婚生子女享有同等的权利，任何组织或者个人不得歧视。

第十一条 未成年人享有生命权。生命垂危的未成年人有权获得国家和社会的及时抢救。禁止弃婴、溺婴或者以其他方法剥夺未成年人的生命权。

第十二条 未成年人的身体安全和心理健康不受侵犯。禁止以暴力、虐待、性侵害等形式危害未成年人的身心健康。

未成年人依法享有人身自由权。禁止非法拘禁和以其他方法非法剥夺或者限制未成年人的人身自由。禁止拐卖、盗抢或者以其他方式侵害婴幼儿的人身自由。

第十三条 未成年人依法享有姓名权、名誉权、荣誉权、肖像权、隐私权等民事权益。

禁止非法剥夺未成年人的荣誉称号。未成年人的隐私不受他人非法侵扰、收集、利用和公开。

第十四条 未成年人有接受监护的权利，在其成长发展过程中有权获得抚养、接受教育和保护。

第十五条 未成年人依法享有财产权。

未成年人通过继承、受赠和以其他合法方式获得的财产受法律保护。在家庭共有财产关系中，不得侵害未成年人依法享有的权益。

第十六条 未成年人有休息和娱乐的权利。

未成年人有权参加与其年龄相适宜的健康有益的游戏和娱乐活动，有权参加健康有益的文化、艺术、娱乐、体育、科技和社会实践等活动。

第十七条 国家和社会应当保障未成年人享有社会保险、社会救助、社会福利和医疗卫生保健等权益。

第十八条 适龄未成年人依法享有平等接受义务教育的权利，并承担接受义务教育的义务。

第十九条 未成年人依法享有进行科学研究、文学艺术创作和其他文化活动的权利与自由。国家依法保护未成年人的智力成果。

国家机关、社会、学校和家庭对未成年人从事科学、技术、文学、艺术和其他文化研究与创作的健康有益工作，应当给予鼓励和帮助。任何单位和个人不得侵犯未成年人的发现、发明、专利、著作等权利，以及获得报酬的权利。

第三章 家庭保护

第二十条 父母或者其他监护人应当依法履行对未成年人的抚养、教育等监护职责，应当尊重未成年人的人格尊严，为其提供必要的学习、生活和医疗保健条件，保护未成年人的身心健康和人身财产安全。

第二十一条 父母或者其他监护人应当创造良好、和睦的家庭环境，让未成年人在尊严、宽容、自由、平等的环境中健康成长。

第二十二条 父母或者其他监护人应当加强对未成年人的安全教育，让未成年人珍惜生命与健康。培养预防、应对突发事件的安全防范意识与能力。

第二十三条 家庭应当鼓励未成年人参加与其年龄和身心健康相适应的家务劳动、社区公益服务以及各类积极健康的有益活动，但不得让其从事影响身心健康的劳作和活动。

第二十四条 父母或者其他监护人不得有下列行为：

（一）歧视、侮辱、体罚、殴打、谩骂、虐待、遗弃、买卖未成年人或者溺婴；

（二）放任、迫使义务教育阶段的未成年人失学、辍学；

（三）以牟利为目的允许、放任或者强迫未成年人卖艺或者乞讨；

（四）非法侵占、处分未成年人的财产；

（五）教唆、纵容、包庇未成年人违法犯罪；

（六）强迫未成年人订婚、换亲或者允许、放任、强迫未成年人与异性同居；

（七）放任、强迫未成年人参加迷信活动或者其他邪教活动；

（八）让未满十六周岁的未成年人脱离监护单独居住；

（九）放任或者迫使未成年人离家出走；

（十）剥夺、限制未成年人的人身自由；

（十一）其他不履行对未成年人的监护职责和抚养义务、侵害未成年人合法权益或者影响其健康成长的行为。

第二十五条 父母或者其他监护人应当预防和制止未成年人的下列行为：

（一）吸烟、酗酒、买彩票；

（二）打架斗殴、辱骂他人；

（三）旷课、逃学、沉迷网络、电子游戏；

（四）夜不归宿、离家出走、流浪乞讨；

（五）赌博、偷窃、吸毒、卖淫、嫖娼；

（六）携带管制刀具；

（七）毁损公共设施及其他公私财物；

（八）阅读、观看、收听含有淫秽、暴力、凶杀、恐怖、赌博等不利于未成年人心理健康的图书、报刊、音像制品、电子出版物以及网络信息等；

（九）进入互联网上网服务营业场所、营业性歌舞娱乐场所等不适宜未成年人进入的场所；

（十）其他违背社会公德或者违法的行为。

第二十六条 家庭中的其他成年人应当协助未成年人的父母或者其他监护人教育、保护未成年人。

第二十七条 父母或者其他监护人因外出务工或者其他原因不能履行对未成年人监护职责的，应当委托有监护能力的其他成年人代为监护，并及时将委托监护的情况告知未成年人及其户籍所在地或者经常居住地的未成年人保护委员会、就读学校或者村（居）民委员会。

父母或者其他监护人委托监护时，应当充分考虑受委托监护人的身体健康、家庭环境、经济状况、道德品质、安全保障等基本情况，并听取未成年人的意见。

第二十八条 父母或者其他监护人有遗弃、虐待、强迫结婚及其他严重危害未成年人合法权益的行为的，未成年人父母、近亲属或者其他监护人所在的单位、未成年人住所地的村（居）民委员会或者民政部门可以申请人民法院撤销其监护人资格。被撤销监护资格的父母应当依法继续负担抚养、教育费用。

人民法院另行指定监护人时，应当尊重未成年人的意愿。

第二十九条 父母或者其他监护人应当接受有关国家机关和社会组织提供的家庭教育指导，学习正确的教育和监护方法，以健康思想、良好言行和正确方式教育、影响和保护未成年人。

鼓励社会团体、企业事业组织和村（居）民委员会组织开展家庭教育指导与服务。

第四章 学校保护

第三十条 学校应当建立未成年人保护工作责任制，保持与未成年学生家庭、所在村（居）民委员会和相关单位的联系，共同做好未成年人保护工作。

教育行政主管部门应当将未成年人保护工作纳入对学校的考核范围。

第三十一条 学校、幼儿园、托儿所及其教职员工应当尊重未成年学生的人格尊严，不得有下列行为：

（一）对未成年学生实施侮辱、恐吓、体罚、变相体罚或者其他有损人格尊严及生命健康的行为；

（二）组织未成年学生参加商业性剪彩、奠基、庆典等活动，或者以牟利为目的要求未成年学生从事劳动；

（三）实行有偿家教、有偿补课或者违反国家规定滥收费用；

（四）索要或者变相索要礼品和财物；

（五）强迫、变相强迫推销读物、印制作业等；

（六）在发生突发事件等危急情形下未优先组织未成年学生疏散躲避；

（七）其他侵害未成年学生合法权益的行为。

第三十二条 地方各级人民政府应当保障义务教育阶段未成年学生在户籍所在地、父母或者其他监护人工作、居住地平等接受义务教育。义务教育学校应当坚持免试就近入学原则。

第三十三条 学校应当严格执行国家和地方课程方案要求以及课时、课外作业量、组织未成年学生补课的有关规定。

学校应当保证未成年学生的课外活动时间，组织开展课外文化、体育、科普等活动，保障未成年学生的休息、娱乐，保障每天不少于1小时的体育锻炼。

节假日期间，中小学校的图书馆、体育馆等文化体育设施、互联网上网服务设施等应当向本校未成年学生免费或者优惠开放。

第三十四条 学校应当将涉及公民行为的基本法律原则和具体行为规范纳入教学计划，配备法律教材，开设法律基本知识课程，培养未成年学生的法律意识。

第三十五条 学校应当配备心理健康辅导员，对未成年学生进行生理、心理健康教育，对行为有偏差、心理有障碍的未成年学生及时给予关心和指导。

第三十六条 学校应当规范未成年学生在校园内使用移动通讯工具的时间与空间区域，禁止使用手机等移动通讯工具干扰正常的教学、生活秩序。

学校应当向未成年学生宣传互联网法律法规，教育未成年学生合理、正确使用手机、电脑等上网工具，抵制不良信息的侵害。

学校应当建立防范未成年学生在校期间逃课上网或者进入互联网上网服务营业场所的有

关制度。

第三十七条　学校、幼儿园和托儿所的建筑物、构筑物的建设、装修和设备设施的配置必须符合国家或者行业有关安全与质量标准，严格依法验收，并应当建立健全定期检查维修制度。

学校、幼儿园和托儿所应当建立健全饮食安全管理制度，严格执行国家有关食品安全规定，保证未成年人的饮食安全。

学校、幼儿园和托儿所应当依法建立健全校园门卫安全、寄宿学生安全、实验室安全、接送未成年人校车安全、幼儿和低年级学生上学放学交接安全等管理制度，确保未成年人的人身安全。

学校发现未成年学生有逃课、暴力等不良行为或者发生其他涉及未成年人安全情形时应当及时通知其父母或者其他监护人。

第三十八条　学校、幼儿园和托儿所应当向未成年学生普及各类安全常识及应对突发事件的知识与能力，制定各类突发事件的应急预案，组织未成年人进行逃生自救演练。演练每学期不少于一次。

发生突发事件和群体性人身伤害事故时，应当优先保护未成年人的安全。

第三十九条　学校相关设施建设和使用，应当根据未成年男女学生的生理特点区别对待，并应当照顾未成年女学生。

学校与老师在未成年女学生经期内不得安排其超过生理承受强度的体育活动等。

第四十条　学校不得违反国家规定对未完成义务教育的未成年学生实行停课、转学、退学、开除。

因故处分未成年学生的，应当听取未成年学生及监护人的陈述和申辩，并在处分决定中说明是否采纳的理由。未成年学生及监护人对处分决定不服的，可以向学校或者当地教育行政部门提出申诉。教育行政部门应当进行核查，并在10日内给予书面答复和说明理由。

第五章　社会保护

第四十一条　向未成年人开放的活动场所应当符合国家和行业安全标准。未成年人集中活动的公共场所，应当采取相应安全保护措施，并设置提醒保护未成年人人身安全的明显标志。

游乐设施的管理单位应当在设施附近的显著位置标明适用年龄范围或者注意事项等警示标志，加强管理，定期维护。

第四十二条　爱国主义教育基地、图书馆、青少年宫、儿童活动中心应当对未成年人免费开放。

博物馆、纪念馆、科技馆、展览馆、美术馆、文化馆以及影剧院、体育场馆、动物园、公园等场所，应当按照有关规定对未成年人免费或者优惠开放。

县级以上地方各级人民政府及其教育行政部门应当采取措施，鼓励和支持中小学校在节假日期间将文化体育设施对未成年人免费或者优惠开放。

第四十三条　中小学校园及周围二百米范围和居民住宅楼（院）内不得设立互联网上网服务营业场所。

居民住宅区和中小学校园及周围不得设立歌舞娱乐场所、游艺娱乐场所。

中小学校园门口五十米范围内不得摆摊设点和从事妨碍教学秩序或者影响未成年人身心健康的其他营业活动。

第四十四条　歌舞娱乐场所、互联网上网服务营业场所等不适宜未成年人活动的场所，不得接纳未成年人。除国家法定节假日外，游艺娱乐场所设置的电子游戏机不得向未成年人提供。

经营者应当在显著位置设置未成年人禁入或者限入的明显标志。歌舞娱乐场所对难以判明是否已成年的，应当要求其出示身份证等有效证件。互联网上网服务营业场所经营单位应当对身份证等有效证件进行核对、登记，并记录有关上网信息。

第四十五条　严禁非法设立互联网上网服务营业场所，或者擅自从事互联网上网服务经营活动。禁止以电脑学校、劳动职业技术培训班、电子阅览室、计算机房等名义变相经营上网服务的行为。

全社会应当推广家庭用户绿色上网业务，限制未成年人上网范围与上网时间。

第四十六条　禁止任何组织、个人制作或者向未成年人出售、出租或者以其他方式传播淫秽、暴力、凶杀、恐怖、赌博等不利于未成年人心理健康的图书、报刊、音像制品、电子出版物以及网络信息等。

第四十七条 禁止向未成年人提供和出售管制刀具、仿真玩具枪以及其他可能致人严重伤害的器械和物品。对难以判明是否已成年的，应当要求其出示身份证件。

第四十八条 任何组织和个人不得向未成年人出售或者提供烟酒；彩票销售场所不得向未成年人销售彩票和兑付奖金。

烟酒经营及彩票销售场所应当在显著位置设置不向未成年人出售烟酒和彩票的标志。对难以判明是否已成年的，应当要求其出示身份证件。

任何人不得在中小学校、幼儿园、托儿所的教室、宿舍、活动室和其他未成年人集中活动的场所吸烟、饮酒。

第四十九条 禁止任何组织或者个人招用未满十六周岁的未成年人，国家另有规定的除外。

任何组织或者个人按照国家有关规定招用已满十六周岁未满十八周岁的未成年人的，应当严格执行国家在工种、劳动时间、劳动强度和保护措施等方面的规定。

第五十条 任何单位和个人不得组织、胁迫、诱骗、利用未成年人乞讨，不得胁迫或者诱骗未成年人参加商业性的表演、礼仪、选美等活动。

组织未成年人参加表演、礼仪等活动，应当征得其父母或者其他监护人的同意，并不得损害其身心健康。

第五十一条 鼓励和支持社会组织、个人参与发展未成年人福利事业，依法设立未成年人福利机构、救助机构或者救助基金。

第六章 国家机关保护

第五十二条 地方各级人民政府应当将未成年人保护工作纳入国民经济和社会发展总体规划及年度计划，相关经费纳入本级财政预算。

地方各级人民政府应当统筹规划和建设适宜未成年人的文化、体育、科技等活动场所，保障公益性未成年人活动场所建设和日常运营资金。

地方各级人民政府鼓励社会力量兴办适合未成年人活动的文化、体育、科普等场所和设施。

任何单位和个人不得侵占、挪用、损坏、出租、转让未成年人活动场所。因城市建设、旧城改造、住宅新区建设确需占用的，原则上根据规划新建不低于原标准的活动场所和设施。各类社区建设应当配套新建未成年人活动场所。

第五十三条 地方各级人民政府应当积极发展学前教育事业，办好托儿所、幼儿园，支持并监督社会组织和个人依法兴办哺乳室、托儿所、幼儿园。

地方各级人民政府和有关部门应当采取多种形式，培养和培训幼儿园、托儿所的保教人员，提高其职业道德素质和业务能力。

第五十四条 教育行政部门应当合理配置教育资源，建立科学的教育评价制度，推进实施素质教育，并督促检查学校对未成年学生的保护工作。

省司法行政部门应当会同省教育行政部门将编制的小学、中学法律教学内容等纳入中、小学生思想品德与思想政治教育中。

第五十五条 民政部门应当建立健全未成年人救助保护中心、救助管理站等救助保护机构，依法承担救助保护和临时监护职责。

第五十六条 新闻出版主管部门应当加强对图书、报刊、音像制品、电子出版物等文化产品的监督管理，依法严厉查处危害未成年人身心健康的文化产品。

第五十七条 县级以上地方各级人民政府应当建设公益性互联网上网服务场所和设施，定时向未成年人免费或者优惠开放，为未成年人提供安全、健康的上网服务。

公安、文化、新闻出版、通信等主管部门应当加强对网络信息内容以及网络信息服务提供商的监督管理，对不良信息内容进行屏蔽，防止未成年人利用手机、电脑等工具通过互联网接触不良信息。

公安、文化等主管部门对互联网上网服务营业场所、营业性歌舞娱乐场所、游艺娱乐场所等未成年人禁入或者限入的活动场所建立健全视频监管系统和专人巡查制度。

工商行政管理部门应当加强对互联网上网

服务营业场所的登记管理，依法确定互联网上网服务营业场所的市场主体资格，查处取缔非法的互联网上网服务营业场所等无照经营活动。

第五十八条 卫生部门和学校应当对未成年人进行卫生保健、健康教育和营养指导，提供必要的卫生保健条件，做好疾病预防工作。

卫生部门应当做好对儿童的预防接种工作，国家免疫规划项目的预防接种实行免费。积极防治儿童常见病、多发病，加强对传染病防治工作的监督管理，加强对幼儿园、托儿所卫生保健的业务指导和监督检查。

第五十九条 工商、质量技术监督、卫生、食品药品监督和城市管理等行政部门应当按照各自职责，依法查处生产销售有害未成年人安全和健康的食品、药品、玩具和游乐设施等违法行为，加强对学校餐饮、建筑物构筑物装饰装修、设备设施和学校周边提供餐饮服务、销售食品、文具、玩具等市场的监督管理。

第六十条 环境保护部门应当加强对学校周边的水、大气、噪音、固体废弃物、放射性物质等污染源进行重点整治。

第六十一条 知识产权管理机构应当依法保护未成年人的智力成果不受侵犯。未成年人依法申请专利的，应当给予指导和帮助，并依法减免有关费用。

第六十二条 公安、交通等行政部门应当加强学校、幼儿园和托儿所周边的道路交通安全管理，在门口以及其他未成年人集中出入的交通道口，设置明显的禁停、警示、让行、限速标志和必要的交通安全保护设施，适当延长行人通过时间。

公安机关应当把学校、幼儿园和托儿所周边地区作为重点治安巡逻、监控区域，建设周边公共视频监控系统和报警系统，及时发现和消除各类治安隐患，预防、制止侵害未成年人人身、财产安全的违法犯罪行为。

公安机关应当在流浪未成年人救助保护中心、救助管理站设立警务室或者报警点，协助管理、教育流浪未成年人。

第六十三条 公安机关、人民检察院、人民法院应当根据未成年人身心发展的规律与特点依法办理未成年人犯罪案件和涉及未成年人权益的案件。严厉打击贩卖、盗抢、伤害婴幼儿的行为。

第七章 特殊保护

第六十四条 本条例对下列对象实施特殊保护：

（一）残疾未成年人；

（二）弃儿、孤儿、流浪乞讨等生活无着未成年人；

（三）留守未成年人；

（四）外来务工人员的未成年子女；

（五）有严重不良行为或者违法犯罪行为的未成年人；

（六）患有艾滋病或者父母患有艾滋病、服刑劳教人员子女等未成年人。

第六十五条 任何组织和个人应当尊重残疾未成年人的人格尊严，不得歧视、侮辱、虐待、伤害、遗弃残疾未成年人。严禁组织、利用残疾未成年人开展营利性活动。

地方各级人民政府应当根据需要，建立为残疾未成年人提供学习、生活、康复、医疗的教育和福利机构，设置实施特殊教育的学校或者在普通学校附设特殊教育班，对残疾未成年人实施义务教育。

对可以进人普通学校学习的残疾未成年人，普通学校应当予以招录。

第六十六条 对被拐骗、离家出走和流浪乞讨等生活无着的未成年人，各级民政部门设立的流浪未成年人救助保护中心、救助管理站应当实施救助保护，分别情况妥善处理：

（一）对能查找到家庭基本情况有监护人的，及时通知其监护人接回；

（二）对能查找到家庭基本情况但无监护人的，及时通知流出地民政部门接回妥善安置；

（三）对无法查找到家庭基本情况和无家可归的，流入地民政部门应当妥善安置；对没有亲属和其他监护人抚养的弃婴、孤儿，经依法公告后由民政部门设立的儿童福利机构收留抚养。

公安、民政、卫生等相关部门应当建立区域救助协作机制，确保接送、护送流浪乞讨、离家出走的未成年人到救助场所，并及时通知其父母或者其他监护人领回。对其中危重病人、精神病人和传染病人应当先救治后救助。

第六十七条 父母应当关心留守未成年子女的生活、学习和身心健康，并提供必要的生活保障；应当与学校、留守未成年子女和受委托监护人保持经常联系。

县级人民政府应当统筹规划本行政区域内留守未成年子女的教育和监护服务工作，可以在留守未成年子女集中的乡镇建立托管机构或者寄宿制学校。

未成年人保护委员会、学校和社会团体、群众组织应当开展对留守未成年人的生活关爱、心理疏导、情感沟通等活动。

第六十八条 地方各级人民政府及其有关部门应当采取措施，解决外来务工人员未成年子女在生活、学习、医疗等方面的困难，保障其合法权益。

地方各级人民政府及其教育行政部门应当将外来务工人员未成年子女的义务教育纳入当地教育发展规划，列入教育经费预算，以全日制公办中小学为主接收外来务工人员未成年子女入学，保障其平等地接受义务教育。

第六十九条 对有不良行为或者违法犯罪的未成年人，应当实行教育、感化、挽救的方针，坚持教育为主、惩罚为辅。

第七十条 国家机关、社会、学校和家庭应当在合理的范围内采取措施保护患有艾滋病或者父母患有艾滋病、服刑劳教人员子女等未成年人的身心健康，为其成长提供良好的社会环境。

第七十一条 省人民政府应当根据需要规划、设置专门学校，并将其纳入普通学校序列。专门学校所需经费纳入财政预算，教育行政部门对专门学校的教育和管理提供指导。

未成年人有严重不良行为的，学校与其父母或者其他监护人无力管教或者管教无效的，可以由其父母、其他监护人或者所在学校申请，经教育行政部门批准，送专门学校接受义务教育和矫治。

未成年学生被送到专门学校后，原就读学校应当为其保留学籍，其专门学校学习经历不记入个人档案。专门学校学生在复学、升学、就业等方面与普通学校学生享有同等权利，任何单位和个人不得歧视。

专门学校应当保证未成年学生完成义务教育，开展心理辅导，矫治不良行为，并根据需要进行劳动技术教育和职业技能培训。

第七十二条 对有不良行为的未成年人，家庭、学校、村（居）民委员会和有关部门应当协同管理、协同教育、协同矫治。

第八章　法律责任

第七十三条 违反本条例规定，侵害未成年人的合法权益，其他法律、法规已规定行政处罚的，从其规定；造成人身财产损失或者其他损害的，依法承担民事责任；构成犯罪的，依法追究刑事责任。

第七十四条 父母或者其他监护人不依法履行监护职责，或者侵害未成年人合法权益的，可以由其所在单位或者村（居）民委员会、未成年人保护委员会予以劝诫、制止，或者由公安机关予以训诫，责令严加管教；构成违反治安管理行为的，由公安机关依法给予行政处罚；构成犯罪的，依法追究刑事责任。

第七十五条 学校侵害未成年人合法权益的，由教育行政部门或者其他有关部门责令改正；情节严重的，对直接负责的主管人员和其他直接责任人员依法给予处分。造成民事损害的，应当依法赔偿；违反治安管理的，由公安机关依法给予行政处罚；构成犯罪的，依法追究刑事责任。

学校不履行安全管理和安全教育职责，对重大安全隐患未及时采取措施的，有关主管部门应当责令其限期改正；拒不改正或者有下列情形之一的，教育行政部门应当对学校负责人和其他直接责任人员给予行政处分；构成犯罪的，依法追究刑事责任：

（一）发生重大安全事故、造成学生伤亡的；

（二）发生事故后未及时采取适当措施、造成严重后果的；

（三）瞒报、谎报或者缓报重大事故的；

（四）妨碍事故调查或者提供虚假情况的；

（五）拒绝或者不配合有关部门依法实施安全监督管理职责的。

第七十六条 违反本条例第四十三条第一款和第二款规定的，由主管部门依法给予行政处罚。

违反本条例第四十三条第三款规定的，由主管部门责令改正，情节严重的，依法给予行政处罚。

第七十七条 营业性电子游戏场所未在入口及其他显著位置设置未成年人限入标志的，由文化行政主管部门责令改正，给予警告；拒不改正的，处以一百元以上一千元以下罚款。营业性歌舞娱乐场所、互联网上网服务营业场所未在入口及其他显著位置设置未成年人禁入标志的，由文化行政主管部门责令改正，给予警告，可以并处一千元以上一万以下罚款。

第七十八条 营业性歌舞娱乐场所、互联网上网服务营业场所、营业性电子游戏场所违法接纳未成年人的，文化行政主管部门按照以下规定予以处罚，并对其直接负责的主管人员和其他直接责任人员处以五百元以上一千元以下罚款：

（一）营业性歌舞娱乐场所接纳未成年人进入的，没收违法所得，并处以一万元以上三万元以下罚款；情节严重的，责令停业整顿一个月至六个月；

（二）互联网上网服务营业场所接纳未成年人进入的，处以一千元以上一万元以下罚款；一次接纳两名未成年人或者一年内累计接纳未成年人两次，并处责令停业整顿一个月至六个月；一次接纳三名以上未成年人或者一年内累计接纳未成年人三次、因接纳未成年人引发重大恶性案件等严重情节，并处吊销《网络文化经营许可证》；

（三）营业性电子游戏场所在国家法定节假日外接纳未成年人的，依法没收违法所得，并处以一千元以上一万元以下罚款；情节严重的，责令停业整顿三个月。

第七十九条 出版、播映或者以其他方式传播不适宜未成年人阅读、观看的图书、报刊、影视节目、音像制品、电子出版物及网络信息，没有在醒目位置标识警示说明的，由文化行政主管部门、新闻出版、广播电影电视等主管部门依法予以查处。

第八十条 组织、教唆、胁迫未成年人乞讨的，由公安机关依法查处。以暴力、胁迫手段组织不满十四周岁或者残疾未成年人乞讨的，依法追究刑事责任。

胁迫、诱骗未成年人进行残忍、恐怖、色情表演的，由公安机关、工商行政主管部门依照职责分别责令停业整顿，对直接负责的主管人员和其他直接责任人员由公安机关依法给予处罚；构成犯罪的，依法追究刑事责任。

第八十一条 烟酒、彩票销售场所未在显著位置设置不向未成年人出售烟酒、彩票标志的，由烟草、酒类、民政、体育行政主管部门依照法定职责责令改正，并处以一百元以上一千元以下的罚款。

向未成年人出售烟酒的，由烟草专卖行政主管部门、酒类行政主管部门依照法定职责处以二百元以上二千元以下罚款。

彩票发行机构、彩票销售机构向未成年人销售彩票的，由财政部门责令改正，有违法所得的，没收违法所得，对直接负责的主管人员和其他直接责任人员，依法给予处分。彩票代销者向未成年人出售彩票的，由民政部门、体育行政部门责令改正，处二千元以上一万元以下罚款，有违法所得的，没收违法所得。

第八十二条 社会团体及其工作人员侵害未成年人合法权益或者不履行保护未成年人相关义务的，由相关行政主管部门或者其他有关部门责令改正；情节严重的，对直接负责的主管人员和其他直接责任人员依法给予处分。造成民事损害的，应当依法赔偿；违反治安管理的行为，由公安机关对违法行为人依法给予行政处罚；构成犯罪的，依法追究刑事责任。

第八十三条 行政机关、司法机关以及未成年人保护机构的工作人员有以下情形的，相关部门应当实施行政问责，由其所在单位或者上级机关责令改正；情节严重的，由其主管部门或者监察部门对直接负责的主管人员和其他直接责任人员给予行政处分；构成犯罪的，依法追究刑事责任：

（一）批准不符合法定设立条件的对未成年人成长有影响的娱乐性场所和其他商业性机构；

（二）发现违法行为或者接到举报、通报不及时查处或者不予依法查处的；

（三）为违法经营场所通风报信的；

（四）其他滥用职权、玩忽职守、徇私舞弊的行为。

第九章　附　则

第八十四条　本条例自2012年1月1日起施行。

成都市未成年人安全保护条例

（2007年6月7日成都市第十四届人民代表大会常务委员会第三十三次会议通过，2007年9月27日四川省第十届人民代表大会常务委员会第三十次会议批准，自2007年12月1日起施行）

第一章　总　则

第一条　为了防止和避免发生导致未成年人伤亡的人身安全事故或事件，保护未成年人的人身安全，根据《中华人民共和国未成年人保护法》等法律法规，结合成都市实际，制定本条例。

第二条　本条例所称的“安全”，是指未成年人的生命、身体的人身安全。

第三条　未成年人的安全保护贯彻预防为主，教育和保护相结合的原则。

第四条　保护未成年人的人身安全，是国家机关、企事业单位、社会团体、未成年人的监护人和其他成年公民的共同责任。

对危害未成年人安全的行为，任何组织与个人都有权予以劝阻、制止或者向有关部门提出检举或控告。

第五条　各级人民政府领导有关部门做好未成年人安全保护工作，接受对侵犯未成年人安全行为的投诉、举报，并进行调查、处理。

第二章　家庭保护

第六条　父母或者其他监护人应当对未成年人的人身安全提供健康有益的教育和保护。

第七条　父母或者其他监护人应当为未成年人的人身安全提供必要的物质和医疗保健条件。

第八条　父母或者其他监护人应当教育、引导未成年人遵纪守法，预防和制止未成年人打架、斗殴、赌博、吸毒等行为。

应当引导未成年人远离淫秽色情、凶杀暴力和封建迷信的音像制品、书刊、网络、声讯电话等媒介。

第九条　父母或者其他监护人不得有下列行为：

（一）提供机动车辆给未成年人驾驶；

（二）将未满6周岁的未成年人留在无人看护的场所或委托给无看管能力者看管；

（三）剥夺、限制未成年人的人身自由。

第十条　监护人或者其他家庭成员应当注意未成年人的乘车安全，不得将未满6周岁的未成年人安置在副驾驶位置上。

第十一条　自行车携带6周岁以下的儿童应当设置儿童专用座椅，在车轮两侧加设防护罩。

第十二条　带未成年人在动物园等游乐场所游玩时，应当注意游乐场所内的特别警示，防止未成年人进入不安全的区域。

在山川、河流、湖泊游玩时，应当注意未成年人的游览范围和游览方式，防止意外伤害事件的发生。

第十三条　监护人和家庭中其他成年人应当确保家用电路、煤气和农药等可能危及未成年人安全的设施、器具、物品的安装、使用、放置符合有关安全规定。

第十四条　鼓励父母或者其他监护人接受学校和家庭教育机构的指导，学习未成年人安全保护方法，培养未成年人的自我保护意识和应对紧急事件的能力。

鼓励为未成年人人身意外伤害投保。

第三章　学校保护

第十五条　学校应当根据国家和地方的相关规定，建立健全各项安全保障制度、安全管理制度。

学校应当积极采取有效措施，防止未成年人伤害事件的发生，消除可能造成未成年人伤害的危险。

第十六条　学校应当根据学生不同年龄段的生理、心理特征和个体差异进行科学教育。

第十七条　学校在对学生进行教育和管理的过程中，不得实施体罚或者变相体罚。

第十八条　学校应当设置心理辅导员、法制辅导员，加强对学生的心理健康辅导和法制教育。

对于有吸烟、酗酒、赌博、打架、斗殴等不良行为的学生，学校和教师应当加强教育和综合矫正。

第十九条　学校应当加强对教职工的教育，提高教职工对未成年人安全保护的意识。

第二十条　学校应当建立安全保卫制度，配备合格的安全保卫人员，加强对教室、学生宿舍、实验室、游泳池等重点场所的安全保护，应当建立学生宿舍24小时值班保卫制度。

第二十一条　学校安全保卫人员发现在校园内打架斗殴、寻衅滋事、偷盗抢劫、携带管制刀具等危及学生安全的违法犯罪行为的，必须及时制止，并向学校或公安机关报告。

学校应当将前款危及学生安全的事件及时告知学生父母或者其他监护人。

第二十二条　学校应当有针对性地对学生进行安全教育、安全管理和安全保护，预防、制止学生间打架、斗殴、索要钱物等安全事件的发生，特别是预防、制止学生之间群殴事件的发生。

第二十三条　学校应当根据学生的不同年龄段，教育学生不同层次地掌握室内自救、野外自救、水上自救、自然灾害自救等自救技能，可以会同公安消防等部门组织学生进行自救演练，提高学生的自我保护能力和安全防范能力。

第二十四条　学校应当教育学生远离具有易燃、易爆、剧毒、弧光、放射性物质等可能危及人身安全的场所，不得组织和同意学生参加可能接触易燃、易爆、剧毒、弧光、放射性物质等对人身健康有害的活动。

第二十五条　学校提供的食品、饮用水以及玩具、文体用具等物品应当符合国家和地方的卫生、安全标准。

第二十六条　学校应当建立严格的食堂管理制度。对食品的采购、加工、储存、运输和销售等环节要进行严格控制和管理，实行预防、监控、责任相统一的管理制度。

食堂的从业人员应当持证上岗，并定期体检。

无关人员不得进入食堂的操作间和仓储间。

第二十七条　学校生产经营学生食品，必须依法取得卫生许可证等有关证照，各类摊点均不得在校内经营。

第二十八条　学校应当定期对食堂、宿舍、厕所、浴室、教室、图书馆等公共场所进行卫生防疫检查和消毒，发现有传染病疫情的，应当及时处理并向有关主管部门报告。

第二十九条　学校教室、图书馆、实验室、宿舍等教学生活场所必须安装合格的通风、防火、防盗、逃生等安全设施。

学校不得使用可能危及未成年人安全的建筑物。

第三十条　学校应当加强对建筑物、构筑物和其他公共设施的维护，防止公共设施坠落、脱落、掉落或者石头、玻璃、铁器等尖锐、坚硬物体危及未成年人的安全。

第三十一条　未经许可，任何人或者车辆不得进入校园；经允许进入的，应遵守学校的交通规定。

第三十二条　学校应当加强对接送学生的校车的安全检查和管理，禁止使用不符合安全运输条件的车辆。

担任校车的司机应当具有5年以上的驾驶经验。学校不得雇用有酒后驾车等违法记录或者承担过交通事故责任的人员担任校车司机。

第三十三条　接送学生的校车应当设置显著标识，在市区内可以在公交车道行驶，严禁超载、超速行驶。

学校应当制作学生乘车登记表，记载学生上下车的地点和时间。

第三十四条　上实验课前，教师应当有针对性地对学生进行安全教育。

教师或者有关实验人员应当对实验仪器、实验用品、实验设备等进行例行检查，确保安全。

对于实验用药品、试剂、制剂等，应当妥善存放、保管、运输。

第三十五条 学校组织体育活动、竞赛，应当在安全的场所进行，并采取必要的安全防护措施。

第三十六条 学校组织大型集体活动应当建立相关安全应急预案。

第三十七条 学校组织学生参加校外活动，应当确保交通安全、活动安全、食品卫生安全等，配备必要的救护药品、器具和救护人员。

第三十八条 寄宿制学校的学生有擅自外出、夜不归宿等非正常情形的，学校应当及时寻找，并告知其父母或者其他监护人。

第三十九条 学校应当购买校方责任险。

学校鼓励和提倡学生自愿参加意外伤害保险。

第四十条 学生伤害事件发生后，学校应当及时采取救护措施，防止损害后果扩大。

第四章　社会保护

第四十一条 本市各级人民政府应当将未成年人安全保护工作纳入国民经济和社会发展总体规划，将未成年人安全保护经费列入财政预算，并保证逐年增加。

第四十二条 教育行政主管部门应当加强学校未成年人安全保护工作的检查监督，督促学校消除不安全隐患，对造成学生严重人身伤亡事故的，应当及时调查、处理，学校应当予以配合。

第四十三条 教育行政主管部门应当督促学校购买校方责任险。

第四十四条 公安机关应当重点加强学校周边环境的治安管理与整治，及时处理发生在学校周边的危害未成年人安全的违法犯罪行为。公安机关应当对学校周边未成年人不得进入的场所，加强监督管理。

第四十五条 公安机关发现深夜未归的未成年人，应当及时查明情况，采取必要的保护措施，或者规劝、护送其返回住所。

第四十六条 公安机关、司法机关对未成年人的父母或者其他监护人采取拘留、逮捕、强制戒毒等剥夺人身自由的措施或者处罚，可能导致未成年人失却监护的，应当通知未成年人所在地的居民委员会、村民委员会或者民政部门，临时代行对未成年人监护职责。

受通知的居民委员会、村民委员会或者民政部门，应当协调其他部门或者个人妥善安置、照顾未成年人的日常生活。

第四十七条 公安交通管理部门在学生上学和放学时应当加强校门口的道路交通安全管理。

第四十八条 卫生行政管理部门应当指导、监督学校改善环境卫生，预防常见病和传染病的发生和传播。

工商等行政管理部门应当严格查处学校周边的无照、无证餐饮店、副食店、流动商贩。

第四十九条 消防部门应当加强对学校场所的消防安全检查，发现火灾隐患，应当责令学校落实整改措施。

第五十条 他人留宿未成年人的，应当征得其父母或者其他监护人的同意，在二十四小时内及时通知其父母或者其他监护人、所在学校或者及时向公安机关报告。

第五十一条 食品和玩具、用具等儿童用品，不得有害未成年人的安全。

生产、销售前款所列产品，应当备有适用年龄范围、警示标识等安全注意事项。

第五十二条 游乐设施以及其他可能危及未成年人安全设施的经营管理单位或者个人，应当在设施附近的显著位置标明适宜年龄范围、警示标识等安全注意事项。

第五十三条 商场、医院、图书音像制品店等公共场所电梯的设置、使用、维护，应当根据未成年人的特点，采取设置安全警示等防护措施。

第五十四条 水库、池塘等可能危害未成年人安全的设施的所有者、管理者或者使用者应当在显著位置设置安全警示标识，并采取必要的安全防护措施。

第五十五条 学校周边200米以内不得设置有毒、有害、易燃、易爆等具有高度危险性的设施设备。

第五章 法律责任

第五十六条 未成年人的父母或者其他监护人，违反本条例第二章 规定的，有关部门、单位依法给予批评教育。

第五十七条 学校违反本条例第三章 规定的，教育主管部门责令改正，并依法追究学校负责人或者其他直接责任人的行政责任；应当承担民事责任的，依法承担民事责任；构成犯罪的，依法追究刑事责任。

第五十八条 违反本条例第四章 规定的，有关主管部门责令改正，依法给予行政处罚；应当承担民事责任的，依法承担民事责任；构成犯罪的，依法追究刑事责任。

第五十九条 有关主体根据本章规定承担行政法律责任或者依法承担刑事责任的，不能作为其向受害人承担民事责任的抗辩事由。

第六章 附 则

第六十条 幼儿园、托儿所未成年人的安全保护适用本条例。

第六十一条 本条例自 2007 年 12 月 1 日起施行。

贵 州

贵州省未成年人保护条例

（2010 年 7 月 28 日贵州省第十一届人民代表大会常务委员会第十六次会议通过，自 2010 年 9 月 1 日起施行）

第一章 总 则

第一条 为了保护未成年人的身心健康，保障未成年人的合法权益，促进未成年人全面发展，根据《中华人民共和国未成年人保护法》和有关法律、法规的规定，结合本省实际，制定本条例。

第二条 本条例所称未成年人是指未满 18 周岁的公民。

第三条 保护未成年人工作，应当坚持尊重人格尊严、平等对待，适应未成年人身心发展规律和特点，教育与保护相结合的原则。

对未成年人享有的生存权、发展权、受教育权、受保护权、参与权等权利，应当给予特殊、优先保护。

第四条 国家机关、武装力量、政党、社会团体、企业事业单位、村（居）民委员会、未成年人的监护人和其他成年公民，有责任保护、关心、培养、教育未成年人，优化未成年人成长环境，帮助未成年人增强自我保护意识，促进未成年人在德、智、体、美等方面全面发展。

第五条 县级以上人民政府领导本行政区域内的未成年人保护工作，将未成年人保护工作纳入国民经济和社会发展规划及年度计划，组织制定和实施未成年人保护工作规划，所需经费列入本级财政预算。有条件的地方可以设立未成年人保护专项资金，用于未成年人保护工作。

第六条 县级以上人民政府设立未成年人保护委员会，负责协调、指导和监督未成年人保护工作，承担以下职责：

（一）宣传有关未成年人保护法律、法规和政策，并对实施情况进行监督、检查；

（二）研究未成年人保护工作中的重大问题，决定未成年人保护工作中的重大事项；

（三）受理侵害未成年人合法权益的投诉、举报，督促有关部门及时处理，协调有关部门为未成年人提供法律帮助；

（四）指导下级人民政府未成年人保护委员会的工作；

（五）做好有关未成年人保护的其他工作。

未成年人保护委员会由各级人民政府及有关部门、人民法院、人民检察院和社会团体的负责人及社会知名人士组成，可以聘请有关部门工作人员及热心未成年人保护工作的人士作为特邀监督员。

未成年人保护委员会下设办事机构，负责日常工作。

第七条 共产主义青年团、妇女联合会、工会、残疾人联合会、青年联合会、学生联合会、少年先锋队、红十字会以及其他有关社会团体，协助各级人民政府做好未成年人保护工作，维护未成年人的合法权益。

第八条 各级人民政府和有关部门对保护未成年人有显著成绩的单位和个人，给予表彰和奖励。

第二章 家庭保护

第九条 父母或者其他监护人应当依法履行对未成年人的监护职责和抚养义务，创造良好、和睦的家庭环境，提供必要的学习、生活条件，促进未成年人健康发展。

第十条 父母或者其他监护人应当尊重未成年人的知情权、隐私权，根据未成年人不同年龄阶段的生理、心理特点和认知能力、思想状况，引导未成年人养成良好的学习行为和生活习惯，保障未成年人享有与其身心健康相适应的休息和娱乐时间。

父母或者其他监护人应当鼓励、支持未成年人参加与其年龄相适应的家务劳动、社会公益活动以及各类健康的文体活动，增强其自理和自律能力。

第十一条 父母或者其他监护人应当加强对未成年人的安全知识教育，提高其自我防范能力，保护未成年人的人身安全。

第十二条 父母或者其他监护人应当增强教育与监护意识，学习家庭教育知识，主动接受家庭教育指导，掌握正确的教育和监护方法。

教育行政部门、共产主义青年团、妇女联合会和学校、社区应当通过举办家长学校、专题讲座、网络课堂等形式加强对家庭教育的指导，引导父母担负起教育子女的责任，提高教育子女的能力。

第十三条 父母或者其他监护人不得有下列行为：

（一）对未成年人实施家庭暴力，虐待、遗弃未成年人；

（二）教唆、强迫、怂恿、纵容未成年人从事违法、犯罪行为或者违反社会公德的行为；

（三）强迫、教唆、指使未成年人乞讨、卖艺等；

（四）为未成年人订立婚约，允许或者迫使未成年人结婚或者与他人同居；

（五）非法处分、侵占未成年人的财产；

（六）歧视女性未成年人、残疾的未成年人以及有违法犯罪行为的未成年人；

（七）放任正在接受义务教育的未成年人失学、辍学；

（八）侵害未成年人合法权益的其他行为。

第十四条 父母对未成年的继子女、养子女、非婚生子女，应当依法履行监护职责和抚养义务，不得歧视、虐待、伤害或者遗弃。

第十五条 父母或者其他监护人因外出务工或者其他原因不能履行对未成年人监护职责的，应当委托有监护能力的人员代为监护，将委托监护情况告知未成年人所在学校、村（居）民委员会，并保持与委托监护人、未成年子女及其所在学校、村（居）民委员会的经常性联系。委托监护前应当听取并尊重有表达意愿能力的未成年子女的意见。

第三章 学校保护

第十六条 学校应当全面贯彻国家的教育方针，实施素质教育，在进行文化教育的同时，重视对未成年学生的思想品德教育、优秀传统教育、法制教育、劳动教育；根据未成年学生身心发展规律和特点，适时开展生理、心理健康教育和青春期教育。

第十七条 学校应当尊重和保障未成年学生的受教育权，不得以停课、劝退、劝转等方式变相剥夺学生的受教育权。

第十八条 学校应当建立未成年学生保护工作制度，成立家长委员会，听取家长对未成年学生保护和教育工作的意见，建立与家庭、社区以及村（居）民委员会的联系制度。

学校和教师发现未成年学生有不良行为的，

应当及时制止和纠正，并对其进行有针对性的教育，不得歧视、擅自停止其上课。

第十九条 学校、幼儿园、托儿所的教职员工应当尊重未成年人的人格尊严，不得对未成年人实施体罚、变相体罚或者其他侮辱人格尊严的行为；不得以经济手段惩罚违反校规校纪的未成年人。

第二十条 学校应当完善法制副校长和法制辅导员的聘任及工作制度。

学校应当配备健康辅导员，有针对性地开展生理、心理健康辅导及青春期健康辅导和社会生活指导。

第二十一条 学校、幼儿园、托儿所应当建立健全校园安全制度，配备专职安全保卫人员，加强校园安全保卫。寄宿制学校还应当建立夜间值班和安全巡查制度。

学校、幼儿园、托儿所及其教职员工对学校内扰乱教学秩序或者侵害未成年人人身、财产安全的行为应当予以制止，必要时向公安机关报告。

第二十二条 教育行政部门和学校、幼儿园、托儿所应当制定应对各类灾害、传染性疾病、食物中毒、意外伤害等突发事件的预案，每年至少组织进行一次安全应急演练。突发事件发生时，应当立即启动突发事件预案，及时疏散、转移和优先救护未成年人。

第二十三条 学校、幼儿园、托儿所不得组织未成年人参加商业活动；不得向未成年人推销或者变相推销教学辅导材料和学习、生活用品；不得以任何理由强迫未成年人接受有偿的疾病免疫接种。

第二十四条 学校应当合理安排课时和作业，保证未成年学生的娱乐、休息、睡眠时间和每天不少于1小时的体育锻炼时间。

第二十五条 学校对用于教学的互联网上网服务设施，应当采取安全过滤措施，引导、教育未成年学生正确选择和使用网络资源，培养未成年学生良好的上网习惯，自觉抵制网络不良信息。

第二十六条 学校处分未成年学生，应当听取未成年学生及其父母或者其他监护人的陈述和申辩，并对申辩的内容予以书面答复，不得因申辩加重对未成年学生的处分。

因违反学校纪律被学校处分的未成年学生，本人、其父母或者其他监护人对学校处分决定不服的，可以向教育行政部门提出申诉。教育行政部门应当进行核查，并在10日内给予书面答复。

第二十七条 有条件的市、州人民政府和地区行政公署应当设置专门学校，对在专门学校就读的未成年学生进行思想品德教育、法制教育、文化教育、劳动技术教育和职业教育。

专门学校的办学条件、教师待遇，应当予以保障。

第二十八条 进入专门学校就读的学生，原学校应当保留其学籍；符合条件要求转回原学校的，原学校不得拒绝接受；毕业后由原学校颁发毕业证书。

第四章 社会保护

第二十九条 文化、工商行政管理、广播电影电视、新闻出版、通信管理等部门应当严格影视和各种出版物审查制度，加强对传媒行业的监督和指导，加强对互联网上网服务场所、网络运营商、报刊亭、售书租书摊点以及录像、电子游戏室等的监督管理。

禁止任何单位和个人向未成年人出售、出租或者以其他方式传播渲染色情、淫秽、暴力、恐怖、迷信、民族歧视等内容的书刊和音像制品。

第三十条 禁止拐卖、绑架、虐待未成年人，禁止对未成年人实施性侵害。

禁止胁迫、诱骗、利用未成年人乞讨或者组织未成年人进行有害其身心健康的表演等活动。

第三十一条 爱国主义教育基地、图书馆、青少年宫、儿童活动中心应当对未成年人免费开放；各类博物馆、科技馆、纪念馆、展览馆、体育场（馆）、公园、影剧院等公共场所应当对未成年人实行免费或者优惠开放。

专供未成年人活动的场地、设施、器械，成年人不得占用，有关单位不得出租或者挪作他用。

第三十二条 中小学校园周边200米内不得设置营业性歌舞娱乐场所、互联网上网服务营业场所、营业性电子游戏厅等不适宜未成年人活动的场所。

营业性歌舞娱乐场所、互联网上网服务营业场所、酒吧等不适宜未成年人活动的场所不得允许未成年人进入，经营者应当在显著位置设置未成年人禁入标志；对难以判明是否已成年的，应当要求其出示身份证件。

第三十三条 成年人有劝阻、制止未成年人不良行为的责任，发现离家出走或者夜不归宿的未成年人，应当采取必要的保护措施。

未成年人处于危险、紧急情况时，成年公民应当救护、援助。

第三十四条 社会各方面应当支持中、小学校共产主义青年团、学生会、少年先锋队组织的社会实践活动，并为之提供便利条件。

第三十五条 对未成年人的父母或者其他监护人采取限制人身自由的措施或者处罚，可能导致未成年人失去监护的，采取措施的机关应当通知未成年人的其他成年亲属、所在地的村（居）民委员会或者民政部门，临时代行监护职责。

第三十六条 公安机关应当把学校、幼儿园、托儿所周边地区作为重点治安巡逻、监控区域，在治安情况复杂的学校、幼儿园、托儿所设立警务室或者治安岗亭。

公安机关应当依法维护校园以及周边地区的治安秩序，对扰乱学校教育教学秩序或者对学生强行索要财物、侮辱、殴打的应当及时依法处理，保护学生人身财产安全。

第三十七条 用于接送幼儿园儿童、中小学校学生的专车应当保持车况良好、定期检修并配有专用标志，公安机关交通管理部门应当加强安全管理和监督检查，在车流量较大的学校门前道路应当设置车辆缓行减速带、人行横道线，并在未成年学生横过道路集中的时段安排专人指挥疏导。

第三十八条 工商行政管理、卫生、城管、质监等部门应当加强对中小学校、幼儿园、托儿所周边餐饮店、副食店、食品摊贩的监督管理。任何单位和个人不得在校园及周边50米范围内向未成年学生流动销售商品。

第三十九条 游乐设施和公共场所电梯以及其他可能危及未成年人安全设施的经营管理单位或者个人，应当在显著位置标明适宜年龄范围、警示标识等安全注意事项。

第四十条 县级以上人民政府民政部门对于流浪乞讨的未成年人除按照国家的有关规定予以救助外，还应当与流浪的成年人分开救助，并提供心理辅导、短期教育，进行不良行为矫治。

对孤儿、无法查明其父母或者其他监护人以及其他生活无着的未成年人，由民政部门设立的儿童福利机构收留抚养。

第四十一条 县（区、市）、乡镇人民政府，应当做好父母或者其他监护人外出务工的农村未成年人的保护工作。有条件的地方，可以根据需要设立托管机构，为父母或者其他监护人外出务工的农村未成年人的学习、生活提供指导和帮助。

学校、村（居）民委员会和其他社会团体、群众组织应当开展对父母或者其他监护人外出务工的农村未成年人的生活关爱、心理疏导、情感沟通等活动。

第四十二条 鼓励和支持社会力量兴办社会福利机构或者其他服务机构，为弃儿、流浪乞讨的未成年人和父母或者其他监护人外出务工的农村未成年人提供养护、托管、救助等服务。

第四十三条 未成年人的隐私权受法律保护。未经未成年人及其父母或者其他监护人的同意，不得收集、使用、披露未成年人的隐私，法律另有规定的除外。

广播、电视、报刊、互联网等媒体和其他公开出版物，不得披露违法犯罪的未成年人或者受侵害的未成年人的姓名、住所、学校、照片、图像以及可能推断出该未成年人身份的资料。

第四十四条 未成年人的科技发明、文学艺术创作受法律保护。对有特殊才能、有发明创造或者有突出成就的未成年人，各级人民政府以及学校、家庭应当予以鼓励、为其发展创造有利条件。

第五章　司法保护

第四十五条 公安机关、人民检察院、人民法院及有关机关对未成年人合法权益受到侵害提出的检举、控告和申诉应当及时处理，依法惩罚摧残未成年人身心健康的违法犯罪行为。

第四十六条 人民法院办理离婚或者继承案件，应当保护未成年人受抚养、教育和继承的权利。

第四十七条 办理未成年人违法犯罪案件应当坚持教育、感化、挽救的方针，坚持教育为主、惩罚为辅的原则，慎用强制措施，减少监禁刑罚。

第四十八条 办理未成年人刑事案件应当根据未成年人身心发展特点，设立专门机构或者指定专人办理，与成年人分别羁押、分案起诉、分案审理、分别矫治。应当对未成年犯罪嫌疑人的性格特点、家庭情况、社会交往、成长经历、实施犯罪前后表现等情况进行调查，也可以委托有关组织进行调查。

第四十九条 讯问未成年犯罪嫌疑人、询问未成年证人、被害人，应当通知其父母或者其他监护人到场。父母或者其他监护人无法通知或者通知后不到场的，公安机关、人民检察院应当通知未成年人所在学校、住所地村（居）民委员会派员到场。

除有碍侦查、起诉、审判的情形外，应当批准未成年人的父母或者其他监护人会见被羁押的未成年人。

第五十条 对不起诉、免予刑事处罚或者宣告缓刑、解除违法行为教育矫治、刑满释放以及受过治安管理处罚的未成年人，其复学、升学、就业等不受歧视。

对违法和轻微犯罪的未成年人，可以试行违法和轻罪记录消除制度。

第五十一条 对有严重不良行为，父母或者其他监护人不明或者失去监护的未成年人，公安机关和教育行政部门可以通过举办法制教育学校，对其进行法制教育、文化教育、劳动技术教育。

第五十二条 司法行政部门和教育行政部门共同负责服刑在教未成年人的义务教育管理工作，将服刑在教未成年人的义务教育纳入国民义务教育，并对义务教育完成情况进行考核评估。

未成年教养人员管理所、未成年犯管教所应当开展对服刑在教未成年人的职业技能培训，相关职业学校、技工学校应当予以协助。对学习培训考核合格、符合规定的，由人力资源和社会保障部门颁发职业资格证书。

第五十三条 父母或者其他监护人、学校、村（居）民委员会对不起诉、宣告缓刑、免予刑事处罚的未成年人，或者被判处非监禁刑罚、被假释的未成年人，应当采取有效帮教措施，协助公安、司法机关以及教育、人力资源和社会保障等部门做好矫治、帮教、复学、就业培训等工作。

第六章 法律责任

第五十四条 违反本条例规定，侵害未成年人合法权益，法律、法规已有处罚规定的，从其规定；造成人身财产损失或者其他损害的，依法承担民事责任。

第五十五条 未成年人保护委员会对违反本条例有关规定的单位，应当督促其改正；拒不改正的，予以通报批评，并建议有关部门对直接负责的主管人员和其他直接责任人员依法给予处分。

第五十六条 国家机关及其工作人员不依法履行保护未成年人合法权益的责任，由其上级机关或者所在单位责令改正，对直接负责的主管人员和其他直接责任人员依法给予行政处分。

第五十七条 违反本条例第十三条规定，父母或者其他监护人不依法履行监护职责，或者侵害未成年人合法权益的，由其所在单位或者村（居）民委员会予以劝诫、制止；构成违反治安管理行为的，由公安机关依法给予处罚。

第五十八条 违反本条例第十七条规定，由教育行政部门责令改正，情节严重的，对直接负责的主管人员和其他直接责任人员依法给予处分。

第五十九条 违反本条例第十九条、第二十三条规定，学校、幼儿园、托儿所及其教职员工侵害未成年人合法权益的，由教育行政部门或者其他有关部门责令改正；情节严重的，对直接负责的主管人员和其他直接责任人员依法给予处分。

第六十条 违反本条例第三十八条规定，在校园及周边50米范围内向未成年学生流动销售商品的，由相关行政部门责令改正。

第七章 附 则

第六十一条 本条例自2010年9月1日起施行。1988年11月23日贵州省第七届人民代表大会常务委员会第五次会议通过的《贵州省未成年人保护条例》同时废止。

贵州省未成年人家庭教育促进条例

（2017年8月3日贵州省第十二届人民代表大会常务委员会第二十九次会议通过，自2017年10月1日起施行）

第一章 总 则

第一条 为促进未成年人健康成长，推进家庭教育事业发展，增进家庭幸福、社会和谐，根据《中华人民共和国教育法》《中华人民共和国未成年人保护法》和有关法律、法规的规定，结合本省实际，制定本条例。

第二条 本省行政区域内未成年人家庭教育（以下简称家庭教育）的实施、指导、服务和社会参与，适用本条例。

第三条 本条例所称的家庭教育，是指在家庭生活中父母或者其他有监护能力的家庭成员（以下简称其他家庭成员）对未成年人进行的教育、引导和积极影响。

第四条 家庭教育应当培育和践行社会主义核心价值观，遵循立德树人、全面发展的原则。

建立家庭主体、政府主导、学校指导、社会参与的机制，促进家庭教育事业健康发展。

倡导全社会注重家庭、家教、家风。

第五条 父母是家庭教育的直接责任人，应当依法履行家庭教育责任，其他家庭成员应当予以协助。

父母死亡或者无监护能力的，未成年人的祖父母、外祖父母和有监护能力的兄、姐是家庭教育的直接责任人。

第六条 国家机关、企业事业单位、人民团体、社会组织、村（居）民委员会和个人应当为家庭教育提供支持。

第七条 县级以上人民政府应当将家庭教育事业发展纳入国民经济和社会发展规划，将家庭教育工作经费纳入同级财政预算。

第八条 县级以上人民政府妇女儿童工作委员会是本行政区域内家庭教育议事协调机构，负责组织、协调、指导、督促有关部门做好家庭教育相关工作，其办事机构负责日常工作。

第九条 对家庭教育工作作出显著成绩和突出贡献的家庭、单位及个人，按照国家有关规定给予表彰和奖励。

第十条 广播、电视、报刊、互联网等媒体应当设立家庭教育专栏、专题，开展公益宣传。

鼓励利用微博、微信和手机客户端等开展家庭教育信息交流。

第十一条 每年5月15日为全省家庭教育日。

第二章 家庭责任

第十二条 父母应当与未成年人共同生活。

父母因外出务工或者其他原因不能与未成年人共同生活的，应当委托有监护能力的其他成年人或者组织机构教育未成年人；通过多种方式与未成年人团聚和交流沟通，了解未成年人的学习、生活和身心状况。

第十三条 未成年人父母离异的，双方应当继续共同履行对未成年子女的家庭教育责任。一方履行家庭教育责任时，另一方应当予以配合。

第十四条 父母或者其他家庭成员应当以身作则，尊重未成年人；树立正确的家庭教育观念，学习家庭教育知识，掌握科学的家庭教育方法，提高家庭教育能力。

父母或者其他家庭成员应当根据未成年人成长规律，对未成年人进行爱国主义、理想信念、社会公德、家庭美德、遵纪守法、生活技能、安全知识等方面的教育和有目的、有意识的行为影响，促进未成年人身心健康，形成优良品德、健康人格和良好行为习惯。

第十五条 父母或者其他家庭成员应当关注未成年人的生理、心理状况和行为习惯，共同培育积极健康的家庭文化，营造文明和睦的家庭教育环境。

第十六条 父母或者其他家庭成员应当积极参加有关国家机关、企业事业单位、人民团体、社会组织、村（居）民委员会开展的家庭教育指导活动。

第十七条 父母或者其他家庭成员应当主动与学校沟通联系，了解未成年人的学习、生活情况，配合学校对未成年人进行教育，自觉接受学校家庭教育指导，参加学校组织的家庭教育指导活动。

第三章 政府主导

第十八条 县级以上人民政府应当建立健全部门联动机制，发挥在家庭教育中的主导作用，督促有关部门按照各自职责，做好家庭教育相关工作。

第十九条 县级以上人民政府应当通过购买公共服务等方式，支持社会力量开展公益性的家庭教育指导服务。

乡镇人民政府、街道办事处（社区）应当将家庭教育纳入教育工作计划，设立家庭教育指导服务站点、家长学校，开展家庭教育指导和实践活动，营造未成年人健康成长的良好环境。

村（居）民委员会协助乡镇人民政府、街道办事处（社区）推进家庭教育工作，处理家庭教育求助申请。

第二十条 各级人民政府应当采取措施，引导和鼓励农村劳动力在当地就业创业，减少因外出务工等原因造成的家庭教育缺失；对外来务工人员开展家庭教育给予支持和帮助。

第二十一条 各级教育行政主管部门负责本行政区域内幼儿园、中小学、中等职业学校家庭教育指导管理工作，将家庭教育指导服务纳入督导评估内容。

第二十二条 父母或者其他家庭成员有下列情形之一的，未成年人可以向学校、父母或者其他家庭成员所在乡镇人民政府、街道办事处（社区）、村（居）民委员会、妇女联合会以及民政、公安等部门反映、求助，有关单位和组织应当及时予以处理：

（一）不履行家庭教育责任的；

（二）因父母死亡、失踪、重病、重度残疾，或者父母双方服刑、强制戒毒等其他不能履行家庭教育责任的；

（三）家庭教育方式不当，危害未成年人身心健康的。

其他单位和个人发现前款规定情形的，可以向有关单位和组织反映。

第四章 学校指导

第二十三条 幼儿园、中小学、中等职业学校应当建立健全家庭教育工作制度，将家庭教育指导工作纳入工作计划。

第二十四条 幼儿园、中小学、中等职业学校应当成立家长学校，定期组织家长开展家庭教育信息交流、指导服务与实践活动。

第二十五条 幼儿园、中小学、中等职业学校应当建立家长委员会，参与学校教育管理，及时沟通、处理学校教育与家庭教育的衔接问题，组织开展形式多样的家庭教育实践活动。

第二十六条 幼儿园、中小学、中等职业学校应当参与乡镇人民政府、街道办事处（社区）、村（居）民委员会、社会组织和家庭教育服务机构开展家庭教育指导工作。

第二十七条 开展幼儿园、中小学、中等职业学校师资培训，应当包含家庭教育的内容。

鼓励高等院校设置家庭教育相关专业或者开设家庭教育课程；鼓励高等院校、科研机构开展家庭教育研究。

第五章 社会参与

第二十八条 城乡社区教育机构、儿童之家、青少年宫、儿童活动中心等，应当建立家长学校或者家庭教育指导服务站点。

鼓励有条件的单位和个人创办家长学校，开展规范化的家庭教育指导服务活动。

父母或者其他家庭成员参加家庭教育指导实践活动，其所在单位应当支持。

第二十九条 设立家庭教育服务机构，应当依法办理登记手续。

鼓励和支持家庭教育服务机构开展公益性的家庭教育服务活动。

第三十条 鼓励和支持社会服务机构和志愿服务组织、志愿者开展家庭教育志愿服务活动。

第三十一条 鼓励医疗机构和其他社会组织建立孕妇学校、新生儿父母学校，开展公益性早期家庭教育指导。

第三十二条 鼓励家庭教育服务机构、心理咨询机构开展与家庭教育相关的心理疏导、危机干预等指导服务。

第六章 特别规定

第三十三条 各级人民政府应当建立特殊困境未成年人关爱救助机制，建立家庭教育指导服务综合信息平台，掌握特殊困境未成年人家庭教育情况，开展常态化、专业化家庭教育支持服务。

第三十四条 县级人民政府应当制定农村留守儿童关爱保护措施，组织开展针对留守儿童的关爱教育、心理辅导等活动。

鼓励家庭教育相关社会工作服务机构、志愿服务组织以及家庭教育志愿者开展农村留守儿童公益性家庭教育指导服务。

第三十五条 家庭教育议事协调机构应当针对特殊困境家庭开展未成年人家庭教育状况的调查研究，为其父母或者其他家庭成员提出家庭教育对策建议。

第三十六条 家庭教育服务机构应当为流动人口家庭提供家庭教育指导服务。

第七章 法律责任

第三十七条 父母或者其他家庭成员不履行或者不适当履行家庭教育责任，侵害未成年人合法权益的，由所在单位、未成年人就读学校、乡镇人民政府、街道办事处（社区）和村（居）民委员会等相关单位或者组织予以劝诫、批评教育；情节严重的，由公安机关依法处理。

第三十八条 幼儿园、中小学、中等职业学校有下列情形之一的，由其主管部门责令改正：

（一）未设立家长学校和家长委员会，或者家长学校和家长委员会未按照要求开展家庭教育指导服务工作的；

（二）违反有关规定收取家庭教育服务费用的；

（三）其他不履行或者不适当履行家庭教育指导服务工作的。

第三十九条 负有家庭教育相关工作职责的部门、机构和组织，违反本条例规定，有下列情形之一的，由其所在单位或者有关行政主管部门责令改正；情节严重的，对直接负责的主管人员和其他直接责任人员依法给予处分：

（一）不履行家庭教育工作职责的；

（二）截留、挤占、挪用或者虚报、冒领家庭教育工作经费的；

（三）违反本条例第二十二条规定造成严重后果的；

（四）其他玩忽职守、滥用职权或者徇私舞弊行为。

第四十条 家庭教育服务机构有下列情形之一的，由有关行政主管部门责令改正：

（一）未依法登记，擅自从事家庭教育活动的；

（二）违反有关规定收取家庭教育服务费用的；

（三）泄露未成年人及家庭隐私的。

第四十一条 违反本条例规定的其他行为，法律、法规有处罚规定的，从其规定。

云南

云南省实施《中华人民共和国未成年人保护法》办法

（1997年4月4日云南省第八届人民代表大会常务委员会第二十七次会议通过，自1997年6月1日起施行）

第一条 为保障未成年人合法权益，优化未成年人成长环境，保护未成年人身心健康，根据《中华人民共和国未成年人保护法》及其他法律、法规，结合本省实际，制定本办法。

第二条 未成年人的人身权、受教育权及其他合法权益受法律保护，任何组织和个人不得侵犯。

保护未成年人是全社会的共同责任。家庭和学校应当教育、帮助未成年人运用法律手段，维护自己的合法权益。

对侵犯未成年人合法权益的行为，任何组织和个人都有权劝阻、制止或者向侵权人所在单位及其上级主管部门、侵权发生地的公安机关、人民检察院、人民法院以及未成年人保护委员会检举、投诉，有关部门应当及时处理。

第三条 地方各级人民政府应当加强对保护未成年人工作的领导，依法履行保护未成年人合法权益的职责。

县级以上地方各级人民政府设立未成年人保护委员会。未成年人保护委员会负责指导、督促、检查、协调有关方面做好保护未成年人的工作。

未成年人保护委员会设立办事机构。

第四条 村公所（办事处）、居民委员会、村民委员会应当开展下列工作：

（一）指导和协助家庭教育管理未成年人；

（二）配合学校对未成年人进行法制、道德教育；

（三）组织或者协助有关部门对未成年人进行技术培训；

（四）协同公安派出所、学校、家庭对有违法或者轻微犯罪行为的未成年人进行帮助教育。

第五条 父母或者其他监护人应当履行对未成年人的抚养义务和监护责任，不得有下列行为：

（一）虐待、遗弃未成年人；

（二）迫使未成年人务工经商；

（三）允许或者迫使未成年人结婚，或者为未成年人订立婚约、换亲；

（四）教唆、包庇、纵容未成年人违法犯罪。

第六条 父母或者其他监护人不得因未成年人有违法犯罪行为而拒绝履行监护义务。

父母或者其他监护人应当按照有关规定承担其子女或者被监护人在接受强制戒毒或者在工读学校学习期间的费用。

第七条 父母离婚后，必须按照离婚协议或者人民法院判决承担其未成年子女的生活费、教育费。拒绝承担的，其所在单位或者居民委员会、村民委员会应当责令其改正；有工资收入的，其所在单位可以从其工资中代扣；未成年子女及其代理人也可以依法提起诉讼或者申请人民法院强制执行。

第八条 父母或者其他监护人必须依法使适龄未成年人接受义务教育，不得迫使未成年学生辍学。

第九条 学校和教师应当认真贯彻国家的教育方针，严格执行国家和省教育部门有关课程方案的规定。

禁止学校和教师违反国家和省人民政府规定向学生进行摊派或者收取费用，索要财物，销售图书资料及其他商品，安排学生从事私人劳务，安排学生参加未经教育部门批准的社会活动。

第十条 学校和教师对品行有缺点，学习有困难的学生应当耐心帮助教育，不得歧视不得随意开除或者迫使其转学、退学。

第十一条 各级人民政府应当采取措施，帮助贫困地区和少数民族地区的未成年人完成义务教育期间的学业。

学校对接受民政部门和社会救助的未成人在义务教育期间免收杂费。

鼓励企业事业单位、社会团体、其他组织和个人兴办托儿所、幼儿园，参与希望工程、春蕾计划等助学活动。

第十二条 学校和幼儿园的教职员工应当尊重未成年人的人格尊严，严禁对其实施体罚或者变相体罚；不得用劳动、罚款等手段对其进行惩处。

第十三条 父母或者其他监护人、教师应当预防和制止未成年人的下列行为：

（一）吸烟、酗酒；

（二）旷课、逃学；

（三）损害公共卫生和公共秩序；

（四）毁损公共设施、文物古迹或者其他公私财物；

（五）阅读、收听、观看有淫秽、暴力内容的视听读物；

（六）进入不适宜未成年人活动的场所；

（七）进行封建迷信活动；

（八）打架斗殴、携带管制刀具；

（九）进行赌博、吸毒、盗窃等违法活动。

第十四条 严禁向未成年人传授犯罪方法；严禁教唆、诱骗、胁迫未成年人进行违法犯罪活动。

任何人发现未成年人人身安全受到威胁时，都应当救助；发现未成年人受诱骗、胁迫实施违法犯罪，应当向公安机关报告，公安机关接到报案后，必须及时处理。

第十五条 省教育部门对全省工读学校的设置进行统一规划并组织实施。工读学校的管理由教育、公安部门共同负责。

工读学校应当坚持教育挽救、科学育人的方针，对按照教育和公安部门的规定送工读学校的学生实行强制性教育保护。

工读学校与普通学校的学生在就学、就业等方面享有同等的权利。

第十六条 县级以上人民政府所在地应当逐步建立青少年活动基地。乡、镇人民政府所在地也应当逐步建立适宜青少年活动的场所。

禁止挤占、挪用青少年活动场所及设施。已被占用或者挪作他用的，应当限期归还。因市政建设需要征用的，应当在征用的同时，重新规划和建设。

第十七条 博物馆、纪念馆、科技馆、文化馆和爱国主义教育基地，应当对未成年人实行免费或者优惠开放。

公共图书馆应当开辟供未成年人阅读图书资料的场所。

第十八条 营业性歌舞厅，影剧院在放映通宵电影或者不宜未成年人观看的影片时，必须设置16周岁以下未成年人禁入的明显标志。

对难以判定年龄的人场者，上述场所的工作人员应当要求其出示身份证件，无证件者应当拒绝其进人。

第十九条 中小学校、幼儿园周围100米范围内，不得批准新建营业性歌舞厅、录像厅、电子游戏机室等对教学、保育秩序有干扰的场所。

第二十条 禁止向未成年人开放缺乏安全保障的娱乐设施。

公安交通管理部门应当在中小学校、幼儿园门前的道路旁设立机动车辆限速行驶标志。

第二十一条 任何组织和个人不得招收未满十六周岁的未成年人从业，国家另有规定的除外。

招收已满十六周岁未满十八周岁未成年人工作的，不得违反国家规定让其从事过重、有毒、有害的劳动或者危险的作业，并应当定期对其进行健康检查。

第二十二条 公安机关、人民检察院、人民法院在办理未成年人违法犯罪案件时，应当重视教育、疏导，并采取适合未成年人身心特点的方式、方法。

公安机关、人民检察院、人民法院应当同基层组织和有关部门加强联系，共同做好对有违法犯罪行为的未成年人的教育、挽救工作。

第二十三条 人民法院审理未成年人犯罪案件时，应当通知被告人的父母或者其他监护人、近亲属到庭。

没有委托辩护人的，人民法院应当为其指定辩护人。被指定的律师应当给予法律帮助。

未成年人在参加诉讼活动或者办理非诉讼

法律事务需要获得法律帮助时，本人或者其监护人无力支付费用的，律师应当按照有关规定承担法律援助义务。

第二十四条 公安机关、人民检察院、人民法院或者少年犯管教所、劳动教养管理所、强制戒毒所的工作人员不得对违法犯罪未成年人实施体罚、变相体罚或者违法使用械具。

严禁纵容、指使他人殴打依法被限制人身自由的未成年人。

第二十五条 少年犯管教所、劳动教养管理所对违法犯罪未成年人的检举、控告和申诉，应当及时转交人民法院、人民检察院、公安机关或者其他部门处理。对其申诉认为有理的，应当建议原处理机关复查，原处理机关应当回复办理结果。

第二十六条 违反本办法情节较轻的，由城乡基层组织、行为人所在单位或者其上级主管部门，对行为人或者有关负责人和直接责任人进行批评教育，责令改正。情节严重的，由主管部门给予行政处分。

第二十七条 违反本办法第九条第二款的，由教育行政主管部门责令如数退回所收取的财物，并没收非法所得。

第二十八条 违反本办法第十八条规定的，对经营者和直接责任人处警告，并处10元以上200元以下罚款；处罚后不改正的，处200元以上3000元以下罚款，并责令停业整顿或者吊销文化经营许可证。

第二十九条 违反本办法第十九条规定的，由主管部门对批准单位的负责人和直接责任人给予行政处分；所建场所由市政管理部门责令限期搬迁。拒不搬迁的，处200元以上3000元以下罚款，并由文化行政管理部门吊销文化经营许可证。擅自建立的，由文化行政管理部门予以取缔。

第三十条 违反本办法第二十条第一款规定，由其主管部门责令改正。违反治安管理的，由公安机关依照《中华人民共和国治安管理处罚条例》予以处罚。造成未成年人伤亡的，依法承担民事责任。

第三十一条 违反本办法第二十一条规定，非法使用童工的，由劳动部门责令改正，并处500元以上5000元以下罚款；处罚后仍不改正的，由工商行政管理部门吊销其营业执照；造成伤亡的，依法承担民事责任。

第三十二条 实施本办法第五条、第六条、第十二条、第十四条、第二十条、第二十一条、第二十四条规定禁止的行为，构成犯罪的，依法追究刑事责任。

第三十三条 对依照本办法作出的行政处罚不服的，依照《行政复议条例》和《中华人民共和国行政诉讼法》的有关规定办理。

第三十四条 本办法具体应用的问题由云南省人民政府解释。

第三十五条 本办法自1997年6月1日起施行。

云南省预防未成年人犯罪条例

（2010年9月30日云南省第十一届人民代表大会常务委员会第十九次会议通过，2010年9月30日云南省第十一届人民代表大会常务委员会公告第32号公布，自2011年1月1日起施行）

第一章　总　则

第一条 为了保障未成年人健康成长，预防和减少未成年人犯罪，根据《中华人民共和国预防未成年人犯罪法》和有关法律、法规，结合本省实际，制定本条例。

第二条 本条例所称未成年人是指未满十八周岁的公民。

第三条 预防未成年人犯罪工作应当遵循保护和教育、预防和矫治相结合的原则。

第四条 预防未成年人犯罪，在各级人民政府的领导下实行综合治理。

各级预防未成年人犯罪工作协调机构协助同级人民政府开展预防未成年人犯罪工作。

政府有关部门、司法机关、人民团体、有关社会团体、学校、家庭、村（居）民委员会等方面共同参与，各负其责，做好预防未成年人犯罪工作。

鼓励社会力量参与、资助预防未成年人犯罪工作。

第五条 各级人民政府在预防未成年人犯罪方面的职责：

（一）宣传、贯彻有关预防未成年人犯罪工作的法律、法规；

（二）组织、协调公安、教育、文化、新闻出版、广播电视、工商、民政、司法行政等有关部门和其他社会组织开展预防未成年人犯罪工作；

（三）负责对本条例的实施情况进行监督检查；

（四）总结、推广预防未成年人犯罪工作的经验，树立、表彰先进典型。

第六条 预防未成年人犯罪工作协调机构由人民政府的公安、司法行政、教育、文化等有关部门、人民法院、人民检察院、共产主义青年团、妇女联合会、关心下一代工作委员会等单位组成。其工作职责：

（一）制定并组织实施预防未成年人犯罪的工作计划；

（二）定期向同级人民政府和上一级预防未成年人犯罪工作协调机构报告预防未成年人犯罪工作情况；

（三）协调、督促有关部门落实预防未成年人犯罪的相关工作；

（四）推动未成年人信息管理系统的建立和使用。

第七条 预防未成年人犯罪工作协调机构的办事机构设在共产主义青年团，负责日常工作。其工作职责：

（一）做好预防未成年人犯罪工作信息的收集、分析、统计和交流；

（二）协助有关部门做好预防未成年人犯罪工作的宣传、培训；

（三）开展调查研究，提出预防未成年人犯罪工作的相关建议；

（四）负责预防未成年人犯罪工作协调机构交办的其他工作。

第八条 各级人民政府应当将预防未成年人犯罪工作经费列入同级财政预算。

第二章 教 育

第九条 各级人民政府及其有关部门、学校、父母或者其他监护人应当依法保障未成年人受教育的权利，防止未成年人因失学而导致违法犯罪。

各级人民政府及其教育行政部门应当在招生计划安排、教育资源配置等方面创造条件，保障本行政区域外来人口中的未成年人平等接受义务教育。

第十条 教育行政部门应当督促学校开展预防未成年人犯罪工作，并将其纳入教育督导体系。

司法行政部门应当指导学校开展校园普法工作，共产主义青年团、少年先锋队应当配合学校开展预防未成年人犯罪的法制宣传活动。

第十一条 学校应当将预防未成年人犯罪列入法制教育的内容，聘请具有预防未成年人犯罪工作经验的人员担任兼职法制副校长或者法制辅导员，并为其开展工作提供必要条件。

兼职法制副校长或者法制辅导员应当协助学校制定法制教育计划，配合学校对学生进行法制教育。

学校每学期应当组织法制讲座，结合未成年人犯罪的特点和典型案例，进行多样化、有针对性的预防犯罪教育。

司法行政部门应当加强对兼职法制副校长或者法制辅导员的业务培训。

第十二条 学校应当配备心理辅导教师，对未成年学生进行心理健康教育或者进行个别辅导和帮助。

第十三条 学校应当建立和完善与未成年人父母或者其他监护人的联系制度，指导、帮助未成年人的父母或者其他监护人学习科学的家庭教育方法和相关法律常识。

第十四条 学校、父母或者其他监护人应当根据未成年学生身心发展的特点，对其进行社会生活指导和青春期教育。预防和制止未成年人吸烟、酗酒、赌博、吸毒、流浪、卖淫、嫖娼、沉迷网络等行为。

学校、父母或者其他监护人应当引导未成年人正确使用互联网，拒绝暴力、色情等不良网络游戏和网络信息。配置网络设施的学校应当配备上网辅导员，并采用安全过滤等技术防止未成年人接触有害信息。

第十五条 父母或者其他监护人对未成年人应当履行监护职责，不能履行监护职责的，应当委托有监护能力的其他人代为监护。

第三章 预 防

第十六条 父母或者其他监护人应当关注未成年人的生理、心理状况和行为习惯，发现未成年人有心理障碍或者不良行为的，应当及时疏导，正确引导，规劝其改正，或者求助相关部门，不得采取伤害未成年人身心健康的暴力性教育方式。

第十七条 学校发现未成年人有心理障碍或者不良行为的，应当及时告知其父母或者其他监护人，并对其进行有针对性的教育、疏导和帮助，不得歧视，不得擅自停止其上课，不得强迫或者变相强迫其退学、转学。

学校发现未成年人有严重不良行为，或者组织、参加实施不良行为的团伙的，应当及时制止，发现未成年人有违法犯罪行为的，应当及时向公安机关报告。

学校应当将帮助有不良行为的学生转变和开展预防未成年人违法犯罪的工作情况纳入考核体系。

学校按有关规定对未成年人给予处分前，应当向本人及其父母或者其他监护人说明理由，并听取其申辩。对处分不服的，本人及其父母或者其他监护人可以向教育行政部门申诉。处分撤销的，学校应当及时清除学生个人档案中的处分记录。

第十八条 各级人民政府及其有关部门依法加强对校园及其周边环境的综合治理。公安机关应当在校园周边治安复杂区域设立治安岗亭，开展治安巡逻。

中小学校园周边200米范围内和居民住宅楼（院）内不得设立互联网上网服务营业场所、营业性电子游戏场所以及其他未成年人不适宜进入的营业场所。

第十九条 公安机关、公共场所管理部门发现未成年人夜不归宿或者流浪乞讨的，应当规劝、护送其返回住所、送往救助机构或者依法采取其他保护措施，并及时通知其父母或者其他监护人。

第二十条 任何经营场所不得向未成年人提供或者出售烟酒。

第二十一条 互联网上网服务营业场所、营业性歌舞娱乐场所以及其他未成年人不适宜进入的场所不得接纳未成年人；营业性电子游戏场所除国家法定节假日外，不得接纳未成年人。上述场所应当在入口等位置设置明显的禁入或者限入警示标志，并注明有关行政主管部门的举报电话。

是否成年难以判明的，上述场所的工作人员可以要求其出示能证明真实年龄的证件。

任何单位、组织或者个人发现上述场所违反本条第一款接纳未成年人的，有权监督和举报。文化、工商行政管理部门或者公安机关接到举报后，应当依据各自职责开展调查处理，并为举报人保密，实名举报的，应当及时反馈处理情况。

第二十二条 广播电视、电影、戏剧、广告和书刊、音像制品、电子出版物等，不得含有渲染暴力、色情、赌博、恐怖、邪教和封建迷信等危害未成年人身心健康的内容。

单位或者个人不得向未成年人出售、出租含有前款所列内容的读物、音像制品或者电子出版物。

互联网信息、声讯、手机、移动网信息服务提供者和互联网上网服务营业场所应当建立网络信息安全技术保障措施，不得制作、复制、发布、传播淫秽、暴力等有害信息。基础电信运营企业、互联网接入服务提供者应当建立监督管理制度，配合有关行政部门对所接入用户进行监督，对被依法处以暂停或者终止营业处罚的，应当停止为其提供接入服务。

文化、新闻出版、广播电视、公安、通信管理、工商等行政部门应当加强文化市场和视听节目的监督管理。

关心下一代工作委员会聘请的监督员，可以对互联网上网服务等营业场所进行监督，发现违法行为应当及时向有关部门报告。

第二十三条 民政救助机构应当将救助的

未成年人与成年人分开管理，对其进行心理指导和帮助，并加强预防犯罪的教育。

第四章　矫　治

第二十四条　村（居）民委员会应当掌握本辖区内失学、失业、失管以及有不良行为、严重不良行为的未成年人的基本情况，配合其父母或者其他监护人进行帮助和个别教育。

公安派出所、司法所对有严重不良行为的未成年人，应当采取有效措施，开展帮教矫治工作，并督促未成年人的父母或者其他监护人加强管教。

人民法院、人民检察院、公安机关在办理未成年人犯罪案件时，应当有针对性地开展帮教工作，并向学校、监护人、基层组织提出帮教和预防犯罪的建议。

第二十五条　省人民政府应当将专门学校的设置纳入规划，合理布局；各级人民政府应当保证专门学校教育所需经费和教育设施投入。

教育行政部门应当加强对专门学校的管理和指导，并对学校的工作情况定期进行考核。

公安机关、司法行政部门、共产主义青年团应当协助专门学校做好教育管理工作。

第二十六条　未成年人有严重不良行为，父母或者其他监护人缺乏管教能力和条件、在学校无法继续学习的，应当由其父母或者其他监护人，或者原所在学校提出申请，经县级以上人民政府教育行政部门批准，送专门学校学习和接受矫治。

第二十七条　专门学校应当针对未成年人严重不良行为产生的原因和心理特点，加强法制教育，开展矫治工作，并进行适当的职业技术培训。

进入专门学校就读的学生，原学校应当保留其学籍；符合条件要求回原学校学习的，原学校不得拒绝接收；在专门学校毕业的学生由专门学校颁发毕业证书，学生也可以向原就读学校申领毕业证书，原就读学校应当颁发。

第二十八条　强制隔离戒毒场所应当对接受戒毒的未成年人与成年人实行分别管理。

依法接受社区戒毒或者解除强制隔离戒毒措施的未成年人所在地的乡（镇）人民政府、城市街道办事处应当组织村（居）民委员会和公安、卫生、教育、司法行政、民政等部门，与其父母或者其他监护人共同落实有针对性的社区戒毒和帮教措施。

对于戒除毒瘾或者解除戒毒措施的未成年人，任何单位或者个人在其复学、升学、就业等方面不得歧视。

第二十九条　人民法院、人民检察院、公安机关在办理未成年人犯罪案件时，应当实行教育、感化、挽救的方针，坚持教育为主、惩罚为辅的原则。

人民法院、人民检察院、公安机关在办理未成年人犯罪案件时，应当对未成年犯罪嫌疑人的家庭情况、成长经历和平常表现等社会背景进行调查，调查可以自行或者委托有关社会团体组织进行。

人民法院审理未成年人刑事案件，应当采取适合未成年被告人的方式进行。

第三十条　对被拘留、逮捕和执行刑罚的未成年人应当与成年人分别关押、分别管理、分别教育。未成年犯在被执行监禁刑罚期间，执行机关应当加强对未成年犯的法制教育，对未成年犯进行职业技术教育。对没有完成义务教育的未成年犯，执行机关应当保证其继续接受义务教育。

对被判处管制、宣告缓刑、裁定假释、批准监外执行、刑满释放和免予刑事处罚的未成年人，符合条件的，教育行政部门应当安排其入校继续学习。

第三十一条　乡（镇）人民政府、城市街道办事处社会治安综合治理机构应当组织当地公安派出所、司法所、共产主义青年团、未成年人所在的学校（单位）、村（居）民委员会、有关社会团体和社会志愿者，对依法接受社区戒毒或者解除强制隔离戒毒措施的未成年人及被判处管制、宣告缓刑、裁定假释、批准监外执行、刑满释放和免予刑事处罚的未成年人进行教育、心理指导和行为矫治，落实帮教措施。

第三十二条　司法行政部门应当对接受社区矫正的未成年人实行分类管理，个性化教育，采取相应的矫治措施。

刑罚执行完毕或者按照法律规定经过矫治的未成年人，原执行机关应当及时与未成年人住所地的乡（镇）人民政府、城市街道办事处社会治安综合治理机构取得联系，由乡（镇）

人民政府、城市街道办事处帮助安置。

第五章 法律责任

第三十三条 父母或者其他监护人违反本条例规定，不履行监护职责，放任未成年人有不良行为或者严重不良行为的，由公安机关予以训诫，督促其履行。

第三十四条 学校违反本条例规定，在预防未成年人犯罪工作中不履行法定职责的，由教育行政部门责令改正，通报批评；情节严重的，对直接负责的主管人员和其他直接责任人员依法给予处分。

第三十五条 有关部门在预防未成年人犯罪工作中不履行法定职责的，由同级人民政府或者上级主管部门督促改正，通报批评；情节严重的，对直接负责的主管人员和其他直接责任人员依法追究法律责任。

第三十六条 违反本条例第十八条第二款规定的，由工商、文化、公安等主管部门依法处理。

第三十七条 互联网上网服务营业场所、营业性歌舞娱乐场所、营业性电子游戏场所及其他未成年人不适宜进入的场所，未按照规定悬挂未成年人禁入或者限入警示标志的，由文化行政部门依法处理。

互联网上网服务营业场所一次接纳 2 名以下未成年人的，由文化行政部门责令其停业整顿 1 个月，并处 1 万元以下罚款；一次接纳 3 名以上未成年人或者一年内两次接纳 2 名以下未成年人的，吊销其经营许可证，并由工商行政管理部门依法吊销营业执照。

营业性歌舞娱乐场所、营业性电子游戏场所违法接纳未成年人的，由文化行政部门没收违法所得和非法财物，并处违法所得 1 倍以上 3 倍以下的罚款；没有违法所得或者违法所得不足 1 万元的，并处 1 万元以上 3 万元以下的罚款；情节严重的，责令停业整顿 1 至 6 个月，直至吊销其经营许可证，并由工商行政管理部门依法吊销营业执照。

第三十八条 出版、发行、放映、演出、出售、出租有渲染暴力、色情、赌博、恐怖、邪教和封建迷信等危害未成年人身心健康内容的，由新闻出版、文化、广播电视、公安等行政部门依据各自职责依法处罚。

第六章 附 则

第三十九条 专门学校是指《中华人民共和国未成年人保护法》规定的，对有严重不良行为的未成年学生进行教育和矫治的学校。

不良行为和严重不良行为是指《中华人民共和国预防未成年人犯罪法》规定的行为。

第四十条 本条例自 2011 年 1 月 1 日起施行。

西 藏

西藏自治区实施《中华人民共和国未成年人保护法》办法

（1994 年 12 月 23 日西藏自治区第六届人民代表大会常务委员会第十二次会议通过，1997 年 3 月 29 日西藏自治区第六届人民代表大会常务委员会第二十三次会议第一次修正，1999 年 11 月 25 日西藏自治区第七届人民代表大会常务委员会第十次会议第二次修正，2009 年 9 月 24 日西藏自治区第九届人民代表大会常务委员会第十二次会议修订）

第一章 总 则

第一条 为了保障未成年人合法权益，促进未成年人全面发展，培养社会主义新西藏的合格建设者和接班人，根据《中华人民共和国未成年人保护法》和有关法律、法规，结合自治区实际，制定本办法。

第二条 在自治区行政区域内未满十八周岁公民的保护，适用本办法。

第三条 未成年人享有生存权、发展权、受保护权、参与权等权利，社会、学校和家庭根据未成年人身心发展特点给予特殊、优先保护，保障未成年人的合法权益不受侵犯。

未成年人依法享有受教育权，社会、学校和家庭应当尊重和保障未成年人受教育权。

未成年人不分性别、民族、种族、家庭财产状况、宗教信仰等，依法平等地享有权利。

第四条 各级人民政府应当加强对未成年人保护工作的领导。

各级国家机关、企业事业单位应当在各自职责范围内做好未成年人保护工作。

共产主义青年团、妇女联合会、工会、青年联合会、残疾人联合会、学生联合会、少年先锋队及其他有关的社会团体，协助各级人民政府做好未成年人保护工作，维护未成年人的合法权益。

第五条 县级以上人民政府应当将未成年人保护工作纳入国民经济和社会发展规划以及年度计划，相关经费纳入政府财政预算，保障未成年人保护工作的开展。

自治区鼓励集体、个人和其他社会力量兴办有助于未成年人健康成长的公益事业。

第六条 自治区、市（地）、县（市、区）设立未成年人保护委员会。未成年人保护委员会由各级人民政府及其有关部门的负责人、共青团、妇女联合会、残疾人联合会等社会团体的负责人和社会知名人士组成，同级人民政府的负责人任主任委员。未成年人保护委员会可以邀请人民法院、检察院的负责人参加。其办事机构设在同级共青团组织，配备必要的工作人员。

未成年人保护委员会的职责：

（一）宣传和组织学习有关未成年人保护的法律、法规、政策；

（二）制定本行政区域内有关未成年人保护的工作措施；

（三）研究未成年人保护工作中的重大事项，向有关部门提出意见和建议；

（四）组织、协调、督促有关部门、团体、企业事业单位实施保护未成年人的法律、法规，开展未成年人保护工作；

（五）接受对侵犯未成年人合法权益行为的申诉、控告和检举，转交有关部门查处，为受害者提供或者寻求法律援助；

（六）对因国家机关和国家机关工作人员的违法、失职行为致使未成年人合法权益受到严重损害的，建议有关部门对责任人员依法予以查处；

（七）总结、推广未成年人保护工作先进典型；

（八）办理有利于未成年人健康成长的其他事项。

未成年人保护委员会办事机构承担未成年人保护委员会的日常工作。

第七条 保护未成年人是国家机关、武装力量、政党、社会团体、企业事业组织、城乡基层群众性自治组织、未成年人的监护人和其他成年公民的共同责任。

对侵犯未成年人合法权益的行为，任何组织和个人都有权予以劝阻、制止或者向有关部门提出检举或者控告。

第八条 国家机关、社会、学校、家庭应当对未成年人进行爱国主义教育、理想信念教育、科学文化教育、国防知识教育以及西藏历史知识教育，培养社会主义新西藏的合格建设者和接班人。

第九条 各级人民政府和有关部门对在教育、培养或者挽救未成年人；创作、编译有利于未成年人健康成长的精神产品；为未成年人提供、兴建活动场所和设施；维护未成年人合法权益、提供法律援助等方面有显著成绩的组织和个人，予以表彰、奖励。

第二章　家庭保护

第十条 父母是未成年人的法定监护人，应当依法履行对未成年人的监护职责和抚养义务，保障未成年人的合法权益不受侵害。

家庭中的其他成年人应当协助未成年人的父母或者其他监护人教育、保护未成年人。

第十一条 父母因外出务工或者其他原因不能履行对未成年子女的监护职责的，应当委托有监护能力的其他成年人代为监护。

父母应当将委托监护的情况及时向未成年子女户籍所在地或者经常居住地的村（居）民委员会和就读学校报告。村（居）民委员会和学校应当与受委托监护人加强联系，对未成年人提供必要的帮助。

父母应当与未成年子女和受委托监护人保持经常联系，关心未成年子女的身心健康和生活、学习情况，提供必要的生活保障。

受委托监护人应当按照委托协议履行监护职责，切实维护未成年人的合法权益。

第十二条　父母或者其他监护人应当加强家庭教育知识的学习，营造和谐、温馨的家庭氛围，教育、培养未成年人具备良好的思想品德，引导未成年人养成良好的学习和生活习惯，禁止未成年人吸烟、酗酒。

父母或者其他监护人不得教唆未成年人乞讨。

第十三条　父母或者其他监护人在作出与未成年人权益有关的决定时，应当根据未成年人的年龄和智力状况，听取其意见。

第十四条　父母或者其他监护人应当依法保障适龄未成年人接受并完成义务教育，配合学校和其他有关方面做好未成年人教育、引导和管理工作，不得使接受义务教育的未成年人辍学或者失学。

第十五条　父母或者其他监护人不得诱使、强迫未成年人进寺庙为僧尼。

第十六条　父母或者其他监护人应当引导和监督未成年人正确选择和使用网络资源，防止未成年人沉迷网络或者电子游戏。

教育未成年人不观看、阅读、收听、搜集、传播含有危害国家安全、淫秽、色情、暴力、邪教、迷信等内容的图书、报刊、影视节目、音像制品、电子出版物和网络信息。

第十七条　父母或者其他监护人应当加强对未成年人的安全教育。

父母或者其他监护人应当指导未成年人正确使用电器、燃气等可能危及未成年人安全的设备、物品，给予未成年人户外活动安全的相关指导，防止未成年人参加安全保障措施不健全的户外活动。

父母或者其他监护人以及其他成年公民应当注意未成年人的乘车安全，不得将未满12周岁的未成年人单独留在机动车内。

父母或者其他监护人应当教育未满12周岁的未成年人不得在道路上驾驶自行车，未满16周岁未成年人不得在道路上驾驶电动自行车。

第三章　学校保护

第十八条　学校应当全面贯彻国家的教育方针，培养未成年学生独立思考能力、创新能力、实践能力，对未成年学生进行德育、智育、体育、美育、劳动教育以及社会生活指导和青春期教育，促进未成年学生全面发展。

学校应当尊重和保障未成年学生的受教育权，关心、爱护学生，对品行有缺点、生理有缺陷、学习有困难的学生，应当耐心教育、帮助，不得歧视或者随意使其转学、停学、退学。

第十九条　自治区、市（地）人民政府应当创造条件，逐步设立专门学校。

专门学校应当按照教育和矫治并重的原则，对在校就读的未成年学生进行思想政治教育、文化教育、纪律和法制教育、劳动技能教育和职业技术教育，保证实现受教育权。

第二十条　学校应当配备专职或者兼职心理健康辅导员，根据未成年学生生理、心理发展特点开展心理健康教育。

对有心理困扰或者心理障碍的未成年学生，应当给予心理咨询和辅导。

对进入青春期的未成年学生进行性生理、性心理等青春期教育。

第二十一条　学校应当按照分级分类教育原则，每学期至少开设二次法制教育课，加强对未成年学生的法制宣传教育，提高未成年学生的法制意识。

第二十二条　学校应当开设社会主义荣辱观和民族团结教育课程，教育引导未成年学生树立正确的祖国观、民族观、宗教观、文化观。

第二十三条　学校、幼儿园、托儿所应当选聘持有教师资格证书、师德良好的教师，加强教师职业道德教育和业务考核。

学校、幼儿园、托儿所的教职员工不得对未成年学生实施体罚、变相体罚或者其他侮辱人格尊严的行为；不得随意搜查未成年人的住所、身体或者用具；禁止对未成年人实施性侵害。

第二十四条 对有违纪行为的未成年学生，学校应当给予说服、教育和帮助；确需给予处分的，学校应当先向未成年学生及其监护人说明理由并听取意见，按照审慎、公平、公正的原则作出处分决定。

未成年学生受到处分后有改正表现的，学校应当在其毕业前将处分记录从个人档案中消除。

第二十五条 学校应当保证未成年学生休息和参加文娱体育、课外活动的时间，组织、指导未成年学生参加各项有益身心健康的文娱体育活动，并对本校共青团、少年先锋队、学生会等组织的活动给予指导和支持，提供必要的经费和活动场地。

学校和教师不得随意挤占德育、体育、音乐、美术等课时，不得增加未成年学生的课业负担。

学校不得以任何名义占用未成年学生寒暑假期、法定节假日集体补课。

第二十六条 学校、幼儿园、托儿所应当加强安全、卫生设施建设，不断改善卫生条件，定期检查校舍和其他设施、场所；健全食品、药品、用品安全检查制度，加强对校园内的疾病预防工作。

学校、幼儿园、托儿所应当加强对接送未成年学生校车的安全检查和管理。

第二十七条 学校和教师应当制止未成年学生之间歧视、侮辱、欺压等侵犯人格尊严的行为，并采取措施防止校园暴力的发生。

学校、幼儿园、托儿所应当主动配合相关部门维护校园周边治安，预防和制止扰乱教学秩序或者危害未成年学生人身、财产安全的行为。

第二十八条 学校、幼儿园、托儿所应当明确一名负责人分管未成年人安全和保护工作。

第二十九条 学校、幼儿园、托儿所应当开展应对各种灾害、传染性疾病、食物中毒、意外伤害等事件的基本安全防范教育，使未成年学生掌握基本的自护、自救、互救技能，做到每学年至少开展一次自救演习。

第三十条 学校、幼儿园、托儿所应当制定突发事件应急处置预案。

发生未成年学生人身伤害事故或其他突发事件的，应当启动应急预案，优先保护未成年学生的安全，及时救护，妥善处理，并向有关主管部门报告。

第四章　社会保护

第三十一条 全社会应当树立尊重、关心、爱护未成年人的良好风尚，积极开展有利于未成年人身心健康的社会活动。

各级人民政府及其有关部门和社会团体，应当通过各种形式扶持家庭经济困难的未成年人。

各级人民政府及其有关部门应当做好残疾未成年人的特殊保护工作，为其接受教育和治疗康复创造必要的条件。

第三十二条 各级人民政府应当将未成年人活动场所和设施建设纳入本地区社会发展总体规划，加大投入，建立和改善未成年人活动场所和设施。

第三十三条 向未成年人开放的活动场所应当符合国家和行业安全标准，未成年人集中活动的公共场所，应当采取相应的安全保护措施，并设置提醒保护未成年人人身安全的明显标志。

游乐设施的管理单位应当在设施附近的显著位置标明适用年龄范围或者注意事项等警示标志，加强管理，定期维护。

第三十四条 爱国主义教育基地、图书馆、青少年宫、博物馆、纪念馆以及社区公共文化体育设施应当对未成年人免费开放。科技馆、文化馆、体育场（馆）、影剧院、动物园、公园等场所，应当按照有关规定对未成年人免费或者优惠开放。

第三十五条 自治区鼓励新闻、出版、广播、电影、电视、文艺等单位和作家、科学家、艺术家及其他公民，创作或者提供有益于未成年人健康成长的作品。出版制作供未成年人使用的图书、报刊、音像制品出版物，政府应当给予扶持。

第三十六条 广播、电影、电视和文化行政部门应当采取措施，加强对西藏广播、电影、电视、戏剧节目以及各类演播场所的管理。公安、通信等部门应当加强对网络不良信息的查处和监管。

对于不适宜未成年人观看的电影、电视节目，广电部门、演播机构应当在显著位置设置提醒和警示信息。

严禁向未成年人出售、出租或者以其它方式传播危害国家安全、淫秽、暴力、凶杀、恐怖、封建迷信等不利于未成年人身心健康的印刷品、音像制品、电子出版物、视频、音频资料、网络信息等。

第三十七条 中小学校园周边不得设置营业性歌舞娱乐场所、互联网上网服务营业场所、电子游戏厅、录像厅、酒吧等不适宜未成年人进入和活动的场所。

不适宜未成年人进入和活动的场所，应当在经营场所入口显著位置设置禁止未成年人入内的标志。对进入其经营场所的消费者，在无法确认是否已成年时，应当要求出示身份证件。

第三十八条 中小学校园周边500米范围内禁止设立易燃易爆、剧毒、放射性、腐蚀性等危险物品的生产、经营、储存、使用场所或者设施。

第三十九条 中小学校园周边200米范围内禁止设立彩票投注站点。

第四十条 公安、建设和交通行政部门应当在学校、幼儿园、托儿所周边道路设置完善的警告、限速、慢行、让行等交通标志及交通安全设施；在学校门前的道路上施划人行横道线，有条件的设置人行横道信号灯；在城市学校、幼儿园、托儿所有条件的道路设置上学、放学时段的临时停车泊位。

驾驶机动车与非机动车应当主动避让未成年人。

第四十一条 使用车辆从事接送未成年人服务的单位或者个人，应当遵守道路交通安全法律、法规，严格按照核定的车辆限乘人数接送未成年人，保证使用车辆的安全性能，并在显著位置设置未成年人乘用车辆标志。

公安、教育行政部门和有关单位应当采取措施加强对从事接送未成年人服务车辆的检查监督，及时排除安全隐患。

第四十二条 各级人民政府及其有关部门应当采取措施，在社区、学校建设公益性互联网上网服务设施，为未成年人提供安全、健康的上网服务。

第四十三条 有关部门应当加强对儿童食品、玩具、用具的检查，预防和制止有害食品、玩具、用具上市。

有关部门应当加强对儿童游乐设施的检查，防止游乐设施对儿童造成伤害。

第四十四条 禁止向未成年人出售烟酒，经营者应当在显著位置设置不向未成年人出售烟酒的标志；对难以判明是否已成年的，应当要求其出示身份证件。

任何单位和个人不得向未成年人提供烟酒；任何人不得要求未成年人为其代购烟酒。

任何人不得在中小学校和幼儿园、托儿所的教室、寝室和其他未成年人集中活动的场所吸烟、饮酒。

第四十五条 各级人民政府应当组织公安、文化、卫生、环境保护、产品质量监督、工商行政管理、城市管理等行政部门加强对中小学校、幼儿园、托儿所周边治安、交通、环境、食品安全、广告、市政设施等方面的管理。

第四十六条 国家机关、社会团体、企业事业单位、民办非企业单位或者个体工商户均不得招用未满16周岁的未成年人，国家另有规定的除外。

禁止任何单位和个人为未满16周岁的未成年人介绍就业。

第四十七条 县级以上人民政府及其民政部门应当根据需要设立流浪未成年人救助场所，对流浪乞讨的未成年人实施救助，承担临时监护责任；公安部门或者其他有关部门应当及时通知其父母或者其他监护人领回；对孤儿、无法查明父母或者其他监护人的，由民政部门设立的儿童福利机构收留抚养。

第四十八条 任何组织和个人不得以任何形式披露未成年人的个人隐私，法律法规另有规定的除外。

广播、电视、网络等媒体以及报纸、期刊、图书、音像制品等公开出版物，不得披露违法犯罪未成年人以及受害未成年人的姓名、住所、照片、图像以及可能推断出该未成年人的资料。

第四十九条 任何组织和个人不得隐匿、毁弃未成年人的信件、日记、电子邮件等私人信息载体。

第五十条 卫生部门和学校应当为未成年

人提供必要的卫生保健条件，做好预防疾病工作。

卫生部门应当加强儿童预防接种等工作，积极防治儿童多发病、常见病，加强对传染病防治工作的监督管理和对学校、幼儿园、托儿所卫生保健的业务指导和监督检查。

第五十一条 各级人民政府应当积极发展托幼事业，鼓励和支持国家机关、社会团体、企业事业单位和其他社会力量、个人兴办托儿所、幼儿园。

各级人民政府和有关部门应当采取多种形式，培养和训练托儿所、幼儿园的保教人员，加强对保教人员的思想政治教育和业务培训。

第五十二条 未成年人已经完成规定年限的义务教育不再升学的，政府有关部门、社会团体和企业事业组织应当根据实际情况，对他们进行职业技术培训，为他们创造劳动就业条件。

第五十三条 各级人民政府和有关部门应当采取措施，预防和依法严厉打击拐骗、买卖、绑架未成年人的犯罪活动。

第五十四条 任何单位和个人不得组织、操纵、强迫、利用未成年人卖艺、乞讨，不得教唆、诱骗、胁迫、纵容和包庇未成年人违法犯罪。

除国家特殊规定以外，禁止寺庙招收未完成义务教育的未成年人为僧尼。

第五十五条 在各种灾害现场，营救组织和抢险人员应当尽力帮助未成年人脱离险境；对滞留在大面积灾害区域的未成年人，应当优先予以救助和妥当安置。

第五章 司法保护

第五十六条 公安机关、人民检察院、人民法院以及其他司法行政部门，应当依法履行职责保护未成年人的合法权益。

对违法犯罪的未成年人，实行教育、感化、挽救的方针，坚持教育为主、惩罚为辅的原则。

第五十七条 已满十四周岁的未成年人犯罪，因不满十六周岁不予刑事处罚的，责令其家长或者其他监护人加以管教；必要时，也可以由政府有关部门收容教养。

第五十八条 公安机关、人民检察院讯问未成年犯罪嫌疑人，询问未成年证人、被害人，应当通知其监护人到场。无法通知监护人或者监护人不能到场的，可以通知法律援助机构、未成年人所在学校、未成年人住所地村（居）民委员会或者未成年人保护委员会指派人员到场。

第五十九条 公安机关、人民检察院、人民法院对审前羁押的未成年人，应当与羁押的成年人分别看管。对经人民法院判决服刑的未成年人，应当与服刑的成年人分别关押、管理。

对其中没有完成义务教育的，有关部门应当给予支持，保证其继续接受义务教育。

第六十条 公安机关、人民检察院、人民法院办理未成年人案件时，应当根据未成年人的生理和心理特点，帮助其认识犯罪原因和犯罪行为的社会危害性，做到寓教于审，惩教结合。

未成年犯管教所在对未成年人服刑关押、管理期间，应当尊重违法犯罪的未成年人的人格尊严，保障其合法权益。

第六十一条 公安机关、人民检察院、人民法院办理未成年人案件，应当依法及时告知其本人或者其监护人有权聘请律师和申请法律援助的途径、程序。

对于无法联系其监护人或者没有聘请律师的未成年犯罪嫌疑人，侦查机关在进行第一次讯问或者采取强制措施之日起三日内，应当通知法律援助机构为其提供法律援助。

第六十二条 家庭、学校及其他有关单位应当配合违法犯罪未成年人所在的未成年犯管教所，共同做好违法犯罪未成年人的教育、挽救工作。

第六十三条 被作出不起诉决定、免除刑事处罚、宣告缓刑以及被解除收容教养或者服刑期满释放的未成年人，复学、升学、就业不受歧视。

第六十四条 人民法院审理离婚案件，应当依法保障离婚当事人未成年子女的合法权益，使其得到有利的监护和抚养。

人民法院审理继承案件，应当保护未成年人的继承权和受遗赠权，保障非婚生未成年继承人的合法利益。

第六十五条 公安机关应当把学校周边地

区作为重点治安巡逻、监控区域，及时发现和消除各类治安隐患，维护学校周边治安，预防、制止侵害未成年人人身、财产安全的违法犯罪行为。

第六十六条 公安机关、人民检察院、人民法院、司法机关按照各自职责，做好预防未成年人犯罪工作，配合学校和有关部门开展未成年人法制教育。

第六十七条 在司法活动中对需要法律援助或者司法救助的未成年人，法律援助机构或者人民法院应当依法为其提供法律援助或者司法救助。

第六章 自我保护

第六十八条 未成年人应当增强自我保护意识，提高自我保护能力，养成良好的生活习惯和行为规范，自觉抵制各种不良行为和违法犯罪行为。

第六十九条 未成年人应当遵纪守法，增强辨别是非的能力，自觉维护国家统一和民族团结，反对分裂。

第七十条 未成年人应当树立自尊、自爱、自律、自强意识，珍惜生命，不吸烟、酗酒、滥用药物；不实施校园暴力；不涉足营业性歌舞厅、网吧、电子游戏厅等场所；不携带管制刀具等危险物品；不驾驶机动车辆或者不参与道路竞驶、竞技等危险活动；不在没有安全保障的情况下，进行高危险性的体育和娱乐活动或者其他危及、损害身心健康的活动。

第七十一条 未成年人应当掌握基本的生存知识和应对意外伤害等突发性事件的技能，增强抵御自然灾害意识和能力，熟练掌握常用的报警、急救电话的正确使用。

第七十二条 未成年人应当学会运用法律武器维护自己的合法权益，当合法权益受到侵害时应当积极寻求法律帮助。

有实施家庭暴力、虐待或者遗弃的，不提供接受义务教育基本条件的，迫使其结婚或者为其订立婚约以及其他严重侵犯未成年人权益行为的，未成年人可以向所在学校或者有关国家机关、社会团体请求保护。

接到保护请求的单位应当及时采取救助措施，不得拒绝、推诿。

第七十三条 未成年学生及其监护人对学校作出的纪律处分、取消报考资格或者入学资格和其他严重侵犯未成年学生合法权益的决定不服的，可以向教育行政等主管部门提起申诉。

第七章 法律责任

第七十四条 国家机关及其工作人员违反本办法规定，不依法履行保护未成年人合法权益的责任，或者侵害未成年人合法权益的，或者对提出申诉、控告、检举的人进行打击报复的，由其所在单位或者上级机关责令改正，对直接负责的主管人员和其他直接责任人员依法给予行政处分。

第七十五条 父母或者其他监护人违反本办法规定，不依法履行监护职责，或者侵害未成年人合法权益的，由其所在单位或者村（居）民委员会予以劝诫、制止；违反《中华人民共和国治安管理处罚法》的，由公安机关依法给予行政处罚；构成犯罪的，依法追究刑事责任。

父母或者其他监护人有前款所列行为，人民法院可以根据有关人员或者有关单位的申请，撤销其监护人的资格，并依法确定其他监护人。

未成年人合法权益受到侵害的，被侵害人或者其监护人有权要求有关主管部门处理，或者依法向人民法院提起诉讼。

第七十六条 学校、幼儿园、托儿所的教职员工违反本办法规定，侵犯未成年学生受教育权，实施体罚、变相体罚或者其他侮辱人格尊严等行为的，由其所在单位或者上级教育行政管理部门给予批评教育或者行政处分；情节严重的，予以解聘；构成犯罪的，依法追究刑事责任。

第七十七条 违反本办法第三十六条第二款规定的，由县级以上相关行政部门责令改正，给予警告。

违反本办法第三十六条第三款规定的，由相关部门按照各自职权，没收违法所得，并处罚款。

第七十八条 违反本办法第三十七条规定的，由县级以上相关行政部门依照有关法律、法规的规定予以处罚。

第七十九条 违反本办法第三十八条规定

的，由相关部门责令停止违法行为，并可处警告、罚款。

第八十条 违反本办法第四十四条第一款规定的，由县级以上相关主管部门按照各自职责责令改正，给予警告；拒不改正的，处以50元以上200元以下罚款，情节严重的，处以200元以上3000元以下罚款。

第八十一条 违反本办法规定，侵害未成年人的合法权益，本办法没有规定处罚，其他法律、法规已有规定的，从其规定。

第八章 附 则

第八十二条 本办法自2009年12月30日起施行。

西藏自治区实施《中华人民共和国预防未成年人犯罪法》办法

（2015年9月23日西藏自治区第十届人民代表大会常务委员会第二十次会议通过，自2016年1月1日起施行）

第一条 为了保障未成年人健康成长，有效预防未成年人犯罪，根据《中华人民共和国预防未成年人犯罪法》和有关法律、法规，结合自治区实际，制定本办法。

第二条 预防未成年人犯罪工作应当坚持保护和教育、预防和矫治相结合的原则。

第三条 预防未成年人犯罪工作在各级人民政府组织领导下实行综合治理。

县级以上人民政府应当设立政府有关部门、人民法院、人民检察院和共青团组织等组成的预防未成年人犯罪工作领导协调机构，开展预防未成年人犯罪的综合治理工作，办事机构设在同级共青团组织。

第四条 县级以上人民政府设立的预防未成年人犯罪领导协调机构的主要职责是：

（一）制定预防未成年人犯罪工作规划；

（二）指导、协调、督促、检查预防未成年人犯罪工作；

（三）全面、准确掌握闲散、留守、流动等重点未成年人的基本情况；

（四）建立预防未成年人犯罪工作的信息系统，收集、汇总、分析相关信息；

（五）开展预防未成年人犯罪的宣传教育，总结、推广预防未成年人犯罪工作经验，树立、表彰先进典型。

第五条 县级以上人民政府设立的预防未成年人犯罪领导协调机构应当依托青少年活动场所、爱国主义教育基地，开展未成年人法制、警示教育工作。

第六条 县级以上人民政府应当将预防未成年人犯罪工作经费列入本级财政预算，并予以保障。

工作经费列入本级财政预算，并予以保障。

第七条 乡镇人民政府、街道办事处应当指定专人负责本辖区内预防未成年人犯罪的法制宣传教育工作。

第八条 居民（社区）委员会、村民委员会应当掌握辖区内未成年人基本情况，对失学、失业、家庭教育失管（失当）或者有不良行为的未成年人进行指导和教育；配合家庭、学校和有关部门开展预防未成年人犯罪工作。

第九条 县级以上人民政府人力资源和社会保障等有关部门在组织职业技能培训时，应当有计划地对已完成义务教育但未继续学业且已满十六周岁的未成年人进行劳动技能培训和预防犯罪教育。

第十条 民政部门应当依法对辖区内流浪乞讨的未成年人进行主动救助。救助机构应当将救助的未成年人与成年人分开管理，并对有不良行为的未成年人进行心理疏导和矫治。

第十一条 公安派出所应当掌握辖区内未成年人的基本情况，对有严重不良行为的未成年人进行帮教，并督促未成年人的父母或者其他监护人加强管教。

第十二条 预防未成年人犯罪是全社会的共同责任。全社会应当积极教育、引导未成年人树立社会主义法制观念，养成良好的道德品行和遵纪守法的行为习惯。

家庭、学校应当承担起预防未成年人犯罪的责任，根据未成年人身心发展的特点，适时进行心理健康教育和预防犯罪教育。

第十三条 各级人民政府、学校、未成年人的父母或者其他监护人应当依法履行职责，保障未成年人接受义务教育，防止未成年人因失学而导致犯罪。

各级人民政府应当保障未完成义务教育的未成年犯接受义务教育。

第十四条 县级以上人民政府和教育行政部门应当重视已完成义务教育、未继续升学的未成年人接受职业教育和预防犯罪教育。

第十五条 公安执勤人员和车站、机场、宾馆等公共场所的管理人员发现未成年人夜不归宿的，应当规劝、护送其返回住所或者采取其他保护措施，并及时通知其父母或者其他监护人。

对流浪乞讨的未成年人，应当引导、护送其到流浪未成年人救助保护机构或者流浪乞讨人员救助站。

对于孤儿或者被遗弃的未满十四周岁的未成年人，有关单位和个人应当按照有关规定送其到民政部门设立的儿童福利机构。

第十六条 未成年人的父母或者其他监护人在预防未成年人犯罪方面，应当履行下列责任：

（一）经常关注未成年人的生理、心理状况，培养未成年人养成良好的社会公德，遵纪守法的习惯，防止未成年人实施不良行为或者严重不良行为；

（二）教育和引导未成年人阅读、观看、收听健康向上的影视节目、音像制品、图书、报刊、电子出版物和网络信息，抵制不良信息的侵害；

（三）预防和制止未成年人进入互联网上网服务营业场所、营业性歌舞娱乐场所等不适宜未成年人进入的场所；

（四）主动与学校联系、沟通，了解未成年人在校情况，发现未成年人逃学、辍学的，应当及时教育劝说其返校。

第十七条 未成年人的父母或者其他监护人不得强迫未成年人辍学、务工、卖艺、乞讨以及从事违法、犯罪活动。

第十八条 父母或者其他监护人发现未成年人有不良行为或者严重不良行为的，应当及时劝阻，正确引导、规劝其改正，不得对其实施暴力。

第十九条 学校应当每学期安排不少于两个课时的法制教育课程，配备法律辅导员和心理辅导教师，对未成年人进行有针对性的心理辅导和预防犯罪教育。提倡有条件的学校设立心理辅导室。

第二十条 学校发现未成年人有不良行为的，应当及时进行教育、帮助，不得歧视、体罚，并告知其父母或者其他监护人。

学校发现未成年人有严重不良行为，或者组织、参加实施不良行为团伙的，应当及时制止，并告知其父母或者其他监护人；发现未成年人或者该团伙有违法犯罪行为的，应当立即向公安机关报告。

学校对实施不良行为或者严重不良行为的未成年人给予处分前，应当向未成年人及其父母或者其他监护人说明理由，并听取申辩。处分撤销的，学校应当及时撤除学生档案中的处分记录。

第二十一条 学校、图书馆、文化馆、书店等场所向未成年人提供网络服务，其计算机终端应当安装和使用封堵破坏祖国统一和民族团结、色情、暴力等有害信息的过滤软件。

第二十二条 被判处刑罚宣告缓刑、被判处管制、被暂予监外执行、被假释的未成年犯，应当依照有关规定接受社区矫治。

司法行政部门应当对接受社区矫治的未成年人实行分类管理，采取与其身心发育相适应的矫治措施。

第二十三条 未成年人的父母或者其他监护人、学校、居民（社区）委员会、村民委员会应当配合司法行政部门，做好刑满释放未成年人的安置帮教工作。

第二十四条 教育、民政、人力资源和社会保障等有关部门应当加强对刑满释放未成年人的职业指导和短期技能培训，帮助、引导其复学、就业。

第二十五条 国家机关及其工作人员不履行本办法规定职责的，对直接负责的主管人员和其他直接责任人员依法给予行政处分。

学校不履行本办法规定职责的，由教育行政部门对负有责任的学校负责人和其他直接责任人员依法给予行政处分。

未成年人的父母或者其他监护人有监护能力但不履行监护责任的，公安机关、乡镇人民政府、街道办事处和居民（社区）委员会、村民委员会应当对其进行批评教育，责令其履行监护责任。

第二十六条 违反本办法第二十一条规定的，由公安机关责令整改；拒不整改的，处2000元以上5000元以下罚款。

第二十七条 本办法自2016年1月1日起施行。

陕 西

陕西省实施《中华人民共和国未成年人保护法》办法

（2009年5月27日陕西省第十一届人民代表大会常务委员会第八次会议修订通过，2009年6月1日起施行）

第一章 总 则

第一条 为了实施《中华人民共和国未成年人保护法》，结合本省实际，制定本办法。

第二条 本省行政区域内未满十八周岁公民的保护，适用本办法。

第三条 国家机关、社会组织、学校和家庭应当尊重和保障未成年人享有的生存权、发展权、受保护权、参与权和受教育权等权利，对未成年人进行理想、道德、文化、纪律和法制教育，促进未成年人在品德、智力、体质等方面全面发展，培养有理想、有道德、有文化、有纪律的社会主义建设者和接班人。

第四条 各级人民政府领导和协调有关部门做好本行政区域内的未成年人保护工作，将未成年人保护工作纳入国民经济和社会发展规划及年度计划，相关工作经费纳入本级财政预算。

第五条 县级以上人民政府应当设立未成年人保护委员会，并确定一名负责人分管。未成年人保护委员会由本级国家机关和有关社会团体的负责人组成，其办事机构设在本级共产主义青年团委员会。乡（镇）人民政府、街道办事处应当有专（兼）职人员负责未成年人保护工作。

未成年人保护委员会的主要职责是：

（一）组织宣传保护未成年人的法律、法规和政策；

（二）制定未成年人保护工作发展规划和年度工作计划；

（三）组织、协调、指导有关部门做好未成年人保护工作，制定涉及未成年人权益的有关政策；

（四）接受侵犯未成年人合法权益的投诉、举报，督促有关部门查处侵害未成年人权益的案件；

（五）组织开展未成年人权益保护的调查研究，向有关部门提出意见、建议；

（六）总结推广未成年人保护工作经验，表彰奖励在未成年人保护工作中有显著成绩的单位和个人；

（七）未成年人保护工作的其他事项。

第六条 共产主义青年团、妇女联合会、工会、残疾人联合会、关心下一代工作委员会、青年联合会、学生联合会、少年先锋队及其他有关社会团体，协助人民政府做好未成年人保护工作，维护未成年人的合法权益。

第七条 保护未成年人，是国家机关、武装力量、政党、社会团体、企业事业组织、城乡基层群众性自治组织、未成年人的监护人和其他成年公民的共同责任。

国家机关、社会组织、学校和家庭应当采取措施，优化和改善未成年人成长环境，教育、引导和帮助未成年人自尊、自爱、自强、自信，养成良好的行为习惯，提高自我保护意识和能力，增强社会责任感，遵守法律、法规和社会公德。

对侵害未成年人权益的行为，被侵害人及其监护人或者其他组织和个人有权向有关部门投诉、举报，有关部门应当依法及时处理。

第八条 国家机关制定社会政策、处理社会公共事务应当优先保障未成年人的权益，社会组织、学校在应对突发事件时应当优先考虑未成年人的生命安全。

第二章 家庭保护

第九条 父母或者其他监护人应当为未成年人创造良好、和睦的家庭环境，提供必要的生活、学习条件，以健康的思想、良好的品行和适当的方法教育和引导未成年人，抚养教育未成年人健康成长。家庭中的其他成年人应当协助未成年人的父母或者其他监护人教育、保护未成年人。

第十条 父母或者其他监护人应当遵守下列规定：

（一）正确履行对未成年人的监护责任和抚养义务；

（二）保障适龄未成年人接受并完成义务教育；

（三）教育未成年人养成良好的思想道德品质和行为习惯，预防和制止未成年人的不良行为；

（四）维护未成年人的财产权益，不得非法处分、侵占未成年人的财产；

（五）鼓励支持未成年人参加适宜的家庭劳动、社会公益活动以及有益的文化娱乐、社会实践活动。

第十一条 父母或者其他监护人不得有下列行为：

（一）对未成年人实施家庭暴力；

（二）虐待、遗弃、买卖未成年人；

（三）教唆、强迫未成年人从事违法、犯罪行为；

（四）强迫、指使未成年人乞讨、兜售商品、卖艺等；

（五）为未成年人订立婚约，允许或者迫使未成年人结婚；

（六）歧视女性未成年人或者有残疾的未成年人；

（七）其他不履行对未成年人的监护职责和抚养义务、侵害未成年人合法权益或者影响其身心健康的行为。

第十二条 父母因外出务工经商或者其他原因不能完全履行对未成年子女监护责任的，应当委托有监护能力的其他成年人代为监护，并经常保持与未成年子女、受委托人的联系、沟通，及时掌握未成年子女的生活、学习和生理心理等方面的状况。

第十三条 未成年人的父母或者其他监护人因违法犯罪被羁押或者身体有重大疾病，不能履行监护责任的，或者有严重恶习直接危害未成年人身心健康的，应当依法变更或者指定监护人。对没有监护人的，由未成年人父母所在单位或者村民委员会、居民委员会、民政部门担任监护人。

第三章 学校保护

第十四条 学校应当贯彻国家的教育方针，实施素质教育，提高教育教学质量，注重培养未成年学生独立思考能力、创新能力和实践能力，促进未成年学生全面发展。

学校应当以学生日常行为规范教育为基础，进行社会公德、传统美德、民主法制和良好行为习惯的养成教育，教育未成年学生形成健康的人格。

第十五条 学校应当尊重和保障未成年人的受教育权，接收适龄未成年人入学，不得违反法律、法规和国家规定开除未成年学生或者责令未成年学生停课、停学、退学。

学校处分未成年学生，应当听取未成年学生及其父母或者其他监护人的申辩，并对申辩的内容予以答复。未成年学生受到处分后有改正表现的，学校应当在其毕业前将处分记录从个人档案中消除。

第十六条 学校应当按照国家确定的教学制度、教育教学内容和课程设置开展教学活动，组织学生开展体育锻炼、文化娱乐、卫生保健、社会实践等有益身心健康的课外活动，不得加重未成年学生的课业负担。

第十七条 学校、幼儿园、托儿所的教职员工，应当遵守职业道德规范，尊重未成年人的人格尊严，不得体罚、变相体罚或者侮辱、诽谤、歧视未成年人，不得用罚款等手段惩罚未成年人，不得侵犯未成年人的隐私权。

第十八条 学校应当对未成年学生进行网络道德教育，提高未成年学生的判别能力和自律意识，教育未成年学生文明上网。学校的互联网上网场所应当为未成年学生提供健康、安全的网络环境和上网服务。

第十九条 学校应当根据未成年学生的身心发展特点，开展社会生活指导、心理健康辅导、青春期教育和法制教育，为未成年学生提供心理咨询辅导。

第二十条 学校、幼儿园、托儿所应当开展家庭教育指导，开设家长课堂或者家长开放日，保持与父母或者其他监护人的沟通和联系。鼓励和支持学校与社会团体举办公益性教育讲座，指导父母或者其他监护人教育未成年人。

学校对有不良行为或者轻微违法行为的未成年学生，应当及时告知其父母或者其他监护人，共同做好教育工作，不得歧视。

第二十一条 学校、幼儿园、托儿所应当建立健全安全管理制度，定期检查校舍和其他设施、场所，及时消除安全隐患或者报告有关部门处理。

学校、幼儿园应当对未成年人进行交通、消防、卫生等安全教育和防灾避险教育，制定突发性事件应急预案，定期组织演练，提高未成年人自我保护的意识和能力。教育、公安、卫生等部门应当加强防险避灾演练等活动的专业指导。

学校、幼儿园组织未成年人参加集会、文化娱乐、社会实践等集体活动，应当采取必要的安全保障措施，防止发生人身安全事故。

第二十二条 学校、幼儿园、托儿所应当建立健全卫生保健制度，提供必要的卫生保健条件，定期进行卫生防疫检查和消毒，组织未成年人进行健康检查。

中小学校、幼儿园、托儿所的教室、寝室、活动室和其他未成年人集中活动的场所，禁止吸烟、饮酒。

第二十三条 学校应当根据未成年女学生的生理特点建设和配置卫生间，女卫生间人均实际使用厕位应当多于男卫生间厕位。

学校和教师应当允许未成年女学生在经期内暂不参加剧烈的体育活动。

第二十四条 学校的共产主义青年团、少年先锋队和学生会组织应当开展有益于未成年学生身心健康的活动，学校应当给予支持，并提供必要的经费和活动场所。

第四章　社会保护

第二十五条 各级人民政府及其有关部门应当加强对图书、报刊、音像制品、电子出版物、网络信息和公共活动场所的监督管理，鼓励和支持有利于未成年人身心健康的文艺创作和科普活动。

第二十六条 博物馆、展览馆、美术馆、科技馆、纪念馆、烈士纪念建筑物、名人故居、公共图书馆、学校图书馆、文化馆、文化宫、青少年宫、儿童活动中心等各类爱国主义教育示范基地和公益性文化设施，应当向未成年人免费开放，任何单位和个人不得挤占、毁坏或者改作他用。

影剧院、体育场馆以及其他适宜未成年人的经营性文化活动场所，应当对未成年人优惠。

第二十七条 文化部门应当会同公安、工商行政管理、电信管理等部门加强对网吧、游艺厅、歌舞厅等娱乐场所的监督管理，净化未成年人健康成长的社会文化环境。

文化部门应当建立网吧社会监督制度，会同未成年人保护组织、关心下一代工作机构等招募志愿者为网吧监督员，对网吧进行社会监督，制止在网吧浏览、下载、发布、传播淫秽色情内容的行为，制止未成年人进入网吧。当地政府应当对网吧监督员提供必要的经费补助。省互联网协会应当发挥行业自律作用，受理互联网违法有害信息的举报投诉，定期公布违法、违规网站名单。网站、网吧应当及时清除、过滤或者屏蔽互联网上不利于未成年人健康成长的违法有害信息。

第二十八条 电信管理部门应当加强移动通讯、网络接入服务的管理，采取有效措施，防止通过手机、互联网发布、传播淫秽色情等违法有害信息。

广播电影电视部门应当加强网络视听节目管理，采取信息审查、播出管理、记录留存和违法有害信息发现、防范、报告措施，保证网络视听节目内容的文明健康。

第二十九条 公园、游乐场、体育场（馆）、青少年宫等未成年人活动的公共场所，其经营者、管理者应当对可能危及未成年人人身安全的设施设备，在显著位置设置警示标志，并采取相应的保护措施。

第三十条 中小学校园周边200米之内不得开设网吧、游艺厅、歌舞厅等娱乐场所和彩票投注站点，600米内不得设立彩票专营场所。网吧、歌舞厅等不适宜未成年人活动的场所，经营者应当在显著位置设置未成年人禁入标志，不得允许未成年人进入；禁止向未成年人出售烟酒，经营者应当在显著位置设置不向未成年人出售烟酒的标志。对难以判明是否已成年的，应当要求其出示身份证件。

第三十一条 居民委员会、村民委员会应当支持学校、有关部门、社会组织和社会工作者、志愿者开展未成年人保护工作，协助学校、有关部门、社会组织开展未成年人文体活动和社会实践活动。

居民委员会、村民委员会对有严重不良行为的未成年人，应当配合公安、司法行政部门以及其他社会团体开展帮教矫治工作。

第三十二条 县级以上教育、人力资源和社会保障等部门对完成义务教育不再升学的未成年人，应当组织实施职业教育或者培训，为其创造劳动就业条件。

职业学校和职业培训机构不得以实习、社会实践等为名，强迫、利用、变相招用未满十六周岁的未成年人从事劳务活动。

第三十三条 县级以上人民政府应当合理设置残疾未成年人的特殊教育学校（班）和福利机构，为残疾未成年人学习、生活、康复、医疗等提供保障。

普通学校应当接收具有接受普通教育能力的残疾未成年人随班就读，并为其学习、康复提供帮助。

第三十四条 公安部门应当加强学校周边的道路交通安全管理，在学校、幼儿园门口以及其他未成年人集中出入的交通道口，设置警示、限速、让行等交通标志和施划人行横道线，市政部门应当根据需要设置过街天桥、地下通道。

在学校、幼儿园未成年人集中出入的时段，公安部门根据需要安排民警或者协管员维护校园门口的交通秩序。机动车、非机动车应当主动避让未成年人。

公安部门应当加强接送未成年人机动车辆的监督检查，严格核定车辆限乘人数，及时排查安全隐患，保证车辆的安全性能。

第三十五条 工商行政管理、新闻出版、广播电影电视、卫生等部门应当按照各自职责加强广告的监督管理，广告主、广告经营者、广告发布者不得在报纸、杂志、广播、电视、互联网上刊播损害未成年人身心健康的广告。

第三十六条 工商行政管理、质量技术监督、卫生等部门应当按照各自职责，加强未成年人学习生活等用品及学校周边市场的监督管理，依法查处生产销售有害未成年人健康的食品、药品、玩具、用具和游乐设施等违法行为。

第五章 司法保护

第三十七条 公安机关、人民检察院、人民法院和司法行政部门在履行法定职责活动中，应当保障未成年人的合法权益，尊重未成年人的人格尊严。

公安机关、人民检察院在办理未成年人刑事犯罪案件时，应当由专人负责，人民法院应当设立少年法庭，指定熟悉未成年人特点、善于做未成年人思想教育工作的审判员担任审判长，按照有关规定聘请教育机构的教育工作者，共产主义青年团、妇女联合会、工会、残疾人联合会的人员担任人民陪审员。

第三十八条 公安机关、人民检察院讯问未成年犯罪嫌疑人，询问未成年证人、被害人，应当通知其监护人到场。无法通知监护人或者监护人不能到场的，应当通知法律援助机构、未成年人所在学校、未成年人住所地的村民委员会、居民委员会或者当地未成年人保护机构指派人员到场。

第三十九条 公安机关、人民检察院、人民法院、司法行政部门以及法律援助机构、律师，可以就涉及未成年人案件存在的问题，向有关组织和个人提出意见、建议。

第四十条 服刑的未成年人没有完成义务教育的，司法行政部门应当会同教育行政部门配备教师，制定相应的教学计划，保证其继续接受义务教育，并有针对性地开展心理健康辅导。

解除羁押或者服刑期满的未成年人复学、升学、就业不受歧视。

第六章 法律责任

第四十一条 违反本办法规定，未成年人的父母或者其他监护人不履行监护职责，由公安机关对未成年人的父母或者其他监护人进行训诫，或者依法予以治安处罚；构成犯罪的，依法追究刑事责任。

第四十二条 违反本办法规定，父母或者其他监护人无正当理由未保障未成年人接受并完成义务教育的，由当地乡镇人民政府或者县级教育行政部门给予批评教育，责令限期改正。

第四十三条 违反本办法规定，学校拒收适龄未成年人入学，责令学生停课、停学、退学或者开除学生的，由教育行政部门予以纠正；情节严重或者逾期不改的，对学校的有关负责人及直接责任人给予行政处分。

第四十四条 违反本办法规定，学校未制定安全制度和应急预案的，由教育行政部门给予批评教育，责令改正；由此造成学生人身安全事故的，对直接负责的主管人员和其他直接责任人员依法给予行政处分；构成犯罪的，依法追究刑事责任。

第四十五条 违反本办法规定，学校教职员工对未成年学生实施体罚、变相体罚、侮辱、诽谤、歧视或者侵犯其隐私权的，视情节轻重，由其所在单位或者教育行政部门给予批评教育、行政处分或者解聘；构成民事侵权的，依法承担民事责任；构成犯罪的，依法追究刑事责任。

第四十六条 违反本办法规定，经营者向未成年人出售烟酒或者未设置禁止未成年人购买烟酒警示标志的，由工商行政管理部门予以警告，并处五十元以上二百元以下罚款。

第四十七条 违反本办法规定，侵害未成年人的合法权益，法律、法规已有处罚规定的，从其规定。

第四十八条 国家工作人员滥用职权、玩忽职守、徇私舞弊，造成未成年人合法权益受到侵害的，由其所在单位或者上级主管部门给予行政处分；构成犯罪的，依法追究刑事责任。

第七章 附 则

第四十九条 本办法自2009年6月1日起施行。

陕西省实施《中华人民共和国预防未成年人犯罪法》办法

（2005年6月2日陕西省第十届人民代表大会常务委员会第十九次会议通过，自2005年9月1日起施行）

第一条 为了实施《中华人民共和国预防未成年人犯罪法》，结合本省实际，制定本办法。

第二条 预防未成年人犯罪，在各级人民政府组织领导下实行综合治理。各级人民政府应当设立领导协调机构，并确定一名负责人分管，办事机构设在同级共产主义青年团委员会。

公安、教育、文化、新闻出版、广播电视电影、劳动和社会保障、工商行政、民政、司法行政、信息产业等有关部门和各级综治办、司法机关在各自职责范围内负责做好预防未成年人犯罪工作。

共产主义青年团、妇女联合会和其他有关社会组织协助做好相关工作。

第三条 各级人民政府在预防未成年人犯罪工作方面的主要职责是：

（一）组织制定预防未成年人犯罪工作的五年规划和年度工作计划；

（二）组织、协调预防未成年人犯罪工作的有关活动；

（三）组织对未成年人犯罪及预防进行调查研究，提出对策；

（四）检查《中华人民共和国预防未成年人犯罪法》和本办法及工作规划的执行情况；

（五）组织宣传有关未成年人保护、预防未成年人犯罪方面的法律、法规和政策；

（六）总结、推广预防未成年人犯罪工作的经验，树立、表彰先进典型。

第四条 各级人民政府应当将预防未成年人犯罪工作经费列入本级财政预算。

第五条 未成年人的父母或者其他监护人应当履行以下义务：

（一）对未成年人进行遵纪守法、文明礼貌、诚实守信、自理自护等方面的教育；

（二）未成年人出现心理障碍或者不良行为时，应当主动寻求学校和有关方面的帮助，努力消除未成年人的心理障碍或者不良行为；

（三）主动与学校联系，配合学校的教育活动，加强未成年人思想道德品质和文明行为的培养。

未成年人的父母不得因离异而不履行教育子女的义务。

第六条 学校在预防未成年人犯罪教育中应当履行以下职责：

（一）将法制教育纳入学校教学计划并组织实施，培养未成年人的法制意识；

（二）配备从事法制教育的专职或者兼职教师，根据实际需要聘请校外法制辅导员；

（三）开展适合未成年人身心发展特点的课外活动，培养未成年人的健全人格和良好品行；

（四）建立完善家访制度，密切与家长的联系，加强家庭教育指导；

（五）定期检查预防未成年人犯罪教育工作的成效；

（六）其他与预防未成年人犯罪有关的工作。

第七条 学校应当尊重和保障未成年人的受教育权，对在校义务教育阶段的未成年人不得开除或者令其退学、转学。对有不良行为的未成年人要耐心教育帮助，不得歧视和放任不管。

第八条 各级教育行政主管部门应当建立校园网络中心，学校应当逐步建立校园网络，引导未成年人健康上网。

第九条 学校、未成年人的父母或者其他监护人，应当有针对性的对未成年人进行生理和心理科学的教育。

学校应当设立专门的心理咨询机构或者配备心理辅导教师，为在校的未成年人提供心理咨询辅导。

第十条 县级以上教育行政部门应当扩大中等职业学校招生规模，吸纳已完成义务教育的未成年人接受职业教育。

县级以上劳动和社会保障行政部门应当建立健全职业技能培训制度，有计划地对已完成义务教育且未继续学业的未成年人进行劳动技能培训和预防犯罪的教育。

第十一条 居民委员会、村民委员会应当配合学校和有关部门开展预防未成年人犯罪的工作，配合家庭、学校和公安机关对有不良行为的未成年人进行帮教，协助缺乏管教能力的家庭管教其未成年子女。

居民委员会、村民委员会可以聘请热心未成年人教育工作的志愿者，协助做好未成年人的教育管理工作。

第十二条 县级以上人民政府应当加强青少年宫、儿童活动中心等未成年人活动场所的规划、建设和管理。每个县（市、区）至少应当有一所综合性的未成年人校外活动场所。

第十三条 人民政府有关部门、司法机关和共产主义青年团、妇女联合会及有关社会组织应当结合实际，组织举办多种形式的预防未成年人犯罪的宣传教育活动。

第十四条 新闻出版、广播电视电影、文化、信息产业等行政部门应当采取措施，鼓励、支持有利于未成年人身心健康的书刊、音像制品、电子出版物的创作、制作和出版。

广播、电视、电影、戏剧、广告和书刊、音像制品、电子出版物，不得含有诱发未成年人违法犯罪以及渲染暴力、色情、赌博、恐怖活动等危害未成年人身心健康的内容。新闻媒体对犯罪案件的报道，不得渲染犯罪细节和手段。

任何单位和个人不得向未成年人出售、出租含有前款规定的危害未成年人身心健康内容的书刊、音像制品、电子出版物，不得利用通讯、计算机网络等方式提供含有前款规定的危害未成年人身心健康内容的信息。

第十五条 公安、教育、文化、工商等行政部门应当按照各自的职责加强学校及其周围环境社会治安综合治理，为学校教学创造良好的周边环境。

第十六条 互联网上网服务营业场所、营业性歌舞厅以及其他未成年人不宜进入的场所，不得允许未成年人进入，并设置禁止未成年人进入的警示标志。

营业性电子游戏场所除国家法定节假日外，不得允许未成年人进入，并设置禁止未成年人进入的警示标志。

是否成年难以判明的，上述场所的工作人员应当要求其出示能证明真实年龄的证件。

第十七条 任何单位和个人不得引诱未成年人赌博、吸食或者注射毒品和为未成年人的不良行为或者严重不良行为提供条件。

父母或者其他监护人和学校应当教育未成年人不得吸烟、酗酒，任何人有权劝阻未成年人吸烟、酗酒。

任何经营场所不得向未成年人出售烟酒，并设置禁止未成年人购买烟酒的警示标志。

第十八条 公安人员和车站、机场、宾馆、娱乐场所等公共场所的治安管理人员发现未成年人夜不归宿的，应当规劝、护送其返回住所或者采取其他保护措施，并及时通知其父母或者其他监护人。

第十九条 县级以上人民政府应当建立、完善和落实未成年人救助制度，加强对生活无着的未成年人的救助。

禁止利用未成年人乞讨、兜售商品、表演恐怖残忍节目牟利。

第二十条 对有严重不良行为的未成年人，未成年人的父母或者其他监护人和学校应当互相配合，采取规劝、引导、心理矫治等措施严加管教，也可以按照《中华人民共和国预防未成年人犯罪法》第三十五条规定送工读学校进行矫治和接受教育。

公安派出所和居民委员会、村民委员会应当掌握本辖区内有严重不良行为的未成年人的基本情况，采取有效措施，开展帮教矫治工作。

第二十一条 工读学校应当针对未成年人不良行为产生的原因及心理特点，坚持矫治和教育相结合的原则，有针对性地开展矫治工作。

工读学校所在地设区的市的人民政府应当加强工读学校建设，改善工读学校的办学条件。

第二十二条 未成年人违法犯罪，依照刑法规定不予刑事处罚的，依照法律规定对其违法行为进行矫治。

第二十三条 刑罚执行完毕或者按照法律规定经过违法行为矫治的未成年人，无家可归的，原执行机关应当及时与未成年人住所地的乡（镇）人民政府、街道办事处取得联系，对未成年人进行妥善安置。

第二十四条 工读学校毕业、经过违法行为矫治以及刑罚执行完毕的未成年人，在复学、升学、就业等方面与其他未成年人享有同等权利，任何单位和个人不得歧视。

第二十五条 未成年人的父母或者其他监护人不履行法定职责，或者侵害被监护人的合法权益的，未成年人和其他有监护资格的人或者单位有权要求有关主管部门处理或者依法向人民法院提起诉讼；未成年人的父母或者其他监护人放任未成年人的不良行为或者严重不良行为的，由公安机关对其予以训诫，责令其改正。

学校违反本办法规定不履行职责造成严重后果的，由教育部门给予通报批评，对直接负责的主管人员和其他直接责任人员依法给予行政处分。

行政部门违反本办法规定不履行职责，情节严重的，由上级机关或者行政监察部门对直接负责的主管人员和其他直接责任人员依法给予行政处分。

第二十六条 违反本办法第十四条第二款规定，放映或者演出渲染暴力、色情、赌博、恐怖活动等危害未成年人身心健康的节目的，由文化行政部门没收违法播放的音像制品和违法所得，处一万元以上四万元以下罚款，并对直接负责的主管人员和其他直接责任人员处五千元以上一万元以下罚款；情节严重的，责令停业整顿或者由工商行政管理部门依法吊销营业执照。

违反本办法第十四条第二款规定，出版发行渲染暴力、色情、赌博、恐怖活动等危害未成年人身心健康内容的书刊、音像制品、电子出版物的，由新闻出版行政部门没收违法物品和违法所得，并处违法所得三倍以上十倍以下罚款；情节严重的，责令停业整顿或者吊销许可证。对直接负责的主管人员和其他直接责任人员处五千元以上一万元以下罚款。

违反本办法第十四条第三款规定，向未成年人出售、出租含有危害未成年人身心健康内容的书刊、音像制品、电子出版物，由文化行政部门没收违法物品和违法所得，处二千元以上一万元以下罚款，对单位直接负责的主管人员和其他直接责任人员处一千元以上五千元以下罚款。

违反本办法第十四条第三款规定，利用通讯、计算机网络等方式提供含有危害未成年人身心健康内容的信息的，由公安机关没收违法所得，处二千元以上一万元以下罚款，对单位直接负责的主管人员和其他直接责任人员处一千元以上五千元以下罚款。

第二十七条　违反本办法第十六条规定，互联网上网服务营业场所接纳未成年人的，或者未设置禁止未成年人进入的警示标志，由文化行政部门给予警告，可以并处三千元以上一万五千元以下罚款；情节严重的，责令停业整顿，直至依法吊销网络文化经营许可证。

违反本办法第十六条规定，营业性歌舞厅、营业性电子游戏场所以及其他未成年人不宜进入的场所接纳未成年人的，或者未设置禁止未成年人进入的警示标志，由文化行政部门责令改正、给予警告、责令停业整顿、没收违法所得，可以并处五千元以上二万元以下罚款，对直接负责的主管人员和其他直接责任人员处二千元以上五千元以下罚款；情节严重的，由工商行政管理部门依法吊销营业执照。

第二十八条　违反本办法第十七条第三款规定，经营者向未成年人出售烟酒或者未设置禁止未成年人购买烟酒警示标志的，由工商行政管理部门予以警告，并处五十元以上二百元以下罚款。

第二十九条　违反本办法第十九条第二款规定，利用未成年人乞讨、兜售商品、表演恐怖残忍节目牟利的，由公安机关对教唆、胁迫、引诱、指使的成年人进行训诫，并没收违法所得；构成犯罪的，依法追究刑事责任。对生活无着的未成年人由公安机关送救助机构。

第三十条　责令停业整顿、吊销许可证或者营业执照和对个人罚款金额超过二千元、对单位罚款金额超过二万元的，当事人有权要求举行听证。

第三十一条　违反本办法规定的行为，其他法律、法规有处罚规定的，从其规定。

第三十二条　鼓励公民举报违反《中华人民共和国预防未成年人犯罪法》和本办法规定的行为，政府有关部门应当对举报人员予以保护和奖励。

第三十三条　本办法自 2005 年 9 月 1 日起施行。

甘　肃

甘肃省实施《中华人民共和国未成年人保护法》办法

（2009 年 11 月 27 日省十一届人大常委会第十二次会议通过，自 2010 年 1 月 1 日起施行）

第一章　总　则

第一条　根据《中华人民共和国未成年人保护法》，结合本省实际，制定本办法。

第二条　凡涉及本省行政区域内对未成年人的保护，适用本办法。

第三条　本办法所称未成年人是指未满十八周岁的公民。

第四条　保护未成年人，是国家机关、武装力量、政党、社会团体、企业事业组织、城乡基层群众性自治组织、家庭和其他成年公民的共同责任。

对侵犯未成年人合法权益的行为，任何组织和个人都有权予以劝阻、制止或者向有关部门举报、控告。

第五条　国家、社会、学校和家庭应当针对未成年人特点进行爱祖国、爱人民、爱社会主义、爱劳动、爱科学的教育，把未成年人培养成有理想、有道德、有文化、有纪律的社会主义建设者和接班人。

第六条　各级人民政府负责本行政区域的未成年人保护工作，将未成年人保护工作纳入国民经济和社会发展规划及年度计划，相关经费列入本级财政预算；政府有关部门在各自职责范围内做好未成年人保护工作。

县级以上人民政府设立未成年人保护委员会，指导、协调和监督本行政区域的未成年人保护工作，其日常办事机构设在同级共产主义青年团组织。

乡（镇）人民政府及街道办事处应当设立未成年人保护组织，确定专人负责具体工作。

共产主义青年团、工会、妇女联合会、残疾人联合会、关心下一代工作委员会、少年先锋队等有关社会团体协助本级人民政府做好未成年人保护工作。

第七条　未成年人保护委员会的主要职责：

（一）组织宣传、贯彻执行有关未成年人保护的法律、法规及其政策；

（二）协调、指导、检查、督促有关部门共同做好未成年人保护工作；

（三）制定未成年人保护工作发展规划和年度工作计划；

（四）受理对侵犯未成年人合法权益的投诉、举报、控告，责成或者协调有关部门依法进行查处；

（五）调查研究未成年人保护工作的重大问题，向有关国家机关提出建议；

（六）表彰奖励在未成年人保护工作中做出显著成绩的单位和个人，总结、推广未成年人保护工作的经验。

第二章　家庭保护

第八条　父母或者其他监护人应当尊重未成年人的人格尊严，为其创造良好和睦的家庭环境，提供必要的学习、生活和医疗保健条件，保护未成年人的身心健康和人身财产安全。

家庭中的其他成年人应当协助未成年人的父母或者其他监护人关心、教育、保护好未成年人。

第九条　未成年人的父母或者其他监护人应当掌握正确的教育和监护方法，以健康的思想、良好的言行和科学的方式教育、影响和保护未成年人。

第十条　父母或者其他监护人应当履行下列义务：

（一）教育、引导未成年人形成良好的思想道德品质；

（二）保障适龄未成年人接受并完成义务

教育，不得使接受义务教育的未成年人辍学；

（三）培养未成年人形成良好的学习和生活习惯，对未成年人进行自我保护教育，鼓励、支持其参加家庭劳动、社会公益劳动以及各类积极健康的文体活动、社会交往活动；

（四）与学校配合保障未成年人有充裕的文化娱乐活动、体育活动和睡眠时间，不得强迫未成年人从事影响其身心健康的劳动和活动；

（五）预防和制止未成年人吸烟、饮酒、偷窃、吸毒、沉迷网络、打架斗殴及观看、收听色情淫秽的音像制品、读物等不良行为；

（六）没有监护措施，不得让未满十六周岁的未成年人分户独居；

（七）不得对女性、残疾、非婚生、继养未成年子女歧视、虐待、遗弃，不得迫使其离家出走，不得利用未成年子女进行乞讨、诈骗等违法活动；

（八）不得教唆、诱骗、胁迫、纵容和包庇未成年人违法犯罪，发现其被教唆、诱骗、胁迫违法犯罪时，应当制止并及时报告公安机关；

（九）不得为未成年人包办、买卖婚姻和强迫未成年人订婚、换亲或者同居；

（十）保护未成年人的财产权利不受侵害，除为被监护的未成年人的利益外，不得处理其财产。

第十一条 父母因外出务工、身体有重大疾病或者违法犯罪被羁押及其他原因不能履行对未成年人监护职责的，应当委托有监护能力的其他成年人代为监护，受委托监护人应当依法履行监护职责。

委托监护时，父母应当听取有表达意愿能力的未成年子女意见，并及时将委托监护情况告知未成年子女所在学校和经常居住地的村（居）民委员会。

父母应当与未成年子女和受委托监护人保持经常联系，关心未成年子女生活、学习和身心健康情况。

对没有监护人的，由未成年人父母所在单位或者村（居）民委员会、民政部门担任监护人。

第十二条 父母离异后，双方应当按照协议或者人民法院的法律文书，履行对未成年子女的监护职责和抚养义务。任何一方不得拒绝履行其应负的监护职责和抚养义务，或者阻止、限制另一方履行应尽责任。

第三章　学校保护

第十三条 学校应当全面贯彻国家教育方针，实施素质教育，防止片面追求升学率，过多增加学习负担，造成学生厌学、弃学或者发生其他严重后果。

第十四条 学校不得拒绝接收有正常学习能力的残疾未成年人、外来务工人员子女以及解除羁押、解除劳教、服刑期满或者判处缓刑等应当接受义务教育的适龄未成年人入学。

第十五条 学校不得以任何理由开除未成年学生或者责令义务教育阶段的未成年学生停课、转学、退学。

对旷课、逃学的未成年学生，学校应当会同其父母或者其他监护人及时教育规劝，促使其返校上课。

第十六条 学校不得占用教学课时和文体活动时间组织未成年学生参加庆典、剪彩、奠基、迎送等活动。

组织未成年学生参加公益性活动，确需占用教学课时和文体活动时间的，应当经教育行政主管部门批准。

第十七条 学校、幼儿园、托儿所教职员工应当尊重未成年人的人格尊严，在批评教育时不得嘲讽、贬损、恐吓或者以其他方式侮辱、打骂未成年人，不得体罚或者变相体罚学生和儿童；对品行有缺点、学习有困难、身体有残疾的学生，不得歧视和放弃教育职责。

第十八条 学校和教师应当严格执行国家教育行政主管部门规定的课时和学业量，不得增加未成年学生的课业负担。学校应当保证未成年学生的课外活动时间，组织开展文化、娱乐、体育、科技等课外活动。

第十九条 学校应当配备专职或者兼职心理健康辅导员，有针对性地、适时地对未成年学生进行生理、心理健康教育和青春期教育，对行为有偏差、心理有障碍的未成年学生及时给予必要的关心和疏导。

第二十条 学校应当开设法制教育课，配备专职或者兼职人员，开展法制教育，普及法律知识，增强法制意识。

第二十一条 学校应当对未成年学生进行网络道德教育，引导未成年学生文明上网。

节假日期间，中小学校的互联网上网服务场所、图书馆、体育馆等文化体育设施应当逐步向学生免费或者优惠开放。

第二十二条 学校、幼儿园、托儿所应当根据未成年人的特点，开展公共安全和社会生活指导教育，制定应对各种灾害、传染性疾病、食物中毒、意外伤害等突发事件的预案，配备相应设施，每学年至少组织一次火灾、地震等突发事件的自救演练，增强未成年人的自我保护意识和能力。

第二十三条 学校、幼儿园、托儿所对校舍和其他教学设施应当经常性检查，发现有危及学生、儿童健康和人身安全的，应当采取积极措施及时消除。

寄宿制学校应当加强对未成年学生宿舍的安全管理、生活管理和卫生管理。对未经允许夜不归宿的未成年学生，学校应当及时查找，并通知其父母或者其他监护人。

第二十四条 学校、幼儿园、托儿所及其教职员工有责任保护学生、儿童的人身安全，维护正常的教学秩序。对扰乱教学秩序，或者对未成年学生进行拦截强索财物、侮辱、殴打的，应当制止并及时向公安机关报告。未成年学生拦截强索财物、侮辱、殴打其他未成年学生的，学校及其教职员工应当批评教育，并告知其监护人，情节严重的，应当向有关部门反映。

第二十五条 学校、幼儿园、托儿所及其教职员工不得向学生、儿童滥收费用、实物，克扣儿童食品、物品，诱导购买或者强行摊销辅导资料及其他商品。

第二十六条 学校应当支持和帮助共产主义青年团、少年先锋队组织和学生会，开展有益于未成年学生身心健康的各种活动。

第二十七条 学校应当密切与学生家长的联系，加强与社区的协作，及时反映和了解学生的情况，做好未成年学生的教育工作。

第四章　社会保护

第二十八条 各级人民政府应当加大教育事业投入，按照国家有关标准，新建、扩建、改造公办的中小学、幼儿园、托儿所的校舍和设施，改善未成年人的活动场所。

非公办的中小学、幼儿园、托儿所的校舍和设施建设应当符合国家有关标准，各级人民政府对其应当加强指导和监督。

第二十九条 各级人民政府应当将图书馆、文化馆、青少年宫、科学宫等适合未成年人活动的场所、设施的兴建或者改造列入社会发展规划，并积极组织实施。

第三十条 未成年人集中活动的公共区域，应当有紧急避险场所和提醒未成年人自我保护人身安全的明显标志，并配套相应的保护设施。

对可能危及未成年人人身安全的设施，经营、管理单位应当及时进行维护，并在显著位置标明适应年龄范围或者注意事项。

公共场所发生突发事件时，应当优先救护未成年人。

第三十一条 各级人民政府及其有关部门应当鼓励和支持社区、学校建立非营业性互联网上网服务场所，为未成年人提供安全、健康的上网服务。对设立营业性互联网上网服务场所应当严格审批，控制总量。

第三十二条 文化部门应当加强对互联网上网服务营业场所的管理，建立社会监督制度，制止未成年人进入互联网上网服务营业场所。

通信管理部门应当加强移动通讯、网络接入服务的管理，采取有效措施，防止通过手机、互联网等发布、传播违法有害信息。

省级互联网协会应当发挥行业自律作用，受理互联网违法有害信息的举报投诉，定期公布违法、违规网站名单，对违法有害互联网信息督促网站及时清除、过滤或者屏蔽。

第三十三条 县（市、区）、乡（镇）人民政府，应当指导学校、村（居）民委员会和其他社会团体、群众组织做好留守未成年人和外来务工人员子女的保护工作，对家庭经济困难的学生根据有关规定给予费用减免和资助。

留守未成年人比较集中的地区，有条件的可以根据需要设立留守儿童之家等服务机构，为留守未成年人的学习、生活提供指导和帮助。

学校、村（居）民委员会和其他社会团体、群众组织应当开展对留守未成年人和外来务工人员子女的生活关爱、心理疏导、情感沟通等活动。

第三十四条 村（居）民委员会、家庭、社会团体、企业事业组织和每个成年公民应当配合公安、司法行政机关共同做好违法犯罪未成年人的教育、感化和挽救工作。

对被判处管制、缓刑、假释、保外就医、监外执行的未成年人和刑满释放、解除劳教以及有严重不良行为的未成年人，当地村（居）民委员会、司法所、公安派出所及有关组织应当组成帮教小组，制定帮教措施，共同做好帮教工作。

第三十五条 任何单位和个人不得侵占和破坏学校、幼儿园、托儿所的场所、设施；不得在其周围超越规定范围建造和设置有危险、有污染或者影响采光的建筑物和设施；不得在中小学校周边200米范围内设立互联网上网服务营业场所、营业性歌舞娱乐场所、彩票投注站点、电子游戏厅、台球室等场所；不得在中小学校周边600米范围内设立成人用品商店、音像制品出租店和彩票专营场所；不得在学校、幼儿园教学区或者校门口摆摊设点。

第三十六条 下列场所应当设置明显标志，禁止未成年人进入，对难以判明是否已成年的，应当要求其出示身份证件：

（一）互联网上网服务经营场所；

（二）营业性歌舞娱乐场所；

（三）其他经主管部门确认的场所。

营业性电子游戏场所除法定节假日外，禁止未成年人进入。

第三十七条 禁止向未成年人出售烟酒。经营者应当在其经营场所的显著位置设置不向未成年人出售烟酒的警示标志。

第三十八条 禁止任何单位或者个人招用未满十六周岁的童工，国家另有规定的除外。

用人单位根据国家有关规定经批准招收未满十六周岁的未成年人进行文艺、体育等专业训练的，应当保障未成年人的身心健康和完成义务教育的权利。

第三十九条 各级人民政府应当逐步加大投入，兴建儿童福利机构和流浪儿童救助机构，鼓励社会力量投资兴办儿童福利机构和未成年人救助机构。

第四十条 任何组织和个人发现流浪、乞讨或者离家出走的未成年人，应当及时送到流浪儿童救助机构，救助机构应当予以救助和妥善照顾，并及时通知其父母或者监护人领回。

第四十一条 无人抚养的孤儿，由民政部门收留抚养或者由具备收养条件的公民依法收养。因父母或者其他监护人长期患有严重疾病等特殊原因，抚养未成年人确有困难的，由监护人所在单位、集体经济组织或者民政部门给予扶助。

第四十二条 工商、卫生、交通、质量技术监督等相关部门应当在各自职责范围内，加强对生产、销售未成年人食品、药品、文具、玩具等产品，以及向未成年人提供餐饮、休息和接送服务的监督管理。

第四十三条 公安部门和学校、家长应当向学生进行交通、防火等经常性安全教育。交通警察和交通值勤人员应当注意保护横过马路未成年人的人身安全，机动车辆应主动避让未成年人。

公安、建设、交通部门应当在学校、幼儿园、托儿所周边道路设置并完善警示、限速等交通标志及安全设施。

第四十四条 各级人民政府应当鼓励和支持学校、社会组织、社会团体以及个人兴办家长学校或者采取其他形式，组织父母或者其他监护人学习科学教育未成年人的方法，开展心理咨询、法律咨询、教育咨询等服务活动。

第四十五条 单位和个人应当尊重未成年人就涉及自身权益的事项发表的意见或者建议，尊重和保护未成年人的文艺创作、发明创造等智力成果，不得非法剥夺未成年人依法享有的荣誉称号。

第五章 司法保护

第四十六条 人民法院、人民检察院、公安机关和司法行政机关应当采取积极措施，认真处理侵犯未成年人合法权益的案件。对侵犯未成年人合法权益或者不履行保护未成年人职责的当事人依法追究责任。

第四十七条 公安机关、人民检察院和人民法院在侦查、检察、审判工作中，应当严格依照有关法律法规办理未成年人违法犯罪案件。

第四十八条 人民法院、人民检察院、公安机关和司法行政机关在司法活动中应当依法保护未成年人的合法权益，严禁侮辱、打骂、体罚、诱供和刑讯逼供。

第四十九条 公安机关应当积极采取措施解救被诱拐、买卖、绑架的未成年人，有关部门和单位应当配合公安机关共同做好解救工作。

第五十条 人民法院办理离婚或者继承案件，应当保护未成年人受抚养、教育和继承的权利，照顾主要抚养未成年人的一方，同时要保障另一方对未成年人的探视权。

第六章 法律责任

第五十一条 父母或者其他监护人无正当理由未保障未成年人接受并完成义务教育的，由当地乡（镇）人民政府或者县级教育行政主管部门给予批评教育，责令限期改正。

第五十二条 未成年人的父母或者其他监护人不履行监护职责，造成未成年人有不良行为的，由公安机关对未成年人的父母或者其他监护人进行训诫，责令其履行监护职责。

第五十三条 学校、幼儿园、托儿所教职员工侮辱、歧视、体罚未成年学生、儿童的，对其主要负责人和其他直接责任人给予行政处分；构成违反治安管理行为的，由公安机关对违法行为人依法给予行政处罚；造成人身财产损失或者其他损害的，依法承担民事责任。

第五十四条 学校拒收适龄未成年人入学，开除未成年学生或者责令未成年学生停课、转学、退学的，由教育行政主管部门予以纠正；情节严重或者逾期不改的，对学校的有关负责人及直接责任人给予行政处分。

第五十五条 经营者向未成年人出售烟酒或者未设置禁止未成年人购买烟酒警示标志的，由烟草专卖行政主管部门、商务行政主管部门按照各自职责给予警告，责令改正；拒不改正的，处以50元以上200元以下罚款；情节严重的，处以200元以上2000元以下罚款。

第五十六条 接纳未成年人进入营业性互联网上网服务场所、营业性歌舞厅等娱乐场所的，由文化行政主管部门、公安机关按照国务院《娱乐场所管理条例》和《互联网上网服务营业场所管理条例》的规定处罚。

第五十七条 违反本办法规定，侵害未成年人的合法权益，法律、行政法规已有处罚规定的，从其规定。

第五十八条 国家机关及其工作人员不依法履行保护未成年人合法权益的责任，侵害未成年人合法权益，或者对提出申诉、控告、检举的人进行打击报复的，由其所在单位或者上级机关责令改正，对直接负责的主管人员和其他直接责任人员依法给予行政处分。

第七章 附 则

第五十九条 本办法所称学校，是指各类普通小学、初等学校、中等学校，职业技术学校、特殊教育学校和其他教育机构。

第六十条 本办法所称留守未成年人，是指因父母外出半年以上，不能得到法定监护的未成年人。

第六十一条 本办法自2010年1月1日起施行。

兰州市未成年人保护条例

（1990年12月8日兰州市第十届人民代表大会常务委员会第二十四次会议通过，1990年12月25日甘肃省第七届人民代表大会常务委员会第十八次会议批准，自1990年12月25日起施行）

第一章 总 则

第一条 为维护未成年人的合法权益，保护未成年人的身心健康，使未成年人在品德、智力、体质等方面全面发展，根据《中华人民共和国宪法》和国家法律、法规的有关规定，结合本市实际情况，制定本条例。

第二条 本条例所指的未成年人是未满十八周岁的公民。

第三条 国家机关、人民团体、企业事业单位、学校、家庭以及每个公民都有保护未成年人的责任。

任何组织和个人都不得侵害未成年人的合法权益，并有权制止、检举和控告侵犯未成年人合法权益的行为。

第四条 保护未成年人，坚持培养教育、启发引导的原则，同时积极预防青少年违法犯罪。对需要特殊保护的未成年人实行特殊保护。

第五条 未成年人应自觉增强自我保护的意识和能力，努力使自己成为有理想、有道德、有文化、遵纪守法和身体健康的公民。

未成年人的合法权益受到损害的时候，本人及其监护人有依法提出控告、检举、申诉和要求保护的权利。

第二章 国家机关和社会保护

第六条 各级人民政府负责管理未成年人的保护工作，对未成年人采取下列保护措施：

（一）努力发展教育事业，改善办学条件，加强学前教育，保障未成年人接受义务教育的权利；

（二）通过各种途径积极解决十六周岁以上待业未成年人的劳动就业问题；对暂时尚不能解决就业问题的，要加强教育和管理，安排好就业前的技术培训；

（三）积极提供未成年人活动的场所；

（四）为保护未成年人安排必要的经费，并列入财政预算；

（五）负责处理其他有关保护未成年人的事宜。

第七条 市、区（县）设立未成年人保护委员会，受同级人民政府的领导。委员会的日常工作由政府有关部门确定工作人员办理。

街道办事处和乡（镇）人民政府应根据需要设立未成年人保护组织。

第八条 未成年人保护委员会行使下列职权：

（一）宣传国家保护未成年人的法律、法规；

（二）监督国家有关保护未成年人的法律、法规的实施；

（三）协调有关部门对未成年人的保护工作；

（四）接受对侵害未成年人合法权益行为的投诉、举报，交有关部门查处，为受害者提供法律咨询或帮助；

（五）对于因国家机关及其工作人员的违法、失职行为造成未成年人合法权益遭受严重损害的，应建议有关机关对责任人员给予行政处分，直至建议司法机关依法处理；

（六）研究和制定保护未成年人的措施，讨论并解决保护未成年人工作中的问题。

第九条 各级公安、司法机关对拐骗、买卖儿童和侵害未成年人合法权益的案件应及时查处。

第十条 禁止任何组织和个人向未成年人提供带有封建迷信、恐怖、残忍、淫秽、色情等内容的作品和节目。

第十一条 博物馆、纪念馆、影剧院、体育场、公园、动物园及其他公共场所，在法定节日期间应对 14 周岁以下的未成年人优惠开放。

第十二条 影剧院、文艺表演团体在放映和演出不适合未成年人观看的影片和节目时，不得让未成年人进入。

第十三条 严禁任何单位和个人非法占用学校的场地、房屋和设施。

第十四条 严禁在学校、幼儿园、保育院内和门外十五米以内的地方摆摊设点。

第十五条 任何单位或个人不准招收录用不满十六周岁的童工。

不得让未成年人从事有害、有毒、危险和其他有害于身心健康的工作。

严禁任何组织和个人强迫未成年人表演残忍、恐怖的节目或从事有害于身心健康的街头卖艺活动。

第十六条 严禁任何人引诱、胁迫、欺骗、教唆未成年人进行违法犯罪活动。

第十七条 对扰乱学校秩序的或者对学生进行拦截、强索财物侮辱殴打的行为，公安机关应当与学校配合，采取有效措施，及时制止和处理。

第十八条 居民委员会、村民委员会应在街道办事处、乡镇人民政府的指导下做好下列保护未成年人的工作：

（一）关心未成年人的课余和假期生活，配合学校教师指导未成年人开展有益于身心健康的活动；

（二）帮助无教育能力的家庭教育管理未成年人；

（三）协同公安派出所、学校与家庭建立帮助小组，对有违法和轻微犯罪行为以及刑满释放、解除少管、劳教的未成年人进行帮助教育；

（四）对损害未成年人合法权益的行为进行检举、揭发。

第三章 家庭和学校保护

第十九条 父母（继父母、养父母）或其他监护人，对未成年子女（继子女、养子女、非婚生子女）或其他被监护人，应当依法行使监护权利，履行抚养、教育、保护和法律规定的其他义务。

家庭其他成年人有协助未成年人的父母或其他监护人抚养、教育、保护未成年人的责任。

第二十条 父母或其他监护人应当遵守下列规定：

（一）保障适龄未成年人接受义务教育，不得随意让他们辍学；

（二）教育未成年人参加适当的家务劳动；

（三）不得放任或怂恿未成年人进行违法犯罪活动；

（四）不得虐待、遗弃未成年人；

（五）禁止溺婴、弃婴。

第二十一条 学校和教师应当遵守下列规定：

（一）建立健全保健制度，定期为学生检查身体，适时进行青春期教育；

（二）组织学生参加力所能及的劳动和社会活动；

（三）不得擅自停止学生上学、上课，不得随意开除学生，对后进学生不得歧视或放任不管；

（四）不得随意占用或拆除学生的活动场地和设施；

（五）不得让学生在危险校舍、场所上课和活动，组织学生参加集体活动时，必须由教师带领，并采取安全措施。

第二十二条 学校和家长应加强联系，并向同遵守下列规定：

（一）发现未成年人吸烟、饮酒、吸毒、赌博、逃学、打架、骂人、夜不归宿等不良行为时应及时教育制止；

（二）发现未成年人制造或携带匕首、三棱刀、弹簧刀等管制刀具和钢砂枪应及时制止和收缴；

（三）发现未成年人有犯罪行为时，应及时向公安、司法机关报告，不得袒护、包庇、怂恿；

（四）不得让未成年人进入不适合他们活动的场所，不得让未成年人观看、阅读不适合他们的视听读物，不得让未成年人从事封建迷信活动；

（五）不得辱骂、体罚、摧残未成年人。

第四章 特殊保护

第二十三条 对有生理缺陷的未成年人采取下列保护措施：

（一）各级人民政府应积极创造条件，加强对盲、聋、哑、残、弱智未成年人的特殊教育，提供康复医疗服务；

（二）不得歧视、戏弄、侮辱、虐待生理有缺陷的未成年人；

（三）禁止诱骗、胁迫、教唆生理有缺陷的未成年人进行违法犯罪活动。

第二十四条 对确已无家可归的未成年人，由民政部门负责收容抚养。

对流浪乞讨的未成年人，由民政部门负责收容遣送，其父母或其他监护人不得以任何理由拒绝认领。

第二十五条 对女性未成年人应当采取下列保护措施：

（一）学校和企业、事业单位在招生、招工中不得歧视女性未成年人；

（二）企业、事业单位和个体工商业者对十六周岁以上的女性未成年职工，应坚持同工同酬的分配原则；

（三）严禁侮辱、猥亵女性未成年人。

第二十六条 对违法犯罪未成年人应采取

下列保护措施：

（一）市人民政府应积极采取措施，对有轻微违法犯罪行为而又屡教不改的未成年人进行教育矫治；

（二）违法犯罪未成年人在羁押期间应同成年人犯分押分管。

管教人员要尊重未成年违法犯罪人员的人格，维护他们的合法权益，关心他们的健康，不得侮辱、打骂、体罚；

（三）对劳改释放、解除劳动、少管、收审的未成年人，在安排他们上学、就业时，不得歧视。

第五章　奖励与处罚

第二十七条　对在保护未成年人工作中做出显著成绩的单位和个人，由各级人民政府给予表彰奖励。

第二十八条　违反本条例情节轻微的，给予批评教育，责令改正；情节较重或拒不改正的，分别给予行政警告、记过、记大过处分，可单处或并处一百元以下的罚款。

第二十九条　违反本条例，有下列行为之一，尚不够刑事处罚的，由公安机关依照《中华人民共和国治安管理处罚条例》的有关规定从重处罚：

（一）组织未成年人集会或者进行文化、体育、娱乐、旅游活动以及公益劳动等不采取相应的安全措施，经公安机关通知不加改正的；

（二）扰乱学校教学秩序或者对学生进行拦截、强索财物、侮辱、殴打的；

（三）在学校、幼儿园、保育院内和门外十五米以内的地方摆摊设点妨碍正常教学秩序经教育不改的；

（四）胁迫或者诱骗未成年人表演恐怖、残忍节目，摧残其身心健康的；

（五）出售、出租或者传播淫书、淫画、淫秽录像或者其他淫秽物品的；

（六）教唆、胁迫、诱骗未成年人吸毒、赌博或者从事其他违反治安管理活动的。

第三十条　父母或其他监护人不履行抚养、监护义务或者拒绝认领其流浪乞讨子女或被监护人的，依照《中华人民共和国民法通则》和其他有关法律、法规处理。

第三十一条　父母或其他监护人放任或者指使适龄未成年人辍学的，由当地人民政府给予批评教育，并责令其父母或监护人限期送辍学未成年人入学。

第三十二条　父母或其他监护人包庇、怂恿未成年人吸食毒品的，由公安机关给予批评教育，并责令其采取措施让吸毒者戒毒。

第三十三条　随意拆除、毁坏或占用学校的场地、房屋和设备的，依照《中华人民共和国民法通则》第一百一十七条和《甘肃省保护学校校园、校产若干规定》处理。

第三十四条　学校和教师随意开除学生或停止学生上学、上课的，由教育主管部门对责任人给予批评教育；造成后果的，给予行政处分，并尽快让学生复学、复课。

第三十五条　明知是未成年人而违反本条例第十二条规定的，由文化主管部门视情节轻重，对直接责任人或者主管负责人给予警告或者二百元以下罚款。

第三十六条　招收录用不满十六周岁的童工做工、经商或从事其他工作的，按国家有关规定处罚。

第三十七条　违反本条例构成犯罪的，依法追究刑事责任。

第三十八条　引诱、胁迫、欺骗、教唆未成年人违法犯罪的，依法从重处罚。

第三十九条　公安、司法机关和其他行政主管机关，不履行其保护未成年人的职责而造成后果的，由其上级主管部门对直接责任人或者主管负责人给予批评教育或行政处分。情节严重，构成犯罪的，依法追究刑事责任。

第四十条　当事人对处罚决定不服的，按照国家法律、法规规定的程序申请复议或向人民法院起诉。

对处罚决定不履行，逾期又不申请复议或不起诉的，由作出行政处罚决定的机关申请人民法院强制执行。

第六章　附　则

第四十一条　本条例由兰州市人大常委会负责解释。

第四十二条　本条例自批准之日起施行。

青　海

青海省未成年人保护条例

（2012年7月27日青海省第十一届人民代表大会常务委员会第三十一次会议通过，自2012年11月1日施行）

第一章　总　则

第一条　为了保护未成年人的身心健康，保障未成年人的合法权益，促进未成年人在品德、智力、体质等方面全面发展，根据《中华人民共和国未成年人保护法》和有关法律、行政法规，结合本省实际，制定本条例。

第二条　本省行政区域内未满十八周岁公民的保护，适用本条例。

第三条　未成年人享有生存权、发展权、受教育权、受保护权、参与权等权利。未成年人的合法权益应当给予特殊、优先保护。

第四条　保护未成年人是全社会的共同责任。

任何组织和个人都有权制止或者向有关部门举报、投诉、控告侵害未成年人的行为。

国家、社会、学校和家庭应当教育和帮助未成年人维护自己的合法权益，增强自我保护意识和能力，增强社会责任感。

第五条　县级以上人民政府应当将未成年人保护工作纳入国民经济和社会发展规划以及年度计划，将未成年人保护工作经费纳入本级人民政府的财政预算。

第六条　县级以上人民政府设立未成年人保护委员会，指导、协调、监督未成年人保护工作。

乡（镇）人民政府、街道办事处应当确定人员具体负责未成年人保护工作。

未成年人保护委员会由同级人民政府及其有关部门、人民法院、人民检察院和有关社会团体的负责人组成。委员会的主任委员由同级人民政府负责人担任。

未成年人保护委员会办事机构设在各级共青团组织，配备专职工作人员，负责做好同级人民政府未成年人保护委员会的日常工作。

第七条　未成年人保护委员会履行下列职责：

（一）执行有关保护未成年人的法律法规和政策，并对实施情况进行监督、检查；

（二）制定未成年人保护工作发展规划和年度工作计划；

（三）研究未成年人保护工作中的重大问题，向本级人民政府和有关部门提出未成年人保护方面的意见和建议；

（四）接受对侵犯未成年人合法权益行为的举报、投诉、控告，移送有关机关予以查处；

（五）对未成年人保护工作进行调查、研究，交流和推广经验；

（六）建立未成年人保护重特大事件联席协商制度；

（七）有关未成年人保护的其他工作。

第八条　每年六月为未成年人保护宣传月。

第九条　县级以上人民政府和有关部门对在未成年人保护工作中做出显著成绩的组织和个人，应当给予表彰和奖励。

第二章　家庭保护

第十条　父母或者其他监护人应当创造良好、和睦的家庭环境，依法履行对未成年人的监护职责和抚养义务，保护未成年人的人身、财产及其他合法权益。

第十一条　父母或者其他监护人应当接受有关国家机关和社会组织提供的家庭教育指导，学习正确的教育和监护方法，以健康的思想、良好的品行和适当的方法教育、影响和保护未成年人。

第十二条　父母或者其他监护人应当履行下列义务：

（一）为未成年人提供必要的生活、学习和医疗保健条件；

（二）关注未成年人的生理、心理状况和行为习惯；

（三）教育、指导未成年人养成良好的思想品德和学习、生活习惯；

（四）对未成年人进行交通安全和用电用气等生活安全常识教育，增强其安全防范意识和能力；

（五）鼓励、支持未成年人参加与其年龄相适应的家务劳动、社会公益活动和健康的文体、社交活动；

（六）法律、法规规定的其他义务。

第十三条 父母或者其他监护人不得有下列行为：

（一）对未成年人实施家庭暴力、虐待或者遗弃；

（二）溺婴和其他残害婴儿的行为；

（三）歧视女性未成年人或者有残疾的未成年人；

（四）放任、迫使义务教育阶段的未成年人失学、辍学；

（五）迫使未满十六周岁的未成年人务工；

（六）允许、迫使未成年人结婚、同居或者为未成年人订立婚约；

（七）放任未满十六周岁的未成年人脱离监护单独居住；

（八）其他侵害未成年人合法权益或者影响其身心健康的行为。

第十四条 父母或者其他监护人应当预防、制止未成年人的下列行为：

（一）吸烟、酗酒；

（二）旷课、夜不归宿、离家出走、打架斗殴、沉迷网络等不良行为；

（三）阅读、观看、收听、收集或者传播宣扬含有淫秽、色情、凶杀、暴力、恐怖和封建迷信等内容的报刊、图书、音像制品、电子出版物以及网络信息；

（四）偷盗、破坏公共财物及损害他人合法权益；

（五）赌博、吸毒、卖淫嫖娼等违法行为；

（六）其他违反法律法规和社会公德的不良行为。

第三章 学校保护

第十五条 学校应当全面贯彻国家的教育方针，实施素质教育，提高教育质量，促进未成年学生全面发展。

第十六条 学校应当尊重未成年学生受教育的权利，不得歧视品行有缺点、学习有困难、身心有残疾的未成年学生，不得拒绝适龄未成年人入学，不得违反法律和国家规定开除未成年学生，不得以强迫转学、劝退等方式剥夺未成年学生受教育权。

第十七条 教师应当尊重未成年学生的人格，平等对待未成年学生，以良好的言行和品德教育、影响未成年学生，不得辱骂、体罚或者变相体罚未成年学生。

第十八条 学校应当根据未成年学生身心发展的特点，加强对未成年学生的日常行为管理，聘请专职或者兼职校内、校外辅导员，对未成年学生进行爱国主义教育、民族团结进步教育、优秀传统文化教育、思想品德教育、行为习惯养成教育、社会生活能力教育、卫生防病教育以及防火、防震、防溺水、防侵害等安全避险教育。

第十九条 学校应当配备具备资质的专职、兼职心理辅导教师，对未成年学生开展心理健康教育，提供心理健康辅导。

学校应当配备法制副校长或者法制辅导员，定期对未成年学生开展法制教育。

寄宿制学校应当配备专职或者兼职生活辅导员，对未成年学生开展生活指导。

第二十条 学校应当组织开展文化、体育、艺术、科普等课外活动，保证未成年学生的课外活动时间。未成年学生每天参加体育锻炼不得少于一小时。

学校图书馆、阅览室、计算机室、体育场馆等场所应当保证开放时间，法定节假日和寒暑假期间应当定期向本校学生开放。

第二十一条 学校应当建立健全卫生保健制度，为未成年学生提供卫生保健服务。学校发现未成年学生患病的，应当及时通知其父母或者其他监护人；情况紧急的，应当立即送医疗机构就医。

寄宿制学校应当配备医务人员，设置医

务室。

第二十二条 学校应当建立健全校园安全制度。

学校应当主动配合公安机关维护校园周边治安，对校园内及周边扰乱教学秩序或者侵害未成年学生人身、财产安全的行为，应当及时制止，必要时向公安机关报告。

学校应当在显著位置设立报警、急救、举报电话标牌。

寄宿制学校和有条件的学校，应当配备专职保安人员，实行值班和巡逻制度。

第二十三条 学校应当保障未成年学生的饮食安全，向未成年学生提供的食品、饮用水以及玩具、文体用品应当符合国家、地方或者行业的卫生、安全标准。

第二十四条 学校应当定期检查校舍及其他设施的安全状况，发现存在安全隐患，应当及时处理，并报告相关部门。

第二十五条 学校公共卫生间等设施的建设、配置和使用，应当符合学校生活卫生设施建设和管理规范，照顾未成年女学生的生理特点，合理设置厕位数量。

学校和教师不得要求未成年女学生在生理期内参加不适宜的各种活动。

第二十六条 学校应当建立健全校车安全管理制度，加强校车安全检查和管理。

第二十七条 学校应当制定应对突发事件的预案，组织开展针对各类灾害、传染性疾病、食物中毒、意外伤害等突发事件的应急演练。应急演练每学期至少开展一次。

学校发生突发事件，应当优先保护未成年学生的安全。

第二十八条 学校组织校内或者校外集体活动时，应当成立临时安全管理组织，制定安全措施和应急预案；发生人身伤害事故的，应当及时救护，妥善处理，并向有关部门报告。

第二十九条 学校应当通过家庭访问、家长会等形式，与未成年学生的父母或者其他监护人密切联系，互相配合，了解未成年学生的学习、品行和生活情况，共同做好未成年学生的帮助教育工作。

第三十条 学校应当为遭受家庭暴力的未成年学生提供保护和帮助，必要时向公安机关报案。

第三十一条 幼儿园、托儿所和其他教育机构参照本章的有关规定执行。

第四章 社会保护

第三十二条 全社会应当尊重、关心、爱护、教育未成年人，为其健康成长创造良好的社会环境。

第三十三条 县级以上人民政府应当开设未成年人保护专线，依法受理未成年人合法权益受侵害的举报、投诉、控告。

第三十四条 各级人民政府应当采取措施，保障经济困难家庭、残疾、流动人口中的未成年人，以及留守儿童的生活、教育等合法权益。

第三十五条 县级以上人民政府应当建立健全流浪乞讨和孤残未成年人救助制度。公安、民政、城市管理等部门，按照各自职责对流浪未成年人给予救助。

第三十六条 各级人民政府可以采取购买社会工作服务的方式，指导街道、社区设立社工组织，开展未成年人社会工作服务。

第三十七条 县级以上人民政府应当有计划地新建、改建、扩建未成年人科技、体育、文化娱乐等活动场所。

因城市建设征用未成年人活动场所的，规划新建场所不得低于原有标准。

第三十八条 鼓励社会力量兴办适合未成年人活动的文化、体育、科普等场所。

鼓励和支持社会组织和个人发展未成年人福利事业，依法设立未成年人福利机构、学前教育机构、特殊教育机构、救助机构或者救助基金。

第三十九条 爱国主义教育基地、图书馆、青少年宫、少儿活动中心应当对未成年人免费开放。

博物馆、纪念馆、科技馆、展览馆、美术馆、文化馆以及影剧院、体育场馆、动物园、公园等场所，应当按照有关规定对未成年人免费或者优惠开放。

第四十条 公安机关应当把学校、幼儿园和托儿所周边地区作为治安和交通安全重点管理区域，建设周边公共视频监控系统和报警系统，及时发现并消除各类安全隐患。

第四十一条　工商、卫生、质量技术监督、食品药品监督和城市建设管理等部门，应当按照各自职责，加强对学校餐饮、建筑物装饰装修、设备设施和学校及周边餐饮服务、生产销售食品、文具、玩具等场所的监督管理。

第四十二条　各级人民政府应当支持和鼓励广播、电视、电影、新闻、出版、信息产业、文艺等单位和科学家、艺术家、作家以及其他公民创作或者提供有利于未成年人健康成长的作品。

任何组织和个人不得出版、播映或者以其他方式传播危害未成年人身心健康的图书、报刊、影视节目、音像制品、电子出版物以及网络信息。

第四十三条　中、小学校周围二百米范围内，不得设立互联网上网服务营业场所、营业性歌舞娱乐场所和其他不适宜未成年人活动的场所。

互联网上网服务营业场所、营业性歌舞娱乐场所和其他不适宜未成年人活动的场所，禁止未成年人进入，经营者应当在入口处显著位置设置禁入标志。

第四十四条　禁止向未成年人出售烟酒。经营者应当在显著位置设置不得向未成年人出售烟酒的标志。对难以判明是否已经成年的，应当要求其出示身份证件。

第四十五条　禁止向未成年人出售彩票和兑付奖金。彩票销售机构和代销者应当在显著位置设置不得向未成年人出售彩票和兑付奖金的标志。对难以判明是否已经成年的，应当要求其出示身份证件。

第四十六条　任何组织和个人不得披露涉及未成年人隐私的文字、图片、音像以及可能推断出该未成年人身份的信息。

对未成年人进行亲子关系鉴定、艾滋病检测等，有关机构和人员应当保护未成年人的隐私。

第五章　司法保护

第四十七条　公安机关、人民法院、人民检察院以及司法行政部门，应当依法履行职责，在司法活动中保护未成年人的合法权益。

第四十八条　公安机关、人民法院、人民检察院办理未成年人犯罪案件和涉及未成年人权益保护案件，应当照顾未成年人身心发展特点，尊重未成年人的人格尊严，并根据需要设立专门机构或者指定专人办理。

第四十九条　对司法活动中需要法律援助或者司法救助的未成年人，法律援助机构或者人民法院应当给予帮助，依法为其提供法律援助或者司法救助。

第五十条　对羁押、服刑或者被劳动教养的未成年人，执行机关应当保证其继续接受文化知识、法律知识或者职业技术教育；对没有完成义务教育的未成年人，执行机关应当保证其继续接受义务教育。

解除羁押、劳动教养或者服刑期满的未成年人，在复学、升学、就业等方面依法享有与其他未成年人同等的权利，任何单位和个人不得歧视。

第五十一条　未成年人犯罪，被判处五年有期徒刑以下刑罚的，应当对相关犯罪记录予以封存。

犯罪记录被封存的，不得向任何单位和个人提供，但司法机关为办案需要或者有关单位根据国家规定进行查询的除外。依法进行查询的单位，应当对被封存的犯罪记录的情况予以保密。

第六章　自我保护

第五十二条　未成年人应当遵守法律、法规和社会公德，掌握安全自救、隐私保护和应对紧急、意外事件的常识，了解获得法律帮助的方式和途径，增强抵御自然灾害和不法侵害的自我保护意识和能力。

第五十三条　未成年人受到下列侵害时，可以直接或者通过其监护人向未成年人保护委员会、公安机关、民政部门、共青团、妇女联合会、居（村、牧）民委员会、学校请求保护：

（一）遭到侮辱、恐吓、胁迫、殴打或者抢夺财物；

（二）遭到家庭暴力、虐待或者遗弃；

（三）被迫失学、辍学；

（四）被迫婚嫁；

（五）被迫乞讨、偷窃、行骗；

（六）其他侵害未成年人权益的行为。

第五十四条 未成年人应当积极参加学校、社区等组织的各种安全防护、避险自救知识学习和技能训练。

第五十五条 未成年学生及其监护人对学校的下列处理决定不服的，可以向学校或者教育行政部门提起申诉：

（一）警告、严重警告、记过、留校察看、开除学籍等纪律处分；

（二）取消报考资格或者入学资格；

（三）要求未成年学生履行非法定义务；

（四）其他严重侵犯未成年学生合法权益的决定。

学校或者教育行政部门应当明确受理申诉的部门和程序，并予以公布。

第五十六条 未成年人生活困难或者生活无着落的，可以直接或者通过其监护人、所在学校、居（村、牧）民委员会向民政部门申请生活救助。

第七章　法律责任

第五十七条 违反本条例规定，侵害未成年人的合法权益，其他法律法规已规定行政处罚的，从其规定；造成人身财产损失或者其他损害的，依法承担民事责任；构成犯罪的，依法追究刑事责任。

第五十八条 国家机关及其工作人员不依法履行保护未成年人合法权益的责任，或者侵害未成年人合法权益，或者对申诉、控告、检举人进行打击报复的，由其所在单位或者上级机关责令改正，对直接负责的主管人员和其他直接责任人员依法给予行政处分。

第五十九条 社会团体及其工作人员侵害未成年人合法权益或者不履行保护未成年人相关义务的，由相关主管部门或者其他有关部门责令改正；情节严重的，由主管部门对直接负责人和其他直接责任人员依法给予处分。

第六十条 学校违反本条例第十八条、第十九条、第二十一条、第二十二条、第二十四条、第二十七条、第二十八条规定的，由教育行政部门责令改正；拒不改正的，对负有直接责任的学校负责人或者直接责任人员依法给予行政处分。

第六十一条 违反本条例第四十四条规定，经营者向未成年人出售烟酒，或者未在经营场所显著位置设置不向未成年人出售烟酒标志的，由烟草专卖主管部门或者商务主管部门按照各自职责予以警告，责令改正；情节严重的，处以二百元以上二千元以下罚款。

第六十二条 违反本条例第四十五条规定，彩票销售机构和代销者未在显著位置设置不向未成年人出售彩票标志的，由民政、体育行政主管部门依照法定职责予以警告，责令改正，并处以一百元以上一千元以下的罚款。

彩票发行机构、彩票销售机构向未成年人销售彩票的，由财政部门责令改正，有违法所得的，没收违法所得，对直接负责的主管人员和其他直接责任人员，依法给予处分。彩票代销者向未成年人出售彩票的，由民政、体育行政主管部门予以警告，责令改正，处以二千元以上一万元以下罚款，有违法所得的，没收违法所得。

第八章　附　则

第六十三条 本条例自2012年11月1日起施行。1992年6月30日青海省第七届人民代表大会常务委员会第二十七次会议通过的《青海省实施〈中华人民共和国未成年人保护法〉办法》同时废止。

宁 夏

宁夏回族自治区实施《中华人民共和国未成年人保护法》办法

（1996年2月14日宁夏回族自治区第七届人民代表大会常务委员会第十七次会议通过，根据2006年3月31日宁夏回族自治区第九届人民代表大会常务委员会第二十一次会议《关于修改〈宁夏回族自治区矿产资源管理条例〉等12件地方性法规的决定》修正，2010年7月30日宁夏回族自治区第十届人民代表大会常务委员会第十八次会议修订）

第一章 总 则

第一条 为了保护未成年人身心健康，保障未成年人合法权益，促进未成年人在品德、智力、体质等方面全面发展，根据《中华人民共和国未成年人保护法》和有关法律、法规，结合自治区实际，制定本办法。

第二条 保护未成年人是国家机关、武装力量、政党、社会团体、企业事业组织以及城乡基层群众性自治组织、未成年人的监护人和其他成年公民的共同责任。

开展未成年人保护工作，应当坚持尊重未成年人人格尊严、教育与保护相结合以及适应未成年人身心发展规律和特点的原则。

任何组织和个人对侵犯未成年人合法权益的行为都有权制止，或者向有关部门报告、检举和控告。

第三条 县级以上人民政府应当建立健全未成年人保护工作机制，依法设立未成年人保护工作的机构，负责协调、指导、监督有关部门做好未成年人保护工作。

未成年人保护工作的具体机构由自治区人民政府规定。

乡（镇）人民政府、街道办事处应当有专（兼）职人员负责未成年人保护工作。

第四条 共产主义青年团、妇女联合会、工会等有关社团组织，按照各自职责，协助各级人民政府以及有关国家机关做好未成年人保护工作，维护未成年人的合法权益。

第五条 县级以上人民政府应当将未成年人保护工作纳入国民经济和社会发展总体规划和年度计划，将未成年人保护工作所需经费纳入本级财政预算。

鼓励社会组织和个人为开展未成年人保护工作提供捐赠和资助。

第六条 各级人民政府和有关部门对保护未成年人有显著成绩的组织和个人，给予表彰和奖励。

第二章 家庭保护

第七条 父母或者其他监护人应当创造良好、和睦的家庭环境，保护未成年人的身心健康和人身安全，尊重和保障未成年人在生存发展及教育保护等方面享有的权利，依法履行对未成年人的监护职责和抚养义务。

父母或者其他监护人应当保证未成年人必要的物质和医疗保健条件，保障未成年人的休息和娱乐时间。

第八条 父母或者其他监护人应当以健康的思想、良好的品行和适当的方法教育和影响未成年人。

父母或者其他监护人应当关心未成年人的学习、生活和交往情况，关注未成年人不同年龄阶段的生理、心理变化和思想道德状况，传授家庭生活、社会生活的知识和技能，教育未成年人养成良好的行为习惯和道德品质，引导未成年人参与家庭劳动、社会公益活动等有益身心健康的活动。

第九条 父母或者其他监护人应当预防和制止未成年人的下列行为：

（一）偷窃、破坏公私财物；

（二）赌博、吸毒；

（三）携带危险物品、打架斗殴、辱骂他人；

（四）吸烟、酗酒、旷课、夜不归宿、离家出走、沉迷网络；

（五）观看、阅读、收听、收集或者传播含有危害国家安全、淫秽、色情、暴力、邪教、迷信等内容的影视节目、音像制品、图书、报刊、电子出版物和网络信息等；

（六）进入不适宜未成年人活动的场所；

（七）其他不良行为。

第十条 父母或者其他监护人不得有下列行为：

（一）放任、迫使义务教育阶段的未成年人失学、辍学；

（二）为未成年人订立婚约、允许或者迫使未成年人结婚；

（三）强迫未成年人参加有害其身心健康的活动；

（四）对未成年人实施家庭暴力，歧视、虐待、伤害、遗弃未成年人；

（五）教唆、诱骗、胁迫、纵容或者包庇未成年人违法犯罪；

（六）其他不履行对未成年人的监护职责和抚养义务、侵害未成年人合法权益或者影响其健康成长的行为。

第十一条 父母因外出务工或者其他原因不能对未成年人履行监护职责的，应当委托有监护能力的其他成年人代为监护。接受委托的监护人，应当履行监护职责，保护被监护人的人身、财产及其他合法权益。

委托监护的，委托人应当将委托监护情况告知未成年人所在学校、居民委员会或者村民委员会。

第三章　学校保护

第十二条 学校和教师应当全面贯彻国家教育方针，严格执行国家教育行政部门规定的教育教学大纲和课程设置，关心未成年学生的身心健康，减轻学生课业负担，促进未成年学生在品德、智力、体质等方面全面发展。

第十三条 学校应当在教育教学活动以及组织学生参加文化、艺术、娱乐、体育、科技、社会实践等集体活动中，注重培养未成年学生独立思考能力、创新能力和实践能力。

第十四条 学校和教师不得有下列行为：

（一）拒收应当接受义务教育的未成年人入学；

（二）违反国家规定向未成年学生收取费用；

（三）以各种形式设重点班和非重点班；

（四）在义务教育阶段公开未成年学生的学习成绩排名；

（五）在义务教育阶段举行或者变相举行与入学挂钩的选拔考试或者测试；

（六）随意责令未成年学生停课；

（七）歧视品行有缺点、学习有困难的未成年学生；

（八）对未成年学生实施体罚、变相体罚或者其他侮辱人格尊严的行为；

（九）违反法律和国家规定开除未成年学生；

（十）未经县级以上人民政府教育行政部门批准，占用未成年学生寒暑假、法定节假日举办各种名目的补习班；

（十一）组织未成年学生参加营利性或者与学生年龄、身心健康等不相适应的活动。

第十五条 学校应当根据未成年学生的身心特点，对未成年学生进行社会生活指导、心理健康辅导和青春期教育。

学校和教师应当对未成年学生的家庭状况、经济条件、成长经历、心理健康咨询情况等个人信息保密。

未成年学生在校期间所受的处分不记入个人档案。

第十六条 学校、幼儿园、托儿所应当建立健全校园安全制度，采取必要的措施，加强校园安全管理工作。

学校、幼儿园、托儿所应当在校园出入口、教学楼、食堂、饮用水供给、实验室等要害部位以及易发安全事故场所，采取安装视频监控和红外线报警器等措施，加强校园安全的监控和防范。

学校、幼儿园、托儿所发现校舍和相关设施、设备存在安全问题，应当采取有效措施及时处理，无法处理的应当及时报告有关主管部门。

第十七条 学校、幼儿园、托儿所应当加强对未成年人的安全教育和管理，组织教学和文化娱乐、社会实践等集体活动时，应当有利于未成年人健康成长，防止发生安全事故。

学校、幼儿园、托儿所对在校园内或者本单位组织的校外活动中发生安全事故的，应当优先保护未成年人的安全，及时救助，妥善处理，并向有关主管部门报告。报告的内容应当真实，不得瞒报、迟报和谎报。

第十八条 教育行政部门和学校、幼儿园、托儿所应当制定应对各种灾害、传染性疾病、食物中毒、意外伤害等突发事件应急预案，配备相应设施并进行必要的演练。对地震、火灾应急和自救、救护演练每学期不少于一次。

第十九条 寄宿制学校应当向未成年学生提供安全的食宿条件，建立完善的食宿管理制度，确保未成年学生的人身、财产安全。

第二十条 幼儿园、托儿所应当根据幼儿教育和身体发育特点，提供适宜的活动场所和日常用品，制定适合其发育的营养食谱，按时、足量提供安全食品。

第二十一条 学校、幼儿园、托儿所应当使用经公安、交通管理部门确认合格的客运车辆接送未成年人。

接送未成年人的校车应当设置统一标识，配备除驾驶员以外的管理人员，保障未成年人安全。

禁止学校、幼儿园、托儿所出租校园场地停放机动车辆。

第四章 社会保护

第二十二条 县级以上人民政府应当根据本地区经济、社会、文化、人口及未成年人发展需要，将新建、改建、扩建未成年人文化、科技、体育、娱乐等活动场所纳入城乡发展规划，建设经费纳入本级财政预算。

各县（市、区）应当至少有一所综合性、多功能的未成年人活动场所。

未成年人活动场所或者设施不得非法转让、侵占，不得改变其用途。

第二十三条 爱国主义教育基地、图书馆、科技馆、博物馆、纪念馆、文化馆（站）、美术馆、青少年宫、儿童活动中心、公园应当对未成年人免费开放。

体育馆（场）、影剧院、文化宫、动物园、植物园等场所及设施，对未成年人和由学校集体组织的参观、游览活动实行免费或者优惠。

鼓励机关、企业事业等单位将内部的文化体育设施向未成年人开放。

第二十四条 未成年人集中活动的公共场所，应当设置安全警示标志，并采取相应的保护措施。

对可能危及未成年人人身安全的设施，经营、管理单位应当设置安全防护措施，并在显著位置设置警示标志。

第二十五条 中小学校、中等专业学校周围二百米范围内和居民住宅楼（院）内，不得设立互联网服务营业场所。

互联网服务营业场所应当在入口、大厅等位置设置明显禁止未成年人进入的警示标志，不得允许未成年人进入；对难以判明是否已成年的，应当要求其出示身份证件。

第二十六条 文化行政部门、工商行政管理部门、公安机关应当加强互联网服务营业场所的监督管理，依法查处接纳未成年人进入营业场所的行为。

第二十七条 各级人民政府应当推进农村寄宿制学校的建设，为留守未成年人提供良好的学习生活环境。

教育行政部门应当妥善安排流动人口中的未成年人入学，保证其接受义务教育。

第二十八条 民政部门应当建立完善和落实未成年人救助制度，对流浪乞讨、孤儿、弃儿、生活无着、贫困辍学等需要帮助的未成年人提供救助。

第二十九条 人力资源和社会保障等部门应当根据实际情况，为已经完成义务教育不再升学的未成年人进行职业技术培训。

教育、人力资源和社会保障、民政、残联等有关部门，应当为聋、哑、盲、智力障碍等生理、心理有缺陷的未成年人，提供定向培训条件。

鼓励、支持社会组织和个人为聋、哑、盲、智力障碍等生理、心理有缺陷的未成年人兴办福利事业。

第三十条 加强广播、电影、电视、戏曲节目以及各类演播场所的管理，鼓励创作、出版、发行、展出、演出、播放适合未成年人特点，有利于未成年人身心健康的影视、录音、录像、图书、报刊、计算机软件、文艺节目和其他精神文化产品。

禁止向未成年人提供或者展示内容、情节不适合未成年人观看、阅读，不利于未成年人身心健康的影视、录音、录像、图书、报刊、计算机软件、文艺节目和其他文化产品。

第三十一条 学校、文化馆（站）、青少年宫、图书馆、书店等建立的公益性互联网上网服务场所，应当免费为未成年人提供安全、健康的上网服务。

公益性上网场所不得以营利为目的，不得出租或者承包。

第五章 司法保护

第三十二条 公安机关、人民检察院、人民法院以及司法行政部门，应当依法履行职责，在司法活动中保护未成年人的合法权益。

严厉打击各种针对未成年人的违法犯罪活动。

第三十三条 各级公安机关应当在有条件的中、小学校、幼儿园设警务室，并在学生上学、放学期间，对学校周边巡逻、执勤。

公安交通管理部门应当加强对学校附近的道路交通监管，合理设置交通警示标志和机动车辆减速设施。

第三十四条 公安机关、人民检察院、人民法院和监狱、收容教养机关在办理未成年人违法犯罪案件或者对其进行教育、改造时，应向其宣布应有的权利，依法保护他们的合法权益，尊重他们的人格，严禁辱骂和体罚。

第三十五条 人民法院审理未成年人犯罪案件，应当采取适合未成年人身心特点的审判方式，由熟悉未成年人身心特点、善于做未成年人思想教育工作、具有未成年人犯罪案件审理经验的人员承办。

人民法院在审理未成年人案件时，对被告人没有委托辩护人的，应当为其指定辩护人，并通知其法定监护人或者对教育、挽救未成年人有利的有关人员到庭。

第六章 法律责任

第三十六条 违反本办法规定，侵害未成年人合法权益，其他法律、法规已规定行政处罚的，从其规定；造成人身财产损失或者其他损害的，依法承担民事责任；构成犯罪的，依法追究刑事责任。

第三十七条 违反本办法第九条、第十条、第十一条规定的，由其所在单位或者居民委员会、村民委员会予以劝诫、制止；构成违反治安管理行为的，由公安机关依法给予行政处罚；构成犯罪的，依法追究刑事责任。

第三十八条 违反本办法第十四条规定之一的，由教育行政部门对其主要负责人和直接责任人给予处分；构成犯罪的，依法追究刑事责任。

第三十九条 违反本办法第十六条、第十七条规定的，由教育行政部门对其主要负责人给予处分；构成犯罪的，依法追究刑事责任。

第四十条 违反本办法第二十五条第一款规定的，由文化行政部门、工商行政管理部门依法予以关闭，并处二万元以上十万元以下罚款。

违反本办法第二十五条第二款规定的，由文化行政部门给予警告，责令停业整顿，并处五千元以上二万元以下罚款；情节严重的，由文化行政部门依法吊销经营许可证，由工商行政管理部门依法吊销营业执照。

第四十一条 违反本办法第三十条第二款规定的，由工商、公安、文化、新闻出版等行政部门依照职权没收违法文化产品和违法所得，并处二万元以上十万元以下罚款；对单位直接负责的主管人员和其他直接责任人员处一万元以上五万元以下罚款。

第四十二条 违反本办法第三十一条第二款的，由文化行政部门责令改正，对直接负责的主管人员和其他直接责任人员给予处分。

第四十三条 违反本办法第三十四条规定，情节较重的，依法给予处分或者行政处罚；构成犯罪的，依法追究刑事责任。

第四十四条 有关部门、单位及其工作人员对侵害未成年人合法权益的行为不依法履行职责，或者滥用职权、玩忽职守、徇私舞弊的，对直接负责的主管人员和直接责任人员依法给予处分；构成犯罪的，依法追究刑事责任。

第七章 附 则

第四十五条 本办法自2010年9月1日起施行。

宁夏回族自治区预防未成年人犯罪条例

（2008年9月19日宁夏回族自治区第十届人民代表大会常务委员会第五次会议通过，根据2015年3月31日宁夏回族自治区第十一届人民代表大会常务委员会第十六次会议《关于修改〈宁夏回族自治区预防未成年人犯罪条例〉的决定》修正，自2008年11月1日起施行）

第一章 总 则

第一条 为了保障未成年人健康成长，预防和减少未成年人犯罪，根据《中华人民共和国预防未成年人犯罪法》和有关法律、行政法规，结合自治区实际，制定本条例。

第二条 预防未成年人犯罪工作应当适应未成年人身心特点，遵循教育和保护相结合，及时预防和矫治相结合的原则。

第三条 预防未成年人犯罪，在各级人民政府组织领导下，实行综合治理，纳入考核范围，建立奖惩机制。

各级人民政府应当设立预防未成年人犯罪工作协调机构，完善制度，组织、协调有关部门和其他社会组织，做好本行政区域预防未成年人犯罪工作。

第四条 各级人民政府应当将预防未成年人犯罪工作经费列入本级财政预算。

鼓励社会组织和个人参与、资助预防未成年人犯罪工作。

第五条 居民委员会、村民委员会、其他组织和社会志愿者受政府委托从事预防未成年人犯罪工作，政府及其有关部门应当提供资助和支持。

鼓励和引导各企业事业单位、社会团体参与预防未成年人犯罪工作，建立志愿者队伍。

各级人民政府对在预防未成年人犯罪工作中做出突出贡献的组织和个人，应当给予表彰和奖励。

第二章 家庭预防

第六条 未成年人的父母或者其他监护人应当依法履行监护职责，加强对未成年人思想道德品质和文明行为的培养和教育，发现未成年人有不良行为或者严重不良行为的，应当及时劝阻，正确引导、规劝其改正，不得实施家庭暴力，虐待、遗弃被监护的未成年人，不得侵害被监护未成年人的其他合法权益。

父母或者其他监护人外出务工，或者未成年人离开父母、其他监护人到异地上学、生活、工作的，父母或者其他监护人应当对未成年人的教育、生活做出妥善安排，不得放任不管，放弃监护职责。

父母或者其他监护人不得强迫未成年人辍学、经商、卖艺、乞讨，或者从事违法活动。

父母或者其他监护人无法或者不宜行使监护权的，应当依法另行指定监护人。暂未指定监护人的未成年人，由政府开办的社会福利机构暂时收养。

第七条 未成年人的父母或者其他监护人，对进入青春期的未成年人，应当根据其生理、心理特点，进行青春期教育，给予生理、心理上的关心和指导，引导未成年人进行有益身心健康的活动，预防和制止未成年人吸烟、酗酒、沉迷网络以及赌博、吸毒等行为。

第八条 离异的父母双方对未成年子女都有抚养教育的义务，任何一方不得因离异而放弃履行管教子女的义务。

继父母、养父母对受其抚养教育的未成年继子女、养子女，应当履行本条例规定的对未成年子女在预防犯罪方面的职责。

第九条 受民政部门委托或者批准的寄养未成年人的家庭，应当根据寄养协议，保障被寄养未成年人的合法权益。

寄养家庭所在的居民委员会、村民委员会发现寄养家庭不再符合寄养条件的，应当及时向当地民政部门报告，民政部门应当及时调查、处理。

第十条 未成年人的父母或者其他监护人有监护能力但不履行监护职责的，乡镇人民政府、街道办事处、居民委员会和村民委员会应当对其进行批评教育，责令其履行监护职责。

第三章　学校预防

第十一条 各级教育行政部门、学校应当将法制教育、素质教育与安全文明校园创建活动结合起来，将学校法制教育、心理健康教育、预防未成年人犯罪工作纳入教学评估内容，定期进行考核。

教育行政部门应当将预防未成年人犯罪的法律知识纳入教师继续教育内容，教师接受法制教育每学期不少于八课时。

教育行政部门应当将未成年学生法制教育纳入教育教学计划，学生接受法制教育每学期不少于八课时。

第十二条 学校应当对未成年学生进行自我保护及预防犯罪法律知识教育，逐步配备具备资质条件的专职或者兼职心理教师，对未成年学生进行心理健康教育。

班主任、辅导员应当具备与其承担的教育管理职责相适应的预防未成年人犯罪方面的法律知识。

学校应当从审判机关、检察机关、公安机关、司法行政机关、律师事务所等单位，聘请熟悉未成年学生身心特点、善于做未成年学生思想教育工作、具有预防未成年人犯罪工作经验的人员担任法制副校长、法律辅导员、法律顾问。

法制副校长、法律辅导员、法律顾问的职责是参与研究制定法制教学计划，结合未成年人犯罪典型案例，对未成年学生进行法治理念和预防犯罪教育。

第十三条 学校应当建立健全与家长联系的制度，及时反映和了解未成年学生的情况，指导和帮助未成年学生的父母或者其他监护人学习和采取科学的家庭教育方法。发现未成年学生有不良行为的，应当及时告知其父母或者其他监护人。

第十四条 学校发现未成年学生有不良行为或者严重不良行为的，应当及时制止和纠正，并对其进行有针对性的教育，不得歧视，不得擅自停止其上课，不得强迫或者变相强迫其退学、转学。

学校对有不良行为或者严重不良行为的未成年学生给予处分前，应当向本人及其父母或者其他监护人说明理由，并听取其申辩。

学校不得开除或者以劝退等方式变相开除义务教育阶段的未成年学生；对接受非义务教育的未成年学生因严重违纪需要取消学籍的，可以实行留校试读帮教的制度。

非义务教育阶段的未成年学生被开除或者被退学的，学校应当出具该未成年学生被开除或者被退学情况报告，并报送主管的教育行政部门审批。

第十五条 各级政府教育行政部门应当建立解决义务教育阶段未成年学生辍学问题岗位责任制。学校应当加强学生学籍管理，建立学生辍学情况报告制度，会同有关部门帮助其回到学校继续学习。

第十六条 学校应当指导未成年学生正确使用互联网，拒绝不良的网络游戏产品和网络信息。已配置校内网络设施的学校应当配备上网辅导员，并采用安全过滤等技术防止未成年学生接触有害信息。有条件的，应当在课外向未成年学生开放网络设施。

第四章　政府和社会预防

第十七条 县级以上人民政府民政部门应当建立、完善和落实未成年人救助制度，逐步开通未成年人救助服务热线，加强对生活无着落的未成年人的救助。

救助机构应当将救助的未成年人与成年人分开管理，对有不良行为的未成年人进行心理指导和矫治。

第十八条 公安人员和车站、机场、宾馆、娱乐场所等公共场所的管理人员发现未成年人夜不归宿的，应当规劝，由公安人员护送其返回住所或者采取其他保护措施，并在二十四小时内通知其父母或者其他监护人。

第十九条 县级以上人民政府应当合理规划和建设青少年宫、儿童活动中心、科技馆、图书馆、体育场馆等适合未成年人活动的公共文化体育场所。

各市、县、区至少应当有一所综合性、多功能的未成年人活动场所。

新建、改建、扩建的居民住宅区规划内容应当包括建设适合未成年人活动的文化体育配套设施。已建成的文化体育设施，应当加强管理，不得擅自改变用途。

公共文化体育场所应当对未成年人免费或者优惠开放；在寒暑假期间，应当延长开放时间，开展适合未成年人的文化体育活动。

各级人民政府应当鼓励、支持社会组织、各类企业事业单位和个人自筹资金兴建适合未成年人活动的文化体育场所和设施；鼓励机关、学校、企业事业等单位将内部的文化体育设施向未成年人开放。

未成年人活动场所应当把预防未成年人犯罪教育作为重要工作，开展多种形式的法制宣传教育活动。

第二十条 乡镇人民政府、街道办事处应当组织、指导本辖区内的居民委员会、村民委员会、具有教育功能的单位在寒暑假期间开展有益于未成年人身心健康的活动。

各级人民政府民政部门、乡镇人民政府、街道办事处、居民委员会、村民委员会应当为贫困、单亲或者失去父母、父母外出务工等家庭中的未成年人提供必要的帮助和教育资助。

第二十一条 中小学、中等专业学校周围二百米范围内和居民住宅楼（院）内不得设立互联网上网服务营业场所、营业性歌舞厅、营业性电子游戏场所以及其他未成年人不宜进入的营业场所。

公安、教育、文化、工商等行政部门应当按照各自的职责加强学校及其周围环境社会治安综合治理，为学校教学创造良好的周边环境。

居民委员会、村民委员会应当协助做好维护学校周围社会治安的工作。

第二十二条 加强对广播、电影、电视、戏剧节目以及各类演播场所的管理。新闻出版、广播、电影、电视、文化、信息产业等行政部门应当采取措施，鼓励、支持有利于未成年人身心健康的书刊、音像制品、电子出版物的创作、制作和出版。

广播、电影、电视、戏剧节目和以未成年人为对象的读物、音像制品、电子出版物，不得含有诱发未成年人违法犯罪以及渲染暴力、色情、赌博、恐怖、邪教、封建迷信等危害未成年人身心健康的内容。

各种媒体对犯罪案件的报道，不得渲染犯罪细节和手段，不得披露未成年人的姓名、住所、照片、图像以及可能推断出未成年人的资料。

任何单位和个人不得向未成年人出售、出租含有前款规定的危害未成年人身心健康内容的书刊、音像制品、电子出版物，不得利用通讯、计算机网络等方式提供含有前款规定的危害未成年人身心健康内容的信息。

第二十三条 互联网上网服务营业场所、营业性歌舞厅以及其他未成年人不宜进入的营业场所，应当在入口、大厅等位置设置明显禁止未成年人进入的警示标志，不得允许未成年人进入。

营业性电子游戏场所除国家法定节假日外，不得允许未成年人进入，并设置禁止未成年人进入的警示标志。

是否成年难以判明的，上述场所的工作人员应当要求其出示能证明真实年龄的证件。

任何单位、组织或者个人对互联网上网服务营业场所违反本条第一款、第二款规定接纳未成年人的，有权进行监督和举报。文化行政部门、公安机关或者工商行政管理部门接到举报后，应当立即到场调查处理，并应当为举报人保密；将处理结果向举报人反馈。

第二十四条 学校、文化馆（站）、青少年宫、图书馆、书店等场所可安排专业辅导人员建立公益性上网场所，对未成年人免费或优惠开放。

公益性上网场所，应当由本单位直接管理，不得出租、承包，不得以营利为目的。

公益性上网场所向未成年人提供网络服务，其计算机终端应当安装和使用封堵色情、暴力等危害未成年人身心健康信息的过滤软件。

第二十五条 销售烟、酒的经营者不得向未成年人出售烟、酒，并应当在经营场所设置明显的禁止未成年人购买烟、酒的警示标志。

任何人不得在中小学校的教室、阅览室、寝室、活动室和未成年人集中活动的其他场所吸烟。

第二十六条 任何人不得向未成年人提供毒品；不得教唆、胁迫、诱骗未成年人吸食、注射毒品；不得教唆、引诱、容留未成年人赌博或者为未成年人参与赌博提供便利条件。

第二十七条 禁止利用未成年人乞讨、兜售商品、非法传销、表演恐怖残忍节目牟利。

对流浪乞讨或者离家出走的未成年人，公安、民政部门应当负责交送其父母或者其他监护人；暂时无法查明其父母或者其他监护人的，由民政部门设立的儿童福利机构或救助站抚养、救助。

第二十八条 宾馆服务业经营者接纳不满十六周岁的未成年人住宿的，应当及时与其父母、其他监护人、近亲属或者所在的学校联系。无法联系的，应当向当地公安机关报告。

禁止洗浴场所留宿无监护人陪同的不满十六周岁的未成年人。

未经未成年人的父母或者其他监护人同意，任何人不得向不满十六周岁的未成年人出租房屋。

确因学习需要，经父母或者其他监护人书面同意，不满十六周岁的未成年人租房住宿的，其父母或者其他监护人应当履行监护职责，并不得让未成年人单独居住。房屋出租人发现租房的未成年人有不良行为、严重不良行为的，应当制止，并及时告知其父母或者其他监护人。

第五章　司法预防

第二十九条 对有下列情形之一的未成年人，公安机关应当建立教育矫治档案，对其遵纪守法、学习和劳动情况进行记录，以利教育、监督、考核：

（一）被判处管制、宣告缓刑、裁定假释、批准监外执行、刑满释放、免于刑事处罚的；

（二）确认有严重不良行为的。

对有前款所列情形之一的未成年人，其居住地乡镇人民政府或者街道办事处应当组织当地公安派出所、司法所、未成年人所在的学校（单位）、居民委员会或者村民委员会、有关社会团体成员和社会志愿者，对其进行教育、心理指导和行为矫治，安排其参加文化体育活动和从事社会公益劳动，实施社区矫治，落实安置帮教措施。

第三十条 司法机关办理未成年人犯罪案件，应当实行教育、感化、挽救的方针，坚持教育为主、惩罚为辅的原则；应当根据未成年人的身心特点，结合其平常表现、家庭情况、犯罪原因、悔罪态度等，做好教育、挽救、预防再犯罪工作。

未成年人犯罪案件，应当由熟悉未成年人身心特点、善于做未成年人思想教育工作、具有未成年人犯罪案件办案经验的人员承办。

第三十一条 法律援助中心、律师事务所的执业律师，应当为符合法律援助条件的未成年人提供法律援助，依法维护未成年人的合法权益。未成年人的辩护人和代理人，在辩护、代理工作中应做好涉案未成年人的心理矫治及法制教育工作。

第三十二条 羁押、服刑的未成年人，应当与成年人分别关押、分别管理、分别教育。

未成年人服刑场所应当对服刑的未成年人以开展思想、法律、文化和职业技术教育为主，保证学习时间，并积极开展法律援助和心理矫治，预防再次犯罪。对没有完成义务教育的未成年人，教育行政部门、司法行政部门和执行机关应当从场地、师资、经费等方面保证其继续接受义务教育。

第三十三条 刑满释放的未成年人无家可归，或者无法查明其父母或者其他监护人的，原执行机关应当及时与未成年人住所地的民政、司法行政、劳动就业部门或者居民委员会、村民委员会取得联系，做好衔接管控、安置帮教工作。

第三十四条 被依法判处管制、宣告缓刑、裁定假释、免予刑事处罚、批准监外执行、刑满释放的未成年人，在复学、升学、就业等方面与其他未成年人享有同等权利，但法律法规对特殊行业和单位另有限制性规定的除外。

第三十五条 对正在监管场所服刑的未成年人，其父母或者其他监护人应当主动探视，配合执行机关对其进行教育、矫治。

拒不探视、不配合的，其所在的单位、乡镇人民政府或者街道办事处、居民委员会或者村民委员会应当对其进行批评教育，要求其改正。

第六章 法律责任

第三十六条 未成年人的父母或者其他监护人不履行监护职责，放任被监护未成年人不良行为或者严重不良行为的，由公安机关对未成年人的父母或者其他监护人予以训诫，责令其严加管教。

未成年人的父母或者其他监护人虐待、遗弃被监护的未成年人，或者侵害被监护未成年人其他合法权益的，任何组织或个人有权制止并向公安机关举报，构成违反治安管理行为的，由公安机关依法给予行政处罚；构成犯罪的，依法追究刑事责任。

第三十七条 学校因教育管理不力导致在校未成年人违法犯罪情况严重的，由人民政府或者教育行政部门给予通报批评，对直接负责的主管人员和其他直接责任人员依法给予行政处分。

第三十八条 违反本条例第二十一条第一款规定，擅自在中小学、中等专业学校周围二百米范围内和居民住宅楼（院）内开办互联网上网服务营业场所、营业性歌舞厅、营业性电子游戏场所以及其他未成年人不宜进入的营业场所的，由行政主管部门依法予以关闭，并处二万元以上十万元以下罚款。

第三十九条 放映或者演出渲染暴力、色情、赌博、恐怖、邪教、封建迷信等危害未成年人身心健康节目的单位和个人，由公安、文化、广电等行政部门依照职权没收违法播放的音像制品和违法所得，处违法所得三倍以上五倍以下罚款，并对直接负责的主管人员和其他直接责任人员处一万元以上五万元以下罚款；情节严重的，责令停业整顿或者由工商行政管理部门依法吊销营业执照。

违反本条例第二十二条第二款规定的，由新闻出版行政部门没收出版物和违法所得，并处违法所得三倍以上十倍以下罚款；情节严重的，没收出版物和违法所得，责令停业整顿或者吊销许可证；对直接负责的主管人员和其他直接责任人员处一万元以上五万元以下罚款。

违反本条例第二十二条第三款规定的，由新闻出版、广电等行政部门依照职权责令改正，并处五千元以上二万元以下罚款；对单位直接负责的主管人员和其他直接责任人员处二千元以上五千元以下罚款。

违反本条例第二十二条第四款规定的，由工商、公安、文化、新闻出版等行政部门依照职权没收读物、音像制品、电子出版物和违法所得，并处二万元以上十万元以下罚款；对单位直接负责的主管人员和其他直接责任人员处一万元以上五万元以下罚款。

第四十条 违反本条例第二十三条第一款规定的，由文化行政部门给予警告，责令停业整顿，并处五千元以上二万元以下罚款；情节严重的，由文化行政部门依法吊销经营许可证，由工商行政管理部门依法吊销营业执照。

违反本条例第二十三条第二款规定的，由文化行政部门责令改正，给予警告，责令停业整顿，没收违法所得，处五千元以上二万元以下罚款，并对直接负责的主管人员和其他直接责任人员处二千元以上五千元以下罚款；情节严重的，由工商行政管理部门依法吊销营业执照。

第四十一条 违反本条例第二十四条第二款、第三款规定的，由公安机关给予警告，责令改正；拒不改正的，处二千元以上一万元以下罚款。

公益性上网场所出租、对外承包或是以营利为目的，由文化行政部门责令改正，对直接负责的主管人员和其他直接责任人员依法给予行政处分。

第四十二条 违反本条例第二十五条第一款规定的，由工商行政管理部门责令改正，并处一千元以上五千元以下罚款。

第四十三条 违反本条例第二十六条规定的，由公安机关按照《中华人民共和国治安管理处罚法》给予治安处罚；构成犯罪的，依法追究刑事责任。

第四十四条 违反本条例第二十七条第一款规定的，由公安机关对教唆、胁迫、引诱、指使的成年人按照《中华人民共和国治安管理处罚法》给予治安处罚；构成犯罪的，依法追究刑事责任。

第四十五条 国家机关及其工作人员不履行监督管理责任，滥用职权、玩忽职守、徇私舞弊，情节严重的，对直接负责的主管人员和其他直接责任人员依法给予行政处分；构成犯罪的，依法追究刑事责任。

第七章 附 则

第四十六条 本条例所称不良行为是指《中华人民共和国预防未成年人犯罪法》第十四条规定的行为；严重不良行为是指《中华人民共和国预防未成年人犯罪法》第三十四条规定的严重危害社会，尚不够刑事处罚的行为。

第四十七条 本条例自2008年11月1日起施行。

新 疆

新疆维吾尔自治区未成年人保护条例

（2009年9月25日新疆维吾尔自治区第十一届人民代表大会常务委员会第十四次会议通过，2009年9月25日新疆维吾尔自治区第十一届人民代表大会常务委员会公告第13号公布，自2009年12月1日起施行）

第一章 总 则

第一条 为了保护未成年人的身心健康，保障未成年人合法权益，促进未成年人在品德、心理、智力、体质等方面全面发展，根据《中华人民共和国未成年人保护法》和有关法律法规，结合自治区实际，制定本条例。

第二条 本条例所称未成年人是指未满十八周岁的公民。

第三条 未成年人依法享有生存权、发展权、受保护权、参与权和受教育权等权利，根据未成年人身心发展特点给予特殊、优先保护。

第四条 保护未成年人是国家机关、武装力量、政党、社会团体、企业事业组织、城乡基层群众性自治组织、未成年人的监护人和其他成年公民的共同责任。在处理与未成年人权益有关的事务时，应当充分考虑未成年人的身心发展规律和特点，尊重未成年人的人格尊严。

第五条 国家机关、社会、学校和家庭应当对未成年人进行爱国主义、集体主义和社会主义教育，加强民族团结、民族政策和反对民族分裂，维护祖国统一的教育。

第六条 县级以上人民政府未成年人保护委员会指导、协调未成年人保护工作，其主要职责是：

（一）宣传、贯彻有关保护未成年人的法律、法规和政策；

（二）研究决定本行政区域内未成年人保护工作的重大事项，制定保护未成年人的具体措施；

（三）接受对侵犯未成年人合法权益的投诉、举报、控告，转交并督促有关国家机关处理；

（四）应当由未成年人保护委员会承担的其他职责。

未成年人保护委员会办事机构承担未成年人保护委员会的日常工作。

乡镇人民政府、城市街道办事处应当确定人员具体负责未成年人保护工作。

第七条 各级人民政府应当将未成年人保护工作纳入国民经济和社会发展规划以及年度

计划，未成年人保护工作经费纳入本级政府预算。

第八条 共产主义青年团、妇女联合会、工会、残疾人联合会、青年联合会、学生联合会、少年先锋队以及其他有关社会团体，协助各级人民政府做好未成年人保护工作。

各级人民政府和有关部门对在保护未成年人工作中做出显著成绩的组织和个人给予表彰和奖励。

第二章 家庭保护

第九条 父母或者其他监护人应当依法履行监护职责和抚养义务，保护未成年人的人身安全和身心健康，为未成年人提供必要的学习、生活和医疗保健条件。

第十条 父母或者其他监护人应当履行下列义务：

（一）教育、培养未成年人具备良好的思想品德；

（二）保障适龄未成年人接受并完成义务教育，不得使其辍学；

（三）引导未成年人养成良好的学习、生活和行为习惯，鼓励、支持未成年人参加力所能及的家务劳动和社会公益劳动以及其他有益的社会交往活动；

（四）与学校配合，保证未成年人有充裕的文化、体育、娱乐活动和睡眠时间；

（五）教育、引导未成年人不观看、不阅读、不收听、不传播危害国家安全、破坏民族团结以及色情、暴力、迷信、邪教等内容的书刊、影视、音像制品、电子出版物和网络信息；

（六）预防和制止未成年人吸烟、饮酒、逃学、流浪、沉迷网络、进入不适宜未成年人进入的娱乐场所以及打架斗殴、赌博、吸毒、贩毒、卖淫、携带管制器具和其他危险品等行为；

（七）不得打骂、歧视、虐待、遗弃未成年人，不得侵害未成年人的个人隐私权；

（八）不得教唆、诱骗、胁迫、纵容或者包庇未成年人违法犯罪；

（九）不得允许或者迫使未成年人订婚、结婚；

（十）不得允许或者迫使未满十六周岁的未成年人做童工。

第十一条 未成年人的父母或者其他监护人应当采取适合未成年人特点的教育和监护方法，以健康、良好的言行和方式教育、影响未成年人。

家庭中的其他成年人应当协助未成年人的父母和其他监护人教育、保护未成年人。

第三章 学校保护

第十二条 学校应当全面贯彻落实国家的教育方针，实施素质教育，促进未成年学生全面发展。

第十三条 学校应当尊重并保护未成年学生接受义务教育的权利，不得拒绝适龄未成年人入学，不得责令未完成义务教育的未成年学生停课、转学、退学，不得违反法律和国家规定开除未成年学生。

学校因故处分未成年学生，应当听取本人、父母或者其他监护人的意见，并给予答复。受到处分后有改正表现的，学校应当在其毕业前将处分记录从个人档案中消除。

第十四条 学校和教师应当执行国家教育部门规定的课时和作业量，不得随意增加未成年学生的课业负担；应当配合未成年学生的父母或者其他监护人保证其睡眠、锻炼、娱乐和参加科技、公益活动的时间。

在义务教育阶段，学校和教师不得张榜公布未成年学生的考试成绩和名次；不得组织未成年学生参加商业性活动或者与其年龄、身心健康等不相适应的其他活动。

未成年学生无故不上课、逃课，学校或教师不得放任不管，应加强教育，并与其父母或者其他监护人联系。

第十五条 学校的文化、体育设施应当在寒暑假、法定节假日期间定期向本校学生开放。

第十六条 学校应当开设法制教育课，对未成年学生进行道德和法制教育。

第十七条 学校应当配备心理健康辅导员，根据未成年学生生理、心理发展特点开展心理健康教育。

有心理困扰或者心理障碍的学生，学校应当给予心理咨询和辅导。

第十八条 学校、幼儿园、托儿所应当建立健全安全保卫制度，在组织未成年人参加集会、文体活动和社会实践活动时，应当保证学生安全，防止发生人身安全事故。

学校及教职员工应对校内和学校周边扰乱教学秩序或者侵害未成年学生身心健康和人身、财产安全的行为予以及时制止，或者向公安机关报告。

学校、幼儿园、托儿所应当培养未成年人的安全意识，开展应对突发事件的基本安全防范教育，使其掌握基本的自救互救技能。每学期至少组织一次自救演习。

第十九条 学校、幼儿园、托儿所应当为未成年人提供必要的卫生保健条件，定期进行体检，建立健康档案，做好疾病预防工作。为未成年人提供的食品、饮用水、饮料等，应当符合国家和自治区食品安全标准。

第二十条 学校、幼儿园、托儿所的教职员工应当尊重和保护未成年人的人格尊严，不得对其侮辱、恐吓、歧视、体罚或者变相体罚，不得侵犯、泄露未成年人的个人隐私。

第二十一条 学校、幼儿园、托儿所不得违反国家、自治区规定，在未成年人入学、在校学习或转学时滥收费用，不得以各种名义增加学生和家长的经济负担。

第二十二条 学校应当支持和协助共产主义青年团、妇女联合会、工会、残疾人联合会、少年先锋队和学生联合会开展有益于未成年学生身心健康的各项活动。

第四章 社会保护

第二十三条 任何组织或者个人发现未成年人的合法权益受到侵害，有权予以制止，或者向未成年人保护机构、公安机关报告。

第二十四条 未成年人集中活动的公共场所和设施，应当符合国家和行业安全标准，设置保护未成年人人身安全的警示标志，标明适应年龄范围或者注意事项。经营管理单位应当定期维护，并采取相应的保护措施。

第二十五条 生产、销售用于未成年人的食品、药品、玩具、用具等，应当符合国家标准或者行业标准，不得有害于未成年人的安全和健康；需要标明注意事项的，应当在显著位置标明。

第二十六条 任何组织或者个人不得动员、组织未成年人参加救火、救灾、防洪等可能危及其人身安全的活动。

第二十七条 禁止任何组织或者个人招用童工；禁止利用未成年人非法从事营利活动；禁止胁迫、教唆、引诱未成年人进行违法活动。

严厉打击拐卖、残害未成年人的违法犯罪活动。

第二十八条 任何组织或者个人不得向未成年人出售、出租或者以其他方式传播涉及暴力、色情、恐怖等危害其身心健康的产品。

营业性歌舞娱乐场所、酒吧、互联网上网服务营业场所以及其他不适宜未成年人进入的活动场所，经营者应设置明显的禁入标志，不得允许未成年人进入；对难以判明是否已成年的，应当要求其出示身份证件。

有关行政主管部门应当加强对以上场所的监督管理。

第二十九条 中小学校园周边二百米内不得开设营业性歌舞娱乐场所、互联网上网服务营业场所、营业性电子游戏场所以及其他未成年人不宜进入的场所。

第三十条 禁止向未成年人出售烟酒。经营者应当在显著位置设置不向未成年人出售烟酒的警示标志。

第三十一条 任何人不得在学校、幼儿园、托儿所的教室、寝室、活动室或者其他未成年人集中活动的场所吸烟、饮酒。

第三十二条 爱国主义教育基地、民族团结教育基地、纪念馆、博物馆、图书馆、科技馆、影剧院、文化馆、体育场、青少年活动中心等场所，应当向未成年人免费开放或者按有关规定给予优惠。

第三十三条 尊重各民族的风俗习惯，不得因民族风俗习惯不同而歧视或者侮辱未成年人。

第三十四条 任何组织或者个人不得引诱、强迫未成年人参加宗教活动。不得利用宗教进行妨碍义务教育的活动。

第三十五条 共产主义青年团、妇女联合会、工会、残疾人联合会、青年联合会、学生联合会、少年先锋队应当反映未成年人的合理要求，维护其合法权益，并根据未成年人的特点，开展各种有益活动，促进未成年人健康成长。

第五章　国家机关保护

第三十六条　各级人民政府及其有关部门应当将未成年人文化体育活动场所和设施建设，纳入本地区社会发展总体规划。县（市、区）应当至少建有一所综合性未成年人活动场所。

任何组织或者个人不得侵占、损坏未成年人的学习、活动场所和设施。

第三十七条　教育行政部门应当督促学校实施素质教育，减轻学生课业负担，做好未成年人保护工作。对学校拒绝招收符合条件的学生、违反法律和国家规定开除学生以及其他侵害学生合法权益的行为，应当及时予以处理。

第三十八条　县级以上人民政府及其民政部门应当根据需要设立未成年人救助场所和儿童福利机构，加强对流浪乞讨等生活无着未成年人的救助和对孤儿的收留抚养。

第三十九条　各级人民政府及其职能部门应当加强对音像制品、图书、报刊、影视节目、电子出版物、互联网和各种公共活动场所的管理，为未成年人健康成长创造良好的社会环境。

第四十条　县级以上人民政府及其有关部门根据需要建立为残疾未成年人提供学习、生活、康复、医疗的教育和福利机构。

第四十一条　人力资源和社会保障、教育行政管理部门以及街道、乡镇劳动就业服务机构应当为已经完成义务教育但未能继续就学的未成年人，提供职业培训的信息，并为其参加培训提供帮助。

第四十二条　交通、住房与城乡建设行政部门应当在学校门前及周边道路设置交通警示标志。

公安机关应当配合有关部门完善学校门前及周边道路交通安全设施，并加强对校车交通安全的检查监督。

第四十三条　公安机关、人民检察院、人民法院应当依法及时办理未成年人违法犯罪案件和涉及未成年人权益保护的案件，采用适应未成年人生理、心理特点的办案方式、方法，尊重他们的人格，保障其合法权益，并根据需要设立专门机构或者指定专人办理。

第四十四条　公安机关、人民检察院、人民法院、司法行政机关办理未成年人刑事案件和执行刑罚时，应当根据未成年人身心发展特点，采取分别关押、分案起诉、分案审理、分别矫治等措施。

第六章　自我保护

第四十五条　未成年人应当遵守法律法规和社会公德，养成良好的行为习惯，珍惜生命。不沉迷网络或者电子游戏、不赌博、不吸毒、不吸烟、不饮酒，不参加其他危害身心健康的活动。

第四十六条　未成年人应当掌握基本的生存知识和应对意外伤害、不法侵害的技能，增强自我保护意识和能力。

第四十七条　未成年人的合法权益受到侵害的，本人或者通过其监护人、所在学校、居民委员会、村民委员会、未成年人保护机构，向侵权人所在单位或者其上级主管部门、公安机关报告，也可以向人民法院提起诉讼。

第四十八条　任何组织或者个人引诱、强迫未成年人参加宗教活动的，未成年人可以向学校、居民委员会、村民委员会、未成年人保护机构或者公安机关请求保护。接到保护请求的组织和单位应当及时采取措施，不得拒绝、推诿。

第七章　法律责任

第四十九条　未成年人的父母或者其他监护人违反本条例第九条、第十条的规定，不依法履行监护职责，或者侵害未成年人合法权益的，由其所在单位或者居民委员会、村民委员会予以劝诫、制止；违反治安管理处罚法的，由公安机关依法给予行政处罚。

第五十条　学校、幼儿园、托儿所等单位及其工作人员违反本条例第三章 的规定，不履行保护未成年人合法权益的义务或者侵害未成年人合法权益的，由其所在单位或者教育行政管理部门责令改正，对直接负责的主管人员和其他直接责任人员依法给予行政处罚。

学校、幼儿园、托儿所教职员工违反本条例第二十条的规定，侵犯未成年人受教育权，实施体罚、变相体罚或者其他侮辱未成年人人格，侵犯、泄露未成年人个人隐私等行为的，由其所在单位或者上级机关批评教育、责令改正，情节严重的，依法给予行政处分；违反治安管理处罚法的，由公安机关依法给予行政处罚。

第五十一条 任何组织或者个人违反本条例第二十七条的规定，利用未成年人非法从事营利活动或者胁迫、教唆、引诱未成年人进行违法活动的，由主管部门予以批评教育，责令改正；违反治安管理处罚法的，由公安机关依法给予行政处罚；构成犯罪的，依法追究刑事责任。

第五十二条 任何组织或者个人违反本条例第二十九条的规定，在中小学校园周边二百米内设置营业性歌舞娱乐场所、互联网上网服务营业场所、营业性电子游戏场所等不适宜未成年活动的场所的，由主管部门予以关闭，依法给予行政处罚。

第五十三条 任何组织或者个人违反本条例第三十四条的规定，引诱、强迫未成年人参加宗教活动的，由主管部门予以批评教育，责令其改正；违反治安管理处罚法的，由公安机关依法给予行政处罚。

第五十四条 国家机关及其工作人员违反本条例规定，不履行保护未成年人合法权益的职责，或者侵害未成年人合法权益，或者对提出申诉、控告、检举的人进行打击报复的，由其所在单位或者上级机关责令改正，对直接负责的主管人员和其他直接责任人员依法给予行政处分。

第五十五条 违反本条例规定，侵害未成年人合法权益，造成财产损失或者其他损害的，依法承担民事责任；构成犯罪的，依法追究刑事责任。

第八章 附 则

第五十六条 本条例自 2009 年 12 月 1 日起施行。1993 年 9 月 25 日新疆维吾尔自治区第八届人民代表大会常务委员会第四次会议通过的《新疆维吾尔自治区实施〈中华人民共和国未成年人保护法〉办法》同时废止。

新疆维吾尔自治区预防未成年人犯罪条例

（2016 年 9 月 29 日新疆维吾尔自治区第十二届人民代表大会常务委员会第二十四次会议通过，自 2016 年 11 月 1 日起施行）

第一章 总 则

第一条 为了营造有利于未成年人健康成长的环境，促进未成年人养成良好品行，有效预防未成年人犯罪，根据《中华人民共和国预防未成年人犯罪法》和有关法律、法规，结合自治区实际，制定本条例。

第二条 自治区行政区域内开展预防未成年人犯罪工作，适用本条例。

第三条 预防未成年人犯罪工作应当坚持教育和保护、预防和矫治相结合，家庭、学校、社会预防相结合，一般预防和重点预防相结合的原则。

第四条 县级以上人民政府预防未成年人犯罪工作应当履行下列职责：

（一）将预防未成年人犯罪工作纳入本地区国民经济和社会发展规划及社会治理总体方案，纳入年度工作考核体系；

（二）健全未成年人教育引导、利益协调和权益保障机制，组织协调政府有关部门和其他组织开展预防未成年人犯罪工作；

（三）将预防未成年人犯罪工作经费列入本级财政预算；

（四）研究解决预防未成年人犯罪工作中的突出问题，总结推广经验，完善奖惩机制；

（五）预防未成年人犯罪方面的其他工作。

第五条 县级以上社会治安综合治理委员会应当设立预防未成年人犯罪工作领导协调机

构，协助本级人民政府开展预防未成年人犯罪的综合治理工作。主要职责是：

（一）宣传贯彻有关预防未成年人犯罪的法律、法规，组织实施预防未成年人犯罪工作规划；

（二）指导、协调、监督、检查预防未成年人犯罪工作；

（三）向本级人民政府报告预防未成年人犯罪工作情况；

（四）建立预防未成年人犯罪的数据管理平台，完善基础信息采集制度，强化分析研判和综合应用；

（五）开展预防未成年人犯罪对策的研究。

领导协调机构的办事机构，设在同级共青团组织。

第六条 预防未成年人犯罪是全社会的共同责任。

各级人民政府有关部门以及人民法院、人民检察院应当按照各自职责做好预防未成年人犯罪工作。

共青团、妇联、工会等人民团体应当协助本级人民政府做好预防未成年人犯罪工作。

家庭、学校应当承担起预防未成年人犯罪的责任，村民委员会、居民委员会（社区）应当发挥优势，共同做好预防未成年人犯罪工作。

第二章 家庭预防

第七条 未成年人的父母或者其他监护人，应当履行监护义务，加强对未成年人思想道德品质和文明行为的培养教育，注重家庭美德，促进家庭和睦，为未成年人健康成长营造良好的家庭环境。

未成年人的父母或者其他监护人，应当学习家庭教育、有关未成年人健康成长和相关法律等方面的知识，以自身良好的品德和行为习惯教育影响未成年人，支持未成年人参加有组织的公益活动，帮助未成年人提高自我预防违法犯罪的能力。

第八条 未成年人的父母或者其他监护人在预防未成年人犯罪方面，应当履行下列义务：

（一）了解和掌握未成年人的日常生活、交友、学习和兴趣爱好等情况，教育和指导未成年人养成积极进取、健康向上的品格；

（二）关注未成年人特别是处于青春期的未成年人生理、心理特点和身心健康，帮助其解决成长中遇到的问题；

（三）培养未成年人养成遵纪守法的良好习惯，发现未成年人有吸烟、酗酒、沉迷网络等不良行为，及时予以教育纠正；

（四）保障未成年人受教育的权利，主动了解未成年人在校情况，与学校共同做好未成年人教育引导工作；

（五）教育和引导未成年人收听收看阅读健康向上的文化产品和网络信息，自觉抵制不良行为、严重不良行为以及破坏民族团结、煽动民族分裂、危害社会稳定、国家安全和国家统一的行为。

第九条 未成年人的父母或者其他监护人及其亲属不得实施下列行为：

（一）实施家庭暴力，虐待、遗弃未成年人；

（二）强迫、纵容未成年人辍学，利用或者强迫未成年人经商、卖艺、乞讨；

（三）组织、引诱、强迫未成年人参加宗教活动；

（四）向未成年人宣扬极端主义思想，胁迫、强制、引诱未成年人穿着、佩戴极端主义服饰、标志、标识；

（五）教唆、胁迫、引诱、纵容未成年人参与恐怖主义、极端主义和地下学经等活动；

（六）教唆、胁迫、引诱、纵容未成年人进行其他违法犯罪活动。

有对未成年人实施上述行为的，任何组织或个人有权制止并向公安机关举报。

第十条 受未成年人的父母或者其他监护人委托教育和管理未成年人的组织或个人，应当按照本条例第八条的规定履行对未成年人进行教育和管理义务，保持与委托人的联系，沟通未成年人有关情况。

第三章 学校预防

第十一条 学校应当教育引导未成年学生自觉抵制民族分裂主义、极端主义和恐怖主义，形成崇尚科学、追求真理、拒绝愚昧、反对迷信、抵制极端化的校园风尚。

第十二条 学校应当加强对教师在预防未

成年人犯罪方面的法律知识和心理学知识的培训，配备经过心理专业培训的教师，有针对性地开展心理辅导和预防犯罪教育，集中开展预防未成年人犯罪教育活动每学期不少于两次。

未成年学生品行有缺陷、学习有困难的，学校应当及时告知其父母或其他监护人，并对其进行有针对性的个别教育，不得歧视、体罚，不得擅自停止其上课，不得强迫或者变相强迫其退学、转学。

第十三条 学校应当加强对未成年学生自我保护意识的教育和培养。

建立校园暴力的预防应对机制，强化警校联动，防止校园欺凌、校园暴力现象发生。

第十四条 学校应当聘请具有预防未成年人犯罪工作经验的人员担任法制副校长或辅导员，参与研究制定法制教学计划。学生每学期接受法制教育不少于两课时。

第十五条 学校应当加强学生学籍管理，建立学生辍学情况报告制度，对辍学的学生会同有关部门帮助其回到学校继续学习。

学校应当建立与未成年学生的父母或者其他监护人的联系沟通机制，通过家长学校、家长课堂等形式，指导其学习家庭教育和预防未成年人犯罪的相关知识。

第十六条 学校内禁止任何形式的宗教活动。任何组织或者个人不得利用宗教妨碍教育教学活动。

第四章 社会预防

第十七条 教育行政部门在预防未成年人犯罪工作方面，应当履行下列职责：

（一）将预防未成年人犯罪的思想道德、法治教育、心理健康等知识纳入课程体系和教师队伍培训培养计划；

（二）抵制民族分裂主义、极端主义思想和宗教活动向校园渗透；

（三）建立解决义务教育阶段未成年学生辍学问题的岗位责任制；

（四）支持、协助有关部门开展预防未成年人犯罪工作。

第十八条 乡镇人民政府、街道办事处应当指导、支持村民委员会、居民委员会（社区）利用本区域资源组织开展适合未成年人身心健康成长的校外和假期活动。

第十九条 村民委员会、居民委员会（社区）对困难家庭的未成年人，应当通过政府及其有关部门及时给予社会救助和帮扶。

村民委员会、居民委员会（社区）应当统计、掌握失学、辍学的未成年人情况，督促未成年人父母或者其他监护人使其接受并完成义务教育。

村民委员会、居民委员会（社区）应当对不履行监护义务的未成年人的父母或者其他监护人进行批评、劝诫，督促其履行监护义务。

村民委员会、居民委员会（社区）发现有组织、教唆、胁迫、引诱未成年人参与恐怖主义、极端主义活动和地下学经等违法犯罪活动的，应当立即向公安机关报告。

第二十条 人民法院、人民检察院、公安机关、司法行政机关应当建立预防未成年人犯罪工作司法联席会议制度，加强警务、检察、审判、矫正工作的配套与衔接。

人民法院、人民检察院、公安机关、司法行政机关应当通过法治教育基地、模拟法庭、法治讲堂等，开展预防未成年人犯罪的警示教育活动。

第二十一条 文化、新闻出版广电、通信等部门应当鼓励制作和开发适合未成年人特点、有利于未成年人身心健康的文化产品。

支持和鼓励有利于未成年人健康成长的各民族优秀文化作品互译，推动优秀文化作品的数字化、网络化传播。

第二十二条 公安、文化、新闻出版广电、通信等部门应当加强域名、IP 地址、网站、即时通讯工具等网络资源管理，完善网络文化、网络出版、网络视听节目审查制度和市场监管。

任何单位和个人不得利用网络、移动存储设备等介质，向未成年人传播含有民族分裂主义、极端主义、恐怖主义等内容的读物、音像制品或者电子出版物。

第二十三条 公安、教育、文化、卫生计生、工商、城市管理等部门应当按照各自的职责，加强对互联网上网服务营业场所、营业性歌舞厅、营业性电子游戏场所、彩票专营场所以及其他未成年人不宜进入的营业场所的管理，定期排查和清除影响未成年人健康成长的安全隐患，净化校园及其周边环境。

第二十四条 民政、司法、财政、人力资源和社会保障等部门应当加强青少年事务社会工作专业人才队伍建设，培育扶持相关社会组织和公益机构，为未成年人提供困难帮扶、法治教育、法律援助、心理疏导、行为矫治等专业服务。

第二十五条 共青团、妇联、工会等人民团体应当发挥自身优势，组建志愿服务队伍，对未成年人开展思想教育、法治宣传、心理疏导、关爱帮扶等服务，组织开展有利于未成年人身心健康成长和养成良好道德品行的教育、培训等活动。

第二十六条 鼓励和支持高等院校、企业事业、法律服务机构、心理咨询和教育培训机构等单位和个人，通过志愿服务等方式，为预防未成年人犯罪提供人才保障和智力支持。

第二十七条 宾馆服务业、洗浴场所等经营者接纳不满十六周岁的未成年人住宿，应当及时与其父母、其他监护人或者所在学校联系；无法取得联系的，应当向公安机关报告。

第二十八条 未经未成年人的父母或者其他监护人同意，任何人不得向不满十六周岁的未成年人出租或者出借房屋。

确因生活和学习需要，经父母或者其他监护人书面同意，不满十六周岁的未成年人租房住宿的，其父母或者其他监护人应当向村民委员会、居民委员会（社区）警务室备案并履行监护义务，不得让未成年人单独居住。

房屋出租人发现租房的未成年人有不良行为、严重不良行为的，有权制止并及时与其父母、其他监护人或者所在学校联系；无法取得联系的，应当向公安机关报告。

第五章　重点预防

第二十九条 对有不良行为或者严重不良行为的未成年人，应当强化家庭监护和学校教育，防止其脱离与家庭、学校的联系；对有严重不良行为的未成年人，应当畅通其进入专门学校接受教育矫治的渠道。

第三十条 对不在学、未就业的闲散未成年人，有就学意愿的，鼓励和支持其接受职业教育或者继续教育；对于已满十六周岁不满十八周岁准备就业的闲散未成年人，提供就业创业指导服务。

对流浪乞讨未成年人应当建立健全监测预防、发现报告、帮扶干预的联动机制，强化应急救助，进行妥善安置。

对农村留守儿童应当完善控辍保学机制，保障其接受义务教育；加强自护教育，提高其安全防范意识和自护能力。

对服刑人员的未成年子女应当及时掌握基本情况，通过结对帮扶、心理干预等方式，促进其健康成长。

第三十一条 对参与民族分裂主义、极端主义、恐怖主义等活动，尚不构成犯罪或者已构成犯罪但达不到刑事责任年龄的未成年人，政府有关部门、人民法院、人民检察院、共青团、妇联等应当协助乡镇人民政府、街道办事处和村民委员会、居民委员会（社区）对其进行结对帮教帮扶，促进思想和行为转化。

第三十二条 未成年犯在被执行刑罚期间，执行机关应当对其开展思想、法律、文化和职业技术教育，并开展法律援助和心理矫治，预防重新犯罪。对没有完成义务教育的，教育行政部门、司法行政部门和执行机关应当从场地、师资、经费等方面保证其继续接受义务教育。

第三十三条 对依法被判处管制、宣告缓刑、裁定假释、暂予监外执行的未成年人，应当由该未成年人住所地所在的社区矫正机构进行社区矫正；住所地与经常居住地不一致的，由未成年人经常居住地的社区矫正机构进行社区矫正。

司法行政部门负责指导、组织、管理、实施社区矫正工作。县级司法行政部门社区矫正机构对社区矫正人员进行监督管理和教育帮助。司法所承担社区矫正日常工作。

教育、人力资源和社会保障、民政、宗教事务等有关部门、村民委员会、居民委员会（社区）、社区矫正人员所在单位、就读学校、家庭成员或者监护人、保证人等协助社区矫正机构进行社区矫正。

社会工作者和志愿者在社区矫正机构的组织指导下参与社区矫正工作。

第三十四条 对刑罚执行完毕的未成年人，其父母或者其他监护人、学校、村民委员会、居民委员会（社区）应当配合公安、司法行政部门做好安置帮教工作。

政府有关部门应当帮助刑罚执行完毕的未成年人实现复学，对已满十六周岁不满十八周岁刑罚执行完毕准备就业的未成年人提供就业指导和技能培训。

第三十五条 对有严重不良行为以及受民族分裂主义、极端主义、恐怖主义影响，实施严重危害社会行为尚不构成刑事处罚的未成年人，其父母或者其他监护人缺乏管教能力和条件、在学校无法继续学习的，应当由其父母或者其他监护人，或者原所在学校提出申请，经县级以上教育行政部门批准，送专门学校学习和接受矫治。

第六章 法律责任

第三十六条 违反本条例第八条规定，不履行监护义务、放任被监护未成年人不良行为或者严重不良行为的，由其所在单位或者村民委员会、居民委员会（社区）予以批评、劝诫，或者由公安机关予以训诫，责令具结悔过，并令其严加管教。

未成年人的父母或者其他监护人及其亲属，违反本条例第九条规定的，由公安机关依法予以处罚；构成犯罪的，依法追究刑事责任。

受未成年人的父母或者其他监护人委托教育和管理未成年人的组织或个人，未按照本条例第十条规定履行义务的，由公安机关予以训诫，责令改正。

第三十七条 教育行政部门不履行本条例规定职责，情节严重的，对直接负责的主管人员和其他直接责任人员依法给予行政处分。

学校不履行本条例规定职责的，由人民政府或者教育行政部门给予通报批评；情节严重的，对直接负责的主管人员和其他直接责任人员依法给予行政处分。

第三十八条 宾馆服务业、洗浴场所等违反本条例第二十七条规定，擅自留宿无监护人陪同的不满十六周岁未成年人的，由公安机关没收违法所得，并按每接纳一名未成年人处两百元以上五百元以下罚款，情节严重的，责令停业整顿。

第三十九条 违反本条例第二十八条第一款规定的，向不满十六周岁的未成年人出租房屋的，由公安机关没收违法所得，责令停租整改，并处两百元以上五百元以下罚款。

第四十条 国家机关及其工作人员有下列行为之一的，对直接负责的主管人员和其他直接责任人员依照法律、法规给予行政处分；构成犯罪的，依法追究刑事责任：

（一）不履行本条例规定的监督管理职责，发现违法犯罪行为不依法查处的；

（二）接到涉及未成年人的违法犯罪行为的举报、通报后不依法查处的；

（三）利用职务之便，参与、包庇涉及未成年人违法犯罪行为，或者向有关单位、个人通风报信的；

（四）有其他滥用职权、玩忽职守、徇私舞弊行为的。

第四十一条 违反本条例规定应当给予处罚的其他行为，依照有关法律、法规的规定给予处罚。

第七章 附 则

第四十二条 本条例自 2016 年 11 月 1 日起施行。